С. В. ФАДЕЕВ

ТЕМАТИЧЕСКИЙ СЛОВАРЬ СОКРАЩЕНИЙ СОВРЕМЕННОГО РУССКОГО ЯЗЫКА

Около 20 000 сокращений

«РУССО»
МОСКВА
1998

ББК 81.2 Рус-4
Ф15

Фадеев С. В.

Ф15 Тематический словарь сокращений современного русского языка. Ок. 20 000 сокращений. — М.: РУССО, 1998. — 538 с.

ISBN 5-88721-111-3

Словарь содержит около 20 000 современных сокращений русского языка, распределенных по 65 основным темам и 19 подтемам. В словаре представлены разнообразные типы сокращений: буквенные аббревиатуры, графические сокращения, сложносокращенные слова.

Словарь адресован специалистам-филологам, переводчикам, работникам средств массовой информации, а также иностранцам, изучающим русский язык. Благодаря тематическому расположению материала словарь будет полезен работникам любых профессий и отраслей знаний.

Словарь не имеет аналогов в отечественной лексикографии. Издается впервые.

ISBN 5-88721-111-3

ББК 81.2 Рус-4

© «РУССО», 1998

Репродуцирование (воспроизведение) данного издания любым способом без договора с издательством запрещается.

Содержание

ПРЕДИСЛОВИЕ 5
КАК ПОЛЬЗОВАТЬСЯ СЛОВАРЕМ 6
Состав Словаря 6
Структура Словаря 6
СЛОВАРЬ 9

- ◆ ГОСУДАРСТВА, ГОРОДА, РАЙОНЫ, ОБЛАСТИ, ПРОВИНЦИИ И ДРУГИЕ ГЕОГРАФИЧЕСКИЕ НАЗВАНИЯ И ПРИЛАГАТЕЛЬНЫЕ, ОБРАЗОВАННЫЕ ОТ НИХ 11
- ◆ ГОСУДАРСТВЕННО-АДМИНИСТРАТИВНАЯ СИСТЕМА. МИНИСТЕРСТВА, ГОСУДАРСТВЕННЫЕ КОМИТЕТЫ И ДРУГИЕ ВЛАСТНЫЕ СТРУКТУРЫ. ИЗБИРАТЕЛЬНАЯ СИСТЕМА 16
  - ❖ ФЕДЕРАЛЬНЫЕ СЛУЖБЫ 20
- ◆ СИЛОВЫЕ СТРУКТУРЫ. РАЗВЕДКА. ПОГРАНИЧНАЯ ОХРАНА. ТАМОЖНЯ. ОРГАНЫ ОХРАНЫ ПРАВОПОРЯДКА. НАЛОГОВЫЕ ОРГАНЫ. АВТОИНСПЕКЦИИ 21
- ◆ ПАРТИИ, СОЮЗЫ И ОБЩЕСТВЕННО-ПОЛИТИЧЕСКИЕ ДВИЖЕНИЯ 26
- ◆ ПРОФСОЮЗЫ. СТРАХОВЫЕ ОРГАНИЗАЦИИ И ПЕНСИОННЫЕ ФОНДЫ ... 36
- ◆ АССОЦИАЦИИ 39
- ◆ ФЕДЕРАЦИИ И КОНФЕДЕРАЦИИ. АЛЬЯНСЫ, ЛИГИ, КОНГРЕССЫ 44
- ◆ СОЮЗЫ. СОВЕТЫ. СООБЩЕСТВА. СОВЕЩАНИЯ И ФОРУМЫ 48
- ◆ ОБЩЕСТВА И ОРГАНИЗАЦИИ 50
- ◆ ОРГАНИЗАЦИЯ ОБЪЕДИНЕННЫХ НАЦИЙ 52
  - ❖ ДРУГИЕ МЕЖДУНАРОДНЫЕ ОРГАНИЗАЦИИ 54
- ◆ АГЕНТСТВА 62
- ◆ ЦЕНТРЫ 64
- ◆ БЮРО 70
- ◆ ФОНДЫ 73
- ◆ КОМИТЕТЫ. КОМИССИИ 75
- ◆ УПРАВЛЕНИЕ И УПРАВЛЕНИЯ 77
- ◆ АКЦИОНЕРНЫЕ ОБЩЕСТВА, ЗАВОДЫ, ФАБРИКИ, КОМБИНАТЫ, ПРЕДПРИЯТИЯ, ОБЪЕДИНЕНИЯ, КОМПЛЕКСЫ, КОМПАНИИ, ФИРМЫ 83
  - ❖ ЦЕХА. МАСТЕРСКИЕ. ЛАБОРАТОРИИ. ОТДЕЛЫ 95
- ◆ ЖИЛИЩНО-КОММУНАЛЬНОЕ ХОЗЯЙСТВО. НЕДВИЖИМОСТЬ 97
- ◆ АРХИВЫ. КЛУБЫ, ДВОРЦЫ И ДОМА ТВОРЧЕСКИХ РАБОТНИКОВ 99
- ◆ БИБЛИОТЕКИ И БИБЛИОГРАФИЯ 101
- ◆ СМИ - СРЕДСТВА МАССОВОЙ ИНФОРМАЦИИ 105
  - ❖ ГАЗЕТЫ И ГАЗЕТНЫЕ РУБРИКИ 105
  - ❖ ЖУРНАЛЫ 106
  - ❖ ТЕЛЕ- И РАДИОВЕЩАНИЕ. ИНФОРМАЦИОННЫЕ АГЕНТСТВА 107
  - ❖ ОРГАНИЗАЦИИ ЖУРНАЛИСТОВ И РАСПРОСТРАНИТЕЛЕЙ ПЕЧАТНОЙ ПРОДУКЦИИ 110
  - ❖ КНИГИ И ИЗДАТЕЛЬСКОЕ ДЕЛО 111
- ◆ ИНФОРМАЦИЯ. РЕКЛАМА 114
- ◆ ИСКУССТВО. ТЕАТР. КИНО. ФОТОГРАФИЯ 118
- ◆ МУЗЕИ, ВЫСТАВКИ 121
- ◆ МУЗЫКА 123
- ◆ ОБРАЗОВАНИЕ И НАУКА 125
  - ❖ АКАДЕМИИ 125
  - ❖ УНИВЕРСИТЕТЫ 128
  - ❖ ИНСТИТУТЫ 131
  - ❖ ВЫСШИЕ УЧИЛИЩА, ШКОЛЫ И КУРСЫ 154
  - ❖ КОЛЛЕДЖИ, ГИМНАЗИИ, УЧИЛИЩА, ШКОЛЫ, КУРСЫ, ЦЕНТРЫ 155
  - ❖ ФАКУЛЬТЕТЫ И ОТДЕЛЕНИЯ 157
  - ❖ СТУДЕНЧЕСКИЕ ОРГАНИЗАЦИИ 158
  - ❖ УЧЕБНАЯ И НАУЧНАЯ ДЕЯТЕЛЬНОСТЬ 159

Содержание

- ◆ БАНКИ. БИРЖИ. ФИНАНСЫ..................160
- ◆ ЭКОНОМИКА. ТОРГОВЛЯ. БИЗНЕС..................169
- ◆ ТОПЛИВО И ЭНЕРГЕТИКА..................181
- ◆ МАШИНОСТРОЕНИЕ. ДВИГАТЕЛИ. МЕХАНИЗМЫ. МАШИНЫ. ПРИБОРЫ. СТАНКИ И ИНСТРУМЕНТЫ..................188
- ◆ МЕТАЛЛЫ И МЕТАЛЛУРГИЯ..................199
- ◆ ПРОИЗВОДСТВО И РЕМОНТ. ДИСПЕТЧЕРСКИЕ СЛУЖБЫ..................200
- ◆ ИЗМЕРЕНИЯ, ИНДИКАТОРЫ, ИСПЫТАНИЯ И КОНТРОЛЬ..................201
- ◆ ПРАВИЛА. НОРМЫ. СТАНДАРТЫ. ТАРИФЫ..................202
- ◆ ПРОГРАММЫ. ИНСТРУКЦИИ И ДОКУМЕНТАЦИЯ..................204
- ◆ ФИЗИКА. МАТЕМАТИКА. ИНЖЕНЕРИЯ..................205
- ◆ АТОМ И РАДИОАКТИВНОСТЬ..................212
- ◆ ОПТИКА..................213
- ◆ ВЫЧИСЛИТЕЛЬНАЯ ТЕХНИКА, ИНФОРМАТИКА И ПРОГРАММИРОВАНИЕ..................215
- ◆ ЕДИНИЦЫ ИЗМЕРЕНИЯ..................230
- ◆ КОЭФФИЦИЕНТЫ, ПОКАЗАТЕЛИ..................234
- ◆ АВТОМАТИКА И АВТОМАТИЗАЦИЯ. ТЕЛЕ- И РАДИОЭЛЕКТРОНИКА. ЭЛЕКТРОТЕХНИКА. СВЯЗЬ. ПОЧТА..................325
- ◆ ГЕОГРАФИЯ. ГЕОЛОГИЯ. ГЕОДЕЗИЯ. ГЕОФИЗИКА. СЕЙСМОЛОГИЯ. МЕТЕОРОЛОГИЯ. АКУСТИКА. ЭКОЛОГИЯ..................265
- ◆ ТОПОГРАФИЯ..................271
- ◆ БИОЛОГИЯ. ХИМИЯ. МЕДИЦИНА..................273
- ◆ АРХИТЕКТУРА. СТРОИТЕЛЬСТВО..................294
- ◆ НАУКА И ТЕХНИКА..................298
- ◆ ТРАНСПОРТ. ОБОРУДОВАНИЕ И МЕХАНИЗМЫ НА БАЗЕ ТРАНСПОРТНЫХ СРЕДСТВ..................305
- ◆ МОРСКОЕ ДЕЛО. СУДОХОДСТВО. НАВИГАЦИЯ. РЫБОЛОВСТВО. ВОДНЫЕ РЕСУРСЫ..................312
- ◆ АСТРОНОМИЯ. АВИАЦИЯ И КОСМОНАВТИКА..................317
- ◆ СЕЛЬСКОЕ ХОЗЯЙСТВО. ЖИВОТНОВОДСТВО И ПТИЦЕВОДСТВО. ВИНОДЕЛИЕ. ЛЕСНОЕ ХОЗЯЙСТВО И ДЕРЕВООБРАБОТКА..................340
- ◆ ВОЕННОЕ ДЕЛО И ГРАЖДАНСКАЯ ОБОРОНА..................355
- ◆ ФИЛОЛОГИЯ..................389
  - ❖ ЯЗЫКИ, ДИАЛЕКТЫ, ГОВОРЫ..................389
  - ❖ ЛИТЕРАТУРОВЕДЕНИЕ, ЛИНГВИСТИКА И МЕТОДИКА ПРЕПОДАВАНИЯ ИНОСТРАННЫХ ЯЗЫКОВ..................392
  - ❖ СЛОВАРИ И КАРТОТЕКИ..................399
- ◆ СОКРАЩЕНИЯ, ИСПОЛЬЗУЕМЫЕ В СЛОВАРЯХ И ЭНЦИКЛОПЕДИЯХ..................400
- ◆ ЮРИСПРУДЕНЦИЯ..................425
- ◆ РЕЛИГИЯ. ФИЛОСОФИЯ. ПСИХОЛОГИЯ. СОЦИОЛОГИЯ..................427
- ◆ СПОРТ И ФИЗИЧЕСКАЯ КУЛЬТУРА..................432
- ◆ ТУРИЗМ И ОТДЫХ. САДЫ И ПАРКИ..................437
- ◆ ПОЧЕТНЫЕ И УЧЕНЫЕ СТЕПЕНИ И ЗВАНИЯ. РОДОВЫЕ ТИТУЛЫ..................438
- ◆ ВРЕМЯ..................439
- ◆ СОКРАЩЕНИЯ ЛИЧНЫХ ИМЕН И ОТЧЕСТВ..................440
- ◆ ФАМИЛИИ ИЗВЕСТНЫХ ЛЮДЕЙ..................442
- ◆ ОБЩЕУПОТРЕБИТЕЛЬНЫЕ СОКРАЩЕНИЯ..................444
- ◆ РАЗОРУЖЕНИЕ И БОРЬБА ЗА МИР..................451
- ◆ НЕКОТОРЫЕ ЧАСТО ИСПОЛЬЗУЕМЫЕ СОКРАЩЕНИЯ СОВЕТСКОЙ ЭПОХИ..................453
- ◆ ПРОЧИЕ СОКРАЩЕНИЯ, НЕ ВОШЕДШИЕ В ОСНОВНОЙ КОРПУС СЛОВАРЯ..................454

Алфавитный указатель..................458

ПРЕДИСЛОВИЕ

Тематический словарь сокращений современного русского языка издается впервые. Он содержит около 20000 современных сокращений русского языка и является на сегодняшний день наиболее полным словарем подобного типа.

Тематический принцип построения Словаря позволил сделать его полезным для специалистов практически всех отраслей знаний.

Отбор сокращений производился в течение нескольких лет из различных источников периодической печати, специальных изданий и справочников. В Словаре зафиксированы многочисленные сокращения, возникшие в русском языке в 90-х годах в результате коренных общественно-экономических изменений в нашей стране.

В то же время многочисленные сокращения советской эпохи перешли в разряд архаизмов, многие их них полностью вышли из употребления в связи с изменениями названий организаций, предприятий и т. п. Однако в настоящем издании мы сочли необходимым сохранить небольшой раздел *«Некоторые наиболее часто используемые сокращения советской эпохи»*, содержащие, например, такие аббревиатуры, как **КГБ, СССР, КПСС** и др.

Образование сокращений в русском языке, как, впрочем, и в любом другом, - процесс непрерывный, особенно активизирующийся в период политических и социально-экономических перемен. Вот почему любой словарь является лишь отражением определенного этапа в развитии языка и не может претендовать на всю полноту охвата языкового материала.

Мы с благодарностью примем любую конструктивную критику и рекомендации по структуре и содержанию словаря. Просим также присылать нам любые сокращения, отсутствующие в данном издании. Письма направлять по адресу:

197342, Санкт-Петербург, а/я 97.

или в издательство:

117071, Москва, Ленинский пр., 15, оф. 323, Издательство "РУССО".
Тел./факс: (095) 237-25-02. E-mail: russopub@aha.ru

С. В. Фадеев

КАК ПОЛЬЗОВАТЬСЯ СЛОВАРЕМ

Состав Словаря

В Словарь включены сокращения, распределенные по 65 основным темам и 19 подтемам (*см.* **Содержание**). Во многих темах объединены сокращения, относящиеся к разным, но тематически близким или смежным отраслям знаний или видам профессиональной деятельности, например: «**Физика. Математика. Инженерия**»; «**Биология. Химия. Медицина**»; «**Астрономия. Авиация и космонавтика**».

В Словаре представлены следующие типы сокращений русского языка:

1) аббревиатуры - инициальные буквенные сокращения: **МИД, ОМОН, ФРГ, США, вуз** и др.;

2) сложносокращенные слова слогового типа: **авиапром, лесхоз, Роскомвод, Миннац** и др.;

3) сложносокращенные слова смешанного образования, состоящие из сочетаний буквенных аббревиатур с усеченными частями слов: **КамАЗ, БелАЗ, КрАЗ, МинЧС** и др.;

4) частичносокращенные слова, включающие часть основы и полное слово: **Минобороны, начштаба, Госкомимущество, санэпиднадзор** и др.;

5) некоторые наиболее продуктивные инициальные слоговые элементы сложносокращенных слов: **авиа..., агро..., эвако..., бое...** и др.;

6) условные графические сокращения, в которых отсеченная часть слова обозначается либо точкой (**т. е., т. к., в., чел.**), либо косой чертой (**б/у, п/п, к/ф**), либо дефисом (**лит-ра, изд-во, пр-во**);

7) графические сокращения, образованные путем удаления гласных: **млн, млрд, трлн** и др.;

8) сокращения единиц измерения: **м, кг, т, мин, Вт, А/м, Кл·м** и др.

В Словарь также включены заимствованные из других языков аббревиатуры, которые образованы методом транслитерации соответствующих сокращений с языка оригинала: **НАТО** (NATO), **ФИДЕ** (FIDE), **ФИФА** (FIFA) и др.

Структура Словаря

Все сокращения расположены в тематических группах и подгруппах в алфавитном порядке.

В конце Словаря имеется общий **Алфавитный указатель**, который позволяет быстро отыскать любое сокращение, а также найти все сокращения-омонимы, расположенные в разных тематических группах.

Одно и то же сокращение может относиться к разным тематическим группам, например, **АБС** - *автоматизированная банковская система* находится в двух тематических разделах: «**Банки. Биржи. Финансы**» и «**Автоматика и автоматизация. Теле- и радиоэлектроника. Связь. Почта. Электротехника**», а аббревиатура **ВИФК** - *Военный институт физической культуры* - в трех: «**Институты**», «**Военное дело**», «**Спорт**».

Сокращения, обозначаемые прописными буквами, даются перед сокращениями, переданными с помощью строчных букв. Сокращения с точкой в конце помещаются после сокращений без точки.

Варианты сокращений даются в одной словарной статье только в том случае, если они следуют сразу же друг за другом по алфавиту:

наз(в). название

Сокращения в корпусе словаря набраны **прямым полужирным шрифтом**, за ними сразу же следует расшифровка, набранная прямым светлым шрифтом:

ККК Координационно-консультативный комитет.

Исключение составляет лишь большая часть сокращений раздела «**Сокращения, используемые в словарях и энциклопедиях**», которые, как и в самих источниках, набраны *курсивом*:

рим. римский;

неприст. непристойное слово или выражение.

При расшифровке заимствованных аббревиатур первой приводится помета, указывающая на язык-источник, затем иностранная аббревиатура, иностранное наименование и полное наименование, принятое в русском языке:

ИНТЕРПОЛ *англ.* INTERPOL, International Criminal Police Organization - Международная организация уголовной полиции.

Факультативные элементы расшифровки, уточняющие или дополняющие ее, а также различные пометы (*англ., мед., топ., арт., электр.* и т. д.) набраны *курсивом* и заключены в круглые скобки:

АТЦ антитеррористический центр (*Федеральной службы безопасности*);

СУ самоходная установка (*арт.*).

Расшифровка всех помет дана в Словаре в разделе «**Сокращения, используемые в словарях и энциклопедиях**», а также в соответствующих тематических разделах.

СПРАВОЧНАЯ ЛИТЕРАТУРА
(в хронологическом порядке)

Словарь русских и литовских сокращений. Вильнюс, 1960. - 436 с.
Блувштейн В. О. Словарь сокращений английского, немецкого, голландского и скандинавских языков. Свыше 33 тыс. сокр. М.: СЭ, 1964. - 883 с.
Glossary of Russian Abbreviations and Acronyms. Compiled by the Aerospace Technology Division. Reference Department. Library of Congress. Washington, 1967. - 806 p.
Zalucki H. Dictionary of russian technical and scientific abbreviations with their full meaning in Russian, English and German. Amsterdam-London-N.Y.: Elsevier Publishing Company, 1968. - 387 p.
Словарь сокращений французского языка: 27500 сокр./Сост. Э. Г. Баранчеев и др. Под общ. ред. К. К. Парчевского. М.: СЭ, 1968. - 671 с.
Нефедченко Л. Ф. Краткий список газетных аббревиатур. Воронеж, 1973. - 10 с.
Словарь сокращений по информатике / Авт. М. М. Балаховский и др. М.: Межд. центр НТИ, 1976. - 405 с.
Холматова С. Д. Словарь русских и таджикских сокращений. Душанбе: Дониш, 1979. - 282 с.
Алексеев Д. И., Гозман И. Г., Сахаров Г. В. Словарь сокращений русского языка: Около 17700 сокращений / Под ред. Д. И. Алексеева. - 3-е изд., с прил. новых сокращений. - М.: Рус. яз., 1983. - 487 с.
Фаворов П. А. Англо-русский морской словарь сокращений. Около 22 тыс. сокр. М.: Воениздат., 1983. - 632 с.
Азимов П. Русско-туркменский словарь сокращений. Ашхабад: Ылым, 1985. - 346 с.
Саркисян А. Г. Русско-армянский словарь географических аббревиатур. Ереван, 1987. - 115 с.
Мурашкевич А. М. Французско-русский словарь сокращений по авиационной и ракетно-космической технике: ок. 10 тыс. сокр. М.: Воениздат, 1988. - 222 с.
Scheitz E. Russische Abkürzungen. Berlin: Verlag Technik, 1989. - 696 s.
Wennrich P. International encyclopedia of abbreviations and acronyms of organizations. Vol. 1-10. München, 1990 -
Дюжикова Е. А. Словарь сокращений современного английского языка. Владивосток, 1991. - 170 с.
Высочанская О. А. и др. Сокращения в информатике: Словарь-справочник. 2-е изд. М.: ВИНИТИ, 1992. - 382 с.
Волкова Н. О., Никанорова И. А. Англо-русский словарь наиболее употребительных сокращений. М.: Рус. яз., 1993. - 464 с.
Словарь сокращений и аббревиатур, применяемых в работе сотрудниками органов внутренних дел МВД РФ. Сост. Баранов П. П., Назаров В. А. Р-н-Д: РВШ МВД России, 1996. - 58 с.
Пасмурнов И. И. Словарь сокращений испанского языка: Ок. 20000 сокр. М.: РУССО, Рус. яз., 1996. - 624 с.
Фадеев С. В. Словарь сокращений современного русского языка: Ок. 15000 сокр. СПб.: Политехника, 1997. - 527 с.

СЛОВАРЬ

РУССКИЙ АЛФАВИТ

А а	И и	Р р	Ш ш
Б б	Й й	С с	Щ щ
В в	К к	Т т	Ъ ъ
Г г	Л л	У у	Ы ы
Д д	М м	Ф ф	Ь ь
Е е Ё ё	Н н	Х х	Э э
Ж ж	О о	Ц ц	Ю ю
З з	П п	Ч ч	Я я

ГОСУДАРСТВА, ГОРОДА, РАЙОНЫ, ОБЛАСТИ, ПРОВИНЦИИ И ДРУГИЕ ГЕОГРАФИЧЕСКИЕ НАЗВАНИЯ И ПРИЛАГАТЕЛЬНЫЕ, ОБРАЗОВАННЫЕ ОТ НИХ
(сокращенные названия городов используются преимущественно в библиографии)

А.-А.	Алма-Ата	**Бат.**	Батуми
Ав.	Авила *(Испания)*	**Бенилюкс**	Бельгия, Нидерланды, Люксембург
автон.	автономный		
аз.	азовский	**бирм.**	бирманский
азиат.	азиатский	**Биск.**	Бискайя *(Испания)*
АКТ	Африка, Карибский бассейн и Тихий океан	**Бл. Восток**	Ближний Восток
		Бол.	Боливия
Ал.	Алава *(Испания)*	**БР**	Башкирская Республика
алж.	алжирский	**браз.**	бразильский
Алик.	Аликанте *(Испания)*	**бухарск.**	бухарский
Альб.	Альбасете *(Испания)*	**В**	восток
Альм.	Альмерия *(Испания)*	**В.**	Великий *(в названиях)*
альп.	альпийский	**В.**	Верхний *(в названиях)*
амер.	американский	**В.**	Воронеж
Анд.	Андалузия *(Испания)*	**В.**	Восток
Ант. о-ва	Антильские острова	**Вал.**	Валенсия *(Испания)*
АО	автономная область	**Вальяд.**	Вальядолид *(Испания)*
АО	административный округ	**ВАО**	Восточный административный округ *(Москва)*
а/о	автономная область		
АР	Азербайджанская Республика	**Вен.**	Венесуэла
		Верхн.	Верхний
Ар.	Арагон *(Испания)*	**В.О.**	Васильевский Остров *(Санкт-Петербург)*
ар.	арабский		
Арг.	Аргентина	**воев.**	воеводство
аргент.	аргентинский	**возв.**	возвышенность
АРЕ	Арабская Республика Египет	**вост.**	восточный
		ВР	Венгерская Республика
арх.	архипелаг	**г**	гора
Аст.	Астурия *(Испания)*	**г**	город
АТР	азиатско-тихоокеанский регион	**г.**	гора
		г.	город
афг.	афганский	**гав.**	гавань
афин.	афинский	**Гал.**	Галисия *(Испания)*
афр.	африканский	**ГБАО**	Горно-Бадахшанская автономная область
Аш.	Ашхабад		
Б.	Берлин	**Гват.**	Гватемала
бак.	бакинский	**гвин.**	гвинейский
Баск.	Страна Басков *(Испания)*	**Герм.**	Германия

Государства, города, районы, области, провинции ...

Гип.	Гипускоа *(Испания)*	**Кад.**	Кадис *(Испания)*
Голл.	Голландия	**Каз.**	Казань
Гонд.	Гондурас	**Кан.**	Канада
гор.	город; городской	**Кан. о-ва**	Канарские острова
гос-во	государство	**Кант.**	Кантабрия *(Испания)*
Гран.	Гранада *(Испания)*	**Кас.**	Касерес *(Испания)*
граф.	графство	**касп.**	каспийский
Грец.	Греция	**Каст.**	Кастилия *(Испания)*
губ.	губерния	**Кат.**	Каталония *(Испания)*
Д.	Днепропетровск	**Киш.**	Кишинев
Данил.	Даниловский	**кн-во**	княжество
ДВ	Дальний Восток	**КНДР**	Корейская Народно-Демократическая Республика
Д. Восток	Дальний Восток		
деп.	департамент		
Дом. Р.	Доминиканская Республика	**КНР**	Китайская Народная Республика
Донск.	Донской	**КО**	Коморские острова
Др.	Древний; Древняя	**Кол.**	Колумбия
ДРМ	Демократическая Республика Мадагаскар	**кор-во**	королевство
		Корд.	Кордова *(Испания)*
ДС	Дальний Север	**корол(ев).**	королевский
Душ.	Душанбе	**К.-Р.**	Коста-Рика
Евр.	Европа	**Куэн.**	Куэнка *(Испания)*
Евразия	Европа и Азия	**латв.**	латвийский
европ.	европейский	**Лер.**	Лерида *(Испания)*
егип(т).	египетский	**лит.**	литовский
Ер.	Ереван	**ЛО**	Ленинградская область
ер.	ереванский	**Логр.**	Логроньо *(Испания)*
З	запад	**ЛР**	Латвийская Республика
З.	запад	**М.**	Мексика
зал.	залив	**М.**	Москва
зап(ад).	западный	**м.**	местечко
ЗФИ	Земля Франца Иосифа	**Мал.**	Малага *(Испания)*
Ир.	Иркутск	**мальдивск.**	мальдивский
ирак.	иракский	**мекс.**	мексиканский
иран.	иранский	**МНР**	Монгольская Народная Республика
ИРИ	Исламская Республика Иран		
		МО	Московская область
ИРМ	Исламская Республика Мавритания	**Мурс.**	Мурсия *(Испания)*
		Нав.	Наварра *(Испания)*
ИРП	Исламская Республика Пакистан	**Нагор.**	Нагорный
		НАО	Ненецкий автономный округ
К.	Киев		
к.	кишлак	**низм.**	низменность
кав(к).	кавказский	**Ник.**	Никарагуа

НКР	Нагорно-Карабахская Республика	**РА**	Республика Албания
Новосиб.	Новосибирск	**РБ**	Республика Башкортостан
нп	населенный пункт	**Р/Д**	Ростов-на-Дону
О.	Одесса	**респ.**	республика; республиканский
о.	область		
о.	океан	**РК**	Республика Карелия
о.	остров	**РК**	Республика Коми
ОАЭ	Объединенные Арабские Эмираты	**РК**	Республика Корея
		РМ	Республика Македония
обл.	область; областной	**РМ**	Республика Мордовия
Ов.	Овьедо *(Испания)*	**р-н**	район
о-в	остров	**Р. н/Д**	Ростов-на-Дону
о-ва	острова	**рос(с).**	российский
Од.	Одесса	**РП**	Республика Польша
оз.	озеро	**РСК**	Республика Сербская Краина
окр.	округ; окружной		
п.	переулок	**РТ**	Республика Таджикистан
п.	поселок	**РТ**	Республика Татарстан
Павел.	Павелецкий *(вокзал в Москве)*	**РФ**	Российская Федерация
		РХ	Республика Хорватия
пакист.	пакистанский	**РЭГ**	Республика Экваториальная Гвинея
Пал.	Паленсия *(Испания)*		
Пан.	Панама	**С**	север
панам.	панамский	**С.**	север
Пар.	Парагвай	**с.**	село
парагв.	парагвайский	**Сал.**	Саламанка *(Испания)*
Пб	Петербург	**Сальв.**	Сальвадор
п-в	полуостров	**САМ**	Союз арабского Магриба
пер.	переулок	**Сам.**	Самора *(Испания)*
петерб.	петербургский	**Сант.**	Сантандер *(Испания)*
пл.	площадь	**САО**	Северный административный округ *(Москва)*
ПМР	Приднестровская Молдавская Республика		
		САР	Сирийская Арабская Республика
ПНГ	Папуа-Новая Гвинея		
п-ов	полуостров	**Сар.**	Сарагоса *(Испания)*
пос.	поселок	**сауд.**	саудовский
П.-Р.	Пуэрто-Рико	**СВ**	северо-восток; северо-восточный
пров.	провинция		
просп.	проспект	**С.-В.**	северо-восток; северо-восточный
пр-т	проспект		
П.С.	Петроградская сторона *(Санкт-Петербург)*	**СВАО**	Северо-Восточный административный округ *(Москва)*
Р.	Рига		
р.	река	**Сев.**	Севилья *(Испания)*

13

Государства, города, районы, области, провинции ...

сев.	северный
сев.-вост.	северо-восточный
сев.-зап.	северо-западный
Сег.	Сеговия (*Испания*)
сел.	селение
С.-З.	северо-запад
СЗАО	Северо-Западный административный округ (*Москва*)
сиб.	сибирский
сир.	сирийский
СКА	северокавказские автономии
СО	Северная Осетия
Сор.	Сория (*Испания*)
СП	Северный полюс
СПб *или* **Спб**	Санкт-Петербург
С.-Петерб.	Санкт-Петербургский
СПК	Северный полярный круг
Ср. Азия	Средняя Азия
СРВ	Социалистическая Республика Вьетнам
Ср. Восток	Средний Восток
СРЮ	Союзная Республика Югославия
Стамб.	Стамбул
субэкв.	субэкваториальный
Сух.	Сухуми
США	Соединенные Штаты Америки
Т.	Таллин
Т.	Томск
Таил.	Таиланд
Тал.	Таллин
Тар.	Таррагона (*Испания*)
Таш.	Ташкент
Тб.	Тбилиси
Тер.	Теруэль (*Испания*)
тиб.	тибетское (*название*)
Тол.	Толедо (*Испания*)
Турц.	Турция
у.	уезд
ул.	улица
УР	Удмуртская Республика
Ур.	Уругвай
уругв.	уругвайский
Уэльв.	Уэльва (*Испания*)
Уэск.	Уэска (*Испания*)
Фил.	Филиппины
Фр.	Франция
ФРГ	Федеративная Республика Германии
Х(ар).	Харьков
Ц. Ам.	Центральная Америка
ЦАО	Центральный административный округ (*Москва*)
ЦАР	Центральноафриканская Республика
Цариц.	Царицыно
ЦЧО	Центрально-черноземная область
ЦЧР	Центрально-черноземный район
Ч.	Чили
чил.	чилийский
ЧР	Чеченская Республика
ЧР	Чувашская Республика
ЧРИ	Чеченская Республика Ичкерия
швейц.	швейцарский
Экв.	Эквадор
Эстр.	Эстремадура (*Испания*)
Ю	юг
Ю.	юг; южный
Ю. Ам.	Южная Америка
ЮАО	Южный административный округ (*Москва*)
ЮАР	Южно-Африканская Республика
ЮБК	Южный берег Крыма
ЮВ	юго-восток; юго-восточный
Ю.-В.	юго-восток
ю. в.	юго-восток; юго-восточный
ЮВА	Юго-Восточная Азия
ЮВАО	Юго-Восточный административный округ (*Москва*)

Государственно-административная система

ГКЧС Государственный комитет по чрезвычайным ситуациям

ГОРСОБЕС Городской отдел социального обеспечения

гос. государственный

Госдума Государственная Дума

Госкомвуз Государственный комитет Российской Федерации по высшему образованию

Госкомимущество Государственный комитет Российской Федерации по управлению государственным имуществом

Госкомоборонпром Государственный комитет Российской Федерации по оборонным отраслям промышленности

Госкомпром Государственный комитет Российской Федерации по промышленной политике

Госкомсанэпиднадзор Государственный комитет санитарно-эпидемиологического надзора Российской Федерации

Госкомстат Государственный комитет Российской Федерации по статистике

Гос. пр. Государственная премия

Госстандарт Государственный комитет Российской Федерации по стандартизации, метрологии и сертификации

Госстрой Государственный комитет Российской Федерации по вопросам архитектуры и строительства

ГПК Генеральный пограничный комитет

ГРП Государственная регистрационная палата

ГТК Государственный таможенный комитет Российской Федерации

губ. губернатор

ДГИ Департамент по гражданству и иммиграции *(Латвия)*

деп. депутат

ЕГСД Единая государственная система делопроизводства

ЗАГС запись актов гражданского состояния

ЗакС Законодательное собрание

ЗАТО закрытые административно-территориальные образования

ЗС Законодательное собрание *(Санкт-Петербурга)*

ИК исполнительный комитет

ИО исполнительный орган

исполком исполнительный комитет

ККАП Кадровая комиссия администрации Президента

ККК Координационно-консультативный комитет

ККК СНГ Координационно-консультативный комитет Содружества Независимых Государств

КМФТ Комитет Российской Федерации по делам молодежи, физической культуре и туризму

Комдрагмет Комитет драгоценных металлов

КС Конституционное собрание

КС Конституционный суд

КСП Контрольно-счетная палата

КТиЗН комитет по труду и занятости населения

Государственно-административная система

КУГИ Комитет по управлению городским имуществом

КУГИ Комитет по управлению государственным имуществом

КУГХ Комитет по управлению городским хозяйством

КФКТ Комитет Российской Федерации по физической культуре и туризму

КЭФ Комитет экономики и финансов *(мэрии Санкт-Петербурга)*

ЛПР лица, принимающие решения

МБ Министерство безопасности

МВД министерство внутренних дел

МВК Межведомственная комиссия

МВТП Министерство внешней торговли и промышленности *(Япония)*

МВЭС Министерство внешних экономических связей

МГА Министерство гражданской авиации

МГК Московский городской комитет

МДА мастер деловой администрации

МДГ Межрегиональная депутатская группа

МЗ министерство здравоохранения

МИД Министерство иностранных дел

мин. министр

мин-во министерство

Минатом Министерство Российской Федерации по атомной энергии

Минздравмедпром Министерство здравоохранения и медицинской промышленности Российской Федерации

Минкультуры Министерство культуры Российской Федерации

Миннауки Министерство науки и технической политики Российской Федерации

Миннац Министерство Российской Федерации по делам национальностей и региональной политики

Минобороны Министерство обороны Российской Федерации

Минобразование Министерство образования Российской Федерации

Минприроды Министерство охраны окружающей среды и природных ресурсов Российской Федерации

Минсвязи Министерство связи Российской Федерации

Минсельхозпрод Министерство сельского хозяйства и продовольствия Российской Федерации

Минсотрудничество Министерство Российской Федерации по сотрудничеству с государствами - участниками Содружества Независимых Государств

Минсоцзащиты Министерство социальной защиты населения Российской Федерации

Минтопэнерго Министерство топлива и энергетики Российской Федерации

Минтранс Министерство транспорта Российской Федерации

Минтруд Министерство труда Российской Федерации

Минфин Министерство финансов Российской Федерации

Государственно-административная система

МинЧС Министерство по чрезвычайным ситуациям Российской Федерации
Минэкономики Министерство экономики Российской Федерации
Минюст Министерство юстиции Российской Федерации
МКИ Московский комитет по управлению государственным имуществом
МОБ Министерство общественной безопасности *(Китай)*
МОИК Московский областной исполнительный комитет
МОРФ Министерство обороны Российской Федерации
МП московское правительство
МПС Министерство путей сообщения Российской Федерации
МСЗ Министерство социальной защиты
МСХ Министерство сельского хозяйства
МЧС Министерство по чрезвычайным ситуациям
МЭ Министерство энергетики *(США)*
МЭП Министерство электронной промышленности
НА национальная ассамблея
НАЗ наземное административное здание
ННС Национальное народное собрание
НС Народное собрание
НС Национальное собрание
ОАТИ Объединенная административно-техническая инспекция
пал. палата
ПНА Палестинская национальная администрация
ПНЕ Правительство национального единства
ПП палата представителей
ППФС Послание Президента Российской Федерации Федеральному Собранию
през. президент
преф. префектура
пр.-мин. премьер-министр
ПС палата советников
Роскомвод Комитет Российской Федерации по водному хозяйству
Роскомдрагмет Комитет Российской Федерации по драгоценным металлам и драгоценным камням
Роскомзем Комитет Российской Федерации по земельным ресурсам и трудоустройству
Роскомкино Комитет Российской Федерации по кинематографии
Роскоммаш Комитет Российской Федерации по машиностроению
Роскомметаллургия Комитет Российской Федерации по металлургии
Роскомнедр(а) Комитет Российской Федерации по геологии и использованию недр
Роскомпечать Комитет Российской Федерации по печати
Роскомрезерв Комитет Российской Федерации по государственным резервам
Роскомрыболовство Комитет Российской Федерации по рыболовству
Роскомторг Комитет Российской Федерации по торговле
Роскомхимнефтепром Комитет Российской Федерации по химической и нефтехимической промышленности

Государственно-административная система

Роспатент Комитет Российской Федерации по патентам и товарным знакам
рук. руководство
СВД Служба внутренних доходов *(США)*
СЗ служба занятости
СИН служба иммиграции и натурализации
СНП собрание народных представителей
ТК таможенный комитет
УАЗ Управление административными зданиями
УНА Украинская национальная ассамблея
УПД Управление прогнозирования доходов *(мэрии)*

ФЕДЕРАЛЬНЫЕ СЛУЖБЫ

Госгортехнадзор Федеральный горный и промышленный надзор России
Росгидромет Федеральная служба России по гидрометеорологии и мониторингу окружающей среды
Роскартография Федеральная служба геодезии и картографии России
Рослесхоз Федеральная служба лесного хозяйства России
Росстрахнадзор Федеральная служба России по надзору за страховой деятельностью
ФЗСР Федеральная служба занятости России
ФКС Федеральная контрактная система
ФМС Федеральная миграционная служба
ФПС Федеральная пограничная служба
ФПС Федеральная почтовая связь
ФРС Федеральная резервная система *(США)*
ФРСР Федеральная резервная система России
ФС Федеральное Собрание
ФСЗ Федеральная служба занятости
ФСТР Федеральная служба России по телевидению и радиовещанию

СИЛОВЫЕ СТРУКТУРЫ. РАЗВЕДКА. ПОГРАНИЧНАЯ ОХРАНА. ТАМОЖНЯ. ОРГАНЫ ОХРАНЫ ПРАВОПОРЯДКА. НАЛОГОВЫЕ ОРГАНЫ. АВТОИНСПЕКЦИИ.

АНБ Агентство национальной безопасности *(США)*
АТЦ антитеррористический центр *(Федеральной службы безопасности)*
АХО административно-хозяйственная охрана
БББ бригада по борьбе с бандитизмом *(Франция)*
БД безопасность движения
БНД *нем.* BND, Bundesnachrichtendienst - Федеральная служба наблюдения ФРГ
БПЛ «Безопасность предпринимательства и личности» *(ассоциация)*
БТН Брюссельская таможенная номенклатура
ВОХР военизированная охрана
ВСНБ Высший совет национальной безопасности *(Иран)*
ВТК воспитательно-трудовая колония
ВШМ Высшая школа милиции
ГАИ Государственная автомобильная инспекция
ГБ государственная безопасность; госбезопасность
ГВП Главная военная прокуратура
ГВП Главный военный прокурор
ГКПП Государственный контрольно-пропускной пункт
ГНИ Государственная налоговая инспекция
ГНС Государственная налоговая служба
ГОВД городской отдел внутренних дел
ГОМ городской отдел милиции
Госналогслужба Государственная налоговая служба Российской Федерации
ГПЦО головной пункт централизованной охраны
ГРУ Главное разведывательное управление
ГТД Грузовая таможенная декларация
ГУВД Главное управление внутренних дел
ГУО Главное управление охраны Российской Федерации
ГУОП Главное управление по борьбе с организованной преступностью
ГУПО Главное управление пожарной охраны
ГУУР Главное управление уголовного розыска
ГУЭП Главное управление по борьбе с экономическими преступлениями
ДИЗО дисциплинарный изолятор
ДНП Департамент налоговой полиции *(Российской Федерации)*
ДПС дежурно-постовая служба
ДПС дорожно-патрульная служба
ДПС дорожно-постовая служба
ДТК детская трудовая колония
ДТП дорожно-транспортное происшествие
заст. застава

Силовые структуры. Разведка. Погранохрана. Таможня ...

ЗП заграничный паспорт; загранпаспорт
з/п заграничный паспорт; загранпаспорт
ИВС изолятор временного содержания
ИДН инспекция по делам несовершеннолетних
ИНН идентификационный номер налогоплательщика
инсп. инспектор
ИНТЕРПОЛ *англ.* INTERPOL, International Criminal Police Organization - Международная организация уголовной полиции
ИПА Интернациональная полицейская ассоциация
ИТК исправительно-трудовая колония
ИТЛ исправительно-трудовой лагерь
ИТСО инженерно-технические средства охраны
ИТУ исправительно-трудовое учреждение
КМП Кавказская межрегиональная прокуратура
КНБ Комитет национальной безопасности
КПЗ камера предварительного заключения
КПМ контрольный пункт милиции
КПН комиссия по делам несовершеннолетних
КППБ Комитет по предупреждению преступности и борьбе с ней *(Организации Объединенных Наций)*
КСП контрольно-следовая полоса *(на государственной границе)*
ЛОВД линейный отдел внутренних дел
ЛУВО линейное управление внутренних дел
МАБНН Международная ассоциация по борьбе с наркоманией и наркобизнесом
МБ Министерство безопасности
МВД министерство внутренних дел
МВТ Международный военный трибунал
Минобороны Министерство обороны Российской Федерации
МОБ Министерство общественной безопасности *(Китай)*
МОРФ Министерство обороны Российской Федерации; Минобороны
МРЭО межрайонный регистрационно-экзаменационный отдел *(Госавтоинспекции)*
МСБ Межреспубликанская служба безопасности
МСПООП муниципальное специализированное предприятие по охране общественного порядка
МТП Московская транспортная прокуратура
МУР Московский уголовный розыск
МУТР Международный уголовный трибунал для Руанды
МУЭП Московское управление по экономическим преступлениям
МФРПО Московский фонд развития правоохранительных органов
НВМ Народная вооруженная милиция *(Китай)*

Силовые структуры. Разведка. Пограничная. Таможня ...

НКР Национальная криминальная разведывательная служба
НП налоговая полиция
ОАГ оперативно-агентурная группа
ОБЖ основы безопасности жизнедеятельности
ОБПСЭ отдел по борьбе с преступлениями в сфере экономики
ОБЭП отдел по борьбе с экономическими преступлениями
ОВБ оперативно-выездная бригада
ОВД отдел внутренних дел
ОВИР Отдел виз и регистраций
ОВО отдел вневедомственной охраны
ОГ оперативная группа
о/м отделение милиции
ОМОН отряд милиции особого назначения
ОО особый отдел
ОООП отдел охраны общественного порядка
ООС открытая охраняемая стоянка
ОП организованная преступность
ОП охранное предприятие
ОПОН отряд полиции особого назначения
ОПР отдел профилактической работы *(ГУВД)*
ОПУС особый порядок управления страной
ОРБ оперативно-розыскное бюро
ОРК Объединенный разведывательный комитет *(Индия)*
ОРМ оперативно-розыскные мероприятия
ОРУД отдел регулирования уличного движения
ОРЦ объединенный разведывательный центр *(США)*
ОУВД окружное управление внутренних дел
ОУР отдел уголовного розыска
охр. охрана
ОЭП отдел по борьбе с экономическими преступлениями
ПМГ подвижная милицейская группа
ПМП подвижный милицейский пункт
полиц. полиция
ПОС прибор охранной сигнализации
ППМ передвижной пункт милиции
ППНО превышение пределов необходимой обороны
ППС патрульно-постовая служба
ПРН приемник-распределитель несовершеннолетних
ПЦО пункт централизованной охраны
РОВД районный отдел внутренних дел
РОМ районный отдел милиции
РУВД районное управление внутренних дел
РУД регулирование уличного движения
РУОП региональное управление по борьбе с организованной преступностью
САП специальный автопатруль *(милиции)*
СБ служба безопасности
СБДПС специальный батальон дорожно-патрульной службы
СБП Служба безопасности президента

23

Силовые структуры. Разведка. Погранохрана. Таможня ...

СБУ Служба безопасности Украины
СВР Служба внешней разведки
секр. секретно *(гриф на документах)*
СИБ средство индивидуальной безопасности
СИЗО следственный изолятор
СК следственный комитет
СМОБ служба милиции общественной безопасности
СНБ Совет национальной безопасности *(США)*
СНО Совет национальной обороны *(Египет)*
СОБР сводный отряд быстрого реагирования
СОБР специальный отряд быстрого реагирования
сов. секр. совершенно секретно *(гриф на документах)*
СООНО силы Организации Объединенных Наций по охране
спецназ часть специального назначения
СРС служебная розыскная собака
СС совершенно секретно *(гриф на документах)*
С. т. служащий таможни
СТЗ свободная таможенная зона
СУ следственное управление
тамож. таможенный
УБЭП Управление по борьбе с экономическими преступлениями
УВД Управление внутренних дел
УВДТ Управление внутренних дел на транспорте
УВИР Управление виз и регистрации иностранцев
УВО Управление вневедомственной охраны

уг. уголовный
УГАИ Управление Государственной автомобильной инспекции
УГКНБ Управление государственного комитета национальной безопасности *(Киргизии)*
УДНП Управление департамента налоговой полиции
УНБ Управление национальной безопасности *(США)*
УНОН Управление по борьбе с незаконным оборотом наркотиков
УНСО Украинская народная самооборона
УОП Управление по борьбе с организованной преступностью
УПО управление пожарной охраны
УР уголовный розыск
УРОПД Управление по расследованию организованной преступной деятельности
УСБ Управление собственной безопасности
УУР Управление уголовного розыска
УФСБ Управление Федеральной службы безопасности
уч. участок; участковый
УЭП Управление по борьбе с экономическими преступлениями
ФАБ Федеральное агентство безопасности
ФАГБ Федеральное агентство государственной безопасности
ФАИ фотоавтоинспектор
ФБР Федеральное бюро расследований *(США)*
ФРС Федеральная разведывательная служба *(Германия)*

ФСБ Федеральная служба безопасности
ФСК Федеральная служба контрразведки
ФСКМ Федеральная служба криминальной милиции
ФСНП Федеральная служба налоговой полиции
ЦРУ Центральное разведывательное управление (США)
ЧПОБ частная программа обеспечения безопасности
ШИЗО штрафной изолятор
ЮНФДАК *англ.* UNFDAC, United Nations Fund for Drug Abuse Control - Фонд Организации Объединенных Наций по борьбе с злоупотреблением наркотическими средствами

ПАРТИИ, СОЮЗЫ И ОБЩЕСТВЕННО-ПОЛИТИЧЕСКИЕ ДВИЖЕНИЯ

ААП Албанская аграрная партия
АДПС Азербайджанская демократическая партия собственников
АЛП Австралийская лейбористская партия
АЛП Албанская либеральная партия
АНК Африканский национальный конгресс
АНП Австрийская народная партия
АОД «Армянское общенациональное движение»
АПР Аграрная партия России
АПС Австрийская партия свободы
АРП Албанская республиканская партия
АСЛП альтернативная социал-либеральная партия
АСП Албанская социалистическая партия
БДД Бразильское демократическое движение
БЗНС Болгарский земледельческий народный союз
БКТ Британский конгресс тред-юнионов
БНП Баскская националистическая партия
БНФ Белорусский народный фронт
б/п беспартийный
БСДП Болгарская социал-демократическая партия
БСП Болгарская социалистическая партия
БСФ Боливийская социалистическая фаланга *(политическая партия)*
ВАСС Всеафриканский союз студентов
ВДВФ Всеобщее движение за всемирную федерацию
ВДФ Венгерский демократический форум
ВК Венгерская коалиция *(Словакия)*
ВКПБ Всероссийская коммунистическая партия большевиков
ВКРО Всероссийский конгресс русских общин
ВМРО-ДПМНЕ Всемакедонская революционная организация - Демократическая партия национального единства
ВПБ Всероссийская партия большинства
ВПБЧ Всероссийская партия безопасности человека
ВПМД Всецерковное православное молодежное движение
ВПМЦ Всероссийская партия монархического центра
ВРС Всеобщий рабочий союз *(Мальта)*
ВСАС Всеобщий союз арабских студентов
ВСП Венгерская социалистическая партия
ВСР Всеукраинский союз рабочих
ВСТ Всеобщий союз трудящихся
генсек генеральный секретарь
ГКП Германская коммунистическая партия
ГЛ Греческая левая *(партия)*
ГМД «Гоминьдан» *(политическая партия Тайваня)*

Партии, союзы и общественно-политические движения

ГНРЕ Гватемальское национальное революционное единство *(военно-политический союз)*
ГПТ Гватемальская партия труда
ГРП Государственная реформатская партия
ГРС Гражданский радикальный союз *(политическая партия в Аргентине)*
ГС Гражданский союз
ДВР «Демократический выбор России» *(партия)*
ДЗДС Движение за демократическую Словакию
ДЗК Движение за компенсации *(Бразилия)*
ДИВТ Движение за исламское возрождение Таджикистана
ДИРА Движение исламской революции Афганистана
ДЛ Демократы Литвы
ДЛМ Движение за лучший мир
ДЛП Демократическая левая партия
ДН Движение неприсоединения
ДНК Движение народной консолидации
ДННЛ Движение за национальную независимость Латвии
ДП Демократическая партия
ДПА Демократическая партия Албании
ДПВ Демократическая партия Вьетнама
ДПИ Демократическая партия Индонезии
ДПКР Демократическая партия коммунистов России
ДПЛ Демократическая партия Литвы
ДПЛС Демократическая партия левых сил
ДПО Доминиканская партия освобождения
ДПП Демократическая прогрессивная партия *(Тайвань)*
ДПР Демократическая партия России
ДПС Движение за права и свободы *(Болгария)*
ДПТЛ Демократическая партия труда Латвии
ДПТЛ Демократическая партия труда Литвы
ДР «Деловая Россия» *(политическая партия)*
ДР Демократическая Россия *(политическая партия)*
ДРП Доминиканская революционная партия
ДС «Демократический союз» *(политическая партия)*
ДСМН Демократический союз малийского народа *(Мали)*
ДСМФ Движение социалистической молодежи Франции
ДСП Демократическая социалистическая партия *(Япония)*
ДСР Демократический союз России
ДФОП Демократический фронт освобождения Палестины
ДФФ Демократический фронт франкофонов
ДЦ Движение «Центр» *(Литва)*
ДЦ Демократы центра
ДЮП Демократическая юнионистская партия
ЕСЖ Европейский союз женщин
ЗА «Зеленая альтернатива» *(Австрия)*
ЗАНУ англ. ZANU, Zimbabwe African National Union - Африканский национальный союз Зимбабве

Партии, союзы и общественно-политические движения

ИДН	Избирательное движение народа	**КОПТЭ**	Комиссия по организации Партии трудящихся Эфиопии
ИКТ	Ирландский конгресс тред-юнионов	**КП**	Квебекская партия
ИКТЮ	Ирландский конгресс тред-юнионов	**КП**	коммунистическая партия
ИЛП	Итальянская либеральная партия	**КП**	Консервативная партия
ИПА	Исламская партия Афганистана	**КП**	Крестьянская партия
ИПК	Исламская партия Кении	**КПА**	Коммунистическая партия Австрии
ИПХ	Исламская партия Халеса *(Афганистан)*	**КПГ**	Коммунистическая партия Греции
ИРП	Институционно-революционная партия *(Мексика)*	**КПИ**	Коммунистическая партия Ирландии
ИРП	Итальянская республиканская партия	**КПИ**	Коммунистическая партия Испании
ИСД-НПС	Итальянское социальное движение - Национальные правые силы	**КПК**	Коммунистическая партия Китая
ИСДП	Итальянская социал-демократическая партия	**КПЛ**	Коммунистическая партия Латвии
ИСП	Итальянская социалистическая партия	**КПЛ**	Коммунистическая партия Литвы
ИСРП	Испанская социалистическая рабочая партия	**КПЛ**	Коммунистическая партия Люксембурга
ИСТ	Итальянский союз труда	**КПН**	Коммунистическая партия Непала
ИФС	Исламский фронт спасения	**КПНИ**	Коммунистическая партия народов Испании
ЙСП	Йеменская социалистическая партия	**КПР**	Крестьянская партия России
ЙССМ	Йеменский социалистический союз молодежи	**КПРФ**	Коммунистическая партия Российской Федерации
КБДН	координационное бюро движения неприсоединения	**КПТ**	Конголезская партия труда
		КПУ	Коммунистическая партия Украины
КДП	Консервативная демократическая партия	**КРО**	Конгресс русских общин
КДП	Конституционно-демократическая партия	**КРП**	Курдская рабочая партия *(Турция)*
КЛПС	Коалиция левых и прогрессивных сил	**КС**	Крестьянский союз
		КСК	Конвергенция и союз Каталонии *(партия)*
КНП	Консервативная народная партия	**ЛД**	Либеральные демократы *(партия)*
конс(ерват).	консервативный	**ЛДП**	Либерально-демократическая партия

Партии, союзы и общественно-политические движения

ЛДПГ Либерально-демократическая партия Германии
ЛДПР Либерально-демократическая партия России
ЛДС Либерально-демократический союз
ЛДФ Либерально-демократический фонд
лев. левый
либер. либеральная *(партия)*
ЛКП либерально-консервативная политика
ЛП лейбористская партия
ЛП либеральная партия
ЛПА Либеральная партия Австралии
ЛПВ Лейбористская партия Великобритании
ЛПИ Лейбористская партия Ирландии
ЛПМ Лейбористская партия Мальты
ЛПММ Лига прогрессивной молодежи Мальты
ЛППВ Либерально-патриотическая партия «Возрождение»
ЛПЯ Лейбористская партия Ямайки
ЛРП Либерально-радикальная партия
ЛСДП Люксембургская социал-демократическая партия
ЛСРП Люксембургская социалистическая рабочая партия
МДКИ Международное движение католической интеллигенции «Пакс Романа»
МДСК Международное движение студентов-католиков
МНРП Монгольская народно-революционная партия
МНС Мозамбикское национальное сопротивление
МПМН Молодежь Партии мавританского народа
МСМХД Международный союз молодых христиан-демократов
МСС Международный союз студентов
НАП Независимая антибюрократическая партия
НАПС Национальный аграрно-промышленный союз *(Болгария)*
НД Новая демократия *(партия)*
НДКТ Национальное движение крымских татар
НДП народно-демократическая партия
НДП Национал-демократическая партия Германии
НДП Национальная демократическая партия
НДП Новая демократическая партия *(Канада)*
НДПГ Национально-демократическая партия Грузии
НДПУ Народно-демократическая партия Узбекистана
НДР «Наш дом - Россия» *(общественно-политическое движение)*
НДС Национально-демократический союз *(Армения)*
НДФ Национально-демократический фронт
НИДА Национальное исламское движение Афганистана
НИФА Национальный исламский фронт Афганистана
НКП Национальная коалиционная партия *(Финляндия)*
НЛП национально-либеральная партия
НОФ Национальный отечественный фронт
НП Народная партия

НП	Националистическая партия	**НЦП**	Националистическая партия
НПМХ	Независимая партия мелких хозяев	**НЦХДП**	Национал-цэрэнистская, христианская и демократическая партия *(Румыния)*
НПП	Национально-прогрессивная партия	**ОАЕ**	Организация африканского единства
НПП	Новая прогрессивная партия	**ОДЦ**	Объединенный демократический центр
НПС	национально-патриотические силы	**ОЗА**	«Объединенные зеленые Австрии» *(партия)*
НПСД	Народная партия за свободу и демократию *(Нидерланды)*	**ОЛ**	«Объединенные левые» *(партия)*
НПСР	Народная партия «Советская Россия»	**ОММ**	Организация мозамбикской молодежи
НПФ	Национально-патриотический фронт	**ОНП**	Объединенная национальная партия
НРДР	Национальное революционное движение за развитие *(Руанда)*	**ОНС**	Объединение народных сил
НРП	Норвежская рабочая партия	**ООМ**	Организация оманской молодежи
НРПР	Национально-республиканская партия России	**ООП**	Организация освобождения Палестины
НС	Народный союз	**ОПМ**	Организация прогрессивной молодежи
НСМ	Немецкий союз мира		
НСП	Народно-социальная партия	**ОПНР**	Объединение «Предприниматели за новую Россию»
НСП	Никарагуанская социалистическая партия	**ОПР**	Объединение в поддержку республики *(Французская партия)*
НСС	Национал-социальный союз *(политическая группировка)*	**ОРС**	Объединение рабочих Словакии
НСС	Немецкий социальный союз	**ОРФ**	Объединенный рабочий фронт
НТС	Народно-трудовой союз	**ОС**	Отечественный союз
НФ	Народный фронт	**ОСПК**	Объединенная социалистическая партия Каталонии
НФ	Национальный фронт		
НФЛ	Народный фронт Латвии	**ОСПМ**	Объединенная социалистическая партия Мексики
НФМ	Народный фронт Молдовы		
НФО	Национальный фронт освобождения	**ОЮПО**	Официальная юнионистская партия Ольстера
НФОП	Национальный фронт освобождения Палестины		
НХП	Народно-христианская партия *(Перу)*	**ПА**	Партия альянса

Партии, союзы и общественно-политические движения

парт.	партийный
ПБ	Партия благоденствия *(Турция)*
ПБ	Партия большинства
ПБП	Прогрессивная бюргерская партия
ПБР	Партия бедноты России
ПВП	Партия верного пути *(Турция)*
ПГ	Партия граждан *(Исландия)*
ПГГ	Партия-государство Гвинеи
ПДА	Партия демократической альтернативы
ПДД	Партия демократического действия
ПДД	Португальское демократическое движение
ПДП	Партия за демократическое процветание
ПДП	Прогрессивно-демократическая партия
ПДС	Партия демократического социализма
ПДС	Партия демократической свободы
ПДУ	Патриотическое движение Уганды
ПЕР	Партия единства и развития
ПЖ	Партия Жириновского
ПЗ	Партия Зеленых
ПИЕА	Партия исламского единства Афганистана
ПКД	Партия конституционных демократов
ПКМПР	Православная конституционно-монархическая партия России
ПКНМ	Партия конгресса независимости Мадагаскара
ПКП	Партия коммунистического преобразования
ПКП	Перуанская коммунистическая партия
ПКП	Польская крестьянская партия
ПКППЛА	Постоянная конференция политических партий в Латинской Америке
ПКТ	Пуэрториканский конгресс трудящихся
ПЛП	Партия любителей пива
ПН	Партия независимости
ПНА	Партия Народный авангард
ПНД	Партия Национальное действие
ПНЛ	Партия независимости Литвы
ПННЭ	Партия национальной независимости Эстонии
ПНП	Прогрессивная народная партия
ПНПР	Партия независимости Пуэрто-Рико
ПНРБ	Партия народной революции Бенина
ПНС	Партия народной совести
ПНС	Партия народного самоуправления
ПНТС	Партия независимости и труда Сенегала
ПНФ	Прогрессивный национальный фронт
ПП	Партия прогресса
ПП	Прогрессивная партия
ПРЕС	Партия российского единства и согласия
ПС	Партия самоуправления *(Дания)*
ПС	Партия союза *(Дания)*
ПСД	Партия социалистического действия
ПСД	Партия социальной демократии
ПСП	Партия свободы и прогресса *(Бельгия)*
ПСТ	Партия самоуправления трудящихся

Партии, союзы и общественно-политические движения

ПСЮ	Партия социалистов-юнионистов	**РНЛ**	«Русский национальный легион»
ПТ	Партия труда	**РНС**	Российский народный собор
ПТ	Партия трудящихся		
ПТИ	Партия трудящихся Испании	**РНС**	Российское народное собрание
ПФ	Патриотический фронт	**РОВС**	Российский общевойсковой союз
ПФР	Патриотический фронт революции	**РОПП**	Российская объединенная промышленная партия
ПЦ	Партия центра		
ПЭС	Партия экономической свободы	**РОС**	Российский общенародный союз
РГП	Республиканская гуманитарная партия	**РОС**	российская община Севастополя
РГС	Российский гражданский союз *(политический блок)*	**РП**	Радикальная партия
		РП	Республиканская партия
РДДР	Российское движение демократических реформ	**РП**	Русская партия
		РПА	Российская партия автомобилистов
РДП	Революционно-демократическая партия	**РПИ**	Рабочая партия Ирландии
РДП	Реформистская демократическая партия	**РПК**	Рабочая партия Курдистана
РДПШ	Радикально-демократическая партия Швейцарии	**РПК**	Российская партия коммунистов
РДР	Объединение за возвращение беженцев и демократию в Руанде	**РПК/РДК**	Русская партия Крыма/Республиканское движение Крыма
РДТА	Революционное движение имени Тупака Амару *(Перу)*	**РПЛП**	Российская партия любителей пива
		РПМЦ	Республиканская партия монархического центра
РЗД	Российское земское движение	**РПНВ**	Русская партия национального возрождения
РКРП	Российская коммунистическая рабочая партия	**РПР**	Республиканская партия России
РЛП	Радикальная левая партия		
РЛП	Реформистская либеральная партия	**РПРС**	Российская партия «Русский стиль»
РНЕ	Русское национальное единство *(политическая партия)*	**РПРФ**	Республиканская партия Российской Федерации
		РПТ	Рабочая партия Турции
РНК	«Реформы - новый курс» *(общественно-политическое движение)*	**РПТ**	Революционная партия трудящихся
		РПФ	Руандийский патриотический фронт

Партии, союзы и общественно-политические движения

РПЦ Региональная партия центра
РПЦАТ Революционная партия центрально-американских трудящихся *(Сальвадор)*
РПЯ Рабочая партия Ямайки
РСВА Российский союз ветеранов Афганистана
РСДНП Российская социал-демократическая народная партия
РСДС Российский социал-демократический союз
РСХД Российское студенческое христианское движение
РСХП Революционная социал-христианская партия
РХДД Российское христианско-демократическое движение
РХДС Российский христианско-демократический союз
СВА Союз ветеранов Афганистана
СвДП-Л Свободная демократическая партия - либералы
СвДПР Свободная демократическая партия России
СГГ Союз граждан Грузии
с.-д. социал-демократ; социал-демократический
СДГ социал-демократы Гибралтара
СДЛП Социал-демократическая лейбористская партия
СДЛС Союз демократических левых сил *(Польша)*
СДМЕ Сообщество демократической молодежи
СДО Союз за демократическое обновление
СДП Свободная демократическая партия *(Турция)*
СДП Сенегальская демократическая партия
СДП Сербская демократическая партия
СДП Социал-демократическая партия
СДПА Социал-демократическая партия Албании
СДПГ Социал-демократическая партия Германии
СДПД Социал-демократическая партия Дании
СДПИ Социал-демократическая партия Исландии
СДПЛ Социал-демократическая партия Латвии
СДПЛ Социал-демократическая партия Литвы
СДПР Социал-демократическая партия России
СДПФ Социал-демократическая партия Финляндии
СДПШ Социал-демократическая партия Швейцарии
СДПШ Социал-демократическая партия Швеции
СДПЯ Социал-демократическая партия Японии
СДРПЛ Социал-демократическая рабочая партия Латвии
СДС Социал-демократический союз *(России)*
СДС Союз демократических сил *(Болгария)*
СДСМ Социал-демократический союз Македонии
СДЦ Социально-демократический центр *(политическая партия в Португалии)*
СДЦ Союз демократического центра *(политическая партия в Испании)*
СИЖ Социалистический интернационал женщин
СК Союз коммунистов
СКБ Союз коммунистов Бельгии

Партии, союзы и общественно-политические движения

СКД	Союз конституционных демократов
СЛП	Социалистическая левая партия
СЛПГ	Социалистическая лейбористская партия Гибралтара
СМД	Союз молодых демократов
СМР	Союз мусульман России
СНП	Словацкая национальная партия
СНП	Социалистическая народная партия
СО	Союз офицеров
СООВ	Союз общественных организаций Венгрии
СП	Социалистическая партия
СПА	Социалистическая партия Австралии
СПА	Социалистическая партия Австрии
СПЛ	Союз поляков Литвы
СПСЛ	Союз политзаключенных и ссыльных Литвы
СПТ	Социалистическая партия трудящихся
СПУ	Социалистическая партия Украины
СПФ	Сельская партия Финляндии
СП (фл.)	Социалистическая партия (фламандцы)
СП (фр.)	Социалистическая партия (франкофоны)
СПЯ	Социалистическая партия Японии
СРН	Союз русских националистов
СРП	Социалистическая рабочая партия
СРП	Социалистическая революционная партия
СРС	Союз реформаторских сил
ССД	Союз свободных демократов
ССМ	Союз суданской молодежи
СФД	Союз за французскую демократию *(Франция)*
СФП	Социалистическая федеральная партия
СХВЕ	Союз Христиан Веры Евангельской
СХП	Социально-христианская партия
СХС	Союз Христианского Созидания
СЦС	Соглашение центристских сил *(Польша)*
ТОТИ	«Тигры освобождения «Тамил илама» *(сепаратистская группировка в Шри-Ланке)*
ТПК	Трудовая партия Кореи *(КНДР)*
ТСМО	Тунисский союз молодежных организаций
УКП	Умеренная коалиционная партия *(Швеция)*
УКРП	Украинская консервативная республиканская партия
ФБ	Фламандский блок
ФДД	Федерально-демократическое движение
ФДМ	Французское движение за мир
ФНО	Фронт национального освобождения
ФНОМ	Фронт национального освобождения Мозамбика
ФНОФМ	Фронт национального освобождения имени Фарабундо Марти
ФНС	Фронт национального спасения
ФП	Федеральная партия
ФРПГ	Фронт за развитие и прогресс Гаити

ФСП Французская социалистическая партия

ХАМАС Исламское движение сопротивления

ХДД Христианско-демократическое движение *(Словакия)*

ХДМ Христианско-демократическая молодежь *(Чили)*

ХДНП Христианско-демократическая народная партия

ХДП Христианско-демократическая партия

ХДП Христианско-демократический призыв

ХДПЛ Христианско-демократическая партия Литвы

ХДС Хорватское демократическое содружество

ХДС Христианско-демократический союз

ХЛПК Христианско-либеральная партия Крыма

ХНП Христианская народная партия *(Норвегия)*

ХСНП Христианско-социальная народная партия *(Германия)*

ХСС Христианско-социальный союз *(Германия)*

ШКТ Шотландский конгресс тред-юнионов

ШНП Шведская народная партия *(Финляндия)*

ШНП Швейцарская народная партия

ШПТ Швейцарская партия труда

ПРОФСОЮЗЫ. СТРАХОВЫЕ ОРГАНИЗАЦИИ И ПЕНСИОННЫЕ ФОНДЫ

АВИКОС «**Ави**ационное и космическое страхование» *(акционерное общество)*
АИРСП Американский институт развития свободного профсоюзного движения
АОТ Арабская организация труда
АПМ Австрийская профсоюзная молодежь
АПОС Ассоциация профсоюзных организаций студентов
АПТ Андоррский профсоюз трудящихся
АСК акционерная страховая компания
АСКО Акционерная страховая компания
АСО акционерное страховое общество
АСП Австралийский совет профсоюзов
АФЕС «Авиационный Фонд Единый Страховой» *(страховое общество)*
АФТ Американская федерация труда
ВИКТ Всеобщая итальянская конфедерация труда
ВКПС Всеобщая конфедерация профсоюзов Сальвадора
ВКПТ Всеобщая конфедерация португальских трудящихся
ВКТ Всемирная конфедерация труда
ВКТ Всеобщая конфедерация труда
ВКТГ Всеобщая конфедерация труда Греции
ВКТЛ Всеобщая конфедерация труда Люксембурга
ВКТП Всеобщая конфедерация трудящихся Пуэрто-Рико
ВКФП Всекитайская федерация профсоюзов
ВОФЗБ Всероссийский общественный фонд защиты от безработицы
ВСК «Военно-страховая компания» *(акционерное общество)*
ВСС Всероссийский союз страховщиков
ВФП Всемирная федерация профсоюзов
ВФТБ Всеобщая федерация труда Бельгии
ГСПФ Генеральный страховой пенсионный фонд
ГФЗ Государственный фонд занятости населения
ГФЗН Государственный фонд занятости населения
ДЛНП Демократическая лига независимых профсоюзов
ЕКП Европейская конфедерация профсоюзов
ЕСФ Европейский социальный фонд
ЕФТ Египетская федерация труда
ЖАСО Железнодорожное акционерное страховое общество
ЖФСИ жилищный фонд социального использования
ИКПТ Итальянская конфедерация профсоюзов трудящихся
КДТ Конфедерация доминиканских трудящихся

Профсоюзы. Страховые организации и пенсионные фонды

КНП Конфедерация национальных профсоюзов *(Канада)*
КПА Конфедерация профсоюзов Албании
КПЗ Конгресс профсоюзов Замбии
КПП Конгресс производственных профсоюзов *(США)*
КПТ Конфедерация профсоюзов работников торговли
КРФ «Корпорация резервных фондов» *(страховая компания)*
КСПЛ Конфедерация свободных профсоюзов Литвы
КСПР Конфедерация свободных профсоюзов России
КТП Конфедерация трудящихся Панамы
КТР Конфедерация труда России
КХП Конфедерация христианских профсоюзов
ЛКХП Люксембургская конфедерация христианских профсоюзов
ЛФП Либерийская федерация профсоюзов
МАГИР Многостороннее агентство по страхованию инвестиций в России
МКСП Международная конфедерация свободных профсоюзов
МНД Межпрофсоюзное национальное движение
МНПФ Международный негосударственный пенсионный фонд
МОП Международное объединение профсоюзов
МОПавиа Международное объединение профсоюзов авиационных работников
МФП Московская федерация профсоюзов
НЗФТ Новозеландская федерация труда
НОВС Народное общество взаимного страхования
НОПЛ Независимое объединение профсоюзов Люксембурга
НОРП Национальное объединение российских профсоюзов
НПГ Независимый профсоюз горняков
НПГР Независимый профсоюз горняков России
НПСО Народное попечительское страховое общество
НПФ негосударственный пенсионный фонд
НПФ Независимый пенсионный фонд
ОАПЕ Организация африканского профсоюзного единства
ОВС Общество взаимного страхования
ОМС обязательное медицинское страхование
ОПА Объединенный профсоюз автомобилестроителей *(США)*
ПАРРИС профсоюз авиационных работников радиолокации, радионавигации и связи
ПАРТАД Профсоюзная ассоциация регистраторов, трансфер-агентов и депозитариев
ПКТ Парагвайская конфедерация трудящихся
ПЛС профсоюз летного состава
ПНПФ Профессиональный независимый пенсионный фонд

Профсоюзы. Страховые организации и пенсионные фонды

ППФ Первый пенсионный фонд
ПРИАС профсоюз работников инженерно-авиационных служб
ПСК Промышленно-страховая компания
ПФ пенсионный фонд
РНПФ Русский национальный пенсионный фонд
РОСНО Российское страховое народное общество
Росстрахнадзор Федеральная служба России по надзору за страховой деятельностью
РПД Российский профсоюз докеров
РПМ Российский профсоюз моряков
РПСМ Российский профсоюз моряков
РСК Русская страховая компания
РСПФ Российский страховой пенсионный фонд
СЗ «Студенческая защита» *(независимый профсоюз)*
СК страховая компания
СМК страховая медицинская компания
СПАС Санкт-Петербургская ассоциация студенческих профсоюзных организаций
СПАССК Санкт-Петербургская акционерная студенческая страховая компания
СПбГУП Санкт-Петербургский гуманитарный университет профсоюзов
СПбФП Санкт-Петербургская федерация профсоюзов
ССПЛ Союз свободных профсоюзов Латвии
страх. страховой
ТФ ОМС Территориальный фонд обязательного медицинского страхования
УСК Универсальная страховая компания
ФВП Федерация венгерских профсоюзов
ФДКТ Французская демократическая конфедерация труда
ФМП фонд материального поощрения
ФНП Федерация народных профсоюзов
ФНП Федерация независимых профсоюзов
ФНП Федерация нидерландских профсоюзов
ФНПМ Федерация независимых профсоюзов Молдавии
ФНПР Федерация независимых профсоюзов России
ФОМС Фонд обязательного медицинского страхования
ФПАД Федерация профсоюзов авиадиспетчеров
ФПАР Федерация профсоюзов авиационных работников *(России)*
ФПУ Федерация профсоюзов Украины
ФПЯ Федерация профсоюзов Ямайки
ФСС Фонд социального страхования
ФФОМС Федеральный фонд обязательного медицинского страхования
ХНОП Христианское национальное объединение профсоюзов
ЦОПД Центральное объединение профсоюзов Дании
ЦОПН Центральное объединение профсоюзов Норвегии
ЦОПС Центральная организация профсоюзов служащих *(Швеция)*
ЦОПШ Центральное объединение профсоюзов Швеции
ШСБ школа страхового бизнеса
ЭкСтра экологическое страхование

АССОЦИАЦИИ

ААК Азербайджанская ассоциация кулинаров
ААФБ Ассоциация африканских фондовых бирж
АБТА *англ.* ABTA, Association of British Travel Agents - Ассоциация британских туристических агентств
АВАЗ Ассоциация вкладчиков, акционеров и заимодателей
АВР Ассоциация врачей России
АВУ Ассоциация выпускников университета
АГКБ Ассоциация государств Карибского бассейна
АДС Ассоциация делового сотрудничества
АДФР Ассоциация дилеров фондового рынка
АЕНОК *англ.* AENOC, Association of the European National Olympic Committees - Ассоциация европейских национальных олимпийских комитетов
АЖСТЮВА Ассоциация женщин стран Тихого океана и Юго-Восточной Азии
АИБА *фр.* AIBA, Association Internationale de Boxe - Международная любительская ассоциация бокса
АИП Ассоциация издателей Петербурга
АККОР Ассоциация крестьянских хозяйств и сельскохозяйственных кооперативов России
АКМДУМ Ассоциация клубов международной дружбы учащейся молодежи
АКОЕ Ассоциация «Культурное объединение Европы»
АКУОР Ассоциация консультантов по управлению и организационному развитию
АКЭУ Ассоциация консультантов по экономике и управлению
АМА *англ.* AMA, American Marketing Association - Американская ассоциация по маркетингу
АМА Американская медицинская ассоциация
АМБА *англ.* AMBA, Association of Masters of Business Administration - Ассоциация магистров по управлению экономикой
АМИ Ассоциация международных исследований
АМПП Ассоциация международных пассажирских перевозок
АМСПР Ассоциация медико-социальной помощи России
АНОКА Ассоциация национальных олимпийских комитетов Африки
АО ассоциация остеосинтеза
АПОС Ассоциация профсоюзных организаций студентов
АППЭИ Ассоциация пользователей передачи электронной информации
АПС Ассоциация планирования семьи
АРА Ассоциация рекламных агентств
АРАР Ассоциация рекламных агентств России
АРБ Ассоциация российских банков
АРТБ Ассоциация российских таможенных брокеров

Ассоциации

АРЭР Ассоциация разработчиков программного обеспечения в области экономики

АСАРАБ Ассоциация внешнеэкономического сотрудничества с арабскими странами

АСЕАН *англ.* ASEAN, Association of South-East Asian Nations - Ассоциация государств Юго-Восточной Азии *(Индонезия, Малайзия, Сингапур, Таиланд, Филиппины)*

АСИБА Ассоциация ипотечных банков

АСИФА Всемирная ассоциация анимационного кино

АСКИ Ассоциация книгоиздателей

АСКР Ассоциация книгораспространителей

АСО Ассоциация студенческих организаций

АСП МОО Ассоциация совместных предприятий, международных объединений и организаций

АСПОЛ Ассоциация полиграфических предприятий

АССАД Ассоциация «Союз авиационного двигателестроения»

АССИ Ассоциация содействия инвестициям

АССИСТ Ассоциация иностранных студентов

АТА *англ.* ATA, Air Transport Association - Авиатранспортная ассоциация *(США)*

АТАК *англ.* ATAC, Air Transport Association of Canada - Авиатранспортная ассоциация Канады

АТП Ассоциация теннисистов-профессионалов

АТПП Ассоциация торгово-промышленных палат

АТФ Ассоциация туристических фирм

АФИ Ассоциация футбола инвалидов

АХМ Ассоциация христианских миссий

АЦИА Ассоциация центров инжиниринга и автоматизации

АЭВТ Ассоциация эксплуатантов воздушного транспорта

АЭЖ Ассоциация эфиопских журналистов

БПЛ «Безопасность предпринимательства и личности» *(ассоциация)*

ВАИП Вузовская ассоциация по изучению принципа

ВАИТРО *англ.* WAITRO, World Association of Industrial and Technological Research Organizations - Всемирная ассоциация организаций промышленных и технических исследований

ВАК Всемирная ассоциация кикбоксинга

ВАК Всемирная ассоциация кулинаров

ВАМЖХ Всемирная ассоциация молодых женщин-христианок

ВАОЯУ Всемирная ассоциация операторов ядерных установок

ВАСЖ Всемирная ассоциация сельских женщин

ВАТА Всемирная ассоциация туристских агентств

ВТА Всероссийская теннисная ассоциация

Ассоциации

ВХА Всемирная хоккейная ассоциация

ДАЭВ Дальневосточная ассоциация экономического взаимодействия

ЕАСТ Европейская ассоциация свободной торговли

ЕНОК *англ.* ENOC, European National Olympic Committees - Европейские национальные олимпийские комитеты

ИАОМО *англ.* IAOMO, International Association of Olympic Medical Officers - Международная ассоциация олимпийских медицинских работников

ИАТА *англ.* IATA, International Air Transport Association - Международная ассоциация воздушного транспорта

ИАТМ *англ.* Международная ассоциация по медицинской технике

ИКАА *англ.* ICAA, International Civil Airport Association - Международная ассоциация гражданских аэропортов

ИПА Интернациональная полицейская ассоциация

ИФЛА *англ.* IFLA, International Federation of Library Associations - Международная федерация библиотечных ассоциаций и учреждений

ЛААИ Латиноамериканская ассоциация интеграции

ЛАГ Латиноамериканская ассоциация государств

ЛАИ Латиноамериканская ассоциация интеграции

ЛАС Лазерная ассоциация

МА Международная ассоциация

МАБНН Международная ассоциация по борьбе с наркоманией и наркобизнесом

МАБО Международная ассоциация биологической океанографии

МАБС Международная ассоциация бокситодобывающих стран

МАД Международная ассоциация дистрибьюторов

МАДР Международная ассоциация «Данные для развития»

МАЖПР Московская ассоциация жертв политических репрессий

МАЖР Московская ассоциация жертв репрессий

МАЗР Международная ассоциация по защите от радиоактивного излучения

МАИ Международная ассоциация издателей

МАИМ Международная ассоциация по изучению проблем мира

МАИП Международная ассоциация игроков в пэйнтбол

МАИПМ Международная ассоциация по исследованию проблем мира

МАИРСК Международная ассоциация по изучению и распространению славянских культур

МАК Международная ассоциация клубов

МАМС Международная ассоциация маячных служб

МАНК Международная ассоциация научного кино

41

Ассоциации

МАНМК Международная ассоциация «Надежность машин и конструкций»
МАО Международная ассоциация остеосинтеза
МАП Межамериканская ассоциация печати
МАПМ Международная ассоциация работников просвещения за мир во всем мире
МАПН Международная ассоциация политических наук
МАПРЯЛ Международная ассоциация преподавателей русского языка и литературы
МАПСР Международная ассоциация предприятий с собственностью работников
МАР Международная ассоциация развития
МАР Московская ассоциация риэлтеров
МАРТ Международная ассоциация радиовещания и телевидения
МАС Международная ассоциация сейсмологов
МАСК Международная ассоциация содействия культуре
МАСО Международная ассоциация по связям с общественностью
МАСП Международная ассоциация содействия социальному прогрессу
МАСС Межрегиональная ассоциация «Сибирское соглашение»
МАУ Международная ассоциация университетов
МАФП Международная ассоциация франкоговорящих парламентариев
МАЮ Международная ассоциация юристов
МАЮД Международная ассоциация юристов-демократов
МВА Межобластная внешнеэкономическая ассоциация
МВА Межотраслевая внешнеэкономическая ассоциация
МВА Московская внешнеэкономическая ассоциация
МГА Международная гостиничная ассоциация
МСА Международная социологическая ассоциация
МЭА Международная экономическая ассоциация
НААР Национальная авиационная ассоциация России
НАП Независимая ассоциация покупателей
НАПС Национальная ассоциация планирования семьи
НАР Национальная ассоциация риэлтеров *(США)*
НАФД Национальная ассоциация фондовых дилеров
НБА Национальная баскетбольная ассоциация *(США)*
НМК «Надежность машин и конструкций» *(ассоциация)*
НПА научно-производственная ассоциация
НПА Независимая психиатрическая ассоциация
НТА Национальная туристическая ассоциация
ПАРТАД Профсоюзная ассоциация регистраторов, трансфер-агентов и депозитариев
ПАРТД Профессиональная ассоциация регистраторов, трансфер-агентов и депозитариев

Ассоциации

ПМАКС Постоянная международная ассоциация конгрессов по судоходству
ПЧА *англ.* PCA, Professional Chess Association - Профессиональная шахматная ассоциация
ПША Профессиональная шахматная ассоциация
РАК Российская ассоциация кулинаров
РАСО Российская ассоциация по связям с общественностью
РАТА Российская ассоциация туристических агентств
РАТЭПП Российская ассоциация телефонов экстренной психологической помощи
РБА Российская библиотечная ассоциация
РКА Российская кинологическая ассоциация
РФА Российская фонографическая ассоциация
СМА Союз международных ассоциаций
СПАС Санкт-Петербургская ассоциация студенческих профсоюзных организаций
СПМДА Санкт-Петербургская международная деловая ассоциация
ТНА Тихоокеанская научная ассоциация
УЕФА *фр.* UEFA, Union Européenne de Football-Associations - Европейский союз футбольных ассоциаций
ФА футбольная ассоциация
ФЕАКО Европейская Федерация ассоциаций консультантов по экономике и управлению
ХАИТ Христианская ассоциация итальянских трудящихся
ЦФА Центральная филателистическая ассоциация

43

ФЕДЕРАЦИИ И КОНФЕДЕРАЦИИ. АЛЬЯНСЫ, ЛИГИ, КОНГРЕССЫ

ААРЖ Альянс американских и русских женщин
АНЛ Антинацистская лига *(Великобритания)*
АФТ Американская федерация труда
ВАРЦ Всемирный альянс реформатских церквей
ВЕК Всемирный еврейский конгресс
ВИКЖ Всеиндийская конфедерация женщин
ВИКТ Всеобщая итальянская конфедерация труда
ВКПТ Всеобщая конфедерация португальских трудящихся
ВКТ Всемирная конфедерация труда
ВКТ Всеобщая конфедерация труда
ВКТГ Всеобщая конфедерация труда Греции
ВКТЛ Всеобщая конфедерация труда Люксембурга
ВКТП Всеобщая конфедерация трудящихся Пуэрто-Рико
ВКФЖ Всекитайская федерация женщин
ВЛСД Всемирная лига за свободу и демократию
ВЛФ Всемирная лютеранская федерация
ВМЛ Всемирная мусульманская лига
ВФАС Всемирная федерация автомобильного спорта
ВФДМ Всемирная федерация демократической молодежи
ВФКМ Всемирная федерация католической молодежи
ВФЛА Всероссийская федерация легкой атлетики
ВФНР Всемирная федерация научных работников
ВФПГ Всемирная федерация породненных городов
ВФСХ Всемирная федерация студентов-христиан
ВФТБ Всеобщая федерация труда Бельгии
ЕФТ Египетская федерация труда
ИААФ *англ.* IAAF, International Amateur Athletic Federation - Международная любительская легкоатлетическая федерация
ИБФ *англ.* IBF, International Badminton Federation - Международная федерация бадминтона
ИВФ *англ.* IWF, International Weightlifting Federation - Международная федерация тяжелой атлетики
ИГФ *англ.* IHF, International Handball Federation - Международная федерация гандбола
ИИХФ *англ.* IIHF, International Ice Hockey Federation - Международная федерация хоккея на льду
ИКФ *англ.* ICF, International Canoe Federation - Международная федерация каноэ
ИПИФ Международная федерация звукозаписи
ИТФ *англ.* ITF, International Tennis Federation - Международная федерация тенниса
КГНК Конфедерация горских народов Кавказа

Федерации и конфедерации. Альянсы, лиги, конгрессы

КДТ Конфедерация доминиканских трудящихся
КЖС Конфедерация журналистских союзов
КНК Конфедерация народов Кавказа
КНСБ Конфедерация независимых синдикатов Болгарии
КТР Конфедерация труда России
ЛАГ Лига арабских государств
ЛАС Лига арабских стран
МАФ Международная астронавтическая федерация
НЗФТ Новозеландская федерация труда
НК Непальский конгресс
ОНК Общеарабский народный конгресс
ОФМА Объединенная федерация малой авиации
ПКТ Парагвайская конфедерация трудящихся
ПЛАС Петербургская лига автостопа
ПТЛ Профессиональная теннисная лига *(России)*
РКФ Российская кинологическая федерация
ФАИ *фр.* FAI, Fédération Aeronautique Internationale - Международная авиационная федерация
ФББР Федерация бодибилдинга России
ФГЖ Федерация греческих женщин
ФДКТ Французская демократическая конфедерация труда
ФЕБО Федерация европейских биохимических обществ
ФЕИ *фр.* FEI, Fédération Equestre Internationale - Международная федерация конного спорта
ФЖЛА Федерация журналистов Латинской Америки
ФИА *фр.* FIA, Fédération Internationale de l'Automobile - Международная автомобильная федерация
ФИАБ *фр.* FIAB, Fédération Internationale des Associations de Bibliothécaires - Международная федерация библиотечных ассоциаций
ФИАП *фр.* FIAP, Fédération Internationale de l'Art Photographique - Международная федерация художественной фотографии
ФИАТА *фр.* FIATA, Fédération Internationale des Agents de Transport - Международная федерация экспедиторских ассоциаций
ФИАФ *фр.* FIAF, Fédération Internationale des Archives du Film - Международная федерация киноархивов
ФИБА *фр.* FIBA, Fédération Internationale de Basketball Amateur - Международная любительская федерация баскетбола
ФИВБ *фр.* FIVB, Fédération Internationale de Volleyball - Международная федерация волейбола
ФИДИК *фр.* FIDIC, Fédération Internationale des Ingénieurs-Conseils - Международная федерация инженеров-консультантов
ФИЕ *фр.* FIE, Fédération Internationale d'Escrime - Международная федерация фехтования
ФИЖ *фр.* FIG, Fédération Internationale de Gymnastique - Международная федерация гимнастики

Федерации и конфедерации. Альянсы, лиги, конгрессы

ФИК *фр.* FIC, Fédération Internationale de Canoë - Международная федерация каноэ

ФИЛ *фр.* FIL, Fédération Internationale de Luge - Международная федерация санного спорта

ФИЛА *фр.* FILA, Fédération Internationale de Lutte Amateur - Международная любительская федерация борьбы

ФИМС *фр.* FIMS, Fédération Internationale de Médecine Sportive - Международная федерация спортивной медицины

ФИНА *фр.* FINA, Fédération Internationale de Natation des Amateurs - Международная любительская федерация плавания

ФИПА *фр.* FIPA, Fédération Internationale des Producteurs Agricoles - Международная федерация производителей сельскохозяйственной продукции

ФИС *фр.* FIS, Fédération Internationale de Ski - Международная федерация лыжного спорта

ФИСА *фр.* FISA, Fédération Internationale des Sociétés d'Aviron - Международная федерация обществ гребного спорта

ФИСУ *фр.* FISU, Fédération Internationale des Sports Universitaires - Международная федерация университетского спорта

ФИТ *фр.* FIT, Fédération Internationale de Tennis - Международная федерация тенниса

ФИТА *фр.* FITA, Fédération Internationale de Tir à l'Arc - Международная федерация стрельбы из лука

ФИФА *фр.* FIFA, Fédération Internationale de Football Associations - Международная федерация футбольных ассоциаций

ФИХ *фр.* FIH, Fédération Internationale de Hockey sur Gazon - Международная федерация хоккея на траве

ФИХК *фр.* FIHC, Fédération Internationale Haltérophile et Culturiste - Международная федерация тяжелой атлетики и физической культуры

ФКЖ Федерация кубинских женщин

ФМАК *фр.* FMAC, Fédération Mondiale des Anciens Combattants - Всемирная федерация ветеранов войны

ФМЖД *фр.* FMJD, Fédération Mondiale du Jeu de Dames - Всемирная шашечная федерация

ФПС Федерация подводного спорта

ФПУ Федерация профсоюзов Украины

ФПЯ Федерация профсоюзов Ямайки

ФСР Федерация скаутов России

ФТБ Федерация таиландского бокса

ФТР Федерация товаропроизводителей России

ФУЧ Федерация за уважение человека и человечества

ФФС Федерация французских семей

ФФФ Французская федерация футбола
ФХБ Федерация хоккея Белоруссии
ФХР Федерация хоккея России
ФШР Федерация шейпинга России

СОЮЗЫ. СОВЕТЫ. СООБЩЕСТВА. СОВЕЩАНИЯ И ФОРУМЫ

ААЮ *англ.* AAU, Amateur Athletic Union - Любительский атлетический союз *(США)*

АНС Африканский национальный совет

АРДС Американо-Российский деловой совет

АСАМ Австрийский союз альпийской молодежи

АСЖД Африканский союз железных дорог

АСМ Азиатский совет молодежи

АТС Азиатско-Тихоокеанский совет

ВАМ Всемирная ассамблея молодежи

ВПС Всемирный почтовый союз

ВС Верховный Совет

ВСБ Всемирный совет бокса

ВСЖКО Всемирный совет женских католических организаций

ВСМ Всемирный Совет Мира

ВСНП Всекитайское собрание народных представителей

ВСППЖ Всеобщий союз палестинских писателей и журналистов

ВСЦ Всемирный совет церквей

ВФС Всемирный форум по связям *(миролюбивых сил)*

ВЭФ Всемирный энергетический форум

ЕАС Евразийский союз

ЕВРАТОМ Европейское сообщество по атомной энергии

Евросовет Совет Европы

ЕКС Европейский круглый стол

ЕОС Европейское оборонительное сообщество

ЕС Европейский совет

ЕС Европейский Союз

ЕС Европейское сообщество

ЕСР Европейский союз радиовещания

ЕССО Европейский союз по связям с общественностью

ЕТС Европейский телерадиовещательный союз

ЗЕС Западноевропейский союз

ИАРУ *англ.* IARU, International Amateur Radio Union - Международный радиолюбительский союз

ИСУ *англ.* ISU, International Skating Union - Международный конькобежный союз

КС Консультативный Совет

КС Координационный Совет

КСЕО Консультативный совет еврейских организаций

МАС Международный астрономический союз

МГС Московский городской совет

МИРЭС Мировой Энергетический Совет

МОСХ Московское отделение Союза художников

МС Московский совет

МСМ Молодежный совет Малайзии

НСП Национальный совет Палестины

ОАНС Объединенный африканский национальный совет

ПДПС постоянно действующее производственное совещание

Союзы. Советы. Сообщества. Совещания и форумы

ПДПТС постоянно действующий производственно-творческий совет
ПСФ Польский союз филателистов
РВС Революционный военный совет
РСПП Российский союз промышленников и предпринимателей
САЖ Союз африканских журналистов
САС Совет арабского сотрудничества
СГБМ Совет государств Балтийского моря
СГГ Союз граждан Грузии
СЕ Совет Европы
СЖ Союз журналистов
СЖК Союз журналистов Кубы
СЖМ Союз журналистов Москвы
СЖР Союз журналистов России
СЗР Союз землевладельцев России
СЗР Совет по защите от радиации
СК Союз казаков
СК Союз композиторов
СП Союз писателей
СПА Совет палестинской автономии
СПАР Союз предпринимателей и арендаторов России
СПК Союз предпринимателей Кузбасса
СПС система предпринимательских союзов
СРП Союз российских писателей
ССАГПЗ Совет сотрудничества арабских государств Персидского залива
ССАС Совет североатлантического сотрудничества
СТД Союз театральных деятелей
СТК Совет трудового коллектива
СФ Совет Федерации
СХ Союз художников
ФСК Федеральный совет по космонавтике
ЦС Центральный совет
ЦСО центральный совет общества
ЮТФ Южно-тихоокеанский форум

ОБЩЕСТВА И ОРГАНИЗАЦИИ

АРО Азиатская региональная организация
АФРО Африканская региональная организация
БО Библейское Общество
БРБО Белорусское республиканское ботаническое общество
БТО Белорусское театральное общество
ВОГ Всероссийское общество глухих
ВОЖ Всеафриканская организация женщин
ВОЗ Всемирная организация здравоохранения
ВОИР Всероссийское общество рационализаторов и изобретателей
ВОК Всероссийское добровольное общество книголюбов
ВООПИК Всероссийское общество охраны памятников истории и культуры
ВОПГ Всемирная организация породненных городов
ВОС Всероссийское общество слепых
ВСО Всемирная сионистская организация
ВТО Всемирная туристская организация
ВТО Всероссийское театральное общество
ВХО Всероссийское хоровое общество
ДОК Добровольное общество книголюбов
ЕЛДО *англ.* ELDO, European Launcher Development Organization - Европейская организация по разработке ракет-носителей
ЕСРО Европейская организация по исследованию космического пространства
НАТО *англ.* NATO, North Atlantic Treaty Organization - Организация Североатлантического договора
НПО неправительственная организация
ОАБО Объединение американских благотворительных обществ
ОАГ Организация американских государств
об-во общество
ОБО Объединенные Библейские Общества
ОБСЕ Организация по безопасности и сотрудничеству в Европе
общ-во общество
о-во общество
ОКСТ Общество культуры свободного тела
ОПЕК *англ.* OPEC, Organization of Petroleum Exporting Countries - Организация стран - экспортеров нефти
орг. организация
орг-ция организация
ОРЮР Организация русских юных разведчиков-скаутов
ОСВОД Общество спасания на водах
ОСНАА Организация солидарности народов Азии и Африки
ОСПП Организация по сотрудничеству в подшипниковой промышленности
ОУН Организация украинских националистов
ОЦАГ Организация центрально-американских государств

Общества и организации

РАО Российское авторское общество
РБО Российское Библейское Общество
РОВН Революционная организация вооруженного народа *(Гватемала)*
РОО Российское общество оценщиков
РОСКОН «Российское общество социальной конверсии» *(проект)*

СЕАТО *англ.* SEATO, South-East Asia Treaty Organization - Организация договора Юго-Восточной Азии
ФТО финансово-торговая организация
ЦСО Центральная сбытовая организация *(Великобритания)*

ОРГАНИЗАЦИЯ ОБЪЕДИНЕННЫХ НАЦИЙ

АКК Административный комитет по координации *(ООН)*

ВКБ Верховный комиссариат по делам беженцев

ВОИС Всемирная организация по охране интеллектуальной собственности *(ООН)*

ВПП Всемирная продовольственная программа *(ООН)*

ВПС Всемирный продовольственный совет *(ООН)*

ВФАСООН Всемирная федерация ассоциаций содействия Организации Объединенных Наций

ВФСООН Всемирная федерация содействия Организации Объединенных Наций

ВШК Военно-штабной комитет *(ООН)*

ГА Генеральная Ассамблея *(ООН)*

ДВР Департамент по вопросам разоружения *(ООН)*

ДОИ Департамент общественной информации *(ООН)*

КНО Комитет по неправительственным организациям *(ООН)*

КНП Комиссия по населенным пунктам *(ООН)*

КПК Комитет по программе и координации *(ООН)*

КПР Комитет по природным ресурсам *(ООН)*

КР Комиссия по разоружению *(ООН)*

КСПИ Консультативный совет по почтовым исследованиям *(ООН)*

КТК Комиссия по транснациональным корпорациям *(ООН)*

МКНТР Межправительственный комитет по науке и технике в целях развития *(ООН)*

МКС Межучережденческий консультативный совет *(ООН)*

МНС многонациональные силы

МООНГ Мандат миссии Организации Объединенных Наций на Гаити

МООННГ миссия Организации Объединенных Наций по наблюдению в Грузии

МООНПР Миссия Организации Объединенных Наций по оказанию помощи Руанде

МС Международный суд *(ООН)*

МСКНС Международный совет по контролю над наркотическими средствами *(ООН)*

НКДАР Научный комитет по действию атомной радиации *(ООН)*

ОИГ Объединенная инспекционная группа *(ООН)*

ООН Организация Объединенных Наций

ПДСБ Департамент по политическим вопросам и делам Совета Безопасности *(ООН)*

ПМС Проект международных сопоставлений *(ООН)*

ПРООН Программа развития Организации Объединенных Наций

СБ Совет Безопасности *(ООН)*

СБ ООН Совет безопасности Организации Объединенных Наций

СООНО Силы Организации Объединенных Наций по охране

СПВРСДО Департамент по специальным политическим вопросам, региональному сотрудничеству, деколонизации и опеке *(ООН)*

УВКБ Управление Верховного комиссара Организации Объединенных Наций по делам беженцев

УВОМП Управление по вопросам океана и морскому праву *(ООН)*

УЗГС ПВ ГАСО Управление заместителя Генерального секретаря по политическим вопросам и делам Генеральной Ассамблеи и секретариатскому обслуживанию *(ООН)*

УЗГС СПД Управление заместителей Генерального секретаря по специальным политическим делам *(ООН)*

УНИСИ Управление по научным исследованиям и сбору информации *(ООН)*

УОП Управление по осуществлению проектов *(ООН)*

УПВ Управление по правовым вопросам *(ООН)*

ФАО *англ.* FAO, Food and Agricultural Organization - Продовольственная и сельскохозяйственная организация *(ООН)*

ЦНТР ООН Центр по науке и технике в целях развития *(ООН)*

ЮНДРО *англ.* UNDRO, Office of the United Nations Disaster Relief Coordinator - Бюро координатора Организации Объединенных Наций по оказанию помощи в случае стихийных бедствий

ЮНЕСКО *англ.* UNESCO, United Nations Educational, Scientific and Cultural Organization - Организация Объединенных Наций по вопросам просвещения, науки и культуры

ЮНИДО *англ.* UNIDO, United Nations Industrial Development Organization - Организация Объединенных Наций по промышленному развитию

ЮНИСЕФ *англ.* UNICEF, United Nations International Children's Emergency Fund - Детский фонд Организации Объединенных Наций

ЮНОВ *англ.* Отделение Организации Объединенных Наций в Вене

ЮНТАГ *англ.* Группа Организации Объединенных Наций по оказанию помощи в переходный период

ЮНФДАК *англ.* UNFDAC, United Nations Fund for Drug Abuse Control - Фонд Организации Объединенных Наций по борьбе со злоупотреблением наркотическими средствами

ДРУГИЕ МЕЖДУНАРОДНЫЕ ОРГАНИЗАЦИИ

АИБА *фр.* - AIBA, Association Internationale de Boxe - Международная любительская ассоциация бокса

АИПС *фр.* - AIPS, Association Internationale de la Presse Sportive - Международная ассоциация спортивной прессы

АКМДУМ Ассоциация клубов международной дружбы учащейся молодежи

АМИ Ассоциация международных исследований

АМПП Ассоциация международных пассажирских перевозок

АМР Агентство международного развития *(США)*

АСП МОО Ассоциация совместных предприятий, международных объединений и организаций

ЕЦМС Европейский центр международного сотрудничества

ЖНС Женевское неофициальное совещание международных молодежных неправительственных организаций

ИААФ *англ.* IAAF, International Amateur Athletic Federation - Международная любительская легкоатлетическая федерация

ИАОМО *англ.* IAOMO, International Association of Olympic Medical Officers - Международная ассоциация олимпийских медицинских работников

ИАРУ *англ.* IARU, International Amateur Radio Union - Международный радиолюбительский союз

ИАТА *англ.* IATA, International Air Transport Association - Международная ассоциация воздушного транспорта

ИАТМ *англ.* Международная ассоциация по медицинской технике

ИБФ *англ.* IBF, International Badminton Federation - Международная федерация бадминтона

ИВФ *англ.* IWF, International Weightlifting Federation - Международная федерация тяжелой атлетики

ИГФ *англ.* IHF, International Handball Federation - Международная федерация гандбола

ИИХФ *англ.* IIHF, International Ice Hockey Federation - Международная федерация хоккея на льду

ИКАА *англ.* ICAA, International Civil Airport Association - Международная ассоциация гражданских аэропортов

ИКАО *англ.* ICAO, International Civil Aviation Organization - Международная организация гражданской авиации

ИКОМ *англ.* ICOM, International Council of Museums - Международный совет музеев

ИКОМОС *англ.* ICOMOS, International Council of Monuments and Sites - Международный совет по охране памятников и исторических мест

ИКФ *англ.* ICF, International Canoe Federation - Международная федерация каноэ

ИМО *англ.* IMO, International Maritime Organization - Международная морская организация

ИНТЕЛСАТ *англ.* INTELSAT или Intelsat, International Telecommunications Satellite Consortium - Международная организация спутниковых телекоммуникаций

Интервидение Интернациональное телевидение

ИНТЕРКОСМОС Совет по международному сотрудничеству в области исследования и использования космического пространства

ИНТЕРПОЛ *англ.* INTERPOL, International Criminal Police Organization - Международная организация уголовной полиции

ИПИФ Международная федерация звукозаписи

ИСО *англ.* ISO, International Organization for Standardization - Международная организация по стандартизации

ИСУ *англ.* ISU, International Skating Union - Международный конькобежный союз

ИТФ *англ.* ITF, International Tennis Federation - Международная федерация тенниса

ИФЛА *англ.* IFLA, International Federation of Library Associations - Международная федерация библиотечных ассоциаций и учреждений

ККМДС Координационный комитет международной добровольной службы

МА Международная ассоциация

МАБНН Международная ассоциация по борьбе с наркоманией и наркобизнесом

МАБО Международная ассоциация биологической океанографии

МАБС Международная ассоциация бокситодобывающих стран

МАГАТЭ Международное агентство по атомной энергии

МАГИ Международное агентство по гарантиям инвестиций

МАД Международная ассоциация дистрибьюторов

МАДР Международная ассоциация «Данные для развития»

МАЖ Международный альянс женщин

МАЗР Международная ассоциация по защите от радиоактивного излучения

МАИ Международная ассоциация издателей

МАИМ Международная ассоциация по изучению проблем мира

МАИП Международная ассоциация игроков в пэйнтбол

МАИПМ Международная ассоциация по исследованию проблем мира

МАИР Международное агентство по изучению рака

МАИРСК Международная ассоциация по изучению и распространению славянских культур

МАК Межгосударственный авиационный комитет

Другие международные организации

МАК Международная ассоциация клубов
МАКС Международный авиационно-космический салон
МАМА Межрегиональное агентство международных авиауслуг «Россия»
МАМС Международная ассоциация маячных служб
МАНК Международная ассоциация научного кино
МАНМК Международная ассоциация «Надежность машин и конструкций»
МАО Международная ассоциация остеосинтеза
МАПМ Международная ассоциация работников просвещения за мир во всем мире
МАПН Международная ассоциация политических наук
МАПРЯЛ Международная ассоциация преподавателей русского языка и литературы
МАПСР Международная ассоциация предприятий с собственностью работников
МАР Международная ассоциация развития
МАР Международное агентство по разоружению
МАРТ Международная ассоциация радиовещания и телевидения
МАС Международная ассоциация сейсмологов
МАС Международное агентство связи
МАС Международный астрономический союз
МАСК Международная ассоциация содействия культуре
МАСК Международное агентство спутников контроля
МАСО Международная ассоциация по связям с общественностью
МАСП Международная ассоциация содействия социальному прогрессу
МАУ Международная ассоциация университетов
МАФ Международная астронавтическая федерация
МАФП Международная ассоциация франкоговорящих парламентариев
МАЮ Международная ассоциация юристов
МАЮД Международная ассоциация юристов-демократов
МБК Международная благотворительная организация
МБК Международный ботанический конгресс
МБМ Международное бюро мира
МБМВ Международное бюро мер и весов
МБП Международное братство примирения
МБС Международный биохимический союз
МБТ Международное бюро труда
МБЦ Международный бизнес-центр
МВТ Международный военный трибунал
МГА Международная гостиничная ассоциация
МГБ Международное гидрографическое бюро
МГЖ Международный год женщин
МГО Международная гидрографическая организация

МГП Международная гидрологическая программа

МГР Международный год ребенка

МГЭО межгосударственные экономические организации

МДК Международный Дельфийский комитет

МДКИ Международное движение католической интеллигенции «Пакс Романа»

МДСК Международное движение студентов-католиков

МДФЖ Международная демократическая федерация женщин

междунар. международный

МЖСО Международная женская сионистская организация

МИГА Международное агентство гарантии инвестиций

МИМ международные исследования магнитосферы

МКА Международный кооперативный альянс

МКАС Международный коммерческий арбитражный суд

МКЕБС Международный комитет за европейскую безопасность и сотрудничество

МКЗР Международная комиссия защиты от радиоактивного излучения

МКК Международная китобойная комиссия

МКК Международный компьютерный клуб

МКК Международный Красный Крест

МККК Международный комитет Красного Креста

МККР Международный консультативный комитет по радио

МККТТ Международный консультативный комитет по телеграфии и телефонии

МКО Международная комиссия по освещению

МКПП Международный конгресс промышленников и предпринимателей

МКРЕИ Международная комиссия по радиологическим единицам и измерениям

МКРЗ Международная комиссия по радиационной защите

МКРМ Международная конфедерация за разоружение и мир

МКРЧ Международный комитет регистрации частот

МКСО Международная конфедерация спортивных организаций

МКСП Международная конфедерация свободных профсоюзов

МКУ международное коммерческое управление

МКЭ Международный корпус экспертов

МКЮ Международная комиссия юристов

МЛЖМС Международная лига женщин за мир и свободу

МЛПЧ Международная лига прав человека

ММК Международный молодежный конгресс

ММК Международный морской комитет

ММК Московский международный комитет

ММЛ Международный молодежный лагерь

ММО Международная морская организация

Другие международные организации

ММП международное морское право

ММС Международный математический союз

ММЦЭ Московский международный центр электроники

МНПФ Международный негосударственный пенсионный фонд

МНФ Международный научный фонд *(Сороса)*

МОЖ Международная организация журналистов

МОЗМ Международная организация законодательной метрологии

МОИДЛ Международное общество по изучению детской литературы

МОИС Международное общество по изучению сердца

МОК Международный олимпийский комитет

МОМ международная организация по вопросам миграции

МОП Международная организация за прогресс

МОП Международная организация предпринимателей

МОП Международное объединение профсоюзов

МОПВ Международное объединение противников войны

МОПС Международная организация потребительских союзов

МОПЧ Международное общество прав человека

МОР Международная организация по разоружению

МОРХМ Международная организация рабочей христианской молодежи

МОС Международная организация по стандартизации

МОСД Международный обмен сейсмическими данными

МОТ Международная организация труда

МОФК Международное общество и федерация кардиологов

МОХ Международное общество хирургов

МПА СНГ межпарламентская ассамблея Содружества Независимых Государств

МПБЛ Международная профессиональная баскетбольная лига

МПБЛ Международная профессиональная бойцовская лига

МПК Международная патентная классификация

МПРК Международная программа развития коммуникации

МПС Международная палата судоходства

МПС Межпарламентский союз

МРНЦ Международная комиссия по радиационной защите

МРТ международное разделение труда

МС международный союз

МС Межпарламентский союз

МСА Международная социологическая ассоциация

МСА Международный союз адвокатов

МСБН Международный союз биологических наук

МСДЮЛ Международный совет по детской и юношеской литературе

МСЕЖ Международный совет еврейских женщин

МСЖ Международный совет женщин

Другие международные организации

МСЖД Международный союз железных дорог
МСИФН Международный союз истории и философии науки
МСК Международное соглашение по какао
МСК Международный союз кристаллографов
МСКП международная специализация и кооперация
МСМС Международный союз молодых специалистов
МСМХД Международный союз молодых христиан-демократов
МСНС Международный совет научных союзов
МСО Международное соглашение по олову
МСП Международный совет по пшенице
МСПД Международная служба Полярного движения
МСС Международный союз студентов
МСФГН Международный совет по философии и гуманитарным наукам
МСФН Международный союз физиологических наук
МСЧПФ Международный союз чистой и прикладной физики
МСЭ Международный союз электросвязи
МТК Межгосударственный технический комитет
МТС Международное товарное соглашение
МТТ Международный таможенный терминал
МТЦ Международный торговый центр
МУТР Международный уголовный трибунал для Руанды
МФАМК Международная федерация ассоциации морских капитанов
МФАОО Межамериканская федерация ассоциаций общественных отношений
МФВР Международный фонд за выживание и развитие
МФД Международная федерация по вопросам документации
МФЖ Международная федерация журналистов
МФЗА Международный фонд защиты и помощи для южной части Африки
МФИ Международный фонд инвестиционных проектов
МФМС Международная федерация мира и согласия
МФПС Международная федерация планирования семьи
МФПЧ Международная федерация прав человека
МФРР Международный фонд регионального развития
МФСЖ Международная федерация свободных журналистов
МФСР Международный фонд сельскохозяйственного развития
МХО Международные хозяйственные организации
МЦД Международный центр данных
МЦНТИ Международный центр научно-технической информации
МЦОИ Международный центр образовательных инноваций
МЦР Международный центр Рерихов
МЦСИ Международный центр сравнительных исследований

Другие международные организации

МЭА Международная экономическая ассоциация
МЭА Международное энергетическое агентство
МЭК Международная электротехническая комиссия
МЭК Международный экономический комитет
МЭС Международный Экспертный Совет
МЭТ Международная электротехническая комиссия
МЮО Международная юридическая организация
ОИРТ *фр.* OIRT, Organisation Internationale de Radiodiffusion et Télévision - Международная организация радиовещания и телевидения
ПМАКС Постоянная международная ассоциация конгрессов по судоходству
ПМК постоянная международная комиссия
РАМСиР Российское агентство международного сотрудничества и развития
СИТА *фр.* SITA, Société Internationale de télécommunications aéronautiques - Международное общество авиационной электросвязи
СИФЕЖ *фр.* CIFEJ, Centre international du film pour les enfants et la jeunesse - Международный центр кино для детей и юношества
СМА Союз международных ассоциаций
СНГ Содружество Независимых Государств
СПМДА Санкт-Петербургская международная деловая ассоциация

УИАА *фр.* UIAA, Union Internationale des Associations d'Alpinisme - Международный союз альпинистских ассоциаций
УИТ *фр.* UIT, Union Internationale de Tir - Международный союз стрелкового спорта
УНИКА *фр.* UNICA, Union internationale du cinéma d'amateurs - Международный союз непрофессионального (любительского) кино
ФАИ *фр.* FAI, Fédération Aéronautique Internationale - Международная авиационная федерация
ФЕИ *фр.* FEI, Fédération Équestre Internationale - Международная федерация конного спорта
ФИА *фр.* FIA, Fédération Internationale de l'Automobile - Международная автомобильная федерация
ФИАБ *фр.* FIAB, Fédération Internationale des Associations de Bibliothécaires - Международная федерация библиотечных ассоциаций
ФИАП *фр.* FIAP, Fédération Internationale de l'Art Photographique - Международная федерация художественной фотографии
ФИАТА *фр.* FIATA, Fédération Internationale des Agents de Transport - Международная федерация экспедиторских ассоциаций
ФИАФ *фр.* FIAF, Fédération Internationale des Archives du Film - Международная федерация киноархивов

ФИБА *фр.* FIBA, Fédération Internationale de Basketball Amateur - Международная любительская федерация баскетбола

ФИВБ *фр.* FIVB, Fédération Internationale de Volleyball - Международная федерация волейбола

ФИД *фр.* FIJ, Fédération Internationale de Judo - Международная федерация дзюдо

ФИД *фр.* FID, Fédération Internationale de Documentation - Международная федерация по документации

ФИДЕ *фр.* FIDE, Fédération Internationale des Échecs - Международная шахматная федерация

ФИДИК *англ.* FIDIC, International Federation of Consulting Engineers - Международная федерация инженеров-консультантов

ФИЕ *фр.* FIE, Fédération Internationale d'Escrime - Международная федерация фехтования

ФИЖ *фр.* FIG, Fédération Internationale de Gymnastique - Международная федерация гимнастики

ФИЛА *фр.* FILA - Fédération Internationale de Lutte Amateur - Международная любительская федерация борьбы

ФИМС *фр.* FIMS, Fédération Internationale de Médecine Sportive - Международная федерация спортивной медицины

ФИНА *фр.* FINA, Fédération Internationale de Natation Amateur - Международная любительская федерация плавания

ФИП *фр.* FIP, Fédération Internationale de Philatelie - Международная федерация филателистов

ФИС *фр.* FIS, Fédération Internationale de Ski - Международная федерация лыжного спорта

ФИСА *фр.* FISA, Fédération Internationale des Sociétés d'Aviron - Международная федерация гребли

ФИСУ *фр.* FISU, Fédération Internationale des Sports Universitaires - Международная федерация университетского спорта

ФИТ *фр.* FIT, Fédération Internationale de Tennis - Международная федерация тенниса

ФИТА *фр.* FITA, Fédération Internationale de Tir a l'Arc - Международная федерация стрельбы из лука

ФИФА *фр.* FIFA, Fédération Internationale de Football Association - Международная федерация футбольных ассоциаций

ФИХ *фр.* FIH, Fédération Internationale de Hockey sur Gazon - Международная федерация хоккея на траве

ЦМКИ Центр международной коммерческой информации

ЦМТ Центр международной торговли

ЦОМС Центр обслуживания международных связей

АГЕНТСТВА

АА Анатолийское агентство *(Турция)*

ААП *англ.* AAP, Australian Associated Press - Острэлиан Ассошиэйтед Пресс *(информационное агентство Австралийского Союза)*

АБИ Агентство банковской информации

а-во агентство

АДИ Агентство деловой информации

АИИ Агентство иностранной информации

АИН Агентство «Инвестиции и недвижимость»

АКДИ Агентство коммерческой и деловой информации

АМИ Агентство межреспубликанской информации

АМР Агентство международного развития *(США)*

АМС Агентство мировой службы

АНБ Агентство национальной безопасности *(США)*

АНИ Агентство нефтяной информации

АП *англ.* AP, Associated Press - «Ассошиэйтед пресс» *(информационное агентство США)*

АПН агентство печати "Новости"

АРИС Агентство развития и сотрудничества

АСОНТИ Агентство справочной и оперативной научно-технической информации

АФИ Агентство финансовой информации

АФТА *англ.* AFTA, Australian Federation of Travel Agents - Австралийская федерация туристских агентств

АЭИ Агентство экономической информации

АЭН Агентство экономических новостей

АЭР Агентство экономического развития

БФА Балтийское финансовое агентство

ГИА Государственное имущественное агентство

ЕААЭ Европейское агентство по атомной энергии

ЕАГИ Европейское агентство по гарантиям инвестиций

ЕАН Екатеринбургское агентство новостей

ЕКА Европейское космическое агентство

ИТА Информационное телевизионное агентство

ИТАР-ТАСС информационное телеграфное агентство России

ИФ «Интерфакс» *(информационное агентство)*

МАГАТЭ Международное агентство по атомной энергии

МАГИ Международное агентство по гарантиям инвестиций

МАИР Международное агентство по изучению рака

МАМА Межрегиональное агентство международных авиауслуг «Россия»

МАР Международное агентство по разоружению

МАРП Московское агентство развития предпринимательства

МАС Международное агентство связи

Агентства

МАСК Международное агентство спутников контроля
МИГА Международное агентство гарантии инвестиций
МЭА Международное энергетическое агентство
НАИИ Национальное агентство по использованию исследований
НАКА Национальное аэрокосмическое агентство Казахстана
НИАН Национальное информационное агентство Непала
НКАУ Национальное космическое агентство Украины
РА Российское агентство
РАИН Российское агентство инвестиций и недвижимости
РАИС Российское агентство интеллектуальной собственности
РАМСиР Российское агентство международного сотрудничества и развития
РИА рекламно-информационное агентство
РИА Российское информационное агентство
РКА Российское космическое агентство
САИА Союз африканских информационных агентств
САНА *англ.* SANA, Syrian Arab News Agency - Сирийское арабское информационное агентство
СЖА Санкт-Петербургское железнодорожное агентство
ТЭА транспортно-экспедиционное агентство
УНИАН Украинское независимое информационное агентство новостей
ФАБ Федеральное агентство безопасности
ФАПСИ Федеральное агентство правительственной связи и информации
ЦАВС Центральное агентство воздушных сообщений
ЦТАК Центральное телеграфное агентство Кореи
ЭТА Эстонское телеграфное агентство
ЮНИ *англ.* UNI, United News of India - «Юнайтед Ньюс оф Индия» *(телеграфное агентство Индии)*
ЮПИ *англ.* UPI, United Press International - «Юнайтед пресс интернэшнл» *(информационное агентство США)*
ЮСИА *англ.* USIA, United States Information Agency - Информационное агентство США

ЦЕНТРЫ

АНТЦ Авиационный научно-технологический центр
АТЦ антитеррористический центр *(Федеральной службы безопасности)*
БНЦ Бурятский научный центр
ВВЦ Всероссийский вычислительный центр
ВИЦ Временный информационный центр
ВКНЦ Всероссийский кардиологический научный центр
ВМНУЦ Всероссийский межотраслевой научно-учебный центр
ВМНУЦ ВТИ Всероссийский межотраслевой научно-учебный центр по вычислительной технике и информатике
ВНИИЦПВ Всероссийский научно-исследовательский центр по изучению свойств поверхности и вакуума
ВНИЦ Всероссийский научно-исследовательский центр
ВНИЦОЗМиР Всероссийский научно-исследовательский центр по охране здоровья матери и ребенка
ВНЦ Всероссийский научный центр
ВНЦХ Всероссийский научный центр хирургии
ВТОЦ Всетатарский общественный центр
ВХНРЦ Всероссийский художественный научно-реставрационный центр имени И. Э. Грабаря
ВЦИОМ Всероссийский центр изучения общественного мнения
ВЦМК Всероссийский центр медицины катастроф
ВЦММ Всероссийский центр мануальной медицины
ВЦП Всероссийский центр переводов
ВЦПО Всероссийский центр переподготовки офицеров
ВЦПУ Всероссийский центр патентных услуг
ВЦЭМ Всероссийский центр экологической медицины
ГВЦГА Главный вычислительный центр гражданской авиации
ГКНПЦ Государственный космический научно-производственный центр имени М.В. Хруничева
ГКЦПС Главный координационный центр поиска и спасения
ГНИВЦ Государственный научно-исследовательский вычислительный центр
ГНИЦ Главный научно-информационный центр
ГНПЦ Государственный научно-производственный центр
ГНЦ Гематологический научный центр
ГНЦ Государственный научный центр
ГНЦЛМ Государственный научный центр лазерной медицины
ГосНИЦ Государственный научно-исследовательский центр
ГосНИЦИПР Государственный научно-исследовательский центр изучения природных ресурсов

ГПВЦ Главный производственный вычислительный центр
ГРМЦ Государственный российский морской центр
ГРТЦ Государственный радиотелевизионный центр
ГЦИПКС Главный центр испытаний и применения космических средств
ГЦИУ Главный центр испытаний и управления
ГЦРР Городской центр размещения рекламы
ДОЦ детский оздоровительный центр
ДСВЦ диспетчерская служба вычислительных центров
ДСЦ Демократический и социальный центр
ЕЦМС Европейский центр международного сотрудничества
ЕЦТВ Единый центр трудящихся Венесуэлы
ИАЦ информационно-аналитический центр
ИКЦ Исламский культурный центр
ИКЦ историко-культурный центр
ИНЦ Иркутский научный центр
ИрВЦ Иркутский вычислительный центр
ИРЦ информационно-рекламный центр
ИРЦ информационный региональный центр
ИТЦ инженерно-технический центр
ИЦ информационный центр
ИЦР Информационный центр для регистраторов
ИЦЧП Исследовательский центр частного права
КИЦ консультативно-информационный центр
КНЦ Кольский научный центр
КНЦ Красноярский научный центр
КУЦ координационно-управляющий центр
КЦ консультационный центр
КЦФЕ Конкурсный центр фундаментального естествознания
ЛАПТ Латиноамериканский профцентр трудящихся
ЛОЦ лечебно-оздоровительный центр
МБЦ Международный бизнес-центр
МГФЦ Московский городской фармакологический центр
МГЦ Московский городской центр
МКЦ Московский коммерческий центр
ММДЦ Московский международный деловой центр
ММЦЭ Московский международный центр электроники
МНТЦ Московский научно-технический центр
МНЦТК Межотраслевой научно-исследовательский центр технической керамики
МОЦ медико-оздоровительный центр
МОЦВС Московский олимпийский центр водного спорта
МТЦ Международный торговый центр
МТЦ Московский телевизионный центр
МЦ Московский центр
МЦ АУВД Московский центр автоматизированного управления воздушным движением

Центры

МЦД Международный центр данных

МЦНТИ Международный центр научно-технической информации

МЦОИ Международный центр образовательных инноваций

МЦР Международный центр Рерихов

МЦСИ Международный центр сравнительных исследований

НАЦ Независимый аналитический центр

НБЦ Народный благотворительный центр

НИВЦ Научно-исследовательский вычислительный центр

НИЦ Научно-исследовательский центр

НИЦБС Научно-исследовательский центр биологических структур *(Москва)*

НИЦбытхим Научно-исследовательский центр бытовой химии

НИЦИАМТ Научно-исследовательский центр по испытаниям и доводке автомототехники

НИЦ КС Научно-исследовательский центр космической системотехники

НИЦ ПЭУ Научно-информационный центр «Планирование, экономика, управление»

НИЦТК Научно-исследовательский центр технической керамики

НИЦТЛАЗ Научно-исследовательский центр по технологическим лазерам

НМЦ научно-методический центр

НОЦНИТ Новгородский областной центр новых информационных технологий

НТЦ научно-технический центр

НЦ научный центр

НЦБИ Научный центр биологических исследований

НЦВТ Научный центр по фундаментальным проблемам вычислительной техники и систем управления

НЦНИ Национальный центр научных исследований

НЦПИ Научный центр правовой информации

НЦПСО Научный центр программных средств обучения

НЭЦ Научно-экспериментальный центр

НЭЦ АУВД Научно-экспериментальный центр автоматизированного управления воздушным движением

обл. ц. областной центр

ОНЦ Онкологический научный центр

ОРЦ объединенный разведывательный центр *(США)*

ОЦАП Оперативный центр авиационной поддержки

ОЦПОД оперативный центр приема и обработки данных

РГВЦ региональный геофизический вычислительный центр

РГЦЭЛ Российский государственный центр экспертизы лекарств

Центры

РЕГНАТИС Региональный центр научно-технических исследований
РИАЦ республиканский информационно-аналитический центр
РИАЦ Российский информационно-аналитический центр
РИТЦ Республиканский инженерно-технический центр по восстановлению и упрочению деталей машин и механизмов
РМЦ региональный морской центр
РНИЦКД или **РНИЦ КД** Российский научно-исследовательский центр космической документации
РНЦ Российский научный центр
РОМИР «Российское общественное мнение и исследование рынка» *(центр социологических исследований)*
РосРИАЦ Российский республиканский информационно-аналитический центр
РСВЦ республиканская сеть вычислительных центров
РСЦ Российский строительный центр
РФЯЦ Российский Федеральный ядерный центр
РЦ региональный центр
р. ц. районный центр
РЦЗН районный центр занятости населения
РЦИПТ Региональный центр инноваций и передачи технологий
РЦН Русский центр недвижимости
РЦП Региональный центр приватизации
РЦП Российский центр приватизации
РЦХИДНИ Российский центр хранения и изучения документов новейшей истории
РЦЭР Рабочий центр экономических реформ при правительстве Российской Федерации
СБЦ специализированный бизнес-центр
СГЦ селекционно-генетический центр
СЗРФЦ Северо-Западный региональный фондовый центр
СИФЕЖ *фр.* CIFEJ, Centre international du film pour les enfants et la jeunesse - Международный центр кино для детей и юношества
СНЦ Саратовский научный центр
СПбНЦ РАН Санкт-Петербургский научный центр Российской академии наук
СППТЦ Специальный производственно-проектный технический центр
ТНЦ Томский научный центр
ТЭЦ транспортно-экспедиторский центр
УМЦ учебно-методический центр
УНЦ Украинский научный центр
УНЦ Уральский научный центр
ФИЦ Федеральный информационный центр
ФОЦ Феминистский ориентационный центр
ФЯЦ Федеральный ядерный центр
ц. центр
ЦАИПК Центр аналитической информации по политической конъюнктуре

Центры

ЦАО центр автоматизированного обучения
ЦАП Центр автомобилестроительных программ
ЦАС Центр атомного судостроения
ЦВ центр величины
ЦВ центр водоизмещения
ЦВД центр высокого давления
ЦГР центр группы разрывов
ЦДИ Центр деловой информации
ЦДКС Центр дальней космической связи
ЦЗ Центр занятости
ЦЗН Центр занятости населения
ЦИАД Центр истории авиационных двигателей
ЦИОМ центр по исследованию общественного мнения
ЦИПКС Центр испытаний и применения космических средств
ЦКВП Центр контроля воздушного пространства
ЦКД Центр космических данных
ЦМ центр масс
ЦМКИ Центр международной коммерческой информации
ЦМТ Центр международной торговли
ЦМТ Центр микроэлектронных технологий
ЦНД центр низкого давления *(тех.)*
ЦНПЭ Центр независимой потребительской экспертизы
ЦНТИ центр научно-технической информации
ЦНТР ООН Центр по науке и технике в целях развития Организации Объединенных Наций
ЦНТТ Центр научно-технического творчества
ЦНТТМ Центр научно-технического творчества молодежи
ЦОВ Центр образования взрослых
ЦОВАТ центр обслуживания и восстановления авиационной техники
ЦОД центр обработки данных
ЦОИ Центр общественной информации
ЦОМ Центр образования молодежи
ЦОМС Центр обслуживания международных связей
ЦОН Центр образования населения
ЦОПП Центр образовательно-профессиональной подготовки
ЦОР Центр олимпийского резерва
ЦОС центр обработки сообщений
ЦОС Центр общественных связей
ЦОСИ центр обработки специальной информации
ЦОУ центр операционного управления
ЦПД центр приема данных
ЦПДУ Центр производственно-диспетчерских услуг
ЦПИП Центр поддержки искусств и предпринимательства
ЦПК Центр по предотвращению конфликтов
ЦПК Центр подготовки космонавтов имени Ю. А. Гагарина
ЦППИ Центр подготовки правовой информации
ЦПУ центр патентных услуг

ЦСИС Центр современного искусства Сороса
ЦСП Центр стратегического планирования
ЦТ центр тяжести
ЦТО центр технического обслуживания
ЦТП центр технической помощи
ЦУ центр управления
ЦУО центр управления и оповещения *(армия)*
ЦУО центр управления огнем
ЦУП центр управления перевозками
ЦУТА центр управления тактической авиацией
ЦХСД Центр хранения современной документации
ЦЭК Центр экономической конъюнктуры
ЦЭЛИ Центр экономической литературы и информации
ЧЛЦ чугунолитейный центр
ЮРЦП Южно-российский центр приватизации

БЮРО

АКБ архитектурно-конструкторское бюро
БВК бюро внешнего контроля
БГП бюро гравировки и печати
БИНТИ Бюро иностранной научно-технической информации
БИП бюро инструментов и приспособлений
БИРД Бюро изучения реактивного движения
БИТ Бюро информационных технологий
БКП бюро контроля переводов *(почтовых)*
БНМ бюро нормирования материалов
БНС бюро несчастных случаев
БНТИ бюро научно-технической информации
БП бюро погоды; бюро прогнозов
БПП бюро подготовки проектирования
БПТИ бюро патентов и технической информации
БПЭ бюро производственной эстетики
БРИЗ бюро рационализации и изобретательства
БТД бюро технической документации
БТИ бюро технической инвентаризации
БТИ бюро технической информации
БТК бюро технического контроля
БЦП бюро централизованных перевозок
ГБР Городское бюро регистрации прав на недвижимость в жилищной сфере
ГСКТБ головное специализированное конструкторско-технологическое бюро
ГЭБ Городское экскурсионное бюро
ДМБ диктофонно-машинописное бюро
ЗМКБ Запорожское моторостроительное конструкторское бюро
Интурбюро Бюро по обслуживанию иностранных туристов
информбюро информационное бюро
КБ конструкторское бюро
КБ координационное бюро
КБМ Конструкторское бюро машиностроения
КБОМ Конструкторское бюро общего машиностроения
КБХИММАШ или **КБХМ** Конструкторское бюро химического машиностроения
КПКБ Казанское приборостроительное конструкторское бюро
КТБ конструкторско-технологическое бюро
ЛКБ Львовское конструкторское бюро
МБК машиностроительное конструкторское бюро
МБМ Международное бюро мира
МБМВ Международное бюро мер и весов
МБТ Международное бюро труда
МГБ Международное гидрографическое бюро
МКБ Машиностроительное конструкторское бюро

МКБ моторостроительное конструкторское бюро
МОКБ Московское опытно-конструкторское бюро
МосгорБТИ Московское городское бюро технической инвентаризации
МПКБ машиностроительное проектно-конструкторское бюро
МСБК машиностроительное специальное конструкторское бюро
НПКБ научно-производственное конструкторское бюро
НЦБ Национальное центральное бюро *(Интерпола)*
ОКБ Опытно-конструкторское бюро
ОКБ Особое конструкторское бюро
ОКБМ Опытно-конструкторское бюро машиностроения
ОКБ ТК Особое конструкторское бюро технической кибернетики
ОКТБ Особое конструкторско-технологическое бюро
ОРБ оперативно-розыскное бюро
ПАКБ Пермское агрегатное конструкторское бюро
ПБ патентное бюро
ПДБ производственно-диспетчерское бюро
ПИБ проектно-инвентаризационное бюро
ПКБ проектно-конструкторское бюро
ПКБМ Пензенское конструкторское бюро моделирования
ПКТБхиммаш Проектно-конструкторское технологическое бюро химического и нефтяного машиностроения
СКБ специальное конструкторское бюро
СКБ ВТ Специальное конструкторское бюро вычислительной техники
СКБ ГИТ Специальное конструкторское бюро гидроимпульсной техники
СКБ МТВ Специальное конструкторское бюро микроэлектроники и вычислительной техники
СКБ НП Специальное конструкторское бюро научного приборостроения
СКБ ПГ Специальное конструкторское бюро прикладной геофизики
СКБ САМИ Специальное конструкторское бюро средств автоматизации морских исследований
СКБ ЭБМ Специальное конструкторское бюро электроники больших мощностей
СКТБ специальное конструкторско-технологическое бюро
СКТБ СЭиАП Специальное конструкторско-технологическое бюро специальной электроники и аналитического приборостроения
СПБ специальное проектное бюро
СПКБ Специальное проектно-конструкторское бюро
СПКБМ Специальное проектно-конструкторское бюро машиностроения
СЭКБ специальное экспериментальное конструкторское бюро
ТБ туристическое бюро
ТМКБ Тураевское машиностроительное конструкторское бюро

Бюро

ТМКБ Тушинское машиностроительное конструкторское бюро

ФБР Федеральное бюро расследований *(США)*

ФТБ Финское телеграфное бюро

ХИММАШ Конструкторское бюро химического машиностроения имени А. М. Исаева

ЦАБ Центральное адресное бюро

ЦБ центральное бюро

ЦБКМ Центральное проектно-конструкторское бюро кузнечно-прессового машиностроения

ЦБН центральное бюро нормализации

ЦБН центральное бюро нормирования

ЦБНТИ центральное бюро научно-технической информации

ЦБТИ центральное бюро технической информации

ЦКБ Центральное конструкторское бюро

ЦКБМ Центральное конструкторское бюро машиностроения

ЦКБ МС Центральное конструкторское бюро морского самолетостроения

ЦКБМТ Центральное конструкторское бюро морской техники

ЦКБ по СПК или **ЦКБСПК** Центральное конструкторское бюро по судам на подводных крыльях

ЦКБЭМ Центральное конструкторское бюро экспериментального машиностроения

ЦКИБ Центральное конструкторское исследовательское бюро охотничьего и спортивного оружия

ЦКТБ центральное конструкторско-технологическое бюро

ЦМКБ Центральное мебельное конструкторское бюро

ЦОКБ Центральное опытно-конструкторское бюро

ЦОКТБ Центральное опытно-конструкторское и технологическое бюро

ЦПКБ центральное проектно-конструкторское бюро

ЦПКТБ центральное проектно-конструкторское и технологическое бюро

ЦСКБ Центральное специализированное конструкторское бюро

ЦТКБ центральное технико-конструкторское бюро

ЦЭКБ центральное экспериментально-конструкторское бюро

ЭКБ экспериментальное конструкторское бюро

ЭКБМ экспериментальное конструкторское бюро мебели

ЮНДРО *англ.* UNDRO, Office of the United Nations Disaster Relief Coordinator - Бюро координатора Организации Объединенных Наций по оказанию помощи в случае стихийных бедствий

ФОНДЫ

ВФМ Всемирный фонд мира
ВФП Всемирный фонд природы
Госфильмофонд Государственный фонд кинофильмов
ГФЗ или **ГФЗН** Государственный фонд занятости населения
ДФ Детский фонд
ЕФР Европейский фонд развития
ЕФРР Европейский фонд регионального развития
ИПФ инвестиционно-приватизационный фонд
ИФ инвестиционный фонд
МИФ Московский инвестиционный фонд
МНПФ Международный негосударственный пенсионный фонд
МНФ Международный научный фонд *(Сороса)*
МНФ Межрегиональный научный фонд
МНФПС Межрегиональный научный фонд «Промышленная собственность»
МФ международный фонд
МФВР Международный фонд за выживание и развитие
МФЗА Международный фонд защиты и помощи для южной части Африки
МФИ Международный фонд инвестиционных проектов
МФРР Международный фонд регионального развития
МФРЯ Машинный фонд русского языка
МФСР Международный фонд сельскохозяйственного развития

НАРФО Народный чековый инвестиционный фонд
НАФ Национальный алмазный фонд
НИФ Национальный инвестиционный фонд
НФГ Национальный фонд гуманитарных наук
НФСА Национальный фонд спасения Афганистана
ОФП основные фонды производства
ПАФР Панамериканский фонд развития
ПИВФ Первый инвестиционный ваучерный фонд
ППФ Первый приватизационный фонд
ПРИФ Первый республиканский инвестиционный фонд
РВФ Региональный венчурный фонд
РФК Российский фонд культуры
РФФИ Российский фонд федерального имущества
РФФИ Российский фонд фундаментальных исследований
РДФ Российский детский фонд
ТИНФО Таврический инвестиционный фонд
ФАРП Фонд акционирования работников предприятия
ФКПР Фонд крупных предприятий России
ФНИ Фонд народного имущества
ФПОС Фонд производственных оборотных средств
ФРПНТ фонд развития производства, науки и техники

Фонды

ФЭЧ фонд экологии человека
ЦБФ целевой благотворительный фонд
ЦПИФ Центральный промышленно-инвестиционный фонд
ЧИФ чековый инвестиционный фонд
ЮНИСЕФ *англ.* UNICEF, United Nations International Children's Emergency Fund - Детский фонд Организации Объединенных Наций
ЮНФДАК *англ.* UNFDAC, United Nations Fund for Drug Abuse Control - Фонд Организации Объединенных Наций по борьбе с злоупотреблением наркотическими средствами

КОМИТЕТЫ. КОМИССИИ

ВККД Всемирный консультативный комитет друзей
ВПК Военно-промышленная комиссия
ГЗК Государственная закупочная комиссия
ГИК городская избирательная комиссия
горизбирком городская избирательная комиссия
ГЭК государственная экзаменационная комиссия
ГЭК Государственная экспертная комиссия
ЕАК Еврейский антифашистский комитет
ЕК Европейская комиссия
ЗПК зональная приемная комиссия
избирком избирательная комиссия
КБМ Комитет по безопасности на море
КЕПС Комиссия по изучению производительных природных ресурсов
КЕС Комиссия Европейского сообщества
ККЕО Координационный комитет еврейских организаций
ККПМ Консультационный комитет представителей на местах
КОАПП Комитет авторских прав природы
КОВ комиссия по оперативным вопросам
КОКОМ *англ.* COCOM, Coordinating Committee of East-West Trade Policy - Комитет по координации экспорта стратегических товаров в социалистические страны
КОПРОН Комитет по проведению подводных работ особого назначения
КПП Комитет полномочных представителей
КСА Комитет по системному анализу
КСМ Комитет солдатских матерей
КСР Комитет содействия развитию
к-т комитет
КТМ Комиссия по трудоустройству молодежи
КТС Комиссия по трудовым связям
НК Национальный комитет
ОКДОР Общественный комитет демократических организаций России
ОККМА Особая комиссия по Курской магнитной аномалии
ПК подкомитет
ПК постоянный комитет
ПКК Постоянная консультативная комиссия
ревком революционный комитет
РКК региональная квалификационная комиссия
РНКРЗ Российская научная комиссия радиологической защиты
СЕНКМ Совет Европейских национальных комитетов молодежи
СНК специальная наблюдательная комиссия *(Чечня)*
ФКК Федеральная комиссия по коммуникациям *(США)*
ФКЦБ Федеральная комиссия по ценным бумагам
ФЭК Федеральная энергетическая комиссия

Комитеты. Комиссии

Центризбирком Центральная избирательная комиссия
ЦИК Центральная избирательная комиссия
ЦИК центральный исполнительный комитет
ЦК Центральный Комитет
ЧПК Чрезвычайная противоэпидемическая комиссия
шахтком шахтный комитет
ЭПК экспертно-проверочная комиссия

УПРАВЛЕНИЕ И УПРАВЛЕНИЯ

АДУ аппарат дистанционного управления
АПУ архитектурно-планировочное управление
АТУ автотранспортное управление
АУ архивное управление
АФУ административно-финансовое управление
БСУ бесконтактная станция управления
БТУ Британское туристское управление
ГАУ Главное архивное управление
ГИУ Главное инженерное управление
ГКУ группа кризисного управления
ГКФУ Главное контрольно-финансовое управление *(США)*
ГлавПЭУ Главное производственно-экономическое управление
ГлавУпДК Главное управление по обслуживанию дипломатического корпуса
ГМУ Главное медицинское управление
ГНТУ Главное научно-техническое управление
ГОГУ главная оперативная группа управления
Гознак Главное управление производством государственных знаков, монет и орденов
ГОМУ Главный отдел мобилизационного управления
ГПУ главный пост управления
ГПУ Государственное правовое управление
ГПЭУ Главное планово-экономическое управление
ГРУ Главное разведывательное управление
ГТУ Главное таможенное управление
ГТУ Главное техническое управление
ГУ Главное управление
ГУВБиФ Главное управление военного бюджета и финансирования *(Министерства обороны Российской Федерации)*
ГУВД Главное управление внутренних дел
ГУВС Главное управление внешних связей
ГУВТС Главное управление военно-технического сотрудничества с зарубежными странами
ГУГПС Главное управление государственной противопожарной службы
ГУГС Главное управление городского строительства
ГУГТК Главное управление Государственного таможенного комитета
ГУЗГИ Главное управление защиты государственных интересов
ГУИН Главное управление исполнения наказаний
ГУК Главное управление кадров
ГУКОС Главное управление космических средств
ГУМТО Главное управление материально-технического обеспечения

Управление и управления

ГУНИО или **ГУНиО** Главное управление навигации и океанографии *(Министерства обороны Российской Федерации)*

ГУО Главное управление охраны Российской Федерации

ГУОП Главное управление по борьбе с организованной преступностью

ГУПиКС Главное управление проектирования и капитального строительства

ГУПО Главное управление пожарной охраны

ГУПОНИИР Главное управление планирования и организации научных исследований и использования их результатов

ГУРВД Главное управление регулирования внешнеэкономической деятельности

ГУРВО Главное управление ракетного вооружения

ГУС Главное управление связи

ГУСК Главное управление по сотрудничеству и кооперации

ГУСС Главное управление специального строительства Министерства обороны Российской Федерации

ГУСХ Главное управление сельского хозяйства

ГУТ Главное управление торговли *(Министерства обороны Российской Федерации)*

ГУУР Главное управление уголовного розыска

ГУЦБ или **ГУ ЦБ** Главное управление Центрального банка России

ГУЭП Главное управление по борьбе с экономическими преступлениями

ГУЭРАТ Главное управление эксплуатации и ремонта авиационной техники

ГФУ Главное финансовое управление

ДАРПА *англ.* DARPA, Defence Advanced Research Projects Agency - Управление перспективных исследований министерства обороны *(США)*

ДРСУ дорожное ремонтно-строительное управление

ДСУ дорожно-строительное управление

ДУМ Духовное управление мусульман

ДУМЕС Духовное управление мусульман европейской части СНГ и Сибири

ЖРЭУ жилищное ремонтно-эксплуатационное управление

ИПУ интегрированный пульт управления

ИТУ инженерно-техническое управление

ИУ инженерное управление

КАСУ корабельная автоматизированная система управления

КРУ контрольно-ревизионное управление

КСУ комплексная система управления

КСУК комплексная система управления качеством

КСУКП комплексная система управления качеством продукции

КЭУ квартирно-эксплуатационное управление

ЛУВО линейное управление внутренних дел
МГТУ Московское городское территориальное управление
МКУБ модуль кодового управления бесконтактный
МС или **МСУ** местное самоуправление
местное самоуправление
МУЭП Московское управление по экономическим преступлениям
НАКУ наземный автоматизированный комплекс управления
НАСА *англ.* NASA, National Aeronautics and Space Administration - Национальное управление по аэронавтике и исследованию космического пространства *(США)*
НУБС непосредственное управление боковой силой
НУПС непосредственное управление подъемной силой
НУТО Национальное управление по трудовым отношениям
ОДУ Объединенное диспетчерское управление
ОПУ операционное управление
ОУВД окружное управление внутренних дел
ОУОП оперативное управление основным производством
ОУОСФ Орган управления образованием субъектов Федерации
ОУП оперативное управление производством
ПГУ Первое главное управление
ПСУО полупассивная система управления ориентацией
РАУ рулевой агрегат управления
РСУ реактивная система управления
РСУ ремонтно-строительное управление
РУ ручное управление
РУОП региональное управление по борьбе с организованной преступностью
РЭУ ремонтно-эксплуатационное управление
СБСУ стационарная бортовая система управления
СДУ система диспетчерского управления
СДУ система дистанционного управления
СЗТУ Северо-Западное таможенное управление
СМУ специализированное монтажное управление
СМУ строительно-монтажное управление
СМУИР строительно-монтажное управление инженерных работ
СМЭУ специализированное монтажно-эксплуатационное управление
СРМУ специализированное ремонтно-монтажное управление
ССМУИР специальное строительно-монтажное управление инженерных работ
ССУ специальное строительное управление
ССУОР специальное строительное управление отделочных работ
СУ система управления
СУ следственное управление
СУ специализированное управление
СУ специальное управление

Управление и управления

СУ строительное управление
СУБД система управления базами данных
СУБК система управления бортовыми комплексами
СУКТ система управления качеством труда
СУМ специализированное управление механизации
СУРН система управления ракеты-носителя
ТТУ трамвайно-троллейбусное управление
ТУ техническое управление
ТУ транспортное управление
ТУРНИФ Тихоокеанское управление промысловой разведки и научно-исследовательского флота
УАЗ Управление административными зданиями
УБЭП Управление по борьбе с экономическими преступлениями
УВД Управление внутренних дел
УВДТ Управление внутренних дел на транспорте
УВИР Управление виз и регистрации иностранцев
УВКБ Управление Верховного комиссара Организации Объединенных Наций по делам беженцев
УВО Управление вневедомственной охраны
УВОМП Управление по вопросам океана и морскому праву *(Организации Объединенных Наций)*
УВС Управление внешних связей
УВУЗ Управление военно-учебных заведений
УГАИ Управление Государственной автомобильной инспекции
УГКНБ Управление государственного комитета национальной безопасности *(Кыргызстана)*
УГКОИП Управление государственного контроля охраны и использования памятников истории и культуры *(Москва)*
УГПС Управление государственной противопожарной службы
УГРАО Управление гражданских радиоактивных отходов *(США)*
УДНП Управление департамента налоговой полиции
УЗГС ПВ ГАСО Управление заместителя Генерального секретаря по политическим вопросам и делам Генеральной Ассамблеи и секретариатскому обслуживанию *(Организации Объединенных Наций)*
УЗГС СПД Управление заместителей Генерального секретаря по специальным политическим делам *(Организации Объединенных Наций)*
УК управление кадров
УКП управление качеством продукции
УКС управление капитального строительства
УКХ управление коммунального хозяйства
УМП управление магистральных продуктопроводов
УМР Управление минеральных ресурсов
УМТС управление материально-технического снабжения
УМХ Управление муниципального хозяйства

УНБ Управление национальной безопасности *(США)*

УНИСИ Управление по научным исследованиям и сбору информации *(Организации Объединенных Наций)*

УНКС Управление начальника космических средств

УНОН Управление по борьбе с незаконным оборотом наркотиков

УОНИ Управление организации научных исследований

УОП Управление по борьбе с организованной преступностью

УОП Управление по осуществлению проектов *(Организации Объединенных Наций)*

УПВ Управление по правовым вопросам *(Организации Объединенных Наций)*

УПД Управление прогнозирования доходов *(мэрии)*

УПДК Управление по обслуживанию дипломатического корпуса

УПК управление подготовки кадров

УПЛ Управление питания и лекарств *(США)*

УПО управление пожарной охраны

УПП управление производственных предприятий

упр. управление

упр. управляющий

управдел управляющий делами

управл. управляемый

УПРО Управление противоракетной обороны

УПС управление пограничным слоем

УПТК Управление производственно-технологической комплектации

УПТОК Управление производственно-технического обеспечения и комплектации

УРБ управление разведочного бурения

УРОПД Управление по расследованию организованной преступной деятельности

УС управление строительства

УСБ Управление собственной безопасности

УСО Управление специальных операций

УТЗ управление труда и зарплаты

УТРФ Управление тралового и рефрижераторного флота

УТТ управление технологического транспорта

УТФ Управления тралового флота

УУЗ управление учебных заведений

УУР Управление уголовного розыска

УФПС Управление Федеральной почтовой связи

УФСБ Управление Федеральной службы безопасности

УЦББИ Управление по ценным бумагам и биржам Индии

УЭП Управление по борьбе с экономическими преступлениями

ФСУВВ физическая система управления вводом-выводом

ФУ финансовое управление

ФУАКПС Федеральное управление авиационно-космического поиска и спасения

ФУБ Федеральное управление по делам о банкротстве
ФУГА Федеральное управление гражданской авиации *(Нигерия)*
ФУДН Федеральное управление по делам о несостоятельности *(предприятий)*
ФУПС Федеральное управление почтовой связи
ХОЗУ хозяйственное управление
хозупр. хозяйственное управление
ЦАУ Центральное архивное управление
ЦВМУ Центральное военно-медицинское управление
ЦДУ Центральное диспетчерское управление
ЦДУБ Центральное духовное управление буддистов
ЦДУМ Центральное Духовное Управление мусульман
ЦОУ Центральное операционное управление
ЦРУ Центральное разведывательное управление *(США)*
ЦУМВС Центральное управление международных воздушных сообщений
ЦУМР Центральное управление материальных ресурсов *(Министерства обороны Российской Федерации)*
ЦУРТГ Центральное управление ракетного топлива и горючего *(Министерства обороны Российской Федерации)*
ЦФУ Центральное финансовое управление
ШСУ шахтостроительное управление
ЭКЦ экспертно-криминалистическое управление
ЭТУ эксплуатационно-техническое управление

АКЦИОНЕРНЫЕ ОБЩЕСТВА, ЗАВОДЫ, ФАБРИКИ, КОМБИНАТЫ, ПРЕДПРИЯТИЯ, ОБЪЕДИНЕНИЯ, КОМПЛЕКСЫ, КОМПАНИИ, ФИРМЫ

АБЗ асфальтобетонный завод

АГ *нем.* AG, Aktiengesellschaft - акционерное общество

АГМК Алмалыкский горно-металлургический комбинат

Агфа *нем.* Agfa, Aktiengesellschaft für Anilinfabrikation *(акционерное общество анилиновой промышленности)*

АЗТЭ Алтайский завод тракторного электрооборудования

АКР Андская корпорация развития

АМЗ Алапаевский металлургический завод

АМЗ Арзамасский машиностроительный завод

АНОФ апатитонефелиновая обогатительная фабрика

АНПО арендное научно-производственное объединение

АНПП Аграрное научно-производственное предприятие

АОМЗ Азовский оптико-механический завод

АПЗ Арзамасский приборостроительный завод

АПО аграрно-промышленное объединение

АПФ агропромышленная фирма

АРЗ авиаремонтный завод

АРЗ авторемонтный завод

АРС «Алмазы России-Саха» *(компания)*

АСК акционерная страховая компания

АСК акционерная строительная компания

АСХО акционерное сельскохозяйственное общество

АТЗ азотно-туковый завод

Атоммаш Волгодонский завод атомного энергетического машиностроения

АТРЗ автотрактороремонтный завод

АТЭКС «Автотракторозкспорт» *(внешнеторговая фирма)*

АХК Алексинский химический комбинат

АЭХК Ангарский электролизный химический комбинат

БАЗ Богословский алюминиевый завод

БВК Белгородский витаминный комбинат

БелАЗ Белорусский автомобильный завод

БЗБК Бакинский завод бытовых кондиционеров

БКЗ Барнаульский котельный завод

БКО Боровичский комбинат огнеупоров

БМВ *нем.* BMW, Bayerische Motorenwerke - Баварские машиностроительные заводы

БМЗ Брянский машиностроительный завод

БМК Белорецкий металлургический комбинат

БЛПК Братский лесоперерабатывающий комплекс

БНЗ Бакинский нефтеперерабатывающий завод

БРАЗ Братский алюминиевый завод

Брестсельмаш Брестский завод сельскохозяйственного машиностроения

Акционерные общества, заводы, фабрики, комбинаты...

БРЗ Бердский радиозавод
БРЗ бетонорастворный завод
БХК Белорусский химический комбинат
БЦЗ Байкальский целлюлозный завод
ВАЗ Волжский автомобильный завод
ВАК Волховский алюминиевый комбинат
ВАО внешнеэкономическое акционерное общество
ВАО Всероссийское акционерное общество
ВАРЗ вагоноремонтный завод
ВВО Всероссийское внешнеторговое объединение
ВГТРК Всероссийская государственная телевизионная и радиовещательная компания
ВЕК Восточно-Европейская компания
ВЗСВ Волжский завод синтетического волокна
ВИК вертикально-интегрированная компания
ВИКА Восточноевропейская инвестиционная компания
ВМЗ Владимирский машиностроительный завод
ВМЗ Воронежский механический завод
ВНПЗ Волгоградский нефтеперерабатывающий завод
ВНПО Всероссийское научно-производственное объединение
ВНПП Всероссийское научно-производственное предприятие
ВО внешнеторговое объединение
ВО всероссийское объединение
ВОМЗ Вологодский оптико-механический завод
ВПИК Военно-промышленная инвестиционная компания
ВПНРК Всероссийский производственный научно-реставрационный комбинат
ВПО всероссийское производственное объединение
ВПО всероссийское промышленное объединение
ВРЗ вагоноремонтный завод
ВТЗ Владимирский тракторный завод
ВТПС "Внештрубпроводстрой" *(строительная компания)*
ВШЗ Воронежский шинный завод
ВЭМЗ Владимирский электромоторный завод
ГАЗ Горьковский автомобильный завод
ГЕОИНТЕХ Научно-производственное предприятие геоинформационной технологии
ГИК государственная инвестиционная корпорация
ГКЗ государственный конный завод
ГМК горно-металлургический комбинат
ГММПП Государственное Московское машиностроительное производственное предприятие
ГМПО Государственное межотраслевое производственное объединение
ГНИП Государственное научно-инженерное предприятие
ГНК Государственная нефтяная компания
ГНКА Государственная нефтяная компания Азербайджана

Акционерные общества, заводы, фабрики, комбинаты...

ГНКАР Государственная нефтяная компания Азербайджанской Республики

ГНПКФ Государственная научно-производственная коммерческая фирма

ГНПП Государственное научно-производственное предприятие

ГОЗ Государственный оптический завод

ГОК горно-обогатительный комбинат

ГолАЗ Голицынский автобусный завод

Гомельдрев Гомельское производственное деревообрабатывающее объединение

Гомелькабель Гомельский кабельный завод

Гомельстройматериалы Гомельское производственное объединение по выпуску строительных материалов

ГОМЗ Государственный оптико-механический завод

Гомсельмаш Гомельский завод сельскохозяйственного машиностроения

Госинкор Государственная инвестиционная корпорация

ГосНПО Государственное научно-производственное объединение

ГосНПП Государственное научно-производственное предприятие

ГП государственное предприятие

ГПЗ газоперерабатывающий завод

ГПЗ государственный племенной завод

ГПЗ государственный подшипниковый завод

ГПК гибкий производственный комплекс

ГПК Государственный производственный комплекс

ГПО Государственное производственное объединение

ГППЗ Государственный племенной птицезавод

ГПР государственное предприятие

ГПРЭП государственное производственное ремонтно-эксплуатационное предприятие

ГПСИ Государственное предприятие по связи и информатике

ГСМО Государственное строительно-монтажное объединение

ДАЛС "Дальняя связь" *(государственное предприятие)*

ДАПО Дальневосточное производственное объединение

ДЗХВ Даугавпилсский завод химического волокна

ДОЗ деревообрабатывающий завод

ДОК деревообрабатывающий комбинат

Дорстройтрест Дорожный строительно-монтажный трест

ДПШО Дмитровское производственное швейное объединение

ЕАЛ "Евро-Азиатская Линия" *(туристическая фирма)*

ЕАОУМ Евроазиатское объединение угля и металла

ЕГРПО Единый государственный регистр предприятий и организаций всех форм собственности и хозяйствования

ЕлАЗ Елабужский автомобильный завод

ЕОУС Европейское объединение угля и стали
ЕрАЗ Ереванский автомобильный завод
ЖБФ жестяно-баночная фабрика
ЖРЭП жилищное ремонтно-эксплуатационное предприятие
зав. заводской
ЗАЗ Запорожский автомобильный завод
з-д завод
ЗДП завод декоративной пленки
ЗДС завод деревообрабатывающих станков
ЗЖБИ завод железобетонных и бетонных изделий
ЗЖБК завод железобетонных конструкций
ЗИЛ Московский автомобильный завод имени И. А. Лихачева
ЗИМ завод испытательных машин
ЗИП "Завод имени А. С. Попова" *(научно-производственное объединение)*
ЗИП завод измерительных приборов
ЗИФ золотоизвлекательная фабрика
ЗМА завод медицинской аппаратуры
ЗМЗ Златоустовский металлургический завод
ЗМК завод металлоконструкций
ЗСМ завод строительных материалов
ЗСМК завод сварных машиностроительных конструкций
ЗТА завод телемеханической аппаратуры
ЗТМ завод торгового машиностроения
ЗЭИП завод электроизмерительных приборов
ЗЭМО завод электромеханического оборудования
ЗЭП завод эндокринных препаратов
ИБМ *англ.* IBM, International Business Machines Corporation - "Интернэшнл бизнес мэшинз" *(компьютерная компания, США)*
ИК ипотечная компания
ИПК инвестиционная промышленная корпорация
ИПК интегрированный производственный комплекс
ИркАЗ Иркутский алюминиевый завод
ИСП индивидуально-семейное предприятие
КАЗ Красноярский алюминиевый завод
КАЗ Курганский автобусный завод
КамАЗ Камский автомобильный завод
КаТеМа Карабановская текстильная мануфактура
КАТЭК Канско-Ачинский топливно-энергетический комплекс
КБО комбинат бытового обслуживания
КВЗ Красноярский водочный завод
КВЗ Крюковский вентиляторный завод
КИК консорциум иностранных компаний
КК "Коммерц-Коллегия" *(акционерное общество)*
КМЗ Ковровский механический завод

КМИЗ Казанский медико-инструментальный завод
КМК Кузнецкий металлургический комбинат
комб-т комбинат
КОМЗ Казанский оптико-механический завод
КОПФ Компания по проектному финансированию
КПО классификатор предприятий и организаций
КрАЗ Кременчугский автомобильный завод
КРАСМАШЗАВОД Красноярский машиностроительный завод
КРИОГЕНМАШ Акционерное общество криогенного машиностроения
к-т комбинат
КШЗ Красноярский шинный завод
КЭМЗ Ковровский электромеханический завод
КЭМЗ Красногорский электромеханический завод
ЛАЗ Львовский автобусный завод
ЛВРЗ локомотивовагоноремонтный завод
ЛЗОС Лыткаринский завод оптического стекла
ЛиАЗ Ликинский автобусный завод
ЛМЗ Ленинградский металлический завод
ЛОМО Ленинградское оптико-механическое объединение
ЛОТ Ленинградская областная телекомпания
ЛСК Ленинградский спецкомбинат
ЛСОП Лига содействия оборонным предприятиям
ЛуАЗ Луцкий автомобильный завод
ЛХЭИ "Локхид - Хруничев - Энергия интернэшнл" *(российско-американское совместное предприятие)*
ЛЭМЗ Лианозовский электромеханический завод
МАЗ Минский автомобильный завод
МАЗ Московский агрегатный завод
МАК Межгосударственная акционерная корпорация
МАООТ Международное акционерное общество открытого типа
МББ "Мессершмитт - Белков - Блюм" *(немецкая фирма)*
МВЗ Московский вертолетный завод имени М. Л. Миля
МГВП Московское государственное внедренческое предприятие
МГП малое государственное предприятие
МГПО Московское государственное промышленное объединение
МДК мебельно-деревообрабатывающий комбинат
МЕАОУМ Межгосударственное Евроазиатское объединение угля и металла
МЖПК Муниципальное жилищно-коммунальное предприятие
МЗИА Московский завод измерительной аппаратуры
МЗСА Московский завод слуховых аппаратов
МИЗ медико-инструментальный завод
МКЗ Московский конный завод
МКПК Московский конструкторско-производственный комплекс

Акционерные общества, заводы, фабрики, комбинаты...

МКТС Московский комбинат твердых сплавов
МЛТПО Московское лесотехническое производственное объединение
ММЗ Московский машиностроительный завод "Скорость"
ММЗ Мытищинский машиностроительный завод
ММКЯ "Московские международные книжные ярмарки" *(акционерное общество)*
ММП Московское машиностроительное предприятие
ММПО Московское машиностроительное производственное объединение
МНК международные корпорации
МНПЗ Московский нефтеперерабатывающий завод
МНПК межотраслевой научно-производственный комплекс
МНПО международное научно-производственное объединение
МНПО многопрофильное научно-производственное объединение
МНПО Московское научно-производственное объединение
МНПП Московское научно-производственное предприятие
МОВЕН Московский вентиляторный завод
МоЗАЛ Московский завод автоматических линий
Мосрентген Московский завод рентгеновской аппаратуры
МОСТОНАП Московское научно-производственное объединение по выпуску товаров народного потребления
МП малое предприятие
МП муниципальное предприятие
МП ЖКХ муниципальное предприятие жилищно-коммунального хозяйства
МПЖРЭП муниципальное производственное жилищное ремонтно-эксплуатационное предприятие
МПЗ Малоярославецкий приборный завод
МПОВТ Минское производственное объединение вычислительной техники
МПФГ Московская печатная фабрика Гознака
МПШО Московское производственное швейное объединение
МРТЗ Московский радиотехнический завод
МСЗ Московский станко-строительный завод
МСП малые и средние предприятия
МСПК Московский строительно-промышленный концерн
МТЗ Минский тракторный завод
МТЗ Московский трубный завод
МТК Международная технологическая корпорация
МТКС Международная технологическая корпорация "Сирена"
МТПП муниципальное территориально-производственное предприятие
МТПП ЖКХ муниципальное территориально-производственное предприятие жилищно-коммунального хозяйства

Акционерные общества, заводы, фабрики, комбинаты...

МХО или **МХОб** Международное хозяйственное объединение

МХТ Международное хозяйственное товарищество

МШЗ Московский шинный завод

МЭАМЗ Мытищинский экспериментальный автомеханический завод

МЭЗ Московский электродный завод

МЭЛЗ Московский электроламповый завод

МЭТПК Минусинский электротехнический промышленный комплекс

НАРЗ Новосибирский авиаремонтный завод

НГАЗ Нижегородский государственный авиастроительный завод

НГЗ Николаевский глиноземный завод

НГМК Норильский горно-металлургический комбинат

НГС "Нефтегазстрой" *(акционерное общество)*

НДФЗ Новоджамбулский фосфорный завод

НЗХК Новосибирский завод химических концентратов

НИМКО Национальная инвестиционная металлургическая компания

НИПГС Научно-исследовательское предприятие гиперзвуковых систем

НИСК Народная инвестиционная строительная компания

НКФ научно-коммерческая фирма

ННТВ "Нижний Новгород ТВ»" *(телевизионная компания)*

НОК Норильский оловокомбинат

НОСТА "Новотроицкая сталь" *(акционерное общество)*

НПАО Научно-производственное акционерное общество

НПВО Научно-производственное внедренческое предприятие

НПЗ Новосибирский приборостроительный завод

НПК научно-производственный комплекс

НПК научно-промышленный комплекс

НПКФ научно-производственная коммерческая фирма

НПО научно-производственное объединение

НПО АП Научно-производственное объединение автоматики и приборостроения

НПО МАШ Научно-производственное объединение машиностроения

НПО ПМ Научно-производственное объединение прикладной механики

НПО ЭНЕРГОМАШ Научно-производственное объединение энергетического машиностроения имени академика В. П. Глушко

НПП ГЕОИНТЕХ Научно-производственное предприятие геоинформационной технологии

НРО научно-реализационное объединение

НСК Народная строительная компания

НСРЗ Находкинский судоремонтный завод

89

Акционерные общества, заводы, фабрики, комбинаты...

НТИК Научно-техническая инвестиционная компания
НТК научно-технический комплекс
НТО Научно-техническое объединение
НТП научно-техническое предприятие
НФАО Находкинское фондовое акционерное общество
НХК Национальная холдинговая компания
НЭВЗ Новосибирский электровакуумный завод
объед. объединение
ОГПЗ Оренбургский газоперерабатывающий завод
ОЗ опытный завод
ОЗАП Опытный завод средств автоматизации и приборов
ОЗМ опытный завод машиностроения
ОЗПМ Опытный завод путевых машин
ОЛБИ «Олег Бойко инвестментс» *(компания)*
ОМЗ оптико-механический завод
ОМЗ опытно-механический завод
ОНПЗ Омский нефтеперерабатывающий завод
ОНПО Охтинское научно-производственное объединение
ОПП объединение по поставкам продукции
ОСС «Объединенная сотовая связь» *(совместное предприятие)*
ОФ обогатительная фабрика
ОЭМК Оскольский электрометаллургический комбинат
ПАЗ Павловский автобусный завод
ПАО производственно-аграрное объединение
ПАО промышленно-аграрное объединение
ПВС Пермский велосипедный завод
ПЖРЭП производственное жилищное ремонтно-эксплуатационное предприятие
ПК производственный комплекс
ПК промышленный комплекс
ПКК производственно-коммерческая компания
ПКО производственно-коммерческое объединение
ПКП производственно-коммерческое предприятие
ПЛМК Петрозаводский лесопильно-мебельный комбинат
ПЛП плантационное лесное предприятие
ПМЗ Павловский механический завод
ПМПЗ Первый московский приборостроительный завод имени В. А. Казакова
ПНТЗ Первоуральский новотрубный завод
ПО производственное объединение
ППО производственное птицеводческое объединение
ПППП Предприятие по переработке пищевых продуктов
ППФГ Пермская печатная фабрика Гознака
ППШО Пензенское производственное швейное объединение
пр-тие предприятие
ПСРЗ Приморский судоремонтный завод

Акционерные общества, заводы, фабрики, комбинаты...

ПСС «Персональные сотовые сети» *(совместное предприятие)*

ПТК производственно-технический комбинат

ПТО проектно-технологическое объединение

ПТО производственно-территориальное объединение

ПТО производственно-техническое объединение

ПТО ГХ производственно-техническое объединение городского хозяйства

ПФСК Первая финансово-строительная компания

ПЧЗ Петродворцовый часовой завод

ПШО производственное швейное объединение

ПЭМЗ Пушкинский электромеханический завод

РАМО Российское акционерное медицинское общество

РАО ЕЭС Российское акционерное общество «Единая энергетическая система»

РАОО Российское акционерное общество объявлений

РБ «Русская березка» *(внешнеторговое акционерное объединение)*

РБК резервно-буферная компания

РВЗ Рижский вагоностроительный завод

РЗ ремонтный завод

РКЗ рыбоконсервный завод

РНГС «Роснефтегазстрой» *(акционерное общество)*

РОСИНКОН Российский инновационный концерн

РПЗ Раменский приборостроительный завод

РСС «Региональная сотовая связь» *(компания)*

РУСТ «Русские строительные технологии» *(компания)*

РХЗ радиохимический завод

РЭЗ Рижский электромашиностроительный завод

САЗ Саранский завод автосамосвалов

САЗ Сумгаитский алюминиевый завод

САМЕКО Самаркандская металлургическая компания

СВЕМА «Светочувствительные материалы» *(Шосткинское производственное объединение)*

СГХП Специализированное государственное хозрасчетное предприятие

СеАЗ Серпуховской автомобильный завод

СЗАИТ Саратовский завод автономных источников тока

СЗСМ Софринский завод строительных материалов

Сибтяжмаш Сибирский завод тяжелого машиностроения

СК совместная компания

СЛК Сыктывкарский лесопромышленный комбинат

СЛПК Сыктывкарский лесопромышленный комплекс

СмАЗ Смоленский авиационный завод

СМЗ Солнечногорский механический завод

СМК студенческий механизированный комплекс

СМП строительное малое предприятие

СМТ строительно-монтажный трест

СМЭТ специализированный монтажно-эксплуатационный трест

Акционерные общества, заводы, фабрики, комбинаты...

СОМЗ Салаватский оптико-механический завод
СП совместное предприятие
СПБГП Специализированное производственно-бытовое государственное предприятие
СПЗ специализированный подшипниковый завод
СПК специализированный производственный комбинат
СРЗ судоремонтный завод
СРСЗ судоремонтно-судостроительный завод
ССЗ судостроительный завод
СХК Сибирский химический комбинат
СЭГЗ Сарапульский электрогенераторный завод
СЭМЗ Свердловский электромеханический завод
СЭПО Саратовское электроагрегатное производственное объединение
ТЕХНОМАШ Государственное предприятие «Научно-производственное объединение технологии машиностроения»
ТИГИ «Термозвукоизоляционные и гипсовые изделия» *(акционерное объединение)*
ТК технологический комплекс
ТМЗ Тугаевский моторный завод
ТМЗ Тушинский машиностроительный завод
ТМП территориальное муниципальное предприятие
ТОЗ Тульский оружейный завод
ТПК территориально-производственный комплекс
ТРЗ тепловозоремонтный завод
ТСС «Тверская сотовая связь» *(компания)*
ТТЗ Ташкентский тракторный завод
ТЭЗ Тольяттинский электротехнический завод
ТЭМЗ Томский электромеханический завод
ТЭРЗ трансформаторный электроремонтный завод
У.-УАЗ Улан-Удэнский авиационный завод
УАЗ Ульяновский автомобильный завод
УАЗ Ульяновский агрегатный завод
УАЗ Уральский алюминиевый завод
УАПО Уфимское агрегатное производственное объединение
УГК Удоканская горная компания
УЗМ Ульяновский завод микроприборов
УЗТИ Уральский завод теплоизоляционных изделий
УЗТМ Уральский завод тяжелого машиностроения
УКК ТПО ГХ учебно-курсовой комбинат Территориально-производственного объединения городского хозяйства
УМЗ Ульяновский механический завод
УМЗ Уфимский моторостроительный завод
УМПО Уфимское моторостроительное производственное объединение
УНПЗ Уфимский нефтеперерабатывающий завод
УОМЗ Уральский оптико-механический завод

УПП учебно-производственное предприятие
УралАЗ Уральский автомобильный завод; Уралавтозавод
Уралвагонзавод Уральский вагоностроительный завод
Уралмаш Уральский завод тяжелого машиностроения
Уралсельмаш Уральский завод сельскохозяйственных машин
Уралхиммаш Уральский завод тяжелого химического машиностроения
УЭМЗ Уральский электромеханический завод
фаб. фабричный
ф.-з. фабрично-заводской
ФИЗ фабрика индивидуальных заказов
ф-ка фабрика
ФКК Федеральная контрактная корпорация
ФСК финансово-строительная компания
ФСК финансово-строительная корпорация
ХБК хлопчатобумажный комбинат
ХВЗ Харьковский велосипедный завод
ХЗТД Харьковский завод тракторных двигателей
ХЗХР Харьковский завод химических реактивов
ХТЗ Харьковский тракторный завод
ХФЗ химико-фармацевтический завод
ХЭЛЗ Харьковский электротехнический завод
ХЭМЗ Харьковский электромеханический завод
ЦАРЗ Центральный авторемонтный завод
ЦБЗ цементобетонный завод
ЦБК целлюлозно-бумажный комбинат
ЦГОК Центральный горно-обогатительный комбинат
ЦКК целлюлозно-картонный комбинат
ЦОФ центральная обогатительная фабрика
ЦПРП центральное производственно-ремонтное предприятие
ЦРМЗ центральный ремонтно-механический завод
ЧАЗ Челябинский абразивный завод
ЧАМЗ Челябинский автомеханический завод
ЧЗ часовой завод
ЧЗПТ Чебоксарский завод промышленных тракторов
ЧИЗ Челябинский инструментальный завод
Чирчиксельмаш Чирчикский завод сельскохозяйственного машиностроения
ЧКПЗ Челябинский кузнечно-прессовый завод
ЧМЗ Челябинский металлургический завод
ЧМК Череповецкий металлургический комбинат
ЧСП частное семейное предприятие
ЧТЗ Челябинский тракторный завод
ЧТПЗ Челябинский трубопрокатный завод
ЧХФЗ Челябинский химико-фармацевтический завод
ЧЭАЗ Чебоксарский электроаппаратный завод
ЧЭМК Челябинский электрометаллургический комбинат

Акционерные общества, заводы, фабрики, комбинаты...

ЧЭЦЗ Челябинский электролитный цинковый завод
ШААЗ Шадринский автоагрегатный завод
ШХЗ Шосткинский химический завод
ЭЗТМ Электростальский завод технологии машиностроения
ЭКЗ экспериментальный консервный завод
ЭМЗ Экспериментальный машиностроительный завод имени В. М. Мясищева
ЭМЗ электромеханический завод
ЭМЗМ Экспериментальный машиностроительный завод имени В. М. Мясищева
ЭМОЗ Электромеханический опытный завод
ЭНЕРГОМАШ Научно-производственное объединение энергетического машиностроения имени академика В. П. Глушко
ЭПК экспериментально-производственный комплекс
ЭРЗ электровозоремонтный завод
Южмаш Южный машиностроительный завод
Южуралмаш Южно-Уральский машиностроительный завод
ЮУМЗ Южно-Уральский машиностроительный завод
ЯМЗ Ярославский моторный завод
ЯРЗ Ярославский радиозавод
ЯШЗ Ярославский шинный завод
ЯЭМЗ Ярославский электромашиностроительный завод

ЦЕХА. МАСТЕРСКИЕ. ЛАБОРАТОРИИ. ОТДЕЛЫ

АРМ авторемонтная мастерская
АТРМ автотракторная ремонтная мастерская *(воен.)*
АТЦ автотракторный цех
ВЦНИЛКР Всероссийская центральная научно-исследовательская лаборатория по консервации и реставрации музейных художественных ценностей
ГДЛ Газодинамическая лаборатория
ГЛ гидролаборатория
КИО комплексно-изыскательский отдел
КИО конструкторско-исследовательский отдел
ККЦ кислородно-конвертерный цех
КШЦ кузнечно-штамповочный цех
ЛАЦ линейно-аппаратный цех
ЛГН лаборатория Госнадзора
ЛПЦ листопрокатный цех
МКО машинно-котельное отделение
МО машинное отделение
МТК межцеховые технологические коммуникации
НИАЛ Научно-исследовательская аллергологическая лаборатория
НИЛ научно-исследовательская лаборатория
НИО научно-исследовательский отдел; научно-исследовательское отделение
ОГК отдел главного конструктора
ОГМ отдел главного механика
ОГТ отдел главного технолога
ОЗЦ обжимно-заготовительный цех
ОК отдел кадров
ОРПОИН отдел реализации производственных отходов и некондиций
ОРС отдел рабочего снабжения
отд. отдел; отдельный
ОТиЗ отдел труда и заработной платы
ПДО производственно-диспетчерский отдел
РКЦ ремонтно-кузнечный цех
РМ ремонтная мастерская
РЭМЦ ремонтно-электромеханический цех
РЭО районный эксплуатационный отдел
СЛЦ сталелитейный цех
СПЦ сортопрокатный цех
ТТХ теплотехническая лаборатория
цех. цеховой
ЦЗЛ центральная заводская лаборатория
ЦЗМ центральная заготовительная мастерская
ЦИЛ центральная измерительная лаборатория
ЦКТЛ центральная конструкторско-технологическая лаборатория
ЦММ центральная механическая мастерская
ЦНИАЛ Центральная научно-исследовательская аптечная лаборатория
ЦНРМ Центральные научно-реставрационные мастерские
ЦНЭЛ центральная научно-экспериментальная лаборатория
ЦПМ цех порошковой металлургии

Цеха. Мастерские. Лаборатории. Отделы

ЦРБ цеховая ремонтная база
ЦРМ центральная ремонтная мастерская
ЦТМЛ Центральная табачно-махорочная лаборатория
ЦТНП цех товаров народного потребления
ЦШП цех шариковых подшипников
ЦЭИЛ центральная экспериментально-исследовательская лаборатория
ЦЭЛГИ Центральная экспериментальная контрольно-технологическая лаборатория сельскохозяйственных процессов гидромеханизации
ЭПЛ экспериментально-производственная лаборатория
ЭПЦ экспериментально-производственный цех
ЭСПЦ электросталеплавильный цех

ЖИЛИЩНО-КОММУНАЛЬНОЕ ХОЗЯЙСТВО. НЕДВИЖИМОСТЬ

АИН Агентство «Инвестиции и недвижимость»
быт. бытовой
ВЕФН Восточно-Европейский фонд недвижимости
ГБР Городское бюро регистрации прав на недвижимость в жилищной сфере
ГКХ городское коммунальное хозяйство
ГХ городское хозяйство
ДЭЗ дирекция эксплуатации зданий
жил. жилищный
ЖК жилищный кодекс
ЖК жилищный комплекс
ЖК жилищный кооператив
ЖКХ жилищно-коммунальное хозяйство
ЖРЭП жилищное ремонтно-эксплуатационное предприятие
ЖРЭУ жилищное ремонтно-эксплуатационное управление
ЖСК жилищно-строительный кооператив
ЖТС жилищное товарищество собственников
ЖФСИ жилищный фонд социального использования
ЖЭК жилищная эксплуатационная контора
ЖЭО жилищно-эксплуатационная организация
ЖЭУ жилищное эксплуатационное управление
ЖЭУ жилищно-эксплуатационный участок
к. комната
к. корпус
кам. каменный
кв. квартал
кв. квартира
кварт. квартирный
КМУ контора механизированной уборки
КПД крупнопанельное домостроение
КПК коэффициент потребительских качеств *(дома)*
МАР Московская ассоциация риэлтеров
МГР Московская гильдия риэлтеров
МЖК молодежный жилищный комплекс
МЖПК Муниципальное жилищно-коммунальное предприятие
МН «Московская недвижимость» *(чековый инвестиционный фонд)*
МП ЖКХ муниципальное предприятие жилищно-коммунального хозяйства
МПЖРЭП муниципальное производственное жилищное ремонтно-эксплуатационное предприятие
МРО межрайонное отделение
МТПП ЖКХ муниципальное территориально-производственное предприятие жилищно-коммунального хозяйства
НАР Национальная Ассоциация риэлтеров *(США)*
нежил. нежилой

Жилищно-коммунальное хозяйство. Недвижимость

ПЖРЭП производственное жилищное ремонтно-эксплуатационное предприятие
пом(ещ). помещение
ПУ передвижные удобства *(общественный вагон-туалет)*
ПЭР прямые эксплуатационные расходы

РАИН Российское агентство инвестиций и недвижимости
РГР Российская гильдия риэлтеров
РЦН Русский центр недвижимости
ТСЖ товарищество собственников жилья

АРХИВЫ. КЛУБЫ, ДВОРЦЫ И ДОМА ТВОРЧЕСКИХ РАБОТНИКОВ

ААН Архив академии наук
АКМДУМ Ассоциация клубов международной дружбы учащейся молодежи
АО архивный отдел
АПРФ Архив Президента Российской Федерации
арх. архивный
АУ архивное управление
ВНИИДАД Всероссийский научно-исследовательский институт документоведения и архивного дела
ГА Государственный архив
ГА РФ Государственный архив Российской Федерации
ГАУ Главное архивное управление
ГАФ Государственный архивный фонд
ГДТЮ Городской дворец творчества юных
ГИАЛО Государственный исторический архив Ленинградской области
ГИАМО Государственный исторический архив Московской области
ГКД Государственный Кремлевский Дворец
ДАС Дом аспиранта и стажера
ДВС Дом ветеранов сцены
ДК Дворец культуры
ДК дом культуры
Д/к Дворец культуры
ДНТ Дом народного творчества
ДНТТМ Дом научно-технического творчества молодежи
ед. хр. единица хранения *(в архиве)*
КВН Клуб веселых и находчивых
КДС Кремлевский Дворец съездов
кл. клуб
КЛФ Клуб любителей фантастики *(рубрика в газете «Книжное обозрение»)*
МАК Международная ассоциация клубов
МБК Московский бартер-клуб
МДУ Московский дом ученых
МДХ Московский дом художника
МКК Международный компьютерный клуб
МКК Московский компьютерный клуб
ММНК Московский международный нефтяной клуб
НАК Национальный атлетический клуб
ОДФ отдел дореволюционных фондов *(в архиве)*
РГАДА Российский государственный архив древних актов
РГВИА Российский государственный военно-исторический архив
РГИА Российский государственный исторический архив
Росархив Государственная архивная служба России
СА секретный архив
ССС «Сделай себя сам» *(клуб)*
ФИАФ *фр.* FIAF, Fédération Internationale des Archives du Film - Международная федерация киноархивов
ЦАК Центральный аэроклуб
ЦАУ Центральное архивное управление
ЦГА Центральный государственный архив

Архивы. Клубы, дворцы и дома творческих работников

ЦГАДА Центральный государственный архив документальных актов

ЦГАЗ Центральный государственный архив звукозаписей

ЦГАКФД Центральный государственный архив кинофотодокументов

ЦГАЛИ Центральный государственный архив литературы и искусства

ЦГАНТИ Центральный государственный архив научно-технической документации

ЦГИА Центральный государственный исторический архив

ЦДА Центральный Дом актера имени А. А. Яблочкиной

ЦДА Центральный Дом архитектора

ЦДЖ Центральный Дом журналиста

ЦДК Центральный Дом кино

ЦДКЖ Центральный Дом культуры железнодорожников

ЦДЛ Центральный Дом литераторов имени А. А. Фадеева

ЦДНТ Центральный Дом народного творчества

ЦДРИ Центральный Дом работников искусств

ЦДХ Центральный Дом художника

ЦРДЗ Центральный российский дом знаний

ЦТА центральный технический архив

БИБЛИОТЕКИ И БИБЛИОГРАФИЯ

А.-А. Алма-Ата
АДД автореферат диссертации на соискание ученой степени доктора наук
АКД автореферат диссертации на соискание ученой степени кандидата наук
АН «Архитектурное наследство» *(ежегодник)*
АОС Архангельский областной словарь
Аш. Ашхабад
АЭС «Африканский этнографический сборник»
БАН Библиотека Академии наук
БАС Словарь современного русского литературного языка *(Большой академический словарь)*
Бат. Батуми
ББК Библиотечно-библиографическая классификация
б. г. без года
б. и. без издательства
биб(л). библиотечный
библ. библиография; библиографический
библиогр. библиография
б-ка библиотека
б. м. без места
б. м. и г. без места и года
БМЭ Большая медицинская энциклопедия
БНРС Большой немецко-русский словарь
бр. брошюра
БСЭ Большая Советская Энциклопедия
БТК библиотечно-территориальный комплекс
БУТОЛ Библиографический указатель текущей отечественной литературы

б. ц. без цены
б-чка библиотечка
бюл(л). бюллетень
в. выпуск
ВГБИЛ Всероссийская государственная библиотека иностранной литературы
вед. ведомости
вест. вестник
в кн. в книге
ВНСХБ Всероссийская научная сельскохозяйственная библиотека
вып. дан. выпускные данные
вых. дан. выходные данные
ВЭС Ветеринарный энциклопедический словарь
ВЭС Военный Энциклопедический Словарь
ГБ государственная библиотека
ГНБ Государственная научная библиотека
ГНМБ Государственная научная медицинская библиотека
ГНПБ Государственная научно-педагогическая библиотека имени К. Д. Ушинского
ГНТБ Государственная научно-техническая библиотека
ГОПБ Государственная общественно-политическая библиотека
ГПНТБ Государственная публичная научно-техническая библиотека
ГСБК Главная справочно-библиографическая картотека
ГСК главная справочная картотека
ГЦНМБ Государственная центральная научная медицинская библиотека

Библиотеки и библиография

ГЦТБ Государственная центральная театральная библиотека
Докл. доклады
ДП «День поэзии» *(альманах)*
Душ. Душанбе
ДЭ Детская энциклопедия
Ер. Ереван
Ж. Женева
Зап. записки
и. иллюстрация
илл. иллюстрация
Ир. Иркутск
источ. источники
Источн. Источники
ИФЛА *англ.* IFLA, International Federation of Library Associations - Международная федерация библиотечных ассоциаций и учреждений
К. Киев
Каз. Казань
КБ краевая библиотека
КБАС Картотека Большого академического словаря
КГЭ Краткая географическая энциклопедия
КДРС Картотека Древнерусского словаря
Киш. Кишинев
КЛЭ Краткая литературная энциклопедия
КМБ Коллектор массовых библиотек
КМЭ Краткая медицинская энциклопедия
КНТБ Коллектор научно-технических библиотек
КПС Краткий политический словарь
КСКНГ Картотека Словаря кубанских народных говоров
КСС Краткий словарь по социологии
Л. Ленинград
ЛГС Летопись газетных статей
ЛЖС Летопись журнальных статей
ЛХА литературно-художественный альманах
мат-лы материалы
машиноп. машинопись
МБА Межбиблиотечный абонемент
МБС Морской биографический словарь
М.-Л. Москва - Ленинград
ММЭ Малая медицинская энциклопедия
МСЭ Малая советская энциклопедия
МЭ Музыкальная энциклопедия
МЭС Морской энциклопедический словарь
Н. Новгород
НБ научная библиотека
н/Д на Дону
НДВШ «Научные доклады высшей школы»
НЗЛ «Новое в зарубежной лингвистике»
Н.-Й. Нью-Йорк
НЛ «Новое в лингвистике»
НМБ научная медицинская библиотека
НН Нижний Новгород
Новосиб. Новосибирск
НРПС Немецко-русский политехнический словарь
НРС Немецко-русский словарь
НРСС Немецко-русский строительный словарь
НРСХС Немецко-русский сельскохозяйственный словарь
НТБ научно-техническая библиотека
НЧЗ научный читальный зал

О. Одесса
ОБ областная библиотека
обл. обложка
ОВО отдел внешнего обслуживания *(в библиотеке)*
огл. оглавление
Од. Одесса
ОЛА Общеславянский лингвистический атлас
ОМБ областная медицинская библиотека
ОНТБ отраслевая научно-техническая библиотека
оп. опись
опубл. опубликованный
ОРК Отдел редких книг *(в библиотеке)*
отв. ред. ответственный редактор
отт. оттиск
офс. офсетный
Пб Петербург
ПВЛ «Повесть временных лет»
Пг Петроград
ПДП Памятники древней письменности
пер. перевод; переводчик
ПМЭ Популярная медицинская энциклопедия
ПСРЛ Полное собрание русских летописей
ПСС полное собрание сочинений
ПССиП полное собрание сочинений и писем
ПЭС Политехнический энциклопедический словарь
Р. Рига
РБ республиканская библиотека
РБА Российская библиотечная ассоциация
РГБ Российская государственная библиотека
РГДБ Российская государственная детская библиотека
рез. резюме
РЛС Русская литература Сибири *(библиографический указатель)*
РНБ Российская национальная библиотека
Р. н/Д Ростов-на-Дону
РО Рукописный отдел
РПБ Российская публичная библиотека
РФС Радиофизический словарь
РЭБ «Российский экономический бюллетень» *(независимый информационный бюллетень)*
с. страница
сб. сборник
сб-к сборник
сб-ки сборники
СБО справочно-библиографический отдел *(в библиотеке)*
СДГ Словарь русских донских говоров
СДР Славяноведение в дореволюционной России *(био-библиографический словарь)*
СИБИД Система по информации, издательскому делу, библиографии и библиотечному делу
соавт. соавтор; соавторство
собр. собрание
собр. соч. собрание сочинений
сост. составитель
Соч. Сочинения
СПК сводный печатный каталог
СРНГ Словарь русских народных говоров
СРЯ Словарь русского языка
ССГ Словарь смоленских говоров
ССРЛЯ Словарь современного русского литературного языка *(в 17 томах)*
Сух. Сухуми

СХЭ	Сельскохозяйственная энциклопедия
СЭС	Советский энциклопедический словарь
Т.	Таллин
Т.	Томск
т.	тираж
т.	том
Тал.	Таллин
Таш.	Ташкент
Тб.	Тбилиси
Тр.	труды *(издание)*
ТСРЯ	Толковый словарь русского языка
тт.	тома
ТЭ	Театральная энциклопедия
ТЭ	Техническая энциклопедия
УБУ	универсальный библиографический учет
УДК	универсальная десятичная классификация
УЗ	Ученые записки
Уч. зап.	Ученые записки
ф.	фонд
ФИАБ	*фр.* FIAB, Fédération Internationale des Associations de Bibliothécaires - Международная федерация библиотечных ассоциаций
ФСРЯ	Фразеологический словарь русского языка
ФЭ	Философская энциклопедия
ФЭС	Физический энциклопедический словарь
ФЭС	Философский энциклопедический словарь
Х(ар).	Харьков
ЦБС	централизованная библиотечная система
ЦВМБ	Центральная военно-морская библиотека
ЦКНБ	Центральный коллектор научных библиотек
ЦНБ	Центральная научная библиотека
ЦНСХБ	Центральная научная сельскохозяйственная библиотека
ЦНТБ	центральная научно-техническая библиотека
ЦПБ	Центральная политехническая библиотека
ЦРБ	центральная районная библиотека
ч. з.	читальный зал
ЭДХ	Энциклопедия домашнего хозяйства
энц.	энциклопедия; энциклопедический
ЭС	энциклопедический справочник
ЭСМ	Энциклопедический справочник «Машиностроение»
ЭСРЯ	Этимологический словарь русского языка
Я.	Ярославль

СМИ - СРЕДСТВА МАССОВОЙ ИНФОРМАЦИИ
ГАЗЕТЫ И ГАЗЕТНЫЕ РУБРИКИ

АиФ	«Аргументы и факты»
БиБ	«Бизнес и банки»
ВДВ	«Все для вас»
ВКМ	«Весь компьютерный мир»
ВМ	«Вестник медицины»
ВМ	«Вечерняя Москва»
ВП	«Ваш партнер» *(приложение к газете «Экономика и жизнь»)*
ВП	«Вечерний Петербург»
ВР	«Возрождение России»
ВТ	«Воздушный транспорт»
газ.	газета; газетный
газетн.	газетный
ГГК	государственный газетный комплекс
ГР	«Граница России»
ДКД	«Для каждого дома»
ДМ	«Деловой мир»
ДМС	«Деловой мир содружества» *(газетная рубрика)*
ДП	«Деловой Петербург»
ежедн.	ежедневная
еженед.	еженедельная; еженедельник
ЖиК	«Жизнь и Кошелек» *(приложение к газете «Аргументы и Факты»)*
ЗД	«Звуковая дорожка» *(рубрика в газете «Московский комсомолец»)*
Изв.	«Известия»
КЛФ	Клуб любителей фантастики *(рубрика в газете «Книжное обозрение»)*
КО	«Книжное обозрение»
КП	«Комсомольская правда»
ЛГ	«Литературная газета»
ЛР	«Литературная Россия»
МБ	«Медицинский бизнес»
МВ	«Московские ведомости»
МК	«Московский комсомолец»
МН	«Московские новости»
МОГ	«Московская охотничья газета»
МП	«Московская правда»
МС	«Медицина сегодня»
М-Э	«Мегаполис-Экспресс»
НГ	«Народная газета»
НГ	«Независимая газета»
НЕГ	«Новая ежедневная газета»
НРС	«Новое русское слово»
ОГ	«Общая газета»
ПЖ	«Правда Жириновского»
РВ	«Российские вести»
РГ	«Российская газета»
Рос.	«Россия»
РТ	«Рабочая трибуна»
Р-Ш	«Реклама-шанс»
СЗ	«Свободная зона»
СМ	«Супер маркет» *(газетная рубрика)*
См.	«Смена»
СОТ	«Сын Отечества»
СПбВ	«Санкт-Петербургские Ведомости»
ТПВ	«Торгово-промышленные ведомости»
ФГ	«Финансовая газета»
ФИ	«Финансовые известия»
ФТ	«Файнэншл Таймс» - *англ.* «Financial Times»
ЧП	«Час пик»
ШЗ	«Школа знакомств» *(рубрика в газете)*
ЭГ	«Экономическая газета»
ЭЖ	«Экономика и жизнь»
ЭиЖ	«Экономика и жизнь»

ЖУРНАЛЫ

ВЛ	«Вопросы литературы»
ВМУ	«Вестник Московского университета»
ВСЯ	«Вопросы славянского языкознания»
ВФ	«Вопросы философии»
ВЯ	«Вопросы языкознания»
ежегод.	ежегодный; ежегодник
ежемес.	ежемесячный
еженед.	еженедельный; еженедельник
ж.	журнал
ж-л	журнал
жур(н).	журнал
Зв.	«Звезда»
ЗВО	«Зарубежное военное обозрение» *(журнал Министерства обороны)*
ИВ	«Исторический вестник»
ИЛ	«Иностранная литература»
ИЯШ	«Иностранные языки в школе»
Кр.	«Крокодил»
ЛЖС	«Летопись журнальных статей»
ЛО	«Литературное обозрение»
МГ	«Молодая гвардия»
НВ	«Новое время»
НЖ или **НиЖ**	«Наука и жизнь»
НиК	«Нефть и капитал»
НМ	«Новый мир»
НН	«Наше наследие»
НС	«Наш современник»
Ог.	«Огонек»
Отч.	«Отчизна»
ПСУ	«Приборы и системы управления»
РЖ	Реферативный журнал
Ров.	«Ровесник»
Род.	«Родина»
РР	«Русская речь»
РЯЗР	«Русский язык за рубежом»
РЯШ	«Русский язык в школе»
СПбЕВ	«Санкт-Петербургские епархиальные ведомости»
СПбП	«Санкт-Петербургская панорама»
ТИ	«Техническая информация»
ТМ	«Техника - молодежи»
УМН	«Успехи математических наук»
УС	«Уральский следопыт»
УФН	«Успехи физических наук»
ФН	«Филологические науки»
ФТТ	«Физика твердого тела»
ЧиЗ	«Человек и закон»
ЭиС	«Экран и сцена»
ЭП	«Эхо Планеты»

ТЕЛЕ- И РАДИОВЕЩАНИЕ. ИНФОРМАЦИОННЫЕ АГЕНТСТВА

АА Анатолийское агентство *(Турция)*

ААП *англ.* AAP, Australian Associated Press - Острэлиан Ассошиэйтед Пресс *(информационное агентство Австралийского Союза)*

АДИ Агентство деловой информации

АИИ Агентство иностранной информации

АМИ Агентство межреспубликанской информации

АП *англ.* AP, Associated Press - «Ассошиэйтед пресс» *(информационное агентство США)*

АПН агентство печати «Новости»

АСБ аппаратно-студийный блок

АТВ «Авторское телевидение»

АФП *фр.* AFP, Agence France-Presse - Агентство Франс Пресс *(информационное агентство Франции)*

АЯ «Адамово яблоко» *(телевизионная передача)*

Би-би-си *англ.* BBC, British Broadcasting Corporation - Британская радиовещательная корпорация; радиостанция этой корпорации

ВГТРК Всероссийская государственная телевизионная и радиовещательная компания

ВИД «Взгляд и другие» *(телекомпания)*

ВИЦ Временный информационный центр

ГНИИР Государственный научно-исследовательский институт радио

ГРТС городская радиотрансляционная сеть

ГРТЦ Государственный радиотелевизионный центр

ГТК Государственная телевещательная компания

ГТРК Государственная телевизионная и радиовещательная компания; государственная телерадиокомпания

ДОИ Департамент общественной информации *(Организации Объединенных Наций)*

ЕАН Екатеринбургское агентство новостей

Евровидение Европейское телевидение

ЕИП единое информационное пространство

ЕСР Европейский союз радиовещания

ЕТС Европейский телерадиовещательный союз

ИАЦ информационно-аналитический центр

Интервидение Интернациональное телевидение

информбюро информационное бюро

ИТА Информационное телевизионное агентство

ИТАР-ТАСС информационное телеграфное агентство России

ИФ «Интерфакс» *(информационное агентство)*

КТ(В) кабельное телевидение

СМИ: Теле- и радиовещание. Информационные агентства

ЛОТ Ленинградская областная телекомпания

МАРТ Международная ассоциация радиовещания и телевидения

МГОКТ Московское городское объединение кабельного телевидения

МНИТИ Московский научно-исследовательский телевизионный институт

МРВ музыкальное развлекательное вещание

МТБУ Международный телевизионный бизнес-университет

МТК Московская телевизионная компания

МТЦ Московский телевизионный центр

НИАН Национальное информационное агентство Непала

НИИТ Научно-исследовательский институт телевидения

ННТВ «Нижний Новгород ТВ» *(телевизионная компания)*

НПИ непосредственная передача изображений

НСН Национальная служба новостей

НТВ Независимое телевидение

обозр. обозрение

ОГСРТП Общегосударственная сеть распределения телевизионных программ

ОИРТ *фр.* OIRT, Organisation Internationale de Radiodiffusion et Télévision - Международная организация радиовещания и телевидения

ОРТ Общественное российское телевидение

ОРТПЦ областной радиотелевизионный передающий центр

ПКТВ предприятие коммерческого телевидения

ПР *англ.* PR, public relations - паблик-рилейшнз *(служба по связям с общественностью)*

ПТС передвижная телевизионная станция

ПТУ передвижная телевизионная установка

ПЧ «Поле чудес» *(телевизионная передача)*

рад. радио

РВС радиовещательная станция

РВУ радиовещательный узел

РГТРК Российская государственная телерадиокомпания

РИА Российское информационное агентство

РИАЦ Российский информационно-аналитический центр

РИМИР Российский институт массовой информации и рекламы

РосРИАЦ Российский республиканский информационно-аналитический центр

РС радиостанция

РС радиотрансляционная сеть

РТР Российская телерадиокомпания

РТС радиотрансляционная сеть

РТС ретрансляционная телевизионная станция

РУ радиоузел

РЧ радиочастота

САИА Союз африканских информационных агентств

САНА *англ.* SANA, Syrian Arab News Agency - Сирийское арабское информационное агентство

СМИ: Теле- и радиовещание. Информационные агентства

САП Сейшельское агентство печати

СКТВ система кабельного телевидения

ТВ телевидение; телевизионный

ТД «Тихий дом» *(телевизионная передача)*

ТРК телерадиокомпания

ТСБ «Телевизионная служба безопасности» *(телевизионная передача)*

ТСН телевизионная служба новостей

т/ф телефильм

ТЦ телевизионный центр

УНИАН Украинское независимое информационное агентство новостей

ФАПСИ Федеральное агентство правительственной связи и информации

ФИЦ Федеральный информационный центр

ФСТР Федеральная служба России по телевидению и радиовещанию

ФТБ Финское телеграфное бюро

ЦОИ Центр общественной информации

ЦОС Центр общественных связей

ЦТ Центральное телевидение

ЦТАК Центральное телеграфное агентство Кореи

ЦТРС центральная телерадиовещательная студия

ЦТС Центральная телевизионная студия

ЧП «Час пик» *(телевизионная передача)*

ЭКС «Экран криминальных сообщений» *(телевизионная передача)*

ЭТА Эстонское телеграфное агентство

ЭТВ Эстонское телевидение

ЮНИ *англ.* UNI, United News of India - «Юнайтед Ньюс оф Индия» *(телеграфное агентство Индии)*

ЮПИ *англ.* UPI, United Press International - «Юнайтед пресс интернэшнл» *(информационное агентство США)*

ЮСИА *англ.* USIA, United States Information Agency - Информационное агентство США

ЮСИС *англ.* USIS, United States Information Service - Информационная служба США

ОРГАНИЗАЦИИ ЖУРНАЛИСТОВ И РАСПРОСТРАНИТЕЛЕЙ ПЕЧАТНОЙ ПРОДУКЦИИ

АИПС *фр.* AIPS, Association Internationale de la Presse Sportive - Международная ассоциация спортивной прессы

АЭЖ Ассоциация эфиопских журналистов

ВСППЖ Всеобщий союз палестинских писателей и журналистов

ГРПП Гильдия распространителей печатной продукции России

ДРП Дом российской прессы

журфак факультет журналистики

ИТАР-ТАСС информационное телеграфное агентство России

КЖС Конфедерация журналистских союзов

кор(р). корреспондент

МОЖ Международная организация журналистов

МФЖ Международная федерация журналистов

МФСЖ Международная федерация свободных журналистов

САЖ Союз африканских журналистов

СЖ Союз журналистов

СЖК Союз журналистов Кубы

СЖМ Союз журналистов Москвы

СЖР Союз журналистов России

спецкор специальный корреспондент

СЮР Студия юного репортера

ФЖЛА Федерация журналистов Латинской Америки

ЦДЖ Центральный Дом журналиста

ШЮЖ школа юного журналиста

ЮК юный корреспондент

юнкор юный корреспондент

КНИГИ И ИЗДАТЕЛЬСКОЕ ДЕЛО

авт. автор; авторский
авт. л. авторский лист
АИП Ассоциация издателей Петербурга
АИР «Актуальная история России» *(книжная серия)*
а. л. авторский лист
альм. альманах
аннот. аннотация
АСКИ Ассоциация книгоиздателей
АСКР Ассоциация книгораспространителей
БВЛ Библиотека всемирной литературы
БО «Библиотека офицера» *(книжная серия)*
б/п без переплета
БПбс Библиотека поэта, большая серия
БПмс Библиотека поэта, малая серия
БРЭ «Большая Российская энциклопедия» *(издательство)*
бум. л. бумажный лист *(полигр.)*
ВИА «Военно-исторический архив» *(издательство)*
ВИД Варшавский издательский дом
вкл. вкладка
вкл. вклейка
вкл. л. вкладной лист
ВМ «Военные мемуары» *(книжная серия)*
Воениздат Военное издательство
ВОК Всероссийское добровольное общество книголюбов
в/п в переплете
ВЭС Военный Энциклопедический Словарь
ГД «Горное дело» *(справочник)*
ДВК Дом военной книги
ДДК Дом детской книги
ДОК Добровольное общество книголюбов
ЖЗЛ «Жизнь замечательных людей» *(книжная серия)*
загл. заглавие
ЗС заголовочное слово
ИД издательский дом
изд. издание; издатель
изд-во издательство
ил(л). иллюстрация
ИПК издательско-полиграфический комбинат
кг. кегль *(полигр.)*
КДС «Календарь дат и событий *(ежемесячное печатное издание ИТАР-ТАСС)*
кн. книга; книжный
кн-во книгоиздательство
книжн. литературно-книжное слово; книжный стиль
комм. комментарий
КС «Классики и современники» *(книжная серия)*
л. лист
лл. листы
МАИ Международная ассоциация издателей
МАК Межиздательский ассортиментный кабинет
МГК Международный год книги
МДК Московский дом книги
ММКВЯ Московская международная книжная выставка-ярмарка
ММКЯ «Московские международные книжные ярмарки» *(акционерное общество)*
МНМ Мифы народов мира *(энциклопедия)*
МТГ Московская типография Гознака

Книги и издательское дело

НДВШ «Научные доклады высшей школы»
НЗЛ «Новое в зарубежной лингвистике»
НИСО Научно-издательский совет
НЛ «Новое в лингвистике»
нов. ред. новая редакция
НПА наборно-пишущий автомат
НПМ наборно-пишущая машина
НФ «Научная фантастика» *(книжная серия)*
ОРК Отдел редких книг *(в библиотеке)*
паг. пагинация
пер. переплет
печ. л. печатный лист
п/ж полужирный *(шрифт)*
ПИК производственно-издательский комбинат
п. л. печатный лист
пов. повесть
подзаг. подзаголовок
полигр. полиграфия; полиграфический
послесл. послесловие
предис(л). предисловие
прим. примечание
произ(в). произведение
псевд. псевдоним
публ. публикация
публиц. публицистический
ред. редактор
ред. редакционный
ред. редакция
рец. рецензия
РИО редакционно-издательский отдел
рис. рисунок
РИСО редакционно-издательский совет
РИФ редакционно-издательский факультет
РИЦ редакционно-издательский центр
РЛС Русская литература Сибири *(библиографический указатель)*
РМК рабочее место корреспондента
ром. роман
Роскомпечать Комитет Российской Федерации по печати
РОССПЭН «Российская политическая энциклопедия» *(издательство)*
рук. рукопись
РЯ «Русский язык» *(издательство)*
с. страница
сб. сборник
СИБИД Система по информации, издательскому делу, библиографии и библиотечному делу
соавт. соавтор; соавторство
собкор собственный корреспондент
СП «Современный писатель» *(издательство)*
СП Союз писателей
СРП Союз российских писателей
ст(б). столбец
стлб. столбец
стр. страница
т. тираж
т. том
ТБПМ табулирующая быстродействующая печатная машина
творч. творческий
тип. типография; типографский
тир. тираж
т(ит). л. титульный лист
ТР текстовый редактор
тт. тома
ук. указатель

Книги и издательское дело

УРЗ	условные разделительные знаки *(полигр.)*	**фотокор**	фотокорреспондент
уч.-изд. л.	учетно-издательский лист	**ценз.**	цензурный
ФиС	«Физкультура и спорт» *(издательство)*	**ЦКФ**	Центральный книгообменный фонд
ФОП	фабрика офсетной печати	**ШБ**	«Школьная библиотека» *(книжная серия)*
		экз.	экземпляр

ИНФОРМАЦИЯ. РЕКЛАМА

ААП *англ.* AAP, Australian Associated Press - Острэлиан Ассошиэйтед Пресс *(информационное агентство Австралийского Союза)*

АБИ Агентство банковской информации

АДИ Агентство деловой информации

АИИ Агентство иностранной информации

АКДИ Агентство коммерческой и деловой информации

АМИ Агентство межреспубликанской информации

АНИ Агентство нефтяной информации

АП *англ.* AP, Associated Press - «Ассошиэйтед пресс» *(информационное агентство США)*

АППЭИ Ассоциация пользователей передачи электронной информации

АРА Ассоциация рекламных агентств

АРАР Ассоциация рекламных агентств России

АСОНТИ Агентство справочной и оперативной научно-технической информации

АФИ Агентство финансовой информации

АЭИ Агентство экономической информации

АЭН Агентство экономических новостей

БелНИИНТИ Белорусский научно-исследовательский институт научно-технической информации и технико-экономических исследований

БИКИ «Бюллетень иностранной коммерческой информации»

БИНТИ «Бюллетень иностранной научно-технической информации»

БИНТИ Бюро иностранной научно-технической информации

БНТИ бюро научно-технической информации

БПИ «Бюллетень почтовой информации»

БПТИ бюро патентов и технической информации

БТИ бюро технической информации

БЦИ буквенно-цифровая информация

ВИМИ Всероссийский институт межотраслевой информации

ВИНИТИ Всероссийский институт научной и технической информации

ВИЦ Временный информационный центр

ВНИИКИ Всероссийский научно-исследовательский институт классификации, терминологии и информации по стандартизации и качеству

ГНИЦ Главный научно-информационный центр

ГСНТИ государственная система научно-технической информации

ГСПИ государственная система патентной информации

ГЦРР Городской центр размещения рекламы

Информация. Реклама

ДОИ Департамент общественной информации *(Организации Объединенных Наций)*

ЕСПИ Единая система патентной информации

ИАЦ информационно-аналитический центр

ИДС информационно-дилинговая сеть

ИДСУ информационная диалоговая система управления

ИДСУ ПП информационная диалоговая система управления прикладными процессами

ИИС информационно-измерительная система

ИИТ измерительно-информационная техника

ИНИОН Институт научной информации по общественным наукам

ИНТИ иностранная научно-техническая информация

информбюро информационное бюро

ИПКИР Институт повышения квалификации информационных работников

ИППИ Институт проблем передачи информации

ИРИ избирательное распространение информации

ИРЦ информационно-рекламный центр

ИРЦ информационный региональный центр

ИТА Информационное телевизионное агентство

ИТАР-ТАСС информационное телеграфное агентство России

ИТИ Институт технической информации

ИТС информационно-технический сборник

ИФ «Интерфакс» *(информационное агентство)*

ИЦ информационный центр

ИЦР Информационный центр для регистраторов

КИЦ консультативно-информационный центр

МАИ Международная академия информации

МАИП Международная академия информационных процессов

МГИ манипулятор графической информации

МСНТИ Международная система научной и технической информации

МСПИ Международная система патентной информации

МЦНТИ Международный центр научно-технической информации

НИАН Национальное информационное агентство Непала

НИИЭИР Научно-исследовательский институт экономики и информации по радиоэлектронике

НИЦ ПЭУ Научно-информационный центр «Планирование, экономика, управление»

НТИ научно-техническая информация

НЦПИ Научный центр правовой информации

ОНТИ отдел(ение) научно-технической информации

ОТИ отдел технической информации

ППИ пункт приема информации

ППСИ пункт приема специальной информации

РИА рекламно-информационное агентство

Информация. Реклама

РИА Российское информационное агентство

РИАЦ республиканский информационно-аналитический центр

РИАЦ Российский информационно-аналитический центр

РИМИР Российский институт массовой информации и рекламы

РОНТИ редакция оперативной научно-технической информации

РОСИ редакция оперативной служебной информации

РосНИИинформсистем Российский научно-исследовательский институт информационных систем

РосРИАЦ Российский республиканский информационно-аналитический центр

РЭБ «Российский экономический бюллетень» *(независимый информационный бюллетень)*

САИА Союз африканских информационных агентств

САНА *англ.* SANA, Syrian Arab News Agency - Сирийское арабское информационное агентство

СИУ справочно-информационный узел

СИФ справочно-информационный фонд

СНТИ служба научно-технической информации

УНИАН Украинское независимое информационное агентство новостей

УНИСИ Управление по научным исследованиям и сбору информации *(Организации Объединенных Наций)*

ФАПСИ Федеральное агентство правительственной связи и информации

ФИПС фактографическая информационно-поисковая система

ФИЦ Федеральный информационный центр

ФКИ Федеральная комиссия по информации *(США)*

ФПИ функциональный преобразователь информации

ЦАИПК Центр аналитической информации по политической конъюнктуре

ЦБНТИ центральное бюро научно-технической информации

ЦБТИ центральное бюро технической информации

ЦДИ Центр деловой информации

ЦИВТИ Центральный институт военно-технической информации

ЦИНТИ Центральный институт научно-технической информации

ЦМКИ Центр международной коммерческой информации

ЦНИИатоминформ Центральный научно-исследовательский институт управления, экономики и информации Министерства атомной промышленности России

ЦНИИПИ Центральный научно-исследовательский институт патентной информации и технико-экономических исследований

ЦНТИ центр научно-технической информации

ЦОИ Центр общественной информации

Информация. Реклама

ЦОС Центр общественных связей

ЦОСИ центр обработки специальной информации

ЦППИ Центр подготовки правовой информации

ЦЭЛИ Центр экономической литературы и информации

энио... энергоинформационный обмен

ЮПИ *англ.* UPI, United Press International - «Юнайтед пресс интернэшнл» *(информационное агентство США)*

ЮСИА *англ.* USIA, United States Information Agency - Информационное агентство США

ЮСИС *англ.* USIS, United States Information Service - Информационная служба США

ИСКУССТВО. ТЕАТР. КИНО. ФОТОГРАФИЯ

АБДТ Академический большой драматический театр имени Г. А. Товстоногова
арт. артист
АСИФА Всемирная ассоциация анимационного кино
АФ авиафоторазведка
АФА аэрофотоаппарат
АФС аэрофотослужба
АФУ аэрофотоустановка
аэрофото аэрофотографический
балетм. балетмейстер
БДТ Большой драматический театр
БКЗ Большой концертный зал
БТК Большой театр кукол
БТО Белорусское театральное общество
ВГИК Всероссийский государственный институт кинематографии
ВНИИК Всероссийский научно-исследовательский институт киноискусства
ВСП визуально-серая плотность *(фот.)*
ВТО Всероссийское театральное общество
ВЧ высокочувствительная *(кинофотопленка)*
ВЭСП визуально эквивалентная серая плотность *(фот.)*
ГАБТ Государственный академический Большой театр
ГИТИС Государственный институт театрального искусства
главреж главный режиссер
Госфильмофонд Государственный фонд кинофильмов
грав. гравюра
ГЦТМ Государственный центральный театральный музей имени А. А. Бахрушина *(Москва)*
ДВС Дом ветеранов сцены
ДОКИ «Домашнее кино» *(всероссийский фестиваль)*
драм. драматический
дубл. дублированный
жив. живопись
з(асл). а(рт). заслуженный артист
засл. деят. заслуженный деятель
засл. худ. заслуженный художник
з. д. и. заслуженный деятель искусств
зрит. зрительский
ЗТМ затемнение
изо... изобразительный
иск. искусство
иск-ведение искусствоведение
иск-во искусство
ИФ инфракрасная фотография
КД кино документальное
к/ж киножурнал
кино кинематография
к/м короткометражный
кор. короткометражный *(фильм)*
к/сб киносборник
к/ст киностудия
КСП кривая спектрального пропускания *(характеристика светочувствительности)*
к/т кинотеатр
КТУ кинотелевизионная установка
культ. культурный
к/ф кинофестиваль
к/ф кинофильм
к/ф-ка кинофабрика
кфт кинофототехника
КФФД кинофотофонодокументы
МАНК Международная ассоциация научного кино
МДТЗК Московская дирекция театрально-концертных и спортивно-зрелищных касс

Искусство. Театр. Кино. Фотография

МИР Мастерская индивидуальной режиссуры
МКФ международный кинофестиваль
МКФ многозональный космический фотоаппарат
Мкф международный кинофестиваль
МЛТ мультипликация
мульт. мультипликационный
мф микрофильм
м/ф мультфильм
МХАТ Московский Художественный академический театр
НАПА Национальная ассоциация писателей и артистов *(Перу)*
нар. арт. народный артист
НАФА ночной аэрофотоаппарат
НДП надпись
НК негативная кинопленка
НПЛ наплыв
НТО новое театральное образование
ОПФ объектив с переменным фокусным расстоянием
ПДФ перископический длиннофокусный фотоаппарат
п/м полнометражный
ПНР панорама
помреж помощник режиссера
пост. поставил, поставленный, постановка, постановщик
ПФ подводное фотографирование
РАТИ Российская академия театрального искусства
РГАТД Российский государственный академический театр драмы имени А. С. Пушкина
реж. режиссер
Роскомкино Комитет Российской Федерации по кинематографии
СИФЕЖ *фр.* CIFEJ, Centre international du film pour les enfants et la jeunesse - Международный центр кино для детей и юношества
сореж. сорежиссер
спект. спектакль
среднеметр. среднеметражный
СТД Союз театральных деятелей
СТМ студенческий театр миниатюры
сц. сцена *(в пьесе)*
сц. сценарист, сценарий
СЧМ светочувствительный материал
СЧС светочувствительный слой
т-р театр
т/ф телефильм
ТЭ Театральная энциклопедия
ТЭИИ товарищество экспериментального изобразительного искусства
ТЮЗ театр юного зрителя
ТЮТ Театр юношеского творчества
УВЗ учебная видеозапись
УНИКА Международный союз непрофессионального кино
УОС упреждающая обратная связь
УРУ универсальная репродукционная установка
ф. фильм
ФАИ фотоавтоинспектор
ФИАП *фр.* FIAP, Fédération Internationale de l'Art Photographique - Международная федерация художественной фотографии
ФИАФ *фр.* FIAF, Fédération Internationale des Archives du Film - Международная федерация киноархивов

Искусство. Театр. Кино. Фотография

ФИЛ фотоимпульсная лампа
ФКП фотокинопулемет
ФЛФ фильтры лабораторных фонарей
ФНМ фотонаборная машина
фот. фотография; фотографический
ФОТАБ фотографическая авиационная бомба
фото фотография; фотографический
фотогр(аф). фотографический
ФПАВ фотографическое поверхностно-активное вещество
ФПМ функция передачи модуляции *(фото)*
ФПУ фотоприемное устройство
ФСЗС фоточувствительная схема с зарядовой связью
ФТ фототелевизионный
ФТУ фототелевизионное устройство
ФЭ фотоэлемент
ФЭИ фотоэлектронный измеритель
ФЭК фотоэмульсионная камера
ФЭП фотоэлектрическая поляризация
ФЭП фотоэлектрический преобразователь
ФЭП фотоэлектрический приемник
ФЭП фотоэлектронный преобразователь
ФЭСП фотографически эквивалентная серая плотность *(фото)*
ФЭУ фотоэлектронный умножитель

цв. цвет; цветной
ЦГАКФД Центральный государственный архив кинофотодокументов
ЦДА Центральный Дом актера имени А. А. Яблочкиной
ЦДК Центральный Дом кино
ЦДТ Центральный детский театр
ЦНД цветная негативная фотопленка для съемки при дневном свете *(фото)*
ЦНИИГАиК Центральный научно-исследовательский институт геодезии, аэрофотосъемки и картографии
ЦНЛ цветная негативная фотопленка для съемки при свете ламп накаливания *(фото)*
ЦО цветная обращаемая фотопленка *(фото)*
ЦПИП Центр поддержки искусств и предпринимательства
ЦТК Центральная театральная касса
ч/б черно-белый
ЧКХ частотно-контрастная характеристика фотослоя
ШФ широкоформатный
ШЭ широкоэкранный *(фильм)*
ЭЗС экранно-звуковые средства
экр. экранный
ЭСТМ экспериментальная студия театральной молодежи
явл. явление *(в пьесе)*

МУЗЕИ, ВЫСТАВКИ

АМБУ Амбулатория мифологизации, музеефикации и постеризации
АМОГ Ассоциация московских галерей
ВВЦ Всероссийский выставочный центр
ВГМО Волгоградский государственный музей обороны
ВД выставка достижений
ВК выставочный комплекс
ВММ Военно-медицинский музей
ВНИИР Всероссийский научно-исследовательский институт реставрации музейных ценностей
ВФ Выставочный фонд
ВЦ выставочный центр
ВЦНИЛКР Всероссийская центральная научно-исследовательская лаборатория по консервации и реставрации музейных художественных ценностей
ГИМ Государственный исторический музей
ГЛМ Государственный литературный музей
ГМ Государственный музей
ГМВ Государственный музей Востока
ГМИИ Государственный музей изобразительных искусств имени А. С. Пушкина
ГМИНВ Государственный музей искусства народов Востока
ГММ Государственный музей В. В. Маяковского
ГМНЗИ Государственный музей нового западного искусства
ГМТ Государственный музей Л. Н. Толстого
ГМФ Государственный музейный фонд
ГНИМА Государственный научно-исследовательский музей архитектуры имени А. В. Щусева
ГРМ Государственный Русский музей *(Санкт-Петербург)*
ГТГ Государственная Третьяковская галерея
ГЦММК Государственный центральный музей музыкальной культуры имени М. И. Глинки
ГЦТМ Государственный центральный театральный музей имени А. А. Бахрушина *(Москва)*
ГЭ Государственный Эрмитаж
ДХВП Дирекция художественных выставок и панорам
МАХ Музей Академии художеств *(Санкт-Петербург)*
МАЭ Музей антропологии и этнографии имени Петра Великого *(«Кунсткамера»)*
МВЦ Международный выставочный центр
МЛК Музей личных коллекций
ММКВЯ Московская международная книжная выставка-ярмарка
ММКЯ «Московские международные книжные ярмарки» *(акционерное общество)*
МОВ межотраслевая выставка
муз. музей
НВЦ Национальный выставочный центр

Музеи. Выставки

РНИВЦ Российский научно-исследовательский выставочный центр
РЭМ Российский этнографический музей
СВЦ Сибирский выставочный центр

ЦВЗ Центральный выставочный зал
ЦВММ Центральный военно-морской музей
ЦМВС Центральный музей Вооруженных Сил

МУЗЫКА

анс. ансамбль
аранж. аранжировка
АСМ Ассоциация современной музыки
барит. баритон
БКЗ Большой концертный зал
б.-клари. бас-кларнет
БСО Большой симфонический оркестр
валт. валторна
ВГКО Всероссийское гастрольно-концертное объединение
ВИА вокально-инструментальный ансамбль
вибраф. вибрафон
влч. виолончель; виолончельный
вок. вокальный
вок.-симф. вокально-симфонический
ГКЗ Государственный концертный зал
гоб. гобой
гол. голос
ГосКО Государственное концертное объединение
ГРАН гитара российская акустическая новая
ГЦММК Государственный центральный музей музыкальной культуры имени М. И. Глинки
ГЦКЗ Государственный центральный концертный зал
дерев. деревянный
дир. дирижер
ДМШ детская музыкальная школа
ДМШ дневная музыкальная школа
ДНТ Дом народного творчества
драм. драматический

дух. духовой
з. а. заслуженный артист
засл. заслуженный
засл. арт. заслуженный артист
засл. деят. заслуженный деятель
з. д. и. заслуженный деятель искусств
инструм. инструмент; инструментальный
камерн. камерный
к-бас контрабас
кларн. кларнет
КМК конкурс молодых композиторов
колор. сопр. колоратурное сопрано
комп. композитор
конц. концертный
ксилоф. ксилофон
КСП Клуб самодеятельной песни
либр. либретто
лирич. лирический
л. р. левая рука
МБЦ Московский баховский центр
медн. медные
ММС Международный музыкальный совет
МРВ музыкальное развлекательное вещание
м.-с. меццо-сопрано
муз. музыка; музыкальный термин
МЭ Музыкальная энциклопедия
н(ар). а(рт). народный артист
обр. обработка
окт октава
орк. симфонический оркестр
пост. постановка
п. р. правая рука
п/у под управлением

Музыка

РАМП Российская ассоциация музыкальных продюсеров
рец. рецензия
РМА Российская музыкальная академия
РМО Русское музыкальное общество
рук. руководитель
рукоп. рукопись; рукописный
РФО Роттердамский филармонический оркестр
саксоф. саксофон
симф. симфонический
СК Союз композиторов
скр. скрипка
сол. солист
сопр. сопрано
сопров. сопровождение
соч. сочинение
спект. спектакль
ст. стихи
струн. струнный
ТАМ Товарищество актеров и музыкантов
танц. танцевальный
творч. творческий
т-р театр
тромб. тромбон
ударн. ударные
фл. флейта
ф-но фортепиано
фп. фортепиано
хор. хоровой
хореогр. хореография
ЦДМШ Центральная детская музыкальная школа
ЦМП цветомузыкальная приставка
ЦМУ цветомузыкальная установка
ЦМШ Центральная детская музыкальная школа
чел. челеста
ЭМИ электромузыкальный инструмент
эстр. эстрадный

ОБРАЗОВАНИЕ

ВВУЗ высшее военное учебное заведение
ВМУЗ военно-морское учебное заведение
ВНОУ высшее негосударственное образовательное учреждение
ВТУЗ высшее техническое учебное заведение
ВУЗ высшее учебное заведение
ГКВО Государственный комитет по высшему образованию
ГОРОНО Городской отдел народного образования
Госкомвуз Государственный комитет Российской Федерации по высшему образованию
дет. д. детский дом
детсад детский сад
ДОУ дошкольное образовательное учреждение
д/с детский сад
д/я детские ясли
Минобразование Министерство образования Российской Федерации
МСОНК Межамериканский совет по делам образования, науки и культуры
НОУ негосударственное образовательное учреждение
ОБЛОНО областной отдел народного образования
обр. образование
ПТО профессионально-техническое образование
РОНО районный отдел народного образования
УВУЗ Управление военно-учебных заведений
УУЗ управление учебных заведений
ЮНЕСКО *англ.* UNESCO, United Nations Educational, Scientific and Cultural Organization - Организация Объединенных Наций по вопросам просвещения, науки и культуры

АКАДЕМИИ

АГН Академия гуманитарных наук
АДК Академия депутатского корпуса
акад. академик
акад. академия
акад(ем). академический
АМБ Академия международного бизнеса
АМН Академия медицинских наук
АМТН Академия медико-технических наук
АН Академия наук
АНХ Академия народного хозяйства
АОН Академия общественных наук *(КНР)*
АПН Академия педагогических наук
АТТ Академия технического творчества
АХ Академия художеств
БСХА Белорусская сельскохозяйственная академия
ВА военная академия

Образование и наука: Академии

ВАА Военная артиллерийская академия
ВАГШ Военная академия Генерального штаба
ВАН Венгерская академия наук
ВАН Вестник Академии наук
ВАТТ Военная академия тыла и транспорта
ВВА Военно-ветеринарная академия
ВВА Военно-воздушная академия
ВВИА Военно-воздушная инженерная академия имени Н. Е. Жуковского
ВИА Военно-инженерная академия
ВИККА Военная инженерно-космическая академия имени А. Ф. Можайского
ВИРТА Военная инженерная радиотехническая академия противовоздушной обороны имени маршала Советского Союза Л. А. Говорова
ВМА Военно-медицинская академия
ВМА Военно-морская академия
ВПА Военно-политическая академия
ВХА Военная химическая академия
ГАВС Гуманитарная академия Вооруженных Сил
ГАИС Государственная академия искусств
ГАСБУ Государственная академия сферы быта и услуг
ГАУ Государственная академия управления
ГИЭА Государственная инженерно-экономическая академия
ГФА Государственная финансовая академия при правительстве Российской Федерации
ДА дипломатическая академия
ДВО Дальневосточное отделение *(Российской академии наук)*
ИАН Известия Академии наук
КАИФ Китайская академия инженерной физики
МАИ Международная академия информатизации
МАИ Международная академия информации
МАИП Международная академия информационных процессов
МАПО Медицинская академия последипломного образования
МАПО Международная академия последипломного обучения
МГАП Московская государственная академия печати
МГАПБ Московская государственная академия прикладной биологии
МДА Московская Духовная Академия
МИА Международная инженерная академия
МИА Московская инженерная академия
ММА Московская медицинская академия
ОЭ Отделение экономики *(Российской академии наук)*
ПАНИ Петровская академия наук и искусств
РАГС Российская академия государственной службы
РАЕН Российская академия естественных наук
РАМН Российская академия медицинских наук
РАН Российская Академия наук

РАО Российская академия образования
РАРАН Российская академия ракетных и артиллерийских наук
РАСХН Российская академия сельскохозяйственных наук
РАТИ Российская академия театрального искусства
РАТН Российская академия технических наук
РАУ Российская академия управления
РГАФК Российская государственная академия физической культуры
РИА Российская инженерная академия
РМА Российская музыкальная академия
РНТА Российская научно-техническая академия
РЭА Российская экономическая академия имени Г. В. Плеханова
САН Словацкая академия наук
СОАН Сибирское отделение Академии наук
СО РАМН Сибирское отделение Российской академии медицинских наук
СО РАН Сибирское отделение Российской Академии наук
СПбАК Санкт-Петербургская академия культуры
СПбВИКА Санкт-Петербургская военная инженерно-космическая академия имени А. Ф. Можайского
СПбГМА Санкт-Петербургская государственная медицинская академия
СПбГМА Санкт-Петербургская государственная морская академия имени адмирала С. О. Макарова
Спб ДА Санкт-Петербургская духовная академия
СПбЛТА Санкт-Петербургская лесотехническая академия
СПбПМА Санкт-Петербургская педиатрическая медицинская академия
СПбХПА Санкт-Петербургская художественно-промышленная академия
СПИЭА Санкт-Петербургская инженерно-экономическая академия
СХА сельскохозяйственная академия
ТСХА Тимирязевская сельскохозяйственная академия
УФАН Уральский филиал Академии наук
ФАН филиал Академии наук
ЯФ Якутский филиал *(Академии наук)*

Образование и наука: Университеты

УНИВЕРСИТЕТЫ

АВУ Ассоциация выпускников университета

БГАУ Башкирский государственный аграрный университет

БГМУ Башкирский государственный медицинский университет

БГУ Башкирский государственный университет

БГУ Белорусский государственный университет

ВГУ Воронежский государственный университет

ДВГУ Дальневосточный государственный университет

ДГУ Днепропетровский государственный университет

ДГУ или **ДонГУ** Донецкий государственный университет

ЗабГПУ Забайкальский государственный педагогический университет им. Н. Г. Чернышевского

ИГУ Ивановский государственный университет

ИГУ Иркутский государственный университет

КБГУ Кабардино-Балкарский государственный университет

КГТУ Казанский государственный технический университет им. А. Н. Туполева

КГУ Казанский государственный университет

КГУ Казахский государственный университет

КГУ Калининградский государственный университет

КГУ Калмыцкий государственный университет

КГУ Кемеровский государственный университет

КГУ Киевский государственный университет

КГУ Киргизский государственный университет

КГУ Красноярский государственный университет

КГУ Кубанский государственный университет

МАУ Международная ассоциация университетов

МГАТУ Московский государственный авиационно-технологический университет имени К. Э. Циолковского

МГЛУ Московский государственный лингвистический университет

МГТУ Московский государственный технический университет имени Н. Э. Баумана

МГТУГА Московский государственный технический университет гражданской авиации

МГУ Марийский государственный университет

МГУ Мордовский государственный университет

МГУ Московский государственный университет имени М. В. Ломоносова

ММУБиИТ Московский международный университет бизнеса и информационных технологий

МОСУ Московский открытый специальный университет

МОУ Малый областной университет

МПГУ Московский педагогический государственный университет

Образование и наука: Университеты

МТБУ Международный телевизионный бизнес-университет

МФТУ Московский физико-технический университет

МЭГУ Московский экстерный гуманитарный университет

НГУ Нижегородский государственный университет

НГУ Новгородский государственный университет

НГУ Новосибирский государственный университет

НГУ Новый гуманитарный университет

НЭУ Нидерландский экономический университет

ОГУ Одесский государственный университет

ОГУ или **ОмГУ** Омский государственный университет

ОУ Открытый университет

ПГУ Пермский государственный университет

ПГУ Петрозаводский государственный университет

РАУ Российско-американский университет

РГГУ Российский государственный гуманитарный университет

РГМУ Российский государственный медицинский университет

РГПУ Российский государственный педагогический университет имени А. И. Герцена

РГПУ Рязанский государственный педагогический университет им. С. А. Есенина

РГУ Российский государственный университет

РГУ Ростовский государственный университет

РХТУ Российский химико-технологический университет имени Д. И. Менделеева

СамГУ Самаркандский государственный университет имени Алишера Навои

СГАУ Самарский государственный аэрокосмический университет имени С. П. Королева

СГТУ Саратовский государственный технический университет

СГУ Самарский государственный университет

СГУ Саратовский государственный университет имени Н. Г. Чернышевского

СГУ Современный гуманитарный университет

СГУ Сыктывкарский государственный университет

СПбВИТУ Санкт-Петербургский военный инженерно-технический университет

СПбГАСУ Санкт-Петербургский государственный архитектурно-строительный университет

СПбГМТУ Санкт-Петербургский государственный морской технический университет

СПбГМУ Санкт-Петербургский государственный медицинский университет имени академика И. П. Павлова

СПбГТУ Санкт-Петербургский государственный технический университет

СПбГТУМО Санкт-Петербургский государственный технический университет точной механики и оптики

СПбГУ Санкт-Петербургский государственный университет

СПбГУП Санкт-Петербургский гуманитарный университет профсоюзов

СПбГУПМ Санкт-Петербургский государственный университет педагогического мастерства

СПбГУТ им. М. А. Бонч-Бруевича Санкт-Петербургский государственный университет телекоммуникаций имени М. А. Бонч-Бруевича

СПбГУТД Санкт-Петербургский государственный университет технологии и дизайна

СПбГЭТУ Санкт-Петербургский государственный электротехнический университет

СПбГЭУ Санкт-Петербургский государственный электротехнический университет

СПбУЭФ Санкт-Петербургский университет экономики и финансов

ТГУ Ташкентский государственный университет

ТГУ Тбилисский государственный университет

ТГУ Тверской государственный университет

ТГУ Томский государственный университет

ТГУ Туркменский государственный университет

ТГУ или **ТюмГУ** Тюменский государственный университет

УГАТУ Уфимский государственный авиационный технический университет

УГНТУ Уфимский государственный нефтяной технический университет

УГУ Уральский государственный университет

УГУ или **УдГу** Удмуртский государственный университет

УжГУ Ужгородский государственный университет

ун-т университет

ун-тский университетский

УрГУ Уральский государственный университет

ХГУ Харьковский государственный университет

ЦЕУ Центрально-Европейский университет

ЧГУ Черновицкий государственный университет

ЯГУ Якутский государственный университет

ИНСТИТУТЫ

ААНИИ Арктический и Антарктический научно-исследовательский институт

АИРСП Американский институт развития свободного профсоюзного движения

АНИИТИВУ Астраханский научно-исследовательский и технологический институт вычислительных устройств

АПИ Армянский государственный педагогический институт имени X. Абовяна

АСИ архитектурно-строительный институт

АстрНИИБ Астраханский научно-исследовательский институт бумаги

АФИ Агрофизический институт

АФИ Астрофизический институт

БашНИПИнефть Башкирский научно-исследовательский и проектный институт нефти

БГМИ Башкирский государственный медицинский институт

БГНИИ Биолого-географический научно-исследовательский институт

БГПИ Башкирский государственный педагогический институт

БелНИИ Белорусский научно-исследовательский институт

БелНИИНТИ Белорусский научно-исследовательский институт научно-технической информации и технико-экономических исследований

БелНИИПУ Белорусский научно-исследовательский институт проблем управления народным хозяйством

БИИЯМС Балтийский институт иностранных языков и международного сотрудничества

БирГПИ Бирский государственный педагогический институт

БИТМ Брянский институт транспортного машиностроения

БНИИ Белорусский научно-исследовательский институт

БНИИЗиС Башкирский научно-исследовательский институт земледелия и селекции полевых культур

БНИПТИЖК Башкирский научно-исследовательский и проектно-технологический институт животноводства и кормопроизводства

БПИ Биолого-почвенный институт

БСИ ботанический сад-институт *(Уфимского научного центра Российской академии наук)*

БТИСМ Белгородский технологический институт строительных материалов имени И. А. Гришманова

ВГИК Всероссийский государственный институт кинематографии

ВГПИ Владимирский государственный педагогический институт имени П. И. Лебедева-Полянского

Образование и наука: Институты

ВИАМ Всероссийский институт авиационных материалов

ВИЖ Всероссийский научно-исследовательский институт животноводства

ВИЛС Всероссийский институт легких сплавов

ВИМИ Всероссийский институт межотраслевой информации

ВИНИТИ Всероссийский институт научной и технической информации

ВИПК Всероссийский институт повышения квалификации

ВИПКЛесхоз Всероссийский институт повышения квалификации руководящих работников и специалистов лесного хозяйства

ВИСХАГИ Всероссийский институт сельскохозяйственных и аэрофотогеодезических изысканий

ВИФК Военный институт физической культуры

ВИЭМ Всероссийский институт экспериментальной медицины

ВИЭМС Всероссийский научно-исследовательский институт экономики минерального сырья и геологоразведочных работ

ВИЭСХ Всероссийский научно-исследовательский институт электрификации сельского хозяйства

ВНИВИП Всероссийский научно-исследовательский ветеринарный институт птицеводства

ВНИГРИ Всероссийский нефтяной научно-исследовательский геологоразведочный институт

ВНИЗР Всероссийский научно-исследовательский институт защиты растений

ВНИИ Всероссийский научно-исследовательский институт

ВНИИБТГ Всероссийский научно-исследовательский институт безопасности труда в горнорудной промышленности

ВНИИВО Всероссийский научно-исследовательский институт по охране вод

ВНИИводполимер Всероссийский научно-исследовательский институт по применению полимерных материалов в мелиорации и водном хозяйстве

ВНИИВпроект Всероссийский научно-исследовательский и проектный институт искусственного волокна

ВНИИГБ Всероссийский научно-исследовательский институт глазных болезней

ВНИИГИНТОКС Всероссийский научно-исследовательский институт гигиены и токсикологии пестицидов, полимерных материалов и пластических масс

ВНИИГОЧС Всероссийский научно-исследовательский институт по проблемам гражданской обороны и чрезвычайных ситуаций

ВНИИДАД Всероссийский научно-исследовательский институт документоведения и архивного дела

ВНИИдрев Всероссийский научно-исследовательский институт деревообрабатывающей промышленности

ВНИИЖИВМАШ Всероссийский научно-исследовательский конструкторско-технологический институт по машинам для комплексной механизации и автоматизации животноводческих ферм

ВНИИЖТ Всероссийский научно-исследовательский институт железнодорожного транспорта

ВНИИЗАРУБЕЖГЕОЛОГИЯ Всероссийский научно-исследовательский институт геологии зарубежных стран

ВНИИинструмент Всероссийский научно-исследовательский инструментальный институт

ВНИИК Всероссийский научно-исследовательский институт киноискусства

ВНИИКИ Всероссийский научно-исследовательский институт классификации, терминологии и информации по стандартизации и качеству

ВНИИКОМЖ Всероссийский научно-исследовательский институт комплексных проблем машиностроения для животноводства и кормопроизводства

ВНИИкомплект Всероссийский научно-исследовательский и проектно-конструкторский институт по комплектным технологическим линиям

ВНИИКПиСПТ Всероссийский научно-исследовательский институт консервной промышленности и специальной пищевой технологии

ВНИИКТЭП Всероссийский научно-исследовательский институт комплексных топливно-энергетических проблем

ВНИИЛМ Всероссийский научно-исследовательский институт лесоводства и механизации лесного хозяйства

ВНИИМ Всероссийский научно-исследовательский институт метрологии имени Д. И. Менделеева

ВНИИМЕТМАШ Всероссийский научно-исследовательский и проектно-конструкторский институт металлургического машиностроения

ВНИИМП Всероссийский научно-исследовательский институт медицинского приборостроения

ВНИИМС Всероссийский научно-исследовательский институт метрологической службы

ВНИИМТ Всероссийский научно-исследовательский и испытательный институт медицинской техники

ВНИИНА Всероссийский научно-исследовательский институт по изысканию новых антибиотиков

ВНИИНМ Всероссийский научно-исследовательский институт неорганических материалов

Образование и наука: Институты

ВНИИоргтехника Всероссийский научно-исследовательский институт оргтехники

ВНИИОРХ Всероссийский научно-исследовательский институт озерного рыбного хозяйства

ВНИИОС Всероссийский научно-исследовательский институт органического синтеза

ВНИИОФИ Всероссийский научно-исследовательский институт оптико-физических измерений

ВНИИПАВ Всероссийский научно-исследовательский институт поверхностно-активных веществ

ВНИИПАС Всероссийский научно-исследовательский институт прикладных автоматизированных систем

ВНИИПМБиГ Всероссийский научно-исследовательский институт прикладной молекулярной биологии и генетики

ВНИИПО Всероссийский научно-исследовательский институт противопожарной обороны

ВНИИполиграфмаш Всероссийский научно-исследовательский институт полиграфического машиностроения

ВНИИПОУ Всероссийский научно-исследовательский институт проблем организации и управления

ВНИИпроектасбестцемент Всероссийский научно-исследовательский и проектный институт промышленности асбестоцементных изделий

ВНИИпрофтехобразования Всероссийский научно-исследовательский институт профессионально-технического образования

ВНИИПТИК Всероссийский научно-исследовательский и проектно-технологический институт кибернетики

ВНИИПЭМ Всероссийский государственный научно-исследовательский и проектный институт электромонтажного производства

ВНИИР Всероссийский научно-исследовательский институт ирригационного рыбоводства

ВНИИР Всероссийский научно-исследовательский институт реставрации музейных ценностей

ВНИИР Всероссийский научно-исследовательский, проектно-конструкторский и технологический институт релестроения

ВНИИРИ Всероссийский научно-исследовательский институт радиографических измерений

ВНИИСВ Всероссийский научно-исследовательский институт синтетического волокна

ВНИИСИ Всероссийский научно-исследовательский институт системных исследований

ВНИИСИ Всероссийский научно-исследовательский светотехнический институт

ВНИИСМ Всероссийский научно-исследовательский институт автоматизации средств метрологии

Образование и наука: Институты

ВНИИсоль Всероссийский научно-исследовательский институт соляной промышленности

ВНИИСП Всероссийский научно-исследовательский институт спиртовой промышленности

ВНИИСПТнефть Всероссийский научно-исследовательский институт по сбору, подготовке и транспорту нефти и нефтепродуктов

ВНИИССВ Всероссийский научно-исследовательский институт по сельскохозяйственному использованию сточных вод

ВНИИстройполимер Всероссийский научно-исследовательский и проектно-конструкторский институт полимерных строительных материалов

ВНИИСуголь Всероссийский научно-исследовательский и проектно-конструкторский институт охраны окружающей природной среды в угольной промышленности

ВНИИТ Всероссийский научно-исследовательский институт источников тепла

ВНИИТ Всероссийский научно-исследовательский инструментальный институт

ВНИИТКГП Всероссийский научно-исследовательский институт технологии кровезаменителей и гормональных препаратов

ВНИИТП Всероссийский научно-исследовательский институт текстильной промышленности

ВНИИТРАНСМАШ Всероссийский научно-исследовательский институт транспортного машиностроения

ВНИИТФ Всероссийский научно-исследовательский институт технической физики

ВНИИТэлектромаш Всероссийский научно-исследовательский и проектно-конструкторский институт технологии электромашиностроения

ВНИИФ Всероссийский научно-исследовательский институт фарфора

ВНИИФК Всероссийский научно-исследовательский институт физической культуры

ВНИИФТРИ Всероссийский научно-исследовательский институт физико-технических и радиотехнических измерений

ВНИИХТ Всероссийский научно-исследовательский институт химической технологии

ВНИИшерсти Всероссийский научно-исследовательский институт шерстяной промышленности

ВНИИШП Всероссийский научно-исследовательский институт швейной промышленности

ВНИИЭ Всероссийский научно-исследовательский институт электромеханики

Образование и наука: Институты

ВНИИЭИМ Всероссийский научно-исследовательский и проектно-технологический институт электроизоляционных материалов и фольгированных диэлектриков

ВНИИЭМ Всероссийский научно-исследовательский институт электромеханики

ВНИИЭФ Всероссийский научно-исследовательский институт экспериментальной физики

ВНИИЯГ Всероссийский научно-исследовательский институт ядерной геологии

ВНИКИ Всероссийский научно-исследовательский конъюнктурный институт

ВНИПИЭТ Всероссийский научно-исследовательский и проектный институт энергетической техники

ВНИПТИК Всероссийский научно-исследовательский и проектно-технологический институт кибернетики

ВНИТИ Всероссийский научно-исследовательский и проектно-конструкторский институт трубной промышленности

ВНИТИАФ Всероссийский научно-исследовательский технологический институт антибиотиков и ферментов медицинского назначения

ВНЦ ГОИ Всероссийский научный центр «Государственный оптический институт имени С. И. Вавилова»

Волгогипрозем Волжский государственный проектный институт по землеустройству

ВПИ Волгоградский политехнический институт

ВПИ Воронежский политехнический институт

ВПКТИ Всероссийский проектно-конструкторский технологический институт

ВТИ Всероссийский теплотехнический институт

ВЦНИИОТ Всероссийский центральный научно-исследовательский институт охраны труда

ВЭИ Всероссийский электротехнический институт

ВЭлНИИ Всероссийский научно-исследовательский институт электровозостроения

ГАИШ Государственный астрономический институт имени П. К. Штернберга

ГЕОХИ РАН Институт геохимии и аналитической химии имени В. И. Вернадского Российской Академии наук

ГИ Геологический институт

ГИАП Государственный научно-исследовательский и проектный институт азотной промышленности и продуктов органического синтеза

ГИНЦВЕТМЕТ Государственный институт цветной металлургии

ГИПП Государственный институт проблем приватизации

ГИПРОНИИ Государственный проектный научно-исследовательский институт по проектированию научно-исследовательских институтов, лабораторий и научных центров

Образование и наука: Институты

ГИПРОНИИАВИАПРОМ Государственный проектный научно-исследовательский институт авиационной промышленности

Гиредмет Государственный институт редких металлов

ГИТИС Государственный институт театрального искусства

ГИТОС Государственный институт технологии органического синтеза

ГНИИ государственный научно-исследовательский институт

ГНИИР Государственный научно-исследовательский институт радио

ГОИ Государственный океанографический институт

ГОИ Государственный оптический институт имени С. И. Вавилова

ГОИН Государственный океанографический институт

ГосНИИ Государственный научно-исследовательский институт

ГосНИИАС Государственный научно-исследовательский институт авиационных систем

ГОСНИИВ Государственный научно-исследовательский институт вагоностроения

ГосНИИ ГА Государственный научно-исследовательский институт гражданской авиации

ГосНИИОРХ Государственный научно-исследовательский институт озерного и речного рыбного хозяйства

ГосНИИОХТ Государственный научно-исследовательский институт органической химии и технологии

ГосНИИ ЭМФТ Государственный научно-исследовательский институт экстремальной медицины, полевой фармации и медицинской техники

ГСПИ Государственный специальный проектный институт

ИА Институт археологии

ИАИ Историко-археологический институт

ИАП Институт автоматизации проектирования

ИАПУ Институт автоматики и процессов управления

ИАТ Институт автоматики и телемеханики

ИАФАН Институт Африки Академии наук

ИАЭ Институт автоматики и электрометрии

ИАЭ Институт атомной энергии

ИБ Институт белка

ИБ Институт биологии *(Уфимского научного центра Российской академии наук)*

ИБВВ Институт биологии внутренних вод

ИБМ Институт биологии моря

ИБПС Институт биологических проблем Севера

ИБР Институт биологии развития имени Н. К. Кольцова

ИБРАЭ Институт проблем безопасного развития атомной энергетики

ИБСО Институт биофизики Сибирского отделения Академии наук

Образование и наука: Институты

ИБФ Институт биологической физики
ИБФМ Институт биохимии и физиологии микроорганизмов
ИБФРМ Институт биохимии и физиологии растений и микроорганизмов
ИБХ Институт биоорганической химии имени М. М. Шемякина
ИВ Институт вулканологии
ИВАН Институт востоковедения Академии наук
ИВИ Институт всеобщей истории
ИВИМО Институт военной истории Министерства обороны
ИВНД Институт высшей нервной деятельности и нейрофизиологии
ИВП Институт водных проблем
ИВС институт вакцин и сывороток
ИВС Институт высокомолекулярных соединений
ИВСАН Институт высокомолекулярных соединений Академии наук
ИВТ Институт воздушного транспорта
ИВТАН Институт высоких температур Академии наук
ИВХ Институт водного хозяйства
ИВЫЧТЕХ Институт точной механики и вычислительной техники имени С. А. Лебедева
ИВЭП Институт водных и экологических проблем
ИГ Институт геологии *(Уфимского научного центра Российской академии наук)*
ИГАН Институт географии Академии наук
ИГГ Институт геологии и геофизики
ИГГ Институт геологии и геохимии имени А. Н. Заварицкого
ИГГД Институт геологии и геохронологии докембрия
ИГД Институт горного дела имени А. А. Скочинского
ИГЕМ Институт геологии рудных месторождений, петрографии, минералогии и геохимии
ИГИЛ Институт гидродинамики имени М. А. Лаврентьева
ИГП Институт государства и права
ИГРГИ Институт геологии и разработки горючих ископаемых
ИГСО Институт географии Сибирского отделения Академии наук
ИГФ Институт геофизики
ИГХ Институт геохимии имени А. П. Виноградова
ИДВ Институт Дальнего Востока
ИЕ Институт Европы
ИЗК Институт земной коры
ИЗМИРАН Институт земного магнетизма, ионосферы и распространения радиоволн Академии наук
ИИ Институт истории
ИИА Институт истории и археологии
ИИАЭ Институт истории, археологии и этнографии народов Дальнего Востока
ИИЕТ Институт истории естествознания и техники

ИИФФ Институт истории, филологии и философии
ИИЯЛ Институт истории, языка и литературы *(Уфимского научного центра Российской академии наук)*
ИК Институт катализа
ИКАН Институт кристаллографии имени А. В. Шубникова Академии наук
ИКИ Институт космических исследований
ИКИР Институт космофизических исследований и распространения радиоволн
ИКИ РАН Институт космических исследований Российской Академии наук
ИКМ Институт композиционных материалов
ИЛ Институт леса
ИЛА Институт Латинской Америки
ИЛД Институт леса и древесины имени В. Н. Сукачева
ИЛСАН Институт литосферы Академии наук
ИМ Институт математики
ИМ Институт механики *(Уфимского научного центра Российской академии наук)*
ИМАН Институт мира Академии наук
ИМАШ Институт машиноведения имени А. А. Благонравова
ИМБ Институт молекулярной биологии имени В. А. Энгельгардта
ИМБП Институт медико-биологических проблем
ИМГ Институт молекулярной генетики
ИМГАН Институт молекулярной генетики Академии наук
ИМГиГ Институт морской геологии и геофизики
ИМГРЭ Институт минералогии, геохимии и кристаллохимии редких элементов
ИМЕТ Институт металлургии имени А. А. Байкова
ИМЗ Институт мерзлотоведения
ИМИИ Институт инженерно-мелиоративных изысканий и исследований
ИМКА Институт маркетинга, консалтинга и аналитики
ИМЛИ Институт мировой литературы
ИММ Институт математики и механики
ИМОП Институт международных образовательных программ
ИМРД Институт международного рабочего движения
ИМ с ВЦ Институт математики с вычислительным центром *(Уфимского научного центра Российской академии наук)*
ИМХ Институт металлоорганической химии
ИМЭМО Институт мировой экономики и международных отношений
ИНБИ Институт биохимии имени А. Н. Баха
ИНИНФО Институт информатизации образования
ИНИОН Институт научной информации по общественным наукам
ИНИОР Институт исследования организованных рынков
ИНК Институт нефтехимии и катализа *(Академии наук Республики Башкортостан)*
ИНМИ Институт микробиологии

ИНОЗ Институт озероведения
ИНПО Институт непрерывного педагогического образования
ИНПРАВ Институт государства и права
ИНТ Институт новых технологий образования
ин-т институт
ИНХ Институт неорганической химии
ИНХП Институт новых химических проблем
ИНХС Институт нефтехимического синтеза имени А. В. Топчиева
ИНЦ Институт цитологии
ИНЭИ Институт энергетических исследований
ИНЭОС Институт элементоорганических соединений имени А. Н. Несмеянова
ИНЭПХФ Институт энергетических проблем химической физики
ИНЯЗ Институт иностранных языков
ИОА Институт оптики атмосферы
ИОАН Институт океанологии имени П. П. Ширшова Академии наук
ИОГЕН Институт общей генетики имени Н. И. Вавилова
ИОНХ Институт общей и неорганической химии имени Н. С. Курнакова
ИОФАН Институт общей физики Академии наук
ИОХ Институт органической химии имени Н. Д. Зелинского
ИП Институт психологии
ИПА Институт почвоведения и агрохимии
ИПА Институт прикладной астрономии
ИПАН Институт психологии Академии наук
ИПВТ Институт проблем вычислительной техники
ИПГ Институт прикладной геофизики
ИПИАН Институт проблем информатики Академии наук
ИПК институт повышения квалификации
ИПК Институт проблем кибернетики
ИПКИР Институт повышения квалификации информационных работников
ИПКОН Институт проблем комплексного освоения недр
ИПЛ Институт проблем литья
ИПМ Институт прикладной математики имени М. В. Келдыша
ИПМ Институт проблем материаловедения
ИПМ Институт проблем механики
ИПМТ Институт проблем морских технологий
ИПНХП Институт проблем нефтехимпереработки *(Академии наук Республики Башкортостан)*
ИПОС Институт проблем освоения Севера
ИПП Институт проблем прочности
ИППИ Институт проблем передачи информации
ИПС Институт программных систем
ИПСМ Институт проблем сверхпластичности металлов

ИПТМОМ Институт проблем технологии микроэлектроники и особо чистых металлов

ИПТЭР Институт проблем транспорта энергоресурсов

ИПУ Институт проблем управления

ИПФ Институт прикладной физики

ИПФС Институт почвоведения и фотосинтеза

ИрИОХ Иркутский институт органической химии

ИРЛИ Институт русской литературы имени А. С. Пушкина *(Пушкинский дом)*

ИРМ Институт развития менеджмента *(Лозанна)*

ИРЭ Институт радиотехники и электроники

ИРЭ РАН Институт радиотехники и электроники Российской Академии наук

ИРЯЗ Институт русского языка

ИС Институт социологии

ИСАН Институт спектроскопии Академии наук

ИСБ Институт славяноведения и балканистики

ИСИ Институт современного искусства

ИСИ Институт социологических исследований

ИСИС Институт системных исследований и социологии

ИСКАН Институт Соединенных Штатов Америки и Канады

ИСМАН Институт структурной макрокинетики Академии наук

ИСПМ Институт синтетических полимерных материалов

ИСЭ Институт сильноточной электроники

ИСЭИ Институт социально-экономических исследований *(Уфимского научного центра Российской академии наук)*

ИСЭП Институт социально-экономических проблем

ИСЭПАПК Институт социально-экономических проблем развития агропромышленного комплекса

ИСЭПН Институт социально-экономических проблем народонаселения

ИТ Институт теплофизики

ИТА Институт теоретической астрономии

ИТИ Институт технической информации

ИТиГ Институт тектоники и геофизики

ИТПМ Институт теоретической и прикладной механики

ИТТФ Институт технической теплофизики

ИТФ Институт теоретической физики имени Л. Д. Ландау

ИТФ Институт теплофизики

ИТЭФ Институт теоретической и экспериментальной физики

ИУ Институт угля

ИУВ институт усовершенствования врачей

ИУП Институт управления и права

ИУУ институт усовершенствования учителей

ИФ Институт физики имени Л. В. Киренского

ИФ Институт физиологии имени И. П. Павлова

Образование и наука: Институты

ИФА Институт физики атмосферы
ИФАВ Институт физиологически активных веществ
ИФАН Институт философии Академии наук
ИФВД Институт физики высоких давлений имени Л. Ф. Верещагина
ИФВЭ Институт физики высоких энергий
ИФЗ Институт физики Земли имени О. Ю. Шмидта
ИФК Институт физической культуры
ИФМ Институт физики металлов
ИФМК Институт физики молекул и кристаллов *(Уфимского научного центра Российской академии наук)*
ИФП Институт физики полупроводников
ИФП Институт физических проблем имени С. И. Вавилова
ИФП Институт философии и права
ИФПМ Институт физики прочности и материаловедения
ИФР Институт физиологии растений имени К. А. Тимирязева
ИФТТ Институт физики твердого тела
ИФХ Институт физической химии
ИФХАН Институт физической химии Академии наук
ИФХИМС Институт физико-химических основ переработки минерального сырья
ИХ Институт химии
ИХВВ Институт химии высокочистых веществ
ИХКГ Институт химической кинетики и горения
ИХН Институт химии нефти
ИХНР Институт химии неводных растворов
ИХС Институт химии силикатов имени И. В. Гребенщикова
ИХТРЭМС Институт химии и технологии редких элементов и минерального сырья
ИХТТМС Институт химии твердого тела и переработки минерального сырья
ИХФ Институт химической физики имени Н. Н. Семенова
ИХХТ Институт химии и химической технологии
ИЦГ или **ИЦиГ** Институт цитологии и генетики
ИЧМ Институт черной металлургии
ИЭ Институт экономики
ИЭ Институт этнографии имени Н. Н. Миклухо-Маклая
ИЭА Институт экономического анализа
ИЭВБ Институт экологии Волжского бассейна
ИЭВБРР Институт экономического развития Всемирного банка реконструкции и развития
ИЭИ Институт экономических исследований
ИЭЛАН Институт электрохимии имени А. Н. Фрумкина Академии наук
ИЭМ Институт экспериментальной минералогии
ИЭМПО Институт экономических и международных проблем освоения океана

Образование и наука: Институты

ИЭМЭЖ Институт эволюционной морфологии и экологии животных имени А. Н. Северцова

ИЭОПП Институт экономики и организации промышленного производства

ИЭПНТП Институт экономики и прогнозирования научно-технического прогресса

ИЭППП Институт экономических проблем переходного периода

ИЭР Институт экономического развития

ИЭРВБ Институт экономического развития Всемирного банка

ИЭРиЖ Институт экологии растений и животных

ИЭРП Институт экономического развития и планирования

ИЭС Институт электросварки имени Е. О. Патона

ИЭФ Институт электрофизики

ИЭФБ Институт эволюционной физиологии и биохимии имени И. М. Сеченова

ИЭХ Институт электрохимии

ИЯЗ Институт языкознания

ИЯИ Институт ядерных исследований

ИЯФ Институт ядерной физики

КамчатНИИРО Камчатский научно-исследовательский институт рыбоводства и океанографии

КГПИ Камчатский государственный педагогический институт

КемТИПП Кемеровский технологический институт пищевой промышленности

КИИГА Киевский институт инженеров гражданской авиации

КИИРА Киевский институт инженеров радиоэлектроники и автоматики

КИКТ Красноярский институт космической техники

КИУВ Казанский институт усовершенствования врачей

КНИИК Карельский научно-исследовательский институт культуры

КПИ Карагандинский политехнический институт

ЛИИ Летно-исследовательский институт имени М. М. Громова

ЛТИ лесотехнический институт

МАДИ Московский автомобильно-дорожный институт

МАИ Московский авиационный институт

МАРХИ Московский архитектурно-художественный институт

МАТИ Московский авиационно-технологический институт имени К.Э. Циолковского

МБИ Международный банковский институт

МГИМО Московский государственный институт международных отношений

МГЛИ Московский государственный лингвистический институт

МГПИ Московский государственный проектный институт

МИАН Математический институт Академии наук

МИБД Международный Институт Биржевого Дела

Образование и наука: Институты

МИЖУ Международный институт «Женщина и управление»

МИИВТ Московский институт инженеров водного транспорта

МИИГА Московский институт инженеров гражданской авиации

МИИТ Московский институт инженеров железнодорожного транспорта

МИКП Международный институт космического права

МИНГ Московский институт нефти и газа

МИОКГ Московский научно-исследовательский институт общей и коммунальной гигиены

МИПАО Международный институт проблем астероидной опасности

МИПК Московский институт повышения квалификации

МИПКРО Московский институт повышения квалификации работников образования

МИПСА Международный институт прикладного системного анализа

МИРОС Московский институт развития образовательных систем

МИРЭ Московская часть Института радиотехники и электроники

МИРЭА Московский институт радиотехники, электроники и автоматики

МИС Международный институт сварки

МИСИ Международный институт стратегических исследований

МИСИ Московский инженерно-строительный институт

МИСТИ Международный институт социально-трудовых исследований

МИТ Московский институт теплотехники

МИУ Московский институт управления

МИФИ Московский инженерно-физический институт

МИЭМ Московский институт электронного машиностроения

МИЭПП Московский институт экономики, политики и права

ММБИ Мурманский морской биологический институт

МНИИ Московский научно-исследовательский институт

МНИИОТ Московский научно-исследовательский институт охраны труда

МНИИП Московский научно-исследовательский институт приборостроения

МНИИРС Московский научно-исследовательский институт радиосвязи

МНИИТЭП Московский научно-исследовательский институт технико-экономического планирования

МНИТИ Московский научно-исследовательский телевизионный институт

МОНИКИ Московский областной научно-исследовательский клинический институт

МРИ Международный республиканский институт

МРТИ Московский радиотехнический институт

МСИ Международный статистический институт

МФТИ Московский физико-технический институт

МЭИ Московский энергетический институт

МЭСИ Московский экономико-статистический институт

МЮИ Московский юридический институт

НИБХ Новосибирский институт биоорганической химии

НИИ Научно-исследовательский институт

НИИАО Научно-исследовательский институт авиационного оборудования

НИИАП Научно-исследовательский институт автоматики и приборостроения

НИИАР Научно-исследовательский институт атомных реакторов

НИИАС Научно-исследовательский институт автоматизированных систем

НИИАТ Научно-исследовательский институт авиационной технологии и организации производства

НИИГБ Научно-исследовательский институт глазных болезней

НИИГПЭ Научно-исследовательский институт государственной патентной экспертизы

НИИ ГТП Научно-исследовательский институт гигиены труда и производства

НИИД Научно-исследовательский институт двигателей

НИИДАР Научно-исследовательский институт дальней радиосвязи

НИИЗиЖ Научно-исследовательский институт земледелия и животноводства

НИИКП Научно-исследовательский институт командных приборов

НИИКЭ Научно-исследовательский, проектно-конструкторский и технологический институт комплектного электропривода

НИИМА Научно-исследовательский институт микроэлектронной аппаратуры

НИИМВС Научно-исследовательский институт многопроцессорных вычислительных систем

НИИМП Научно-исследовательский институт микроприборов

НИИОТ Научно-исследовательский институт охраны труда

НИИП Научно-исследовательский институт парашютостроения

НИИПГ Научно-исследовательский институт прикладной геодезии

НИИПИ Научно-исследовательский и проектный институт

НИИПМ Научно-исследовательский институт пластмасс

НИИПМ Научно-исследовательский институт прикладной механики имени академика В. И. Кузнецова

НИИПМЭ МАИ Научно-исследовательский институт прикладной механики и электродинамики Московского авиационного института

НИИПН Научно-исследовательский институт планирования и нормативов

НИИПП Научно-исследовательский институт полупроводниковых приборов

НИИППиСПТ Научно-исследовательский институт пищеконцентратной промышленности и специальной пищевой технологии

НИИПС Научно-исследовательский институт парашютостроения

НИИПСМ Научно-исследовательский институт промышленных строительных материалов

НИИР Научно-исследовательский институт радиолокации

НИИРП Научно-исследовательский институт радиоприборостроения

НИИРТА Научно-исследовательский институт радиотехнической аппаратуры

НИИСА Научно-исследовательский институт систем автоматизации

НИИСАПРАН Научно-исследовательский институт систем автоматизированного проектирования радиоэлектронной аппаратуры и сверхбольших интегральных схем

НИИСИ Научно-исследовательский институт системных исследований

НИИСП Научно-исследовательский институт скорой помощи имени Н. В. Склифосовского

НИИстандарт Научно-исследовательский институт стандартов

НИИСУ Научно-исследовательский институт стандартизации и унификации

НИИСХОМ Научно-исследовательский институт сельскохозяйственного машиностроения

НИИСЭ Научно-исследовательский институт судебной экспертизы

НИИТ Научно-исследовательский институт телевидения

НИИТ Научно-исследовательский институт теплотехники

НИИТ Научно-исследовательский институт технологии

НИИТавтопром Научно-исследовательский институт технологии автомобильной промышленности

НИИтеплоприбор Научно-исследовательский институт теплоэнергетического приборостроения

НИИтехмаш Научно-исследовательский институт технологии машиностроения

НИИТП Научно-исследовательский институт тепловых процессов имени М. В. Келдыша

НИИТП Научно-исследовательский институт точных приборов

НИИТФ Научно-исследовательский институт технической физики

НИИТЭП Научно-исследовательский институт типового экспериментального проектирования

НИИХИММАШ Научно-исследовательский институт химического машиностроения

НИИХолодМаш Научно-исследовательский институт холодильного машиностроения

НИИХП Научно-исследовательский институт художественной промышленности

НИИХСМ Научно-испытательный институт химических и строительных машин

НИИ ШОТСО Научно-исследовательский институт школьного оборудования и технических средств обучения

НИИЭИР Научно-исследовательский институт экономики и информации по радиоэлектронике

НИИЭМ Научно-исследовательский институт эпидемиологии и микробиологии

НИИЭМ Научно-исследовательский институт экспериментальной медицины

НИИЭМ Научно-исследовательский институт электромеханики

НИИЭС Научно-исследовательский институт электронных систем

НИИЭФА Научно-исследовательский институт электрофизической аппаратуры имени Д. В. Ефремова

НИИЯФ МГУ Научно-исследовательский институт ядерной физики имени Д. В. Скобельцына Московского государственного университета

НИКИЭТ Научно-исследовательский и конструкторский институт энерготехники

НИКТИ Научно-исследовательский и конструкторско-технологический институт

НИКТИМП Научно-исследовательский и конструкторско-технологический институт молочной промышленности

НИМИ Научно-исследовательский машиностроительный институт

НИОПИК Научно-исследовательский институт органических полупродуктов и красителей

НИОХ Новосибирский институт органической химии

НИРФИ Научно-исследовательский радиофизический институт

НИТИ Научно-исследовательский технологический институт

НИТИГ Научно-исследовательский технологический институт гербицидов и регуляторов роста растений *(Академии наук Республики Башкортостан)*

Образование и наука: Институты

НИФИ Научно-исследовательский финансовый институт

НИФЭИ Научно-исследовательский физико-энергетический институт

НИЭКМИ Научно-исследовательский экспериментально-конструкторский машиностроительный институт

ННИИ Новосибирский научно-исследовательский институт

НПП ВНИИЭМ Научно-производственное предприятие Всероссийский научно-исследовательский институт электромеханики

ОмИИТ Омский институт инженеров транспорта

ОТИПП Одесский технологический институт пищевой промышленности

ПД Пушкинский дом *(Институт русской литературы имени А. С. Пушкина)*

ПИ проектный институт

ПИНО Первый институт независимой оценки

ПИПК Пекинский институт прочности конструкций

ПИТКС Пекинский институт техники и космической среды

ППИ Пензенский политехнический институт

ППИ Пермский политехнический институт

ПроектНИИспецхиммаш Проектный научно-исследовательский институт специального химического машиностроения

ПСИ Пензенский строительный институт

РГГМИ Российский государственный гидрометеорологический институт

РИАН Радиевый институт Академии наук

РИИЖТ Ростовский-на-Дону институт инженеров железнодорожного транспорта

РИМИР Российский институт массовой информации и рекламы

РИРВ Российский институт радионавигации и времени

РИСИ Российский институт стратегических исследований

РИСИ Ростовский инженерно-строительный институт

РНИИ Реактивный научно-исследовательский институт

РНИИ КП Российский научно-исследовательский институт космического приборостроения

РНИСИНП Российский независимый институт социальных и национальных проблем

РосНИИинформсистем Российский научно-исследовательский институт информационных систем

РРТИ Рязанский радиотехнический институт

РФИ Религиозно-философский институт

РХГИ Русский христианский гуманитарный институт

САИГИМС Среднеазиатский научно-исследовательский институт геологии и минерального сырья

148

СамГАСИ Самаркандский государственный архитектурно-строительный институт

САНИГМИ Среднеазиатский научно-исследовательский гидрометеорологический институт

СарНИТО Саратовский научно-исследовательский институт травматологии и ортопедии

СВКНИИ Северо-Восточный комплексный научно-исследовательский институт

СГПИ Стерлитамакский государственный педагогический институт

СевНИИГиМ Северный научно-исследовательский институт гидротехники и мелиорации

СевНИИП Северный научно-исследовательский институт промышленности

СЗПИ Северо-Западный заочный политехнический институт

СибАДИ Сибирский автомобильно-дорожный институт

СибИЗМИР Сибирский институт земного магнетизма, ионосферы и распространения радиоволн

СибНИИЖ Сибирский научно-исследовательский институт животноводства

СибНИИЛП Сибирский научно-исследовательский институт лесной промышленности

СИБНИИРХ Сибирский научно-исследовательский институт рыбного хозяйства

СибНИИСХ или **СибНИИСХОЗ** Сибирский научно-исследовательский институт сельского хозяйства

СибНИИТМ Сибирский научно-исследовательский институт технологии машиностроения

СибНИИЭП Сибирский зональный научно-исследовательский институт и проектно-экспериментальный институт

СИНО Сибирский институт независимой оценки

СИПРИ Стокгольмский международный институт исследований проблем мира

СИФИБР Сибирский институт физиологии и биохимии растений

СКСИ МОСУ Северо-Кавказский социальный институт Московского открытого социального университета

СНИИГГиМС Сибирский научно-исследовательский институт геологии, геофизики и минерального сырья

СНИИМ Сибирский государственный научно-исследовательский институт метрологии

СНИИСХ Ставропольский научно-исследовательский институт сельского хозяйства

СПбИВЭСЭП Санкт-Петербургский институт внешнеэкономических связей, экономики и права

СПбИМТУ Санкт-Петербургский институт методов и техники управления

Образование и наука: Институты

СПбИТМО Санкт-Петербургский институт точной механики и оптики

СПбТЭИ Санкт-Петербургский торгово-экономический институт

СПбФИ Санкт-Петербургский фондовый институт

СФИРЭ Саратовский филиал Института радиотехники и электроники

СХИ сельскохозяйственный институт

СЭИ Сибирский энергетический институт

ТНИИТМАШ Тульский научно-исследовательский институт технологии машиностроения

ТНИТИ Тульский научно-исследовательский технологический институт

ТПИ Томский политехнический институт

ТПИ Тульский политехнический институт

ТПИИЯ Тбилисский государственный педагогический институт иностранных языков

ТТИ Ташкентский текстильный институт

УАИ Уфимский авиационный институт

УГИИ Уфимский государственный институт искусств

УГПИ Ульяновский государственный педагогический институт

УкрНИИАТ Украинский научно-исследовательский институт авиационной технологии

УЛТИ Уральский лесотехнический институт

УНИ Уфимский нефтяной институт

УНИИКМ Уральский научно-исследовательский институт композиционных материалов

Унипромедь Уральский научно-исследовательский и проектный институт медной промышленности

УНИХИМ Уральский научно-исследовательский химический институт

УПИ Уральский политехнический институт

УСХИ Ульяновский сельскохозяйственный институт

УТИС Уфимский технологический институт сервиса

УФИРЭ Ульяновский филиал Института радиотехники и электроники

УФНИ Уфимский нефтяной институт

УфНИИВС Уфимский научно-исследовательский институт вакцин и сывороток им. И. И. Мечникова

УфНИИГБ Уфимский научно-исследовательский институт глазных болезней

УфНИИ МТ и ЭЧ Уфимский научно-исследовательский институт медицины труда и экологии человека

УФТИ Украинский научно-исследовательский физико-технический институт

УЮИ Уфимский юридический институт

ФИАН Физический институт имени П. Н. Лебедева Академии наук

ФИРЭ Фрязинская часть Института радиотехники и электроники
ФТИ физико-технический институт
ФЭИ Физико-энергетический институт
ХабИИЖТ Хабаровский институт инженеров железнодорожного транспорта
ХАДИ Харьковский автомобильно-дорожный институт
ХАИ Харьковский авиационный институт
ХИИЖТ Харьковский институт инженеров железнодорожного транспорта
ХИРЭ Харьковский институт радиоэлектроники
ХИСИ Харьковский инженерно-строительный институт
ХМИ Харьковский медицинский институт
ХФТИ Харьковский физико-технический институт
ЦАГИ Центральный аэрогидродинамический институт имени Н. Е. Жуковского
ЦГОНТИ Центральный государственный научно-технический институт
ЦИАМ Центральный институт авиационного моторостроения имени П. И. Баранова
ЦИВТИ Центральный институт военно-технической информации
ЦИНТИ Центральный институт научно-технической информации
ЦИПК Центральный институт повышения квалификации
ЦИТО Центральный институт травматологии и ортопедии
ЦИТП Центральный институт типовых проектов
ЦИУУ Центральный институт усовершенствования учителей
ЦКВИ Центральный кожно-венерологический институт
ЦНИИ Центральный научно-исследовательский институт
ЦНИИатоминформ Центральный научно-исследовательский институт управления, экономики и информации Министерства атомной промышленности России
ЦНИИБ Центральный научно-исследовательский институт бумаги
ЦНИИВК Центральный научно-исследовательский институт вооружения и кораблестроения
ЦНИИГАиК Центральный научно-исследовательский институт геодезии, аэрофотосъемки и картографии
ЦНИИКиФ Центральный научно-исследовательский институт курортологии и физиотерапии
ЦНИИЛП Центральный научно-исследовательский институт лесной промышленности
ЦНИИМ Центральный научно-исследовательский институт материалов
ЦНИИМАШ Центральный научно-исследовательский институт машиностроения

ЦНИИП Центральный научно-исследовательский и проектный институт

ЦНИИП Центральный научно-исследовательский институт птицеводства

ЦНИИПИ Центральный научно-исследовательский институт патентной информации и технико-экономических исследований

ЦНИИПС Центральный научно-исследовательский институт подземного строительства

ЦНИИ РТК Центральный научно-исследовательский и опытно-конструкторский институт робототехники и технической кибернетики

ЦНИИС Центральный научно-исследовательский институт связи

ЦНИИС Центральный научно-исследовательский институт стоматологии

ЦНИИС Центральный научно-исследовательский институт транспортного строительства

ЦНИИСП Центральный научно-исследовательский институт судебной психиатрии имени профессора В. П. Сербского

ЦНИИСЭ Центральный научно-исследовательский институт судебных экспертиз

ЦНИИТА Центральный научно-исследовательский институт топливной аппаратуры

ЦНИИТМАШ Центральный научно-исследовательский институт технологии машиностроения

ЦНИИточмаш Центральный научно-исследовательский институт точного машиностроения

ЦНИИТС Центральный научно-исследовательский институт технологии судостроения

ЦНИИФ Центральный научно-исследовательский институт фанеры

ЦНИИХМ Центральный научно-исследовательский институт химии и механики

ЦНИИчермет или **ЦНИИЧМ** Центральный научно-исследовательский институт черной металлургии имени И. П. Бардина

ЦНИИЭ Центральный научно-исследовательский институт эпидемиологии

ЦНИИЭП Центральный научно-исследовательский и проектный институт типового и экспериментального проектирования

ЦНИЛ центральная научно-исследовательская лаборатория

ЦНИТИ Центральный научно-исследовательский технологический институт

ЦЭМИ Центральный экономико-математический институт

ЧИМЭСХ Челябинский институт механизации и электрификации сельского хозяйства

ЧОМГИ Черноморское отделение Морского гидрофизического института

ЧПИ Челябинский политехнический институт

ШахтНИУИ Шахтинский научно-исследовательский и проектно-конструкторский угольный институт

ЭИС электротехнический институт связи

ЭНИКМАШ Экспериментальный научно-исследовательский институт кузнечно-прессового машиностроения

ЭНИМС Экспериментальный научно-исследовательский институт металлорежущих станков

ЮНИТАР *англ.* UNITAR, United Nations Institute for Training and Research - Учебный и научно-исследовательский институт Организации Объединенных Наций

ЮУФНИИТМ Южно-Уральский филиал Научно-исследовательского института технологии машиностроения

ЯГМИ Ярославский государственный медицинский институт

ЯГПИ Ярославский государственный педагогический институт имени К. Д. Ушинского

ЯМИ Ярославский медицинский институт

ВЫСШИЕ УЧИЛИЩА, ШКОЛЫ И КУРСЫ

ВАШ Высшая административная школа
ВВАИУ Высшее военное авиационное инженерное училище
ВВАУ Высшее военное авиационное училище
ВВАУЛ Высшее военное авиационное училище летчиков
ВВАУШ Высшее военное авиационное училище штурманов
ВВИМУ Владивостокское высшее инженерное мореходное училище
ВВМИОЛУ Высшее военно-морское инженерное ордена Ленина училище имени Ф. Э. Дзержинского
ВВМИУ Высшее военно-морское инженерное училище
ВВМУ высшее военно-морское училище
ВВМУПП Высшее военно-морское училище подводного плавания
ВВУ высшее военное училище
ВЖК Высшие женские курсы
ВИСКУ Высшее военное инженерное строительное училище имени генерала армии А. Н. Комаровского
ВКШ Высшая коммерческая школа
ВОК Высшие офицерские курсы
ВОКУ Высшее общевойсковое командное училище
ВШ высшая школа
ВШМ Высшая школа милиции
ВШМБ Высшая школа международного бизнеса
ВШТ высшая школа тренеров
ВШЭ Высшая школа экономики
КВЛУ Кировоградское высшее летное училище
СВВАУЛ Сызранское высшее военное авиационное училище летчиков
СПбВВИУС Санкт-Петербургское высшее военное инженерное училище связи
ТОВВМУ Тихоокеанское высшее военно-морское училище имени С. О. Макарова
УВАУГА Ульяновское высшее авиационное училище гражданской авиации
ЧВВМУ Черноморское высшее военно-морское училище имени П. С. Нахимова
ЭВЗРКУ Энгельское высшее зенитное ракетное командное училище противовоздушной обороны

КОЛЛЕДЖИ, ГИМНАЗИИ, УЧИЛИЩА, ШКОЛЫ, КУРСЫ, ЦЕНТРЫ

АКАГ Американский колледж акушеров и гинекологов
ВАТУ военное авиационно-техническое училище
ВАУ военное авиационное училище
ВМИУ Военно-морское инженерное училище
ВМНУЦ Всероссийский межотраслевой научно-учебный центр
ВМНУЦ ВТИ Всероссийский межотраслевой научно-учебный центр по вычислительной технике и информатике
ВМУ военно-морское училище
ВСШ вечерняя средняя школа
ВУ военное училище
г-зия гимназия
ДСШ детская спортивная школа
ДЮСШ детско-юношеская спортивная школа
ЗМШ заочная математическая школа
КИЯ курсы иностранных языков
ЛШБ Лондонская школа бизнеса
МАХУ Московское академическое художественное училище
МБК Московский бизнес-колледж
МЗШМ Международная заочная школа менеджеров
МЦДО Международный центр дистанционного обучения
МЦОИ Международный центр образовательных инноваций
МШББ Международная школа биржевого бизнеса
МШСЭН Московская школа социальных и экономических наук
МШЭ Московская школа экономики
НВМУ Нахимовское военно-морское училище
НГШ Новая гуманитарная школа
ОЛТК Омский летно-технический колледж
ПТУ профессионально-техническое училище
РТШ радиотехническая школа
РШК Российская школа каскадеров
СДЮШ спортивная детско-юношеская школа
СДЮШОР спортивная детско-юношеская школа олимпийского резерва
СПТУ специализированное профессионально-техническое училище
СШ средняя школа
ТУ техническое училище
уч-ще училище
ФМШ физико-математическая школа
ЦДМШ Центральная детская музыкальная школа
ЦМШ Центральная детская музыкальная школа
ЦОВ Центр образования взрослых
ЦОМ Центр образования молодежи
ЦОН Центр образования населения
ЦОПП Центр образовательно-профессиональной подготовки

Образование: Колледжи, гимназии, училища, курсы, центры

ШВЛП Школа высшей летной подготовки
ШВСМ школа высшего спортивного мастерства
шк. школа
ШМО школа мореходного обучения
ШМУ школа мореходного ученичества
ШСБ школа страхового бизнеса
ШУКС Школа усовершенствования командного состава
ШЮЖ школа юного журналиста
ЭШВСМ экспериментальная школа высшего спортивного мастерства
ЮМШ юношеская мореходная школа

ФАКУЛЬТЕТЫ И ОТДЕЛЕНИЯ

агрофак агрономический факультет
ВИФ военно-инженерный факультет
ВТФ военно-технический факультет
геофак географический факультет
гидрофак гидротехнический факультет
естфак естественный факультет
журфак факультет журналистики
з/о заочное отделение
зоофак зоотехнический факультет
истфак исторический факультет
мехмат механико-математический факультет
ОББХФАС Отделение биохимии, биофизики и химии физиологически активных соединений
ОГГГГН Отделение геологии, геофизики, геохимии и горных наук (*Российской академии наук*)
ОИ Отделение истории
ПФ подготовительный факультет
РТФ радиотехнический факультет
СО Сибирское отделение
спецфак специальный факультет
ФАВТ факультет автоматики и вычислительной техники
ФАИТ факультет автоматики и телемеханики
фак. факультет
фак-т факультет
физмат физико-математический факультет
физфак физический факультет
филфак филологический факультет
ФЛХ факультет лесного хозяйства
ФМХ факультет муниципального хозяйства
ФПК факультет повышения квалификации
ФПМ факультет прикладной математики
ф-т факультет
ЭЭФ электроэнергетический факультет
юрфак юридический факультет

УЧЕБНАЯ И НАУЧНАЯ ДЕЯТЕЛЬНОСТЬ

АВР аттестационно-выпускная работа
автореф. автореферат
АДД автореферат диссертации на соискание ученой степени доктора наук
АКД автореферат диссертации на соискание ученой степени кандидата наук
АОС автоматизированная обучающая система
ассист. ассистент
АСУД автоматизированная система учебной деятельности
АСУУП автоматизированная система управления учебным процессом
ВФНР Всемирная федерация научных работников
вып. выпуск
вып. выпускник
высш. высшее
ДВТО Дом военно-технического обучения
ДД докторская диссертация
дис(с). диссертация
докт. докторский
доц. доцент
д-р или **д-р.** доктор
завуч заведующий учебной частью
И исследование
ИАОС интеллектуальная автоматизированная обучающая система
кан. кандидатский
канд. кандидат; кандидатский
МНС младший научный сотрудник
НМС научно-методический совет
НМЦ научно-методический центр
НПР научно-педагогический работник
ПАКАО программно-аппаратный комплекс аудиовизуального обучения
пед. педагогика; педагогический
преп(од). преподаватель
проф. профессор
реф. реферат
ТСО технические средства обучения
У учебный
УК учебный класс
УК учебный комбинат
УКК учебно-курсовой комбинат
УКП учебно-консультационный пункт
УМК учебно-методический комплекс
УМО учебно-методическое объединение
УМС учебный методический совет
УМЦ учебно-методический центр
УНПК учебный научно-производственный комплекс
УНПО учебно-научно-производственное объединение
УПМ учебно-производственная мастерская
УПЧ учебно-практическая часть
УТЦ учебно-тренировочный центр
уч. учебный
уч-ся учащийся
ЦАО центр автоматизированного обучения

СТУДЕНЧЕСКИЕ ОРГАНИЗАЦИИ

АКМДУМ Ассоциация клубов международной дружбы учащейся молодежи
АПОС Ассоциация профсоюзных организаций студентов
АСО Ассоциация студенческих организаций
АССИСТ Ассоциация иностранных студентов
ВФСХ Всемирная федерация студентов-христиан
МДСК Международное движение студентов-католиков
МСС Международный союз студентов
СНО студенческое научное общество
СПАС Санкт-Петербургская ассоциация студенческих профсоюзных организаций
студ. студенческий

БАНКИ. БИРЖИ. ФИНАНСЫ

ААФБ Ассоциация африканских фондовых бирж
АБИ Агентство банковской информации
АБР Азиатский банк развития
АБР Африканский банк развития
АБС автоматизированная банковская система
АБТ автоматизация банковских технологий
АВФ Арабский валютный фонд
АДС американские депозитные свидетельства
АзБР Азиатский банк развития
АКБ акционерный коммерческий банк
АКБ Ассоциация коммерческих банков
АКИБ акционерный коммерческий инвестиционный банк
АМБИ Акционерный коммерческий банк межотраслевой интеграции
АПБ Агропромбанк
АРБ Ассоциация российских банков
АСВБ автоматизированная система внутрибанковских расчетов
АСИБА Ассоциация ипотечных банков
АСИКОМБАНК Акционерный специализированный ипотечный коммерческий банк
АСМБР автоматизированная система межбанковских расчетов
АСФР автоматизированная система финансовых расчетов
АТМВБ Азиатско-Тихоокеанская межбанковская валютная биржа
АФБ Ассоциация французских банков
АфБР Африканский банк развития
АФИ Агентство финансовой информации
АФСП «Анализ финансового состояния предприятий» *(компьютерная программа)*
АФУ административно-финансовое управление
банк. банковское дело
БАРС Банк развития сельского хозяйства
ББЦБ Бакинская биржа ценных бумаг
БВР бюро взаимных расчетов *(фин.)*
бирж. биржевое выражение
бирж. биржевые операции
БКК Банковский консультационный комитет
БМВБ Бакинская межбанковская валютная биржа
БМР Банк международных расчетов
БМФД Балтийский межбанковский финансовый дом
БНЛ *итал.* BNL, Banca Nazionale del Lavoro - Национальный банк труда *(Италия)*
БНП *фр.* BNP, Banque National de Paris - "Банк насьональ де Пари" - Национальный парижский банк
БП Биржевая палата
БР Банк развития
БРЛ Банк развития Литвы

Банки. Биржи. Финансы

БСП	Банк содействия приватизации
БСТСБ	Башкирская специализированная товарно-сырьевая биржа
БТС	банковская телекоммуникационная система
БФА	Балтийское финансовое агентство
БЭСТ	Банк экономического содействия творчеству и предпринимательству
бюдж.	бюджет; бюджетный
вал.	валютный
ВБ	валютная биржа
ВБ	Всемирный банк
ВББ	Всероссийский биржевой банк
ВВЗ	внутренний валютный заем
ВМФБ	Владивостокская международная фондовая биржа
ВС	валютный сертификат
ВСК	валютная система капитализма
ВСКБ	Восточно-Сибирский коммерческий банк
ВТК	валютно-тарифный комитет
ВФО	военно-финансовый отдел
ВФС	валютно-финансовая система
ВЭБ	Внешнеторговый экономический банк
ВЭК	валютный и экспортный контроль
ГДО	Государственная долгосрочная облигация
ГДО	государственные долговые обязательства
ГКО	Государственная казначейская облигация
ГКО	Государственная краткосрочная облигация
ГКО	Государственное казначейское обязательство
ГКО	Государственное краткосрочное обязательство
ГКФУ	Главное контрольно-финансовое управление *(США)*
ГРКЦ	Государственный расчетно-кассовый центр
ГУВБиФ	Главное управление военного бюджета и финансирования Министерства обороны Российской Федерации
ГУЦБ	Главное управление Центрального банка России
ГУ ЦБ	Главное управление Центрального банка России
ГФА	Государственная финансовая академия при правительстве Российской Федерации
ГФУ	Главное финансовое управление
ГЦБ	государственная ценная бумага
дол	доллар
дол(л).	доллар
ДБДД	донская биржа «Деловой двор»
ден.	денежный
ден. ед.	денежная единица
ДКС	денежно-кредитная система
ДОГ	долговое обязательство государства
ДСК	депозитно-сохранная касса
ЕБРР	Европейский банк реконструкции и развития
ЕВЕ	Европейская валютная единица
ЕВС	Европейская валютная система
ЕВС	Европейское валютное соглашение

ЕВФ Европейский валютный фонд
ЕИБ Европейский инвестиционный банк
ЕНФК Единая национальная финансовая компания
ЕРЕ европейская расчетная единица
ИНВУР «Инвестиции в Урал» *(финансово-инвестиционная корпорация)*
ЕФБ Екатеринбургская фондовая биржа
ЕФБ Ереванская фондовая биржа
ЕФВС Европейский фонд валютного сотрудничества
ЖСБ Жилсоцбанк
Запсибкомбанк Западно-Сибирский коммерческий банк
ЗС «золотой» сертификат
ИАБ Ипотечный акционерный банк
ИБ инвестиционный банк
ИДМ информационный банк «Деловой мир»
Избанк Инвестиционный земельный банк
инв. инвалютный
ИНКАбанк Инвестиционный казачий банк
ИНКОМБАНК Инновационный коммерческий банк
Иркомсоцбанк Иркутский коммерческий банк социального развития
ИФБ инвестиционно-фондовый банк
ИФК инвестиционно-финансовая компания
ИЭВБРР Институт экономического развития Всемирного банка реконструкции и развития
ИЭРВБ Институт экономического развития Всемирного банка

КАБ Коммерческий акционерный банк
КБ коммерческий банк
КБ кооперативный банк
КБСР Коммерческий банк социального развития
КВБ Казахская валютная биржа
КДС краткосрочный депозитный сертификат
КИБ коммерческий инвестиционный банк
КИКБ коммерческий инвестиционно-кредитный банк
КИПБ коммерческий инвестиционный промышленный банк
КК краткосрочный кредит
КМВБ Казахская межбанковская валютная биржа
КО казначейское обязательство
Комдрагмет Комитет драгоценных металлов
коп. копейка
КОПФ Компания по проектному финансированию
кр. кредит
КС кредитный союз
КСК кредитно-сберегательная карточка
КТБ комиссия по товарным биржам
КФЦ коммерческо-финансовый центр
КЦБ Комиссия по ценным бумагам
КЦБФБ Комиссия по ценным бумагам и фондовым биржам
КЭФ Комитет экономики и финансов
ЛАИБ Литовский акционерно-инновационный банк
ЛБМ Лондонская биржа металлов
ЛБР Литовский Банк развития

Банки. Биржи. Финансы

ЛТБ Лондонская товарная биржа
МАБ Международный акционерный банк
МАИБ Московский акционерный инновационный банк
МАКБ Московский акционерный коммерческий банк
МАРС межбанковская автоматизированная расчетная система
МБ Мировой банк
МБА Международный банк Азербайджана
МББ Московский Бизнесбанк
МБД межбанковские депозиты
МБК межбанковский кредит
МБК Международный банковский конгресс
МБКФК Межброкерская кредитно-финансовая компания
МБО Межбанковское объединение
МБР Межамериканский банк развития
МБРР Международный банк реконструкции и развития
МБРЦ Межбанковский расчетный центр
МБСБР Московский банк Сберегательного банка России
МБТ Молодежная биржа труда
МБФК Межбиржевая кредитно-финансовая компания
МБЦМ Международная биржа цветных металлов
МБЦМ Московская биржа цветных металлов
МБЭС Международный банк экономического сотрудничества
МВБ межбанковская валютная биржа
МВБ Межрегиональная валютная биржа
МВКО международные валютно-кредитные отношения
МВС международная валютная система
МВФ Международный валютный фонд
МГБ Межгосударственный банк
МГБ Московский городской банк
МДС международное депозитное свидетельство
МЕЖКОМБАНК Межрегиональный коммерческий банк
МИБ Международный инвестиционный банк
МИБД Международный Институт Биржевого Дела
Минфин Министерство финансов Российской Федерации
МИО Межбанковское инвестиционное объединение
МКБ Межотраслевой коммерческий банк
МКБ Московский кредитный банк
МКБ Мытищинский коммерческий банк
МКО муниципальные краткосрочные облигации
МЛФК Международная лизинговая финансовая компания
ММБ Московский международный банк
ММВБ Московская межбанковская валютная биржа
ММД Московский монетный двор
ММКБ Московский межрегиональный коммерческий банк
ММФБ Московская международная фондовая биржа

МНБ Московская нефтяная биржа
МРЕ международная расчетная единица
МРП Международная расчетная палата
МРЦ Межбанковский расчетный центр
МСБ Монтажспецбанк
МСБ Московский сберегательный банк
МТБ Московская товарная биржа
МУТБ Межрегиональная универсальная товарная биржа
МФА Межбанковское финансовое агентство
МФБ Московская фондовая биржа
МФД Межбанковский финансовый дом
МФД Международный финансовый дом
МФД Московский финансовый дом
МФК Международная финансовая корпорация
МФО межфилиальные обороты *(в банке)*
МФФБ Московская финансовая и фьючерсная биржа
МЦ Межбанковский центр
МЦБН Московская центральная биржа недвижимости
МЦИ Межбанковский центр информации
МЦФБ Московская центральная фондовая биржа
МШББ Международная школа биржевого бизнеса
НБ Национальная биржа
НБ Национальный банк
НБ новый банк
НБА Национальный банк Азербайджана
НББ Национальный банк Башкирии
НББ Национальный банк Белорусии
НБД Нижегородский банкирский дом
НБУ Национальный банк Украины
НБЦБ Национальная биржа ценных бумаг *(Литва)*
НВБ Нижегородская валютная биржа
НВФБ Нижегородская валютно-фондовая биржа
НГСбанк Нефтегазстройбанк
НИФИ Научно-исследовательский финансовый институт
НКРЦБ Национальная комиссия по рынку ценных бумаг
НМ немецкая марка
НПБ Национальный пенсионный банк
НРБ Национальный резервный банк
НСКБ Нижегородский социальный коммерческий банк
НТБС Национальная торгово-банковская система
НФБ Национальное финансовое бюро
ОБ отраслевой банк
обезнал. обезналичивание
обн(ал). обналичивание
ОБФ Объединенный банк Финляндии
ОВАД Объединенный валютный дом
ОВВЗ облигации внутреннего государственного валютного займа
ОВП открытая валютная позиция
ОГСЗ облигация государственного сберегательного займа
ОДО областные долговые обязательства

Банки. Биржи. Финансы

ОКВ ограниченно конвертируемая валюта

ОмТСБ Омская товарно-сырьевая биржа

ОНЭКСИМ Банк Объединенный экспортно-импортный банк

ОП обменный пункт *(валюты)*

ОПЕРУ операционное управление *(банка)*

ОСЗ облигация государственного сберегательного займа

ОФЗ облигация федерального займа

ПБЯ Промышленный банк Японии

ПМО Пермские муниципальные обязательства

ПМФД Петербургский межбанковский финансовый дом

ПНК прибыль на капитал *(расчетная величина)*

ПОВ пункт обмена валюты

ППВ простой процентный вексель

ПР переводной рубль

ПРБ Первый русский банк

Промстройбанк Промышленно-строительный банк

ПСБ Промышленно-строительный банк

ПСВ покупательная способность валют

ПТНВ показатель твердой национальной валюты

ПТФБ Пермская товарно-фондовая биржа

ПТФБ Петербургская товарно-фондовая биржа

ПФГ промышленно-финансовая группа

ПФИК промышленно-финансовая инвестиционная компания

ПФК промышленно-финансовая корпорация

ПФСК Первая финансово-строительная компания

ПФЦ Петербургский фондовый центр

ПЧББ Первый частный банк Болгарии

р(уб). рубль

РАИБ Российско-американский инвестиционный банк

РБД Российский Биржевой Дом

РБД Российский брокерский дом

РБПФ Российский банк проектного финансирования

РБРР Российский банк реконструкции и развития

РБС Российский биржевой союз

РВБ региональная валютная биржа

РДО расчетно-депозитарная организация

РДЦ расчетно-депозитарный центр

РЕПО базовые процентные ставки по операциям обратного выкупа ценных бумаг

РЕС «реальная единица стоимости» *(расчетная единица)*

РК Банк «Российский кредит»

РКДЦ расчетно-клиринговый депозитарный центр

РКО расчетно-клиринговая организация

РКС расчетная кредитная ставка

РКСК револьверная кредитно-сберегательная карточка

РКЦ расчетно-кассовый центр

РМБ Российский медицинский банк; Росмедбанк

РМВБ Ростовская межбанковская валютная биржа

РНБ Российский национальный банк

РНКБ Российский национальный коммерческий банк
Роскомдрагмет Комитет Российской Федерации по драгоценным металлам и драгоценным камням
Росмедбанк Российский медицинский банк
РПБ Русский продовольственный банк
р/с расчетный счет
РСБ Российский страховой банк
РСКБ Республиканский социальный коммерческий банк
РТПБ Русский торгово-промышленный банк
РТСБ Российская товарно-сырьевая биржа
РТФС Российская телекоммуникационная фондовая система
РТФС Российский торгово-финансовый союз
РФБ Российская фондовая биржа
РФБС Российский финансово-банковский союз
РФК Российская финансовая корпорация
РЦ расчетный центр
РЦБ рынок ценных бумаг
САКБ совместный акционерный коммерческий банк
СамВМБ Самарская валютная межбанковская биржа
СБ сберегательный банк
сбер. сберегательный
СБР Сберегательный банк России
СВАКбанк Северо-Восточный акционерный коммерческий банк
СВМБ Самарская валютная межбанковская биржа
СД срочный депозит
Сибторгбанк Сибирский торговый банк
СКВ свободно-конвертируемая валюта
СКФБ Северо-Кавказская фондовая биржа
СМВБ Сибирская Межбанковская валютная биржа
СПбБРР Санкт-Петербургский банк реконструкции и развития
СПбВБ Санкт-Петербургская валютная биржа
СПбРДЦ Санкт-Петербургский расчетно-депозитарный центр
СПбУЭФ Санкт-Петербургский университет экономики и финансов
СПбФБ Санкт-Петербургская фьючерсная биржа
СПбФИ Санкт-Петербургский фондовый институт
СПВБ Санкт-Петербургская Валютная Биржа
СПМФД Санкт-Петербургский международный финансовый дом
СПТФБ Санкт-Петербургская товарно-фондовая биржа
СПФБ Санкт-Петербургская фондовая биржа
СТБ Сибирский торговый банк
СУВД система управления внешним долгом
СФБ Сибирская фондовая биржа
СЭБР система электронных безналичных расчетов
СЭТ ЦБ система электронных торгов ценными бумагами
Татпромстройбанк Промышленно-строительный банк развития Республики Татарстан

ТБД терминологический банк данных
ТМБ Тюменско-Московская биржа
ТНБ транснациональный банк
ТУБ Тверьуниверсалбанк
ТФБ товарно-фондовая биржа
ТФБСПб Товарно-фондовая биржа «Санкт-Петербург»
ТФК торгово-финансовая компания
УКК украинский карбованец
УМВБ Украинская межбанковская валютная биржа
УМФД Уральский межбанковский финансовый дом
Уникомбанк Универсальный акционерный коммерческий банк
Уралкомбанк Уральский коммерческий банк
УРВБ Уральская региональная валютная биржа
УРП Уральская расчетная палата
УФГ Украинская финансовая группа
УЦББИ Управление по ценным бумагам и биржам Индии
ФБ фондовая биржа
ФД финансовая дирекция
ФДК фонд долгосрочного кредитования
ФЗК финансово-залоговая компания
ФЗП фонд заработной платы
ФИК финансово-инвестиционная корпорация
фин(анс). финансовый
ФИНИСТ Финансово-Инвестиционный строительный трест
ФИФ Фонд инновационного финансирования
ФК финансовая компания
ФК финансовая корпорация
ФКК финансово-консультационный консорциум
ФО финансовый отдел
ФОР Фонд обязательных резервов
ФПГ финансово-промышленная группа
ФПК финансово-промышленная компания
фр. франк
ФРЦ финансово-расчетный центр
ФС финансовый союз
ФСК финансово-строительная компания
ФСК финансово-строительная корпорация
ФСТ финансы - сырье - товар
ф. ст. фунт стерлингов
ФТО финансово-торговая организация
ФУ финансовое управление
ФЭС Финансово-Экономический Союз
ц. цена
ЦАЛАК Центральная аттестационно-лицензионная аудиторская комиссия *(Министерства финансов)*
ЦБ ценные бумаги
ЦБ Центральный банк *(Российской Федерации)*; Центробанк
ЦБР Центральный банк России; Центробанк России
ЦБ РФ Центральный банк Российской Федерации
ЦЕНАКОР Центр изучения конъюнктуры цен и рынка
Центробанк Центральный банк *(Российской Федерации)*
Центробанк РФ Центральный банк Российской Федерации

ЦМР Центр международных расчетов
ЦРУБ Центральная российская универсальная биржа
ЦФМ Центральный фондовый магазин
ЦФТ Центр фондовой торговли
ЦФУ Центральное финансовое управление
ЧИПС *англ.* CHIPS, Clearing House Interbank Payments System - Электронная система межбанковских клиринговых расчетов
ЧК чешская крона
ЧТБ Чикагская товарная биржа
шил. шиллинг
ЭИБ Экспортно-импортный банк *(США, Япония)*
ЭС Эмиссионный синдикат
ЮМФД Южно-российский межбанковский финансовый дом
ЮУФБ Южно-Уральская фондовая биржа

ЭКОНОМИКА. ТОРГОВЛЯ. БИЗНЕС

А акционер
А. агент
а акция
ААФБ Ассоциация африканских фондовых бирж
АДФР Ассоциация дилеров фондового рынка
АК акционерная компания
АК акционерный капитал
АКДИ Агентство коммерческой и деловой информации
акц. акционерный
АКЭУ Ассоциация консультантов по экономике и управлению
АМБ Академия международного бизнеса
АМБА *англ.* AMBA, Association of Masters of Business Administration - Ассоциация магистров по управлению экономикой
АО акционерное общество
АОЗТ акционерное общество закрытого типа
АООТ акционерное общество открытого типа
АРС акционированная региональная собственность
АРТП Американо-российская торговая палата
АРЭР Ассоциация разработчиков программного обеспечения в области экономики
АСАРАБ Ассоциация внешнеэкономического сотрудничества с арабскими странами
АТП Американская торговая палата
АТПП Ассоциация торгово-промышленных палат
АТПР Американская торговая палата в России
АТР Американское агентство по торговле и развитию
АТЭКС «Автотрактороэкспорт» (*внешнеторговая фирма*)
АТЭС Азиатско-Тихоокеанское экономическое сотрудничество
АЭИ Агентство экономической информации
АЭН Агентство экономических новостей
АЭР Агентство экономического развития
баланс. экономические балансы
БелНИИНТИ Белорусский научно-исследовательский институт научно-технической информации и технико-экономических исследований
БелНИИПУ Белорусский научно-исследовательский институт проблем управления народным хозяйством
БИКИ «Бюллетень иностранной коммерческой информации»
БИП бездефектное изготовление продукции
БМП бюджет прожиточного минимума
б/н безналичный
БНХ баланс народного хозяйства
бр. брутто
БРТ брутто-регистровый тоннаж
б.-т брутто-тонна
БТЭ бюро товарных экспертиз
бух. бухгалтер

Экономика. Торговля. Бизнес

бухг. бухгалтерия; бухгалтерский
бух-р бухгалтер
В ваучер
ВАО внешнеэкономическое акционерное общество
ВВО Всероссийское внешнеторговое объединение
ВВП валовой внутренний продукт
ВЕСТ Восточно-европейское сотрудничество и торговля
ВИЭМС Всероссийский научно-исследовательский институт экономики минерального сырья и геологоразведочных работ
ВКШ Высшая коммерческая школа
ВНП валовой национальный продукт
ВО внешнеторговое объединение
ВП вторичное предъявление (*штамп ОТК*)
ВТАК *англ.* FTAC, Foreign Trade Arbitration Commission - Внешнеторговая арбитражная комиссия
ВТК временный трудовой коллектив
ВТО Всемирная торговая организация
ВТТ внутренний таможенный транзит
ВШМБ Высшая школа международного бизнеса
ВШЭ Высшая школа экономики
ВЭД внешнеэкономическая деятельность
ВЭФ Всемирный экономический форум
гал. галантерейный
гарант. гарантия

ГАТТ *англ.* GATT, General Agreement on Tariffs and Trade - Генеральное соглашение по тарифам и торговле
ГВК Государственная внешнеторговая компания
ГВК Государственная внешнеэкономическая комиссия
ГД «Гостиный двор» (*универмаг*)
гендир генеральный директор
ГИЭА Государственная инженерно-экономическая академия
ГКАП Государственный комитет Российской Федерации по антимонопольной политике и поддержке новых экономических структур
ГлавПЭУ Главное производственно-экономическое управление
ГМК государственно-монополистический капитализм
ГНПКФ Государственная научно-производственная коммерческая фирма
ГПЭУ Главное планово-экономическое управление
грузооб. грузооборот
ГТС городская товарная станция
ГТУ Главное таможенное управление
ГУМ Государственный универсальный магазин
ГУРВД Главное управление регулирования внешнеэкономической деятельности
ГУТ Главное управление торговли (*Министерства обороны Российской Федерации*)

Экономика. Торговля. Бизнес

ГУЭП Главное управление по борьбе с экономическими преступлениями
Д/А документы против акцепта
ДАЭВ Дальневосточная ассоциация экономического взаимодействия
ДВК Дом военной книги
ДДК Дом детской книги
ДДС «Дилерско-Дистрибьюторская Сеть» (*коммерческая телекоммуникационная сеть*)
деш. дешево; дешевый
ДКД документ контроля за доставкой товаров
ДМ «Детский мир» (*магазин*)
ДМЭСВ Департамент по международным экономическим и социальным вопросам Организации Объединенных Наций
дог. договор
ДОС добровольное ограничительное соглашение
дост. доставка
ДРТ Департамент развития торговли (*Сингапур*)
ДСП для служебного пользования
д. э. н. доктор экономических наук
ДЭО добровольные экспортные ограничения
ЕАСТ Европейская ассоциация свободной торговли
ЕВР единый внутренний рынок
ЕЗЛ емкость закрытия легких
ЕКП Единый классификатор продукции
ЕЛЭК Европейская лига экономического сотрудничества
ЕОЭИ Европейское объединение по экономическим интересам
ЕПС Европейский платежный союз
ЕСВИ Единая система внешнеэкономической информации
ЕЭК Европейская экономическая комиссия Организации Объединенных Наций
ЕЭС Европейское экономическое сообщество
ЕЭП Европейское экономическое пространство
закуп. закупка
ЗАО закрытое акционерное общество
ЗПЭС зоны приграничного экономического сотрудничества
ЗСП зона свободного предпринимательства
ЗСТ зона свободной торговли
ЗЭБ зона экономического благоприятствования
ИБ инвестиционный балл
ИЗИ индустриализация через замещение импорта
ИК инвестиционная компания
ИКС информационная коммерческая система
ИКСМИР информационная коммерческая система «Международный информационный рынок»
ИМ импорт
ИМ индивидуальный менеджер
имп. импорт; импортный
ИМЭМО Институт мировой экономики и международных отношений
индустр. индустриальный
ИНТОРГ Международные торговые организации
И. п. итальянский представитель

171

Экономика. Торговля. Бизнес

ИПЦ индекс потребительских цен
ИРС интегрированный российский сегмент
ИРТП Итало-Российская торговая палата
ИСЭП Институт социально-экономических проблем
ИСЭПАПК Институт социально-экономических проблем развития аграрно-промышленного комплекса
ИСЭПН Институт социально-экономических проблем народонаселения
ИТД индивидуальная трудовая деятельность
ИЧП индивидуальное частное предприятие
ИЭ Институт экономики
ИЭА Институт экономического анализа
ИЭВБРР Институт экономического развития Всемирного банка реконструкции и развития
ИЭИ Институт экономических исследований
ИЭМПО Институт экономических и международных проблем освоения океана
ИЭОПП Институт экономики и организации промышленного производства
ИЭПНТП Институт экономики и прогнозирования научно-технического прогресса
ИЭППП Институт экономических проблем переходного периода
ИЭР Институт экономического развития
ИЭРВБ Институт экономического развития Всемирного банка
ИЭРП Институт экономического развития и планирования
кап. капиталистический
КАФ *англ.* CAF, cost and freight - стоимость и фрахт
кач-во качество
КВП касса взаимопомощи
КВП коэффициент восстановления платежеспособности
ККМ контрольно-кассовая машина
ком. коммерческий термин
КОМИНФО коммерческая информация
КонфОП Конфедерация обществ потребителей
кооп. кооперативный
КОР Карибский общий рынок
КП купонная приватизация
КПП комплексная подготовка производства
КСБР «Круглый стол» бизнеса России
КСЭР Комитет содействия экономическому развитию
КТМ кодекс торгового мореплавания
к. э. н. кандидат экономических наук
КЭТ коэффициент эффективности труда
КЭФ Комитет экономики и финансов
ЛАЭС Латиноамериканская экономическая система
Л. к. лидер консорциума
Лцр. лицензиар
Лцт. лицензиат
ЛШБ Лондонская школа бизнеса

Экономика. Торговля. Бизнес

маг. магазин
маркет. маркетинг
МАРП Московское агентство развития предпринимательства
МБК Московский бизнес-колледж
МБЦ Международный бизнес-центр
МВА Межобластная внешнеэкономическая ассоциация
МВА Межотраслевая внешнеэкономическая ассоциация
МВА Московская внешнеэкономическая ассоциация
МВД менеджмент воздушного движения
МВТП Министерство внешней торговли и промышленности (*Япония*)
МВЭС Министерство внешних экономических связей
МГЭО межгосударственные экономические организации
МДК Международная деловая корпорация
МДК Московский дом книги
МИК Московская инвестиционная корпорация
Минэкономики Министерство экономики Российской Федерации
МИЭПП Московский институт экономики, политики и права
МКАС Международный коммерческий арбитражный суд
МКУ международное коммерческое управление
МКФК Московская фондовая корпорация
МКЦ Московский коммерческий центр
ММУБиИТ Московский международный университет бизнеса и информационных технологий
МНИИТЭП Московский научно-исследовательский институт технико-экономического планирования
МНПП малое научно-производственное предприятие
МОБ межотраслевой баланс (*экономико-математический метод исследования*)
МОТ минимальная оплата труда
МСТА Международный совет по торговому арбитражу
МСТК Международная стандартная торговая классификация
МСХК Международная стандартная хозяйственная классификация видов экономической деятельности
МТБУ Международный телевизионный бизнес-университет
МТК Международная торговая комиссия
МТП Международная торговая палата
МТПП Московская торгово-промышленная палата
МТЦ Международный торговый центр
МУЭП Московское управление по экономическим преступлениям
МШББ Международная школа биржевого бизнеса
МШСЭН Московская школа социальных и экономических наук
МШЭ Московская школа экономики

Экономика. Торговля. Бизнес

МЭА Международная экономическая ассоциация
МЭК Межгосударственный экономический комитет
МЭК Международный экономический комитет
МЭК СНГ межгосударственный экономический комитет Содружества Независимых Государств
МЭО Международное экономическое объединение
МЭО Международные экономические организации
МЭО Международные экономические отношения
МЭСИ Московский экономико-статистический институт
МЭСС Межамериканский экономический и социальный совет
накл. накладная
нал. наличные
налогообл. налогообложение
НАП Независимая ассоциация покупателей
нар. х-во народное хозяйство
нар.-хоз. народнохозяйственный
НАФТА *англ.* Соглашение о североамериканской зоне свободной торговли
НД национальный доход
НДС налог на добавленную стоимость
недор. недорого; недорогой
НЗП незавершенное производство
НИИЭИР Научно-исследовательский институт экономики и информации по радиоэлектронике
НИКА Национальное коммерческое агентство
НИС новые индустриальные страны
НИЦ ПЭУ Научно-информационный центр «Планирование, экономика, управление»
НИЭ новые индустриальные экономики
НКЗ номинальный коэффициент защиты (*экономический показатель*)
НКП Национальный клуб потребителей
НКФ научно-коммерческая фирма
НМЭП новый международный экономический порядок
НПБ национальный продукт брутто
НПКФ научно-производственная коммерческая' фирма
НПН негативный подоходный налог
НПП научно-производственное предприятие
НПР Норильский промышленный район
НПФ научно-производственная фирма
НПЦ научно-производственный центр
НРТ неоимпериалистическое разделение труда
НРТ нетто-регистровый тоннаж
НЧП нормативная чистая продукция
об. оборот
ОБПСЭ отдел по борьбе с преступлениями в сфере экономики
ОБЭП отдел по борьбе с экономическими преступлениями
ОВВП относительная величина выполнения плана
ОВД относительная величина динамики

Экономика. Торговля. Бизнес

ОВИ относительная величина интенсивности
ОВК относительная величина координации
ОВПЗ относительная величина планового задания
ОВС относительная величина сравнения
ОВС относительная величина структуры
ОДП ограничительная деловая практика
ОК обеспечение качества
ОКиЗПП отдел контроля и защиты прав потребителей
ОКОНХ Общероссийский классификатор «Отрасли народного хозяйства»
ОКПлУН Общероссийский классификатор платных услуг населению
ОКПО Общероссийский классификатор предприятий и организаций
ОКПО организация-продавец по классификатору предприятий и организаций
ОМЭС Организация международного экономического сотрудничества
ОМЭС Организация по международным экономическим связям
ООО Общество с ограниченной ответственностью
ОП опытное производство
ОПМЭМО Отделение проблем мировой экономики и международных отношений
ОПО оперативно-производственный отдел
ОПС Областной потребительский союз
опт. оптовые (*поставки*)
ОПФ основные производственные фонды
орг. пр. организация производства
ОРЦБ Организованный рынок ценных бумаг
ОТП Объединение торговых предприятий
отчетн. отчетность
ОШБ Открытая школа бизнеса
ОЭ Отделение экономики (*Российской академии наук*)
ОЭК Объединенный Экономический комитет
ОЭП отдел по борьбе с экономическими преступлениями
ОЭС Организация экономического сотрудничества
ОЭСР Организация экономического сотрудничества и развития
П. поставщик
ПБ платежный баланс
ПИИ предприятия с иностранными инвестициями
ПИФ паевой инвестиционный фонд
ПКК производственно-коммерческая компания
ПКО производственно-коммерческое объединение
ПКП производственно-коммерческое предприятие
плавмаг плавучий магазин
ПМ прожиточный минимум
полит.-эк. политическая экономия
ПП производственное предприятие
ПП производственный процесс
ПП промышленное производство
ППС паритет покупательной способности
Пр. принципал

Экономика. Торговля. Бизнес

прод. продажа
прод. продовольственный
прод. продукты
пром. промышленный
пром-(с)ть промышленность
ПСД покупательная способность доллара
ПТП Промышленно-торговая палата
ПФГ промышленно-финансовая группа
ПФИК промышленно-финансовая инвестиционная компания
ПФК промышленно-финансовая корпорация
ПЧ приватизационный чек
ПЭО планово-экономический отдел
р. рабочий
раб. работа; рабочий
РАО Российское акционерное общество
рац. рационализаторский
РБ «Русская березка» (*внешнеторговое акционерное объединение*)
РГАО Российское государственное акционерное общество
РГАЭ Российский государственный архив экономики
РИК Русская инвестиционная компания
РММОТ размер минимальной месячной оплаты труда
РНБ режим наибольшего благоприятствования
РНКТЭС Российский национальный комитет по тихоокеанскому экономическому сотрудничеству
роз. розничный
розторг розничная торговля
РОС региональная отраслевая система
Роскомторг Комитет Российской Федерации по торговле
РС развивающиеся страны
РСР Региональное сотрудничество для развития
РТП региональная торговая площадка
РТФС Российский торгово-финансовый союз
РЦЭР Рабочий центр экономических реформ при правительстве Российской Федерации
РЭА Российская экономическая академия имени Г. В. Плеханова
РЭБ «Российский экономический бюллетень» (*независимый информационный бюллетень*)
РЭС региональный экономический союз
САБИТ Специальная Американская Бизнес Интернатура
СБЦ специализированный бизнес-центр
СВСТ стратегически важные сырьевые товары
СДА свидетельство депонирования акций
СДО соглашение о «добровольных ограничениях»
СДР *англ.* S.D.R., Special Drawing Rights - специальные права заимствования
СЕЛЭКС селекция, экономика, система
СИ стратегический инвестор
СИР Союз импортеров России
СИФ *англ.* CIF, Cost, insurance and freight - стоимость товара, страхование и фрахт (*вид сделки в международной торговле*)
СКБ содействие коммерции и бизнесу

Экономика. Торговля. Бизнес

СКИПС система комплексного изучения и прогнозирования спроса
СКМ служба кадрового менеджмента
СКП система комплексного планирования
СН специальный налог, спецналог
СНП совокупный национальный продукт
СНС система национальных счетов
СОиК служба оценки и консалтинга
СОПСиЭС Совет по размещению производственных сил и экономическому сотрудничеству
сотр. сотрудник
СПбУЭФ Санкт-Петербургский университет экономики и финансов
СПбФИ Санкт-Петербургский фондовый институт
СПЗ «специальные права заимствования» (*условная единица платежа*)
СПИЭА Санкт-Петербургская инженерно-экономическая академия
СПК совместное пользование контейнерами
СПКП система показателей качества продукции
СППТК совместная программа промышленных и торговых командировок
СПС Соглашение о партнерстве и сотрудничестве
СПТ Союз предпринимателей розничной и оптовой торговли
СРП соглашение о разделе продукции
СРС слаборазвитая страна
ССН снабженческо-сбытовая надбавка
ССЭЗ специальная свободная экономическая зона
Ст. стендист
СТОНХ система технологий отраслей народного хозяйства
СТЭС Совет по тихоокеанскому экономическому сотрудничеству
СТЭС Совет по торгово-экономическому сотрудничеству Содружества Независимых Государств
СХГП специализированное хозрасчетное государственное предприятие
СЭБ Служба экономической безопасности
СЭЗ Свободная экономическая зона
СЭЗ специальная экономическая зона
СЭТ система электронных торгов
СЭФ Сибирский экономический фонд
табл. таблетка
ТД Торговый дом
ТДДС Транснациональная дилерско-дистрибьюторская сеть
ТЗП торгово-закупочное предприятие
ТИ таможенный инспектор
ТМ торговая марка
ТН товарная номенклатура
ТН торговая надбавка
ТН ВЭО товарная номенклатура внешнеэкономической деятельности
ТНК транснациональная корпорация

Экономика. Торговля. Бизнес

ТНП товары народного потребления
ТОО товарищество с ограниченной ответственностью
торг. торговля; торговый
торгпред торговый представитель
ТП торговый порт
ТПП технологическая подготовка производства
ТПП Торгово-промышленная палата
ТПП РФ Торгово-промышленная палата Российской Федерации
ТСК товарно-складская контора
ТЦ торговый центр
ТЭИ технико-экономическая информация
ТЭО технико-экономическое обоснование
ТЭП технико-экономические показатели
ТЭП технико-экономическое планирование
ТЭС технико-экономический совет
ТЭС Тихоокеанский экономический совет
ТЭС торгово-экономические связи
УБЭП Управление по борьбе с экономическими преступлениями
универмаг универсальный магазин
универсам универсальный магазин самообслуживания
УПС укрупненные показатели стоимости
УТПП Уральская торгово-промышленная палата
УЭП Управление по борьбе с экономическими преступлениями

ФАС *англ.* FAS, Free alongside ship - франко вдоль борта судна (*вид сделки в международной торговле*)
ФЕАКО Европейская Федерация ассоциаций консультантов по экономике и управлению
ФИО *англ.* FIO, Free in and out - погрузка и выгрузка оплачиваются фрахтователем (*вид сделки в международной торговле*)
ФНХ Фонд «Ноу-Хау»
ФОБ *англ.* FOB, Free on board - франко-борт судна (*вид сделки в международной торговле*)
ФОТ фонд оплаты труда
ФРВ фотография рабочего времени
ФРД фотография рабочего дня
ФРТП Франко-Российская торговая палата
ФСА функционально-стоимостной анализ
ФСВТ Федеральный союз внешней торговли
ФСТ финансы - сырье - товар
ФТК Федеральная торговая комиссия
ФТК фундаментальная товарная корзина
ФТО финансово-торговая организация
ФТР Федерация товаропроизводителей России
ФЭС Финансово-Экономический Союз
ФЭС Фонд экономического стимулирования
ФЭС Фондовый эмиссионный синдикат
ФЭСР Фонд экономического и социального развития

Экономика. Торговля. Бизнес

ЦАОР Центрально-американский общий рынок
ЦБТЭИ Центральное бюро технико-экономической информации
ЦВУМ Центральный военный универсальный магазин
ЦЕССТ Центрально-Европейское соглашение о свободной торговле
ЦМКИ Центр международной коммерческой информации
ЦМТ Центр международной торговли
ЦНИИатоминформ Центральный научно-исследовательский институт управления, экономики и информации Министерства атомной промышленности России
ЦНИИПИ Центральный научно-исследовательский институт патентной информации и технико-экономических исследований
Цп цена производства
ЦПР Центральный промышленный район
Цр цена реализации
ЦСП централизованная система планирования
ЦСП ППН централизованная система планирования поставок продукции производственного назначения
ЦУМ Центральный универсальный магазин
ЦФТ Центр фирменной торговли
ЦЭК Центр экономической конъюнктуры
ЦЭЛИ Центр экономической литературы и информации
ЦЭМИ Центральный экономико-математический институт
Ч. к. член консорциума
ЧНД чистый национальный доход
ЧЭБ чистое экономическое благосостояние
ЧЭС Черноморское экономическое сотрудничество
ширпотреб товары широкого потребления
ШСБ школа страхового бизнеса
ЭК экспорт
эк. экономический термин
ЭКА *англ.* ECA, Economic Commission for Africa - Экономическая комиссия Организации Объединенных Наций для Африки
ЭКГ эксплуатационно-коммерческая группа
ЭКЕ *англ.* ECE, Economic Commission for Europe - Экономическая комиссия Организации Объединенных Наций для Европы
ЭКЗА Экономическая комиссия Организации Объединенных Наций для Западной Азии
ЭКЛА *англ.* ECLA, Economic Commission for Latin America - Экономическая комиссия Организации Объединенных Наций для Латинской Америки
ЭКЛАК Экономическая комиссия Организации Объединенных Наций для стран Латинской Америки и Карибского бассейна
ЭКОМОГ Экономическое сообщество Западно-африканских государств

Экономика. Торговля. Бизнес

ЭКОСОС *англ.* ECOSOC, Economic and Social Council - Экономический и Социальный Совет Организации Объединенных Наций

экон. экономический

экс(п). экспорт; экспортный

эк. тр. экономика труда

ЭММ экономико-математический метод

ЭН экономическое наследие

ЭОС экономическое обоснование создания

ЭСКАТО Экономическая и социальная комиссия Организации Объединенных Наций для Азии и Тихого океана - *англ.* Economic and Social Commission for Asia and the Pacific, ESCAP

ЭСКЗА Экономическая и социальная комиссия Организации Объединенных Наций для Западной Азии - *англ.* Economic and Social Commission for Western Asia and the Pacific, ESCWA

ЮНКТАД *англ.* UNCTAD, United Nations Conference of Trade and Development - Конференция Организации Объединенных Наций по торговле и развитию

ЮУТПП Южно-Уральская торгово-промышленная палата

ТОПЛИВО И ЭНЕРГЕТИКА

А антрацит
А арктическое *(топливо)*
АБЗ автобензозаправщик
АЗ аварийная защита *(реактора)*
АЗДС аккумуляторная зарядная дизельная электростанция
АК антрацит кулак
АМ антрацит мелкий орех
АО антрацит орех
АП антрацит плиточный
АРБУС атомная реакторная блочная установка
АС антрацит семечко
АС атомная станция
АСТ атомная станция теплоснабжения
АТЗ автотопливозаправщик
АТМЗ автотопливомаслозаправщик
Атоммаш Волгодонский завод атомного энергетического машиностроения
АТЭС атомная тепловая электростанция
АТЭЦ атомная теплоэлектроцентраль
АЦТ автомобильная цистерна для топлива
АШ антрацит штыб
АЭС автомобильная электростанция
АЭС атомная электростанция
АЭУ атомная энергетическая установка
БАЭС Белоярская атомная электростанция
БЗ бензозаправщик
БМП бензомотопомпа
БН атомный реактор на быстрых нейтронах
БНЗ Бакинский нефтеперерабатывающий завод
БПС бензоперекачивающая станция
БПУ бензоперекачивающая установка
БР быстродействующий реактор
БТТ бензонапорный трубопроводный транспорт
БТЭ батарея топливных элементов
БФС большой физический стенд *(для моделирования реакторов)*
БЭС биоэнергетическая станция
ВАЭС воздушная аккумулирующая электростанция
ВБ верхний бьеф *(гидротехн.)*
ВВР водо-водяной реактор
ВВС высоковольтная сеть
ВВЭР водо-водяной энергетический реактор
ВДЭУ ветродизельэлектрическая установка
ВЛ воздушная линия *(электропередачи)*
ВНИГРИ Всероссийский нефтяной научно-исследовательский геологоразведочный институт
ВНИИКТЭП Всероссийский научно-исследовательский институт комплексных топливно-энергетических проблем
ВНИИСПТнефть Всероссийский научно-исследовательский институт по сбору, подготовке и транспорту нефти и нефтепродуктов
ВНИПИЭТ Всероссийский научно-исследовательский и проектный институт энергетической техники

Топливо и энергетика

ВНК врубонавалочный комплекс
ВНПЗ Волгоградский нефтеперерабатывающий завод
ВТГР высокотемпературный газоохлаждаемый реактор
ВТТЭ высокотемпературный топливный элемент
ВУ вязкость условная *(жидкого топлива, масел)*
ВЭР вторичные энергоресурсы
ВЭС ветроэлектростанция
ВЭУ вспомогательная энергетическая установка
ВЭФ Всемирный энергетический форум
Г газовый *(в маркировке каменного угля)*
ГАЭС гидроаккумулирующая электростанция
ГВБ горизонт верхнего бьефа *(гидротехн.)*
ГеоТЭС геотермальная тепловая электростанция
ГЖ газовый жирный *(уголь)*
ГИЛ газоизолирующая линия *(электропередачи)*
ГИЭ Государственная инспекция электричества
ГК газовый крупный *(уголь)*
ГМ газовый мелкий *(уголь)*
ГНБ горизонт нижнего бьефа *(гидротехн.)*
ГНК Государственная нефтяная компания
ГНКА Государственная нефтяная компания Азербайджана
ГНКАР Государственная нефтяная компания Азербайджанской Республики
ГНПК газонаполнительная компрессорная станция
ГНС газонаполнительная станция
ГО газовый орех *(каменный уголь)*
ГОР газоохлаждаемый реактор
ГПА газоперекачивающий агрегат
ГПК горнопроходческий комбайн
ГПП главная понизительная подстанция
ГР газовый рядовой *(уголь)*
ГРП газорегулирующий пункт; газораспределительный пункт; газораздаточный пункт
ГРС газораспределительная сеть
ГРС газораспределительная станция
ГРТ гибридное ракетное топливо
ГРУ главное распределительное устройство *(электр.)*
ГРЭС государственная районная электростанция
ГС газовый, семечко *(уголь)*
ГСМ горюче-смазочные материалы
ГСШ газовый, семечко со штыбом *(уголь)*
ГТ газовая турбина
ГТУ газотурбинная установка
ГТЭС газотурбинная электростанция
ГТЭС геотермальная электростанция
ГТЭУ газотурбинная энергетическая установка
ГШ газовый, штыб *(уголь)*
ГШО горно-шахтное оборудование
ГУБТ газовая утилизационная бескомпрессорная турбина
ГЭС гидроэлектростанция
ГЭС Государственная энергетическая система

Топливо и энергетика

ГЭУ	газотурбинная энергетическая установка
ГЭУ	главная энергетическая установка
Д	длиннопламенный *(уголь)*
ДА	дизельное арктическое *(топливо)*
ДГ	дизель-генератор
ДГТУ	дизельгазотурбинная установка
ДГТЭУ	дизельгазотурбинная энергетическая установка
ДД	дизельный двигатель
ДЗ	дизельное зимнее *(топливо)*
ДЗЦ	дизель замкнутого цикла
диз.	дизель; дизельный
ДК	длиннопламенный крупный *(уголь)*
ДЛ	дизельное летнее *(топливо)*
ДМ	длиннопламенный мелкий *(уголь)*
ДО	длиннопламенный орех *(уголь)*
Донбасс	Донецкий угольный бассейн
ДОЭ	детектор оптической энергии
ДПЭС	дизельная передвижная электростанция
ДС	дизельное специальное *(топливо)*
ДС	длиннопламенный, семечко *(уголь)*
ДСШ	длиннопламенный, семечко со штыбом *(уголь)*
ДТ	дизельное топливо
ДШ	длиннопламенный штыб *(уголь)*
ДЭС	дизельная электростанция
ДЭУ	дизельная энергетическая установка
ЕААЭ	Европейское агентство по атомной энергии
ЕВРАТОМ	Европейское сообщество по атомной энергии
ЕЭС	Единая энергетическая система
ЕЭЭС	Единая электроэнергетическая система
Ж	жирный *(уголь)*
ЖЭС	железнодорожная электростанция
З	зимнее *(топливо)*
ЗАЭС	Запорожская атомная электростанция
ЗС	зимнее северное *(топливо)*
ИАЭ	Институт атомной энергии
ИАЭС	Игналинская атомная электростанция
ИБР	импульсный реактор на быстрых нейтронах
ИБРАЭ	Институт проблем безопасного развития атомной энергетики
ИГР	импульсный графитовый реактор
ИЖТ	искусственное жидкое топливо
ИНЭИ	Институт энергетических исследований
ИФВЭ	Институт физики высоких энергий
ИХН	Институт химии нефти
ИЭУ	изотопная энергетическая установка
ИЯР	исследовательский ядерный реактор
ИЯУ	исследовательская ядерная установка
К	коксовый *(уголь)*
К	крупный *(уголь)*
КАЗС	контейнерная автозаправочная станция
кам.-уг.	каменноугольный
КАТЭК	Канско-Ачинский топливно-энергетический комплекс

КАЭС Кольская атомная электростанция
КВ коэффициент воспроизводства *(ядерного топлива)*
КВР кипящий водяной реактор
КЖ коксовый жирный *(уголь)*
КЗ керосинозаправщик
КИЯЭ ООН Конференция Организации Объединенных Наций по содействию международному сотрудничеству в использовании ядерной энергии в мирных целях
КНГКМ Карачаганакское нефтегазоконденсатное месторождение
КРТ компоненты ракетных топлив
КСЭ космическая солнечная электростанция
КТПБ комплексная трансформаторная подстанция блочная
Кузбасс Кузнецкий угольный бассейн
КШ клеть шахтная
КЭУ корабельная энергетическая установка
ЛАЭС Ленинградская атомная электростанция
ЛВЖ легковоспламеняющаяся жидкость
ЛВР легководородный реактор
ЛПЭ линейная передача энергии
ЛПЭ линейные потери энергии
ЛЭП линия электропередач
М мелкий *(в маркировке угля)*
МАГАТЭ Международное агентство по атомной энергии
МГДЭС магнитогидродинамическая электростанция
Минатом Министерство Российской Федерации по атомной энергии
МИНГ Московский институт нефти и газа
Минтопэнерго Министерство топлива и энергетики Российской Федерации
МИРЭС Мировой Энергетический Совет
ММНК Московский международный нефтяной клуб
МНПЗ Московский нефтеперерабатывающий завод
МОЯТЦ Международная оценка ядерного топливного цикла
МПНП методы повышения нефтеотдачи пластов
МШСАС международная школа событий на атомных станциях
МЭ Министерство энергетики *(США)*
МЭА Международное энергетическое агентство
МЭИ Московский энергетический институт
МЭС мусоросжигающая электростанция
НВАЭС Нововоронежская атомная электростанция
НГДК нефтегазодобывающая компания
НГДУ нефтегазодобывающее управление
НГР нефтегазоносный район
нефт. нефтяной
нефтеперераб. нефтеперерабатывающий
НИИАР Научно-исследовательский институт атомных реакторов
НИИтеплоприбор Научно-исследовательский институт теплоэнергетического приборостроения

НИКИЭТ Научно-исследовательский и конструкторский институт энерготехники

НИФЭИ Научно-исследовательский физико-энергетический институт

НК нефтяная компания
НК нефтяной концерн
НПЗ нефтеперерабатывающий завод
НПО ЭНЕРГОМАШ Научно-производственное объединение энергетического машиностроения имени академика В. П. Глушко
НПС нефтеперекачивающая станция
НЭП научно-энергетическая платформа
О орех *(уголь)*
ОВ огнеопасное вещество
ОПЕК *англ.* OPEC, Organization of Petroleum Exporting Countries - Организация стран - экспортеров нефти
ОС отощенный спекающийся *(уголь)*
ОТ облученное топливо
ОФТПЭ Отделение физико-технических проблем энергетики
ОЭС объединенная энергетическая система
ОЯТ облученное ядерное топливо
ОЯТ отработавшее ядерное топливо
П плиточный *(уголь)*
ПА полуантрацит *(уголь)*
ПГУ парогазовая установка
ПГУ парогазотурбинная установка
ПДЭС передвижная дизельная электростанция
ПЖ паровично-жирный *(уголь)*
ПЗС подвижная зарядная станция
ПИЭПОМ Программа импорта энергосберегающих и природоохранных оборудования и материалов
ПК проходческий комбайн
ПКТБхиммаш Проектно-конструкторское технологическое бюро химического и нефтяного машиностроения
ПЛЭС плавучая электростанция
ПП преобразовательная подстанция
ППЭ плотность потока энергии
ПС паровично-спекающийся *(уголь)*
ПТО подвесной топливный отсек
ПТП подвижная трансформаторная подстанция
ПТП понизительная трансформаторная подстанция
ПУН пункт учета нефти
ПХГ подземное хранилище газа
ПЭС приливная электростанция
Р рядовой *(уголь)*
РАО ЕЭС Российское акционерное общество «Единая энергетическая система»
РБМК реактор большой мощности канальный
РБН реактор на быстрых нейтронах
РНУ районное нефтепроводное управление
РТ ракетное топливо
РТ регенерация топлива
РЭК Региональная энергетическая комиссия

Топливо и энергетика

РЭС районная электросеть
РЭС районная электростанция
РЭС резервная электростанция
С семечко *(уголь)*
СГТУ солнечная газотурбинная установка
СЗС стационарная заправочная станция
СИРТ система измерения расхода топлива
СКЭС солнечная космическая электростанция
СмАЭС Смоленская атомная электростанция
СНГ сжиженные нефтяные газы
СПБУ самоподъемная плавучая буровая платформа
СПГ сжиженные природные газы
СПХГ станция подземного хранения газа
СС слабоспекающийся *(уголь)*
ССЭ спутниковая солнечная электростанция
СТСУ судовая турбинная силовая установка
СТУ стартовый твердотопливный ускоритель
СУЗ система управления защиты *(реактора)*
СЭ солнечный элемент
СЭИ Сибирский энергетический институт
СЭП система энергопитания
СЭС система энергоснабжения
СЭС солнечная электростанция
СЭУ солнечная энергетическая установка
СЭУ судовая энергетическая установка
СЭЭС судовая электроэнергетическая система
Т тощий *(уголь)*

ТатАЭС Татарская атомная электростанция
ТВР тяжеловодородный реактор
ТВЭЛ тепловыделяющий элемент *(в ядерном реакторе)*
ТЗ топливозаправщик
ТНК транснациональная нефтяная компания
топл. топливный
ТП трансформаторная подстанция
ТП трансформаторный пункт
ТРТ твердое ракетное топливо
ТЭ топливный элемент
ТЭК топливно-энергетический комплекс
ТЭР топливно-энергетические ресурсы
ТЭС тепловая электрическая станция; теплоэлектростанция
ТЭС транспортабельная электростанция
ТЭЦ тепловая электроцентраль
УАЭ Управление по атомной энергии
уг. угольный
УНИ Уфимский нефтяной институт
УНПЗ Уфимский нефтеперерабатывающий завод
УП усилительная подстанция
УРТ удельный расход топлива
УФНИ Уфимский нефтяной институт
ФЭИ Физико-энергетический институт
ФЭК Федеральная энергетическая комиссия
ФЭС Федеральная энергетическая система
ХИМНЕФТЕМАШ химическое и нефтяное машиностроение

ЦНИИТА Центральный научно-исследовательский институт топливной аппаратуры

ЦОК центральная отопительная котельная

ЦРП центральная распределительная подстанция

ЦРП центральный распределительный пункт *(энерг.)*

ЦУРТГ Центральное управление ракетного топлива и горючего *(Министерства обороны Российской Федерации)*

ЧАЭС Чернобыльская атомная электростанция

ЧПАЗ частота повреждения активной зоны *(реактора)*

Ш штыб *(уголь)*

шах. шахта

ШахтНИУИ Шахтинский научно-исследовательский и проектно-конструкторский угольный институт

Шл шлак

ЭГП экономический гидроэнергетический потенциал

ЭГП энергетический графитовый паровой *(реактор)*

ЭК энергетический комплекс *(мор.)*

ЭК энергокомбинат

эл. подст. электрическая подстанция

эл.-ст. электростанция

энерг. энергетический

ЭНЕРГОМАШ Научно-производственное объединение энергетического машиностроения имени академика В. П. Глушко

энергопром энергетическая промышленность

ЭРКО энергетическая русская компания

ЭС электрическая станция

ЭСУ энергосиловая установка

ЭТУ энерготехнологическая установка

ЭТЭК Экибастузский топливно-энергетический комплекс

ЭУ энергетическая установка *(мор.)*

ЭЭС электроэнергетическая система

ЭЭУ электроэнергетическая установка

ЭЭФ электроэнергетический факультет

Южякутбасс Южно-Якутский угольный бассейн

ЯГГУ ядерная газогенераторная установка

ЯППУ ядерная паропроизводящая установка

ЯР ядерный реактор

ЯТЦ ядерный топливный цикл

ЯУ ядерная установка

ЯЭ ядерная энергетика

ЯЭУ ядерная энергетическая установка

ЯЭЦ ядерно-энергетический центр

МАШИНОСТРОЕНИЕ. ДВИГАТЕЛИ. МЕХАНИЗМЫ. МАШИНЫ. ПРИБОРЫ. СТАНКИ И ИНСТРУМЕНТЫ

ААГ автомобильный аэрозольный генератор
АВО аппарат воздушного охлаждения
АВП аппарат на воздушной подушке
АД асинхронный двигатель
АИП автоматический измерительный прибор
АМЗ Арзамасский машиностроительный завод
АНВ агрегат непрерывной вулканизации
АНП аппарат непрерывной полимеризации
АП автопускач
АПЗ Арзамасский приборостроительный завод
АПК автоподъемник коленчатый
АРЗ актинометрический радиозонд
АС альбом сочленений
АСГП агрегатированная система комплексных геофизических приборов
АСМ аварийно-спасательная машина
АСПГ агрегатированная система комплексных геофизических приборов
АССАД Ассоциация «Союз авиационного двигателестроения»
АТ актинометр термический
АТ аэрологический теодолит
Атоммаш Волгодонский завод атомного энергетического машиностроения
АУС агрегатная унифицированная система
АХБТ аэрохолодильная баротруба
АХСУ абсорбционная холодильная солнечная установка
БИТМ Брянский институт транспортного машиностроения
БИП бюро инструментов и приспособлений
БК башенный кран
БК буровой комбайн
БК бытовой кондиционер
БКГС башенный кран для гидротехнического строительства
БКС бесчелночный ковровый станок
БКСХ башенный кран для сельского хозяйства
БЛ барабанная лебедка
БМВ *нем.* BMW, Bayerische Motorenwerke - Баварские машиностроительные заводы
БМЗ Брянский машиностроительный завод
БПДУ бульдозер подземный с дистанционным управлением
Брестсельмаш Брестский завод сельскохозяйственного машиностроения
БСП быстродействующий самопишущий прибор
БСУ бетоносмесительная установка
БТ большая тяга
БТК башенный трубчатый кран
БУ бульдозер универсальный
БУ буровая установка

БШМ безниточная швейная машина
ВАСВ вертикальный асинхронный двигатель с водяным охлаждением
ВГС вертикальный гидрогенератор синхронный
ВЗУ вибрационно-загрузочное устройство
ВКА водородно-кислородный аккумулятор
ВКМ вертикально-ковочная машина
ВМ валочная машина
ВМЗ Владимирский машиностроительный завод
ВМЗ водомаслозаправщик
ВН вакуум-насос
ВНИИинструмент Всероссийский научно-исследовательский инструментальный институт
ВНИИКОМЖ Всероссийский научно-исследовательский институт комплексных проблем машиностроения для животноводства и кормопроизводства
ВНИИМЕТМАШ Всероссийский научно-исследовательский и проектно-конструкторский институт металлургического машиностроения
ВНИИМП Всероссийский научно-исследовательский институт медицинского приборостроения
ВНИИполиграфмаш Всероссийский научно-исследовательский институт полиграфического машиностроения
ВНИИТ Всероссийский научно-исследовательский инструментальный институт
ВНИИТРАНСМАШ Всероссийский научно-исследовательский институт транспортного машиностроения
ВНИИТэлектромаш Всероссийский научно-исследовательский и проектно-конструкторский институт технологии электромашиностроения
ВОМ вал отбора мощности
ВОУ водоопреснительная установка
ВОУ воздухоосушительная установка
ВРШ винт регулируемого шага
ВСУ вспомогательная силовая установка
ВТМ валочно-трелевочная машина
ВУ вибрационная установка
ВФШ винт фиксированного шага
в. ц. высота центров *(станка)*
ВШ вертикальный шарнир
ВЭМЗ Владимирский электромоторный завод
ГА гироагрегат
ГГ газогенератор
ГД генератор-двигатель
ГЗМ головка захвата манипулятора
ГЗУ грунтозаборное устройство
ГКМ горизонтально-ковочная машина
ГММПП Государственное Московское машиностроительное производственное предприятие
ГМП гидромеханическая передача
Гомсельмаш Гомельский завод сельскохозяйственного машиностроения
ГТК газотурбокомпрессор
ГУ гироузел

ГФУ газофракционирующая установка
ГЦСУД главная цифровая система управления двигателем
ГШ горизонтальный шарнир
ГЭЛ глубоководный эхолот
ДВС двигатель внутреннего сгорания
ДГМК дистанционный гиромагнитный компас
ДД дизельный двигатель
ДЗЦ дизель замкнутого цикла
ДИД двухфазный индукционный двигатель
ДИК дистанционный индукционный компас
ДИМ дистанционный индукционный манометр
ДК дизельный кран
ДМ дистанционный манипулятор
ДП дистанционный прибор
ДР датчик расхода
ДРА дизель-редукторный агрегат
ДРЖ датчик расхода жидкости
ДТЛ датчик толщины льда
ДУ дискретное устройство
ДЭК дизель-электрический кран
ЕКСК единый комплект специальных ключей
ЕСДП Единая система допусков и посадок
ЕТП единый технологический процесс
ЖАД жидкостный аккумулятор давления
ЗДС завод деревообрабатывающих станков
ЗИП завод измерительных приборов
ЗИП запасные инструменты и приспособления
ЗМА завод медицинской аппаратуры
ЗМКБ Запорожское моторостроительное конструкторское бюро
ЗСМК завод сварных машиностроительных конструкций
ЗТМ завод торгового машиностроения
ЗЭИП завод электроизмерительных приборов
ИПВ излучатель подвесной вентиляционный
ИПП инструментальная подготовка производства
ИПУ измерительно-проверочная установка
ИТ испарительный теплообменник
К кран
КБ кран башенный
КБМ Конструкторское бюро машиностроения
КБОМ Конструкторское бюро общего машиностроения
КБУ комбинированная буровая установка
КБХИММАШ Конструкторское бюро химического машиностроения
КБХМ Конструкторское бюро химического машиностроения
КГ кран гусеничный
КГШП кривошипный горячештамповочный пресс
КДГ кварцевый донный гравиметр
КИМ координатная измерительная машина
КИП кислородный изолирующий прибор
КК козловый кран
КЛГ кольцевой лазерный гироскоп

Машиностроение. Двигатели. Механизмы. Машины...

КМИЗ Казанский медико-инструментальный завод
КМК кран монтажный козловый
К консольный *(насос)*
КНД компрессор низкого давления
КП кислородный прибор
КП коробка передач *(тех.)*
КП кран пневмоколесный
КП кран-погрузчик
КПГ кран-погрузчик грейферный
КПКБ Казанское приборостроительное конструкторское бюро
КПМ комбинированная поливомоечная машина
КПМ кран портальный монтажный
КПМ кузнечно-прессовая машина
КПО кузнечно-прессовое оборудование
КПП кран портальный погрузочный
КПС круглопильный станок
КРАСМАШЗАВОД Красноярский машиностроительный завод
КРИОГЕНМАШ Акционерное общество криогенного машиностроения
КС камера сгорания
КС кварцевый спектрограф
КС клапанные системы
КС комплексный стенд
КС комплект сварщика
КС компрессорная станция
КСО комплексный стенд отладки
КТК конструкторско-технологический комплект
КФС копировально-фрезерный станок
КШ кран на шасси
КШК копатель шахтных колодцев
Л лебедка
ЛАД линейный асинхронный двигатель
ЛГ лазер газовый
ЛИПАН Лаборатория измерительных приборов Академии наук
ЛУРМ лазерная установка раскроя материалов
ЛФМ ледово-фрезерная машина
М модернизированный *(в маркировке машин, приборов и т.п.)*
МА морозильный аппарат
МАГ мощный аэрозольный генератор
МАУ маслоабсорбционная установка
маш. машинный
маш. машиностроение
маш-ние машиностроение
маш.-стр(оит). машиностроительный
МБИ микроскоп биологический иммерсионный
МБК машиностроительное конструкторское бюро
МБС микроскоп биологический стереоскопический
МБТК мобильный башенный трубчатый кран
МГДД магнитогидродинамический движитель
МГДУ магнитогидродинамическая установка
МГС механизм герметизации стыка
МЗ маслозаправщик
МИЗ медико-инструментальный завод
МИЭМ Московский институт электронного машиностроения

МК многоковшовый канавокопатель

МК монтажный кран

МКБ Машиностроительное конструкторское бюро

МКБ моторостроительное конструкторское бюро

МКГ монтажный кран гусеничный

МКП монтажный кран пневмоколесный

МКТ монтажный кран тракторный

МЛ микроскоп люминесцентный

ММЗ Московский машиностроительный завод «Скорость»

ММЗ Мытищинский машиностроительный завод

ММП Московское машиностроительное предприятие

ММПО Московское машиностроительное производственное объединение

МНИИП Московский научно-исследовательский институт приборостроения

МНЛ машина непрерывного литья

МНЛЗ машина непрерывного литья заготовок

МОГМ многоступенчатая осевая гидравлическая муфта

мор-к морозильник

МП микроскоп поляризационный

МП моторный подогреватель

МПД микроскоп поляризационный дорожный

МПЗ Малоярославецкий приборный завод

МПКБ машиностроительное проектно-конструкторское бюро

МРС металлорежущий станок

МСБК машиностроительное специальное конструкторское бюро

МСЗ Московский станко-строительный завод

МТ малая тяга

МТМ многоточечная сварочная машина

МУФ микроскоп ультрафиолетовый

МХП микроскоп хлопковый поляризационный

МЭМ малогабаритный электронный микроскоп

МЭСИВ Межгосударственная электронная система информационного взаимодействия предприятий машиностроения в сфере взаимных поставок

НА направляющий аппарат

НИИАП Научно-исследовательский институт автоматики и приборостроения

НИИД Научно-исследовательский институт двигателей

НИИКП Научно-исследовательский институт командных приборов

НИИМП Научно-исследовательский институт микроприборов

НИИПП Научно-исследовательский институт полупроводниковых приборов

НИИРП Научно-исследовательский институт радиоприборостроения

НИИСХОМ Научно-исследовательский институт сельскохозяйственного машиностроения

НИИтеплоприбор Научно-исследовательский институт теплоэнергетического приборостроения

Машиностроение. Двигатели. Механизмы. Машины...

НИИтехмаш Научно-исследовательский институт технологии машиностроения

НИИТП Научно-исследовательский институт точных приборов

НИИХИММАШ Научно-исследовательский институт химического машиностроения

НИИХолодМаш Научно-исследовательский институт холодильного машиностроения

НИИХСМ Научно-испытательный институт химических и строительных машин

НИМИ Научно-исследовательский машиностроительный институт

НИЭКМИ Научно-исследовательский экспериментально-конструкторский машиностроительный институт

НКР насос с камерой разрежения

НМТ нижняя мертвая точка (*в поршневых двигателях*)

НПЗ Новосибирский приборостроительный завод

НПО АП Научно-производственное объединение автоматики и приборостроения

НПО МАШ Научно-производственное объединение машиностроения

НПО ЭНЕРГОМАШ Научно-производственное объединение энергетического машиностроения имени академика В. П. Глушко

оборудов. оборудование

ОЗАП Опытный завод средств автоматизации и приборов

ОЗМ опытный завод машиностроения

ОЗПМ Опытный завод путевых машин

ОКБМ Опытно-конструкторское бюро машиностроения

ОКР опытно-конструкторские работы

ОПММПУ Отделение проблем машиностроения, механики и процессов управления

ОР объемный расходомер

ОРМ опытный ракетный мотор

ОШ осевой шарнир

ПАО приборно-агрегатный отсек

ПАП печь аэродинамического подогрева

ПБК пневмоколесный башенный кран

ПБС подземный буровой станок

ПБУ плавучая буровая установка

ПВД приемник воздушного давления

ПГВ пресс горячей вулканизации

ПГГ парогазогенератор

ПГМ привод гнезда манипулятора

ПГПА поршневой газоперекачивающий агрегат

ПД поршневой двигатель

ПДВС поршневой двигатель внутреннего сгорания

ПЗУ пускозаряжающая установка

ПЗУ пылезащитное устройство

ПИОН прибор для исследования особенностей невесомости

ПК прочный корпус
ПК пусковой контейнер
ПКТБхиммаш Проектно-конструкторское технологическое бюро химического и нефтяного машиностроения
ПМ поливомоечная машина
ПМЛ поточно-механизированная линия
ПММ пневмомеханическая машина
ПМПЗ Первый московский приборостроительный завод имени В. А. Казакова
ПМР переносной микрорентгенметр
ПНВ прибор ночного видения
ПО приборный отсек
ПОЗ прибор ориентации на Землю
ПОС прибор охранной сигнализации
ПОУ передвижная опреснительная установка
ПОУ пневмоомывающее устройство
ППБУ полупогруженная плавучая буровая установка
ППЗ прибор с переносом заряда
ППМ породопогрузочная машина
ППМ программно-преобразовательная машина
ПР пескоразбрасыватель
ПР промышленный робот
ПроектНИИспецхиммаш Проектный научно-исследовательский институт специального химического машиностроения
ПРСМ путевая рельсосварочная машина
ПРУ передвижная рентгеновская установка
ПТУ паротурбинная установка
ПФ предварительный фильтр
ПФМ пакетоформирующая машина
ПЧФ позиционно-чувствительный фотоприемник
разер рентгеновский лазер
РВН ротационный вакуумный насос
РДП работа дизеля под водой
РИП радиоэлектронный измерительный прибор
РКМ резиново-кольцевой метатель
РКМ ротационно-ковочная машина
РМ рулевая машина
РНИИ КП Российский научно-исследовательский институт космического приборостроения
Роскоммаш Комитет Российской Федерации по машиностроению
РОУ редукционно-охладительное устройство
РП рулевой привод
РПЖ регулятор подачи жидкости
РПЗ Раменский приборостроительный завод
РПИ резинопластмассовые изделия
РПН регулярная проволочная насадка
РРЖ регулятор расхода жидкости
РТ радиационный теплообменник
РТ разборный трубопровод
РТ рентгеновский телескоп
РУП рентгеновская установка промышленная
РУПЗ распределенный усилитель с плавающим затвором
РЭЗ Рижский электромашиностроительный завод

РЭМ растровый электронный микроскоп
С строительный *(инструмент)*
СБУ самоходная буровая установка
СГ силовой гироскоп
СГД склад готовых деталей
СДП снегоочиститель двухпутный плуговый
СЗЧ сменно-запасные части
СибНИИТМ Сибирский научно-исследовательский институт технологии машиностроения
Сибтяжмаш Сибирский завод тяжелого машиностроения
СИП станкоинструментальное производство
СК стреловой кран
СКБ НП Специальное конструкторское бюро научного приборостроения
СКГ стреловой кран гусеничный
СКМ светокопировальная машина
СКТБ СЭиАП Специальное конструкторско-технологическое бюро специальной электроники и аналитического приборостроения
СКУ стреловой кран унифицированный
СМ сверлильная машина
СМ снегоуборочная машина
СМ стиральная машина
СНН станция насосная навесная
СНП станция насосная передвижная
СП саморазгружающаяся платформа
СП световой прибор
СПГГ свободнопоршневой генератор газа
СПДК свободнопоршневой дизель-компрессор
СПИД «станок - приспособление - инструмент - деталь» *(система технологического процесса)*
СПКБМ Специальное проектно-конструкторское бюро машиностроения
СПН стрела подъемная навесная
СПУ станок с программным управлением
СТИ сбалансированная технологическая инициатива
СТМ сверхтвердый инструментальный материал
СТР специализированный транспортный робот
СШН скважинные штанговые насосы
ТВД турбина высокого давления
ТВП тепловизионный прибор
ТГ теплогенератор
ТДТ трелевочный дизельный трактор
ТЕКА термокопировальный аппарат
ТЕХНОМАШ Государственное предприятие «Научно-производственное объединение технологии машиностроения»
ТЗА турбозубчатый агрегат
ТК транспортер ковшовый
ТК турбокомпрессор
ТМЗ Тугаевский моторный завод
ТМЗ Тушинский машиностроительный завод
ТМКБ Тураевское машиностроительное конструкторское бюро
ТМКБ Тушинское машиностроительное конструкторское бюро

Машиностроение. Двигатели. Механизмы. Машины...

ТММ теория механизмов и машин *(учебный предмет)*
ТНА турбонасосный агрегат
ТНД турбина низкого давления
ТНИИТМАШ Тульский научно-исследовательский институт технологии машиностроения
ТОУ термоохлаждающее устройство
ТОЧМАШ точное машиностроение
ТП технологический процесс
ТПА трубопрокатный агрегат
ТРЖ терморегулятор жидкостный
ТС трактор сварочный
ТСД турбина среднего давления
ТСЧ тепловой счетчик
ТТП типовой технологический процесс
ТУЗ течеискатель ультразвуковой
ТХ технологический
ТУМ тротуароуборочная машина
ТХМ турбохолодильная машина
ТХУ турбохолодильная установка
ТЦО термоциклическая обработка
ТШ телескопический шарнир
ТЭ торфяной экскаватор
ТЭС турбоэксгаустерная система
УБК универсальный башенный кран
УВР установка для вакуумного распыления
УВУ универсальная вентиляционная установка
УГБ установка горизонтального бурения
УГД установка газовой детонации
УДМ управляющий двигатель-маховик
УЗМ Ульяновский завод микроприборов
УЗС универсальный заточный станок
УЗТМ Уральский завод тяжелого машиностроения
УИМ универсальный измерительный микроскоп
УК укладочный кран
УК ускоритель-ограничитель
УКБ установка колонкового бурения
УКМ универсальная кухонная машина
УКПГ установка комплексной подготовки газа
УМЗ Уфимский моторостроительный завод
УМПО Уфимское моторостроительное производственное объединение
УНП универсально-наладочное приспособление
УНРС установка непрерывной разливки стали
УПК установка продольной компенсации
УПСЛ установка для пайки световым лучом
УПТ установка для перфорации труб
Уралмаш Уральский завод тяжелого машиностроения
Уралсельмаш Уральский завод сельскохозяйственных машин
Уралхиммаш Уральский завод тяжелого химического машиностроения
УРУ универсальная репродукционная установка
УСА универсальный сварочный аппарат

УСК универсальный складской комплекс
УСМ универсальная сборная модель
УСМ универсальная стиральная машина
УСНК универсально-сборный накладной кондуктор
УСП универсальное сборочное приспособление
уст. или **уст-ка** установка
УСШ установка для сваривания швов
УТК унифицированная типовая конструкция
ФВУ фильтровентиляционная установка
ФГ форсуночная головка
ФГУ фотогальванометрический усилитель
ХГМ холодильно-газовая машина
ХГУ холодильно-газовая установка
ХЗТД Харьковский завод тракторных двигателей
ХИММАШ Конструкторское бюро химического машиностроения имени А. М. Исаева
ХМ холодильная машина
ЦА целевая аппаратура
ЦБКМ Центральное проектно-конструкторское бюро кузнечно-прессового машиностроения
ЦВД цилиндр высокого давления *(тех.)*
ЦГФУ центральная газофракционирующая установка
ЦИАД Центр истории авиационных двигателей
ЦИАМ Центральный институт авиационного моторостроения имени П. И. Баранова
ЦИП цифровой измерительный прибор
ЦИС центральный инструментальный склад
ЦКБМ Центральное конструкторское бюро машиностроения
ЦКБ МС Центральное конструкторское бюро морского самолетостроения
ЦКБМТ Центральное конструкторское бюро морской техники
ЦКБ по СПК или **ЦКБСПК** Центральное конструкторское бюро по судам на подводных крыльях
ЦКБЭМ Центральное конструкторское бюро экспериментального машиностроения
ЦМИС Центральная машиноиспытательная станция
ЦНИИМАШ Центральный научно-исследовательский институт машиностроения
ЦНИИТМАШ Центральный научно-исследовательский институт технологии машиностроения
ЦНИИточмаш Центральный научно-исследовательский институт точного машиностроения
ЦНИИТС Центральный научно-исследовательский институт технологии судостроения
ЦП центральный прибор
ЦСД цилиндр среднего давления *(тех.)*
ЦФ центрифуга
ЧИЗ Челябинский инструментальный завод

Чирчиксельмаш Чирчикский завод сельскохозяйственного машиностроения
ШД шаговый двигатель
ШМ штемпелевальная машина
ШП шаговый привод
ШПМ шпалоподбивочная машина
ЩОМ щебнеочистительная машина
Э экскаватор
ЭВГ экскаватор вскрышной на гусеничном ходу
ЭЗТМ Электростальский завод технологии машиностроения
ЭКГ экскаватор карьерный на гусеничном ходу
ЭМ экскаватор многоковшовый
ЭМ электронный микроскоп
ЭМЗ или **ЭМЗМ** Экспериментальный машиностроительный завод имени В. М. Мясищева
ЭНЕРГОМАШ Научно-производственное объединение энергетического машиностроения имени академика В. П. Глушко
ЭНИКМАШ Экспериментальный научно-исследовательский институт кузнечно-прессового машиностроения
ЭНИМС Экспериментальный научно-исследовательский институт металлорежущих станков
ЭО экскаватор одноковшовый
ЭОВ экскаватор одноковшовый войсковой
ЭП экскаватор подземный
ЭПГ экскаватор на понтонно-гусеничном ходу
ЭР экскаватор роторный
ЭРШР экскаватор роторный с шагающе-рельсовым ходом
ЭСМ Энциклопедический справочник «Машиностроение»
ЭСПЦ электросталеплавильный цех
ЭТ экскаватор траншейный
ЭТД электротермический двигатель
ЭТН экскаватор траншейный навесной
ЭТР экскаватор траншейный роторный
ЭТУ экскаватор траншейный универсальный
ЭТЦ экскаватор траншейный цепной
ЭШ экскаватор шагающий
ЭЭМ электронный эмиссионный микроскоп
Южмаш Южный машиностроительный завод
Южуралмаш или **ЮУМЗ** Южно-Уральский машиностроительный завод
ЮУФНИИТМ Южно-Уральский филиал Научно-исследовательского института технологии машиностроения
ЯМ якорный механизм
ЯМЗ Ярославский моторный завод
ЯЭМЗ Ярославский электромашиностроительный завод
ЭЯМ электроягодоуборочная машина

МЕТАЛЛЫ И МЕТАЛЛУРГИЯ

альфоль алюминиевая фольга
алюм. алюминиевый
бронз. бронзовый
В высокий *(класс точности)*
ВДП вакуумно-дуговой переплав
ВИП вакуумная индукционная плавка
ДСП дуговая сталеплавильная печь
зол. золото; золотой
ЛД Линц-Донавитцкий *(процесс при переделе мартеновского чугуна)*
лит. д. литейное дело
М металлический
мет. металл; металлический
мет(ал). металлургия
металлообр. металлообрабатывающий
МНС медно-никелевый сплав
МПГ металлы платиновой группы
МСМ метод сквозной металлизации
ОВЧ особо высокой чистоты *(характеристика металла)*
олов. оловянный
ОМД обработка металлов давлением
ПДП плазменно-дуговая печь
ПДП плазменно-дуговой переплав
плат. платиновые разработки
ПС прокатный стан
РЗМ редкоземельный металл
САНД сталеплавильный агрегат непрерывного действия
сер. серебро; серебряный
серебр. серебряный
ст.-лит. сталелитейный
ст.-плав. сталеплавильный
цинк. цинковый
ЦМ цветная металлургия
ЧМ черная металлургия
чуг. чугунный
чугаль чугун-алюминий *(сплав)*
чуг.-лит. чуголитейный
чуг.-плав. чугуноплавильный

ПРОИЗВОДСТВО И РЕМОНТ

ГОП горно-обогатительное производство
ГПМ гибкий производственный модуль
ГПР годовой плановый ремонт
ГПС гибкая производственная система
ЕКУП единый комплект универсальных приспособлений *(для ремонтной мастерской)*
КВР капитально-восстановительный ремонт
КРК копатель ремонтных каналов
КСПЭП комплексная система повышения эффективности производства
ОПС оперативно-производственная служба
ОПХ опытно-производственное хозяйство
ПБУ производственно-бытовой участок
ППН продукция производственного назначения
ППП проектирование производственного процесса
ППП производственно-промышленный персонал
ППП промышленно-производственный персонал
ППР планово-предупредительный ремонт
ПРБ производственная ремонтная база
ПРМ полное рабочее место
ПРМ пульт рабочего места
ПТК производственно-технологическая комплектация
РВР ремонтно-восстановительные работы
рем. ремонт; ремонтный
СМП система материального производства
ЦПАС Центральная производственно-акклиматизационная станция
ЦРБ центральная ремонтная база

ДИСПЕТЧЕРСКИЕ СЛУЖБЫ

ГДП главный диспетчерский пункт
ДК диспетчерский контроль
ДП диспетчерский пульт
ДП диспетчерский пункт
КДП контрольно-диспетчерский пункт
ПДП передвижной диспетчерский пункт
РДС районная диспетчерская служба
ЦДП центральный диспетчерский пункт
ЦДС центральная диспетчерская служба
ЦДС центральная диспетчерская станция

ИЗМЕРЕНИЯ, ИНДИКАТОРЫ, ИСПЫТАНИЯ И КОНТРОЛЬ

АСКР агрегатные средства контроля и регулирования
БИВ бесконтактный измеритель веса
ВТИ внешнетраекторные измерения
ГКБ гарантированный контроль безопасности
ГКБО гарантированный контроль безопасности объекта
ДИСС доплеровский измеритель скорости и сноса
ДК диспетчерский контроль
ЖКИ жидкокристаллический индикатор
ИГ измерительный генератор
ИГО индикатор горизонтальной обстановки
ИКМ измеритель крутящего момента
ИЛС индикатор на лобовом стекле
ИРГ индикатор расхода газа
КБО контроль безопасности объекта
КДИ конструкторско-доводочное испытание
КДП контрольно-диспетчерский пункт
КЗС контрольно-замерная станция
КИА контрольно-измерительная аппаратура
КИП контрольно-измерительный пункт
КИП кустовой измерительный пункт
КИС командно-измерительная система
КИС контрольно-испытательная станция
КО контрольный ориентир
КПА контрольно-проверочная аппаратура
КТИ контрольно-технологические испытания
ЛЗИ лабораторно-заводские испытания
ЛИ лабораторные испытания
МПБМ многоразовый проездной билет с магнитной записью и контролем
ОСКБ объективное средство контроля безопасности
РПКБ региональный пост контроля безопасности
СГКБ система гарантированного контроля безопасности
СИ система измерений
СИ система индикации
СКУ система контроля уровня
СНК средства неразрушающего контроля
ЦКС централизованный контроль системы
ЦПКБ центральный пост контроля безопасности
ЧДИ чистовое доводочное испытание

ПРАВИЛА. НОРМЫ. СТАНДАРТЫ. ТАРИФЫ

БМС банки международных стандартов
БНМ бюро нормирования материалов
ВНИИКИ Всероссийский научно-исследовательский институт классификации, терминологии и информации по стандартизации и качеству
ВУН временные укрупненные нормы *(строит.)*
Госстандарт Государственный комитет Российской Федерации по стандартизации, метрологии и сертификации
ГОСТ Государственный стандарт
ГСС государственная система стандартизации
ЕНиР единые нормы и расценки
ЕССП Единая система стандартизации в приборостроении
ЕТС единая тарифная сетка
ЕТТ единый транзитный тариф
ИСО *англ.* ISO, International Organization for Standardization - Международная организация по стандартизации
ИУС Информационный указатель стандартов
КГС Классификатор государственных стандартов
КНН коэффициент нормативной надежности
МНиР местные нормы и расценки
МОС Международная организация по стандартизации
МППСС Международные правила предупреждения столкновения судов в море
МС международный стандарт
МСОК Международная стандартная отраслевая классификация
МТН Международные трудовые нормы
МТТ Международный железнодорожный транзитный тариф
НБС Национальное бюро стандартов *(США)*
НИИстандарт Научно-исследовательский институт стандартов
НИИПН Научно-исследовательский институт планирования и нормативов
НИИСУ Научно-исследовательский институт стандартизации и унификации
НМ нормативный материал
НТД нормативно-техническая документация
ОСН отдел стандартов и норм
ОСТ отраслевой стандарт
ПБ правила безопасности
ПДД правила дорожного движения
ПОТМ Правила по охране труда межотраслевые
ПОТО Правила по охране труда отраслевые
ППСС Правила для предупреждения столкновений судов в море
ПТБ правила техники безопасности
ПТЭЭ правила технической эксплуатации электроустановок

ПУБЭ Правила устройства и безопасной эксплуатации
ПУЭ правила устройства электроустановок
РСТ республиканский стандарт
СНиП строительные нормы и правила
СНК сборник нормативных карт
ССБТ Система стандартов безопасности труда
СТ стандарт
СТП стандарт предприятия
СТП ССБТ стандарт предприятия системы стандартов безопасности труда
тар. тариф
ЦБН центральное бюро нормирования

ПРОГРАММЫ. ИНСТРУКЦИИ И ДОКУМЕНТАЦИЯ

БД бортовая документация
док. документ
док-ты документы
ЕСКД Единая система конструкторской документации
ЕСПД Единая система программной документации
ЕСТД Единая система технологической документации
И инструкция
ИБ Инструкция по безопасности
ИМЭ инструкция по монтажу и эксплуатации
ИОТ Инструкция по охране труда
ИПС интегрированная программа по сырью
КД конструкторская документация
КП комплексная программа
КПОБ комплексная программа обеспечения безопасности
КПЭО комплексная программа экспериментальной отработки
МП или **м.п.** место печати *(на документах)*
МПП Мировая продовольственная программа
МПП муниципальная пенсионная программа
ОРД организационно-распорядительные документы
ПИГАП Программа исследования глобальных атмосферных процессов
ПИЭПОМ Программа импорта энергосберегающих и природоохранных оборудования и материалов
ПОН программа обеспечения надежности
ППК программа обслуживания постоянных клиентов
ППП производственная пенсионная программа
ПСД проектно-сметная документация
ПТД проектно-технологическая документация
ПЭП Программа эффективного производства
РД ремонтная документация
РПП региональная пенсионная программа
ТД технологическая документация
ТОИ Типовые отраслевые инструкции по охране труда
УСД унифицированная система документации
УСПД унифицированная система проектной документации
ФП Федеральная программа
ЧКД чертежно-конструкторская документация
ЭД эксплуатационная документация

ФИЗИКА. МАТЕМАТИКА. ИНЖЕНЕРИЯ

алг. алгебра; алгебраический
АМ активная матрица
арифм. арифметика; арифметический
АФИ Агрофизический институт
АФИ Астрофизический институт
БПФ быстрое преобразование Фурье
БФО биофизическая оценка
ВАХ вольт-амперная характеристика
ВВАИУ Высшее военное авиационное инженерное училище
ВВИА Военно-воздушная инженерная академия имени Н. Е. Жуковского
ВВИМУ Владивостокское высшее инженерное мореходное училище
ВВК вязкостно-весовая константа
ВВМИОЛУ Высшее военно-морское инженерное ордена Ленина училище имени Ф.Э. Дзержинского
ВВМИУ Высшее военно-морское инженерное училище
ВГО высокотемпературная газостатическая обработка
ВИА Военно-инженерная академия
ВИККА Военная инженерно-космическая академия имени А. Ф. Можайского
ВИРТА Военная инженерная радиотехническая академия противовоздушной обороны имени маршала Советского Союза Л. А. Говорова
ВИСКУ Высшее военное инженерное строительное училище имени генерала армии А. Н. Комаровского
ВИФ военно-инженерный факультет
в. к. т. верхняя критическая температура
ВМиК вычислительная математика и кибернетика
ВМИУ Военно-морское инженерное училище
ВНИИОФИ Всероссийский научно-исследовательский институт оптико-физических измерений
ВНИИТФ Всероссийский научно-исследовательский институт технической физики
ВНИИФТРИ Всероссийский научно-исследовательский институт физико-технических и радиотехнических измерений
ВНИИЭФ Всероссийский научно-исследовательский институт экспериментальной физики
ВСХ вязкостно-скоростная характеристика
ВТО высокотемпературное охлаждение
ВТПД высокотемпературная пластическая деформация
ВТХ вязкостно-температурная характеристика
ВФХ вольт-фарадная характеристика
ГВК геофизический вычислительный комплекс
ГГГ гадолиний-галлиевый гранат

Физика. Математика. Инженерия

ГГК гамма-гамма-каротаж *(геофиз.)*
ГГО Главная геофизическая обсерватория
ГДУ газодинамическая устойчивость
ГДХ гидродинамические характеристики
геом. геометрия; геометрический
геофиз. геофизика; геофизический
ГИП главный инженер проекта
ГИС геофизические исследования скважин
ГИУ Главное инженерное управление
ГИЭА Государственная инженерно-экономическая академия
ГК гамма-каротаж *(геофиз.)*
ГНИП Государственное научно-инженерное предприятие
дв. двоичный
ДИС доплеровская инерциальная система
диф. дифференциал; дифференциальный
диф. диффузионный
ДП диаметральная плоскость
ДП дифференциальный признак
др. дробь *(мат.)*
ДСА дистрибутивно-статистический анализ
ДСО диаграмма статической остойчивости
д.ф.-м.н. доктор физико-математических наук
ЕФО Европейское физическое общество
ЖИГ железоиттриевый гранат
ЖК жидкие кристаллы; жидкокристаллический

ЗБТ зона большой теплоемкости
ЗМШ заочная математическая школа
ИБСО Институт биофизики Сибирского отделения Академии наук
ИБФ Институт биологической физики
ИГГ Институт геологии и геофизики
ИГФ Институт геофизики
Изо изофазный
ИК инфракрасный
ИКИР Институт космофизических исследований и распространения радиоволн
ИМ Институт математики
ИМГиГ Институт морской геологии и геофизики
ИМИИ Институт инженерно-мелиоративных изысканий и исследований
ИММ Институт математики и механики
индифф. индифферентный
инж. инженер; инженерный
ИНСПЕК *англ.* INSPEC, Information Service in Physics, Electrotechnology, Computers and Control - Информационная служба по физике, электронике, вычислительной технике и управлению
инт. интеграл; интегральный
ИНФП изменение направления фильтрационных потоков
ИНЭПХФ Институт энергетических проблем химической физики
ИОФАН Институт общей физики Академии наук
ИПГ Институт прикладной геофизики

ИПК инженерные подземные коммуникации
ИПМ Институт прикладной математики имени М. В. Келдыша
ИПП инженерная поддержка продукции
ИПФ Институт прикладной физики
ИТ Институт теплофизики
ИТиГ Институт тектоники и геофизики
ИТР инженерно-технический работник
ИТС инженерно-техническая служба
ИТС инженерно-технический совет
ИТСО инженерно-технические средства охраны
ИТТФ Институт технической теплофизики
ИТУ инженерно-техническое управление
ИТФ Институт теоретической физики имени Л. Д. Ландау
ИТФ Институт теплофизики
ИТЦ инженерно-технический центр
ИТЭФ Институт теоретической и экспериментальной физики
ИУ инженерное управление
ИФ Институт физики имени Л. В. Киренского
ИФА Институт физики атмосферы
ИФВД Институт физики высоких давлений имени Л. Ф. Верещагина
ИФВЭ Институт физики высоких энергий
ИФЗ Институт физики Земли имени О. Ю. Шмидта
ИФК индивидуальный фотоконтроль *(излучений)*
ИФКН индивидуальный фотоконтроль нейтронов
ИФМ Институт физики металлов
ИФП Институт физики полупроводников
ИФП Институт физических проблем имени С. И. Вавилова
ИФПМ Институт физики прочности и материаловедения
ИФТТ Институт физики твердого тела
ИФХ Институт физической химии
ИФХАН Институт физической химии Академии наук
ИФХИМС Институт физико-химических основ переработки минерального сырья
ИХФ Институт химической физики имени Н. Н. Семенова
ИЭФ Институт электрофизики
ИЮПАП *англ.* IUPAP, International Union of Pure and Applied Physics - Международный союз теоретической и прикладной физики
ИЯИ Институт ядерных исследований
ИЯФ Институт ядерной физики
КАИФ Китайская академия инженерной физики
КАМ теория Колмогорова - Арнольда - Мозера
кб. кубический
кв. квадрат; квадратный
КВД камера высокого давления
КВД компрессор высокого давления

Физика. Математика. Инженерия

КВО круговая вероятная ошибка
КВО круговое вероятное отклонение
КГГГ кальций - галлий - германиевый гранат
КИИГА Киевский институт инженеров гражданской авиации
КИИРА Киевский институт инженеров радиоэлектроники и автоматики
КИПП комплексная инженерная подготовка производства
КМ кинетический момент
КПР квантовый парамагнитный резонатор
кр(ит). критический *(физ.)*
к. т. комнатная температура
к. т. критическая температура
КТС контактное тепловое сопротивление
к.ф.-м.н. кандидат физико-математических наук
ЛДП лидар дифференциального поглощения
магн. магнитные элементы
мат математика; математический
мат(ем). математика; математический
МВ микроволновый
МГД магнитогазодинамика; магнитогазодинамический
МГД магнитогидродинамика; магнитогидродинамический
МГДГ магнитогидродинамический генератор
мех. механика
мехмат механико-математический факультет
МИА Международная инженерная академия
МИА Московская инженерная академия
МИАН Математический институт Академии наук
МИИВТ Московский институт инженеров водного транспорта
МИИГА Московский институт инженеров гражданской авиации
МИИТ Московский институт инженеров железнодорожного транспорта
МИСИ Московский инженерно-строительный институт
МИФИ Московский инженерно-физический институт
ММС Международный математический союз
мн-к многоугольник
МО математическое ожидание
МО мешающее отражение
МС многоспектральный
МСТ метод свободных траекторий
МСЧПФ Международный союз чистой и прикладной физики
МТ масса тела
МФТИ Московский физико-технический институт
МФТУ Московский физико-технический университет
МЧЭ магнитный чувствительный элемент
НДПФ нечетное дискретное преобразование Фурье
нер-во неравенство *(матем.)*
НИИТФ Научно-исследовательский институт технической физики
НИИЭФА Научно-исследовательский институт электрофизической аппаратуры имени Д. В. Ефремова

Физика. Математика. Инженерия

НИИЯФ МГУ Научно-исследовательский институт ядерной физики имени Д. В. Скобельцына Московского государственного университета

НИРФИ Научно-исследовательский радиофизический институт

НИФЭИ Научно-исследовательский физико-энергетический институт

ННДПФ нечетно-временное нечетно-частотное дискретное преобразование Фурье

НОД наибольший общий делитель

НОК наименьшее общее кратное

НС непосредственно-составляющий

НТА низкотемпературная абсорбция

НТК низкотемпературная конденсация

НТМО низкотемпературная термомеханическая обработка

НТНЦ низкотемпературная нитроцементация

НТР низкотемпературная ректификация

НТС низкотемпературная сепарация

НЭ нелинейный элемент

ОББХФАС Отделение биохимии, биофизики и химии физиологически активных соединений

ОГГГГН Отделение геологии, геофизики, геохимии и горных наук *(Российской академии наук)*

ОГО орбитальная геофизическая обсерватория

ОДЗ область допустимых значений *(мат.)*

ОЗТ обратная задача теплопроводности

ОЛН ось легкого намагничивания

ОМ Отделение математики *(Российской академии наук)*

ОмИИТ Омский институт инженеров транспорта

ОМО общее математическое обеспечение

ОНОЗ ограниченное накопление объемного заряда

ООФА Отделение общей физики и астрономии

ООФАиГ Отделение океанологии, физики атмосферы и географии

ОП основная плоскость

ОТО общая теория относительности

ОТФ общая и теоретическая физика

ОФХТНМ Отделение физикохимии и технологии неорганических материалов

ОЯФ Отделение ядерной физики *(Российской академии наук)*

ПГО Полярная геофизическая обсерватория

ППМ плотность потока мощности

ПРВ плотность распределения вероятности

рав-во равенство *(мат.)*

РВЗ радиоволновое зондирование *(геофиз.)*

РВО режим водяного охлаждения

РГВЦ региональный геофизический вычислительный центр

Физика. Математика. Инженерия

РГС регулируемая газовая среда
РИ радиоизотопы
РИА Российская инженерная академия
РИИЖТ Ростовский-на-Дону институт инженеров железнодорожного транспорта
РИСИ Ростовский инженерно-строительный институт
РИТЦ Республиканский инженерно-технический центр по восстановлению и упрочению деталей машин и механизмов
РЛ рентгеновские лучи
РМ рентгенметр
РСН равносигнальное направление
РФС Радиофизический словарь
СВД сверхвысокое давление *(физ.)*
СВС самораспространяющийся высокотемпературный синтез
сист. системный анализ
СКБ ПГ Специальное конструкторское бюро прикладной геофизики
СКД сверхкритическое давление
СКО среднеквадратическое отклонение
слож. сложение
СМОУ специальное математическое обеспечение управления
СМУИР строительно-монтажное управление инженерных работ
СНИИГГиМС Сибирский научно-исследовательский институт геологии, геофизики и минерального сырья

сопромат сопротивление металлов *(учебный предмет)*
СОТР система обеспечения температурного режима
СОТР система обеспечения теплового режима
СПбВВИУС Санкт-Петербургское высшее военное инженерное училище связи
СПбВИКА Санкт-Петербургская военная инженерно-космическая академия имени А. Ф. Можайского
СПИЭА Санкт-Петербургская инженерно-экономическая академия
ССМУИР специальное строительно-монтажное управление инженерных работ
стат. статистика; статистический
СТО специальная теория относительности
СФП специальная физическая подготовка
СЦЗ схема с циркуляцией заряда
Т температура
Т тепловизионный
т. таблица
термодин. термодинамика; термодинамический
т. кип. температура кипения; точка кипения
Токамак тороидальная камера магнитная
ТР трубка Ранка
триг. тригонометрия; тригонометрический
ТРИЗ теория решения изобретательских задач
тр-к треугольник
ТФКП теория функций комплексного переменного
ТЭ термочувствительный элемент

Физика. Математика. Инженерия

уд. удельный
ур. или **ур-ние** уравнение
УФ ультрафильтрация
УФ ультрафиолетовый
УФТИ Украинский научно-исследовательский физико-технический институт
ФИАН Физический институт имени П. Н. Лебедева Академии наук
ФИДИК *англ.* FIDIC, International Federation of Consulting Engineers - Международная федерация инженеров-консультантов
физ(.) физика; физический
физмат физико-математический факультет
физ.-тех. физико-технический
физфак физический факультет
физ.-хим. физико-химический
ф-ла формула
ФМШ физико-математическая школа
ФН функция неопределенности
ФП физическое поле
ФПК физическое поле корабля
ФПМ факультет прикладной математики
ФРЭ физический рентген-эквивалент
ФТИ физико-технический институт
ф-ция функция *(мат.)*
ФЭИ Физико-энергетический институт
ФЭС Физический энциклопедический словарь
ХабИИЖТ Хабаровский институт инженеров железнодорожного транспорта
ХЖК холестерические жидкие кристаллы
ХИИЖТ Харьковский институт инженеров железнодорожного транспорта
ХИСИ Харьковский инженерно-строительный институт
ХФТИ Харьковский физико-технический институт
ц. цифра; цифровой
ЦДА цифровой дифференциальный анализатор
ЦИТС центральная инженерно-технологическая служба
ЦИТЦЕ *фр.* CITCE, Comité international de thermodynamique et de cinétique électrochimique - Международный комитет по электрохимической термодинамике и кинетике
ЦНИИЛ Центральная научно-исследовательская инженерная лаборатория
ЦТ центр тяжести
ЦЭМИ Центральный экономико-математический институт
ч. число
ЧОМГИ Черноморское отделение Морского гидрофизического института
экм эквивалентный квадратный метр
яд. физ. ядерная физика
ЯР ядерный резонанс
ЯФ ядерная физика

АТОМ И РАДИОАКТИВНОСТЬ

АВР активированное время рекальфикации
а/л атомный ледокол
АМ *(метод)* атомов в молекуле
АО атомная орбиталь
ат. атомный
ат. в. атомный вес
ат. ед. атомная единица
ат. н. атомный номер
ВАО высокоактивные отходы
ВУРС Восточно-Уральский радиоактивный след
ГАН Госатомнадзор
Госатомнадзор Федеральный надзор России по ядерной и радиационной безопасности
ДЭЯР двойной электронно-ядерный резонанс
ЕВРОХИМИК *англ.* EUROCHEMIC, European Company for the Chemical Processing of Irradiated Fuels - Европейская компания по химической переработке облученного топлива
ЖРО жидкие радиоактивные отходы
ИНИС *англ.* INIS, International Nuclear Information System - Международная система ядерной информации
ЛТС лазерный термоядерный синтез
НО низкоактивные отходы
НОЯМ незаконный оборот ядерных материалов
РАО радиоактивные отходы
РИ реликтовое излучение
РО радиоактивные отходы
РТ рабочее тело
САО среднеактивные отходы
СПАС система предупредительной аварийной сигнализации
СТР система терморегулирования
СХП система хранения и подачи рабочих тел
СЦР самопроизвольная цепная реакция
УСП укороченные стержни-поглотители
УТС управляемый термоядерный синтез
ФОРАТОМ *фр.* FORATOM, Forum atomique européen - Европейский атомный форум
ХТО хранилище твердых отходов
ЦЕРН *фр.* CERN, Centre européen pour la recherche nucléaire - Европейский центр ядерных исследований
ЦТО циклическая термообработка *(урана)*
ЭЯР электронно-ядерный резонанс

ОПТИКА

АОМЗ Азовский оптико-механический завод
БК баритовые кроны
БС белое стекло
БС бесцветное стекло
БСПО бифокальные сферопризматические очки
БСТ бортовой субмиллиметровый телескоп
БСТ большая стереотруба
БТ бинокулярная трубка
БТА большой телескоп азимутальный
БФ баритовые флинты
ВНИИОФИ Всероссийский научно-исследовательский институт оптико-физических измерений
ВНЦ ГОИ Всероссийский научный центр «Государственный оптический институт имени С. И. Вавилова»
ВОМЗ Вологодский оптико-механический завод
в. опт. волоконная оптика
ГОЗ Государственный оптический завод
ГОИ Государственный оптический институт имени С. И. Вавилова
ГОМЗ Государственный оптико-механический завод
г. опт. гидрооптика
Д декорированное стекло
ДОЭ детектор оптической энергии
ЖЗС желто-зеленое стекло
ЖС желтое стекло
ЗС зеленое стекло
ИКС инфракрасное стекло
ИОА Институт оптики атмосферы

КОМЗ Казанский оптико-механический завод
КС красное стекло
КСС кривая силы света
КСФ контрольный светофильтр
КФ кронфлинты
ЛЗОС Лыткаринский завод оптического стекла
ЛК легкие кроны
ЛОМО Ленинградское оптико-механическое объединение
ЛФ легкие флинты
М молочное стекло
НМ накладное молочное стекло
НМЦ накладное молочное цветное стекло
НС нейтральное стекло
НС нейтрально-серый фильтр
О опаловое стекло
ОВУ оптическое вычислительное устройство
ОК особые кроны
ОКГ оптический квантовый генератор
ОКУ оптический квантовый усилитель
ОМЗ оптико-механический завод
ОМК оптико-механический комплекс
ОМС оптико-механическая сборка
ОНС отражающее нейтральное стекло
опт(.) оптика; оптический
ОПФ объектив с переменным фокусным расстоянием
ОС оранжевое стекло
ОС органическое стекло

Оптика

ОСТ орбитальный солнечный телескоп
ОТ оптический телескоп
ОФ особые флинты
ОЭ оптико-электронный
ОЭК оптико-электронная камера
ОЭМ оптико-электронный модуль
ОЭП оптико-электронное подавление
ОЭП оптико-электронный прибор
П прозрачное стекло
ПС пурпурное стекло
Р рифленое стекло
РАТАН радиотелескоп Академии наук
РТ радиотелескоп
СЗС сине-зеленое стекло
СЗФ светозащитный фильтр
СОМЗ Салаватский оптико-механический завод
СПбГТУТМО Санкт-Петербургский государственный технический университет точной механики и оптики
СС синее стекло
СТК сверхтяжелые кроны
СТФ сверхтяжелые флинты
ТБФ тяжелые баритовые флинты
ТК тяжелые кроны
ТОСН техническое органическое стекло непластифицированное
ТОСП техническое органическое стекло пластифицированное
ТС темное стекло
ТФ тяжелые флинты
УОМЗ Уральский оптико-механический завод
УФС ультрафиолетовое стекло
ФИ фильтр интерференционный
ФК фосфатные кроны
ФП фильтр поляризационный
ФС фиолетовое стекло
Ц цветное стекло
ЦО фильтр для цветной съемки оттененный
Ч фильтр черно-белой съемки
ЧК фильтр черно-белой съемки комбинированный
ЧО фильтр черно-белой съемки оттененный
ЧТ черное тело *(оптический прибор)*
ЭО электронно-оптический
ЭОП электронно-оптический преобразователь
ЭОП электронно-оптический приемник
ЭОС электронный оптический спектрометр

ВЫЧИСЛИТЕЛЬНАЯ ТЕХНИКА, ИНФОРМАТИКА И ПРОГРАММИРОВАНИЕ

А автоматический

АБД администратор базы данных

АБСТ автоматизированный банк стандартизованных терминов

АБТ автоматизация банковских технологий

АВИКС «Авиационные и компьютерные системы» *(научно-производственный центр)*

АВМ аналоговая вычислительная машина

автомат. автоматизация

автомат. автоматизированный

автомат. автоматический

АВУ аналоговое вычислительное устройство

АГИС автоматизированная государственная информационная система

АДП автоматизированный диспетчерский пункт

АДС автоматизированная диалоговая система

АДС адаптер дистанционной связи

АЗУ аналоговое запоминающее устройство

АЗУ ассоциативное запоминающее устройство

АИДП автоматизированный информационно-диспетчерский пункт

АИК автоматизированный измерительный комплекс

АИПС автоматизированная информационно-поисковая система

АИС автоматизированная информационная система

АИУС автоматизированная информационно-управляющая система

АКК адаптер «канал-канал»

АЛГОЛ *англ.* ALGOL, Algorithmic Language - Машинный язык для описания вычислительных алгоритмов

АЛТК автоматизированный лазерный технологический комплекс

АЛУ арифметико-логическое устройство

АМС адаптер межпроцессорной связи

АО алгоритмическое обеспечение

АОС автоматизированная обучающая система

АП автоматическое программирование

АПБ аппаратно-программный блок

АПД аппаратура передачи данных

АППИ автоматизированный пункт приема информации

АППЭИ Ассоциация пользователей передачи электронной информации

АПСУ автоматизированное проектирование систем управления

АРДК автоматизированный рефлексодиагностический комплекс

АРМ автоматизированное рабочее место

АРЦ автоматизированный региональный центр

АРЭР Ассоциация разработчиков программного обеспечения в области экономики

АС автоматизированная синхронизация

АС автоматизированная система

АС автоматизированный словарь

АСБУ автоматизированная система боевого управления

АСВБ автоматизированная система внутрибанковских расчетов

АСВТ автоматизированная система вычислительной техники

АСДУ автоматизированная система диспетчерского управления

АСЕВ автоматизированная система единого времени

АСИО автоматизированная система инструментального обеспечения

АСИО автоматизированная система информационного обслуживания

АСИС автоматизированная статистическая информационная система

АСИТО автоматизированная система информационно-терминологического обслуживания

АСК автоматизированная система конструирования

АСК адресное слово канала

АСКИ автоматизированная система коммерческой информации

АСКИС автоматизированная система контроля и слежения

АСКОД автоматизированная система коллективной обработки данных

АСКР автоматизированная система контроля и регулирования

АСМБ автоматизированная система межбанковских расчетов

АСМБО автоматизированная система моделирования боевой обстановки

АСМБР автоматизированная система межбанковских расчетов

АСМО автоматизированная система метрологического обеспечения

АСН автоматизированная система нормативов

АСНИ автоматизированная система научных исследований

АСО автоматический словарь оборотов

АСОБВ автоматизированная система обеспечения боевого вылета

АСОД автоматизированная система обработки данных

АСОДУ автоматизированная система оперативно-диспетчерского управления

АСОИ автоматизированная система сбора и обработки информации

АСОР автоматизированная система организации работ

АСОС автоматизированная система обработки сообщений

АСОТ автоматизированная система обработки текстов

АСОУ автоматизированная система организации управления

Вычислительная техника, информатика и программирование

АСОУПК автоматизированная система оперативного управления производством и качеством

АСП автоматизированная система проектирования

АСПД автоматизированная система поиска документации

АСПИ автоматизированная система первичной обработки информации

АСПК автоматизированная система проектирования конструкций

АСПОН автоматизированная система профилактических осмотров населения

АСПОР автоматизированная система поиска оптимальных решений

АСПОС автоматизированная система проектирования объектов строительства

АСПР автоматизированная система плановых расчетов

АСПС автоматизированная система подготовки старта *(космического летательного аппарата)*

АСПТИ автоматизированная система переработки текстовой информации

АСПТП автоматизированная система проектирования технологических процессов

АСПУ автоматизированная система планирования и управления

АСПУ автоматизированная система программного управления

АСР автоматизированная система регулирования

АСС автоматизированная система связи

АСС автоматический словарь слов

АССА автоматизированная справочная система адвоката

АССД автоматизированная система сбора данных

АСТ автоматизированная система теплопотребления

АСТП автоматизированная система технологического проектирования

АСТПП автоматизированная система технологической подготовки производства

АСУ автоматизированная система управления

АСУБД автоматизированная система управления базами данных

АСУБД автоматизированная система управления боевыми действиями

АСУ БС автоматизированная система управления боевыми средствами

АСУВ автоматизированная система управления войсками

АСУВД автоматизированная система управления воздушным движением

АСУД автоматизированная система управления движением

АСУД автоматизированная система учебной деятельности

АСУЖТ автоматизированная система управления железнодорожным транспортом

АСУМС автоматизированная система управления материально-техническим снабжением

Вычислительная техника, информатика и программирование

АСУО автоматизированная система удаления отходов
АСУО автоматизированная система управления объединением
АСУП автоматизированная система управления полетом
АСУП автоматизированная система управления предприятием
АСУП автоматизированная система управления производством
АСУС автоматизированная система управления строительством
АСУСВ автоматическая система управления самолетами и вертолетами
АСУТП автоматизированная система управления технологическим процессом
АСУУП автоматизированная система управления учебным процессом
АСУФ автоматизированная система управления силами флота
АСФР автоматизированная система финансовых расчетов
АТК автоматизированный технологический комплекс
АТСС автоматизированная транспортно-складская система
АУ арифметическое устройство
АУВД автоматизированное управление воздушным движением
АУК автоматизированный учебный курс
АФСП «Анализ финансового состояния предприятий» *(компьютерная программа)*
АЦ аналого-цифровой
АЦВК аналого-цифровой вычислительный комплекс
АЦВМ аналого-цифровая вычислительная машина
АЦВС аналого-цифровая вычислительная система
АЦД алфавитно-цифровой дисплей
АЦП аналого-цифровой преобразователь
АЦПУ алфавитно-цифровое печатающее устройство
АЭСПМ агрегатированные электронные счетно-перфорационные машины
БАЛ блок арифметико-логический
БВК базовый вычислительный комплекс
БВС бортовая вычислительная сеть
БГИС большая гибридная интегральная схема
БД база данных
БД банк данных
БДОС базовая дисковая операционная система
БЗ база знаний
БЗК блок запоминания команд
БЗУ бортовое запоминающее устройство
БЗУ буферное запоминающее устройство *(в ЭВМ)*
БЗЧ блок запоминания чисел
БИП бесперебойный источник питания
БИС большая интегральная схема
бит/с *(число)* бит в секунду *(ед. изм.)*
БК бытовой компьютер
БМПУ блок микропрограммного управления
БнД банк данных

Вычислительная техника, информатика и программирование

БНФ бэкусова нормальная форма
БОСГИ блок отображения символьно-графической информации
БП блок печати *(в ЭВМ)*
БПЗУ биполярное постоянное запоминающее устройство
БПК бытовой персональный компьютер
БПМ быстродействующий печатающий механизм *(в ЭВМ)*
БПО базовое программное обеспечение
БСВВ базовая система ввода-вывода
БСМДС большая и сложная многофункциональная динамическая система
БСП библиотека стандартных программ
БСШ блок сборных шин
БЦВК бортовой цифровой вычислительный комплекс
БЦВМ бортовая цифровая вычислительная машина
БЦВС бортовая цифровая вычислительная система
БЦВУ бортовое цифровое вычислительное устройство
БЭС бортовая экспертная система
БЭСМ быстродействующая электронная счетная машина
БЯ бистабильная ячейка
ВВ ввод-вывод
ВВЦ Всероссийский вычислительный центр
ВЗУ внешнее запоминающее устройство
ВЗУ входное запоминающее устройство
ВИЦ Временный информационный центр

ВК «Возврат каретки» *(функция)*
ВК вычислительный комплекс
ВКМ «Весь компьютерный мир» *(газета)*
ВКУ видеоконтрольное устройство
ВМ вычислительная машина
ВМиК вычислительная математика и кибернетика
ВММ вычислительная многоклавишная машина
ВМНУЦ ВТИ Всероссийский межотраслевой научно-учебный центр по вычислительной технике и информатике
ВНИИПАС Всероссийский научно-исследовательский институт прикладных автоматизированных систем
ВС вычислительная сеть
ВС вычислительная система
ВС вычислительное средство
ВСКП вычислительная система коллективного пользования
ВТ вычислительная техника
ВТИ вычислительная техника и информатика
ВТУ видеотерминальное устройство *(в ЭВМ)*
ВУ внешнее устройство
ВУ вычислительное устройство
ВУМ вычислительная и управляющая машина
ВЦ вычислительный центр
ВЦКП Вычислительный центр коллективного пользования
вчт. вычислительная техника
вчт. вычислительный
ВЧУ вычислительное устройство

219

Вычислительная техника, информатика и программирование

выч вычислительная техника
ГАС гибкая автоматизированная система
ГАС-выборы Государственная автоматизированная система по учету голосов избирателей
ГАСНТИ Государственная автоматизированная система научно-технической информации
ГАСУ государственная автоматизированная система управления
ГАУ гибкий автоматизированный участок
ГВК геофизический вычислительный комплекс
ГВК гибридный вычислительный комплекс
ГВМ гибридная вычислительная машина
ГВС гибридные вычислительные средства
ГВЦ Главный вычислительный центр
ГВЦ головной вычислительный центр
ГВЦГА Главный вычислительный центр гражданской авиации
ГИВС городская информационно-вычислительная станция
ГИВЦ Государственный информационно-вычислительный центр
ГИН генератор импульсных напряжений
ГИС гибкая интегральная схема
ГИС гибридная интегральная схема
ГИТ генератор импульсных токов
ГКС глобальная компьютерная сеть
ГМД гибкий магнитный диск
ГНИВЦ Государственный научно-исследовательский вычислительный центр
Гпл газоплазменный *(дисплей)*
ГР графический режим
ГСВЦ Государственная сеть вычислительных центров
Гц герц *(ед. изм.)*
дв. двойной; двоичный *(мат.)*
ДВК диалоговый вычислительный комплекс
дес. десятичный
ДЗУ долговременное запоминающее устройство
ДИЛОС диалоговая информационно-логическая система
ДИПС документальная информационно-поисковая система
ДКОИ двоичный код обмена информацией
ДМОП диффузионная структура «металл - оксид - полупроводник»
ДОС дисковая операционная система
ДОТ дополнительная общая точка
ДП диспетчер памяти
ДСВЦ диспетчерская служба вычислительных центров
ДТЛ диодно-транзисторная логика
ДУВЗ диалоговый удаленный ввод заданий
ДЦП дискретно-цифровой преобразователь
ЕАСК Единая автоматизированная система контроля
ЕАСС Единая автоматизированная сеть связи
ЕС единая система
ЕСПД Единая система программной документации

Вычислительная техника, информатика и программирование

ЕС ЭВМ Единая система электронно-вычислительных машин
ЖК жидкокристаллический *(дисплей)*
ЗУ запоминающее устройство
ЗУПВ запоминающее устройство с произвольной выборкой
ИАОС интеллектуальная автоматизированная обучающая система
ИБМ *англ.* IBM, International Business Machines Corporation - «Интернэшнл бизнес мэшинз» *(компьютерная компания, США);* компьютер этой компании
ИБП источник бесперебойного питания
ИВК измерительно-вычислительный комплекс
ИВК информационно-вычислительный комплекс
ИВС измерительно-вычислительные средства
ИВС интерактивная видеосистема
ИВС информационно-вычислительная система
ИВСУ информационно-вычислительная система управления
ИВЦ информационно-вычислительный центр
ИВЫЧТЕХ Институт точной механики и вычислительной техники имени С. А. Лебедева
ИДСУ информационная диалоговая система управления
ИДСУ ПП информационная диалоговая система управления прикладными процессами
ИИ искусственный интеллект
ИИЛ интегрально-инжекционная логика
ИЛШ интегральная логика Шотки
ИМ исполнительный механизм *(в ЭВМ)*
ИМР интегрированный многооконный редактор
ИМС интегральная микросхема
ИНИНФО Институт информатизации образования
ИНМОС инструментальная мобильная операционная система
ИНСПЕК *англ.* INSPEC, Information Service in Physics, Electrotechnology, Computers and Control - Информационная служба по физике, электронике, вычислительной технике и управлению
информ. информатика
ИПВТ Институт проблем вычислительной техники
ИПИАН Институт проблем информатики Академии наук
ИПМ Институт прикладной математики имени М. В. Келдыша
ИПС Институт программных систем
ИПС информационно-поисковая система
ИПЯ информационно-поисковый язык
ИрВЦ Иркутский вычислительный центр
ИРПР интерфейс радиальный параллельный
ИРПР-М интерфейс радиальный параллельный модифицированный

Вычислительная техника, информатика и программирование

ИРПС интерфейс радиальный последовательный
ИС интегральная схема
ИС интерпретирующая система
ИСОД интегрированная система обработки данных
ИСП источник стабилизированного питания
ИСС информационно-справочная система
ИТ интегральная технология
ИТ информационные технологии
ИУ исполнительное устройство
ИУС информационно-управляющая система
ИЯ информационный язык
КАПД система компьютерного анамнеза и предварительной диагностики
КВМ клавишная вычислительная машина
КВУ координационно-вычислительное устройство
КВЦ командно-вычислительный центр
КВЦ кустовой вычислительный центр
КД компакт-диск
КД компьютерная диагностика
КДА конечный детерминированный автомат
КЗУ комбинированное запоминающее устройство
КИВС кустовая информационно-вычислительная станция
КИВЦ кустовой информационно-вычислительный центр
КМОП комплементарная структура «металл - оксид - полупроводник»
КМПД комплементарная структура «металл - диэлектрик - полупроводник»
КНМЛ кассетный накопитель на магнитной ленте
КОБОЛ *англ.* COBOL, Common Business Oriented Language - Язык программирования управленческих задач
КОИ код обмена информацией
комп. компьютер
КОП канал общего пользования
КОП код операции
КП командный процессор
КПТО комплекс программ технического обслуживания
КС кибернетическая система
КСК контроллер сетевого канала
КСМ контрольно-счетная машина
КУВТ комплект учебной вычислительной техники
КЦГД контроллер цветного графического дисплея
КШ кодовые шины
КША кодовые шины адреса
КШЧ кодовые шины числа
ЛВС локальная вычислительная сеть
ЛЗУ логическое запоминающее устройство
ЛИСП *англ.* LISP, List Processor - Язык программирования для обработки списков
ЛП линейное программирование
ЛПУ ленточное печатающее устройство
ЛС локальная сеть
ЛСУВВ логическая система управления вводом-выводом
МАИ Международная академия информатизации

Вычислительная техника, информатика и программирование

мат математика; математический

мат(ем). математика; математический

МБ магнитный барабан

Мбайт мегабайт *(ед. изм.)*

МВВ модуль ввода-вывода

МВК макроконвейерный вычислительный комплекс

МВК многопроцессорный вычислительный комплекс

МВМ малая вычислительная машина

МВУ многоцелевое вычислительное устройство

МВЦ межвузовский вычислительный центр

МВЦ Международный вычислительный центр

МГИ манипулятор графической информации

МГУ модуль группового управления

МГц мегагерц *(ед. изм.)*

МД магнитный диск

МЗ массив загрузки

МЗУ магнитное запоминающее устройство

МИС малая интегральная схема

МИУ модуль импульсного управления

МИЭМ Московский институт электронного машиностроения

МКК Международный компьютерный клуб

МККТТ Международный консультативный комитет по телеграфии и телефонии

МКЛ маркер конца ленты

МКФ Международный компьютерный форум

МЛ магнитная лента

МНЛ маркер начала ленты

МНС массив непосредственных спецификаций

МО математическое обеспечение

МОАП металл - оксид алюминия - полупроводник *(структура)*

модем модулятор - демодулятор

МОЗУ магнитное оперативное запоминающее устройство

МОП металл - оксид - полупроводник *(структура)*

МОПИС металл - оксид - полупроводниковая интегральная схема

МОС Международная организация по стандартизации

МОС ВП многопользовательская операционная система с виртуальной памятью

МП машинный перевод

МП микропроцессор

МП модуль программный

МПД мультиплексор передачи данных

МПИ межмодульный параллельный интерфейс

МПК микропроцессорный комплект

МПУ матричное печатающее устройство

МПУ микропрограммное управление

мс миллисекунда *(ед. изм.)*

МСП микросхема специального применения

МТК международный телеграфный код

МУ модуль управления

МФЗУ многофункциональное запоминающее устройство

МФРЯ Машинный фонд русского языка

МЦ АУВД Московский центр автоматизированного управления воздушным движением

МЭА микроэлектронная аппаратура

Вычислительная техника, информатика и программирование

МЭК Международная электротехническая комиссия

МЭСИВ Межгосударственная электронная система информационного взаимодействия предприятий машиностроения в сфере взаимных поставок

МЭСМ малая электронная счетная машина

МЭЦВМ микроэлектронная цифровая вычислительная машина

НАКУ наземный автоматизированный комплекс управления

НВЦ научно-вычислительный центр

НГМД накопитель на гибких магнитных дисках

НЕГП Независимая европейская группа программирования

НЖМД накопитель на жестком магнитном диске

НИИАС Научно-исследовательский институт автоматизированных систем

НИИМА Научно-исследовательский институт микроэлектронной аппаратуры

НИИМВС Научно-исследовательский институт многопроцессорных вычислительных систем

НИИЭС Научно-исследовательский институт электронных систем

НИС Национальные информационные системы

НИТ новая информационная технология

НМ нормативный материал

НМБ накопитель на магнитном барабане

НМД накопитель на магнитных дисках

НМЛ накопитель на магнитной ленте

НПУ наборно-программирующее устройство

НСД несанкционированный доступ

НЦВТ Научный центр по фундаментальным проблемам вычислительной техники и систем управления

НЦПСО Научный центр программных средств обучения

НЭЦ АУВД Научно-экспериментальный центр автоматизированного управления воздушным движением

О. оператор

ОАД обобщенный алгоритм действий

ОАСУ отраслевая автоматизированная система управления

ОВРК особоважная разовая команда

ОВУ оптическое вычислительное устройство

ОВЦ отраслевой вычислительный центр

ОЗУ оперативное запоминающее устройство

ОИВСУ отраслевая информационно-вычислительная система управления

ОИВТА Отделение информатики, вычислительной техники и автоматизации *(Российской академии наук)*

ОМЗУ оптико-механическое запоминающее устройство

ООП основная оперативная память

Вычислительная техника, информатика и программирование

ОП оперативная память
ОП основная память
оп. оператор
операт. операторский
ОС операционная система
ОСМ обучающие системы мультимедиа
ОСМО общесистемное математическое обеспечение
ОС РВ операционная система реального времени
ОЧУ оптическое читающее устройство
ОШ общая шина
ПВВ порт ввода-вывода
ПВМ перфорационная вычислительная машина
ПВУ программно-временное устройство
ПВЦ производственно-вычислительный центр
ПДГ пакет деловой графики
ПДП прямой доступ к памяти
ПДС психодиагностическая система
ПЗС прибор с зарядовой связью
ПЗУ постоянное запоминающее устройство
ПК персональный компьютер
ПК перфокарта
ПК программный комплекс
ПЛ перфолента
Пл плазменный *(дисплей)*
ПЛМ программируемая логическая матрица
ПМД плоский магнитный домен
ПМК пункт компьютерного моделирования
ПМЛ программируемая матричная логика
ПО программное обеспечение
ПП пакет программ
ПП прикладная программа
ПП программный продукт
ППА программируемый периферийный адаптер
ППД процессор передачи данных
ППЗУ программируемое постоянное запоминающее устройство
ППК профессиональный персональный компьютер
ППП пакет прикладных программ
ППЭВМ профессиональная персональная электронно-вычислительная машина
ПРОЛОГ «**ПРО**граммирование в терминах **ЛОГ**ики *(машинный язык)*
ПРОС персональная операционная система
ПС «Перевод строки» *(функция)*
ПС псевдослучайный
ПСП псевдослучайная последовательность
ПТК программно-технологический комплекс
ПУ периферийное устройство
ПУ программное управление
ПЦАП перемножающий цифроаналоговый преобразователь
ПЭВМ персональная электронно-вычислительная машина
РАФОС операционная система с расширенными функциями
РБД распределенная база данных
РБД реляционная база данных
РГВЦ региональный геофизический вычислительный центр

ремиконт регулирующий микропроцессорный контроллер
РЕФАЛ рекурсивных функций алгоритмический язык
РИВС районная информационно-вычислительная система
РИВЦ региональный информационно-вычислительный центр
РК разовая команда
РМВ реальный масштаб времени
РМП рабочее место преподавателя
РМУ рабочее место ученика
РОН регистр общего назначения
РосНИИинформсистем Российский научно-исследовательский институт информационных систем
РОСФОКОМП Российский фонд компьютерных учебных программ
С стык
САДУ система автоматизированного диспетчерского управления
САК система автоматизированного контроля
САКР система автоматизированного конструирования
САМ счетно-аналитическая машина
САНЭ система автоматизации научных экспериментов
САПР система автоматизированного проектирования
САПР ТП система автоматизированного проектирования технологических процессов
САРП система автоматизированной радиолокационной проводки
САУ система автоматического управления
САЦП системный аналого-цифровой преобразователь
СБИС сверхбольшая интегральная схема
СВК специфицированный вычислительный комплекс
СВМ система виртуальных машин
СВС специализированная вычислительная система
СВТ средства вычислительной техники
СДАУ система дистанционного автоматизированного управления
СИБ сканер избирательных бюллетеней
СИИ система искусственного интеллекта
СИС средняя интегральная схема
СКБ ВТ Специальное конструкторское бюро вычислительной техники
СКБ МТВ Специальное конструкторское бюро микроэлектроники и вычислительной техники
СКМ система компьютерного моделирования
СКМ счетно-клавишная машина
СМ системная магистраль
СМ счетная машина
СМК система машинных команд
СМО система математического обеспечения
СМО специальное математическое обеспечение
СМ ЭВМ система малых электронно-вычислительных машин
СО сигнал ошибки

Вычислительная техника, информатика и программирование

СОД система обработки данных
СОЗУ сверхоперативное запоминающее устройство
СОС сетевая операционная система
СП сигнальный процессор
СП стандартная программа
СПК сеть персональных компьютеров
СПО система программного обеспечения
СПО специальное программное обеспечение
СПТО система программ технического обслуживания
СРВ система реального времени
СРП счетно-решающий прибор
ССИС сверхскоростная интегральная схема
ССП система стандартных подпрограмм
СССД система словаря-справочника данных
СТР «Стирание экрана» (функция)
СУБД система управления базой данных
СУВК специфицированный управляющий вычислительный комплекс
СУД система управления данными
СУРБД система управления распределенными базами данных
СУСОД система управления, сбора и обработки данных
СЦВМ специализированная цифровая вычислительная машина
СЧАК счетчик адресов команд
СЧМС система «человек - машина - среда»
СЧПУ станок с числовым программным управлением
СЭБР система электронных безналичных расчетов
СЭВМ специализированная электронно-вычислительная машина
СЭМ система электронных модулей
СЭСМ специализированная электронная счетная машина
СЭТ ЦБ система электронных торгов ценными бумагами
табл. таблица; табличный
ТБД терминологический банк данных
ТВК типовой вычислительный комплекс
ТВМ терминальная вычислительная машина
т. граф. теория графов
т. игр теория игр
т. инф. теория информации
ТкР текстовый режим
ТМОС тест-мониторная операционная система
т. над. теория надежности
ТПУ термопечатающее устройство
ТР текстовый редактор
ТСК терминальный субкомплекс
ТТЛ транзисторно-транзисторная логика
ТТЛШ транзисторно-транзисторная логика с диодами Шотке
ТФДП теория функций действительного переменного
ТЭЗ типовой элемент замены
УБИС ультрабольшая интегральная схема
УВВ устройство ввода-вывода
УВК управляющий вычислительный комплекс

Вычислительная техника, информатика и программирование

УВМ управляющая вычислительная машина
УВС универсальная вычислительная система
УВС управляющая вычислительная система
УВТК управляющий вычислительный телемеханический комплекс
УВХ устройство выборки-хранения
УЗО устройство защиты от ошибок
УК управление командами
УК учебный класс
УЛЗУ универсальное логическое запоминающее устройство
УМК универсальный микроконтроллер
УО устройство обмена
УОИ устройство отображения информации
УП управляющая программа
УС устройство сопряжения
УСО устройство связи с объектом
УУ устройство управления
УЦВМ управляющая цифровая вычислительная машина
УЧПУ устройство с числовым программным управлением
УЭВМ универсальная электронно-вычислительная машина
ФАВТ факультет автоматики и вычислительной техники
Фл флюоресцентный *(дисплей)*
ФОДОС фоново-оперативная дисковая операционная система
ФОРТРАН *англ.* FORTRAN, Formula Translation - Язык программирования для технических и научных задач
ФПМ факультет прикладной математики
ФСУ фотосчитывающее устройство
ФСУВВ физическая система управления вводом-выводом
ф-ция функция *(мат.)*
ц. цифра; цифровой
ЦАВК цифроаналоговый вычислительный комплекс
ЦАО центр автоматизированного обучения
ЦАП цифроаналоговый преобразователь
ЦАСР цифровая автоматизированная система регулирования
ЦВК цифровой вычислительный комплекс
ЦВТ цифровая вычислительная техника
ЦВУ цифровое вычислительное устройство
ЦВМ цифровая вычислительная машина
ЦИМ цифровая интегрирующая машина
ЦИТ Центр информационных технологий
ЦКО центральный контроллер обмена
ЦМД цилиндрический магнитный домен
ЦМТ Центр микроэлектронных технологий
ЦОС цифровая обработка сигналов
ЦП центральный процессор
ЦПМ цифропечатающая машина
ЦПУ цифровое программное управление
ЦПУ цифропечатающее устройство
ЦСБА Централизованная система баз данных

Вычислительная техника, информатика и программирование

ЦУ центральное управление *(в ЭВМ)*
ЦУМ цифровая управляющая машина
ЦУУ центральное устройство управления
ЦФ цифровой фильтр
ч. число
ЧМД частотно-модулированный домен
ЧПУ числовое программное управление
ЧУ читающее устройство
ШР штепсельный разъем
ЭАВМ электронная аналоговая вычислительная машина
ЭБ электронный бланк
ЭВМ электронная вычислительная машина
ЭВТ электронно-вычислительная техника
ЭД элемент данных
ЭДИП «Экономическая диагностика предприятий» *(компьютерная программа)*
ЭЛП электронно-лучевой прибор
ЭМД электронный магнитный диск
ЭОД электронный обмен данными
ЭП электронная почта
ЭППЗУ электрически программируемое постоянное запоминающее устройство
ЭС экспертная система
ЭСИЛ эмиттерно-связанная инжекционная логика
ЭСЛ эмиттерно-связанная логика
ЭСОД электронная система обработки данных
ЭТ электронная таблица
ЭУМ электронная управляющая машина
ЭФЛ эмиттерно-функциональная логика
ЭЦВМ электронная цифровая вычислительная машина
ЭЦП электронная цифровая подпись
ЭЦУМ электронная цифровая управляющая машина
ЭЭСЛ эмиттерно-эмиттерная связанная логика
ЯОД язык описания данных
ЯП язык программирования
ЯП ячейка памяти
ЯПВУ язык программирования высокого уровня

ЕДИНИЦЫ ИЗМЕРЕНИЯ

А	ампер
а	атто… (10^{-18} *десятичная приставка к единицам измерения*)
А/Вб	ампер на вебер
авт. л.	авторский лист
а. е.	астрономическая единица
а. е. д.	астрономическая единица длины
а. е. м.	атомная единица массы
А/кг	ампер на килограмм
А/м	ампер на метр
А·с	ампер-секунда
ат(.)	атмосфера техническая
ата	атмосфера абсолютная
ат. ед.	атомная единица
ати	атмосфера избыточная
атм	атмосфера физическая
ат. м.	атомная масса
ацет. ч.	ацетильное число
А·ч	ампер-час
Б	бел
барр.	баррель
бит/с	*(число)* бит в секунду
Бк	беккерель
Бк/кг	беккерель на килограмм
Бк/моль	беккерель на моль
бр.-рег. т	брутто-регистровая тонна
бр.-т	брутто-тонна
б.-р.т	брутто-регистровая тонна
БТЕ	британская тепловая единица
бут.	бутылка *(при цифрах)*
БэВ	миллиард электрон-вольт
бэР	биологический эквивалент рентгена
В	вольт
в.	верста
В·А	вольт-ампер
вар	вольт-ампер реактивный
Вб	вебер
Вб/А	вебер на ампер
Вб/Г	вебер на генри
Вб·м	вебер-метр
Вб/м	вебер на метр
вес. ч.	весовая часть
В/м	вольт на метр
вод. ст.	водяного столба
В·с	вольт-секунда
Вт	ватт
Вт/кг	ватт на килограмм
Вт·с	ватт-секунда
Вт·ч	ватт-час
в. ч.	весовая часть
Г	гига… (10^9 *десятичная приставка к единицам измерения*)
Г.	галлон
г	гекто… (10^2 *десятичная приставка к единицам измерения*)
г	грамм
Г.-а.	грамм-атом
га	гектар
ГВ	гигавольт
ГВт	гигаватт
гВт	гектоватт
ГВт-ч	Гигаватт-час
гВт-ч	гектоватт-час
гг	гектограмм
ГГц	гигагерц
ГДж	гигаджоуль
г·ион	грамм-ион
Гкал	гигакалория
ГКМВ	Генеральная конференция по мерам и весам
гл	гектолитр
г/л	грамм на литр
гм	гектометр
г/м	грамм на метр
г/мм	грамм на миллиметр
г·моль	грамм-молекула
Гн	генри

Единицы измерения

Гн/м	генри на метр
Гр	грей
гр.	градус
г-Р	грамм-рентген
град.	градус
град/м	градус на метр
град/с	градус в секунду
град/см	градус на сантиметр
Гр/с	грей в секунду
г/с	грамм в секунду
ГСИ	государственная система обеспечения единства измерений
Гфлоп	гигафлоп
Гц	герц
ГэВ	гигаэлектрон-вольт
г-экв	грамм-эквивалент
ГЭЧ	Государственный эталон частоты
Д	дарси
Д	диоптрия
д	деци... (10^{-1} *десятичная приставка к единицам измерения*)
д	дюйм
д.	доля *(единица веса)*
да	дека... (10^1 *десятичная приставка к единицам измерения*)
дал	декалитр
дБ	децибел
дг	дециграмм
дек	декада
Дж	джоуль
Дж/К	джоуль на кельвин
Дж/кг	джоуль на килограмм
Дж/м	джоуль на метр
Дж/моль	джоуль на моль
Дж·с	джоуль-секунда
дл	децилитр
ДМ	дюйм
дм	дециметр
дн	дина
дптр	диоптрия
ед.	единица
ед. изм(ер).	единица измерения
ЕРР	единица работы разделения
з.	золотник
Зв	зиверт
Зв/с	зиверт в секунду
зн/с	*(число)* знаков в секунду
зол.	золотник
икс-ед.	икс-единица
и. л. с.	индикаторная лошадиная сила
и. ч.	йодное число
К	кельвин
к	кило... (10^3 *десятичная приставка к единицам измерения*)
кал	калория
кар	карат
кб	кабельтов
кбайт	килобайт
кВ	киловольт
кВ·А	киловольт-ампер
кВт	киловатт
кВт·с	киловатт-секунда
кВт·ч	киловатт-час
кг	килограмм
кг-К	килограмм-кельвин
кгм	килограммометр
кг/м	килограмм на метр
кг/моль	килограмм на моль
кг/с	килограмм в секунду
кг/см	килограмм на сантиметр
кГц	килогерц
кг/ч	килограмм в час
кд	кандела
кДж	килоджоуль
кд/лк	кандела на люкс
кд·с	кандела-секунда
ккал	килокалория
Кл	кулон
кл	килолитр
Кл/кг	кулон на килограмм
клм	килолюмен
Кл·м	кулон-метр
Кл/моль	кулон на моль

Единицы измерения

К/м	кельвин на метр
км	километр
км/мин	километр в минуту
км/ч	километр в час
кН	килоньютон
кОм	килоом
кПа	килопаскаль
кт	килотонна
кэВ	килоэлектрон-вольт
л	литр
лк	люкс
лк·с	люкс-секунда
лм	люмен
лм/Вт	люмен на ватт
л/мин	литр в минуту
л. с.	лошадиная сила
л/с	литр в секунду
л/ч	литр в час
М	мега... (10^6 *десятичная приставка к единицам измерения*)
м	метр
м	милли... (10^{-3} *десятичная приставка к единицам измерения*)
мА	миллиампер
мб	миллибар
Мбайт	мегабайт
Мбар	мегабар
Мбит	мегабит
МВ	мегавольт
мВ	милливольт
м. в.	молекулярный вес
МВт	мегаватт
мВт	милливатт
МВт·ч	мегаватт-час
мг	миллиграмм
мГн	миллигенри
МГц	мегагерц
МДж	мегаджоуль
мин	минута
мин.	минута
м·К	метр-Кельвин
мк	микро... (10^{-6} *десятичная приставка к единицам измерения*)
мкА	микроампер
Мкал	мегакалория
мкВ	микровольт
мкВт	микроватт
мкг	микрограмм
мкГн	микрогенри
мкКл	микрокулон
мКл	милликулон
мкл	микролитр
мкм	микрометр
мкмоль	микромоль
мкОм	микром
мкР	микрорентген
мкс	микросекунда
мкФ	микрофарад
мл	миллилитр
Мм	мегаметр
мм	миллиметр
м/мин	метр в минуту
ммкс	миллимикросекунда
ммоль	миллимоль
мм рт. ст.	миллиметр ртутного столба
мН	миллиньютон
Мпа	мегапаскаль
Мпс	мегапарсек
МПТШ	международная практическая температурная шкала
мР	миллирентген
мР/ч	миллирентген в час
мс	миллисекунда
м/с	метр в секунду
МСА	Международная стандартная атмосфера
Мт	мегатонна
мФ	миллифарад
Мфлоп	мегафлоп
м.ч.	массовое число
м/ч	метр в час
МэВ	мегаэлектрон-вольт
Н	ньютон
н	нано... (10^{-9} *десятичная приставка к единицам измерения*)
Н·м	ньютон-метр

Единицы измерения

Н/м	ньютон на метр
нм	нанометр
Нп	непер
Н·с	ньютон-секунда
Н/с	ньютон в секунду
нс	наносекунда
нФ	нанофарад
об/мин	*(число)* оборотов в минуту
об/с	*(число)* оборотов в секунду
обэ	относительная биологическая эффективность
окт	октава
Ом·м	ом-метр
Ом·см	ом-сантиметр
ОЧ	октановое число
П	пета... (10^{15} *десятичная приставка к единицам измерения*)
п	пико... (10^{-12} *десятичная приставка к единицам измерения*)
Па	паскаль
Па/м	паскаль на метр
Па·с	паскаль-секунда
пк	парсек
п(ог).м.	погонный метр
пФ	пикофарада
Р	рентген
расп/мин	распад в минуту
расп/с	распад в секунду
Рд	резерфорд
Р/с	рентген в секунду
РСИ	российская система измерений
рт. ст.	ртутный столб
с	санти... (10^{-2} *десятичная приставка к единицам измерения*)
с	секунда
саж.	сажень
св. год	световой год
СИ	*англ.* SI, International System of Units — Международная система единиц
См	сименс
см	сантиметр
см/м	сименс на метр
см/см	сименс на сантиметр
сП	сантипуаз
сут.	сутки
Т	тера... (10^{12} *десятичная приставка к единицам измерения*)
т	тонна
Тгц	терагерц
т·км	тонно-километр
Тл	тесла
тр.	тройский
т/сут.	тонн в сутки
т/ч	тонна в час
уд. в.	удельный вес
уд. вес	удельный вес
уз	узел *(морская единица измерения скорости)*
Ф	фарад
ф	фемто... (10^{-15} *десятичная приставка к единицам измерения*)
ф.	фунт
ф.	фут
Ф/м	фарад на метр
ф·с	фот-секунда
ф·ч	фот-час
фэ-Р	физический эквивалент рентгена
ц	центнер
ЦЧ	цетановое число
ч(.)	час
Э	экса... (10^{18} *десятичная приставка к единицам измерения*)
Э	эрстед
эВ	электрон-вольт
э. л. с.	эффективная лошадиная сила

КОЭФФИЦИЕНТЫ, ПОКАЗАТЕЛИ

ГТК гидротермический коэффициент
ИПН интеграционный показатель надежности
КЕО коэффициент естественной освещенности
КИМ коэффициент использования материалов
КИМ коэффициент использования металла
КИП коэффициент использования площади
КИПО коэффициент использования полезного объема *(доменной печи)*
КИРВ коэффициент использования рабочего времени
КИУМ коэффициент использования установленной мощности
КЛТР коэффициент линейного теплового расширения
КОС коэффициент обеспеченности собственными средствами
КПВ коэффициент полезного времени
КТЛ коэффициент текущей ликвидности
КТР коэффициент термического расширения
КТУ коэффициент трудового участия
КУ коэффициент усиления
КУП коэффициент утраты платежеспособности
ПОА показатель относительной аварийности
ТК температурный коэффициент
ТКВ температурный коэффициент вязкости
УИ ударный индекс

АВТОМАТИКА И АВТОМАТИЗАЦИЯ. ТЕЛЕ- И РАДИОЭЛЕКТРОНИКА. ЭЛЕКТРОТЕХНИКА СВЯЗЬ. ПОЧТА.

А автоматический
А анод
А антенна
АБ аккумуляторная батарея
АБВ антенна бегущей волны
АБС автоматизированная банковская система
АБСТ автоматизированный банк стандартизованных терминов
АБТ автоматизация банковских технологий
АБУ автоматическое блокирующее устройство
АВН аппарат высокого напряжения
авометр ампервольтомметр
АВР автоматическое включение резерва *(электр.)*
АВТ автоматический выключатель телевизоров
авт. автоматика
авто... автоматический
автомат. автоматизация
автомат. автоматизированный
автомат. автоматический
АВТС автоматическая внутриобластная телефонная связь
АГИС автоматизированная государственная информационная система
АГНКС автоматизированная газонаполнительная компрессорная станция
АГП автомат гашения поля; автоматическое гашение поля *(электр.)*
АГС автоматизированная газоаналитическая система
АГУ автобусная громкоговорящая установка

АДА автоматический дрейфующий аэростат
АДН автоматическая дистанционная наводка
АДП автоматизированный диспетчерский пункт
АДС автоматизированная диалоговая система
АЗМЛ аппарат для записи на магнитную ленту
АЗОУ автоматическое защитное отключающее устройство
АЗС автомат защиты сети *(электр.)*
АЗС аккумуляторно-зарядная станция
АЗТЭ Алтайский завод тракторного электрооборудования
АИ анализатор импульсов
АИДОС *нем.* AIDOS, Automatisiertes Informations- und Dokumentationssystem - Автоматизированная информационно-документальная система
АИДП автоматизированный информационно-диспетчерский пункт
АИК автоматизированный измерительный комплекс
АИМ амплитудно-импульсная модуляция
АИП автоматический измерительный прибор
АИПС автоматизированная информационно-поисковая система
АИС автоматизированная информационная система
АИС ПС автоматизированная информационная система почтовой связи

Автоматика и автоматизация. Теле- и радиоэлектроника...

АИУС автоматизированная информационно-управляющая система
АКК автоматический ковочный комплекс
аком акустический ом
АКС автоматическая каротажная станция
АКС автоматическая коробка скоростей
АКС аналоговый коммутатор сигналов
АЛ автоматическая линия
АЛС автоматическая локомотивная сигнализация
АЛСК автоматическая локомотивная сигнализация комбинированная
АЛСН автоматическая локомотивная сигнализация непрерывная
АЛСТ автоматическая локомотивная сигнализация точечная
АЛТ атомно-лучевая трубка
АЛТК автоматизированный лазерный технологический комплекс
АМ амплитудная модуляция; амплитудно-модулированный *(радио)*
АМТС автоматическая междугородная телефонная связь
АМТС автоматическая междугородная телефонная станция
АНК автоматизированный настилочный комплекс
ант. антенны
АОН автоматический определитель номера *(вызывающего абонента)*
АОС автоматизированная обучающая система
АП абонентский пункт
АП антенный переключатель
АПВ автомат повторного включения *(электр.)*
АПЛ автоматическая поточная линия
АПМ автоматическая передвижная мастерская
АПП автоматический повторный пуск *(электр.)*
АПП антенна переменного профиля
АППИ автоматизированный пункт приема информации
АППЭИ Ассоциация пользователей передачи электронной информации
АПР акустический парамагнитный резонанс
а. п. р. аномальное поглощение радиоволн
АПСУ автоматизированное проектирование систем управления
АПТ автоматическая переработка текста
АПУ автоматическое предохранительное устройство
АПФ автоматическая подстройка фазы
АПФЛ автоматическая прессовая формовочная линия
АПЧ автоматическая подстройка частоты *(радио)*
АР автоматическое регулирование
АРБ аварийный радиобуй
АРВ автоматическое регулирование возбуждения *(электр.)*
АРГ автоматическое регулирование громкости *(радио)*
АРГА автоматическая регистрация грузовой активности

Автоматика и автоматизация. Теле- и радиоэлектроника...

АРГСН активная радиолокационная головка самонаведения

АРДК автоматизированный рефлексодиагностический комплекс

АРЗМ автоматический регулятор загрузки молотилки

АРИВ автоматический регистратор - измеритель ветра

АРИЛ аэродромная радиоизмерительная лаборатория

АРК автоматический радиокомпас

АРМ автоматизированное рабочее место *(ЭВМ)*

АРМ автоматическое регулирование мощности *(электр.)*

АРМС автоматическая радиометеорологическая станция

АРМЭ анерумбометр электрический

АРН автоматическое регулирование напряжения *(электр.)*

АРН автотрансформаторный регулятор напряжения

АРП автоматический радиопеленгатор

АРП автоматический регистратор производства

АРС автоматический радиоэлектронный секретарь

АРС автоматическое регулирование скорости

АРСО автоматическое распознавание слуховых образов

АРУ автомат регулирования управления

АРУ автоматическая регулировка усиления *(электр.)*

АРУ автоматический регулятор усиления *(электр.)*

АРУ автоматическое регулирование уровня *(электр.)*

АРЦ автоматизированный региональный центр

АРЧ автоматическая регулировка частоты *(электр.)*

АРЧ автоматическая регулировка чувствительности *(радио)*

АРЯ автоматическая регулировка яркости

АС автоматизированная синхронизация

АС автоматизированная система

АС автоматизированный словарь

АС автоматическая система

АС автоматический словарь

АСБУ автоматизированная система боевого управления

АСВБ автоматизированная система внутрибанковских расчетов

АСВТ автоматизированная система вычислительной техники

АСД автоматическое сопровождение по дальности

АСДУ автоматизированная система диспетчерского управления

АСЕВ автоматизированная система единого времени

АСИО автоматизированная система инструментального обеспечения

АСИО автоматизированная система информационного обслуживания

АСИС автоматизированная статистическая информационная система

АСИТО автоматизированная система информационно-терминологического обслуживания

237

АСК автоматизированная система конструирования

АСК автоматическая система контроля

АСК аналоговые сигнализирующие контакты *(приборы)*

АСКИ автоматизированная система коммерческой информации

АСКИС автоматизированная система контроля и слежения

АСКОД автоматизированная система коллективной обработки данных

АСКОРС автоматизированная система количественной оценки риска основных патологических синдромов и состояний

АСКР автоматизированная система контроля и регулирования

АСМБ автоматизированная система межбанковских расчетов

АСМБР автоматизированная система межбанковских расчетов

АСМО автоматизированная система метрологического обеспечения

АСН автоматизированная система нормативов

АСН автоматическое сопровождение по направлению

АСН аппаратура спутниковой навигации

АСНИ автоматизированная система управления научными исследованиями

АСО автомобиль связи и освещения

АСОБВ автоматизированная система обеспечения боевого вылета

АСОД автоматизированная система обработки данных

АСОДУ автоматизированная система оперативно-диспетчерского управления

АСОЖ автоматическая система обеспечения жизнедеятельности

АСОИ автоматизированная система сбора и обработки информации

АСОР автоматизированная система организации работ

АСОС автоматизированная система обработки сообщений

АСОТ автоматизированная система обработки текстов

АСОУ автоматизированная система организации управления

АСОУПК автоматизированная система оперативного управления производством и качеством

АСП автоматизированная система проектирования

АСПД автоматизированная система поиска документации

АСПИ автоматизированная система первичной обработки информации

АСПК автоматизированная система проектирования конструкций

АСПО автоматический счетчик почтовых отправлений

АСПОН автоматизированная система профилактических осмотров населения

АСПОР автоматизированная система поиска оптимальных решений

АСПОС автоматизированная система проектирования объектов строительства

Автоматика и автоматизация. Теле- и радиоэлектроника...

АСПр автоматическая система перестыковки
АСПТИ автоматизированная система переработки текстовой информации
АСПТП автоматизированная система проектирования технологических процессов
АСПУ автоматизированная система планирования и управления
АСПУ автоматизированная система программного управления
АСР автоматизированная система регулирования
АСС автоматизированная система связи
АСС автоматическое сопровождение по скорости
АССА автоматизированная справочная система адвоката
АССД автоматизированная система сбора данных
АССТ агрегатная система средств телемеханики
АСТ автоматизированная система теплопотребления
АСТ Акции - Системы - Телекоммуникации *(система)*
АСТП автоматизированная система технологического проектирования
АСТПП автоматизированная система технологической подготовки производства
АСТТ агрегатный комплекс средств телемеханической техники
АСУ автоматическая справочная установка
АСУБД автоматизированная система управления базами данных
АСУБД автоматизированная система управления боевыми действиями
АСУ БС автоматизированная система управления боевыми средствами
АСУВ автоматизированная система управления войсками
АСУВД автоматизированная система управления воздушным движением
АСУД автоматизированная система управления движением
АСУД автоматизированная система учебной деятельности
АСУЖТ автоматизированная система управления железнодорожным транспортом
АСУМС автоматизированная система управления материально-техническим снабжением
АСУО автоматизированная система удаления отходов
АСУО автоматизированная система управления объединением
АСУП автоматизированная система управления производством
АСУС автоматизированная система управления строительством
АСУСВ автоматическая система управления самолетами и вертолетами
АСУТП автоматизированная система управления технологическим процессом
АСУУП автоматизированная система управления учебным процессом

Автоматика и автоматизация. Теле- и радиоэлектроника...

АСУФ автоматизированная система управления силами флота
АСФР автоматизированная система финансовых расчетов
АСЭТ агрегатированная система средств электроизмерительной техники
АТ автотрансформатор
АТА абонентское телеграфирование автоматическое
АТК автоматизированный технологический комплекс
АТМС автоматическая телеизмерительная метеостанция
АТП автоматизация технологического проектирования
АТПР автоматический ткацкий пневморапирный станок
АТР абонентское телеграфирование ручное
АТС автоматическая телефонная станция
АТС аэронавигационная телекоммуникационная сеть
АТСК автоматическая телефонная станция координатная
АТС автоматизированная транспортно-складская система
АТТУ автоматический таксофонный телефонный узел
АТУ антенна телевизионная унифицированная
АТЭ автотракторное электрооборудование
АУ автомат увода
АУВ автоматический установщик взрывателей *(арт.)*
АУД автомат управления дальностью
АУЗ автоматическое управление записью *(прибор)*
АУПП автоматическое управление приемом и передачей *(радио)*
АУТ автоматический установщик трубки *(арт.)*
АФАР активная фазированная антенная решетка
АФМ амплитудно-фазовая манипуляция
АФОС автоматическая фотоэлектронная охранная сигнализация
АФУ антенно-фидерное устройство
АФЧХ амплитудно-фазовая частотная характеристика
АЦ автоматический цех
АЦ аналого-цифровой
АЦВ автоматический цифровой вольтметр
АЦК аналого-цифровой комплекс
АЧМ амплитудно-частотная модуляция
АЧР автоматическая частотная разгрузка *(энергосистем)*
АЧХ амплитудно-частотная характеристика
АШПУ автоматизированное шланговое поливное устройство
АЭС автономный электростимулятор
АЭСЖКТ автономный электростимулятор желудочно-кишечного тракта
а/я абонементный ящик
БА билетопечатающий автомат
БАПС быстродействующая автоматическая противопожарная система
БАРУ быстродействующая автоматическая регулировка усиления

Автоматика и автоматизация. Теле- и радиоэлектроника...

БАС батарея анодная сухая
БИТС бортовая информационная телеметрическая система
БИХ бесконечная импульсная характеристика
БК блок коммутации
БК бортовой коммутатор
БКИП блок контроля источников питания
БК ПРД бортовой коммутатор передатчика
БК ПРМ бортовой коммутатор приемника
БК ПРМ ПЛ бортовой коммутатор приемника пеленга
БКС бортовая кабельная сеть
БМ бортовой магнитофон
БМ бортовой манипулятор
БМР бесконтактное магнитное реле
БМРМ ближний маркерный радиомаяк
БН батарея накала *(радио)*
БНС батарея накала сухая *(радио)*
БП барабанный переключатель
БРЭА бортовая радиоэлектронная аппаратура
БРЭО бортовое радиоэлектронное оборудование
БС *(люминесцентная лампа)* белого света
БСК батарея статических конденсаторов *(электр.)*
БСКТ бесконтактный синусно-косинусный трансформатор
БСР блок строчной развертки
БТК бортовая телевизионная камера
б. тр. будка трансформаторная *(топ.)*
БТС бортовая телевизионная система
бумлитиз бумажная литая изоляция
БУС блок устройств сопряжения
БУФ блок усиления и фазирования
БФ батарея фотоэлектрическая
БЭА блок электроавтоматики
БЭРНК береговая электрорадионавигационная камера
БЭФ бытовой электрофильтр
ВАКСС взаимоувязанная автоматизированная комплексная система связи
ВАРК Всемирная административная радиоконференция
ВАРУ временная автоматическая регулировка усиления
ВВА высоковольтная аппаратура
ВВА высоковольтная арматура
ВГ вспомогательный генератор
ВГВ внутренние гравитационные волны
видео видеоаппаратура
видео видеосвязь
ВИМ время-импульсная модуляция
ВИП величина изменения пеленга
ВИП время-импульсный преобразователь
ВИРТА Военная инженерная радиотехническая академия противовоздушной обороны имени маршала Советского Союза Л. А. Говорова
ВКЧ высокостабильный калибратор частоты
ВМП вращающееся магнитное поле
ВН высокое напряжение *(электр.)*

ВНА всенаправленная антенна

ВНИИЖИВМАШ Всероссийский научно-исследовательский конструкторско-технологический институт по машинам для комплексной механизации и автоматизации животноводческих ферм

ВНИИПАС Всероссийский научно-исследовательский институт прикладных автоматизированных систем

ВНИИПЭМ Всероссийский государственный научно-исследовательский и проектный институт электромонтажного производства

ВНИИРИ Всероссийский научно-исследовательский институт радиографических измерений

ВНИИСМ Всероссийский научно-исследовательский институт автоматизации средств метрологии

ВНИИТэлектромаш Всероссийский научно-исследовательский и проектно-конструкторский институт технологии электромашиностроения

ВНИИФТРИ Всероссийский научно-исследовательский институт физико-технических и радиотехнических измерений

ВНИИЭ Всероссийский научно-исследовательский институт электромеханики

ВНИИЭИМ Всероссийский научно-исследовательский и проектно-технологический институт электроизоляционных материалов и фольгированных диэлектриков

ВНИИЭМ Всероссийский научно-исследовательский институт электромеханики

ВОЛС волоконно-оптическая линия связи

ВОР всенаправленный азимутальный радиомаяк

ВОРЛ вторичный обзорный радиолокатор

ВПТС внутрипроизводственная телефонная связь

ВПУ видеопросмотровое устройство *(в телецентре)*

ВРЗ выходное реле защиты линии *(электр.)*

ВРК временное разделение каналов

ВС вводная стойка *(связь)*

ВСАК временная система автоматического контроля

ВТ вращающийся трансформатор

ВТ выходной трансформатор

ВТ вычислитель тепла

ВТА видеотелефонный аппарат

ВТС видеотелефонная связь

ВТС воздушный трансформатор связи

ВУ входное устройство *(радио)*

ВУ выпрямительное устройство *(электр.)*

ВУС вспомогательная усилительная станция

ВУС вспомогательный узел связи

ВЦКС выделенная цифровая коммутируемая сеть

ВЧ высокая частота; высокочастотный *(электр.)*

ВЧИМ высокочастотная импульсная модуляция

ВЧП высокая частота повторения

ВЧПИ высокая частота повторения импульса

ВЧС высокочастотная связь

Автоматика и автоматизация. Теле- и радиоэлектроника...

ВЭЗ вертикальное электрическое зондирование
ВЭКС векторэлектрокардиоскоп
ВЭМЗ Владимирский электромоторный завод
ВЭПУАЗО векторный электрический прибор управления артиллерийским зенитным огнем
ВЭЧ вторичный эталон частоты *(электр.)*
ГАП гибкое автоматизированное производство
ГАС гибкая автоматизированная система
ГАС-выборы Государственная автоматизированная система по учету голосов избирателей
ГАСНТИ Государственная автоматизированная система научно-технической информации
ГАСУ государственная автоматизированная система управления
ГВЧ генератор высокой частоты
ГВЧ гипервысокая частота *(электр.)*
ГГС громкоговорящая связь
геркон герметический контакт *(электр. прибор)*
ГЗ генератор звуковой
ГИ генератор импульсов
ГИ групповой искатель *(электр.)*
ГИР гетеродинный индикатор резонанса *(радио)*
ГКР генератор кадровой развертки *(телевидение)*
ГЛИН генератор линейно-изменяющегося напряжения
ГМК генератор механических колебаний
ГМЧ генератор модулирующей частоты
ГНИИР Государственный научно-исследовательский институт радио
ГНЧ генератор низкой частоты
г/о городское отделение *(связи)*
ГПБА гибкая протяженная буксируемая антенна
г-р генератор
ГРП глиссадный радиоприемник
ГРТС городская радиотрансляционная сеть
ГРТЦ Государственный радиотелевизионный центр
ГРУ главное распределительное устройство *(электр.)*
ГС генератор сигналов
ГСК генератор сигналов комбинированный
ГСН генератор ступенчатого напряжения
ГСПД государственная система передачи данных
ГСР генератор строчной развертки *(телевидение)*
ГСС генератор стандартных сигналов *(радио)*
ГСТС городская и сельская телефонная сеть
ГСТС городская станция телефонной связи
ГТИ генератор тактовых импульсов
ГТК Государственная телевещательная компания
ГТРК Государственная телевизионная и радиовещательная компания; государственная телерадиокомпания
ГТС гидроакустическая телеметрическая система

Автоматика и автоматизация. Теле- и радиоэлектроника...

ГТС городская телефонная сеть
ГТС городская телефонная станция
ГТС городская трансляционная сеть
ГУН генератор, управляемый напряжением
ГУС Главное управление связи
ГШ генератор шума
ГШС генератор шумового спектра
ГЭТ городской электрический транспорт
ГЭУ генератор с электронным управлением
ДАРМС дрейфующая автоматическая радиометеорологическая станция
ДАС дальняя автоматическая связь
ДАТА дуплексная абонентская телеграфная аппаратура
ДАУ дистанционное автоматизированное управление
ДВ длинные волны; длинноволновый
ДГ дуговой генератор
ДГТС двухсторонняя групповая телефонная связь
ДИКМ дифференциальная импульсно-кодовая модуляция
ДИП дополнительный искровой промежуток
ДИЭЗПО Дирекция по изданию и экспедированию знаков почтовой оплаты
ДКБА Долгопрудненское конструкторское бюро автоматики
ДКМВ декаметровые волны
ДМВ дециметровые волны
ДМПИ дельта-модуляция с повышенной информативностью
ДМРМ дальний маркерный радиомаяк
ДН делитель напряжения *(электр.)*
ДНА диаграмма направленности антенны
ДНЗ диод с накоплением заряда
ДО дипольные отражатели
ДОЛ доплеровское обострение луча
ДПО дистанционный поиск и отключение *(поврежденных участков линий связи)*
ДПРМ дальний приводной радиомаяк
ДПРМ дальняя приводная радиостанция с маркером *(авиа)*
ДПРС дальняя приводная радиостанция *(авиа)*
ДПТ двигатель постоянного тока
ДРЛ диспетчерский радиолокатор
ДРЛ дуговая ртутная лампа
ДРЛО дальнее радиолокационное обнаружение
ДРО дипольный радиоотражатель
ДС дневного света
ДСМ дельта-сигма модуляция
ДСО детектор сигнала ошибки
ДСС дискретные системы связи
ДТ дифференциальный трансформатор
ДТУ диспетчерская телевизионная установка
ДУ дистанционное управление
ДУ диэлектрический усилитель
ДЦ дифференцирующая цепочка *(электр.)*
ДЦВ дециметровые волны *(радио)*

Автоматика и автоматизация. Теле- и радиоэлектроника...

ДЦМВ децимиллиметровые волны *(радио)*
ДЦП дискретно-цифровой преобразователь
д/э дизель-электроход
ДЭК дизель-электрический кран
ДЭПЛ дизель-электрическая подводная лодка
ДЭТ дизельный электрический трактор
ДЭУ дизель-электрическая установка
ЕАСК Единая автоматизированная система контроля
ЕАСС Единая автоматизированная сеть связи
ЕВС единая высоковольтная сеть
ЕСР Европейский союз радиовещания
ЕТС Европейский телерадиовещательный союз
ЖР железнодорожная радиостанция
ЗАС засекреченная автоматическая связь
зв. звонок
звук. звуковой
ЗГ звуковой генератор
ЗГРЛС загоризонтная радиолокационная станция
ЗМС звукометрическая станция
ЗОУ защитно-отключающее устройство
ЗПС звуковая подводная связь
ЗРУ зарядно-разрядное устройство
ЗРУ зарядно-распределительное устройство *(электр.)*
ЗС защитная сетка *(радио)*
ЗТА завод телемеханической аппаратуры
ЗУ задающее устройство *(в системе автоматического управления)*
ЗУ зарядное устройство *(радио)*
ЗЧ звуковая частота *(радио)*
ЗЭИП завод электроизмерительных приборов
ЗЭЛТ запоминающая электронно-лучевая трубка
ЗЭМО завод электромеханического оборудования
ИАОС интеллектуальная автоматизированная обучающая система
ИАП Институт автоматизации проектирования
ИАПУ Институт автоматики и процессов управления
ИАРУ *англ.* IARU, International Amateur Radio Union - Международный радиолюбительский союз
ИАТ Институт автоматики и телемеханики
ИАЭ Институт автоматики и электрометрии
ИБН испытательный блок напряжения *(электр.)*
ИВ измеритель выхода *(радио)*
ИВ искатель вызова *(электр.)*
ИД импульсно-доплеровский
ИЗМИРАН Институт земного магнетизма, ионосферы и распространения радиоволн Академии наук
Изо изофазный
изо... изоляционный
ИИИ источник ионизирующих излучений
ИИЛ импульсный измеритель линий *(электр.)*
ИКЗ испытатель коротких замыканий *(прибор)*
ИКИР Институт космофизических исследований и распространения радиоволн
ИКЛ инфракрасные лучи

ИКМ импульсно-кодовая модуляция *(связь)*
ИКО индикатор кругового обзора *(в радиолокаторе)*
ИМ импульсная модуляция
ИМА импульсный магнитный анализатор
ИМА интенсиметр меченых атомов
ИМП импульсное магнитное поле
имп. импульс; импульсный
ИНТЕЛСАТ *англ.* INTELSAT или Intelsat, International Telecommunications Satellite Consortium - Международная организация спутниковых телекоммуникаций
Интервидение Интернациональное телевидение
ИНЧ инфранизкая частота
ИП измерительный преобразователь
ИП измерительный пункт
ИП импульсная помеха
ИП истинный пеленг
ИПО истинный пеленг ориентира
ИПР истинный пеленг радиостанции
ИПТМОМ Институт проблем технологии микроэлектроники и особо чистых металлов
ИПЦ индикатор подвижных целей *(в радиолокаторе)*
ИР импульсное реле
ИРЭ Институт радиотехники и электроники
ИРЭ РАН Институт радиотехники и электроники Российской Академии наук
ИСЭ Институт сильноточной электроники
ИТ импульсный трансформатор
ИТС импульсная телевизионная система
ИФАК *англ.* IFAC, International Federation of Automatic Control - Международная федерация по автоматическому управлению
ИЭМП импульсное электромагнитное поле
ИЭС Институт электросварки имени Е. О. Патона
ИЭФ Институт электрофизики
ИЭХ Институт электрохимии
К катод
КАСУ корабельная автоматизированная система управления
КАТС корабельная автоматическая телефонная станция
КБВ коэффициент бегущей волны *(радио)*
КБХА Конструкторское бюро химической автоматики
КВ короткие волны; коротковолновый
КВП коаксиально-волноводный переход
КВЧ крайне высокая частота *(электр.)*
КГ кварцевый генератор
КГ когерентный гетеродин
КЗ короткое замыкание
КЗА контрольно-записывающая аппаратура
КЗИ комплект защитный изолирующий
КИИРА Киевский институт инженеров радиоэлектроники и автоматики
КИИС контролирующая информационно-измерительная система
КИК командно-измерительный комплекс

КИМ кодово-импульсная модуляция

КИП комбинированный источник питания *(электр.)*

КИП комплект измерительных приборов

КИП контрольно-измерительные приборы

КИТУ контрольно-испытательное телевизионное устройство

КНД «кремний на диэлектрике» *(структура)*

КНД коэффициент направленного действия *(антенны)*

КНИ коэффициент нелинейных искажений

КНС «кремний на сапфире» *(структура)*

КНЧ крайне низкая частота

КОМСАТ англ. COMSAT, Communications Satellite Corporation - Корпорация спутников связи *(США)*

комсат спутник связи

КП компасный пеленг

КП контактор пуска *(электр.)*

КПА кузнечно-прессовый автомат

КПМ коэффициент передачи модуляции

КРАМС комплексная радиотехническая автоматическая метеорологическая станция

КРЛ командная радиолиния

КРМ курсовой радиомаяк

КРО контрольный радиоответчик

КРП компасный радиопеленг

КРП курсовой радиоприемник

КРР кабельно-радиорелейный

КРТР Корпорация по развитию телекоммуникаций в России

КРУ комплектное распределительное устройство *(электр.)*

КРУН комплектное распределительное устройство наружной установки *(электр.)*

КРФМ комбинированный радиометр-спектрофотометр

КС кабельная сеть

КСВ коэффициент стоячей волны *(радио)*

КСВН коэффициент стоячей волны по напряжению

КСПД канал связи и передачи данных

КТ кабельное телевидение

КТ камера телевизионная

КТВ кабельное телевидение

КТК канальный телевизионный конвертер

КТП канал телевизионной передачи

КТП квантовая теория поля

КТП комплексная трансформаторная подстанция

КТС космическая телевизионная система

КТУ кинотелевизионная установка

КУР курсовой угол радиостанции

КЭМЗ Ковровский электромеханический завод

КЭМЗ Красногорский электромеханический завод

КЭМС коэффициент электромеханической связи

КЭУ каналовый электронный умножитель

ЛАРМС ледниковая автоматическая радиометеорологическая станция

ЛАТР лабораторный автотрансформатор

Автоматика и автоматизация. Теле- и радиоэлектроника...

ЛАХ или **ЛАЧХ** логарифмическая амплитудно-частотная характеристика *(электр.)*

ЛБ лампа белого света

ЛБВ лампа бегущей волны *(радио)*

ЛБС лампа белого света

ЛВТ линейный вращающийся трансформатор

ЛДИС лазерный доплеровский измеритель скорости

ЛДМ линейная дельта-модуляция

ЛЗ линия задержки *(радио)*

ЛИ линейный искатель *(электр.)*

ЛИД линейный индукционный двигатель

ЛИК лампа инфракрасного излучения

лин. линейный

ЛИС лазерная измерительная система

ЛК лучевой кинескоп

ЛКД лавинно-ключевой диод

ЛОВ лампа обратной волны *(радио)*

ЛПВ линия поверхностной волны *(телевидение)*

ЛПД лавинно-пролетный диод

ЛПД линия передачи данных

ЛПТ лампово-полупроводниковый телевизор

ЛР легкая радиостанция

ЛРП линия равных пеленгов *(авиа)*

ЛС линия связи

ЛСВ лампа стоячей волны

ЛСТИ лазерная система траекторных измерений

ЛТ линейный трансформатор

ЛТБ лампа теплого белого света

ЛУ ламповый усилитель

ЛУИ линейный ускоритель ионов

ЛУЭ линейный ускоритель электронов

ЛФХ логарифмическая фазочастотная характеристика *(электр.)*

ЛХБ лампа холодного белого света

ЛЧМ линейная частотная модуляция

ЛЧХ логарифмическая частотная характеристика *(электр.)*

ЛЭМЗ Лианозовский электромеханический завод

МАРК метеорологический автоматический ранцевый комплекс

МАРС межбанковская автоматизированная расчетная система

МАРТ Международная ассоциация радиовещания и телевидения

МАРУ мгновенная автоматическая регулировка усиления

МАС Международное агентство связи

МАСК Международное агентство спутников контроля

МВ метровые волны; метроволновый *(радио)*

МГОКТ Московское городское объединение кабельного телевидения

МГРС Московская городская радиотрансляционная сеть

МГТС Московская городская телефонная сеть

МГТС Московская городская телефонная станция

МГУ мощная громкоговорящая установка

Автоматика и автоматизация. Теле- и радиоэлектроника...

МДКН многодистанционный доступ с контролем несущей

МДМ модифицированная дельта-модуляция

МДМДП металл - диэлектрик - металл - диэлектрик - полупроводник *(структура)*

МДП металл - диэлектрик - полупроводник *(структура)*

МДРВ многостанционный доступ с разделением сигналов по времени

МДРФ многостанционный доступ с разделением сигналов по форме

МДРЧ многостанционный доступ с разделением сигналов по частоте

МДС магнитодвижущая сила

микр. эл. микроэлектроника

Минсвязи Министерство связи Российской Федерации

МИРЭ Московская часть Института радиотехники и электроники

МИРЭА Московский институт радиотехники, электроники и автоматики

МИУ магнитно-импульсная установка

МИЭМ Московский институт электронного машиностроения

МИЭТ Московский институт электронной техники

МК магнитная коррекция

МК магнитный курс

МККР Международный консультативный комитет по радио

МККТТ Международный консультативный комитет по телеграфии и телефонии

МКО Международная комиссия по освещению

МКС многоканальная система *(связи)*

МЛ магнитная лента

ММВ миллиметровые волны *(радио)*

ММТ «Московский междугородный и международный телефон» *(акционерное общество)*

ММТ Московский междугородный телеграф

ММЦЭ Московский международный центр электроники

МНА малонаправленная антенна

МНИИРС Московский научно-исследовательский институт радиосвязи

МНИТИ Московский научно-исследовательский телевизионный институт

МНОП металл - нитрид - оксид - полупроводник *(структура)*

МНП металл - нитрид - полупроводник *(структура)*

МОАП металл - оксид алюминия - полупроводник *(структура)*

МоЗАЛ Московский завод автоматических линий

МОПИС металл - оксид - полупроводниковая интегральная схема

МП магнитное поле

МП магнитный пеленг

МП магнитный пускатель

МП магнитоэлектрический преобразователь

МПО магнитный пеленг ориентира

МПР магнитный пеленг радиостанции

Автоматика и автоматизация. Теле- и радиоэлектроника...

МПЧ максимальная применимая частота *(радио)*
МПЭ механическое перемешивание электролита
МР мощная радиостанция
МРЛ метеорологический радиолокатор
МРМ маркерный радиомаяк
МРП магнитный радиопеленг
МРП Межрайонный почтамт
МРТЗ Московский радиотехнический завод
МРТИ Московский радиотехнический институт
МС магистральная связь
МСС Московская сотовая связь
МСЭ Международный союз электросвязи
МТБУ Международный телевизионный бизнес-университет
МТК Московская телевизионная компания
МТО мощный телеобъектив
МТС междугородная телефонная станция
МТЦ Московский телевизионный центр
МУ магнитный усилитель
МФП многофункциональный пульт
МЦ АУВД Московский центр автоматизированного управления воздушным движением
МЭА микроэлектронная аппаратура
МЭГ магнитоэлектрический генератор
МЭЗ Московский электродный завод
МЭК Международная электротехническая комиссия
МЭЛЗ Московский электроламповый завод
МЭМ магнитоэлектрическая машина
МЭМ малогабаритный электронный микроскоп
МЭП Министерство электронной промышленности
МЭСИВ Межгосударственная электронная система информационного взаимодействия предприятий машиностроения в сфере взаимных поставок
МЭТ Международная электротехническая комиссия
МЭТПК Минусинский электротехнический промышленный комплекс
НАКУ наземный автоматизированный комплекс управления
НВА низковольтовая аппаратура
НГПК низкочастотный генератор периодических колебаний
НИИАП Научно-исследовательский институт автоматики и приборостроения
НИИАС Научно-исследовательский институт автоматизированных систем
НИИДАР Научно-исследовательский институт дальней радиосвязи
НИИКЭ Научно-исследовательский, проектно-конструкторский и технологический институт комплектного электропривода
НИИМА Научно-исследовательский институт микроэлектронной аппаратуры
НИИМВС Научно-исследовательский институт многопроцессорных вычислительных систем

НИИР Научно-исследовательский институт радиолокации

НИИРП Научно-исследовательский институт радиоприборостроения

НИИРТА Научно-исследовательский институт радиотехнической аппаратуры

НИИСА Научно-исследовательский институт систем автоматизации

НИИСАПРАН Научно-исследовательский институт систем автоматизированного проектирования радиоэлектронной аппаратуры и сверхбольших интегральных схем

НИИТ Научно-исследовательский институт телевидения

НИИЭИР Научно-исследовательский институт экономики и информации по радиоэлектронике

НИИЭМ Научно-исследовательский институт электромеханики

НИИЭС Научно-исследовательский институт электронных систем

НИИЭФА Научно-исследовательский институт электрофизической аппаратуры имени Д.В.Ефремова

НИРФИ Научно-исследовательский радиофизический институт

НКУ низковольтное комплектное устройство

НЛС наземная линия связи

НН низкое напряжение

НПВЧ наименьшая применимая высокая частота *(радио)*

НПО АП Научно-производственное объединение автоматики и приборостроения

НПП ВНИИЭМ Научно-производственное предприятие Всероссийский научно-исследовательский институт электромеханики

НПЧ наименьшая применимая частота *(радио)*

НРЛС навигационная радиолокационная станция

НСС наземная сеть связи

НТВ *(спутник)* непосредственного телевещания

НЧ низкая частота; низкочастотный

НЧПИ низкая частота повторения импульса

НЭВЗ Новосибирский электровакуумный завод

НЭЦ АУВД Научно-экспериментальный центр автоматизированного управления воздушным движением

ОАКТС Общегосударственная автоматически коммутируемая телефонная сеть

ОАПВ однофазное автоматическое повторное включение *(электр.)*

ОВЧ очень высокая частота *(электр.)*

ОГСПД Общегосударственная сеть передачи данных

ОГСРТП Общегосударственная сеть распределения телевизионных программ

ОДКС оперативно-диспетчерский комплекс связи

ОДРЛ обзорный диспетчерский радиолокатор *(авиа)*

Автоматика и автоматизация. Теле- и радиоэлектроника...

ОЗАП Опытный завод средств автоматизации и приборов
ОИП общий истинный пеленг
ОИРП обратный истинный радиопеленг
ОИРТ *фр.* OIRT, Organisation Internationale de Radiodiffusion et Télévision - Международная организация радиовещания и телевидения
ОКС одноканальная система *(связь)*
ОМ однополосная модуляция
ОМА отдел механизации и автоматизации
ОМКС обратный магнитный курс следования
ОМРП обратный магнитный радиопеленг
ОНА остронаправленная антенна
ОНЧ очень низкая частота
ООС отрицательная обратная связь *(электр.)*
ОПС общее периферическое сопротивление
ОПЧ оптимально-применимая частота *(радио)*
ОРЛ обзорный радиолокатор *(авиа)*
ОРП обратный радиопеленг
ОРС оконечная радиорелейная станция
ОРТПЦ областной радиотелевизионный передающий центр
ОРУ открытое распределительное устройство *(электр.)*
ОРЧ оптимальная рабочая частота *(радио)*
ОС отделение связи
ОСВАР осветительная арматура
ОСС объединенная система связи
ОТК оперативный телеинформационный комплекс
ОУ осветительное устройство
ОЭ оптико-электронный
ОЭК оптико-электронная камера
ОЭМ оптико-электронный модуль
ОЭМК Оскольский электрометаллургический комбинат
ОЭП оптико-электронное подавление
ОЭП оптико-электронный прибор
ОЭС оптико-электронное средство
ОЭСР оптико-электронные средства разведки
П пеленг
ПАИ преобразователь акустических изображений
ПАМС планетарная автоматическая метеорологическая станция
ПАН прибор автоматической наводки *(арт.)*
ПАР переизлучающая антенная решетка
ПБВ переключение без возбуждения *(электр.)*
ПГ пеленгатор грубый
ПГ пусковой генератор
ПДРЦ передающий радиоцентр
ПДУ пульт дистанционного управления
ПЗК подводный звуковой канал
ПИТС периферийная информационно-телеметрическая станция
ПКТВ предприятие коммерческого телевидения
ПКЧ приемник контрольных частот *(в радио- и подводной связи)*
ПНС пункт наблюдения и связи

Автоматика и автоматизация. Теле- и радиоэлектроника...

ПНТ прибор настройки телевизоров
ПОИ передатчик помех одноразового использования
ПОС припой оловянно-свинцовый
почт почтовая связь
ПП пассивные помехи
ПП передатчик помех
ПП полупроводник; полупроводниковый
пп полупроводники
п/п почтовый перевод
ППД параметрический полупроводниковый диод
ППП полупроводниковый прибор
ППП постановка пассивных помех
ППРО приемник предупреждения о радиолокационном облучении
ППТ полупроводниковый триод
ППУ помехоподавляющее устройство *(радио)*
ППХР полуавтоматический прибор химической разведки
ПР подвижная радиостанция
ПРД передатчик
ПРЛ подвижная радиологическая лаборатория
ПРЛ посадочный радиолокатор *(авиа)*
ПРЛ противорадиолокационный
ПРЛАБ противорадиолокационная авиационная бомба
ПРЛО противорадиолокационный отражатель
ПРМ приемник
ПРМ приемопередатчик
ПРР противорадиолокационная ракета
ПРС приводная радиостанция *(авиа)*

ПРЦ приемный радиоцентр
ПС пункт связи
ПСА прореживатель свекловичный автоматический
ПСС подвижная спутниковая связь
ПТ полевой транзистор
ПТК переключатель телевизионных каналов
ПТС передвижная телевизионная станция
ПТС передвижная телефонная станция
ПТУ передвижная телевизионная установка
ПТУ подводное телевизионное устройство
ПТУ промышленная телевизионная установка
ПУ параметрический усилитель
ПУЗЧ предварительный усилитель звуковой частоты *(радио)*
ПУЛ прибор управления лучом
ПУМ предусилитель мощности
ПФАР пассивная фазированная антенная решетка
ПЧ промежуточная частота *(радио)*
ПЭМ пьезоэлектрический метод *(в сейсморазведке)*
ПЭМЗ Пушкинский электромеханический завод
ПЭТ преобразователь электрического тока
Р. разряд
рад. радио
рад. радиотехника
радио радиотехника
радиост. радиостанция *(топ.)*
РАТ регулировочный автотрансформатор
РАТ релейный автотрансформатор

253

рация радиостанция
РВ радиовысотомер
РВ регулятор возбуждения *(электр.)*
РВ реле времени
РВЗ радиоволновое зондирование *(геофиз.)*
РВЛ ртутно-вольфрамовая лампа
РВС радиовещательная станция
РВУ радиовещательный узел
РГ регулятор громкости
РГАБ радиогидроакустический буй
РГАС радиогидроакустическая система
РГБ радиогидроакустический буй
РГТРК Российская государственная телерадиокомпания
РГСН радиолокационная головка самонаведения
РЗ радиозонд
РИ реле импульсное
РИГ радиоизотопный генератор
РИГГ радиоизотопная гепатография
РИИ радиоиммунологическое исследование
РИП радиоэлектронный измерительный прибор
РИРВ Российский институт радионавигации и времени
РИРГ радиоизотопная ренография
РИС радиолокационный измеритель скорости
РИЭС разведка источников электромагнитных сигналов
РК радиокомандный
РК радиокомпас
РКРМ радиорелейная кабельная магистраль

РЛ радиолокация; радиолокационный
РЛА радиолокационная аппаратура
РЛБО радиолокатор бокового обзора
РЛГ радиолокационная группа
РЛД радиолокационный дозор
РЛК радиолокационный комплекс
РЛК радиолокационный контроль
РЛК релейная линия команд
рлк радиолокация
РЛМ радиолокационная маскировка
РЛО радиолокационная обстановка
РЛО радиолокационное обеспечение
РЛО радиолокационный ориентир
РЛП радиолокационный пост
РЛР радиолокационная разведка
РЛС радиолокационная станция
РЛСБО или **РЛС БО** радиолокационная станция бокового обзора
РН радиометр нейтронов
РН регулятор напряжения
РН реле напряжения
РНП радионавигационные параметры
РНС радионавигационная система
РНС радионавигационная станция
РНС радионавигационное средство
РНУ радионавигационное устройство
РО радиолокационный ориентир
РО радиоосадкомер

Автоматика и автоматизация. Теле- и радиоэлектроника...

РО	радиоотражатель
РОС	радиооповеститель селя
РП	рабочая программа *(электр.)*
РП	радиопеленгатор
РП	радиопередатчик
РП	регистрирующий прибор
РП	реле поляризованное
РПД	радиопротиводействие
РПК	радиополукомпас
РПМ	радиопоглощающий материал
РПН	регулирование напряжения под нагрузкой *(электр.)*
РПП	радиопеленгаторная станция передвижная
РПС	радиопеленгаторная станция
РПС	релейный переключатель сигнальный
РПЦ	радиолокатор подсвета цели
РР	радиоразведка
РР	реле-регулятор
РРС	радиорелейная станция
РРТИ	Рязанский радиотехнический институт
РРТР	радио- и радиотехническая разведка
РРЭС	разведка радиоэлектронных средств
РС	рабочая станция
РС	радиолокационные средства
РС	радиостанция
РС	радиотрансляционная сеть
р/с	радиостанция
РСА	радиолокационная станция с синтезированием апертуры
РСАО	радиолокационная система с активным ответом
РСБ	радиолокационная система бомбометания
РСМ	реле сигнальное малогабаритное
РСОН	радиолокационная система обнаружения и наведения
РСУС	релейная система управления связи
РТ	радиостанция танковая
РТ	регулятор тембра
РТ	реле тепловое
РТА	радиотелевизионная антенна
РТА	радиотелеметрическая аппаратура
РТО	радиотехническая обстановка
РТО	радиотехническое обеспечение
РТО	радиотехническое оборудование
РТР	радиотехническая разведка
РТР	Российская телерадиокомпания
РТС	радиотелеметрическая система
РТС	радиотелеметрическая станция
РТС	радиотелеметрические средства
РТС	радиотрансляционная сеть
РТС	районная телефонная сеть
РТС	районная телефонная станция
РТС	ретрансляционная телевизионная станция
РТС	ручная телефонная станция
РТСНО	«Радиотехнические средства навигационного оборудования» *(морское навигационное руководство)*
РТУ	радиотелеуправление
РТУ	радиотехнический узел
РТФ	радиотелефон

Автоматика и автоматизация. Теле- и радиоэлектроника...

РТФ радиотехнический факультет
РТФС Российская телекоммуникационная фондовая система
РТШ радиотехническая школа
РУ радиоузел
РУ распределительное устройство *(электр.)*
РУ ручка управления
РУКУ радиомагнитный указатель курсовых углов
РУС районный узел связи
РФС Радиофизический словарь
РЦ реле центробежное
РЧ радиочастота
РЧС радиочастотная служба
РЧС радиочастотный спектр
РЭ развертывающий элемент
РЭ реле электромагнитное
РЭА радиоэлектронная аппаратура
РЭБ радиоэлектронная борьба
РЭЗ радиоэлектронная защита
РЭЗ Рижский электромашиностроительный завод
РЭКГ радиоэлектрокардиограмма
РЭКП радиоэлектронное контрпротиводействие
РЭМ «Радиотехника, электроника и механика» *(предприятие)*
РЭМ радиоэлектронная маскировка
РЭМ растровый электронный микроскоп
РЭМ ротационная электрографическая машина
РЭМА радиоэлектронная медицинская аппаратура
РЭМЦ ремонтно-электромеханический цех
РЭО радиоэлектронное оборудование
РЭП радиоэлектронное подавление
РЭР радиоэлектронная разведка
РЭС радиоэлектронное средство
РЭС реле электромагнитное сигнальное
САДУ система автоматизированного диспетчерского управления
САИМБА система автоматизации исследований и анализа биопотенциалов мозга
САЛ система автоматических линий
САП станция активных помех
САР система автоматического регулирования
САРП система автоматизированной радиолокационной проводки
САТР система автоматического регулирования толщины
СВ средневолновый
СВ средние волны
СВ средняя величина
св связь
св(з). связь
СВН скорость восстановления напряжения *(электр.)*
свпр сверхпроводимость
СВЧ сверхвысокая частота; сверхвысокочастотный
СГ сигнал-генератор
СГ синхронный генератор
СДВ сверхдлинные волны; сверхдлинноволновый
СЕКАМ *фр.* SECAM, système séquentiel couleurs à mémoire - система цветного телевидения
СИ синхроимпульс *(электр.)*
СИ синхротронное излучение

СИ средство измерений *(электр.)*
СибИЗМИР Сибирский институт земного магнетизма, ионосферы и распространения радиоволн
СИД светоизлучающий диод
СИД станция индикации данных *(электр.)*
СИТА *фр.* SITA, Société Internationale de télécommunications aéronautiques — Международное общество авиационной электросвязи
СИЧ скачкообразное изменение частоты
СК специальный коммутатор
СКБ МТВ Специальное конструкторское бюро микроэлектроники и вычислительной техники
СКБ САМИ Специальное конструкторское бюро средств автоматизации морских исследований
СКБ ЭБМ Специальное конструкторское бюро электроники больших мощностей
СКО *(радиолокационная)* станция кругового обзора
СКТ синусно-косинусный трансформатор
СКТБ СЭиАП Специальное конструкторско-технологическое бюро специальной электроники и аналитического приборостроения
СКТВ система кабельного телевидения
СЛ соединительная линия *(электр.)*
СМАРТ *англ.* SMART, Salton's Magical Automatic Retriever of Texts — Автоматизированная система текстовой информации Дж. Солтона
СМК средство массовой коммуникации
СН среднее напряжение *(электр.)*
СН стабилизатор напряжения
СНТ стабилизатор напряжения трансформаторный
СНФ стабилизатор напряжения феррорезонансный
СНЧ сверхнизкие частоты; сверхнизкочастотный
СП следящий привод *(электр.)*
СПбГУТ им. М. А. Бонч-Бруевича Санкт-Петербургский государственный университет телекоммуникаций имени М. А. Бонч-Бруевича
СПбГЭТУ Санкт-Петербургский государственный электротехнический университет
СПбМТС Санкт-Петербургская междугородная телефонная станция
СПД сеть передачи данных
СПД система передачи данных
СПП станция пассивных помех
СПЭМ станция пьезоэлектрического метода *(геол.)*
СР спутник-ретранслятор
СРНС спутниковая радионавигационная система
СРР станция радиоразведки
СРТР станция радиотехнической разведки
СРЭП средство радиоэлектронного подавления
СС сеанс связи
СС система связи
СС средство синхронизации
ССС система спутниковой связи
ССУК спутниковая система управления и контроля
СТА стандартный телеграфный аппарат
СТВ служебное телевидение

СТОД система телеобработки данных
СТС сельская телефонная станция
СТТС система телефонно-телеграфной связи
СУ согласующее устройство *(электр.)*
СУС сетевой узел связи
СФИРЭ Саратовский филиал Института радиотехники и электроники
СЧ средняя частота; среднечастотный *(электр.)*
СЧП средняя частота повторения
СЧПИ средняя частота повторения импульса
СЭГЗ Сарапульский электрогенераторный завод
СЭИ средство электрических измерений
СЭИ счетчик электрических импульсов
СЭМЗ Свердловский электромеханический завод
СЭП система электропитания
СЭПО Саратовское электроагрегатное производственное объединение
СЭПП система электронных пилотажных приборов
СЭС система электроснабжения
т телефон
т. телефон
ТАИС телевизионная автоматическая информационная система
ТАКП телевизионная антенна коллективного пользования
ТАСМО телеавтоматическая система массового обслуживания
ТАСУ территориальная автоматизированная система управления
ТБС *(люминесцентная лампа)* тепло-белого света
ТВ телевидение; телевизионный
ТВК телевизионный видеокомплекс
ТВС телевизионная система
ТВС трансформатор строк выходной *(ТВ)*
ТВЧ телевидение высокой четкости
ТВЧ токи высокой частоты
тел(.) телефон
телегр. телеграфный
телеф. телефонный
ТИ телеизмерения
ТИСУ тиристорно-импульсная система управления *(тяговым электродвигателем трамвая)*
ТИТ телевизионная испытательная таблица
ТКЕ температурный коэффициент емкости
ТКИ температурный коэффициент индуктивности
ТКЛР температурный коэффициент линейного расширения
ТКН температурный коэффициент напряжения
ТКР термочувствительный кварцевый резонатор
ТКС температурный коэффициент сопротивления
ТКТ температурный коэффициент тока
ТКЧ температурный коэффициент частоты
тлв. телевидение; телевизионная техника
тлг телеграфная связь

тлф	телефонная связь	**ТЭЗ**	Тольяттинский электротехнический завод
ТМИ	телеметрическая информация	**ТЭК**	телеэлектрокардиограмма; телеэлектрокардиография
ТН	трансформатор напряжения	**ТЭМЗ**	Томский электромеханический завод
ТОРУ	телеоператорный режим управления	**ТЭН**	термоэлектрический нагреватель
ТПК	телевизионная передающая камера	**ТЭН**	трубчатый электронагреватель
ТПО	телевизионное производственное объединение	**ТЭРЗ**	трансформаторный электроремонтный завод
ТПС	теплопеленгаторная станция	**ТЭС**	точечная электросварка
ТПТ	теория переменных токов	**УАВР**	устройство автоматического включения резервного питания
ТР	температурное реле		
ТР	токовое реле	**УАК**	узел автоматической коммутации
Тр	трансформатор		
ТРК	телерадиокомпания	**УАПВ**	устройство автоматического повторного включения
ТРЛК	трассовый радиолокационный комплекс		
ТС	телеизмерительная система	**УВС**	усилитель видеосигналов
ТС	телеметрическая система	**УВЧ**	ультравысокая частота; ультравысокочастотный
ТС	телеметрический сигнал	**УВЧ**	усилитель высокой частоты *(электр.)*
ТС	телесигнализация		
ТС	телефонная станция	**УД**	умножитель дробности *(радио)*
ТТ	трансформатор тока		
ТТГ	телетермография	**УДУ**	устройство дистанционного управления
ТТН	термоэлектрический тепловой насос		
ТТП	телевизионный трансляционный пункт	**УЗ**	ультразвук; ультразвуковой
ТТЦ	технический телевизионный центр	**УЗА**	ультразвуковой агрегат
		УЗВЧ	ультразвук высоких частот
ТУ	телеуправление		
ТУ	телефонный узел	**УЗГ**	ультразвуковой генератор
ТУП	телеуправляемый прибор	**УЗЧ**	усилитель звуковой частоты
ТЦ	телевизионный центр		
ТЧ	тональная частота	**УИП**	универсальный источник питания
тчк	точка *(в телеграммах)*		
ТЭ	тепловоз с электропередачей	**УКВ**	ультракороткие волны; ультракоротковолновый
ТЭГ	термоэлектрический генератор	**УЛЗ**	ультразвуковая линия задержки
тэдс	термоэлектродвижущая сила	**УНЧ**	ультразвук низких частот

УНЧ ультранизкая частота; ультранизкочастотный
УНЧ усилитель низкой частоты *(электр.)*
УО ускоритель-ограничитель *(электр.)*
УП универсальный переключатель
УПБ усилительно-преобразующий блок *(электр.)*
УПД устройство подготовки данных *(электр.)*
УПТ унифицированный полупроводниковый телевизор
УПТ усилитель постоянного тока
УПЧ усилитель промежуточной частоты *(электр.)*
УПЧЗ усилитель промежуточной частоты звука *(ТВ)*
УПЧИ усилитель промежуточной частоты изображения *(ТВ)*
УРАН устройство распределения активных нагрузок *(электр.)*
УРП ультракоротковолновый радиопеленгатор
УРС узловая радиорелейная станция
УРЧ усилитель радиочастоты
УС узел связи
УС управляющая сетка *(радио)*
УСИ усилитель сигналов изображения *(ТВ)*
усил. усилитель
УСН универсальный стабилизатор напряжения
УСОН узел связи особого назначения
УСПК универсальный стенд проверки кинескопов
УСЧ ультразвук средних частот
УСША унифицированный сборный штамповочный автомат
УСЭППА универсальная система элементов промышленной пневмоавтоматики
УТД усилитель на туннельных диодах
УТН универсальный трансформатор напряжения
УТС учрежденческая телефонная станция
УТТ универсальный трансформатор тока
УФИРЭ Ульяновский филиал Института радиотехники и электроники
УФЛ ультрафиолетовые лучи
УФМ ультрафиолетметр
УФО ультрафиолетовое облучение
УФО ультрафиолетовое освещение
УФР ультрафиолетовая радиация
УЧ уравнитель частот *(электр.)*
УЭА универсальный эквивалент антенны
УЭМЗ Уральский электромеханический завод
Ф факс
ФАВТ факультет автоматики и вычислительной техники
ФАИТ факультет автоматики и телемеханики
ФАПСИ Федеральное агентство правительственной связи и информации
ФАПЧ фазовая автоматическая подстройка частоты
ФАР фазированная антенная решетка
ФВЧ фильтр верхних частот *(электр.)*
ФЗ фазовращатель
ФИМ фазово-импульсная модуляция
ФИМ фазоимпульсный модулятор

ФИРЭ Фрязинская часть Института радиотехники и электроники
ФКС Федеральная комиссия связи
ФКУ фильтрокомпенсирующее устройство *(электр.)*
ФМ фазовая манипуляция
ФМ фазовая модуляция; фазово-модулированный
ФМР ферромагнитный резонанс
ФНЧ фильтр нижних частот *(электр.)*
ФОС фокусирующе-отклоняющая система *(ТВ)*
ФПЧ фильтр промежуточной частоты
ФСС фиксированная спутниковая связь
ФСТР Федеральная служба России по телевидению и радиовещанию
ФТА фототелеграфный аппарат
ФТП формирователь тактового питания
ФТУ фототелевизионное устройство
ФЧ фазовая частота
ФЧХ фазочастотная характеристика
ФЭБ функциональный электронный блок
ФЭП фотоэлектрический преобразователь
ФЭП фотоэлектрический приемник
ФЭП фотоэлектронный преобразователь
ФЭУ фотоэлектронный умножитель
ХБС *(люминесцентная лампа)* холодно-белого света
ХИП хаотическая импульсная помеха
ХИРЭ Харьковский институт радиоэлектроники
ХИТ химический источник тока
ХЭЛЗ Харьковский электротехнический завод
ХЭМЗ Харьковский электромеханический завод
ЦАК централизованный автоматический контроль
ЦАКД центр автоматизирования коммерческой деятельности
ЦАО центр автоматизированного обучения
ЦБ центральная батарея *(электр.)*
ЦДКС Центр дальней космической связи
ЦМП цветомузыкальная приставка
ЦМТ Центр микроэлектронных технологий
ЦМУ цветомузыкальная установка
ЦНИИС Центральный научно-исследовательский институт связи
ЦПП Центральный переговорный пункт
ЦРЛ Центральная радиолаборатория
ЦТ цветное телевидение
ЦТРС центральная телерадиовещательная студия
ЦТС Центральная телевизионная студия
ЦТС центральная телефонная станция
ЦТУ центральный телефонный узел
ЦУС центральная усилительная станция *(радио)*
ЦУС центральный узел связи
ЦЭЛТ цветная электронно-лучевая трубка

ЧАПЧ частотная автоматическая подстройка частоты
ЧГА чертежно-графический автомат
ЧД частотный датчик
ЧИМ частотно-импульсная модуляция
ЧИС частотно-импульсный сигнал *(радио)*
ЧК частотный компонент
ЧМ частотная манипуляция; частотно-манипулированный
ЧМ частотная модуляция; частотно-модулированный
ЧПИ частота повторения импульса
ЧПК череспериодная компенсация
ЧПЭС чреспищеводная электростимуляция
ЧРК частотное разделение каналов
ЧТ частное телеграфирование
ЧЭ чувствительный элемент *(электр.)*
ЧЭЗ частотное электромагнитное зондирование
ЧЭМК Челябинский электрометаллургический комбинат
ШВРС широковещательная радиостанция
ШГ шумовой генератор
ШИ шаговый искатель
ШИМ широтно-импульсная модуляция
ШИП широтно-импульсный преобразователь
ШП шумопеленгатор
ШПА широкополосная антенна
ШПС шумопеленгаторная станция
ШПС шумоподобный сигнал
ШР штепсельный разъем
ЭА электроаналгезия
ЭАВ электроаккумулирующее вещество
ЭАП электронно-акустический преобразователь
ЭАТС электронная автоматическая телефонная станция
ЭАШ электроалмазное шлифование
ЭВП электровакуумный прибор
ЭВТИ элементы воздушно-тепловой изоляции
ЭВЧ электрические вторичные часы
ЭГ электрограмма
ЭГ электронный генератор
ЭГА электрогравировальный автомат
ЭГДА электрогидродинамическая аналогия *(метод исследования в гидравлике)*
ЭГП электрогидравлический привод
ЭГСМ электрогазосварочная мастерская
ЭД электродетонатор
ЭД электродинамический *(прибор)*
ЭДА электронный дифференциальный анализатор
ЭДС электростатический двигатель
эдс электродвижущая сила
ЭДСУ электродистанционная система управления
ЭДУМ электродинамический ускоритель массы
ЭИИМ эквивалентная изотропно излучаемая мощность
ЭИИМ эффективная изотропно излучаемая мощность
ЭИС электротехнический институт связи

ЭИПОС	электроимпульсная противообледенительная система
ЭИС	электротехнический институт связи
ЭИТ	электронно-ионная технология
ЭК	электрический клапан
ЭК	электромагнитные колебания
ЭК	электронный коммутатор
ЭКГ	электрокардиограмма
ЭКГ	электрокардиография
ЭКИ	электрокимограмма; электрокимография
ЭкоРЛС	экологическая радиолокационная станция
ЭКС	электрокардиостимулятор
ЭКС	электрокардиостимуляция
ЭЛ	электронная лампа
эл	электричество
эл	электротехника; электротехнический
эл.	электрический
эл.	электротехника
электр.	электроника
электр.	электротехника
ЭЛИ	электронно-лучевой индикатор
ЭЛИН	электронная система отображения информации
элк	электроника
эл.-магн.	электромагнитный
элн.	электроника
ЭЛОУ	электрообессоливающая установка
ЭЛП	электронно-лучевая плавка
ЭЛП	электронно-лучевой переплав
ЭЛП	электронно-лучевой прибор
ЭЛС	электронно-лучевая сварка
ЭЛТ	электронно-лучевая трубка
ЭМ	электромагнит
ЭМ	электромагнитный *(прибор)*
ЭМ	электронный микроскоп
ЭМА	электромедицинская аппаратура
ЭМВ	электромагнитные волны
ЭМД	электромагнитный двигатель
ЭМД	электронный магнитный диск
ЭМЗ	электромеханический завод
ЭМИ	электромагнитное излучение
ЭМИ	электромагнитный импульс
ЭМИ	электромузыкальный инструмент
ЭМИД	электромагнитный индуктивный дефектоскоп
ЭММ	электродвигатель малой мощности
ЭМО	электромагнитная обстановка
ЭМОЗ	Электромеханический опытный завод
ЭМП	электромагнитное поле
ЭМП	электромонтажный поезд
ЭМПК	электромагнитное поле корабля
ЭМС	электромагнитная семяочистительная машина
ЭМС	электромагнитная совместимость *(радиоэлектронных средств)*
ЭМУ	электромагнитная установка
ЭМУ	электромагнитное устройство
ЭМУ	электромагнитный ускоритель
ЭО	электронно-оптический
ЭО	электронный осциллограф
ЭО	электрооборудование
ЭОД	электронный обмен данными

Автоматика и автоматизация. Теле- и радиоэлектроника...

ЭОП электронно-оптический преобразователь
ЭОП электронно-оптический приемник
ЭОП эффективная отражающая поверхность
ЭОС электронный оптический спектрометр
ЭП электронная почта
ЭП электронный потенциал
ЭП электронный потенциометр
ЭП электропылесос
ЭПК электрическое поле корабля
ЭПМ электрическая погрузочная машина
ЭПО эффективная площадь отражения
ЭПО эффективная поверхность отражения
ЭПП электропневматический преобразователь
ЭПР электронный парамагнитный резонанс
ЭПР электропарамагнитный резонанс
ЭПР эффективная поверхность рассеяния
ЭПС электрическая пожарная сигнализация
ЭПС электрическая пусковая система *(авиа)*
ЭПТ электропневматический тормоз
ЭПУ электропроигрывающее устройство
ЭР электропоезд рижский
ЭРА электрографический репродукционный аппарат
ЭРГ электроретинограмма *(физ.)*
ЭРЗ электровозоремонтный завод
ЭРМ электрическое раздражение мозга
ЭРТОС эксплуатация радиотехнического оборудования и электросвязи
ЭРЦ электроремонтный цех
ЭС экранирующая сетка *(радио)*
ЭСА электронный сторож автомобиля
ЭСБ электронная система безопасности
ЭСОД электронная система обработки данных
ЭСУ электронный сигнализатор уровня
ЭСУ электростатический ускоритель
ЭТ электротепловой *(прибор)*
ЭТВ Эстонское телевидение
ЭТД электротермический двигатель
ЭУ электронный усилитель
ЭХВ электрохимический взрыватель
ЭХГ электрохимический генератор
ЭХО электрохимическая обработка
ЭЦН электроцентробежный насос
ЭШЛ электрошлаковое литье
ЭШП электрошлаковый переплав
ЭШС электрошлаковая сварка
ЭЭМ электронный эмиссионный микроскоп
ЭЭФ электроэнергетический факультет
ЭЯМ электроягодоуборочная машина
ЯМ якорный механизм
ЯРЗ Ярославский радиозавод
ЯС якорные связи
ЯЭМЗ Ярославский электромашиностроительный завод

ГЕОГРАФИЯ. ГЕОЛОГИЯ. ГЕОДЕЗИЯ. ГЕОФИЗИКА. СЕЙСМОЛОГИЯ. МЕТЕОРОЛОГИЯ. АКУСТИКА. ЭКОЛОГИЯ

А азимут
АВ антарктический воздух
АВ арктический воздух
АВ атмосферный воздух
АГМС агрометеорологическая станция
АГП аэрогеодезическое предприятие
агрометео... агрометеорологический
АЗОПРО *фр.* AZOPRO, Association pour l'étude géologique des zones profondes de l'écorce terrestre - Международная ассоциация по геологическому изучению глубинных зон земной коры
ак. акустика
амв артиллерийский метеорологический взвод
АМП артиллерийский метеорологический пост
АМС авиационная метеорологическая сводка
АМС авиационная метеорологическая служба
АМС авиационная метеорологическая станция
АМС артиллерийская метеорологическая служба
АМС артиллерийская метеорологическая станция
АМЦ Антарктический метеорологический центр
АОС акустическая обратная связь
АРИВ автоматический регистратор - измеритель ветра
АРМС автоматическая радиометеорологическая станция

атм. атмосферный
АТМС автоматическая телеизмерительная метеостанция
АФ антарктический фронт *(метеор.)*
АФ арктический фронт *(метеор.)*
БА блокирующий антициклон
БВР буровзрывные работы
БГНИИ Биолого-географический научно-исследовательский институт
ВВД воздух высокого давления
в. д. восточная долгота
ВИСХАГИ Всероссийский институт сельскохозяйственных и аэрофотогеодезических изысканий
ВИЭМС Всероссийский научно-исследовательский институт экономики минерального сырья и геологоразведочных работ
ВМ воздушная масса *(метеор.)*
ВМО Всемирная метеорологическая организация
ВНГО высота нижней границы облачности
ВНИГРИ Всероссийский нефтяной научно-исследовательский геологоразведочный институт
ВНИИЗАРУБЕЖГЕОЛОГИЯ Всероссийский научно-исследовательский институт геологии зарубежных стран
ВНИИСуголь Всероссийский научно-исследовательский и проектно-конструкторский институт охраны окружающей природной среды в угольной промышленности

География. Геология. Геодезия. Геофизика. Сейсмология...

ВНИИЯГ Всероссийский научно-исследовательский институт ядерной геологии
ВОС водоочистная сетка
ВРО вертикальное распределение озона
ВСД воздух среднего давления
ВСП Всемирная служба погоды
ВСХ вертикальный сейсмограф системы Харина
ВФЗ высотная фронтальная зона *(в атмосфере)*
ВЦЭМ Всероссийский центр экологической медицины
ВЧС высокочастотная сейсморазведка
ВШЭ высокоширотная экспедиция
ГАК гидроакустический комплекс
г. ак. гидроакустика
ГАО гидроакустическая обстановка
ГАС гидроакустическая станция
ГАС гидроакустическое средство
ГГК гамма-гамма-каротаж *(геофиз.)*
ГГО Главная геофизическая обсерватория
ГГП Государственное геологическое предприятие
гео... геологический
геогр. география; географический
геод. геодезия; геодезический
геол. геология; геологический
геоморфол. геоморфологический
геофак географический факультет
геофиз. геофизика; геофизический
ГЗУ грозозащитное устройство
ГИ Геологический институт
гидромет... гидрометеорологический
ГИС геоинформационная система
ГИС геофизические исследования скважин
ГК гамма-каротаж *(геофиз.)*
ГКК геодезический космический комплекс
ГМА гидрометеорологическая аппаратура
ГМБ гидрометеорологическое бюро
ГМО гидрометеорологическая обсерватория
ГМС географическое место светила
ГМС гидрометеорологическая служба
ГМС гидрометеорологическая станция
ГМЦР Гидрометцентр России
ГОМС геостационарный оперативный метеорологический спутник
горн. горное дело
гор(н). горный
горнодоб. горнодобывающий
ГРУ геологоразведочное управление
ГСЗ глубинное сейсмическое зондирование
ГСК генератор сейсмических колебаний
ГТ географический термин
ГТМ геолого-технические мероприятия
д. долгота
ДАРМС дрейфующая автоматическая радиометеорологическая станция
д. г.-м. н. доктор геолого-минералогических наук
д. г. н. доктор географических наук

География. Геология. Геодезия. Геофизика. Сейсмология...

ДМК десантный метеорологический комплекс
ДМС дистанционная метеорологическая станция
ДОП дружина по охране природы
ДПП долгосрочный прогноз погоды
ДЭП Дом экологического просвещения
ЕСНПЗ Единая система сейсмологических наблюдений и прогноза землетрясений
ЕСП естественный синоптический период
ЕСР естественный синоптический район
ЕССН Единая система сейсмических наблюдений
з.д. западная долгота
ЗЭС замкнутая экологическая система
ИВЭП Институт водных и экологических проблем
ИГ имя географическое
ИГАН Институт географии Академии наук
ИГГ Институт геологии и геофизики
ИГГ Институт геологии и геохимии имени А. Н. Заварицкого
ИГГД Институт геологии и геохронологии докембрия
ИГД Институт горного дела имени А. А. Скочинского
ИГЕМ Институт геологии рудных месторождений, петрографии, минералогии и геохимии
ИГРГИ Институт геологии и разработки горючих ископаемых
ИГСО Институт географии Сибирского отделения Академии наук
ИМГиГ Институт морской геологии и геофизики
ИМГРЭ Институт минералогии, геохимии и кристаллохимии редких элементов
ИПГ Институт прикладной геофизики
ИПРЗ исследование природных ресурсов Земли
ИРПЗ излучение радиационных поясов Земли
ист.-геогр. историко-географический
ИТиГ Институт тектоники и геофизики
ИЭВБ Институт экологии Волжского бассейна
ИЭМЭЖ Институт эволюционной морфологии и экологии животных имени А. Н. Северцова
ИЭРиЖ Институт экологии растений и животных
КАВ континентальный арктический воздух
КАПШ круглая арктическая палатка системы инженера Шапошникова
карт. картографический
картогр. картография; картографический
КАЭ Комплексная антарктическая экспедиция
КВ континентальный воздух
КГЗ Каталог геодезических звёзд
к. г.-м. н. кандидат геолого-минералогических наук
к. г. н. кандидат географических наук
КМА Курская магнитная аномалия
КМВР комплексная механизация взрывных работ
КМГ Комиссия по морской геологии

География. Геология. Геодезия. Геофизика. Сейсмология...

КМИЗ корреляционные методы изучения землетрясений

КММ Комиссия по морской метеорологии

КМПВ корреляционный метод преломленных волн *(в сейсморазведке)*

кр. край *(геогр.)*

КРАМС комплексная радиотехническая автоматическая метеорологическая станция

крист. кристаллография; кристаллический

КСЭ комплексная сейсмологическая экспедиция

ЛАРМС ледниковая автоматическая радиометеорологическая станция

м. мыс *(геогр.)*

МАГЭ морской арктический геологоразведочный экраноплан

МАРК метеорологический автоматический ранцевый комплекс

МАС Международная ассоциация сейсмологов

МГГ Международный геодезический год

МГГС Международный геодезический и геофизический союз

МГТ местный географический термин

метео метеорология; метеорологический

метеор(ол). метеорология; метеорологический

мин(ер). минералогия

минер. минеральный

Минприроды Министерство охраны окружающей среды и природных ресурсов Российской Федерации

м-ние месторождение

МО метеорологическая обсерватория

МОВ метод отраженных волн *(в сейсморазведке)*

МОСД Международный обмен сейсмическими данными

МосЦГМС Московский центр по гидрометеорологии и мониторингу окружающей среды

МПВ метод преломленных волн *(в сейсморазведке)*

МР метеорологическая ракета

МРЛ метеорологический радиолокатор

МРШ меридиональная разность широт

МС метеорологическая служба

МСЗ метеорологический спутник Земли

МУ метеорологические условия

НИИПГ Научно-исследовательский институт прикладной геодезии

ОГАС опускаемая гидроакустическая станция

ОГГГГН Отделение геологии, геофизики, геохимии и горных наук *(Российской академии наук)*

ОГО орбитальная геофизическая обсерватория

ООФАиГ Отделение океанологии, физики атмосферы и географии

ОСВ обезвреживание сточных вод

ОСО общее содержание озона

ОЦА общая циркуляция атмосферы

ПАВ поверхностная акустическая волна

ПАМС планетарная автоматическая метеорологическая станция

География. Геология. Геодезия. Геофизика. Сейсмология...

ПГО Полярная геофизическая обсерватория
ПГО производственное геологическое объединение
ПДВ предельно допустимый выброс *(вредных веществ в атмосферу)*
ПДК предельно допустимая концентрация *(радиобиол.)*
ПДУ предельно допустимый уровень
ПЗП призабойная зона пласта
ПИГЛ полевая инженерно-геологическая лаборатория
ПМС пост метеорологической службы
ПМУ простые метеоусловия
ПНГМО Правила наблюдения за гидрометеорологической обстановкой
помбур помощник бурового мастера
ППС поглощения в зоне полярного сияния
ППШ поглощение в полярной шапке
Прав. Правый *(в географических названиях)*
прир. природный
ПФ полярный фронт *(метеор.)*
ПЭМ пьезоэлектрический метод *(в сейсморазведке)*
РВЗ радиоволновое зондирование *(геофиз.)*
РГВЦ региональный геофизический вычислительный центр
РГО Русское географическое общество
РД разность долгот
РО радиоосадкомер
Росгидромет Федеральная служба России по гидрометеорологии и мониторингу окружающей среды
Роскартография Федеральная служба геодезии и картографии России
Роскомнедр(а) Комитет Российской Федерации по геологии и использованию недр
РСЭС региональная сейсмическая экспериментальная сеть
РШ разность широт
САИГИМС Среднеазиатский научно-исследовательский институт геологии и минерального сырья
САНИГМИ Среднеазиатский научно-исследовательский гидрометеорологический институт
САРНИГМИ Среднеазиатский региональный научно-исследовательский гидрометеорологический институт
САУ стандартные атмосферные условия
СБП стационарная буровая платформа
СДК среднегодовая допустимая концентрация
сейсм. сейсмический
сейсм. сейсмологический
СЗЗ санитарно-защитная зона
СИО сейсмическая исследовательская обсерватория
СИПО *фр.* CIPO, Conseil international pour la préservation des oiseaux - Международный совет по охране птиц
СКБ ПГ Специальное конструкторское бюро прикладной геофизики
скв. скважина
СМР сейсмограф с механической регистрацией

География. Геология. Геодезия. Геофизика. Сейсмология...

СМУ сложные метеорологические условия
СНИИГГиМС Сибирский научно-исследовательский институт геологии, геофизики и минерального сырья
СоЭС Социально-Экологический Союз
СПЭМ станция пьезоэлектрического метода *(геол.)*
СС сейсмическая станция
ССА Северная станция аэрации
ССНЭЧ Совет стран Содружества наций по экологии человека
СУБР Североуральский бокситоносный район
с.ш. северная широта
ТГО топогеодезическое обеспечение *(боевых действий)*
ТЕРКСОП территориально-комплексная схема охраны природы
ТЗР территория, загрязненная радионуклидами
ТМ таблица метеорологическая
ТФ тропический фронт *(метеор.)*
ТЯН турбулентность при ясном небе
УБТ утяжеленная бурильная труба
УВ угол ветра
УГМС управление гидрометеорологической службы
УПЛ урбанизация природного ландшафта
ФТГС Федеральная топогеодезическая служба
ФЭЧ фонд экологии человека
ЦАМС Центральная авиаметеорологическая станция
ЦАО Центральная аэрологическая обсерватория
ЦВГМО Центральная высотная гидрометеорологическая обсерватория
ЦКГЭ Центральная Кольская геологическая экспедиция
ЦНИИГАиК Центральный научно-исследовательский институт геодезии, аэрофотосъемки и картографии
ш. широта *(геогр.)*
шельф. ледн. шельфовый ледник
ШЗ шар-зонд
э. экология
ЭВ экваториальный воздух
экв. экваториальный
ЭкоРЛС экологическая радиолокационная станция
ЭКСПАРК экспедиция парашютная арктическая
ЭкСтра экологическое страхование
ЭР экологическое равновесие
ЮНЕП *англ.* UNEP, United Nations Environment Programme - Программа Организации Объединенных Наций по охране окружающей среды
юннат юный натуралист
ю. ш. южная широта
ЮЯКЭ Южно-Якутская комплексная экспедиция

ТОПОГРАФИЯ

анг.	ангар
АНТО	аппаратура навигации, топопривязки и ориентирования
ар.	арык
арт. к.	артезианский колодец
асб.	асбестовый
АТ	абсолютная топография
ат.	атолл
АТС	артиллерийская топографическая служба
аэрд.	аэродром
аэрп.	аэропорт
Б.	Большой *(в топонимических названиях)*
б(ал).	балка
б-ка	банка
бл.-п.	блокпост
Бол.	Большой
бол.	болото
больн.	больница
бр.	брод
бтр	батарея топографической разведки
б. тр.	будка трансформаторная
бур.	буровая
бух.	бухта
ваг.	вагоностроительный
вдкч.	водокачка
вдп.	водопад
вдхр.	водохранилище
Вел.	Великий
вкз	вокзал
влк.	вулкан
врем. оз.	временное озеро
ВТС	военно-топографическая служба
ВТУ	Военно-топографическое управление
выс.	выселки
газ.	газовый
газг.	газгольдер
гар.	гараж
гл.	глубина
гор.	горячий; горячий источник
гост.	гостиница
г. прох.	горный проход
гряз.	грязевой вулкан
гсп.	госпиталь
дв.	двор
дол.	долина
дров.	дровяной склад
дрож.	дрожжевой завод
зат.	затон
земл.	землянка
изв.	известковый
инст.	институт
ист.	источник
К.	колодец
каз.	казарма
кам.	каменоломня
керам.	керамика; керамический
кирп.	кирпичный
кл.	ключ
княж.	княжество
котл.	котловина
коч.	кочевье
Кр.	Красный *(в топонимических названиях)*
кур.	курорт
кург.	курган
лаг.	лагуна
ледн.	ледник
леснич.	лесничество
леч.	лечебница
лим.	лиман
М	масштаб
М(ал).	Малый *(в топонимических названиях)*
МВ	масштаб высот
МПМ	микроплан местности
Н.	Нижний *(в топонимических названиях)*

Топография

Н.	Новый *(в топонимических названиях)*
Нижн.	Нижний; Нижняя *(в топонимических названиях)*
Нов.	Новый *(в топонимических названиях)*
оаз.	оазис
овр.	овраг
ор.	оранжерея
оросит.	оросительный
отм.	отмель
пам.	памятник
пар.	паром
пас.	пасека
пгт.	поселок городского типа
пер.	перевал
пещ.	пещера
пит.	питомник
плот.	плотина
плскг.	плоскогорье
пол. ст.	полевой стан
пор.	порог, пороги
пос. пл.	посадочная площадка
пр.	проезд
пр.	пролив
пр.	проспект
пр.	пруд
прол.	пролив
прх.	проход
пуст.	пустыня
равн.	равнина
рад.	радиозавод
радиост.	радиостанция
раз.	разъезд *(ж.-д.)*
разв.	развалины
род.	родник
р. п.	рабочий поселок
руд.	рудник
рук.	рукав
руч.	ручей
с.	станица
сад.	садоводство
сан.	санаторий
сиб.	сибирский
ск.	скала, скалы
скл.	склад; склады
слнч.	солончак
сл.	слобода
сол.	соленый
соп.	сопка
спас. ст.	спасательная станция
Ср.	Средний *(в топонимических названиях)*
Ст.	Старый *(в топонимических названиях)*
ст.	станция
стад.	стадион
Стар.	Старый *(в топонимических названиях)*
стек.	стекольный
стр.	строящийся
сух. русло	сухое русло
ТГО	топогеодезическое обеспечение *(боевых действий)*
тов. ст.	товарная станция
топ	топография
топ.	топография; топографический
топо...	топографический
ТС	топографическая служба
тун.	туннель
туп.	тупик
ур.	урочище
ущ.	ущелье
фер.	ферма
ФТГС	Федеральная топогеодезическая служба
х(ут).	хутор
холод.	холодильник
хр.	хребет *(геогр.)*
ш.	шоссе
шах.	шахта
шелк.	шелкоткацкая фабрика
шл.	шлюз
шт.	штольня
элев.	элеватор

БИОЛОГИЯ. ХИМИЯ. МЕДИЦИНА

АБК ацидофильная бульонная культура *(микробиология)*
АБЛ автоматическая биологическая лаборатория
АВ альвеолярный воздух *(физиол.)*
АВ атриовентрикулярный
АВДУ автомобильная водороддобывающая установка
АВР Ассоциация врачей России
АГ ангиография
АГ антиген *(мед.)*
АГЛР армейский госпиталь для легкораненых
агробио... агробиологический
агрохим... агрохимический
АГС адреногенитальный синдром
АД артериальное давление
АДВ активно действующее вещество
АДГ антидиуретический гормон *(мед.)*
АДФ аденозиндифосфорная кислота; аденозиндифосфат
АЕ антигенная единица *(мед.)*
АЕ антитоксическая единица *(мед.)*
АИД аппарат для искусственного дыхания
АИК аппарат искусственного кровообращения
АИП аппарат «искусственная почка»
АКАГ Американский колледж акушеров и гинекологов
АКДС адсорбированный коклюшно-дифтерийно-столбнячный анатоксин
АКЗС автомобильная кислородно-зарядная станция
АКР акрилат
АКС анормальная корреспонденция сетчатки *(мед.)*
АКТГ адренокортикотропный гормон
АлАТ аланиновая аминотрансфераза
АЛС антилимфоцитная сыворотка
АЛХ агрегат лесной химический
АМА Американская медицинская ассоциация
аммофос аммонийфосфат
АМН Академия медицинских наук
АМСПР Ассоциация медико-социальной помощи России
АМТН Академия медико-технических наук
АМФ аденозинмонофосфорная кислота; аденозинмонофосфат
АН аппарат для наркоза
анал. анализ
анат. анатомия; анатомический
анг. ангидрид
АНТ аппарат низкочастотной терапии
АОКС антимикробный одноразовый комплект спецодежды
АПГ ангиопульмонография
АПГ армейский подвижной госпиталь
АПТК акушерско-педиатрические и терапевтические комплексы
АПФ ангиотензинпревращающий фермент
АРДК автоматизированный рефлексодиагностический комплекс

Биология. Химия. Медицина

АРП абсолютный рефрактерный период
АсАТ аспарагиновая трансфераза
АСКОРС автоматизированная система количественной оценки риска основных патологических синдромов и состояний
АСМ активированный силикагель мелкопористый
АСМП автомобиль скорой медицинской помощи
АСП антифрикционная самосмазывающаяся пластмасса
АСПВ асфальтосмолопарафиновые вещества
АСПОН автоматизированная система профилактических осмотров населения
аср автосанитарная рота
АСЭГ армейский сортировочный эвакуационный госпиталь
АТ азотный тетраоксид
АТ антитело *(мед.)*
АТЗ азотно-туковый завод
АТФ аденозинтрифосфорная кислота; аденозинтрифосфат
АУ активированный уголь
АХ ацетилхолин
АХК Алексинский химический комбинат
АХП автомобиль химического пенного пожаротушения
АХЭ ацетилхолинэстераза
АЦ ацетилцеллюлоза
ац. ацетон
АЦС антиретикулярная цитотоксическая сыворотка
АЭС автономный электростимулятор
АЭСЖКТ автономный электростимулятор желудочно-кишечного тракта

АЭХК Ангарский электролизный химический комбинат
БАВ бариевоалюмованадиевый *(катализатор)*
БАВ биологическое активное вещество
бак. бактериологический
БАКС биопротез аортального клапана свиней
бакт. бактериология; бактериологический
БАТ биологически активная точка
ББС боевое биологическое средство
бв. безводный *(хим.)*
БВБ бактериальный возбудитель болезни
БГМИ Башкирский государственный медицинский институт
БГНИИ Биолого-географический научно-исследовательский институт
БГЦ биогеоценоз; биогеоценология
БДФ дибутилфталат
безв. безводный *(хим.)*
БЗ биологическое заражение
бзл. бензол *(как растворитель)*
бзн. бензин *(как растворитель)*
БИН биологический институт
био. биологический
биол. биология; биологический
биотел биотелеметрия
биофак биологический факультет
биох биохимия
биохим биолого-химический
биохим. биохимия; биохимический
БК бациллы Коха
БК больничный коллектор
БКГ баллистокардиограмма
БМ белок-модулятор
БМЗР биологический метод защиты растений

Биология. Химия. Медицина

БМИЗ биологический модулятор иммунной защиты
БМП батальонный медицинский пункт
БМЭ Большая медицинская энциклопедия
БН биологическое нападение
БО биологическое оружие
больн. больница
БПИ Биолого-почвенный институт
БПК биологическая потребность в кислороде
БПМП батальонный пункт медицинской помощи
БПО больнично-поликлиническое объединение
БР белок-регулятор
БР болевая реакция
БРЭ биологический рентген-эквивалент
БС безусловный стимул
БСК бутадиен-стирольный каучук
БСМП больница скорой медицинской помощи
БСПО бифокальные сферо-призматические очки
бтх биотехнологический; биотехнология
БУВ бактерицидная лампа из увиолевого стекла
БФ бакелито-фенольный *(клей)*
БФО бальнео-физиотерапевтическое объединение
БФО биофизическая оценка
БХВ боевые химические вещества
БХК Белорусский химический комбинат
БХМ боевая химическая машина
БХП боевой химический пост
бц. бесцветный *(хим.)*
б-ца больница

БЦЖ *фр.* BCG, Bacille de Calmette et Guérin - бациллы Кальметта-Герена *(противотуберкулезная вакцина)*
варио. вариоскопический
ВВК военно-врачебная комиссия
в-во вещество
ВВФ внешний воздействующий фактор
ВВФСУ время восстановления функций синусового узла
ВВЭ военно-врачебная экспертиза
ВГ военный госпиталь
ВГД внутриглазное давление
ВГН врожденная гиперплазия надпочечников
ВГО внутригрудной объем воздуха
ВД венозное давление
ВД высокое давление
ВДГ врожденная диафрагмальная грыжа
вен. венерический
вет.-сан. ветеринарно-санитарный
вещ. вещество
ВЖК внутрижелудочковое кровоизлияние
ВИС временный инфекционный стационар
ВИЧ вирус иммунодефицита человека
ВИЭМ Всероссийский институт экспериментальной медицины
ВКА водородно-кислородный аккумулятор
ВКГ векторкардиограмма
ВКК врачебно-консультационная комиссия
ВКНЦ Всероссийский кардиологический научный центр
ВЛК врачебно-летная комиссия

ВЛЭ врачебно-летная экспертиза
ВЛЭК врачебная летно-экспертная комиссия
ВМА Военно-медицинская академия
ВМГ военно-морской госпиталь
ВММ Военно-медицинский музей
ВМП военно-медицинская подготовка
ВМП временный медицинский пункт
ВМС внутриматочная спираль
ВМС высокомолекулярное соединение
ВНД высшая нервная деятельность
ВНИИГБ Всероссийский научно-исследовательский институт глазных болезней
ВНИИМП Всероссийский научно-исследовательский институт медицинского приборостроения
ВНИИМТ Всероссийский научно-исследовательский и испытательный институт медицинской техники
ВНИИНА Всероссийский научно-исследовательский институт по изысканию новых антибиотиков
ВНИИПМБиГ Всероссийский научно-исследовательский институт прикладной молекулярной биологии и генетики
ВНИИХТ Всероссийский научно-исследовательский институт химической технологии
ВНИТИАФ Всероссийский научно-исследовательский технологический институт антибиотиков и ферментов медицинского назначения
ВНМО Всероссийское научное медицинское общество
ВНС вегетативная нервная система
ВНС видово-неспецифическая сыворотка
в. н. с. вегетативная нервная система
ВНЦХ Всероссийский научный центр хирургии
ВОГ взрывоопасный газ
воен.-мед. военно-медицинский
ВОЗ Всемирная организация здравоохранения
ВОП врач общей практики
ВПГ войсковой подвижный госпиталь
ВПС врожденный порок сердца
ВПСП возбуждающий постсинаптический потенциал *(физиол.)*
ВПХ военно-полевая хирургия
ВПХР войсковой прибор химической разведки
вр. врач
ВС *(метод)* валентных схем
ВСД внутрисердечное давление
ВСС врачебно-санитарная служба
ВТЭ врачебно-трудовая экспертиза
ВТЭК врачебно-трудовая экспертная комиссия
ВФД врачебно-физкультурный диспансер
ВХА Военная химическая академия
ВХК военно-химический комплекс

Биология. Химия. Медицина

ВХР войсковая химическая разведка
ВЦМК Всероссийский центр медицины катастроф
ВЦММ Всероссийский центр мануальной медицины
ВЦЭМ Всероссийский центр экологической медицины
ВЭКС векторэлектрокардиоскоп
ВЭЛС врачебная экспертиза летного состава
ГАМК гамма-аминомасляная кислота
ГБ госпитальная база
ГБО гипербарическая оксигенация
ГБР гиббереллин
ГВГ гарнизонный военный госпиталь
ГГЦ Городской гелькологический центр
ГД гемодиализ
ГДФ гуанозиндифосфорная кислота
ГЕЛАН Гельминтологическая лаборатория Академии наук
гельм. гельминтология
ГЕОХИ РАН Институт геохимии и аналитической химии имени В. И. Вернадского Российской Академии наук
ГИАП Государственный научно-исследовательский и проектный институт азотной промышленности и продуктов органического синтеза
гиг. гигиена; гигиенический
гигро гигроскопический
ГК гигантские клетки *(биол.)*
ГКБ городская клиническая больница
ГКС генетико-кибернетическая система
ГКСЭН Государственный комитет по санитарно-эпидемиологическому надзору; Госкомсанэпиднадзор
главврач главный врач
ГМУ Главное медицинское управление
ГМФ гуанозинмонофосфорная кислота
ГН гломерулонефрит *(мед.)*
ГНЦЛМ Государственный научный центр лазерной медицины
горВТЭК городская врачебно-трудовая экспертная комиссия
горяч. источ. горячий источник
Госкомсанэпиднадзор Государственный комитет санитарно-эпидемиологического надзора Российской Федерации
ГосНИИОХТ Государственный научно-исследовательский институт органической химии и технологии
ГосНИИ ЭМФТ Государственный научно-исследовательский институт экстремальной медицины, полевой фармации и медицинской техники
Госсанэпиднадзор Государственный санитарно-эпидемиологический надзор
ГП грудной проток
ГПЗ геопатогенная зона
ГРВ гидрореагирующее вещество
ГРС гепаторенальный синдром
ГС гемосорбция
гсп. госпиталь *(топ.)*
ГСФ гетеросинаптическая фасилитация
ГСЭН городской санитарно-эпидемиологический надзор

ГТП гигиена труда и производства
ГТФ гуанозинтрифосфорная кислота
ГФ гемофильтрация
ГФ Государственная фармакопея
ГХК Горно-химический комбинат
ГХЦГ гексахлорциклогексан *(инсектицид)*
ГЭБ гематоэнцефалический барьер *(мед.)*
Д доминантный *(биол.)*
ДАГ диацилглицерол
ДАД диастомическое артериальное давление
ДБ двуяйцовые близнецы
д. б. н. доктор биологических наук
ДБФ дибутилфталат
ДВС диссеминированное внутрисосудистое свертывание
ДГАВП дезглициларгинин-вазопрессин
ДГП дренирование грудного протока
ДДВФ диметилдихлорвинилфосфат
ДДД дихлордифенилдихлорэтан
ДДТ дихлордифенилтрихлорметилметан *(инсектицид)*
ДДЭ дихлордифенилэтилен *(инсектицид)*
д-з диагноз
ДЗХВ Даугавпилсский завод химического волокна
диаммофос диаммонийфосфат
ДИСДП дородовое исследование сердечной деятельности плода
дист. дистиллированный
ДК дыхательный коэффициент
ДКА диабетический кетоацидоз
ДКМК дисфункциональные климактерические маточные кровотечения
ДМК дисфункциональное маточное кровотечение
д. м. н. доктор медицинских наук
ДМПА депо-медроксипрогестерон-ацетат
ДМТ диметилтерефталат
ДМФ диметилфталат
ДНК дезоксирибонуклеиновая кислота
ДНОК динитроортокрезол *(гербицид)*
ДНФ динитрофенол
ДО дыхательный объем
ДОК дезоксикортикостерон
ДОЛ детский оздоровительный лагерь
ДОФА диоксифенилаланин
ДОЦ детский оздоровительный центр
ДП долгосрочная память
ДП дыхательный прибор
ДПН дифосфопиридиннуклеотид
ДПО диспансерно-поликлиническое отделение
д-р доктор
ДРЦ Детский реабилитационный центр
ДСУ диагностическая сцинтилляционная установка
ДТПА диэтилентриаминопентауксусная кислота
ДУ дихлорфеноксиуксусная кислота
ДФ дифосфат
ДФДТ дифтордифенилтрихлорэтан
д. х. н. доктор химических наук
ДХО дезинфекционно-химическое оборудование
ДХЭ дихлорэтан *(инсектицид)*

ДЦДА дициандиамид
ДЦП детский церебральный паралич
ДЭ дыхательный эквивалент *(физиол.)*
ДЭА дигидроэпиандростерон
ДЭТА диэтилтолуамид
ЕВРОХИМИК *англ.* EUROCHEMIC, European Company for the Chemical Processing of Irradiated Fuels - Европейская компания по химической переработке облученного топлива
ЕД единица действия *(мед.)*
ж. жидкость; жидкий;
ЖВ жидкий водород
ЖЕЛ жизненная емкость легких *(физиол.)*
жел.-киш. желудочно-кишечный
ЖК жидкий кислород
ЖК жирные кислоты
ЖКБ желче-каменная болезнь
ЖС жирные спирты
ЗМА завод медицинской аппаратуры
зр зрение
ЗХЗ зона химического заражения
ЗЭП завод эндокринных препаратов
ИАОМО *англ.* IAOMO, International Association of Olympic Medical Officers - Международная ассоциация олимпийских медицинских работников
ИАТМ *англ.* Международная ассоциация по медицинской технике
ИБ Институт белка
ИБВВ Институт биологии внутренних вод
ИБМ Институт биологии моря
ИБПС Институт биологических проблем Севера
ИБР Институт биологии развития имени Н. К. Кольцова
ИБС ишемическая болезнь сердца
ИБФ Институт биологической физики
ИБФМ Институт биохимии и физиологии микроорганизмов
ИБФРМ Институт биохимии и физиологии растений и микроорганизмов
ИБХ Институт биоорганической химии имени М. М. Шемякина
ИВ индекс вязкости
ИВЛ искусственная вентиляция легких
ИВНД Институт высшей нервной деятельности и нейрофизиологии
ИВС институт вакцин и сывороток
ИВС Институт высокомолекулярных соединений
ИВСАН Институт высокомолекулярных соединений Академии наук
ИГ инфекционный госпиталь
ИГГ Институт геологии и геохимии имени А. Н. Заварицкого
ИГЕМ Институт геологии рудных месторождений, петрографии, минералогии и геохимии
ИГХ Институт геохимии имени А. П. Виноградова
ИДФ инозиндифосфорная кислота
ИЕ иммунизирующая единица *(мед.)*

ИЕ интернациональная единица *(мед.)*
ИК искусственное кровообращение
ИКРО *англ.* ICRO, International Cell Research Organization - Международная организация по исследованию клетки
ИМБ Институт молекулярной биологии имени В. А. Энгельгардта
ИМБП Институт медико-биологических проблем
ИМГ Институт молекулярной генетики
ИМГАН Институт молекулярной генетики Академии наук
ИМГРЭ Институт минералогии, геохимии и кристаллохимии редких элементов
ИМФ инозинмонофосфорная кислота
ИМХ Институт металлоорганической химии
ИНБИ Институт биохимии имени А. Н. Баха
ИНМИ Институт микробиологии
ИНХ Институт неорганической химии
ИНХП Институт новых химических проблем
ИНХС Институт нефтехимического синтеза имени А. В. Топчиева
ИНЭПХФ Институт энергетических проблем химической физики
ИОНХ Институт общей и неорганической химии имени Н. С. Курнакова
ИОХ Институт органической химии имени Н. Д. Зелинского
ИПА Институт почвоведения и агрохимии
ИПГ инфекционный подвижный госпиталь
ИПП индивидуальный перевязочный пакет
ИПП индивидуальный противохимический пакет
ИППГ инфекционный полевой подвижной госпиталь
ИрИОХ Иркутский институт органической химии
ИСО известково-серный отвар *(фунгицид)*
ИСОЖ индивидуальная система обеспечения жизнедеятельности
ИСТ индекс свободного тироксина
ИТПВ интратрахеальная пульмонарная вентиляция
ИТФ инозинтрифосфорная кислота
ИУВ институт усовершенствования врачей
ИФ Институт физиологии имени И. П. Павлова
ИФА идиопатический фиброзирующий альвеолит
ИФА иммуноферментный анализ
ИФАВ Институт физиологически активных веществ
ИФС индекс физического состояния *(мед.)*
ИФХ Институт физической химии
ИФХАН Институт физической химии Академии наук
ИФХИМС Институт физико-химических основ переработки минерального сырья
ИХ Институт химии
ИХВВ Институт химии высокочистых веществ

Биология. Химия. Медицина

ИХКГ Институт химической кинетики и горения
ИХН Институт химии нефти
ИХНР Институт химии неводных растворов
ИХС Институт химии силикатов имени И. В. Гребенщикова
ИХТРЭМС Институт химии и технологии редких элементов и минерального сырья
ИХТТМС Институт химии твердого тела и переработки минерального сырья
ИХФ Институт химической физики имени Н. Н. Семенова
ИХХТ Институт химии и химической технологии
ИЭЛАН Институт электрохимии имени А. Н. Фрумкина Академии наук
ИЭМ инфекционный энцефаломиелит *(лошадей)*
ИЭТ изоэлектрическая точка *(биол.)*
ИЭФБ Институт эволюционной физиологии и биохимии имени И. М. Сеченова
ИЭХ Институт электрохимии
ИЮПАК *англ.* IUPAC, International Union of Pure and Applied Chemistry - Международный союз теоретической и прикладной химии
к. кислота
КАПД система компьютерного анамнеза и предварительной диагностики
карбофос дикарбоэтоксиэтилдитиофосфат *(инсектицид)*
кат. катализатор; каталитический

к. б. н. кандидат биологических наук
КБП кора больших полушарий головного мозга
КБП коэффициент биологического поглощения *(микроэлементов)*
КБХА Конструкторское бюро химической автоматики
КБХИММАШ или **КБХМ** Конструкторское бюро химического машиностроения
КВГ клинический военный госпиталь
КВД кожно-венерологический диспансер
КВДП катар верхних дыхательных путей
КВС климактерический вегетативный синдром
КГР кожно-гальванический рефлекс
КД компьютерная диагностика
КДП коэффициент дифференциального поглощения *(мед.)*
КЗУ капиллярное заборное устройство
КИП кислородный изолирующий прибор
КИС кислородная ингаляционная станция
КИУВ Казанский институт усовершенствования врачей
ККГ кинетокардиограмма
КМИЗ Казанский медико-инструментальный завод
к. м. н. кандидат медицинских наук
КМЦ карбоксиметилцеллюлоза
КОД коллоидно-осмотическое давление
конц. концентрированный
КОПС компьютерная оперативная психосемантическая диагностика

Биология. Химия. Медицина

КОС кислотно-основное состояние
КП кислородный прибор
КП краткосрочная память
кп курортный поселок
КПИ кариопикнотический индекс
КПЛВ короткоживущие подкорковые локальные возмущения
КПХЗ коллективная противохимическая защита
КР красная ртуть
КРГ корреляционная ритмограмма
кр(ит). критический *(хим.)*
КРО кардиореанимационное отделение
КРР крысоретикулоцитарная реакция *(биол.)*
КРТ кадмий, ртуть, теллурид
КС климактерический синдром
КСОЗН коэффициент суммарной оценки здоровья населения
к-та кислота
КФ клубочковая фильтрация *(мед.)*
КФ креатинфосфат
к. х. н. кандидат химических наук
к-ция концентрация *(хим.)*
КЩР кислотно-щелочное равновесие
КЩС кислотно-щелочное состояние
КЭ клещевой энцефалит
КЭД кожная эритемная доза *(мед.)*
л. легко(растворимый)
ЛАБС линейный алкилбензолсульфонат
ЛБ лучевая болезнь
ЛВ литическое вещество *(биол.)*

ЛД летальная доза
ЛД лимфодиализ
ЛДГ лактатдегидрогеназа
ЛДЦ лечебно-диагностический центр
леч. лечебный
ЛЖК летучая жирная кислота
ЛИИ лейкоцитарный индекс интоксикации
ЛОКК Лига обществ Красного Креста
ЛОППН лаборатория острой печеночно-почечной недостаточности
ЛОР оториноларингология
ЛОЦ лечебно-оздоровительный центр
ЛПВП липопротеиды высокой плотности
ЛПНП липопротеиды низкой плотности
ЛПО лечебно-профилактическое объединение
ЛПУ лечебно-профилактическое учреждение
ЛРБК лечебно-реанимационные барокомплексы
ЛРК лимбико-ретикулярный комплекс
ЛС лекарственное средство
ЛС лечебная сыворотка
ЛС лимфосорбция
ЛТГ лактотропный гормон
ЛТД лечебно-трудовой диспансер
ЛТП лечебно-трудовой профилакторий
МА митотическая активность *(биол.)*
МА младший актинид
МАБО Международная ассоциация биологической океанографии
МАИР Международное агентство по изучению рака
МАП мышечно-адениловый препарат

МАПО Медицинская академия последипломного образования
марганц. марганцовый
МБИ микроскоп биологический иммерсионный
МБС Международный биохимический союз
МБС микроскоп биологический стереоскопический
МБФ монобутилфосфат
МВЛ максимальная вентиляция легких *(физиол.)*
МГ миоглобин
МГАПБ Московская государственная академия прикладной биологии
МГФЦ Московский городской фармакологический центр
МДГ мобильные диспергированные гены
мед. медицина; медицинский
МЕДЛАРС *англ.* MEDLARS, Medical Literature Analysis and Retrieval System - Система анализа и поиска медицинской литературы
МЗ министерство здравоохранения
МЗСА Московский завод слуховых аппаратов
МИЗ медико-инструментальный завод
микр микробиология
микробиол. микробиологический
МИЛ многопрофильное исследование личности
Минздравмедпром Министерство здравоохранения и медицинской промышленности Российской Федерации
МК микробиология космическая
МК митотический коэффициент *(биол.)*
МКБ мочекаменная болезнь
МКВ микрокристаллические волокна
МКГ механокардиография
МКК Международный Красный Крест
МККК Международный комитет Красного Креста
МКЛ мягкие контактные линзы
МЛД минимальная летальная доза *(мед.)*
ММА Московская медицинская академия
ММБИ Мурманский морской биологический институт
МНДЦ мобильный нейродиагностический центр
МНФ метилнитрофос *(инсектицид)*
МОД минутный объем дыхания *(физиол.)*
МОИС Международное общество по изучению сердца
мол. молекулярный
мол. м. молекулярная масса
МОНИКИ Московский областной научно-исследовательский клинический институт
МОС минутный объем сердца
МОСН медицинский отдел специального назначения
МОФК Международное общество и федерация кардиологов
МОХ Международное общество хирургов
МОЦ медико-оздоровительный центр
МП медицинский пункт
МП мембранный потенциал
МПБ медицинский пункт батальона
МПД максимально переносимая доза *(мед.)*

Биология. Химия. Медицина

МПК максимальное потребление кислорода *(физиол.)*
МПП медицинский пункт полка
МПС мочеполовая система
МПСА микроплановое синтезирование апертуры
м. р. малорастворимый
МРП медицинский распределительный пункт
МС медицинская служба
МС миостимуляция
МСАФП материнский сывороточный альфа-фетопротеин
МСБ медико-санитарный батальон
МСБН Международный союз биологических наук
МСГ меланоцитостимулирующий гормон
МС ГО Медицинская служба Гражданской обороны
МСД минимальная смертельная доза *(мед.)*
МСО медицинский санитарный отдел
м. сп. метиловый спирт
МСС медико-санитарная служба
МСФН Международный союз физиологических наук
МСЧ медико-санитарная часть; медсанчасть
МСЧПХ Международный союз чистой и прикладной химии
МСЭК медико-социальная экспертная комиссия
МТБЭ метил-трехбутиловый эфир
МФ монофосфат
МЭД минимальная эффективная доза *(мед.)*
МЭК метилэтиленкетон
НА нитрамин
НАД никотинамидадениндинуклеотид
НАК нитрил акриловой кислоты
НАПП наркозный аппарат прерывистого потока
НД несахарный диабет
НД низкое давление
НДМГ несимметричный диметилгидразин
НДФЗ Новоджамбулский фосфорный завод
НДЭТ непрерывная длительная эндолимфатическая терапия
нефт.-хим. нефтехимия
нефтехим. нефтехимический
НЗ наследственное заболевание
НЗХК Новосибирский завод химических концентратов
НИБХ Новосибирский институт биоорганической химии
НИИ непрерывная инфузия инсулина
НИИГБ Научно-исследовательский институт глазных болезней
НИИСП Научно-исследовательский институт скорой помощи имени Н. В. Склифосовского
НИИХИММАШ Научно-исследовательский институт химического машиностроения
НИИХСМ Научно-испытательный институт химических и строительных машин
НИИЭМ Научно-исследовательский институт эпидемиологии и микробиологии
НИИЭМ Научно-исследовательский институт экспериментальной медицины

НИОХ Новосибирский институт органической химии
НИЦБС Научно-исследовательский центр биологических структур *(Москва)*
НИЦбытхим Научно-исследовательский центр бытовой химии
НК натуральный каучук
НК нуклеиновая кислота
НЛП нейролингвистическое программирование
НМО научное медицинское общество
НМС нервно-мышечная система
НМС низкомолекулярное соединение
ННГП неспецифическая нефрогепатотерапия
НП нейропептиды
НСВД неврологический синдром высокого давления
НСПВП нестероидный противовоспалительный препарат
НТК низкотемпературный катализатор
НФЗЛ нейрофизиология
НЦ нитроцеллюлоза
НЦБИ Научный центр биологических исследований
ОАЖ объем амниотической жидкости
ОБ общая биология
ОБ однояйцовые близнецы *(биол.)*
ОББХФАС Отделение биохимии, биофизики и химии физиологически активных соединений
обэ относительная биологическая эффективность *(ед. изм.)*
ОВ огнеопасное вещество
ОВГ окружной военный госпиталь
ОВКГ Окружной военный клинический госпиталь
ОВЛ отделение восстановительного лечения
ОГГГГН Отделение геологии, геофизики, геохимии и горных наук *(Российской академии наук)*
ОГН острый гломерулонефрит *(мед.)*
ОГТТ оральный глюкозотолерантный тест
ОЕЛ общая емкость легких
ОЗК операция замещения крови
ОЗМиР охрана здоровья матери и ребенка
ОЗЧ отвар зеленого чая *(фармак.)*
ОИ осциллометрический индекс *(физиол.)*
ОК оральная контрацепция
ОКВДП острый катар верхних дыхательных путей
ОКЗ острое кишечное заболевание
ОЛБ острая лучевая болезнь
омедб отдельный медицинский батальон
ОММР очень малая масса при рождении
ОМК оперативный медицинский контроль
ОМО отдельный медицинский отряд
ОМС обязательное медицинское страхование
ОНГП острая нефрогепатопатия
ОНЦ Онкологический научный центр
ООБ Отделение общей биологии
ООЛ остаточный объем легких
ООП относительно ограниченная во времени память
ООТХ Отделение общей и технической химии

ОП	объем плазмы
ОПК	относительный печеночный клиренс
ОПН	острая печеночная недостаточность
ОПН	острая почечная недостаточность
ОППН	острая печеночно-почечная недостаточность
ОРЗ	острое респираторное заболевание
ОРП	относительный рефрактерный период
ОСП	основные санитарные правила
ОСУ	огнетушитель стационарный углекислотный
ОУ	огнетушитель углекислотный
ОФ	Отделение физиологии *(Российской академии медицинских наук)*
ОФХТНМ	Отделение физикохимии и технологии неорганических материалов
ОХЗ	очаг химического заражения
ОХП	огнетушитель химический пенный
ОЦБ	объем циркулирующих белков
ОЦГ	объем циркулирующего гемоглобина
ОЦК	объем циркулирующей крови
ОЦП	объем циркулирующей плазмы
ОЦЭ	объем циркулирующих эритроцитов
ОЧС	особо чистая сера
ПАБК	парааминобензойная кислота
ПАВ	поверхностно-активное вещество
ПАГ	парааминогиппуровая кислота
ПАК	полиакриловая кислота
ПАЛ	патологоанатомическая лаборатория
ПАОЗ	Панамериканская организация здравоохранения
ПАПР	поверхностно активный полимерный раствор
ПАСК	параминосалициловая кислота
пат.	патология; патологический
ПБР	прибор биологической разведки
ПВАЭ	поливинилацетатная эмульсия
ПВК	пировиноградная кислота
ПВП	пункт ветеринарной помощи
ПВС	поливиниловый спирт
ПВХ	поливинилхлорид
ПГ	паратгормон
ПГ	пневмограмма *(мед.)*
ПГ	полевой госпиталь
ПГН	подострый гломерулонефрит *(мед.)*
ПД	перитонеальный диализ
ПД	пульсовое давление
ПДД	предельно допустимая доза *(радиобиол.)*
ПДК	предельно допустимая концентрация *(радиобиол.)*
ПДН	предельно допустимая нагрузка *(радиобиол.)*
ПДС	психодиагностическая система
ПДТ	психодиагностический тест
ПК	печеночный кровоток
ПКГ	поликардиограмма
ПКГ	поликардиография
ПКТБхиммаш	Проектно-конструкторское технологическое бюро химического и нефтяного машиностроения

ПЛД плазмодиализ
плотн. плотность
ПЛС плазмосорбция
ПЛТ протонно-лучевая терапия
ПМС предменструальный синдром
ПМСП первичная медико-санитарная помощь
ПМЭ Популярная медицинская энциклопедия
ПН пиридиннуклеотид
ПОЗ природно-очаговое заболевание
ПОК почечный кровоток
ППГ полевой подвижный госпиталь
ППХР полуавтоматический прибор химической разведки
ПроектНИИспецхиммаш Проектный научно-исследовательский институт специального химического машиностроения
ПРХН пост радиационного и химического наблюдения
ПС полистирол
психиатр. психиатрия
ПСХ психиатрия
ПТУ пропилтиоурацил
ПУ полиуретановый клей
ПФЛТ психофизиология летного труда
ПХВ полихлорвинил
ПХЗ противохимическая защита
ПХО противохимическая оборона
ПХР прибор химической разведки
ПЦФ плазмацитоферез
ПЭ полиэтилен
ПЭС психоэмоциональное состояние
ПЭТ позитронно-эмиссионная томография

Р рецессивный *(биол.)*
РА реакция агглютинации
радон радий и аргон
РАМН Российская академия медицинских наук
РАМО Российское акционерное медицинское общество
РБ разнояйцовые близнецы *(биол.)*
РВ реакция Вассермана *(мед.)*
РГА реакция гемаглютинации
РГМУ Российский государственный медицинский университет
РГЦЭЛ Российский государственный центр экспертизы лекарств
РД распространяющаяся депрессия
РД резервы дыхания
РДА ручной дыхательный аппарат *(для искусственного дыхания)*
РДК рентгенодиагностический кабинет
РДО реакция на движущийся объект *(мед.)*
РДТ разгрузочно-диетическая терапия
РЕППКС роды естественным путем после кесарева сечения
РЗЭ редкоземельный элемент
РИГГ радиоизотопная гепатография
РИИ радиоиммунологическое исследование
РИРГ радиоизотопная ренография
РИТ реакция иммобилизации трепонем *(мед.)*
РИФ реакция иммуно-флюоресценции
РИФМА рентгеновский изотопный флюоресцентный метод анализа

Биология. Химия. Медицина

РК реакция конглютинации *(мед.)*
РКБ Республиканская клиническая больница
РКГ рентгенокимограмма; рентгенокимография
РЛИ рентгенологическое исследование
РМБ Российский медицинский банк; Росмедбанк
РН реакция нейтрализации
РНГА реакция непрямой гемагглютинации
РНК рибонуклеиновая кислота
Роскомхимнефтепром Комитет Российской Федерации по химической и нефтехимической промышленности
Росмедбанк Российский медицинский банк
РОУ ручной огнетушитель углекислотный
РОЭ реакция оседания эритроцитов
РП реакция преципитации *(мед.)*
РП рецептивное поле
РПГА реакция прямой гемагглютинации
р-р раствор
РРГ радиоренограмма *(мед.)*
РСК реакция связывания комплемента *(мед.)*
РУД рентгеновская установка диагностическая
РУМ рентгеновская установка медицинская
РУО ручной углекислотный огнетушитель
РУТ рентгеновская установка терапевтическая
РФП радиофлюоресцивный препарат
РХБР радиационная, химическая и бактериологическая разведка
РХЗ радиохимический завод
РХТУ Российский химико-технологический университет имени Д. И. Менделеева
р-ция реакция *(хим.)*
РЭКГ радиоэлектрокардиограмма
РЭМА радиоэлектронная медицинская аппаратура
РЭС ретикулоэндотелиальная система *(мед.)*
С серотонин
СА синоатриальный
САД систолическое артериальное давление
САД среднее артериальное давление
САИМБА система автоматизации исследований и анализа биопотенциалов мозга
сан. санаторий
сан. санитарный
санбат санитарный батальон
сан.-гиг. санитарно-гигиенический
сан.-кур. санаторно-курортный
СанПиН Санитарные правила и нормы
сан.-просвет. санитарно-просветительный
сантех санитарно-технический
сан.-техн. санитарно-технический
санупр. санитарное управление
сан.-хим. санитарно-химический
сан.-эпид. санитарно-эпидемиологический
САПЛ специальное амбулаторное противоалкогольное лечение
СарНИТО Саратовский научно-исследовательский институт травматологии и ортопедии

Биология. Химия. Медицина

СВ синтетическое волокно
СГПЕ сцинтиграфия печени
СГПО сцинтиграфия почек
СД смертельная доза *(мед.)*
СДР синдром длительного раздавливания
СДС синдром длительного сдавливания
сем. семейство *(биол.)*
СЖК синтетические жирные кислоты
СЖС синтетические жирные спирты
СИ систалический индекс
СИИ счетчик излучения человека
синт. синтетический
СИФИБР Сибирский институт физиологии и биохимии растений
СК синтетический каучук
СКВ системная красная волчанка *(мед.)*
СКГ сейсмокардиограмма; сейсмокардиография
СКД синтетический каучук дивиниловый
СКИ синтетический каучук изопреновый
СКН синтетический каучук бутадиен-нитрильный
СКС синтетический каучук бутадиен-стирольный
СКТ синтетический каучук теплостойкий
СКУ синтетический каучук уретановый
СКФ синтетический фторкаучук
СКЭП синтетический каучук этиленпропиленовый
СМ средние молекулы
СМНМО Совет международных научно-медицинских организаций
СМО средства медицинского обеспечения
СМП скорая медицинская помощь
СМС синтетические моющие средства
СНГП специфическая нефрогепатопатия
СНД синдром нарушенного дыхания
СООСД синдром опасного обращения с детьми
СО РАМН Сибирское отделение Российской академии медицинских наук
СОЦК средний объем циркулирующей крови
СОЭ скорость оседания эритроцитов
сп. спирт
СПбГМА Санкт-Петербургская государственная медицинская академия
СПбГМУ Санкт-Петербургский государственный медицинский университет имени академика И. П. Павлова
СПБПМА Санкт-Петербургская педиатрическая медицинская академия
СПЖ средняя потеря времени жизни от заболеваний
СПИД синдром приобретенного иммунодефицита
СПК станция переливания крови
СПС синдром позиционного сдавливания
ССП станция скорой помощи
ССР социально-стрессовые расстройства
ССС сердечно-сосудистая система
СССУ синдром слабости синусового узла

СТГ соматотропный гормон
СТМ соли тяжелых металлов
СТС санитарно-транспортное судно
СТШ синдром токсического шока
СУ синусовый узел
суд.-мед. судебно-медицинский
СФГ сфигмограмма
СХК Сибирский химический комбинат
СЧ или **с/ч** санитарная часть; санчасть
СЭЛ санитарно-эпидемиологическая лаборатория
СЭН санитарно-эпидемиологический надзор, санэпиднадзор
СЭО санитарно-эпидемиологический отряд
СЭО санитарно-эпидемиологическое отделение (отдел)
СЭС санитарно-эпидемиологическая станция
СЭУ санитарно-эпидемиологическое управление
ТБИ транскутанный билирубиновый индекс
ТБФ трибутилфосфат
ТГС тромбогеморрагический синдром
ТГХВ термогазохимическое воздействие
тем(п)-ра температура
ТИВЛ триггерная искусственная вентиляция легких
ТИВЛМ триггерная искусственная вентиляция легких у младенцев
ТКДГ транскраниальная доплерография
ТКФ трикрезилфосфат
ТЛБ транслокационный белок
ТМТД тетраметилтиурамдисульфид *(фунгицид)*
ТНБ тринитробензол
ТОС тонкий органический синтез
ТПН трифосфопиридиннуклеотид
ТППГ терапевтический полевой подвижной госпиталь
травм. травматологический
ТСИ тиреостимулирующий иммуноглобулин
ТТ температура тела
ТТГ тиреотропный гормон
ТТХ трифенилтетразолия хлорид
ТУ трихлорфеноксиуксусная кислота
туб. туберкулезный
ТФ трифосфат
ТФА токсический фиброзирующий альвеолит
ТХУ термохимическая установка
ТЭА тетраэтилацетат
ТЭК телеэлектрокардиограмма; телеэлектрокардиография
ТЭПФ тетраэтилпирофосфат *(инсектицид)*
ТЭС тетраэтилсвинец
УАИ условное активное избегание
УБП усилитель биопотенциалов
УВА условно-рефлекторная вкусовая аверсия
УДП усиленное дополнительное питание
УДС ультрадисперсные соединения
УДФ уридиндифосфат
УЗД ультразвуковой диагностический аппарат
УЗДГ ультразвуковая доплерография
УЗИ ультразвуковое исследование

Биология. Химия. Медицина

УИК установка искусственного климата
УМК углубленный медицинский контроль
УМФ уридинмонофосфат
УНИХИМ Уральский научно-исследовательский химический институт
УО умственная отсталость
УПЛ Управление питания и лекарств *(США)*
Уралхиммаш Уральский завод тяжелого химического машиностроения
УРПИ условная реакция пассивного избегания
УС условный стимул
УТФ уридинтрифосфат
УФНИИГБ Уфимский научно-исследовательский институт глазных болезней
ФАД флавинадениндинуклеотид
ФАП фельдшерско-акушерский пункт
ФАП фибринолитически активная плазма
фарм(ак). фармакология; фармация
ФЕБО Федерация европейских биохимических обществ
ФЕЛ форсированная емкость легких
ФЖЕЛ форсированная жизненная емкость легких
физ. физиотерапевтический
физиол. физиология; физиологический
физ.-хим. физико-химический
ФИМС *фр.* FIMS, Fédération Internationale de Médecine Sportive - Международная федерация спортивной медицины
ФИНР фактор избирательной направленности роста
ФКГ фонокардиограмма
ФКПА фактор компенсации позной асимметрии
ФМН флавинмононуклеотид
ФН фибронектин
ФНС функциональная нервная система
ФОВ фосфорорганическое отравляющее вещество
ФОМС Фонд обязательного медицинского страхования
ФОС фосфорорганическое соединение
фос. фосфоритный
фоспор фосфорный порошок
ФОЧ физиология органов чувств
ФПА фактор позной асимметрии
ф-р фельдшер
ФРП функциональный рефрактерный период
ФСГ фолликулостимулирующий гормон
ФФОМС Федеральный фонд обязательного медицинского страхования
ФЧ фагоцитарное число *(мед.)*
Х хирургический
ХАБ химическая авиационная бомба
ХАФ хлорацетофенон
ХБР химическое, биологическое и радиологическое *(оружие)*
ХВЗД химический взрыватель замедленного действия
ХГН хронический гломерулонефрит *(мед.)*
ХЗ химическая защита
ХЗХР Харьковский завод химических реактивов
хим химический
хим. химия; химический

Биология. Химия. Медицина

ХИММАШ Конструкторское бюро химического машиностроения имени А. М. Исаева
ХИМНЕФТЕМАШ химическое и нефтяное машиностроение
химфак химический факультет
хим.-фарм. химико-фармацевтический
хир. хирургия; хирургический
ХИТ химический источник тока
ХЛБ хроническая лучевая болезнь
хлорофос диметилтрихлороксиэтилфосфонат
хлф. хлороформ *(как растворитель)*
ХМИ Харьковский медицинский институт
ХН химическое нападение
ХНЗЛ хроническое неспецифическое заболевание легких
ХНП химический наблюдательный пункт
ХО химическое оружие
ХПК химическая потребность в кислороде
ХПН хроническая почечная недостаточность *(мед.)*
ХППГ хирургический полевой подвижной госпиталь
ХПС хроническое перенапряжение сердца
ХРД химический разведывательный дозор
ХРД химический ракетный двигатель
хрон. хронический
ХС химическая служба
ХТО химико-термическая обработка
ХТФ химико-технологический факультет
ХФЗ химико-фармацевтический завод
ХЦ хордальный центр *(биол.)*
х. ч. химически чистый
ЦА ципростерон ацетат
ЦАМФ циклический аденозинмонофосфат
ЦАЭ циклический аналог энкефалинов
ЦВВК Центральная военно-врачебная комиссия
ЦВД центральное венозное давление
ЦВЛК Центральная врачебно-летная комиссия
ЦВЛЭК Центральная врачебная летно-экспертная комиссия
ЦВМУ Центральное военно-медицинское управление
ЦВЭК Центральная врачебно-экспертная комиссия
ЦГБ Центральная городская больница
ЦГМА циклогексилметакрилат
ЦИТО Центральный институт травматологии и ортопедии
ЦКБ Центральная клиническая больница
ЦКВИ Центральный кожно-венерологический институт
ЦМСЧ Центральная медицинская санитарная часть
ЦНИИКиФ Центральный научно-исследовательский институт курортологии и физиотерапии
ЦНИИХМ Центральный научно-исследовательский институт химии и механики
ЦНС центральная нервная система
ЦОК центральный объем крови
ЦРБ Центральная районная больница

ЦСМЛ Центральная судебно-медицинская лаборатория
ЦТФ цитидинтрифосфат
ЦХБЛ центральная химическая и бактериологическая лаборатория
ЦХЛ Центральная химическая лаборатория
ЦЭМП центр экстерной медицинской помощи
ч. чистый *(хим.)*
ЧД частота дыхания
ч. д. а. чистый для анализа *(хим.)*
ЧИБ «Человек и биосфера» *(программа международного сотрудничества)*
ЧПЭС чреспищеводная электростимуляция
ч. р. частично растворим *(хим.)*
ЧСС частота сердечных сокращений
ЧХФЗ Челябинский химико-фармацевтический завод
ШХЗ Шосткинский химический завод
щел. щелочной
ЩУК щавелево-уксусная кислота
ЩФ щелочная фосфотаза
ЭА электроаналгезия
ЭАКК эпсилонаминокапроновая кислота
ЭГ эвакуационный госпиталь
ЭДМ электролитический диоксид марганца
ЭДТА этилендиаминтетраацетат
ЭДТК этилендиаминтетрауксусная кислота
ЭИТ электроимпульсная терапия
ЭКГ электрокардиограмма
ЭКГ электрокардиография
ЭКИ электрокимограмма; электрокимография
ЭКМО экстракорпоральная мембранная оксигенация
ЭКС электрокардиостимулятор
ЭКС электрокардиостимуляция
ЭЛК эндолимфатический коллектор
ЭЛТ эндолимфатическая терапия
ЭМА электромедицинская аппаратура
ЭМГ электромиограмма *(мед.)*
ЭПП эффективный почечный плазмоток *(мед.)*
ЭРГА электрорентгенографический аппарат
ЭРМ электрическое раздражение мозга
ЭРП эффективный рефрактерный период
ЭС электростимуляция
ЭФИ электрофизиологическое исследование
ЭХВ электрохимический взрыватель
ЭХГ электрохимический генератор
ЭХО электрохимическая обработка
ЭЦ этилцеллюлозный
ЭЭГ электроэнцефалограмма *(мед.)*
ЭЭГ электроэнцефалография
ЭЭД эффективная эквивалентная доза
ЯГМИ Ярославский государственный медицинский институт
ЯГР ядерный гамма-резонанс *(метод исследования в химии)*
ЯКР ядерный квадрупольный резонанс *(метод исследования в химии)*
ЯМИ Ярославский медицинский институт
ЯМР ядерный магнитный резонанс *(метод исследования в химии)*

АРХИТЕКТУРА. СТРОИТЕЛЬСТВО

АКБ архитектурно-конструкторское бюро
алб. алебастровый
АПО архитектурно-планировочный отдел
АПУ архитектурно-планировочное управление
армо... армированный
АРТЭП Архитектурное творческо-экспериментальное проектирование *(мастерская)*
арх. архитектурный
архит. архитектура; архитектурный
АСИ архитектурно-строительный институт
АСК акционерная строительная компания
АСПОС автоматизированная система проектирования объектов строительства
АСУС автоматизированная система управления строительством
АХМ архитектурно-художественная проектировочная мастерская
АЦИ асбестоцементные изделия
бет. бетонный
БКГС башенный кран для гидротехнического строительства
БН битум нефтяной
бризол битумно-резиновый гидроизоляционный материал
БТИСМ Белгородский технологический институт строительных материалов имени И. А. Гришманова
БТК башенный трубчатый кран
БЦ белый портландцемент
ВИСКУ Высшее военное инженерное строительное училище имени генерала армии А. Н. Комаровского
ВНИИстройполимер Всероссийский научно-исследовательский и проектно-конструкторский институт полимерных строительных материалов
ВПТ вертикально перемещаемая труба *(при подводном бетонировании)*
в. с. г. верхняя строительная горизонталь
ВТПС «Внештрубпроводстрой» *(строительная компания)*
ВУН временные укрупненные нормы *(строит.)*
В/Ц водоцементное отношение
ГАП главный архитектор проекта
ГАСК Государственный архитектурно-строительный контроль
гидроизол гидроизоляционный материал
ГКЛ гипсокартонный лист
ГО гибкое ограждение
Гомельстройматериалы Гомельское производственное объединение по выпуску строительных материалов
Госстрой Государственный комитет Российской Федерации по вопросам архитектуры и строительства
ГСК гаражный строительный кооператив
ГСМО Государственное строительно-монтажное объединение

Архитектура. Строительство

ГУГС Главное управление городского строительства
ГУПиКС Главное управление проектирования и капитального строительства
ГУСС Главное управление специального строительства *(Министерства обороны Российской Федерации)*
ДВП древесно-волокнистые плиты
ДКК деревянная клееная конструкция
ДМ деревянный мост
Дорстройтрест Дорожный строительно-монтажный трест
ДРСУ дорожное ремонтно-строительное управление
ДС долговременное сооружение
ДСК дачно-строительный кооператив
ДСК домостроительный комбинат
ДСК домостроительный кооператив
ДСП древесно-слоистый пластик
ДСП древесно-стружечная плита
ДСУ дорожно-строительное управление
ЖБ железобетонный
ЖБИ железобетонное изделие
ЖБК железобетонная конструкция
ЖБКИ железобетонные конструкции и изделия
ЖБМ железобетонный мост
ЖБТ железобетонная труба
жел. железный
жел.-бет. железобетонный
ЖМ железный мост
ЖСК жилищно-строительный кооператив
ЗСМ завод строительных материалов
ЗСО зональный строительный отряд
ИЖС индивидуальное жилищное строительство
ИСОТ искусственное сооружение основного типа
ист.-архит. историко-архитектурный
КАП крупнопанельная армопенобетонная плита
кап. капитальный
КБГС кран башенный для гидростроительства
КДК клееная деревянная конструкция
КМ каменный мост
КМС комплект мостостроительных средств
КСК комбинат строительных конструкций
КСМиИ комбинат строительных материалов и изделий
КУСГ комплексный укрупненный сетевой график *(в строительстве)*
КЦК коллоидный цементный клей
ЛВМ легкий висячий мост
м. мост
МАРХИ Московский архитектурно-художественный институт
МИСИ Московский инженерно-строительный институт
МСК мобильный строительный кран
МСП мостостроительный поезд
МСПК Московский строительно-промышленный концерн
НИИПСМ Научно-исследовательский институт промышленных строительных материалов

Архитектура. Строительство

НИСК Народная инвестиционная строительная компания

НСК Народная строительная компания

ПГС Промышленное и гражданское строительство

Пд. подрядчик

ПДСМП постоянно действующий строительно-монтажный поезд

ПКМ полимерно-композитный материал

пласт. пластмасса

ПСИ Пензенский строительный институт

ПФСК Первая финансово-строительная компания

РИСИ Ростовский инженерно-строительный институт

РСО ремонтно-строительная организация

РСУ ремонтно-строительное управление

РСЦ Российский строительный центр

РУСТ «Русские строительные технологии» *(компания)*

С строительный *(инструмент, машина)*

СА Союз архитекторов

СамГАСИ Самаркандский государственный архитектурно-строительный институт

СБК строительный башенный кран

СДМ строительно-дорожная машина

СЗСМ Софринский завод строительных материалов

СМК строительно-монтажный кран

СМП строительно-монтажный пистолет

СМП строительно-монтажный поезд

СМП строительное малое предприятие

СМР строительно-монтажные работы

СМТ строительно-монтажный трест

СМУ строительно-монтажное управление

СМУИР строительно-монтажное управление инженерных работ

СНиП строительные нормы и правила

СПбГАСУ Санкт-Петербургский государственный архитектурно-строительный университет

СПДК система проектной документации для строительства

ССК сельский строительный комбинат

ССМУИР специальное строительно-монтажное управление инженерных работ

ССО студенческий строительный отряд

ССУ специальное строительное управление

ССУОР специальное строительное управление отделочных работ

стр. строительное дело

стр-во строительство

строит. строительный; строительный термин *(в словарях)*

СУ строительное управление

ТММ тяжелый механизированный мост

ТПР типовое проектное решение

УКС управление капитального строительства

Архитектура. Строительство

УС управление строительства
ФИНИСТ Финансово-Инвестиционный строительный трест
ФСК финансово-строительная компания
ФСК финансово-строительная корпорация
фунд. фундамент
ХИСИ Харьковский инженерно-строительный институт
ХОКСА хозрасчетный отдел капитального строительства администрации
Ц цементобетон
ЦГРМ Центральные государственные реставрационные мастерские
ЦДА Центральный Дом архитектора
цем. цементный
ЦНИИПС Центральный научно-исследовательский институт подземного строительства
черт. чертеж
шиф. шифер; шиферный
ШСУ шахтостроительное управление
Щ щебень

НАУКА И ТЕХНИКА

АДД автореферат диссертации на соискание ученой степени доктора наук

АКД автореферат диссертации на соискание ученой степени кандидата наук

АНТЦ Авиационный научно-технологический центр

АСОНТИ Агентство справочной и оперативной научно-технической информации

АСТК агрегатный комплекс средств технологического контроля

АТИ асбестовые технические изделия

АТУ агрегат технического ухода

БИНТИ Бюро иностранной научно-технической информации

БНТИ бюро научно-технической информации

БНЦ Бурятский научный центр

БПТИ бюро патентов и технической информации

БТД бюро технической документации

БТИ бюро технической инвентаризации

БТИ бюро технической информации

БТК бюро технического контроля

ВАИТРО *англ.* WAITRO, World Association of Industrial and Technological Research Organizations - Всемирная ассоциация организаций промышленных и технических исследований

ВКНЦ Всероссийский кардиологический научный центр

ВМНУЦ Всероссийский межотраслевой научно-учебный центр

ВМНУЦ ВТИ Всероссийский межотраслевой научно-учебный центр по вычислительной технике и информатике

ВМТ верхняя мертвая точка *(техн.)*

ВНИИЦПВ Всероссийский научно-исследовательский центр по изучению свойств поверхности и вакуума

ВНИЦ Всероссийский научно-исследовательский центр

ВНИЦОЗМиР Всероссийский научно-исследовательский центр по охране здоровья матери и ребенка

ВНТЛ временные научно-технические лаборатории

ВНЦ Всероссийский научный центр

ВНЦХ Всероссийский научный центр хирургии

ВТУ временные технические условия

ВТУЭ временные технические условия эксплуатации

ВФНР Всемирная федерация научных работников

ВХНРЦ Всероссийский художественный научно-реставрационный центр имени И. Э. Грабаря

ВЦНИЛКР Всероссийская центральная научно-исследовательская лаборатория по консервации и реставрации музейных художественных ценностей

гидр. гидрология и гидротехника

Наука и техника

гидро... гидротехнический
гидротех(н). гидротехника
ГИТ гидроимпульсная техника
ГКАТ Государственный комитет по авиационной технике
ГКНПЦ Государственный космический научно-производственный центр имени М. В. Хруничева
ГНИВЦ Государственный научно-исследовательский вычислительный центр
ГНИЦ Главный научно-информационный центр
ГНПЦ Государственный научно-производственный центр
ГНТУ Главное научно-техническое управление
ГНЦ Гематологический научный центр
ГНЦ Государственный научный центр
ГНЦЛМ Государственный научный центр лазерной медицины
ГосНИЦ Государственный научно-исследовательский центр
ГосНИЦИПР Государственный научно-исследовательский центр изучения природных ресурсов
ГТС гидротехническое сооружение
ГУВТС Главное управление военно-технического сотрудничества с зарубежными странами
ГУМТО Главное управление материально-технического обеспечения
ГУПОНИИР Главное управление планирования и организации научных исследований и использования их результатов
ГУЭРАТ Главное управление эксплуатации и ремонта авиационной техники
ДТС детская техническая станция
ЕСНИПП Единая система научно-исследовательской подготовки производства
ЕТО ежесменное техническое обслуживание *(машин)*
ЗТП защитное технологическое покрытие
ИАТМ *англ.* Международная ассоциация по медицинской технике
ИНТИ иностранная научно-техническая информация
ИНЦ Иркутский научный центр
ИТУ инженерно-техническое управление
ИТЦ инженерно-технический центр
каб. кабельная техника
КВТС Комиссия по военно-техническому сотрудничеству
КМТС контора материально-технического снабжения
КНЦ Кольский научный центр
КНЦ Красноярский научный центр
КТП контрольно-технический пункт
КТС комплекс технических средств
МАНК Международная ассоциация научного кино
МАПН Международная ассоциация политических наук
мат.-тех. материально-технический
МВНТС Межведомственный научно-технический совет
МИ методы исследования

299

Миннауки Министерство науки и технической политики Российской Федерации

МКАЭН Международный конгресс антропологических и этнографических наук

МКНТР Межправительственный комитет по науке и технике в целях развития *(Организации Объединенных Наций)*

МНПК международная научно-практическая конференция

МНС Межведомственный научный совет

МНТК Международный научно-технический комплекс

МНТК Московский научно-технический комплекс

МНТЦ Московский научно-технический центр

МНФ Международный научный фонд *(Сороса)*

МНФ Межрегиональный научный фонд

МНФПС Межрегиональный научный фонд «Промышленная собственность»

МНЦТК Межотраслевой научно-исследовательский центр технической керамики

МСБН Международный союз биологических наук

МСИФН Международный союз истории и философии науки

МСНС Международный совет научных союзов

МСФГН Международный совет по философии и гуманитарным наукам

МСФН Международный союз физиологических наук

МТК Межгосударственный технический комитет

МТК Межотраслевой технический комплекс

МТО мастерская технического обслуживания

МТО материально-техническое обеспечение

МТС материально-технические средства

МТС материально-техническое снабжение

МЦНТИ Международный центр научно-технической информации

МЭК Международная электротехническая комиссия

МЭТ Международная электротехническая комиссия

НА научная аппаратура

науч. научный

науч.-популяр. научно-популярный

н.-и. научно-исследовательский

НИАЛ Научно-исследовательская аллергологическая лаборатория

НИАПЛ научно-исследовательская атомная подводная лодка

НИВЦ Научно-исследовательский вычислительный центр

НИЛ научно-исследовательская лаборатория

НИМБ Научно-исследовательский методический бюллетень

НИО научно-исследовательский отдел; научно-исследовательское отделение

НИОКР научно-исследовательские и опытно-конструкторские работы

Наука и техника

НИР научно-исследовательская работа

НИС научно-исследовательская станция

НИС научно-исследовательский сектор

НИУ научно-исследовательское учреждение

НИЦ Научно-исследовательский центр

НИЦБС Научно-исследовательский центр биологических структур *(Москва)*

НИЦбытхим Научно-исследовательский центр бытовой химии

НИЦИАМТ Научно-исследовательский центр по испытаниям и доводке автомототехники

НИЦ КС Научно-исследовательский центр космической системотехники

НИЦ ПЭУ Научно-информационный центр «Планирование, экономика, управление»

НИЦТК Научно-исследовательский центр технической керамики

НИЦТЛАЗ Научно-исследовательский центр по технологическим лазерам

НКДАР Научный комитет по действию атомной радиации *(Организации Объединенных Наций)*

НМЦ научно-методический центр

НОТ научная организация труда

НПА научно-производственная ассоциация

НПК научно-практическая конференция

НПКБ научно-производственное конструкторское бюро

н. ст. научная *(полярная)* станция

н.-т. научно-технический

НТД научно-техническая документация

НТК научно-технический комитет

НТК научно-технический кооператив

НТЛ научно-техническая литература

НТО научно-техническая организация

НТО научно-техническое общество

НТП научно-техническая продукция

НТП научно-технический перевод

НТП научно-технический прогресс

НТР научно-техническая революция

НТС научно-технический совет

НТС национальные технические средства *(контроля)*

НТТМ научно-техническое творчество молодежи

НТЦ научно-технический центр

НФГ Национальный фонд гуманитарных наук

НЦ научный центр

НЦБИ Научный центр биологических исследований

НЦВТ Научный центр по фундаментальным проблемам вычислительной техники и систем управления

НЦПИ Научный центр правовой информации

НЦПСО Научный центр программных средств обучения

НЭЦ Научно-экспериментальный центр

НЭЦ АУВД Научно-экспериментальный центр автоматизированного управления воздушным движением

ОКБ ТК Особое конструкторское бюро технической кибернетики

ОМТС отдел материально-технического снабжения

ОНИР организация научных исследований и разработок

ОНИС опытная научно-исследовательская станция

ОНЦ Онкологический научный центр

ОПТР отряд подводно-технических работ

орг(т). оргтехника

ОТБ отдел техники безопасности

ОТД отдел технической документации

ОТДС отдел технической документации серийного производства

ОТК отдел технического контроля

ОТР оперативно-техническое руководство

ОТС отдел технического снабжения

ОТТ общие технические требования

ПТН пост технического наблюдения

ПТО периодический технический осмотр *(машин)*

ПТО промежуточное техническое обслуживание

ПТО пункт технического обслуживания *(осмотра)*

ПТОР пункт технического обслуживания и ремонта

ПТР план технического развития

ПТР подводно-технические работы

рбт робототехника

РЕГНАТИС Региональный центр научно-технических исследований

РИТЦ Республиканский инженерно-технический центр по восстановлению и упрочению деталей машин и механизмов

РНИЦКД или **РНИЦ КД** Российский научно-исследовательский центр космической документации

РНКРЗ Российская научная комиссия радиологической защиты

РНЦ Российский научный центр

РПИПТ Региональная помощь инновационной деятельности и передаче технологий

РТИ резинотехническое изделие

РТК робототехника и техническая кибернетика

РТК робототехнологический комплекс

РТСНО «Радиотехнические средства навигационного оборудования» *(морское навигационное руководство)*

РЦИПТ Региональный центр инноваций и передачи технологий

сантех. сантехника; сантехнический

СКБ ВТ Специальное конструкторское бюро вычислительной техники

СКБ ГИТ Специальное конструкторское бюро гидроимпульсной техники

СКБ МТВ Специальное конструкторское бюро микроэлектроники и вычислительной техники

СКБ НП Специальное конструкторское бюро научного приборостроения

СМТО служба материально-технического обеспечения

СНЦ Саратовский научный центр

СПбНЦ РАН Санкт-Петербургский научный центр Российской академии наук

СППТЦ Специальный производственно-проектный технический центр

СПТО стационарный пункт технического обслуживания

СТДМ средство технической диагностики машин

СТЗ система технического зрения

СТО сезонное техническое обслуживание *(машин)*

СТО система технического обслуживания

СТС сложная техническая система

СЮТ станция юных техников

ТБ техника безопасности

тех техника; технический

техн. технический

ТЗ техническое задание

ТИРР Технологическое и интеллектуальное развитие России *(фонд)*

ТК техническая кибернетика

ТК технический комитет

ТК технический комплекс

ТНА Тихоокеанская научная ассоциация

ТНЦ Томский научный центр

ТО и Р техническое обслуживание и ремонт

ТОП технический обменный пункт

ТОР техническое обслуживание и ремонт *(машин)*

ТПС технико-производственный совет

ТПСНГ техническая помощь Содружеству Независимых Государств *(программа TACIS Европейского союза)*

ТС технические средства

ТСП технические средства пропаганды

ТССТ технические средства служб тыла

ТСУ технические средства управления

ТТЗ тактико-техническое задание

ТТК теплотехнический контроль

ТТМ техническое творчество молодежи

ТТТ тактико-технические требования *(воен.)*

ТТХ теплотехническая лаборатория

ТТЭ тактико-технические элементы *(воен.)*

ТУ технические условия

ТУ техническое управление

ТУРНИФ Тихоокеанское управление промысловой разведки и научно-исследовательского флота

ТЭЧ технико-эксплуатационная часть

УМТС управление материально-технического снабжения

УНИСИ Управление по научным исследованиям и сбору информации *(Организации Объединенных Наций)*

УНЦ Украинский научный центр
УНЦ Уральский научный центр
УОНИ Управление организации научных исследований
УПТОК Управление производственно-технического обеспечения и комплектации
ФРПНТ фонд развития производства, науки и техники
ЦБНТИ центральное бюро научно-технической информации
ЦБТИ центральное бюро технической информации
ЦКБМТ Центральное конструкторское бюро морской техники
ЦНИАЛ Центральная научно-исследовательская аптечная лаборатория
ЦНИП Центральный научно-исследовательский полигон
ЦНРМ Центральные научно-реставрационные мастерские
ЦНТИ центр научно-технической информации
ЦНТР ООН Центр по науке и технике в целях развития Организации Объединенных Наций
ЦНТТ Центр научно-технического творчества
ЦНТТМ Центр научно-технического творчества молодежи
ЦНЭЛ центральная научно-экспериментальная лаборатория
ЦОВАТ центр обслуживания и восстановления авиационной техники
ЦТКБ центральное технико-конструкторское бюро
ЦТО централизованное техническое обслуживание
ЦТО центр технического обслуживания
ЦТП центр технической помощи
ЧЭНИС Черноморская экспериментальная научно-исследовательская станция
ЭВТ электронно-вычислительная техника
ЭО экспериментальная отработка
ЭТР эксплуатационно-технический район
ЭТУ эксплуатационно-техническое управление
ЭТУС эксплуатационно-технический узел связи
ЭУ экспериментальная установка
ЮНЕСКО *англ.* UNESCO, United Nations Educational, Scientific and Cultural Organization - Организация Объединенных Наций по вопросам просвещения, науки и культуры
ЮНИСИСТ *англ.* UNISIST, United Nations Information System in Science and Technology - Информационная система Организация Объединенных Наций по вопросам науки и технологии

ТРАНСПОРТ. ОБОРУДОВАНИЕ И МЕХАНИЗМЫ НА БАЗЕ ТРАНСПОРТНЫХ СРЕДСТВ.

А асфальт
ААГ автомобильный аэрозольный генератор
АБ автоблокировка
АБС антипробуксовочная система *(автомоб.)*
АВВА Автомобильный Всероссийский Альянс
авт. автобус
авт. автомобиль
авт. автомобильное дело *(в словарях)*
авто... автомобильный
автомоб. автомобильный
автомото... автомобильно-мотоциклетный
автопром автомобильная промышленность
авторем... авторемонтный
автотранс... автомобильный транспорт; автотранспортный
АВЦ автоводоцистерна
АГВТ автомобиль газоводяного тушения *(пожаров)*
АДУ автомобиль дымоудаления
АДУ автомобильная душевая установка
АЗЛК Автомобильный завод имени Ленинского комсомола
АЗС автозаправочная станция
АК автомобильный кран
АКС автоматическая коробка скоростей
АКС автомобильная компрессорная станция
а/м автомобиль
АМК автомотоклуб
АМПП Ассоциация международных пассажирских перевозок
АМТС автомототранспортные средства
АНК Аэронавигационная комиссия *(ИКАО)*
АО автомобиль-общежитие
АП автопускач
АПК автоподъемник коленчатый
АПМ автомобильная передвижная мастерская
АПРИМ автомобильная подвижная ремонтная инженерная мастерская
АРВ автономный рефрижераторный вагон
АРУП автомобиль-разбрасыватель удобрений пылевидных
АС автомобиль-столовая
АСА аварийно-спасательный автомобиль
АСЖД Африканский союз железных дорог
АСУЖТ автоматизированная система управления железнодорожным транспортом
АТ автотранспорт
АТА *англ.* ATA, Air Transport Association - Авиатранспортная ассоциация *(США)*
АТАК *англ.* ATAC, Air Transport Association of Canada - Авиатранспортная ассоциация Канады
АТК автотранспортная контора
АТП автотранспортное предприятие
АТУ аварийная тормозная установка
АТУ автотранспортное управление

АТХ автотранспортное хозяйство
АТЭК автотранспортный экспедиционный комбинат
АТЭП автотранспортное экспедиционное предприятие
АЦ автомобильная цистерна; автоцистерна
АЦМ автомобильная цистерна для молока
АЭВТ Ассоциация эксплуатантов воздушного транспорта
АЯМ Амуро-Якутская магистраль
Б билет
БАМ Байкало-Амурская магистраль
БелАЗ Белорусский автомобильный завод; автомобиль этого завода
БИТМ Брянский институт транспортного машиностроения
борт. бортовой
БЦП бюро централизованных перевозок
вагон. вагонный
ВАЗ Волжский автомобильный завод
ВАРЗ вагоноремонтный завод
ВАТ военно-автомобильный транспорт
ВАТТ Военная академия тыла и транспорта
ВДОАМ Всероссийское добровольное общество автомотолюбителей
вкз. вокзал *(топ.)*
ВНИИЖТ Всероссийский научно-исследовательский институт железнодорожного транспорта
ВНИИТРАНСМАШ Всероссийский научно-исследовательский институт транспортного машиностроения
вод. водитель
вод. водительский
ВПЖТ Владимирское предприятие промышленного железнодорожного транспорта
ВРЗ вагоноремонтный завод
ВСЖД Восточно-Сибирская железная дорога
ВСМ высокоскоростная магистраль
ВСМ «Высокоскоростные магистрали» *(акционерное общество)*
ВСНТ высокоскоростной наземный транспорт
ВСП высокоскоростной поезд
ВСПД высокоскоростное пассажирское движение
ВФАС Всемирная федерация автомобильного спорта
ГАЗ Горьковский автомобильный завод; автомобиль этого завода
ГАИ Государственная автомобильная инспекция
ГАП гидравлический автомобилеподъемник
гар. гараж *(топ.)*
ГАТП городское автотранспортное предприятие
ГОСНИИВ Государственный научно-исследовательский институт вагоностроения
груз. грузовой
ГТК Государственная транспортная компания
ГЭТ городской электрический транспорт
ДВТ Департамент воздушного транспорта
ДД дорожная дистанция
ДКЛ дизель-контактный локомотив

Транспорт. Оборудование и механизмы...

ДОПОГ Европейское соглашение о международной дорожной перевозке опасных грузов
дор. дорога
дор. дорожное дело
дорсил дорожный ситалл *(материал покрытия дорог)*
Дорстройтрест Дорожный строительно-монтажный трест
ДПМК дорожная передвижная механизированная колонна
ДРСУ дорожное ремонтно-строительное управление
ДСУ дорожно-строительное управление
ДТП дорожно-транспортное происшествие
ДТС дорожно-транспортная ситуация
ДУ дорожный укладчик
ДУ дорожный участок
ДЭУ дорожно-эксплуатационное управление
ДЭУ дорожно-эксплуатационный участок
ЕКТС Единая контейнерная транспортная система
ЕлАЗ Елабужский автомобильный завод
ЕрАЗ Ереванский автомобильный завод
ЕУ ежедневный уход *(техобслуживание автомобилей)*
ЖАСО Железнодорожное акционерное страховое общество
жд железнодорожный
ж. д. железная дорога
ж.-д. железнодорожный
ж.-д. железнодорожный транспорт
ж/д железная дорога
ЖДО железнодорожное отделение перевозок
ЖДП железнодорожный почтамт
жел(дор). железнодорожный
ЖР железнодорожная радиостанция
ЖЭС железнодорожная электростанция
ЗАЗ Запорожский автомобильный завод; автомобиль этого завода
ЗИЛ Московский автомобильный завод имени И. А. Лихачева; автомобиль этого завода
ЗСА загрузчик сеялок автомобильный
ЗТМ землеройно-транспортная машина
ИАТА *англ.* IATA, International Air Transport Association - Международная ассоциация воздушного транспорта
ИВТ Институт воздушного транспорта
ИЖ Ижевский автомобильный завод *(в маркировке автомобилей)*
КА кран автомобильный
КамАЗ Камский автомобильный завод; автомобиль этого завода
КАС кооперативная автостоянка
КБТМ Конструкторское бюро транспортного машиностроения
КДМ комбинированная дорожная машина
КЖ кран железнодорожный
КОТИФ *англ.* COTIF, Convention Concerning International Carriage by Rail - соглашение о международных железнодорожных перевозках

Транспорт. Оборудование и механизмы...

КПП коробка перемены передач
КПТ контейнерный пневмотранспорт
КрАЗ Кременчугский автомобильный завод; автомобиль этого завода
КТС кислородтранспортная система
КТС комплексная транспортная система
КТС контейнерная транспортная система
КТС кран транспортного строительства
л/а легковая автомашина
ЛВРЗ локомотивовагоноремонтный завод
ЛКД легкая канатная дорога
ЛуАЗ Луцкий автомобильный завод; автомобиль этого завода
М метро *(знак на сооружениях)*
м(.) метро
м. мощность
м/а малолитражный автомобиль
МАДИ Московский автомобильно-дорожный институт
МАЗ Минский автомобильный завод; автомобиль этого завода
МЖВС Соглашение о прямом международном смешанном железнодорожно-водном сообщении
МЖД Московская железная дорога
МИИВТ Московский институт инженеров водного транспорта
МИИГА Московский институт инженеров гражданской авиации
МИИТ Московский институт инженеров железнодорожного транспорта
Минтранс Министерство транспорта Российской Федерации
МКА монтажный кран автомобильный
МКАД Московская кольцевая автомобильная дорога
МКМЖД малое кольцо Московской железной дороги
мопед мотоцикл педальный
МПМК межрайонная передвижная механизированная колонна
МПС Министерство путей сообщения Российской Федерации
МСЖД Международный союз железных дорог
МСП мостостроительный поезд
МТИ Московская транспортная инспекция
МТП Московская транспортная прокуратура
МТТ Международный железнодорожный транзитный тариф
НИИТавтопром Научно-исследовательский институт технологии автомобильной промышленности
НИЦИАМТ Научно-исследовательский центр по испытаниям и доводке автомототехники
ОЖД Октябрьская железная дорога
ОмИИТ Омский институт инженеров транспорта
ООП общий парк грузовых вагонов
ОПА Объединенный профсоюз автомобилестроителей *(США)*

Транспорт. Оборудование и механизмы...

ОПВ общий парк грузовых вагонов
ОПГ отсек полезного груза
ОПП отделение перевозки почты
ПАЗ Павловский автобусный завод; автомобиль этого завода
ПАЗС передвижная автозаправочная станция
пас. пассажир; пассажирский
ПДД правила дорожного движения
ПДСМП постоянно действующий строительно-монтажный поезд
пер. перевозки
ПЖД Приволжская железная дорога
ПЖДП прижелезнодорожный почтамт
ПМК передвижная механизированная колонна
ПОГАТ предприятия объединения грузового автотранспорта
ППВ пункт подготовки вагонов
ППЖТ предприятие промышленного железнодорожного транспорта
ПРТС погрузочно-разгрузочные и транспортно-складские *(работы)*
ПС почтовый самолет
ПС пропускная способность *(дороги)*
ПТО подъемно-транспортное оборудование
ПТС поточно-транспортная система
раз. разъезд *(ж.-д.)*
РВЗ Рижский вагоностроительный завод
РЖД Российская железная дорога
РИИЖТ Ростовский-на-Дону институт инженеров железнодорожного транспорта

РТИ Российская транспортная инспекция
САЕЖД Союз автодорожных служб европейских железных дорог
САИ служба аэронавигационной информации
САЦ сервисно-автомобильный центр
СВ спальный вагон
СДА станция диагностирования автомобилей
СДМ строительно-дорожная машина
СеАЗ Серпуховской автомобильный завод
СЖА Санкт-Петербургское железнодорожное агентство
СибАДИ Сибирский автомобильно-дорожный институт
СКЖД Северо-Кавказская железная дорога
СМП строительно-монтажный поезд
СО сезонное обслуживание *(вид ТО автомобиля)*
СОЭКС совместное экспедирование
СПАС Скорая передвижная автомобильная служба
СПКМ специализированная передвижная механизированная колонна
СПС служба передвижного состава *(транспорт)*
ССП сверхскоростной поезд
СТО станция технического обслуживания
СТОА станция технического обслуживания автомобилей
СУТТ специализированное управление технического транспорта
СЦБ сигнализация, централизация и блокировка *(ж.-д.)*

Транспорт. Оборудование и механизмы...

Т такси
Т транспортный
ТА тормозная аппаратура
ТДК транспортно-дорожный комплекс
ТО техническое обслуживание *(автомобилей)*
ТПК транспортная пневмоконтейнерная *(система)*
ТПО транспортно-промышленное объединение
ТПП транспортно-промышленное предприятие
трансп. транспорт; транспортный
Транссиб. Транссибирская магистраль
ТТА транспортно-технологический автомобиль
ТУ транспортное управление
ТУА транспортно-установочный агрегат
ТУК транспортно-установочный комплекс
ТУМ транспортно-уборочная машина
ТУП транспортный универсальный прицеп
ТЭ тепловоз с электропередачей
ТЭА транспортно-экспедиционное агентство
ТЭБ транспортно-экспедиционная база
ТЭО транспортно-экспедиционное объединение
ТЭП транспортно-экспедиционное предприятие
ТЭЦ транспортно-экспедиторский центр
УВДТ Управление внутренних дел на транспорте
УДС улично-дорожная сеть
УЖД узкоколейная железная дорога
УТТ управление технологического транспорта
УТЭС универсальное транспортно-эксплуатационное средство
УАЗ Ульяновский автомобильный завод; автомобиль этого завода
УГАИ Управление Государственной автомобильной инспекции
УралАЗ Уральский автомобильный завод; Уралавтозавод
Уралвагонзавод Уральский вагоностроительный завод
У.-УАЗ Улан-Удэнский авиационный завод
ФИА *фр.* FIA, Fédération Internationale de l'Automobile - Международная автомобильная федерация
ХабИИЖТ Хабаровский институт инженеров железнодорожного транспорта
ХАДИ Харьковский автомобильно-дорожный институт
ХАИ Харьковский авиационный институт
ХИИЖТ Харьковский институт инженеров железнодорожного транспорта
ЦАВС Центральное агентство воздушных сообщений
ЦАП Центр автомобилестроительных программ
ЦАРЗ Центральный авторемонтный завод
ЦДКЖ Центральный Дом культуры железно-дорожников
ЦЖБ Центральное железнодорожное бюро
ЦКБ МС Центральное конструкторское бюро морского самолетостроения

ЦНИИС Центральный научно-исследовательский институт транспортного строительства
ЦУМВС Центральное управление международных воздушных сообщений
ЦУП центр управления перевозками
шос(с). шоссейный
ЭР электропоезд рижский
ЭРЗ электровозоремонтный завод
эш. эшелон
ЮВЖД Юго-Восточная железная дорога
ЮЖД Южная железная дорога
ЮУЖД Южно-Уральская железная дорога

МОРСКОЕ ДЕЛО. СУДОХОДСТВО. НАВИГАЦИЯ. РЫБОЛОВСТВО. ВОДНЫЕ РЕСУРСЫ.

а/л атомный ледокол
АНТО аппаратура навигации, топопривязки и ориентирования
АПК акустическое поле корабля
АРП Амурское речное пароходство
арт(ез). артезианский
АСУ атомная судовая установка
б. бухта
БАМР база активного морского рыболовства
бас(с). бассейн
БАТ большой автономный траулер
ББК Беломорско-Балтийский канал
БДК большой десантный корабль
Беломорканал Беломорско-Балтийский канал
бер. берег
бестер гибрид белуги со стерлядью
БИНС бесплатформенная инерциальная навигационная система
БММК Балтийская и международная морская конференция
БМП Балтийское морское пароходство
БМРТ большой морозильный рыболовный траулер
БМТ бинокулярная морская труба
БМТР большой морозильный траулер-рыбозавод
БОП Беломорско-Онежское пароходство
БП боковое перемещение *(корабля)*
БРВ брутто-регистровая вместимость *(судна)*
БРП Бельское речное пароходство
БТ буксирный теплоход
БФК Большой Ферганский канал
ВБ водный баланс
ВБВП Волго-Балтийский водный путь
ВБТРФ Владивостокская база тралового и рефрижераторного флота
ВВИМУ Владивостокское высшее инженерное мореходное училище
ВВМИОЛУ Высшее военно-морское инженерное ордена Ленина училище имени Ф.Э. Дзержинского
ВВМИУ Высшее военно-морское инженерное училище
ВВМУ высшее военно-морское училище
ВВМУПП Высшее военно-морское училище подводного плавания
ВВТ внутренний водный транспорт
ВДСК Волго-Донской судоходный канал
ВЗУ водозаборный узел
ВЛ ватерлиния
ВМА Военно-морская академия
ВМИУ Военно-морское инженерное училище
ВМУ военно-морское училище
ВМУЗ военно-морское учебное заведение
вод. водяной
водоизм. водоизмещение

ВП верхняя палуба
ВП воздушная подушка
ВРП Вятское речное пароходство
ВС вспомогательное судно
ВСНП всемирная служба навигационного предупреждения
ГА глубоководный аппарат
ГВ горизонт воды
ГВВ горизонт высоких вод
ГВЛ горизонт высокого ледохода
ГВЛ грузовая ватерлиния
ГДПК гидродинамическое поле корабля
ГИСУ гидрографическое судно
ГК грузовой корабль
ГКСМ Гидрографическая комиссия Северного моря
глуб. глубина
ГМВ горизонт меженных вод
ГМО горизонт мертвого объема *(в водохранилище)*
ГНВ горизонт низких вод
ГНЛ горизонт низкого ледохода
ГНС главная насосная станция
ГНСС Глобальная навигационная спутниковая система
ГОА глубоководный обитаемый аппарат
ГПК гидроакустическое поле корабля
ГРМЦ Государственный российский морской центр
ГС гидрографическое судно
ГСНС глобальная спутниковая навигационная система
г.-сол. горько-соленая *(вода)*
ГТЗА главный турбозубчатый агрегат *(на корабле)*
ГУНиО Главное управление навигации и океанографии Министерства обороны Российской Федерации

ДВМП Дальневосточное морское пароходство
ДМТ Департамент морского транспорта
ДОРВ датчик объемного расхода воды
ДОУ доковое опорное устройство
ДПЛ док плавучий
д/э дизель-электроход
ЕЦСВ Единая централизованная система водоснабжения
ЗЦВ замкнутый цикл водоиспользования
ИКНАФ *англ.* ICNAF, International Commission for North-West Atlantic Fisheries - Международная комиссия по рыболовству в северо-западной части Атлантики
ИМГиГ Институт морской геологии и геофизики
ИМКО *англ.* IMCO, Intergovernmental Maritime Consultative Organization - Межправительственная морская консультативная организация
ИМО *англ.* IMO, International Maritime Organization - Международная морская организация
ИНС инерциальная навигационная система
ИПК индивидуальный плавательный комбинезон
ИПМТ Институт проблем морских технологий
кан. канал
КБМ Комитет по безопасности на море
КВЛ конструктивная ватерлиния
КВП корабль на воздушной подушке

Морское дело. Судоходство. Навигация. Рыболовство...

КВС компрессорная водолазная станция
КДПП корабль с динамическим принципом поддержания
КИВ корабельный измеритель ветра
КМГ Комиссия по морской геологии
КНС комплексная навигационная система
КПК корабль на подводных крыльях
КТМ кодекс торгового мореплавания
ЛЕД ледокол
л/к ледокол
ЛЛП ледокольно-ледоочистительная приставка
ЛПФ Люблинское поле фильтрации
ЛРП Ленское речное пароходство
м. море
МАЕ Морской астрономический ежегодник
МАК Морская арбитражная комиссия
МБС Морской биографический словарь
МДР морской дальний разведчик *(самолет)*
МИС морская инженерная служба
МК моторный катер
ММБИ Мурманский морской биологический институт
ММК Международный морской комитет
ММО Международная морская организация
ММП международное морское право
МНБ металлическая наливная баржа
МНР морское навигационное руководство
МПК магнитное поле корабля
МППСС Международные правила предупреждения столкновения судов в море
МПС Международная палата судоходства
МРТ малый рыболовный траулер
МРС малое рыболовное судно
МСБ металлическая сухогрузная баржа
МФАМК Международная федерация ассоциации морских капитанов
МХ морской хронометр
МЭС Морской энциклопедический словарь
наб. набережная
НАВИП навигационное предупреждение
НБАМР Находкинская база активного морского рыболовства
нвг навигация
НВМУ Нахимовское военно-морское училище
НГО навигационно-гидрографическое обеспечение
НИ навигационные измерения
НИС научно-исследовательское судно
НП навигационный параметр
НПА необитаемый подводный аппарат
НПС научно-промысловое судно
НПУ нормативный подпорный уровень *(водохранилища)*
НРВ нетто-регистровая вместимость *(судна)*
НСРЗ Находкинский судоремонтный завод
н. у. навигационное устройство
ОВС отдел вспомогательных судов

Морское дело. Судоходство. Навигация. Рыболовство...

ОГСОС Объединенная глобальная система океанских станций
ОИС океанографическое исследовательское судно
ок. океан
океан. океанография
ОМ озерный малый *(теплоход)*
ОМИС отделение морской инженерной службы
п. палуба
ПА подводный аппарат
ПБК правобережный канал
ПВБС Приморская водно-балансовая станция
ПДК поточно-декомпрессионная камера
ПИНО прибор индикаторной навигационной обстановки
ПК подводное крыло
плавбаза плавучая база
плавмаг плавучий магазин
ПМ плавучий маяк
ПМАКС Постоянная международная ассоциация конгрессов по судоходству
ПМП Приморское морское пароходство
ППСС Правила для предупреждения столкновений судов в море
ПРВ повышение расхода воды
ПРИП прибрежное предупреждение
прист. пристань
ПРСР пункт рассредоточенного судоремонта
ПСРЗ Приморский судоремонтный завод
ПТС приемно-транспортное судно
п/х пароход
Р речной
реч. речной
РИРВ Российский институт радионавигации и времени
РМС рыбоморозильное судно
РМТК Российская морская техническая компания
РМЦ региональный морской центр
РПМ Российский профсоюз моряков
РПСМ Российский профсоюз моряков
РС рыболовный сейнер
РТ рыболовный траулер
РТМ рыболовный морозильный траулер
РТСНО «Радиотехнические средства навигационного оборудования» *(морское навигационное руководство)*
рыб. рыболовство; рыбоводство
рыб-во рыболовство
рыбпромхоз рыбопромысловое хозяйство
СВП средство на воздушной подушке
СВП судно на воздушной подушке
СДН система дальней навигации
СДПП судно с динамическим принципом поддержания
СЗЗ санитарно-защитная зона
СКБ САМИ Специальное конструкторское бюро средств автоматизации морских исследований
СМП Северный морской путь; Севморпуть
СМПЛ сверхмалые подводные лодки
СНО система навигационного оборудования
СНО средства навигационного оборудования
СНС спутниковая навигационная система
СПбГМА Санкт-Петербургская государственная морская академия имени адмирала С. О. Макарова
СПбГМТУ Санкт-Петербургский государственный морской технический университет

СПК судно на подводных крыльях
СПК судовой плавучий кран
СРВ система расхода воды
СРВК система регенерации воды из конденсата
средизем. средиземноморский
СРЗ судоремонтный завод
СРСЗ судоремонтно-судостроительный завод
СРТ средний рыболовный траулер
СРТМ средний рыболовный траулер морозильный
СРТР средний рыболовный траулер-рефрижератор
ССЗ судостроительный завод
ССП средний сетеподъемник *(на судне)*
ССХ служба судового хозяйства
СТС санитарно-транспортное судно
СУВ самописец уровня воды
СУДН система управления движением и навигации
судох. судоходный; судоходство
судох-во судоходство
ТН танкер
ТОВВМУ Тихоокеанское высшее военно-морское училище имени С. О. Макарова
трал. траловый
ТРФ тепловодная рыбная ферма
ТС трубоукладочное судно
т/х теплоход
ТХС транспортно-холодильное судно
УВОМП Управление по вопросам океана и морскому праву *(Организации Объединенных Наций)*
УПСВ установка предварительного сброса воды
УТФ Управления тралового флота
ФГ фарватер гидрографический
ФПК физическое поле корабля
ЦАС Центр атомного судостроения
ЦД центр давления *(мор.)*
ЦГУ Цимлянский гидроузел
ЦКБМТ Центральное конструкторское бюро морской техники
ЦКБ по СПК или **ЦКБСПК** Центральное конструкторское бюро по судам на подводных крыльях
ЦМК Центральный морской клуб
ЦНИИВК Центральный научно-исследовательский институт вооружения и кораблестроения
ЦНИИТС Центральный научно-исследовательский институт технологии судостроения
ЦП центр парусности *(судна)*
ЧВВМУ Черноморское высшее военно-морское училище имени П. С. Нахимова
ЧМП Черноморское морское пароходство
ЧОМГИ Черноморское отделение Морского гидрофизического института
ЧП часы палубные
ЧПК Черноморское побережье Кавказа
ШМО школа мореходного обучения
ШМУ школа мореходного ученичества
ШЦВ шкала цветности воды
ЭК энергетический комплекс *(мор.)*
ЭОС экспедиционное океанографическое судно
ЭУ энергетическая установка *(мор.)*
ЮМШ юношеская мореходная школа

АСТРОНОМИЯ. АВИАЦИЯ И КОСМОНАВТИКА

АА армейская авиация
АА артиллерийская авиация
ААЕ Авиационный астрономический ежегодник
ААО Абастуманская астрофизическая обсерватория
АБ авиационная база
АБ авиационная бомба
АБ авиационная бригада
АБР авиационная баллистическая ракета
АБС авиационные бомбовые средства
АБСУ автоматизированная бортовая система управления *(авиа)*
АБСУФ автоматическая бортовая система управления и форсажа
АВ авианосец
ав авиация; авиационный
ав. авиация
АВАКС *англ.* AWACS, Airborne Warning and Control System - самолетная система дальнего радиолокационного обнаружения и управления *(США)*
АВВП аппарат вертикального взлета и посадки
АВГР авиагруппа
авиа авиация
авиа авиапочта
авиа... авиационный
авиазент авиационный брезент
авиаль авиационный алюминиевый сплав
авиаметео... авиаметеорологический
авиапром авиационная промышленность
авиаспорт... авиаспортивный

АВИКОС «Авиационное и космическое страхование» *(акционерное общество)*
АВИКС «Авиационные и компьютерные системы» *(научно-производственный центр)*
АВК аэровокзальный комплекс
АВЛ авианосец легкий
АВМФ авиация военно-морского флота
АВПУГ авиационная поисково-ударная группа
АВТ авианосец тяжелый
АВЭКС «Авиационная электроника и коммуникационные системы» *(акционерное общество)*
АГ авиагоризонт
АГ авиационная группа
АГБ авиагоризонт бомбардировщика
АГД авиагоризонт дистанционный
АГИ авиагоризонт истребителя
АГИТАБ агитационная авиационная бомба
АГК авиагоризонт комбинированный
АГП авиагоризонт пикирующий
АГС авиационная гидроакустическая станция
АГТД авиационный газотурбинный двигатель
АД авиадесант
АД авиационный двигатель
АДГ авиационный дозирующий генератор
АДК авиационный дегазационный комплекс

Астрономия. Авиация и космонавтика

АДС авиационно-диспетчерская служба
АДТ аэродинамическая труба
АДУ аварийная двигательная установка
АЕ Астрономический ежегодник
АЖРД атомный жидкостный ракетный двигатель
аз авиационное звено
АЗС авиационные зенитные средства
АЗТ астрономический зеркальный телескоп
АК авиационный комплекс
АК астрокомпас
АК астрономический календарь
АКА авиационно-космический аппарат
АКК авиационно-космический комплекс
АКК авиационный комплекс корабля
АКНЕЖ авиационный кружок имени Н. Е. Жуковского
АКП авиационное коммерческое предприятие
АКП авиационный комплекс пожаротушения
АКПС авиационно-космический поиск и спасение
АКС авиационно-космическая система
АКТТ «Авиационно-космическая техника и технология» *(акционерное общество)*
АКУ авиационное катапультное устройство
АКЦ Астрокосмический центр
АЛАК Акционерная лизинговая авиакомпания
АЛС автоматическая лунная станция
АМ аэродром морской авиации
АМГ авианосная многоцелевая группа
АМНТК Авиамоторный научно-технический комплекс
АМС авианосное многоцелевое соединение
АМС авиационная метеорологическая сводка
АМС авиационная метеорологическая служба
АМС авиационная метеорологическая станция
АМС автоматическая марсианская станция
АМС автоматическая межпланетная станция
АМЧИФ Авиационно-морской чековый инвестиционный фонд
АН аэростат наблюдения
Ан Антонов *(в маркировке самолетов)*; самолет конструкции АНТК имени О. К. Антонова
АНАБ аэронавигационная авиационная бомба
анг. ангар *(тои.)*
АНПК Авиационный научно-производственный комплекс
АНС астронавигационная система
ант. антенны
АНТК Авиационный научно-технический комплекс
АНТО авиационное научно-техническое общество
АНТЦ Авиационный научно-технологический центр
АО авиабомба осколочная
АО авиационный отряд
АО астрономическая обсерватория

Астрономия. Авиация и космонавтика

ао авиационный отряд
АОН авиация общего назначения
АП авиационная поддержка
АП авиационное происшествие
АП авиационный полк
АП автопилот
а/п аэропорт
АПАС андрогинный периферийный агрегат стыковки
АПВРД атомный прямоточный воздушно-реактивный двигатель
АПГ авианосная противолодочная группа
АПИ авиационное подвесное изделие
АПК аварийный посадочный комплекс
АПП авиационное производственное предприятие
АПСС андрогинная периферийная система стыковки
АПУ авиационная пусковая установка
АПУ авиационное пусковое устройство
АПУГ авианосная поисково-ударная группа
АР Авиарегистр
АР авиационная разведка
АРБ аэрокосмический банк *(данных)*
АРД автоматический регулятор давления *(в самолете)*
АРД атомный реактивный двигатель
АРЗ авиаремонтный завод
АРК авиационный радиокомпас
АРК авиационный ракетный комплекс
АРК авиационный робототехнический комплекс
АРКП авиационная и ракетно-космическая промышленность
АРЛК аэродромный радиолокационный комплекс
АРМА «Аэрофлот - международные авиалинии»
АРМАК Авиарегистр Межгосударственного авиационного комитета
АРМАЛ «Аэрофлот - Российские международные авиалинии» *(акционерное общество)*
армолколит Армстронг, Олдрин, Коллинз (+**ит**) - *лунный минерал, названный в честь американских астронавтов*
АРПК авиационно-ракетный комплекс перехвата
АРПК авиационно-ракетный противоспутниковый комплекс
АРТ авиационная и ракетная техника
АС авиационный секстант
АС Астрономический совет *(РАН)*
АС аэродром сухопутной авиации
АСЗ астероиды, сближающиеся с Землей
АСКА аварийно-спасательный космический аппарат
АСКПП автопилотная система командных пилотажных приборов категории ШВ
АСП авиасигнальный пост
АСПр автоматическая система перестыковки
АСПС автоматизированная система подготовки старта *(космического летательного аппарата)*
АССАД Ассоциация «Союз авиационного двигателестроения»
астр астрономия

Астрономия. Авиация и космонавтика

астр. астрономия; астрономический
астрон. астрономический
АСУ авиадесантная самоходно-артиллерийская установка
АСУ ассенизационно-санитарное устройство *(на космическом корабле)*
АСУП автоматизированная система управления полетом
АСУСВ автоматическая система управления самолетами и вертолетами
АТ авиационная торпеда
АТА *англ.* ATA, Air Transport Association - Авиатранспортная ассоциация *(США)*
АТАК *англ.* ATAC, Air Transport Association of Canada - Авиатранспортная ассоциация Канады
АТБ авиационно-техническая база
АТВД атомный турбовинтовой двигатель
АТ и В авиационная техника и вооружение
АТК Авиатранспортный комитет *(ИКАО)*
АТО аэродромно-техническое обеспечение *(полетов)*
атр авиационная техническая рота
АТРД атомный турбореактивный двигатель
АТС авиационная транспортная система
АТС авиационно-техническая служба
АТСК авиационно-технические средства корабля
АТФ авиационно-техническая фирма
АУ астрономический универсальный *(инструмент)*
АУВД автоматизированное управление воздушным движением
АУГ авианосная ударная группа
АУОС автоматическая универсальная орбитальная станция
АУС авианосное ударное соединение
АУТ активный участок траектории
АФ авиафоторазведка
АФЕС «Авиационный Фонд Единый Страховой» *(страховое общество)*
АФИ Астрофизический институт
АФМС астрофизический функциональный моделирующий стенд
АЦН агрегат центрального наддува *(в авиадвигателях)*
АЧФ астрономические часы Ф. М. Федченко
АШ автоштурман *(авиа)*
АШС Авиационный штурманский справочник
аэ авиационная эскадрилья
АЭВТ Ассоциация эксплуатантов воздушного транспорта
аэр аэродромная эксплуатационная рота
аэрд аэродинамика
аэрд. аэродром *(топ.)*
Аэрокосмотех аэрокосмическая технология
АЭРОКОСМТЕХ Научно-производственное предприятие аэрокосмической технологии
аэрофото аэрофотографический
аэрп. аэропорт *(топ.)*
БА бомбардировочная авиация

Астрономия. Авиация и космонавтика

БАК боевое авиационное командование
БАК бомбардировочный авиационный корпус
БАЛ «Башкирские авиалинии» *(авиакомпания)*
БАНО бортовой аэронавигационный огонь
БАО батальон аэродромного обслуживания
БАО Бюраканская астрофизическая обсерватория
БАП бомбардировочный авиационный полк
баэ бомбардировочная авиационная эскадрилья
ББА ближняя бомбардировочная авиация
БВП боевой воздушный патруль
Бе- Бериев *(в маркировке самолетов)*; самолет конструкции Г. М. Бериева
БЕТАБ бетонобойная авиационная бомба
БК бортовой комплекс *(авиа)*
БКВРД бескомпрессорный воздушно-реактивный двигатель
БКК боевой компасный курс *(авиа)*
БКЛА беспилотный крылатый летательный аппарат
БКН бортовая карта неба
БКП безопасность космических полетов
БКП Большое Красное Пятно *(Юпитера)*
БЛА беспилотный летательный аппарат
БМК боевой магнитный курс *(авиа)*
БМО Большое Магелланово Облако *(астр.)*
БНК бортовой навигационный комплекс *(авиа)*

БО бортовое оборудование
БОР беспилотный орбитальный ракетоплан
БП боевой путь *(авиа)*
БПА базовая патрульная авиация
БПП большая продолжительность полета
БПР Большой пулковский радиотелескоп
БПРМ ближний приводной радиомаяк *(авиа)*
БПРС ближняя приводная радиостанция *(авиа)*
БПУ боевой путевой угол *(авиа)*
БРАБ бронебойная авиационная бомба
БС беспилотный самолет
БШВ бортовая шкала времени
ВА воздушная армия
ВАБ вакуумная авиационная бомба
ВАД воздушный аккумулятор давления *(в реактивном двигателе)*
ВАП выливной авиационный прибор
ВАПО Воронежское авиационное производственное объединение
ВАС высоты и азимуты светил
ВАСО Воронежское акционерное самолетостроительное общество
ВАТУ военное авиационно-техническое училище
ВАУ военное авиационное училище
ВАУ высокоточная астрономическая установка
ВАУ Высшее авиационное училище
ВВА Военно-воздушная академия
ВВАИУ Высшее военное авиационное инженерное училище

Астрономия. Авиация и космонавтика

ВВАУ Высшее военное авиационное училище
ВВАУЛ Высшее военное авиационное училище летчиков
ВВАУШ Высшее военное авиационное училище штурманов
ВВБ военно-воздушная база
ВВИА Военно-воздушная инженерная академия имени Н. Е. Жуковского
ВВО военно-воздушный округ
ВВП вертикальные взлет и посадка
ВВС военно-воздушные силы
ВВФ военно-воздушный флот
ВД воздушное движение
вдб воздушно-десантная бригада
ВДВ воздушно-десантные войска
ВДК воздушно-десантный комплекс
ВДУ выносная двигательная установка
верт вертолет
ВЗ воздухозаправщик
ВЗА высотный зонд атмосферный
ВЗАФ высотный зонд астрофизический
ВзПУ воздушный пункт управления
ВИАМ Всероссийский институт авиационных материалов
ВИВ величина измерения высоты *(воздушной цели)*
ВИККА Военная инженерно-космическая академия имени А. Ф. Можайского
ВИШ винт изменяемого шага *(авиа)*
ВК Воздушный кодекс
ВКВП вертикальный и короткий взлет и посадка
ВКК воздушно-космический корабль
ВКК воздушно-космическое командование *(Франция)*
ВКК высотный компенсирующий костюм
ВКО воздушно-космическая оборона *(США)*
ВКП воздушный командный пункт
ВКС военно-космические силы
ВКС воздушно-космический самолет
ВКС вторая космическая скорость
ВКСПС воздушно-космическая служба поиска и спасения *(США)*
ВКС РФ Военно-космические силы Российской Федерации
ВЛК врачебно-летная комиссия
ВЛС воздушная линия связи
ВЛЭ врачебно-летная экспертиза
ВЛЭК врачебная летно-экспертная комиссия
ВМГ винтомоторная группа *(авиа)*
ВМС временный механизм старта
ВНО воздушная наступательная операция
ВНОС воздушное наблюдение, оповещение и связь
ВНТК Вертолетный научно-технический комплекс имени Н. И. Камова
ВО вертикальное оперение
возд. воздушный
ВОО воздушная оборонительная операция
ВПП взлетно-посадочная полоса

Астрономия. Авиация и космонавтика

ВПУП воздушный пункт управления
ВПХ взлетно-посадочные характеристики
ВРД воздушно-реактивный двигатель
ВС взлетная ступень
ВС воздушное судно
ВТ воздушная тревога
ВТ воздушный транспорт
в-т вертолет
ВТА военно-транспортная авиация
ВТАК военно-транспортное авиационное командование *(США)*
ВТБ внешний топливный бак
ВТС военно-транспортный самолет
ВФ воздушный флот
ВЦ внеземная цивилизация
ВЦ воздушная цель
выс. высота
вэ вертолетная эскадрилья
ВЭЛС врачебная экспертиза летного состава
ГА гражданская авиация
ГААЛК Государственная акционерная авиационная лизинговая компания
ГАИШ Государственный астрономический институт имени П. К. Штернберга
ГАО Главная астрономическая обсерватория
ГАС головной авиационный склад
ГВПП грунтовая взлетно-посадочная полоса
ГВЦГА Главный вычислительный центр гражданской авиации
ГД горизонтальная дальность *(авиа)*
ген.-м. ав-и генерал-майор авиации
ГИК гироиндукционный компас
ГИПРОНИИАВИАПРОМ Государственный проектный научно-исследовательский институт авиационной промышленности
ГКАТ Государственный комитет по авиационной технике
ГКДП главный командно-диспетчерский пункт *(аэропорта)*
ГКИ галактическое космическое излучение
ГКК геодезический космический комплекс
ГКК Государственный комитет по космонавтике
ГКНПЦ Государственный космический научно-производственный центр имени М. В. Хруничева
ГЛ гравитационная линза
ГЛА гиперзвуковой летательный аппарат
ГЛОНАСС Глобальная космическая навигационная система
ГМК гиромагнитный компас
ГМО гигантское молекулярное облако
ГМП гнездо манипулятора перестыковки
ГМС географическое место светила
ГО головной обтекатель
ГО горизонтальное оперение
ГОМС геостационарный оперативный метеорологический спутник
ГосНИИАС Государственный научно-исследовательский институт авиационных систем

Астрономия. Авиация и космонавтика

ГосНИИ ГА Государственный научно-исследовательский институт гражданской авиации

ГПВРД гиперзвуковой прямоточный воздушно-реактивный двигатель

ГПК гирополукомпас

ГРД гибридный ракетный двигатель

ГРД гидрореактивный двигатель

ГРМ глиссадный радиомаяк *(авиа)*

ГРП глиссадный радиоприемник

ГрПК гравитационное поле корабля

ГС генератор самолетный

ГСО геостационарная орбита

ГСР гиперзвуковой самолет-разгонщик

ГТД газотурбинный двигатель

ГТД-ДКС газотурбинный *(турбореактивный)* двигатель с демпферно-копирующей системой

ГУКОС Главное управление космических средств

ГУЭРАТ Главное управление эксплуатации и ремонта авиационной техники

ГЦИПКС Главный центр испытаний и применения космических средств

ГШ гермошлем *(авиа)*

ДА дальняя авиация

ДАБ дымовая авиационная бомба

ДАК Дальневосточная авиационная корпорация

ДАК дистанционный астрокомпас

ДАП двигатель авиационный поршневой

ДАП дымообразующий авиационный прибор

ДБА дальняя бомбардировочная авиация

дв двигатели

ДВБ дальний высотный бомбардировщик

двг двигатель

ДВКД десантно-вертолетный корабль - док

ДВТ Департамент воздушного транспорта

ДД датчик дыхания

ДЗЗ дистанционное зондирование Земли

ДКС демпферно-копирующая система *(газотурбинного двигателя)*

ДМП двигатели мягкой посадки

ДМТ двигатель малой тяги

ДНИ датчик навигационной информации *(авиа)*

ДО двигательный отсек

ДОС долговременная орбитальная станция

ДОСАБ дневная ориентирная светящаяся авиационная бомба

ДОТ двигатель на однокомпонентном топливе

ДП дирижабль полумягкой схемы

ДПЛА дистанционно-пилотируемый летательный аппарат

ДПО двигатели причаливания и ориентации

ДПРМ дальняя приводная радиостанция с маркером *(авиа)*

ДПРС дальняя приводная радиостанция *(авиа)*

ДПС датчик пожарной сигнализации *(авиа)*

ДРМ дальний радиомаркер *(авиа)*

ДСЛ датчик сигнализатора льда
ДСТ двигатель на самовоспламеняющемся топливе
ДТ датчик температуры
ДТРД двухконтурный турбореактивный двигатель
ДУ двигательная установка
ДУ дирекционный угол
ДУ дополнительный угол *(к углу азимута)*
ДУС датчик угловой скорости *(авиа)*
ДУ САС двигательная установка системы аварийного спасения
ЕАГТ единый авиационный грузовой тариф
ЕАО Ереванская астрономическая обсерватория
ЕГРСП Единая государственная радиомаячная система посадки *(авиа)*
ЕКА Европейское космическое агентство
ЕЛДО Европейская организация по разработке ракет-носителей
ЕСРО Европейская организация по исследованию космического пространства
ЖВРД жидкостный воздушно-реактивный двигатель
ЖРД жидкостный ракетный двигатель
ЖРДМТ жидкостный ракетный двигатель малой тяги
ЖРДУ жидкостная ракетная двигательная установка
З Земля
з. звено
ЗАБ зажигательная авиационная бомба
зв. звезда; звездный *(астр.)*
ЗИПУ заданный истинный путевой угол
ЗОС земное обеспечение самолетовождения
ЗПУ заданный путевой угол *(авиа)*
ЗС земная станция
ЗСО звездно-солнечный ориентатор
ЗУК звездный указатель курса *(авиа)*
ИА истинный азимут
ИА истребительная авиация
ИАБ имитационная авиационная бомба
ИАС инженерно-авиационная служба
ИАТА *англ.* IATA, International Air Transport Association - Международная ассоциация воздушного транспорта
ИБА истребительно-бомбардировочная авиация
ИВ измеритель видимости
ИВП использование воздушного пространства
ИВПП искусственная взлетно-посадочная полоса
ИВТ Институт воздушного транспорта
ИГЛА исследовательский гиперзвуковой летательный аппарат
ИКАО *англ.* ICAO, International Civil Aviation Organization - Международная организация гражданской авиации
ИКВ инерциальная курсовертикаль
ИКВ инфракрасная вертикаль
ИКИ Институт космических исследований
ИКИ интенсивность космического излучения
ИКИР Институт космофизических исследований и распространения радиоволн

Астрономия. Авиация и космонавтика

ИКИ РАН Институт космических исследований Российской Академии наук
ИКК измерительный комплекс космодрома
ИЛ Ильюшин *(в маркировке самолетов)*
ИЛ самолет конструкции холдинговой компании «Ильюшин»
ИНТЕРКОСМОС Совет по международному сотрудничеству в области исследования и использования космического пространства
ИПА Институт прикладной астрономии
ИПАО Иркутское производственное авиационное объединение
ИПМ исходный пункт маршрута
ИПОМ исходный пункт обратного маршрута *(авиа)*
ИПС истинный пеленг самолета
ИС искусственный спутник
ИСВ излучение солнечных вспышек
ИСВ искусственный спутник Венеры
ИСЗ искусственный спутник Земли
ИСЛ искусственный спутник Луны
ИСМ искусственный спутник Марса
ИСП инструментальная система посадки *(самолета)*
ИСС искусственный спутник Солнца
ист.вр. истинное время *(астр.)*
ИТА Институт теоретической астрономии
К- Камов *(в маркировке вертолетов)*
КА космический аппарат
Ка Камов *(в маркировке вертолетов)*
КАБ кассетная авиационная бомба
КАБ корректируемая авиационная бомба
КАПО Казанское авиационное производственное объединение имени С. П. Горбунова
КВЛУ Кировоградское высшее летное училище
КВП командование воздушных перебросок
КВП короткие взлет и посадка
КВПО Казанское вертолетно-производственное объединение
КВПП корабельная взлетно-посадочная площадка
КВРД комбинированный воздушно-реактивный двигатель
КГЗ Каталог геодезических звезд
КГСП курсоглиссадная система посадки *(самолета)*
КДП командно-диспетчерский пункт *(авиа)*
КДУ комбинированная двигательная установка
КДУ корректирующая двигательная установка *(на космическом корабле)*
КЗО квазизвездный объект
КЗС кислородно-заправочная станция *(авиа)*
КИ космонавт-исследователь
КИГ крыло изменяемой геометрии *(авиа)*
КИИГА Киевский институт инженеров гражданской авиации
КИКТ Красноярский институт космической техники

КИСС Комитет по изучению Солнечной системы
КИТ «Космос и Транспорт» *(авиакомпания)*
КК космический комплекс
КК космический корабль
ККВКП командование контроля воздушного и космического пространства *(Франция)*
ККМИ космический корабль многоразового использования
ККП контроль космического пространства
ККС космический корабль-спутник
КЛА комбинированный летательный аппарат
КЛА космический летательный аппарат
КЛП курс летной подготовки
КЛС космическая линия связи
КНА космический навигационный аппарат
КО космический объект
КОМСАТ англ. COMSAT, Communications Satellite Corporation - Корпорация спутников связи *(США)*
комсат спутник связи
косм. космический
косм. космонавтика
КОСПАР англ. COSPAR, Committee on Space Research - Комитет по исследованию космического пространства
КОСПАС космическая система поиска аварийных судов *(и самолетов)*
КПА космический подвижный аппарат
КПБ концевая полоса безопасности *(авиа)*
КПП командно-пилотажный прибор
КР космическая ракета
КрАО Крымская астрофизическая обсерватория
КРВБ крылатая ракета воздушного базирования
КРД комбинированный ракетный двигатель
КРК космический ракетный комплекс
КРПД комбинированный ракетно-прямоточный двигатель
КРТ космический радиотелескоп
КС космическая система
КС космическая системотехника
КС космическая станция
КС курс следования *(авиа)*
КС курсовая система *(авиа)*
КСЗ Каталог слабых звезд *(астр.)*
ксм космическая связь
ксм космический
КСОК Командование стратегической обороны и космоса *(США)*
КСПКС Контрольный совет по космической станции
КСр космические средства
КС РОЛПООС космическая система раннего обнаружения лесных пожаров, оперативного оповещения о них и связи
КСС космическое стационарное сооружение
КСУП комплекс средств управления полетом
КСЭ космическая солнечная электростанция
КТДУ корректирующая тормозная двигательная установка

КТС космическая телевизионная система
КУЛП курс учебно-летной подготовки
КУО курсовой угол ориентира
КУТА команда управления тактической авиацией
КШП командно-штурманский пункт
ЛА летательный аппарат
ЛБП линия боевого пути *(авиа)*
ЛЗП линия заданного пути *(авиа)*
ЛИ летные испытания
ЛИДБ летно-исследовательская и доводочная база
ЛИИ Летно-исследовательский институт имени М. М. Громова
ЛИМБ лимбовый инфракрасный монитор стратосферы
ЛИС летно-измерительная система
ЛИС летно-испытательная служба
ЛИЦ летно-испытательный центр
ЛК летный комплекс
ЛК лунная кабина
ЛК лунный корабль
ЛКИ летно-конструкторские испытания
ЛКП летно-космическое происшествие
ЛКС легкий космический самолет
ЛЛ летающая лаборатория
ЛОК лунный орбитальный корабль
ЛП летная полоса
ЛП летное происшествие
ЛП линия положения *(авиа)*
ЛПС летно-производственная служба
ЛПС линия положения самолета
ЛПУ лунное посадочное устройство
ЛРА линия равных азимутов *(авиа)*
ЛРК лунный ракетный комплекс
ЛРП линия равных пеленгов *(авиа)*
ЛТП летно-тактическая подготовка
ЛТУ летно-тактическое учение
ЛТХ летно-технические характеристики
ЛФП линия фактического пути *(авиа)*
ЛЭК лунный экспедиционный корабль
МА магнитный азимут
МАБ мостовая авиационная бомба
МАЕ Морской астрономический ежегодник
МАИ Московский авиационный институт
МАК Межгосударственный авиационный комитет
МАКС Международный авиационно-космический салон
МАКС многоразовая авиационно-космическая система
МАКС Московский авиационно-космический салон
МАМА Межрегиональное агентство международных авиауслуг «Россия»
МАПО Московское авиационно-производственное объединение
МАС малый автономный спутник
МАС Международный астрономический союз
МАС межпланетная автоматическая станция

МАСК Международное агентство спутников контроля
МАТИ Московский авиационно-технологический институт имени К. Э. Циолковского
МАФ Международная астронавтическая федерация
МБВ минимальная безопасная высота *(авиа)*
МБР морской ближний разведчик *(самолет)*
МВД менеджмент воздушного движения
МВЗ Московский вертолетный завод имени М. Л. Миля
МВКА многоразовый воздушно-космический аппарат
МВЛ международная воздушная линия
МВЛ местная воздушная линия
МВЛ «Московские воздушные линии» *(авиакомпания)*
МГА Министерство гражданской авиации
МГАБ малогабаритная авиационная бомба
МГАТУ Московский государственный авиационно-технологический университет имени К. Э. Циолковского
МГРД магнитогидрореактивный двигатель
МГСС Международный год спокойного Солнца
МГТУГА Московский государственный технический университет гражданской авиации
МДЗЗ модули дистанционного зондирования Земли
МДП местный диспетчерский пункт *(авиа)*
МДПЛА малоразмерный дистанционно пилотируемый летательный аппарат
МДР морской дальний разведчик *(самолет)*
МЖО модуль жизнеобеспечения
Ми Миль *(в маркировке вертолетов)*; вертолет Московского вертолетного завода имени М. Л. Миля
МиГ Микоян и Гуревич *(в маркировке самолетов)*; самолет конструкции Авиационного научно-производственного комплекса «МиГ»
МИИГА Московский институт инженеров гражданской авиации
МИК монтажно-испытательный корпус *(на космодроме)*
МИКП Международный институт космического права
МИПАО Международный институт проблем астероидной опасности
МК микробиология космическая
МКА малогабаритный космический аппарат
МКБ межконтинентальный космический буксир
МКВРД мотокомпрессорный воздушно-реактивный двигатель
МКК межпланетный космический корабль
МКЛ малая космическая лаборатория
МКС международная космическая станция
МКФ многозональный космический фотоаппарат
МЛА малый летательный аппарат
МЛА местоположение летательного аппарата
ММО Малое Магелланово Облако *(астр.)*
МО магнитная обсерватория

Астрономия. Авиация и космонавтика

МОПавиа Международное объединение профсоюзов авиационных работников
МП манипулятор перестыковки
МП мотопараплан
МПЗ магнитное поле Земли
МПК магнитное поле корабля
МПС магнитный пеленг самолета
МРА морская разведывательная авиация
МРА морская ракетоносная авиация
МС межпланетная станция
МС место самолета *(в полете)*
МСЗ метеорологический спутник Земли
МСКА межспутниковый космический аппарат
МТА межорбитальный транспортный аппарат
МТА минно-торпедная авиация
МТКК многоразовый транспортный космический корабль
МТКС многоразовая транспортная космическая система
МЦ АУВД Московский центр автоматизированного управления воздушным движением
НААР Национальная авиационная ассоциация России
НАКА Национальное аэрокосмическое агентство Казахстана
НАМ неподвижные азимутальные метки
НАПО Новосибирское авиационное производственное объединение
НАР неуправляемая авиационная ракета
НАРЗ Новосибирский авиаремонтный завод
НАСА *англ.* NASA, National Aeronautics and Space Administration - Национальное управление по аэронавтике и исследованию космического пространства *(США)*
НБА ночная бомбардировочная авиация
НБП начало боевого пути *(авиа)*
НВ несущий винт
НГАЗ Нижегородский государственный авиастроительный завод
НД наклонная дальность *(авиа)*
НИИАО Научно-исследовательский институт авиационного оборудования
НИИАТ Научно-исследовательский институт авиационной технологии и организации производства
НИИПМЭ МАИ Научно-исследовательский институт прикладной механики и электродинамики Московского авиационного института
НИП наземный измерительный пункт
НИЦ КС Научно-исследовательский центр космической системотехники
НКАУ Национальное космическое агентство Украины
НКО наземный комплекс отладки
НКО наземный комплекс отработки
НКП навигационный курсовой прибор *(авиа)*

НЛГ нормы летной годности
НЛГС нормы летной годности состава
НЛО неопознанный летающий объект
НЛЦ низколетящая цель
НОСАБ ночная ориентирная светящаяся авиационная бомба
НПП навигационно-пилотажный прибор
НППАэрокосмтех Научно-производственное предприятие аэрокосмической технологии
НПП ДЗЗ Научно-производственное предприятие дистанционного зондирования Земли
НПУ наземное приемное устройство *(авиа)*
НС наземная станция
НТ небесное тело
НТВ *(спутник)* непосредственного телевещания
НУБС непосредственное управление боковой силой
НУПС непосредственное управление подъемной силой
НЭК наземный экспериментальный комплекс
ОАБ осветительная авиационная бомба
ОАБ осколочная авиационная бомба
ОАО объединенный авиационный отряд
ОВА область возможных атак *(авиа)*
ОВВС объединенные военно-воздушные силы
ОВЦ обнаружение воздушных целей
ОГО орбитальная геофизическая обсерватория
ОДАБ объемно-детонирующая авиационная бомба
ОДРЛ обзорный диспетчерский радиолокатор *(авиа)*
ОДУ объединенная двигательная установка *(на космическом корабле)*
ОДУ основная двигательная установка
ОДУ отсек двигательной установки
ОЗАБ осколочно-зажигательная авиационная бомба
ОК орбитальный корабль
ОКК Объединенное космическое командование *(США)*
ОКС орбитальная космическая станция
ОЛА орбитальный летательный аппарат
ОЛР организация летной работы
ОЛТК Омский летно-технический колледж
ОМАБ ориентирно-морская авиационная бомба
ОО орбитальный отсек
ООФА Отделение общей физики и астрономии
о. п. обеспечение полетов
ОПК орбитальный пилотируемый комплекс
ОПС орбитальная пилотируемая станция
ОРЛ обзорный радиолокатор *(авиа)*
ОРМ опытный ракетный мотор
ОС орбитальная станция
ОС орбитальная ступень
ОС орбитальный самолет
ОСП оборудование слепой посадки *(авиа)*
ОСТ орбитальный солнечный телескоп
ОТАК объединенное тактическое авиационное командование

ОТС орбитальная тросовая система
ОФАБ осколочно-фугасная авиационная бомба
ОФМА Объединенная федерация малой авиации
ОЦАП Оперативный центр авиационной поддержки
ОЭ отсек экипажа
ПАБ практическая авиационная бомба
ПАД пороховой аккумулятор давления *(в реактивном двигателе)*
ПАН передовой авиационный наводчик
ПАНХ применение авиации в народном хозяйстве
ПАО приборно-агрегатный отсек
ПАРРИС профсоюз авиационных работников радиолокации, радионавигации и связи
ПВО противовоздушная оборона
ПВП Правила визуальных полетов
ПВРД прямоточный воздушно-реактивный двигатель
ПГО переднее горизонтальное оперение
ПГС парашютно-грузовая система
пер. зв. переменная звезда *(астр.)*
ПИТКС Пекинский институт техники и космической среды
ПК полетный костюм
ПКА пилотируемый космический аппарат
ПКА планирующий космический аппарат
ПКО противокосмическая оборона
ПКП пилотажно-командный прибор
ПКП *(космический)* приемно-командный пункт
ПКРС подвижные контрольно-ремонтные средства *(авиа)*
ПКС первая космическая скорость
ПЛ парашют летчика
ПЛА противолодочная авиация
ПЛАБ противолодочная авиационная бомба
ПЛС профсоюз летного состава
ПМГ полетный малый газ
ПМС пространственное место самолета
ПН парашют наблюдателя
ПНК пилотажно-навигационный комплекс
ПНК полетный нагрузочный костюм *(космонавта)*
ПНО пилотажно-навигационное оборудование
ПНП пилотажно-навигационный прибор
ПНЦ пункт наведения и целеуказания *(авиа)*
ПОЗ прибор ориентации на Землю
ПОЛ пилотируемая орбитальная лаборатория
ПОС прибор ориентации на Солнце
ПОС противообледенительная система
посад. посадочная
пос. пл. посадочная площадка *(топ.)*
ПП посадочная площадка
ПП привод и посадка
ППК противоперегрузочный костюм
ППЛ посадочная площадка
ППМ поворотный пункт маршрута *(авиа)*

Астрономия. Авиация и космонавтика

ППМ промежуточный пункт маршрута *(авиа)*
ППО планер для предварительного обучения
ППО привод подвода и отвода
ППО протопланетное облако
ППП правила полета по приборам
ПРВД планирование и регулирование воздушного движения
ПРД пороховой реактивный двигатель
ПРИАС профсоюз работников инженерно-авиационных служб
ПРЛ посадочный радиолокатор *(авиа)*
ПРЛАБ противорадиолокационная авиационная бомба
ПРМ приводной радиомаяк *(авиа)*
ПРС приводная радиостанция *(авиа)*
ПС посадочная ступень
ПС почтовый самолет
ПС простейший спутник
ПСМ привод стыковочного механизма
ПСО противоспутниковая оборона
ПСОП поисково-спасательное обеспечение полетов
ПСП предстартовая подготовка
ПТАБ противотанковая авиационная бомба
ПТБ подвесной топливный бак
ПТД прямоточно-турбинный двигатель
ПТП парашют точного приземления
ПУ путевой угол *(авиа)*
ПуВРД пульсирующий воздушно-реактивный двигатель
ПФЛТ психофизиология летного труда

ПХО переходный отсек
РА разведывательная авиация
РАБ район авиационного базирования
РАКК Российская авиационно-космическая компания
РАЛ «Российские авиалинии» *(авиакомпания)*
РАМОС Российско-Американский спутниковый эксперимент по стереоскопическому наблюдению фоно-целевой обстановки в приземной атмосфере и на подстилающей поверхности
РАО ракетная астрофизическая обсерватория
РАТД Российский авиационный торговый дом
РБ разгонный блок
РВПП Ростовское вертолетное производственное предприятие
РД ракетный двигатель
РД рулежная дорожка *(на аэродроме)*
РДГТ ракетный двигатель гибридного топлива
РДО ракетный двигатель ориентации
РДО реактивный двигатель ориентации
РДСТ ракетный двигатель на смешанном топливе
РДТТ ракетный двигатель твердого топлива
РДУ ракетная двигательная установка
реакт. реактивная техника
реакт. реактивный
РКА Российское космическое агентство
РКД ракетный двигатель
РКК ракетно-космическая корпорация

РКК ракетно-космический комплекс
РКН ракета космического назначения
РКО радиоконтроль орбиты
РКП ракетно-космическая промышленность
РКС ракетно-космическая система
РКТ ракетно-космическая техника
РЛА реактивный летательный аппарат
РЛЭ руководство по летной эксплуатации
РМ расчетное место *(авиа)*
РН руль направления
РНА Российская независимая авиакомпания
РНИИ КП Российский научно-исследовательский институт космического приборостроения
РНИЦКД или **РНИЦ КД** Российский научно-исследовательский центр космической документации
РНТ радионавигационная точка *(авиа)*
РО рабочий отсек
РО ручная ориентация
РосВО Российское вертолетное общество
РП руководитель полетов
РПВРД ракетно-прямоточный воздушно-реактивный двигатель
РПД ракетно-прямоточный двигатель
РПП радиолокационная станция профильного полета
РРД ракетный реактивный двигатель
РСП радиолокационная система посадки *(самолета)*
РТД ракетный турбинный двигатель
РУД рычаг управления двигателем *(авиа)*
СА спускаемый аппарат *(космического корабля)*
САБ светящаяся авиационная бомба
САБ служба авиационной безопасности
САВИАТ «Специальные авиационные технологии» *(акционерное общество)*
САГ самолетный аэрозольный генератор
САЖ спасательный авиационный жилет
САК Стратегическое авиационное командование *(США)*
САМ стационарная авиационная мастерская
САО специализированная астрофизическая обсерватория
САПС средства аварийного покидания самолета
САС система аварийного спасения *(космонавтов)*
САС специальная авиадесантная служба
САС *англ.* SAS, Scandinavian Airlines System - Скандинавская авиатранспортная компания
САХ средняя аэродинамическая хорда *(крыла)*
саэ санитарная авиационная эскадрилья
СБ солнечная батарея
СБИ система бортовых измерений
СБКВ система бесплатформенной курсовертикали
СБП служба бортпроводников

Астрономия. Авиация и космонавтика

СВ солнечная вспышка
СВВАУЛ Сызранское высшее военное авиационное училище летчиков
СВВП самолет вертикального взлета и посадки
СВКВП самолет вертикального и короткого взлета и посадки
СВН средства воздушного нападения
СВС система воздушных сигналов
СВТ сигнал воздушной тревоги
СГАУ Самарский государственный аэрокосмический университет имени С. П. Королева
СГС сверхкрупный гражданский самолет
СГУ самолетное громкоговорящее устройство
СД синхронный двигатель
СДЛ сфера действия Луны
СЖО система жизнеобеспечения *(космонавта)*
СЖУ стартовый жидкостный ускоритель
Сибавиа «Сибирские авиалинии» *(авиакомпания)*
СИТА *фр.* SITA, Société Internationale de télécommunications aéronautiques - Международное общество авиационной электросвязи
СК скафандр космонавта
СКА спасательный космический аппарат
СКВВП самолет короткого взлета и вертикальной посадки
СКВП самолет короткого взлета и посадки
СКДУ сближающе-корректирующая двигательная установка *(на космическом корабле)*
СКИ солнечное корпускулярное излучение
СКИП самолетный командно-измерительный пункт
СККП система контроля космического пространства
СКС система космической связи
СКЭС солнечная космическая электростанция
СЛА сверхлегкий летательный аппарат
СМ стыковочный механизм
СмАЗ Смоленский авиационный завод
СМАП служба международных авиационных перевозок
СМИ самолетный маяк импульсный
СНВ средства воздушного нападения
СНТ световая навигационная точка *(авиа)*
СО стыковочный отсек
СОБ система опорожнения баков
СОБИС система опорожнения баков и синхронизации
СОЖ система обеспечения жизнедеятельности *(на космическом корабле)*
СОИ стратегическая оборонная инициатива *(США)*
СОМ система орбитального маневрирования
СОУ самолетная осветительная установка
СОУД система ориентации и управления движением *(в космических полетах)*
СП система посадки *(авиа)*
СП солнечная панель
СП стартовая позиция
СПбВИКА Санкт-Петербургская военная инженерно-космическая академия имени А. Ф. Можайского

Астрономия. Авиация и космонавтика

СПДАО система показаний работы двигателя и аварийного оповещения экипажа
СПК средства подготовки космонавта
СПК средство передвижения космонавта
СПК стартовый и посадочный комплекс
СПП самолет - постановщик помех
СПС сверхзвуковой пассажирский самолет
СПУ самолетное переговорное устройство
СПЭКС совмещенный подспутниковый эксперимент
СР спутник-ретранслятор
СС система самолетовождения
ССЛ синхронный спутник Луны
ССО солнечно-синхронная орбита
ССЭ спутниковая солнечная электростанция
с-т самолет
СТА стыковочный агрегат
СТС сверхзвуковой транспортный самолет
Су Сухой *(в маркировке самолетов)*; самолет конструкции П. О. Сухого
СУВП самолет укороченного взлета и посадки
СУД система управления двигателем
СУК солнечный указатель курса *(прибор на самолете)*
СЧК спускаемая часть капсулы
СЭПП система электронных пилотажных приборов
ТА тактическая авиация
ТА транспортная авиация
тагр тактическая авиационная группа
ТАК тактическое авиационное командование *(США)*
ТАКР тяжелый авианесущий крейсер
ТАНТК Таганрогский авиационный научно-технический комплекс имени Г. М. Бериева
ТАО Ташкентская астрономическая обсерватория
ТАПО Ташкентское авиационное производственное объединение
ТАПП Таганрогское авиационное производственное предприятие
ТАРКР тяжелый авианесущий ракетный крейсер
ТВА таблица высот и азимутов *(светил)*
ТВаД турбовальный двигатель
ТВВД турбовинтовентиляторный двигатель
ТВД турбовинтовой двигатель
ТВРД турбовинтовой реактивный двигатель
ТДУ тормозная двигательная установка *(на космическом корабле)*
ТКК транспортный космический корабль
ТКРД турбокомпрессорный реактивный двигатель
ТКС транспортная космическая система
ТКС транспортный корабль снабжения
ТЛП тяжелое летное происшествие
ТМК тяжелый межпланетный корабль
ТПК тепловое поле корабля
ТПЛА Таганрогское предприятие легкой авиации
тракр тактическое разведывательное авиационное крыло

Астрономия. Авиация и космонавтика

траэ тактическая разведывательная авиаэскадрилья

ТРД турбореактивный двигатель

ТРДД турбореактивный двухконтурный двигатель

ТРДДФ турбореактивный двухконтурный двигатель с форсажной камерой

ТРДФ турбореактивный двигатель с форсажной камерой

ТСПК технические средства подготовки космонавтов

Ту Туполев *(в маркировке самолетов)*; самолет конструкции Авиационного научно-технического комплекса имени А. Н. Туполева

тум. туманность *(астр.)*

ТЯРД термоядерный ракетный двигатель

УАБ управляемая авиационная бомба

УАБ учебная авиационная бомба

УАВ ударный авианосец

УАИ Уфимский авиационный институт

УАПК Ульяновский авиационно-промышленный комплекс

УАР управляемая авиационная ракета

УАРС управляемый авиационный ракетный снаряд

УБ уфологическая безопасность

УВАУГА Ульяновское высшее авиационное училище гражданской авиации

УВД управление воздушным движением

УВП установка вертикального пуска

УГ указатель горизонта *(авиа)*

УК условный курс *(авиа)*

УКВ ударные космические вооружения

УКП универсальная космическая платформа

УкрНИИАТ Украинский научно-исследовательский институт авиационной технологии

УНГ угол наклона глиссады *(авиа)*

УНКС Управление начальника космических средств

УПК установка для передвижения космонавта

УР угол разворота *(авиа)*

УС угол сноса *(авиа)*

УС указатель скорости *(авиа)*

УСМ универсальный стыковочный модуль

УСМ унифицированный стыковочный модуль

УТА управление тактической авиации

УТС учебно-тренировочный самолет

У.-УАЗ Улан-Удэнский авиационный завод

УУАПО Улан-Удэнское авиационное производственное объединение

ФА фронтовая авиация

ФАБ фугасная авиационная бомба

ФАИ *фр.* FAI, Fédération Aéronautique Internationale - Международная авиационная федерация

ФАКСПС Федеральная авиационно-космическая служба поиска и спасения

ФГБ функциональный герметичный блок

ФГБ функциональный грузовой блок

337

Астрономия. Авиация и космонавтика

ФЗАБ фугасно-зажигательная авиационная бомба
ФКБ функциональный герметичный блок
ФККИ фотонная компонента космического излучения
ФКП факторы космического полета
ФКС форсажная камера сгорания
ФОТАБ фотографическая авиационная бомба
ФПАД Федерация профсоюзов авиадиспетчеров
ФПАР Федерация профсоюзов авиационных работников (*России*)
ФПК физическое поле корабля
ФПУ физический путевой угол (*авиа*)
ФСК Федеральный совет по космонавтике
ФУАКПС Федеральное управление авиационно-космического поиска и спасения
ФУГА Федеральное управление гражданской авиации (*Нигерия*)
ХАБ химическая авиационная бомба
ХАИ Харьковский авиационный институт
ХАО Харьковская астрономическая обсерватория
ХАПО Харьковское авиационное производственное объединение
ХГАПП Харьковское государственное авиационное промышленное предприятие
ХРД химический ракетный двигатель
ЦАВС Центральное агентство воздушных сообщений
ЦАМС Центральная авиаметеорологическая станция
ЦВАУ центр внешних авиационных услуг
ЦВК цилиндр выверки курса
ЦВЛК Центральная врачебно-летная комиссия
ЦВЛЭК Центральная врачебная летно-экспертная комиссия
ЦДКС Центр дальней космической связи
ЦДУ центральная двигательная установка
ЦИАД Центр истории авиационных двигателей
ЦИАМ Центральный институт авиационного моторостроения имени П. И. Баранова
ЦИПКС Центр испытаний и применения космических средств
ЦКБ МС Центральное конструкторское бюро морского самолетостроения
ЦКВП Центр контроля воздушного пространства
ЦКД Центр космических данных
ЦОВАТ центр обслуживания и восстановления авиационной техники
ЦОСАБ цветная ориентирно-сигнальная авиационная бомба
ЦПК Центр подготовки космонавтов имени Ю. А. Гагарина
ЦПП Центр пилотируемых полетов
ЦУБДА центр управления боевыми действиями авиации
ЦУВД центр управления воздушным движением
ЦУКОС Центральное управление космических средств

Астрономия. Авиация и космонавтика

ЦУМВС Центральное управление международных воздушных сообщений
ЦУП Центр управления полетом
ЦУТА центр управления тактической авиацией
ША штурмовая авиация
ШАО Шемахинская астрофизическая обсерватория
ШАТП Шереметьевское авиационно-техническое предприятие
шаэ штурмовая авиационная эскадрилья
ШВЛП Школа высшей летной подготовки
ШО шлюзовой отсек
ШОАБ шариковая авиационная бомба
ШП шар-пилот
штурм. штурмовик
ЭЛА экспериментальный летательный аппарат
ЭМРД электромагнитный ракетный двигатель
ЭПАС экспериментальный полет «Аполлон» - «Союз»
ЭПС электрическая пусковая система *(авиа)*
ЭРД электрический ракетный двигатель
ЭРД электрореактивный двигатель
ЭРДУ электроракетная двигательная установка
ЭСД электростатический ракетный двигатель
эск. эскадрилья
ЭТРД электротермический ракетный двигатель
ЭЯРД электроядерный ракетный двигатель
Югавиа «Южные авиалинии» *(авиакомпания)*
ЯБ ядерная авиационная бомба
Як Яковлев *(в маркировке самолетов);* самолет конструкции Опытно-конструкторского бюро имени А. С. Яковлева
ЯКВ ядерные и космические вооружения
ЯРД ядерный ракетный двигатель

СЕЛЬСКОЕ ХОЗЯЙСТВО. ЖИВОТНОВОДСТВО И ПТИЦЕВОДСТВО. ВИНОДЕЛИЕ. ЛЕСНОЕ ХОЗЯЙСТВО И ДЕРЕВООБРАБОТКА.

АВН агрегат виноградниковый навесной
АГЛОС агролесомелиоративная опытная станция
АГМС агрометеорологическая станция
агр. аграрный
агр. агроном; агрономический
агро... агрономический
агробио... агробиологический
агрометео... агрометеорологический
агротех... агротехнический
агрофак агрономический факультет
агрохим... агрохимический
АЗС агрегат зерноочистительный стационарный
АЗУ агрегат для ускоренного залужения
АККОР Ассоциация крестьянских хозяйств и сельскохозяйственных кооперативов России
АКН агрегат для приготовления концентрированных кормов навесной
АКП агрегат комбинированный почвообрабатывающий
АЛХ агрегат лесной химический
АМБ автохтонная микрофлора группы Б *(бактериальное удобрение)*
аммофос аммонийфосфат *(азотно-фосфорное удобрение)*
АНЖ авторазбрасыватель навозной жижи
АПБ Агропромбанк
АПВ агрегат посадочный виноградниковый
АПК агрегат для приготовления кормов
АПК агропромышленный комплекс
АПЛ агрегат почвообрабатывающий луговой
АПО аграрно-промышленное объединение
АПП аппарат полутяжелой подрезки чайных кустов
АПФ агропромышленная фирма
АРЗМ автоматический регулятор загрузки молотилки
арт. артель
АРУП автомобиль-разбрасыватель удобрений пылевидных
АСХО акционерное сельскохозяйственное общество
АФИ Агрофизический институт
БВК белково-витаминный концентрат
БД борона дисковая
БДБ борона дисковая болотная
БДН борона дисковая навесная
БДНТ борона дисковая навесная тяжелая
БДС борона дисковая садовая
БДСТ борона дисковая садовая тяжелая
БДТ борона дисковая тяжелая
БДТН борона дисковая тяжелая навесная
БЗЛ борона зубовая с лапчатыми зубьями
БЗН борона зубовая навесная
БЗС борона зубовая средняя
БЗСС борона зубовая средняя скоростная

Сельское хозяйство. Животноводство и птицеводство...

БЗТС борона зубовая тяжелая скоростная
БЗТУ борона зубовая тяжелая усиленная
БИГ борона игольчатая гидрофицированная
БКСХ башенный кран для сельского хозяйства
БЛН борона легкая навесная
БЛПК Братский лесоперерабатывающий комплекс
БЛШ борона луговая шарнирная
БМ ботвоуборочная машина
БМС биомеханическая стимуляция
БМУ борно-медные микроудобрения
БН буртоукрывщик навесной
БНВ борона ножевидная вращающаяся
БНТУ борона ножевидная тяжелая усиленная
БП борона посевная
БП борона пружинная
БПИ Биолого-почвенный институт
БПШ борона пастбищная шарнирная
Брестсельмаш Брестский завод сельскохозяйственного машиностроения
БРУ борона ротационная универсальная
БС башня сенажная
БС борона сетчатая
БСН борона сетчатая навесная
БСО блок сепаратор-овсюгоотборник
БСО борона сетчатая облегченная
БСП борона сетчатая прореживатель
БСПН борона сетчатая - прореживатель навесная
БСХА Белорусская сельскохозяйственная академия
БХМ бестарное хранение муки
БШП аппарат боковой и шпалерной подрезки чайных кустов
БЭМ багерно-элеваторная машина
ВАОС Верхнеалазанская оросительная система
ВВА Военно-ветеринарная академия
ВВК виноградарско-винодельческий комплекс
вет. ветеринария; ветеринарный
ВИЖ Всероссийский научно-исследовательский институт животноводства
вин. винодельческий
виногр-во виноградарство
ВИП выравниватель-измельчитель почвы
ВИПКЛесхоз Всероссийский институт повышения квалификации руководящих работников и специалистов лесного хозяйства
ВИСХАГИ Всероссийский институт сельскохозяйственных и аэрофотогеодезических изысканий
ВИЭСХ Всероссийский научно-исследовательский институт электрификации сельского хозяйства
ВНИВИП Всероссийский научно-исследовательский ветеринарный институт птицеводства
ВНИИдрев Всероссийский научно-исследовательский институт деревообрабатывающей промышленности

Сельское хозяйство. Животноводство и птицеводство...

ВНИИЖИВМАШ Всероссийский научно-исследовательский конструкторско-технологический институт по машинам для комплексной механизации и автоматизации животноводческих ферм

ВНИИКОМЖ Всероссийский научно-исследовательский институт комплексных проблем машиностроения для животноводства и кормопроизводства

ВНИИЛМ Всероссийский научно-исследовательский институт лесоводства и механизации лесного хозяйства

ВНИИССВ Всероссийский научно-исследовательский институт по сельскохозяйственному использованию сточных вод

ВПО внутрипочвенное орошение
ВТМ вирус табачной мозаики
ВТУ волокуша тросовая универсальная
ВУ волокуша универсальная
ВУТ виноградниковая универсальная машина для тяжелых почв
ВЭС Ветеринарный энциклопедический словарь
ГАН гербицидно-аммиачная машина навесная
ГВК грабли-валкователи колесно-пальцевые
ГВП группа ветеринарной помощи
ГН грядоделатель навесной
гол. голов *(скота)*
Гомельдрев Гомельское производственное деревообрабатывающее объединение
Гомсельмаш Гомельский завод сельскохозяйственного машиностроения
госплемхоз Государственное племенное хозяйство
госпромхоз Государственное промысловое хозяйство
ГП грабли поперечные
ГПП грабли поперечные полунавесные
ГППЗ Государственный племенной птицезавод
ГС грядоделатель-сеялка
ГСД грядоделатель-сеялка дисковая
ГСХ государственное семеноводческое хозяйство
ГТП грабли тракторные прицепные
ГУСХ Главное управление сельского хозяйства
ГХЦГ гексахлорциклогексан *(инсектицид)*
д. деревня
ДА доильный агрегат
д. в. н. доктор ветеринарных наук
ДДА двухконсольный дождевальный агрегат
ДДВФ диметилдихлорвинилфосфат *(инсектицид)*
ДДД дихлордифенилдихлорэтан *(инсектицид)*
ДДН дождеватель дальнеструйный навесной
ДДТ дихлордифенилтрихлорметилметан *(инсектицид)*
ДДУ дальнеструйная дождевальная установка
ДДЭ дихлордифенилэтилен *(инсектицид)*
дер. деревня
деревообр. деревообрабатывающий
ДИП дробилка-измельчитель передвижная

ДКУ дробилка кормов универсальная
ДКШ дождеватель колесный широкозахватный
ДЛНК дисковый лесной навесной культиватор
ДНОК динитроортокрезол *(гербицид)*
ДОЗ деревообрабатывающий завод
ДОК деревообрабатывающий комбинат
ДОО деревообрабатывающее оборудование
ДОЦ деревообрабатывающий цех
ДПА дождевально-поливальный аппарат
ДПО деревоперерабатывающее оборудование
ДСО деревообрабатывающее и сельскохозяйственное оборудование
д.с.-х.н. доктор сельскохозяйственных наук
ДТ дизельный трактор
ДФДТ дифтордифенилтрихлорэтан *(инсектицид)*
ДХЭ дихлорэтан *(инсектицид)*
ДЭТ дизельный электрический трактор
ЖВН жатка валковая навесная
жив. животноводческий
жив-во животноводство
ЖК жатка конопли
ЖКН жатка кукурузная навесная
ЖКУ жидкие комплексные удобрения
ЖНР жатка навесная рисовая
ЖНТ жатка навесная теребильного типа
ЖРС жатка рядковая скоростная
ЖСК жатка-сноповязалка конопли
ЖШН жатка широкозахватная навесная

ЗАР зерноочистительный агрегат рисозерновой
ЗВ зерноочиститель вороха
зверо... звероводческий
ЗВС зерноочиститель воздушно-решетный стационарный
ЗДС завод деревообрабатывающих станков
зем. земельный
ЗП зерноочиститель пневматический
ЗПО земледельческое поле орошения
ЗПС зернопогрузчик поворотный самопередвижной
ЗСА загрузчик сеялок автомобильный
ЗСПШ зерновая сушилка передвижная шахтного типа
ЗФМ землеройно-фрезерная машина
ИГК измельчитель грубых кормов
ИЗМ измельчитель зеленой массы
ИКМ измельчитель-камнеуловитель-мойка
ИЛ Институт леса
ИЛД Институт леса и древесины имени В. Н. Сукачева
ИПА Институт почвоведения и агрохимии
ИПС инкубаторно-птицеводческая станция
ИПФС Институт почвоведения и фотосинтеза
ИРТ измельчитель рулонов и тюков
ИСН измельчитель соломы навесной
ИСУ измельчитель стационарный для удобрений
ИЭМ инфекционный энцефаломиелит *(лошадей)*

ИЭРиЖ Институт экологии растений и животных
К комбайн картофелеуборочный
К косилка
карбофос дикарбоэтоксиэтилдитиофосфат *(инсектицид)*
КБК комбайн для уборки бобовых культур
КБЛ культиватор боковой лесной
КБН каналокопатель-бороздодел навесной
КБН каток борончатый навесной
КБП корчеватель-бульдозер-погрузчик
КВ коньяк выдержанный *(в маркировке)*
КВВК коньяк выдержанный высшего качества *(в маркировке)*
КВЗ Красноярский водочный завод
КВН картофелекопатель вибрационный навесной
к. в. н. кандидат ветеринарных наук
КВП культиватор высококлиренсный для питомников
КВП культиватор высокостебельный пропашной
КВПОР качественное вино, произведенное в определенном регионе
КГМСИ Консультативная группа по международным сельскохозяйственным исследованиям
КГППК Консультативная группа по производству продовольствия и капиталовложениям
КГС косилка горно-равнинная для работы на склонах
КГФ культиватор-глубокорыхлитель фрезерный
КГФ культиватор-гребнеобразователь фрезерный
КДП косилка двухбрусная полунавесная
КДУ кормодробилка универсальная
КДУ короткоструйная дождевальная установка
к. ед. кормовая единица *(с.-х.)*
КЗ крахмальные зерна
КЗН косилка задненавесная
КЗП коэффициент звукопоглощения
КЗС комплект зерноочистительно-сушильный
КЗУ канавокопатель-заравниватель универсальный
КИ комплект ирригационный
КИВ комбайн с импульсным водометом
КИК косилка-измельчитель кормов
КИР косилка-измельчитель роторная
ККН культиватор для каменистых почв навесной
ККП коноплеуборочный комбайн полунавесной
ККУ картофелеуборочный комбайн унифицированный
КЛ куделеприготовитель льна
КЛ культиватор лесной
КЛБ культиватор лесной бороздной
КМ канавокопатель мелиоративный
КМР косилка моторизованная с ручным управлением
КНП вина контролируемых названий по происхождению
КНС комбайн навесной силосоуборочный

Сельское хозяйство. Животноводство и птицеводство...

КНУ копновоз навесной универсальный
КНУ косилка навесная универсальная
КНФ косилка навесная фронтальная
КО культиватор огневой
кокос. кокосовый
колх. колхозный
КОН культиватор-окучник навесной
кон. конный
конс. консервный; консервированный
КОР культиватор-растениепитатель овощной
КП культиватор паровой
КП культиватор прицепной
КПВ косилка-плющилка валковая
КПГ культиватор паровой гидрофицированный
КПГ культиватор-плоскорез-глубокорыхлитель
КПК комбайн прицепной кормоуборочный
КПН капустоподборщик навесной
КПН культиватор паровой навесной
КПП косилка-плющилка прямоточная
КПП культиватор-плоскорез прицепной
КПС косилка-плющилка самоходная
КПС культиватор паровой скоростной
КПУ культиватор-плоскорез универсальный
КПЭ культиватор противоэрозийный
КПЯШ копатель посадочных ям на шасси
КР культиватор-растениепитатель

КРВН культиватор-растениепитатель виноградниковый навесной
крест. крестьянский
КРЛ культиватор ротационный лесной
КРН косилка ротационная навесная
КРН культиватор-растениепитатель навесной
КРН культиватор ротационный навесной
КРН культиватор-рыхлитель навесной
кр. рог. скот крупный рогатый скот
КРС крупный рогатый скот
КРСШ культиватор-растениепитатель к самоходному шасси
КРТ культиватор-растениепитатель тракторный
КРТ культиватор-рыхлитель террас
КРХ культиватор-растениепитатель хлопковый
КС комбайн свеклоуборочный
КС комбайн силосоуборочный
КС комплекс свеклоуборочный
КС коньяк старый *(в маркировке)*
КС корчеватель стеблей хлопчатника
КС косилка скоростная
КС кузов самосвальный
КСГ комбайн силосоуборочный на гусеничном ходу
КСГ косилка скоростная горно-равнинная
КСГ культиватор садовый гидрофицированный
КСК комбайн самоходный картофелеуборочный
КСК комбайн самоходный кормоуборочный
КСКУ комбайн самоходный кукурузоуборочный

КСЛ	контрольно-семенная лаборатория	**КЯУ**	копатель ям усиленный
КСН	картофелесажалка навесная	**ЛАГО**	лесной аэрозольный генератор-опрыскиватель
КСП	картофелесортировальный пункт	**ЛД**	лущильник дисковый
		ЛДГ	лущильник дисковый гидрофицированный
КСП	косилка сена праворежущая	**ЛДК**	лесопильно-деревообрабатывающий комбинат
КСС	комбайн силосоуборочный скоростной	**ЛДС**	лущильник дисковый секционный
КСТ	комбайн свеклоуборочный теребильный	**ЛДС**	лущильник дисковый - сеялка
КСФ	косилка самоходная фронтальная	**лес.**	лесное дело
		лесн.	лесная промышленность
КСФ	культиватор-сеялка фрезерный	**лесоводч.**	лесоводческий
		лесообр.	лесообрабатывающий
к.с-х.н.	кандидат сельскохозяйственных наук	**лесопил.**	лесопильный
		лесопром.	лесопромышленный
КСШ	культиватор садовый широкозахватный	**лесхоз**	лесное хозяйство
		ЛЗУ	лесозаготовительный участок
КТН	картофелекопатель тракторный навесной	**ЛК**	льноуборочный комбайн
КТП	косилка трехбрусная навесная	**ЛКВ**	льноуборочный комбайн с вязальным аппаратом
КУК	коноплеуборочный комбайн	**ЛМГ**	лесопосадочная машина для горных склонов
КУН	копновоз универсальный навесной	**ЛМД**	лесопосадочная машина дисковая
КУФ	косилка-измельчитель универсальная фуражная	**ЛМК**	лесопильно-мебельный комбинат
КФ	канавокопатель фрезерный	**ЛММС**	лесная машинно-мелиоративная станция
КФ	культиватор фрезерный	**ЛМН**	льноподборщик-молотилка навесная
КФГ	культиватор-глубокорыхлитель фрезерный	**ЛМС**	лугомелиоративная станция
КФЛ	культиватор фрезерный лесной	**ЛН**	лущильник навесной
КФН	канавокопатель фрезерный навесной	**ЛНВ**	лозоподборщик навесной виноградниковый
КФН	косилка фрезерная навесная	**ЛОС**	льносемяочистительный агрегат
КФС	культиватор фрезерный сеялка	**ЛОХ**	лесоохотничье хозяйство
		ЛП	лесная полоса
КШ	культиватор штанговый	**ЛПБ**	лесоперевалочная база
КШН	культиватор штанговый навесной	**ЛПЗП**	лесопарковый защитный пояс

Сельское хозяйство. Животноводство и птицеводство...

ЛПК лесоперевалочный комбинат
ЛПК лесопромышленный комплекс
ЛПМ лавандопосадочная машина
ЛПХ личное подсобное хозяйство
ЛРМ льнорасстилочная машина
ЛСДЖ лицензионная система добычи животных
ЛТ льнотеребилка
ЛТВ льнотеребилка с вязальным аппаратом
ЛТИ лесотехнический институт
ЛУМ лавандоуборочная машина
ЛХТ лесохозяйственный трактор
льнообр. льнообрабатывающий
МВ молотилка-веялка
МВВК марочные вина высшего качества
МВН мотыга вращающаяся навесная
МВС машина для посадки виноградниковых саженцев
МВУ машина для внесения удобрений
МДК мебельно-деревообрабатывающий комбинат
МДУ мельница-дробилка универсальная
Минсельхозпрод Министерство сельского хозяйства и продовольствия Российской Федерации
МК мельничный комплекс
МК мясокомбинат
МКП молотилка кукурузных початков
МЛ молотилка льна
МЛК молотилка лубяных культур
МЛК молотилка льняная, конопляная
МЛКУ мялка льна и конопли универсальная
МЛТПО Московское лесотехническое производственное объединение
МЛУ машина лесопосадочная универсальная
МНФ метилнитрофос *(инсектицид)*
мол. молочный
МОП мощный отвальный плуг
МОС машина для отмывки семян
Москомзем Московский земельный комитет
МРК мойка-резка корнеплодов
МСП Международный совет по пшенице
МСХ Министерство сельского хозяйства
МТФ молочно-товарная ферма
муком. мукомольный
МФСР Международный фонд сельскохозяйственного развития
МХП минихлебопекарни
мясо-мол. мясомолочный
мясохладоб. мясохладобойный
НИИЗиЖ Научно-исследовательский институт земледелия и животноводства
НИИСХОМ Научно-исследовательский институт сельскохозяйственного машиностроения
НИКТИМП Научно-исследовательский и конструкторско-технологический институт молочной промышленности
НК навесной зерноуборочный комбайн
НПСК научно-производственная система по кукурузе
НРУ навесной разбрасыватель удобрений

ОВ	опрыскиватель виноградниковый	ОРП	опрыскиватель ранцевый пневматический
ОВНП	опрыскиватель виноградниковый навесной пульверизаторный	ОС	очень старый *(в маркировке коньяков)*
овощ-во	овощеводство	ОС	очиститель семян
ОВП	окислительно-восстановительный потенциал *(почвы)*	ОСВ	оборудование для сушки льняного вороха
		ОСП	общая сельскохозяйственная политика
ОВС	опрыскиватель вентиляторный садовый	ОТ	опрыскиватель тракторный
ОВТ	опрыскиватель вентиляторный тракторный	ОТН	опыливатель-опрыскиватель тракторный навесной
ОВХ	опрыскиватель вентиляторный хлопковый	ОУМ	опрыскиватель универсальный малообъемный
овце-во	овцеводство	ОЦМ	опрыскиватель цитрусовый моторизованный
ОГМ	оборудование для гранулирования травяной муки	ОШУ	опыливатель широкозахватный универсальный
ОЗГ	опрыскиватель для закрытого грунта	ПАВ	пневмоагрегат виноградниковый
ОКП	окучник для каменистых почв	ПАО	производственно-аграрное объединение
ОМБ	опрыскиватель малообъемный безнасосный	ПАС	почвенно-агрономическая станция
ОН	опрыскиватель навесной	ПАУ	прополочный агрегат универсальный
ОНУ	опыливатель навесной универсальный	ПБ	погрузчик-бульдозер
ОНХ	опрыскиватель навесной хмельниковый	ПБН	плуг болотный навесной
ОП	опрыскиватель полевой	ПВ	пищевые волокна
ОП	опытное поле *(с.-х.)*	ПВН	плуг навесной с вращающимися отвалами
ОП	очиститель пневматический	ПГ	погрузчик грейферный
ОП	очиститель початков	ПД	плуг двухъярусный
ОПЗ	обработка призабойной зоны	ПДА	передвижной доильный аппарат
ОПП	очиститель початков полунавесной	ПЖК	прямоточная жатка-косилка
ОПС	опыливатель для полей и садов	ПЗ	племенной завод
		ПЗ	протравливатель зерновой
ОПС	очиститель семян пневматический	ПК	подборщик-копнитель
		ПКА	пахотный комбинированный агрегат
ОРВ	опыливатель ранцевый вентиляторный	ПКБ	плуг кустарниково-болотный
орг.	органический		

Сельское хозяйство. Животноводство и птицеводство...

ПКЛ	плуг комбинированный лесной	**ППЛ**	полунавесной плуг-лущильник
ПКЛН	плуг-канавокопатель лесной навесной	**ППН**	плуг плантажный навесной
ПКР	пневмокормораздатчик	**ППН**	плуг полунавесной
ПКС	подборщик-копнитель сена	**ППО**	полевой парк обслуживания *(машин)*
ПЛ	плуг лемешный	**ППО**	производственное птицеводческое объединение
ПЛ	плуг лесной		
ПЛ	плуг-лущильник	**ППР**	подборщик-погрузчик роторный
ПЛД	плуг лесной дисковый		
плем.	племенной	**ППС**	прореживатель поливной свеклы
ПЛМК	Петрозаводский лесопильно-мебельный комбинат	**ППТ**	подборщик полотенно-транспортерный
ПЛН	плуг лемешный навесной	**ППУ**	плуг плантажный усиленный
плод.	плодовый		
ПЛП	плантационное лесное предприятие	**ПР**	палоделатель-разравниватель
ПЛП	плуг лемешный полунавесной	**ПР**	плуг ротационный
		ПРВН	плуг-рыхлитель виноградниковый навесной
ПЛП	плуг лесной полосный		
ПЛП	плуг-лущильник полунавесной	**ПРП**	пресс-подборщик рулонный прицепной
ПЛС	плуг лесной для склонов	**ПРС**	плуг для рисовых полей с самоустанавливающимся корпусом
ПЛС	плуг-лущильник садовый		
ПЛШ	плуг лесной широкозахватный		
		ПС	погрузчик свеклы
ПМГ	погрузчик малогабаритный грейферный	**ПС**	протравливатель семян
		ПСА	прореживатель свекловичный автоматический
ПН	плуг навесной		
ПНД	плуг навесной дисковый	**ПСБ**	пресс-подборщик сена с боковой подачей
ПНШ	поливальный шланг навесной		
		ПСГ	плуг садовый с гидравлическим управлением
ПО	перекрестное опыление		
ПОН	плуг оборотный навесной	**ПСК**	погрузчик стебельчатых кормов
ПОУ	подкормщик-опрыскиватель универсальный		
		ПСК	пункт для сортировки корнеплодов
ПП	плуг полунавесной		
ППА	передвижной поливной агрегат	**ПСН**	прореживатель свекловичный навесной
ППБ	пресс-подборщик барабанного типа	**ПСП**	подборщик-стогообразователь пневматический
ППБ	пресс-подборщик с верхней подачей сена	**ПСШ**	протравливатель семян шнековый

Сельское хозяйство. Животноводство и птицеводство...

ПТ поливальщик-трубоукладчик
птиц-во птицеводство
ПТМ пенькотрепальная машина
ПТН плуг трехъярусный навесной
ПТН подборщик-погрузчик тюков навесной
ПТП подборщик тресты прицепной
ПУ погрузчик универсальный
ПУ протравливатель универсальный
ПФ погрузчик фронтальный
ПХН подборщик хлопка-сырца навесной
ПХП подборщик хлопка прицепной
ПХПЗ предприятие хранения и переработки зерна
пчел. пчеловодство
ПЭ погрузчик-экскаватор
ПЯ плуг ярусный
раст. растение; растительность
РАСХН Российская академия сельскохозяйственных наук
РВК рыхлитель-выравниватель-каток
РВУ рыхлитель виброударный
РЗС Российский зерновой союз
рисоочист. рисоочистительный
РК раздатчик кормов
РКС роликовая картофелесортировка
РЛ рыхлитель лесной
РЛД рыхлитель лесной дисковый
РМГ разбрасыватель минеральных удобрений с гидравлическим приводом
РМИ разбрасыватель минеральных удобрений и извести
РН рыхлитель навесной
РНИХС Республиканская научно-исследовательская хмелеводческая станция
РНШ разбрасыватель навесной на самоходном шасси
рог. рогатый
Роскомзем Комитет Российской Федерации по земельным ресурсам и трудоустройству
Рослесхоз Федеральная служба лесного хозяйства России
РОУ разбрасыватель органических удобрений
РПМ роторная погрузочная машина
РПН разбрасыватель прицепной низкорамный
РПТМ разбрасыватель-прицеп тракторный модернизированный
РПТУ разбрасыватель-прицеп тракторный универсальный
РСП раздатчик-смеситель прицепной
РСС резка соломы и силоса
РСШ разбрасыватель садовый широкозахватный
РТ рыхлитель террас
РТН рыхлитель террас навесной
РТО разбрасыватель тракторный для органических удобрений
РТТ разбрасыватель туков тарельчатый
РУ разбрасыватель удобрений
РУМ разбрасыватель минеральных удобрений
РУН разбрасыватель удобрений навесной
РУП разбрасыватель удобрений пылевидных

Сельское хозяйство. Животноводство и птицеводство...

сад-во садоводство
СБК сеялка бороздковая кукурузная
СБН сеялка бахчевых культур навесная
свин-во свиноводство
СГЦ селекционно-генетический центр
СДА самоходный дождевальный агрегат
СДА самоходный дробильный агрегат
СЗ сеялка зерновая
СЗЛ сеялка зернотуко-льняная
СЗН сеялка зерновая навесная
СЗП сеялка зерновая прессовая
СЗПБ сушилка зерновая передвижная барабанная
СЗР сеялка зернотуковая рисовая
СЗР Союз землевладельцев России
СЗС сеялка зерновая стерневая
СЗС сушилка зерна стационарная
СЗСБ сушилка зерна стационарная барабанная
СЗСШ сеялка зернотукосоевая шеренговая
СЗТ сеялка зернотуковая травяная
СЗТН сеялка зернотравная навесная
СЗУ сеялка зернотуковая узкорядная
СЗУ смеситель-загрузчик удобрений
СЗШ сушилка зерновая шахтная
СибНИИЖ Сибирский научно-исследовательский институт животноводства
СибНИИЛП Сибирский научно-исследовательский институт лесной промышленности
СибНИИСХ Сибирский научно-исследовательский институт сельского хозяйства
СибНИИСХОЗ Сибирский научно-исследовательский институт сельского хозяйства
СК сажалка картофельная
СК самоходный комбайн
СК силосоуборочный комбайн
СКГ самоходный рисозерновой комбайн на гусеничном ходу
СКГ свекловичный каток гладкий
СКД самоходный комбайн двухбарабанный
СКД свеклоуборочный комбайн дисковый
СКК самоходный комбайн косогорный
СКН сажалка для квадратной посадки навесная
СКН сеялка комбинированная навесная
СКН силосоуборочный комбайн навесной
СКНК сеялка кукурузная навесная комбинированная
СКОН сеялка комбинированная овощная навесная
СКОСШ сеялка комбинированная овощная на самоходное шасси
скот-во скотоводство
СКП самоходный зерноуборочный комбайн на полугусеничном ходу
СКПН сеялка кукурузная пунктирная навесная
СКПР самоходный комбайн на полугусеничном ходу рисозерновой
СКС сажалка картофеля скоростная

Сельское хозяйство. Животноводство и птицеводство...

СЛ	сеялка лесная
СЛГ	сажалка лесная грядковая
СЛК	Сыктывкарский лесопромышленный комбинат
СЛН	сажалка лесная навесная
СЛН	сеялка луковая навесная
СЛН	сеялка льняная навесная
СЛП	сеялка лесная питомниковая
СЛПК	Сыктывкарский лесопромышленный комплекс
СЛС	сеялка лука-севка
СЛС	сортировка лука-севка
СЛТ	сеялка луговых трав
СМ	семяочистительная машина
СН	сажалка картофеля навесная
СН	сцепка навесная
СНИИСХ	Ставропольский научно-исследовательский институт сельского хозяйства
СНТ	свеклопогрузчик навесной тракторный
СНТ	скирдорез навесной тракторный
СНУ	свеклоподъемник навесной универсальный
СНУ	стогометатель навесной универсальный
СНШ	свеклоподъемник навесной на шасси
СОН	сеялка овощная навесная
СОТ	садово-огородный трактор
СПБ	сушилка передвижная барабанная
СПбЛТА	Санкт-Петербургская лесотехническая академия
СПК	соломополовокопнитель
СПМ	стогообразователь прицепной механизированный
СПУ	смеситель-погрузчик удобрений
СПЦ	стоговоз для перевозки целых стогов
СРН	сажалка рядовая навесная
СРН	сеялка рисовая навесная
ССЛН	сеялка строчно-луночная навесная
ССН	сеялка свекловичная навесная
СТН	сеялка туковая навесная
СТСН	сеялка тракторная свекловичная навесная
СТСП	сеялка тракторная свекловичная для поливной зоны
СТХ	сеялка точного высева хлопковая
ст-ца	станица
СТШ	сеялка туковая навесная на шасси
СУ	сеялка унифицированная
СУК	сеялка унифицированная комбинированная
СУЛ	сеялка универсальная льняная
СУПН	сеялка универсальная пневматическая навесная
СУТ	сеялка унифицированная зернотравяная
СХ	сушилка хлопка
с. х.	сельское хозяйство
с.-х.	сельское хозяйство; сельскохозяйственный
СХА	сельскохозяйственная академия
с. х-во	сельское хозяйство
СХИ	сельскохозяйственный институт
СХПК	сельскохозяйственный производственный кооператив
СХЭ	Сельскохозяйственная энциклопедия
СЧХ	сеялка частогнездовая хлопковая
СШ	самоходное шасси

Сельское хозяйство. Животноводство и птицеводство...

СШР	стогометатель шарнирно-рычажный	**УДЕ**	установка доильная «Ёлочка»
Т	трактор	**УДМ**	установка доильная механическая
ТАУ	торфоаммиачные удобрения	**УДС**	универсальная доильная станция
ТБ	трактор бесчокерный	**УДС**	установка дождевальная среднеструйная
ТЗК	транспортер-загрузчик картофеля	**УДС**	установка досушки сена
ТЛН	теребилка льна навесная	**УКВ**	универсальный картофелекопатель-валкоукладчик
ТЛС	транспортер ленточный сортировочный		
ТМАУ	торфоминерально-аммиачные удобрения	**УКП**	уборщик камней прицепной
ТН	транспортер навесной	**УКП**	универсальный культиватор-палоделатель
ТОЛ	тракторный опрыскиватель лесной	**УЛТИ**	Уральский лесотехнический институт
ТОМ	танк-охладитель молока	**УЛШ**	машина для уборки лука на шасси
ТПК	транспортер-подборщик картофеля	**УОС**	управление оросительной системы
ТПК	транспортер початков кукурузы	**УПЗ**	указатель потерь зерна
ТПС	тракторный прицеп-стоговоз	**УПХ**	универсальный передвижной хлопкоочиститель
ТПУ	транспортер-погрузчик универсальный		
ТПУ	трубопровод поливной универсальный	**Уралсельмаш**	Уральский завод сельскохозяйственных машин
ТСХА	Тимирязевская сельскохозяйственная академия		
ТТ	транспортер тюков	**УСМП**	универсальный свекловичный механический прореживатель
ТТ	трелевочный трактор		
ТУМ	томатоуборочная машина	**УСХИ**	Ульяновский сельскохозяйственный институт
ТУМ	торфоуборочная машина		
ТУП	тракторный универсальный прицеп	**ФАО**	*англ.* FAO, Food and Agricultural Organization - Продовольственная и сельскохозяйственная организация *(ООН)*
ТШН	транспортировщик штабелей навесной		
ТЭПФ	тетраэтилпирофосфат *(инсектицид)*		
УБД	удалитель ботвы дроблением	**ФБ**	фреза болотная
		ФБН	фреза болотная навесная
УВС	установка вентиляционная для сушки сена	**фер.**	ферма *(топ.)*
		ФКШ	фрезерный культиватор на шасси
УГК	укладчик грубых кормов		
УГН	универсальный грядоделатель навесной	**ФЛУ**	фреза лесная унифицированная

ФЛХ факультет лесного хозяйства
ФЛШ фреза лесная шнековая
ФН фуражир навесной
ФП фреза почвенная
ФПН фрезерный пропашной культиватор навесной
ФПУ фрезерный пропашной культиватор универсальный
ФС фреза садовая
ФС фреза самоходная
ФСН фреза садовая навесная
хл.-бум. хлопчатобумажный
хл.-очист. хлопкоочистительный
ЦНИИЛП Центральный научно-исследовательский институт лесной промышленности
ЦНИИП Центральный научно-исследовательский институт птицеводства
ЦЭЛГИ Центральная экспериментальная контрольно-технологическая лаборатория сельскохозяйственных процессов гидромеханизации

чайн. чайный
ЧВХ чеканщик верхушек хлопчатника
ЧИМЭСХ Челябинский институт механизации и электрификации сельского хозяйства
Чирчиксельмаш Чирчикский завод сельскохозяйственного машиностроения
ЧК чизель-культиватор
ЧКУ чизель-культиватор с удобрителем
ЧСН чаесборочная машина навесная
ЧТК чайный тракторный культиватор
ШБ шлейф-борона
ЭМС электромагнитная семяочистительная машина
ЭМСК экспериментальный молодежный садовый комплекс

ВОЕННОЕ ДЕЛО И ГРАЖДАНСКАЯ ОБОРОНА

А	армия
АА	армейская авиация
АА	армейская артиллерия
АА	артиллерийская авиация
ААГ	армейская артиллерийская группа
ААРМ	армейская артиллерийская ремонтная мастерская
АБ	авиационная база
АБ	авиационная бомба
АБ	авиационная бригада
АБ	артиллерийская база
АБМ	артиллерия большой мощности
АБР	авиационная баллистическая ракета
абр	артиллерийская бригада
АБС	авиационные бомбовые средства
АБТ	автобронетанковый
АВ	авианосец
ав	авиация; авиационный
ав.	авиация
АВГР	авиагруппа
АВЛ	авианосец легкий
АВЛ	армейский ветеринарный лазарет
АВМФ	авиация военно-морского флота
АВПУГ	авиационная поисково-ударная группа
АВС	автоматическая винтовка Симонова *(АВС-36)*
АВТ	авианосец тяжелый
АВТ	автоматическая винтовка Токарева *(АВТ-40)*
автобат	автомобильный батальон
авторембат	авторемонтный батальон
АГ	авиационная группа
АГ	артиллерийская группа
АГБ	авиагоризонт бомбардировщика
АГИ	авиагоризонт истребителя
АГИТАБ	агитационная авиационная бомба
АГЛР	армейский госпиталь для легкораненых
АГС	авиационная гидроакустическая станция
АГС	автоматический гранатомет станковый
АГС	артиллерийская громкоговорящая связь
АГС	аэрогаммасъемка
АД	авиадесант
АДД	артиллерия дальнего действия
АДК	авиационный дегазационный комплекс
АДМ	автодегазационная машина
адм.	адмирал
АДН	автоматическая дистанционная наводка
адн	артиллерийский дивизион
АДП	аэродромно-диспетчерский пункт
АДС	амфибийно-десантное соединение
АЗ	аварийный запас
аз	авиационное звено
АЗВФ	Азовская военная флотилия
АЗС	авиационные зенитные средства
АИР	артиллерийская инструментальная разведка
АК	автомат Калашникова
АК	армейский корпус
АК	артиллерийский компас
АКА	артиллерийский катер
АКВР	Агентство по контролю над вооружениями и разоружению

Военное дело и гражданская оборона

АКВФ	Амурская Краснознаменная военная флотилия
АКЗС	автомобильная кислородно-зарядная станция
АКМ	автомат Калашникова модернизированный
АКМС	автомат Калашникова модернизированный со складывающимся прикладом
АКП	авиационный комплекс пожаротушения
АКС	аэродромная компрессорная станция
АМ	аэродром морской авиации
амв	артиллерийский метеорологический взвод
АМГ	авианосная многоцелевая группа
АМП	артиллерийский метеорологический пост
АМС	авианосное многоцелевое соединение
АМС	авиационная метеорологическая сводка
АМС	авиационная метеорологическая служба
АМС	авиационная метеорологическая станция
АМС	артиллерийская метеорологическая служба
АМС	артиллерийская метеорологическая станция
АН	аэростат наблюдения
АНАБ	аэронавигационная авиационная бомба
АНО	аэронавигационные огни
АНП	артиллерийский наблюдательный пункт
АО	авиабомба осколочная
АО	авиационный отряд
ао	авиационный отряд
а. о.	автоматическое оружие
АОМ	морской оперативный аэродром
АОН	авиация общего назначения
АОН	армия особого назначения
АОН	артиллерия особого назначения
АОО	аэродромное осветительное оборудование
АОП	армия освобождения Палестины
АОШ	аппаратная оперативного штаба
АП	авиационная поддержка
АП	авиационный полк
АПА	агрегат питания аэродромный
АПГ	авианосная противолодочная группа
АПГ	армейский подвижной госпиталь
АПИ	авиационное подвесное изделие
АПЛ	атомная подводная лодка
АПНП	артиллерийский подвижный наблюдательный пункт
АПП	артиллерия поддержки пехоты
АПС	автоматический пистолет Стечкина
АПТР	артиллерийско-противотанковый резерв
АПУГ	авианосная поисково-ударная группа
АР	авиационная разведка
АР	артиллерия разрушения
АРГСН	активная радиолокационная головка самонаведения
АРК	авиационный ракетный комплекс
АРЛК	аэродромный радиолокационный комплекс
АРЛС	артиллерийская радиолокационная станция
АРМ	активно-реактивная мина

арм. армейское *(арго)*
АРПК авиационно-ракетный комплекс перехвата
АРПК авиационно-ракетный противоспутниковый комплекс
АРПЛ атомная ракетная подводная лодка
АРС активно-реактивный снаряд
АРСОМ артиллерийская станция обнаружения минометов
арт. артиллерийский; артиллерия
АрхВО Архангельский военный округ
АС аварийная ситуация
АС аэродром сухопутной авиации
АСБУ автоматизированная система боевого управления
АСМБО автоматизированная система моделирования боевой обстановки
АСО аварийно-спасательное обеспечение
АСОБВ автоматизированная система обеспечения боевого вылета
АСП аварийно-спасательная партия
АСПТР аварийно-спасательные судоремонтные и подводно-технические работы
АСР аварийно-спасательные работы
аср автосанитарная рота
АСС аварийно-спасательная служба *(воен.)*
АСТ артиллерийская стереотруба
АСТ артиллерия сопровождения танков
АСУ аварийно-спасательное устройство
АСУ авиадесантная самоходно-артиллерийская установка
АСУБД автоматизированная система управления боевыми действиями
АСУ БС автоматизированная система управления боевыми средствами
АСУВ автоматизированная система управления войсками
АСУВД автоматизированная система управления воздушным движением
АСУСВ автоматическая система управления самолетами и вертолетами
АСУФ автоматизированная система управления силами флота
АСЭГ армейский сортировочный эвакуационный госпиталь
АТ авиационная торпеда
АТ антиторпеда
АТ артиллерийский тягач
АТБ авиационно-техническая база
АТ и В авиационная техника и вооружение
АТЛ артиллерийский тягач легкий
атр авиационная техническая рота
АТС артиллерийская топографическая служба
АТС артиллерийский тягач средний
АТТ артиллерийский тягач тяжелый
АУ артиллерийская установка
АУВ автоматический установщик взрывателей *(арт.)*
АУГ авианосная ударная группа

АУД	автомат управления дальностью		**ББ**	блок безопасности
			ББ	боевой блок
АУС	авианосное ударное соединение		**ББА**	ближняя бомбардировочная авиация
АУТ	автоматический установщик трубки *(арт.)*		**ББМ**	боевая бронированная машина
АФ	авиафоторазведка		**ББС**	боевое биологическое средство
АФ	атомный фугас			
АФА	аэрофотоаппарат		**ББС**	буксирно-баржевый состав
АФС	аэрофотослужба			
АФУ	аэрофотоустановка		**БВ**	береговые войска
АХП	автомобиль химического пенного пожаротушения		**БВ**	бункер вентилируемый
			БВП	боевой воздушный патруль
аэ	авиационная эскадрилья		**БГ**	боевая группа
аэр	аэродромная эксплуатационная рота		**БГ**	боеголовка
			БД	ближнее действие
АЮЛ	«Армия Южного Ливана»		**БД**	боковой дозор
Б	база		**БДБ**	быстроходная десантная баржа
Б	батарея *(арт.)*			
Б	борт		**БДП**	банно-дезинфекционный поезд
Б	бронебойный			
б	батальон		**БДПУ**	банно-дезинфекционно-прачечная установка
БА	батальонная артиллерия			
БА	батарея автоматическая *(арт.)*		**БДШ**	большая дымовая шашка
			БЕТАБ	бетонобойная авиационная бомба
БА	береговая артиллерия			
БА	бомбардировочная авиация		**БЖ**	батарея железнодорожная *(арт.)*
			БЖ	бронежилет
БА	бортовая аппаратура		**БЖРК**	боевой железнодорожный ракетный комплекс
БА	бронеавтомобиль			
БАК	боевое авиационное командование		**БЗ**	безъядерная зона
			БЗ	биологическое заражение
БАК	бомбардировочный авиационный корпус		**БЗ**	боезапас
			БЗО	боевое зарядное отделение
БАО	батальон аэродромного обслуживания		**бзр**	батарея звуковой разведки
			БЗУ	бортовое запоминающее устройство
БАП	бомбардировочный авиационный полк			
БАПС	быстродействующая автоматическая противопожарная система		**БИ**	бортовой инженер, борт-инженер
			БИП	боевой информационный пост
бат.	батарея			
бат-н	батальон		**БИСН**	бесплатформенная инерциальная система наведения
баэ	бомбардировочная авиационная эскадрилья			

Военное дело и гражданская оборона

БИУС бортовая информационно-управляющая система
БК батарея противокатерная
БК боевой комплект
БК боевой курс
БКА бронированный катер
БКК боевой компасный курс *(авиа)*
БКП батальонный командный пункт
БКП боковой командирский пункт
БКУ бортовой комплекс управления
БКУ бортовой контур управления
БлНП ближний наблюдательный пункт
бл.-п. блокпост *(топ.)*
БМ батальонный миномет
БМ боевая машина
БМ большой мощности (артиллерия)
БМД боевая машина десанта
БМК боевой магнитный курс *(авиа)*
БМО бронированный морской охотник
БМП батальон морской пехоты
БМП батальонный медицинский пункт
БМП боевая машина пехоты
БН биологическое нападение
БН боевой несекретный *(противогаз)*
б-н батальон
БНП батарейный наблюдательный пункт
БНП боковой наблюдательный пункт
БО бактериологическое оружие
БО береговая оборона
БО береговая охрана
БО биологическое оружие
БО боевое охранение
БО большой охотник *(воен.-мор.)*
БОВ боевое отравляющее вещество
бое... боевой
бомбард. бомбардировщик; бомбардировочный
БОР безоткатное орудие
бор батарея оптической разведки
БОС береговой отряд сопровождения *(мор.)*
БОХР береговая охрана
БОХР боевое охранение
БП батарея полевая
БП боевая подготовка
БП боевой порядок
БП боевой пост
БП боевой путь *(авиа)*
БП буксируемая пушка
БПА базовая патрульная авиация
БПБ батальонный пункт боепитания
БПГ буксируемая пушка-гаубица
БПДО банно-прачечное и дезинфекционное обеспечение *(воен.-мед.)*
БПК большой противолодочный корабль
БПЛ бригада подводных лодок
БПМП батальонный пункт медицинской помощи
БПП батальонный продовольственный пункт
БПР боевой заряд повышенной радиации
БПС бронебойный подкалиберный снаряд
БПТ боевая психическая травма
БПУ боевой путевой угол *(авиа)*
БР баллистическая ракета
БР ближняя разведка

бр. бригада
БРА Британская Рейнская армия
БРАБ бронебойная авиационная бомба
БРАВ береговые ракетно-артиллерийские войска
БРБД баллистическая ракета ближнего действия
БРБД баллистическая ракета большой дальности
БРВ боевые радиоактивные вещества
БРВЗ баллистическая ракета класса «воздух - земля»
БРД боевой разведывательный дозор
БРДД баллистическая ракета дальнего действия
БРДМ бронированная разведывательно-дозорная машина
б-рея батарея
бриг. бригада; бригадный
БРК боевой ракетный комплекс
БРК бригада ракетных катеров
БРЛС бортовая радиолокационная станция
БРМ боевая разведывательная машина
БРМ бронированная разведывательная машина
БРМД боевая разведывательная машина десанта
брмп бригада морской пехоты
БРНБ баллистическая ракета наземного базирования
БРО батальонный район обороны
БРПЛ баллистическая ракета подводной лодки
БРС баллистический ракетный снаряд
БРСД баллистическая ракета средней дальности
БРТК бортовой радиотехнический комплекс
БРУ боковая ручка управления
БРЭМ боевая ремонтно-эвакуационная машина
БС бактериальное (бактериологическое) средство
БС батарея стационарная
БС бортовая система
БС бронебойный снаряд
БС бронестекло
бср батарея световой разведки
БССД баллистический снаряд средней дальности
БТ батарея торпедная
БТ бронетанковый
БТ быстроходный танк
БТВ бронетанковые войска
БТИ бронетанковое имущество
БТКА большой торпедный катер
БТМ быстроходная траншейная машина
БТР бронетранспортер
бтр батарея топографической разведки
БТРМ бронетанковая ремонтная мастерская
БТС бортовая тепловизионная. система
БТТ бронетанковая техника
БТЩ базовый тральщик
БТЩ быстроходный тральщик
БУ блок управления
БУ Боевой устав
БУ бомбоубежище
БУК буксир *(воен.-мор.)*
БУП Боевой устав пехоты
БУР береговой укрепленный район
БУС базовое учение соединений
БФ Балтийский флот
БХВ боевые химические вещества
БХМ боевая химическая машина

Военное дело и гражданская оборона

БХП боевой химический пост
БЦ баллистический центр
БЦ береговая цель
БЦВК бортовой цифровой вычислительный комплекс
БЦВМ бортовая цифровая вычислительная машина
БЦВС бортовая цифровая вычислительная система
БЦВУ бортовое цифровое вычислительное устройство
БЧ боевая часть *(корабля)*
БШ бикфордов шнур
БШ большая шашка
БЭ боевой элемент
ВА военная академия
ВА воздушная армия
ВАА Военная артиллерийская академия
ВАБ вакуумная авиационная бомба
ВАГШ Военная академия Генерального штаба
ВАД военная автомобильная дорога
в.-адм. вице-адмирал
ВАИ военная автоинспекция
ВАТТ Военная академия тыла и транспорта
ВАТУ военное авиационно-техническое училище
ВАУ военное авиационное училище
ВБ водолазный бот
ВВ взрывчатое вещество
ВВ внутренние войска
ВВА Военно-ветеринарная академия
ВВА Военно-воздушная академия
ВВАИУ Высшее военное авиационное инженерное училище
ВВАУ Высшее военное авиационное училище
ВВАУЛ Высшее военное авиационное училище летчиков
ВВАУШ Высшее военное авиационное училище штурманов
ВВБ военно-воздушная база
ВВИА Военно-воздушная инженерная академия имени Н. Е. Жуковского
ВВК военно-врачебная комиссия
ВВМИОЛУ Высшее военно-морское инженерное ордена Ленина училище имени Ф. Э. Дзержинского
ВВМИУ Высшее военно-морское инженерное училище
ВВМУ высшее военно-морское училище
ВВМУПП Высшее военно-морское училище подводного плавания
ВВО военно-воздушный округ
ВВП всеобщая воинская подготовка
ВВС военно-воздушные силы
ВВУ высшее военное училище
ВВУЗ высшее военное учебное заведение
ВВФ военно-воздушный флот
ВВФ Волжская военная флотилия
ВВЭ военно-врачебная экспертиза
ВГ верховное главнокомандование
ВГ военный госпиталь
ВГК Верховное Главнокомандование
ВГК Верховный Главнокомандующий
вдб воздушно-десантная бригада
ВДВ воздушно-десантные войска

Военное дело и гражданская оборона

ВДК воздушно-десантный комплекс

ВДП верхний допустимый предел

ВДП возимый дегазационный прибор

Вел. Отеч. война Великая Отечественная война 1941-45 годов

ВЗА войсковая зенитная артиллерия

вз(в) взвод

ВЗД взрыватель замедленного действия

взп взвод зенитных пулеметов

ВИ военная инспекция

ВИА Военно-инженерная академия

ВИККА Военная инженерно-космическая академия имени А. Ф. Можайского

ВИКО выносной индикатор кругового обзора

ВИН величина изменения направления *(арт.)*

ВИП Восточный испытательный полигон *(США)*

ВИР величина изменения расстояния *(арт.)*

ВИРТА Военная инженерная радиотехническая академия противовоздушной обороны имени маршала Советского Союза Л. А. Говорова

ВИСКУ Высшее военное инженерное строительное училище имени генерала армии А. Н. Комаровского

ВИФ военно-инженерный факультет

ВИФК Военный институт физической культуры

ВК военный комиссариат; военкомат

ВКК воздушно-космическое командование *(Франция)*

ВКО воздушно-космическая оборона *(США)*

ВКП воздушный командный пункт

ВКП выносной командный пункт

ВКР Всемирная кампания за разоружение

ВКР Всемирная конференция по разоружению

ВКР вспомогательный крейсер

ВКС военно-космические силы

ВКС воздушно-кислородное снаряжение

ВКС вспомогательный крейсер

ВКС РФ Военно-космические силы Российской Федерации

ВМ взрывчатый материал

ВМА Военно-медицинская академия

ВМА Военно-морская академия

ВМА военно-морская академия

ВМБ военно-морская база

ВМГ военно-морской госпиталь

ВМИ военно-морская инспекция

ВМИУ Военно-морское инженерное училище

ВММ Военно-медицинский музей

ВМНО Военно-морское научное общество

ВМО военно-морское отделение

ВМО военно-морской округ

ВМП военно-медицинская подготовка

ВМП военно-морская почта

ВМП временный медицинский пункт

ВМПО военно-морское почтовое отделение

ВМПС военно-морская почтовая станция
ВМР военно-морской район
ВМС военно-морские силы
ВМСУ Военно-морские силы Украины
ВМУ военно-морское училище
ВМУЗ военно-морское учебное заведение
ВМФ Военно-Морской Флот
ВНО воздушная наступательная операция
ВНОС воздушное наблюдение, оповещение и связь
ВНОС войска наблюдения, оповещения и связи
ВНП военно-научный потенциал
ВНП вспомогательный наблюдательный пункт
ВНРО воздушно-наземные разведывательные органы
ВО военный округ
ВОВ Великая Отечественная война
ВОГ военно-оперативная группа
воен. военное дело; военный термин
воен. военный
воен.-леч. военно-лечебный
воен.-мед. военно-медицинский
воен.-мор. военно-морской
Воениздат Военное издательство
военком военный комиссар
военкомат военный комиссариат
военкор военный корреспондент
военпред военный представитель
военрук военный руководитель
военторг торговое предприятие для военнослужащих
ВОК Высшие офицерские курсы
ВОКУ Высшее общевойсковое командное училище
ВОО воздушная оборонительная операция
воор. вооружение
вооруж. вооруженный
ВОП взрывоопасный предмет
ВОС Всероссийское офицерское собрание
ВОСО военные сообщения
Вост.-СибВО Восточно-Сибирский военный округ
ВОУ высокообогащенный уран
ВОХР военизированная охрана
ВП военный порт
ВП выжидательная позиция *(воен.)*
ВПВ верхний предел концентрации взрывоопасных веществ
ВПГ войсковой подвижный госпиталь
ВПДТ временная площадка дезактивации транспорта
ВПИК Военно-промышленная инвестиционная компания
ВПК Военно-промышленная комиссия
ВПК военно-промышленный комплекс
ВПО военизированная пожарная охрана
ВПП военно-продовольственный пункт
ВПР всеобщее и полное разоружение
ВПР всеобъемлющая программа разоружения
ВПР всеобъемлющий план разоружения
ВПС военно-почтовая станция
ВПС военные пути сообщения
ВПСП военно-почтовый сортировочный пункт
ВПУ выносной пункт управления

Военное дело и гражданская оборона

ВПФ взрыватель полевых фугасов
ВПХ военно-полевая хирургия
ВПХР войсковой прибор химической разведки
ВРК военно-революционный комитет
ВРОП временная огневая позиция
ВС военный совет
ВС вооруженные силы
ВСК «Военно-страховая компания» *(акционерное общество)*
ВСК военно-спортивный комплекс
ВСК всплывающая спасательная камера
ВСН войска специального назначения *(США)*
ВСНС Вооруженные силы национального сопротивления *(Сальвадор)*
ВСО военно-строительный отдел
ВСО Вооруженные силы освобождения
ВСОК высший специальный офицерский класс
ВСООНК Вооруженные силы Организации Объединенных Наций по поддержанию мира на Кипре
ВТ военная техника
ВТ военная тревога
ВТ военный трибунал
ВТ воздушная тревога
ВТА военно-транспортная авиация
ВТАБ высокоточный артиллерийский боеприпас
ВТАК военно-транспортное авиационное командование *(США)*
ВТК военно-техническая комиссия
ВТН вспомогательная точка наводки *(арт.)*
ВТО высокоточное оружие
ВТП военно-техническая политика
ВТП вспомогательная точка прицеливания
ВТС военно-техническое снабжение
ВТС военно-техническое сотрудничество
ВТС военно-топографическая служба
ВТС военно-транспортный самолет
ВТУ Военно-техническое управление
ВТУ Военно-топографическое управление
ВТФ военно-технический факультет
ВУ взрывательное устройство
ВУ военное училище
ВУА Военно-учетный архив
ВУН вспомогательный угол наводки *(арт.)*
ВУС военно-учетная специальность
ВУС военно-учетный стол
ВФ военная флотилия
ВФО военно-финансовый отдел
ВХА Военная химическая академия
ВХК военно-химический комплекс
ВХР войсковая химическая разведка
ВЦ воздушная цель
ВЦН визир центральной наводки *(арт.)*
ВЦПО Всероссийский центр переподготовки офицеров
ВЦУ визир целеуказания *(арт.)*
ВЧ воинская часть
в. ч. или **в/ч** войсковая часть

Военное дело и гражданская оборона

ВШК Военно-штабной комитет (*Организации Объединенных Наций*)
вэ вертолетная эскадрилья
ВЭП вспомогательный эвакуационный пункт
ВЭПУАЗО векторный электрический прибор управления артиллерийским зенитным огнем
ГАВС Гуманитарная академия Вооруженных Сил
ГАС головной авиационный склад
ГАУ Главное артиллерийское управление
ГБ главная база (*воен.-мор.*)
ГБ госпитальная база
ГБТУ Главное бронетанковое управление (*Министерства обороны*)
ГВ гировертикаль
гв. гвардия; гвардейский
ГВГ гарнизонный военный госпиталь
ГВИС главный военно-инженерный склад
ГВК городской военный комиссариат; горвоенкомат
ГВМБ главная военно-морская база
ГВП Главная военная прокуратура
ГВП главный военный порт
ГВП Главный военный прокурор
ГДЗС газодымозащитная служба
ГДМ головная дозорная машина
ГДО гарнизонный Дом офицеров
ГДС городская дезинфекционная станция
ген. генерал
ген. генеральный
ген.-л(ейт). генерал-лейтенант
ген.-м. генерал-майор
ген.-м. ав-и генерал-майор авиации
ген.-п(олк). генерал-полковник
ГЗ группа заграждения
ГК главное командование
ГК главнокомандующий
ГК главный калибр (*арт.*)
ГКП главный командный пункт (*воен.-мор.*)
ГКЧС Государственный комитет по чрезвычайным ситуациям
главком главнокомандующий
ГЛС гидролокационная станция
ГЛСМ гидролокационная станция миноискания
ГМЗ гусеничный минный заградитель
ГМЧ гвардейская минометная часть
ГНР группа немедленного реагирования
ГО головной отряд (*воен.*)
ГО гражданская оборона
горвоенкомат городской военный комиссариат
ГОУШ Государственное управление оперативного штаба
ГП главный пост
ГП гражданский противогаз
ГП группа прорыва (*воен.*)
ГПД гидроакустическое подавление
ГПД гидроакустическое противодействие
ГПС Государственная пожарная служба
ГПТ гусеничный плавающий транспортер
ГРАУ Главное ракетно-артиллерийское управление
ГРВЗ Группа российских войск в Закавказье

Военное дело и гражданская оборона

ГРУ	Главное разведывательное управление
ГРЦ	Государственный ракетный центр
ГС	головка самонаведения
ГСЗ	глобальная система защиты
ГСН	головка самонаведения
ГТТ	гусеничный тяжелый тягач
ГУ	группа усиления *(воен.)*
ГУВБиФ	Главное управление военного бюджета и финансирования Министерства обороны Российской Федерации
ГУВТС	Главное управление военно-технического сотрудничества с зарубежными странами
ГУГПС	Главное управление государственной противопожарной службы
ГУПО	Главное управление пожарной охраны
ГУРВО	Главное управление ракетного вооружения
ГЧ	головная часть
ГШ	Генеральный штаб
ГЭР	группа эпидемиологической разведки
Д	дальность *(стрельбы)*
д	дивизия
ДА	дальняя авиация
ДА	дымообразующая аппаратура
ДАБ	дымовая авиационная бомба
ДАГ	дивизионная артиллерийская группа
ДБА	дальняя бомбардировочная авиация
ДВ	дымообразующие вещества
ДВ	дымоотравляющие вещества
ДВБ	дальний высотный бомбардировщик
ДВВ	дробящие взрывчатые вещества
ДВВО	Дальневосточный военный округ
ДВК	Дом военной книги
ДВКД	десантно-вертолетный корабль - док
д. в. н.	доктор военных наук
ДВО	Дальневосточный военный округ
ДВР	Департамент по вопросам разоружения *(Организации Объединенных Наций)*
ДВС	дегазатор вакуумный самовсасывающий
Дв. Сопр.	Движение Сопротивления
ДВТО	Дом военно-технического обучения
ДД	дальнего действия
ДДИ	дальномер двойного изображения
деж.	дежурный
дес.	десантный
ДЕСО	десантный отряд
ДЗ	дымовая завеса
ДЗВ	дымовая завеса воздушная
ДЗН	дымовая завеса наземная
ДЗОС	деревоземляное огневое сооружение
ДЗОТ	деревоземляная огневая точка
див.	дивизия; дивизионный
дисц.	дисциплинарный
ДК	дегазационный комплект
ДК	десантный корабль
ДКБФ	Дважды Краснознаменный Балтийский флот
ДКВ	Донское казачье войско
ДЛ	десантная лодка
ДМ	дальномер
ДМ	дымовая мина
ДМ	дымомаскировка

Военное дело и гражданская оборона

ДМК десантный метеорологический комплект
дмп дивизия морской пехоты
д-н дивизион
ДНЛ десантная надувная лодка
ДНП дополнительный наблюдательный пункт
ДНЯО Договор о нераспространении ядерного оружия
ДОС долговременное огневое сооружение
ДОСАБ дневная ориентирная светящаяся авиационная бомба
ДОТ долговременная огневая точка
ДОФ Дом офицеров флота
ДП дальномерный пост *(воен.-мор.)*
ДП дегазационная площадка
ДП дегазационный прибор
ДП дегазационный пункт
ДП детский противогаз
ДП дозиметрический прибор
ДПЛ дивизион подводных лодок
ДПС датчик пожарной сигнализации *(авиа)*
ДПС дезопромывочная станция
ДПТ дальнобойная планирующая торпеда
ДР диаграмма рассеяния
ДС дегазационная станция
ДС дежурный по связи *(воен.)*
ДСЛ десантная складная лодка
ДТД десантный транспорт - док
ДУК дальномерно-угломерный комплекс
ДФС долговременное фортификационное сооружение
ДХО дезинфекционно-химическое оборудование
ДШ дежурный по штабу
ДШ детонирующий шнур
ДШ дымовая шашка
дым. дымовой
ДЭПЛ дизель-электрическая подводная лодка
ЕОС Европейское оборонительное сообщество
ефр. ефрейтор
ЖБД журнал боевых действий
ЖМВВ жидкое метательное взрывчатое вещество
ЗА зенитная артиллерия
ЗАБ зажигательная авиационная бомба
ЗабВО Забайкальский военный округ
загр. заграждение
ЗакВО Закавказский военный округ
ЗАК зенитный артиллерийский комплекс
Зап.-СибВО Западно-Сибирский военный округ
ЗапВО Западный военный округ
ЗАУ зенитная артиллерийская установка
ЗБЗ зона бактериологического заражения
ЗБС заградитель боносетевой
ЗВ зажигательные вещества
ЗВО «Зарубежное военное обозрение» *(журнал Министерства обороны)*
ЗВС звукоулавливающая станция
ЗГВ Западная группа войск
ЗГЦУ загоризонтное целеуказание
зен. зенитный
ЗЖР защита животных и растений *(служба гражданской обороны)*
ЗЗС закрыть защитные сооружения *(сигнал гражданской обороны)*

Военное дело и гражданская оборона

ЗИП Западный испытательный полигон *(США)*
ЗКП запасной командный пункт
ЗКЦ запасной командный центр
ЗМ заградитель минный
ЗМК заданный магнитный курс
ЗМПУ заданный магнитный путевой угол
ЗНП запасной наблюдательный пункт
ЗО заградительный огонь
ЗОМП защита от оружия массового поражения
ЗОП закрытая огневая позиция
ЗОП запасная огневая позиция
ЗОС защитное огневое средство
ЗОС зенитное огневое средство
ЗП запасной полк
ЗП зенитный прожектор
ЗП зенитный пулемет
з/п здравпункт
ЗПл зенитный пулемет
ЗПр зенитный прожектор
ЗПУ зенитная пулеметная установка
ЗР звукометрическая разведка
ЗР зенитная ракета
ЗРВ зенитно-ракетные войска
ЗРЗ зона радиоактивного заражения
ЗРК зенитный ракетный комплекс
ЗС заградитель сетевой
ЗСУ зенитная самоходная установка
ЗУМ зараженный участок местности
ЗУР зенитная управляемая ракета
ЗУРО зенитное управляемое ракетное оружие
ЗУРС зенитный управляемый реактивный снаряд
ЗУС запасной узел связи
ЗФК защитный фильтрующий комплект *(для защиты от отравляющих веществ)*
ЗФО защитная фильтрующая одежда
ЗХЗ зона химического заражения
И истребитель
ИА истребительная авиация
ИАБ имитационная авиационная бомба
ИБА истребительно-бомбардировочная авиация
ИДК индивидуальный дегазационный комплект
ИДП индивидуальный дегазационный пакет
ИДЦ индикация движущихся целей
ИК истинный курс
ИКГСН инфракрасная головка самонаведения
ИМР инженерная машина разграждения
ИНП инженерный наблюдательный пункт
инт. интендант; интендантский
ИОВ инвалид Отечественной войны
ИПП индивидуальный противохимический пакет
ИППГ инфекционный полевой подвижной госпиталь
ИПТА истребительно-противотанковая артиллерия
ИПУ истинный путевой угол
ИР инженерная разведка *(воен.)*
ИРА Иранская республиканская армия
ИРА Ирландская республиканская армия

Военное дело и гражданская оборона

ИРГ	инженерно-разведывательная группа
ИС	интендантская служба
и/с	интендантская служба
истр.	истребитель; истребительный
ИТН	исходная точка наведения *(воен.)*
К	контрольный калибр
КАБ	кассетная авиационная бомба
КАБ	корректируемая авиационная бомба
кав.	кавалерия; кавалерийский
кавторанг	капитан второго ранга
кав-я	кавалерия
КАГ	корпусная артиллерийская группа
к.-адм.	контр-адмирал
каз.	казарма *(топ.)*
кап.	капитан
каперанг	капитан первого ранга
кап.-л.	капитан-лейтенант
КБП	курс боевой подготовки
КБР	корабельный боевой расчет
КБТ	крупнокалиберная баллистическая трасса
КБЧ	кассетная боевая часть
КВ	командир взвода
КВГ	клинический военный госпиталь
КВГ	командование войск готовности *(США)*
к. в. н.	кандидат военных наук
КВП	командование воздушных перебросок
КВП	командование воинских перевозок *(сухопутных войск США)*
КВПП	корабельная взлетно-посадочная площадка
КВЦ	командно-вычислительный центр
КД	командир дивизии
КДП	командно-дальномерный пост *(на корабле)*
КДП	командно-диспетчерский пункт *(авиа)*
КЕДР	«Конструкция Евгения Драгунова» *(марка пистолета-пулемета)*
КЗО	комплект знаков ограждения *(ГО)*
КЗУ	кумулятивный заряд удлиненный
КИП	командно-измерительный пункт
КК	компасный курс
ККВ	Кубанское казачье войско
КККВКП	командование контроля воздушного и космического пространства *(Франция)*
ККИП	корабельный командно-измерительный пункт
КЛ	канонерская лодка
КМ	корабль-макет
КМ	крепость морская
КМП	командование морских перевозок
КМП	корпус морской пехоты
КМС	коллективные миротворческие силы
к-н	капитан
КНА	комплекс наземной аппаратуры
КНП	командно-наблюдательный пункт
КНП	контрольно-наблюдательный пункт
КНШ	Комитет начальников штабов
КО	команда обеззараживания
КО	командный отсек
КОВД	Казачье общество Войска Донского
команд.	командующий
ком-р	командир
КОН	конвой *(воен.-мор.)*

Военное дело и гражданская оборона

КОНТОП Комитет оборонной науки, техники и оборонной промышленности
КОП курс огневой подготовки
кор. корабль
корп. корпусной
КОФ комплексное обслуживание флота
КПИ командно-программная информация
КПК командование подготовки кадров *(США)*
КПМ конечный пункт маршрута
КПП контрольно-пропускной пункт
КППР Команда подводных подрывных работ
КПС командование подводных сил
КПУГ корабельная поисково-ударная группа
КПХЗ коллективная противохимическая защита
КР Комиссия по разоружению *(Организации Объединенных Наций)*
КР Комитет по разоружению
КР Конференция по разоружению
КР крылатая ракета
к-р командир
КРА Клуб российской армии
КРБД крылатая ракета большой дальности
КРВ крейсер вспомогательный
КРВБ крылатая ракета воздушного базирования
КРЕ Конференция по разоружению в Европе
КРЗ контроль радиоактивного заражения
КРЛ крейсер легкий
КРМБ крылатая ракета морского базирования
КРНБ крылатая ракета наземного базирования
КРУ командный рычаг управления
КС катастрофическая ситуация
КС корабельная служба
КС корабль-спутник
КС курс стрельб
КСИЗ комплект средств индивидуальной защиты
КСО контрольно-спасательный отряд
КСОК Командование стратегической обороны и космоса *(США)*
КСФ Краснознаменный Северный флот
КТ катерный трал
КТОФ Краснознаменный Тихоокеанский флот
КТЩ катерный тральщик
КУ Корабельный устав
КУ курсовой угол
КУВ курсовой угол ветра
КУ ВМФ корабельный устав Военно-Морского Флота
КУГ корабельная ударная группа
КУТА команда управления тактической авиацией
КФ командующий флотом
КЦ командный центр
КЧС комиссия по чрезвычайным ситуациям *(при правительстве Санкт-Петербурга)*
КЧФ Краснознаменный Черноморский флот
КШВИ командно-штабная военная игра
КШИ командно-штабные игры
КШМ командно-штабная машина
КШП командно-штурманский пункт
КШУ командно-штабные учения

Военное дело и гражданская оборона

КЭ командир экипажа
КЭ командующий эскадрой
КЭК Комиссия по контролю за экспортом вооружения, военной техники, военных технологий и разработок *(Министерства обороны Российской Федерации)*
ЛА легкая артиллерия
ЛАС лодка аварийно-спасательная
ЛБМ легкая бронированная машина
ЛБП линия боевого пути *(авиа)*
ЛВО Ленинградский военный округ
ЛДР ложная деревянная ракета
ЛДЦ лазерный дальномер-целеуказатель
лейт. лейтенант
ЛенВМБ Ленинградская военно-морская база
ЛенВО Ленинградский военный округ
ЛенГИРД Ленинградская группа изучения реактивного движения
ЛКР линейный корабль
ЛМН лодка малая надувная
ЛНП ложный наблюдательный пункт
ЛП линия прицеливания
ЛР легкораненый
ЛРА линия равных азимутов *(авиа)*
ЛС или л/с личный состав
л-т лейтенант
ЛТДД летающая торпеда дальнего действия
ЛТЦ ложная тепловая цель
ЛУН лазерный указатель направления
ЛФП линия фактического пути *(авиа)*
ЛЦ ложная цель
ЛЦД лазерный целеуказатель-дальномер
ЛЭО лечебно-эвакуационное обеспечение
М миноносец
м. майор
МАБ мостовая авиационная бомба
МАР Международное агентство по разоружению
МБ местная батарея
МБГ морская боевая группа
МБР межконтинентальная баллистическая ракета
МБР морской ближний разведчик *(самолет)*
МБС межконтинентальный баллистический снаряд
МВ малокалиберная винтовка
МВ минный взрыватель
МВЗ минно-взрывное заграждение
МВО Московский военный округ
МВТ Международный военный трибунал
МГАБ малогабаритная авиационная бомба
МД малая дальность
МД минный детонатор
МДЗ маскирующая дымовая завеса
МДШ морская дымовая шашка
мед. медаль
МЗ минное заграждение
МЗ минный заградитель
МЗ-И минное заграждение, инженерное
МЗ-М минное заграждение, морское
МЗА малокалиберная зенитная артиллерия
МЗД мина замедленного действия

МЗЗ малозаметное заграждение *(воен.)*
МЗП малозаметное препятствие *(воен.)*
МЗП малокалиберный зенитный пулемет
МиГ Микоян и Гуревич *(в маркировке самолетов)*; самолет конструкции Авиационного научно-производственного комплекса «МиГ»
мин. минный
Минобороны Министерство обороны Российской Федерации
МКБР межконтинентальная баллистическая ракета
МКЗР Международная комиссия защиты от радиоактивного излучения
МКРЗ Международная комиссия по радиационной защите
МКРМ Международная конфедерация за разоружение и мир
МКС магнитный курс следования
мл. младший
МО массированный огонь *(арт.)*
МО Министерство обороны
МО морской охотник *(катер)*
моб. мобилизационный
МОР Международная организация по разоружению
МОР морской оборонительный район
мор(.) морской
МОРФ Министерство обороны Российской Федерации
МосГИРД Московская группа изучения реактивного движения

мотомех. мотомеханизированный
МП малокалиберный пистолет
МП мертвое пространство *(арт.)*
МП минное поле
МП морская пехота
МПБ медицинский пункт батальона
МПВО местная противовоздушная оборона
МПВО Московский округ противовоздушной обороны
МПК малый противолодочный корабль
МПП медицинский пункт полка
МПС морально-психологическое состояние *(личного состава войск)*
МПУ магнитный путевой угол
МР межконтинентальная ракета
м-р майор
МРА морская разведывательная авиация
МРА морская ракетоносная авиация
МРК малый ракетный корабль
МРП медицинский распределительный пункт
МС миротворческие силы
МС мобильные силы
МСБ медико-санитарный батальон
мсб мотострелковый батальон
МС ГО Медицинская служба Гражданской обороны
МСК морской сигнальный код
МСК морской спасательный костюм
МСО медицинский санитарный отдел
МСО Межамериканский совет обороны
мср мотострелковая рота

Военное дело и гражданская оборона

МСС медико-санитарная служба
МСС Международный свод сигналов *(мор.)*
МСЧ медико-санитарная часть; медсанчасть
МТ мореходная таблица
МТА минно-торпедная авиация
МТВД морской театр военных действий
МТС минно-тральные силы
МТЩ морской тральщик
МУВ минный универсальный взрыватель
МУВ модернизированный универсальный взрыватель
МФИ многофункциональный фронтовой истребитель
МЦ морская цель
МЧ материальная часть; матчасть
МЧС Министерство по чрезвычайным ситуациям
МЭП местный эвакуационный пункт *(воен.-мед.)*
МЯВ мирный ядерный взрыв
Н наблюдатель
НАЗ неприкосновенный (носимый) аварийный запас
НАР неуправляемая авиационная ракета
НАТО *англ.* NATO, North Atlantic Treaty Organization - Организация Североатлантического договора
НАФА ночной аэрофотоаппарат
нач. или **нач-к** начальник
НБА ночная бомбардировочная авиация
НБО начальное баллистическое обеспечение
НБП начало боевого пути *(авиа)*
НВМУ Нахимовское военно-морское училище
НГ Национальная гвардия
НДЛ надувная десантная лодка
НЗ неприкосновенный запас
НЗО неподвижный заградительный огонь *(арт.)*
НЗР наблюдение знаков разрывов
НК надводный корабль
НКДАР Научный комитет по действию атомной радиации *(Организации Объединенных Наций)*
НКУ наземный комплекс управления
НЛ надувная лодка
ННА Национальная народная армия
НОВ нестойкое отравляющее вещество
НОСАБ ночная ориентирная светящаяся авиационная бомба
НП наблюдательный пост
НП наблюдательный пункт
НПМ начальный пункт маршрута
НРБ нормы радиационной безопасности
НРВ невзрывчатое разрушающее вещество
НРС неуправляемый реактивный снаряд
НРС нож разведчика специальный
НСОФМ Народные силы освобождения имени Фарабундо Марти
НУР неуправляемая ракета
НУРС наземный управляемый реактивный снаряд
НУРС неуправляемый реактивный снаряд
НФП Наставления по физической подготовке
НШ начальник штаба
НшС нештатная ситуация

О	орудие *(арт.)*
ОАБ	осветительная авиационная бомба
ОАБ	осколочная авиационная бомба
ОАО	объединенный авиационный отряд
ОБЗ	очаг бактериологического заражения
ОБК	отряд боевых кораблей
ОБО	отдельный батальон обслуживания
ОБТ	основной боевой танк
ОВ	огневой вал *(арт.)*
ОВ	отравляющие вещества
ОВА	область возможных атак *(авиа)*
ОВВС	объединенные военно-воздушные силы
ОВГ	окружной военный госпиталь
ОВК	областной военный комиссариат; облвоенкомат
ОВКГ	Окружной военный клинический госпиталь
ОВМС	объединенные военно-морские силы
ОВП	общевойсковая подготовка
ОВР	охрана водного района
ОВС	Объединенные Вооруженные Силы
ОВСЕ	обычные вооруженные силы в Европе
ОВЦ	обнаружение воздушных целей
ОГ	осколочная граната
ОГБ	отделяемый головной блок
огн.	огневой
ОДАБ	объемно-детонирующая авиационная бомба
ОДВТ	ограничиваемый договором уровень вооружений и техники
ОДОН	Отдельная дивизия особого назначения
ОДП	обмывочно-дегазационный пункт
ОДП	обмывочно-дезактивационный пункт
ОЗ	огневое заграждение *(арт.)*
ОЗ	отравленная зона
ОЗ	очаг заражения
ОЗАБ	осколочно-зажигательная авиационная бомба
ОК	объединенное командование
ОК	огневой комплекс
ОКИК	отдельный командно-измерительный комплекс
ОКК	Объединенное космическое командование *(США)*
ОККП	особый контрольно-пропускной пункт
ОКП	общий компасный пеленг
ОКП	Отдельный Кремлевский полк
ОКПП	отдельный контрольно-пропускной пункт
ОКЦ	основной командный центр
ОМАБ	ориентирно-морская авиационная бомба
омедб	отдельный медицинский батальон
ОМО	отдельный медицинский отряд
ОМП	оружие массового поражения
ОМП	отдельный механизированный полк
ОМСБ	отдельная морская стрелковая бригада
ОМСБОН	отдельная мотострелковая бригада особого назначения
ОМУ	оружие массового уничтожения
ОН	основное направление *(стрельбы)*
ОНСД	оружие несмертельного действия

Военное дело и гражданская оборона

ОНЦ	обнаружение наземных целей	**ОТ**	огневая точка
ООР	Отряд оперативного реагирования	**ОТ**	отбой тревоги
ООСОИ	Организация по осуществлению программы стратегической оборонной инициативы	**ОТАК**	объединенное тактическое авиационное командование

ОНЦ обнаружение наземных целей
ООР Отряд оперативного реагирования
ООСОИ Организация по осуществлению программы стратегической оборонной инициативы
ОП огневая позиция
ОП огнетушитель пенный
ОП оружейный плутоний
ОП очаг поражения
ОПВТ оборудование подводного вождения танков
опер. оперативный
опер. или **опер-я** операция
ОПМ опорный пункт маршрута
ОПМ операции по поддержанию мира *(Организации Объединенных Наций)*
ОПО отдел пожарной охраны
ОпС опасная ситуация
ОР оборонительный район
ор. орудие
ОРД отдельный разведывательный дозор
орд. орден
оруд. орудийный
оруж. оружейный
ОС оперативное соединение
ОСАБ ориентирно-сигнальная бомба
ОСВ объединенные сухопутные войска
ОСВ ограничение стратегических вооружений
ОССВ ограничение и сокращение стратегических вооружений
ОСТО оборонная спортивно-техническая организация
ОСУ огнетушитель стационарный углекислотный
ОСЧС отраслевая система предупреждения и ликвидации последствий чрезвычайных ситуаций

ОТ огневая точка
ОТ отбой тревоги
ОТАК объединенное тактическое авиационное командование
отд. отдельный
отд-е отделение
ОТЗ оперативно-тактическое задание
ОТН основная точка наводки
ОТР оперативно-тактическая ракета
ОТТ оперативно-тактические требования
ОУ огнетушитель углекислотный
ОФ осколочно-фугасный *(снаряд)*
ОФАБ осколочно-фугасная авиационная бомба
ОХЗ очаг химического заражения
ОХП огнетушитель химический пенный
ОХР охрана рейдов
ОЦЗ оперативный центр зоны противовоздушной обороны
ОЦК Объединенное центральное командование
ОЦР оперативный центр района противовоздушной обороны
ОЦСД объединенный центр совместных действий
ОШ оперативный штаб
ОЭСР оптико-электронные средства разведки
п. полк; полковой
п. пункт
ПА полевая армия
ПА полевая артиллерия
ПА полковая артиллерия
ПАБ Партизанская армия бедняков *(Гватемала)*

Военное дело и гражданская оборона

ПАБ	передовая армейская база
ПАБ	перископическая артиллерийская буссоль
ПАБ	практическая авиационная бомба
ПАГ	полковая артиллерийская группа
ПАЗ	противоатомная защита
ПАК	походная автомобильная кухня
ПАН	передовое артиллерийское наблюдение
ПАН	передовой авиационный наводчик
ПАН	прибор автоматической наводки *(арт.)*
пар.-дес.	парашютно-десантный
партиз.	партизанский
ПАС	полевой армейский склад
ПАС	полевой артиллерийский склад
ПАСС	полевой армейский смешанный склад
ПБ	плавучая база *(воен.-мор.)*
ПБ	пункт базирования
ПБ	пункт боепитания
ПБЗ	противобактериологическая защита
ПБП	пункт боевого питания
ПБР	прибор биологической разведки
ПБС	полевая баллистическая станция
ПБС	прибор бесшумной стрельбы
ПВ	пограничные войска
ПВ	порт военный
ПВО	противовоздушная оборона
ПВП	полоса воздушного подхода
ПВС	Повстанческие вооруженные силы *(Гватемала)*
ПГ	патрульная группа
ПГ	полевой госпиталь
ПГ	противотанковая граната
ПД	предел дозы
ПДД	предельно допустимая доза *(радиобиол.)*
ПДК	предельно допустимая концентрация *(радиобиол.)*
ПДМ	прибор дегазации местности
ПДН	предельно допустимая нагрузка *(радиобиол.)*
ПДО	площадка дегазации оружия
ПДО	противодесантная оборона
ПДП	подвесной дегазационный прибор
ПДСС	подводные диверсионные силы и средства
ПДТ	площадка дегазации транспорта
ПДЦ	параметры движения цели
перед.	передовой
пех.	пехотный
ПЗ	парашют запасной
п/з	пограничная застава
ПЗА	приборы зенитно-артиллерийские
ПЗ	пуля зажигательная
ПЗМ	полковая землеройная машина
ПЗМ	противозенитный маневр
ПЗО	подвижный заградительный огонь *(арт.)*
ПЗП	полевой заправочный пункт
ПЗРК	переносный зенитный ракетный комплекс
ПИК	полигонный измерительный комплекс
ПК	передний край
ПК	пожарный кран
ПК	пулемет Калашникова
ПКБ	пулемет Калашникова бронетранспортерный
ПКО	передний край обороны

Военное дело и гражданская оборона

ПКО противокатерная оборона
ПКО противокосмическая оборона
ПКП передовой командный пункт
ПКП пехотный крупнокалиберный пулемет
ПКП подвижный командный пост
ПКР противокорабельная ракета
ПКР противолодочный крейсер
ПКРК противокорабельный ракетный комплекс
ПКС пулемет Калашникова станковый
ПКТ пулемет Калашникова танковый
ПЛ подводная лодка
ПЛА подводная лодка атомная
ПЛА противолодочная авиация
ПЛАБ противолодочная авиационная бомба
ПЛАР атомная ракетная подводная лодка
ПЛАРБ атомная подводная лодка с баллистическими ракетами
ПЛАРК атомная подводная лодка с крылатыми ракетами
ПЛО противолодочная оборона
ПЛО противолодочное обеспечение
ПЛР противолодочный рубеж
ПЛРК противолодочный ракетный комплекс
ПЛС противолодочные силы
ПЛСМ сверхмалая подводная лодка
ПЛУР противолодочная управляемая ракета
ПЛУРС противолодочный управляемый реактивный снаряд
ПМ пистолет Макарова
ПМД противоминные действия
ПМК противоминный корабль
ПМН противоминное наблюдение
ПМО помощник министра обороны
ПМО противоминная оборона
ПМП планетарный механизм поворота *(на танке)*
ПМП полк морской пехоты
ПН пункт наведения
ПНВ прибор ночного видения
ПНИС пункт наблюдения и связи
ПНК прицельно-навигационный комплекс
ПНПК пилотажно-навигационный прицельный комплекс
ПНЦ пункт наведения и целеуказания *(авиа)*
ПНШ помощник начальника штаба
ПО пограничная охрана
ПО походное охранение
ПОБ программа обеспечения безопасности
ПОВ полустойкое отравляющее вещество
подв. подводный
подразд. подразделение
полк. полковник
полк. полковой
посм. посмертно; посмертный
ПП пистолет-пулемет
ПП поворотная платформа
ПП пограничный пост
ПП полевая почта
ПП полоса подходов *(к аэродрому)*
пп. пункты
п/п полевая почта
ППБ правила пожарной безопасности
ППГ полевой подвижный госпиталь

ППДО противоподводно-диверсионная оборона
ППМ противопехотная мина
ППМП противопехотное минное поле
ППО противопожарное оборудование
п/полк. подполковник
ППП противопехотное препятствие
ППС поисково-прицельная система
ППСЗ передовой пункт снабжения и заправки
ППСТ пункт погрузки санитарного транспорта
ППУ передовой пост управления
ППУ передовой пункт управления
ППУ подвижный пункт управления
ППХР полуавтоматический прибор химической разведки
ПР полоса разрушения
ПР противоракета; противоракетный
ПриВО Приволжский военный округ
ПРК противоракетный комплекс
пр-к противник
ПРМ противоракетный маневр
ПРО противоракетная оборона
ПРС противоракетный снаряд
ПРХН пост радиационного и химического наблюдения
ПС пожарная сигнализация
ПС полевая служба
ПС полк связи
ПС поправка на смещение *(арт.)*
п. с. послужной список
ПСК пограничный сторожевой корабль
ПСКР пограничный сторожевой катер
ПСО пожарно-сторожевая охрана
ПСО последовательное сосредоточение огня *(арт.)*
ПСО противоспутниковая оборона
ПСС поисково-спасательная служба
ПТ парашют тренировочный
ПТ плавающий танк
ПТ планирующая торпеда
ПТ пожарная тревога
ПТ противотанковый
ПТА противотанковая артиллерия
ПТАБ противотанковая авиационная бомба
ПТВ пожарно-техническое вооружение
ПТЗ противоторпедная защита
ПТМ противотанковая мина
ПТМП противотанковое минное поле
ПТО противотанковая оборона
ПТП пироксилинотротиловый порох
ПТП противотанковое препятствие
ПТРК противотанковый ракетный комплекс
ПТС противотанковые средства
ПТУР противотанковая управляемая ракета
ПТУРС противотанковый управляемый реактивный снаряд
ПУ Полевой устав
ПУ пульт управления
ПУ пункт управления
ПУ пусковая установка
ПУАЗО прибор управления артиллерийским зенитным огнем

ПУАО	прибор управления артиллерийским огнем
ПУГ	поисково-ударная группа *(воен.-мор.)*
пулем.	пулеметный
ПУО	прибор управления огнем *(арт.)*
ПУО	пункт управления и оповещения
ПУО	пункт управления огнем
ПУС	прибор управления стрельбой *(арт.)*
пуск.	пусковой
ПуСО	пункт специальной обработки
ПХЗ	противохимическая защита
ПХО	противохимическая оборона
ПХР	прибор химической разведки
ПЭМ	поисково-эвакуационная машина
ПЯВ	подземный ядерный взрыв
Р	разрыв *(арт.)*
Р	резерв
р.	рота
РА	разведывательная авиация
РА	ракетная артиллерия
РАБ	район авиационного базирования
РАВ	радиоактивное вещество
РАВ	ракетно-артиллерийское вооружение
развед.	разведывательный; разведанный
РАИ	радиоактивное излучение
райвоенком	районный военный комиссар
райвоенкомат	районный военный комиссариат
РАН	Революционная армия народа *(Сальвадор)*
ран.	раненый
РАПЛ	ракетная атомная подводная лодка
РАРАН	Российская академия ракетных и артиллерийских наук
РБ	ракетный блок
РБУ	реактивная бомбометная установка
РВ	радиоактивное вещество
РВ	радиовысотомер
РВ	ракетные войска
РВБ	Российское воинское братство
РВГК	Резерв Верховного Главнокомандования
РВК	районный военный комиссариат; райвоенкомат
РВСН	ракетные войска стратегического назначения
РГ	разведывательная группа
РГ	ручная граната
РГАВМФ	Российский государственный архив Военно-Морского Флота
РГД	ручная граната Дегтярева
РГК	Резерв Главного Командования
РГН	работа с гражданским населением
РГСН	радиолокационная головка самонаведения
РГЧ	разделяющаяся головная часть *(ракеты)*
РГЧ ИН	разделяющаяся головная часть с индивидуальным наведением боевых блоков на заданные цели
РД	разведывательный дозор
РДГ	разведывательно-диверсионная группа
РДГ	ручная дымовая граната
РДД	ракета дальнего действия
рдм	рота дегазации местности
РДП	ранцевый дегазационный прибор

Военное дело и гражданская оборона

рез. резервный
рембат ремонтный батальон
РЗ радиоактивное заражение
РИУ радиоактивный индикатор уровня
РК ракетный катер
РК ракетный комплекс
РКАПК ракетный катер на подводных крыльях
РКГ ручная противотанковая кумулятивная граната
ркт ракетная техника; ракетный
РЛДН радиолокационный дозор и наведение
РЛО радиологическое оружие
РМД ракета меньшей дальности
РН ракета-носитель
РО ракетное оружие
РО ручной огнемет
РОВС Российский общевойсковой союз
РООП ранцевый огнетушитель-опыливатель пневматический
РОУ ручной огнетушитель углекислотный
РПГ ручной (реактивный) противотанковый гранатомет
РПК ручной пулемет Калашникова
РПКС ручной пулемет Калашникова со складывающимся прикладом
РПН ручной пожарный насос
РПУ ракетная пусковая установка
РС реактивный снаряд
РСД ракета средней дальности
РСЗО реактивная система залпового огня
РСМД ракеты средней и меньшей дальности
РСОН радиолокационная система обнаружения и наведения
РСП разведывательно-сигнализационный прибор
РС ПТЗ реактивный снаряд противоторпедной защиты
РСС разведка средств связи
РСЧС Российская система предупреждения и ликвидации последствий чрезвычайных ситуаций
РТ радиостанция танковая
РТО ракетно-техническое обеспечение
РУВ ручной установщик взрывателей
РУГ разведывательно-ударная группа
РУГ ракетная ударная группа
руж. ружейный
РУК разведывательно-ударный комплекс
РУМО Разведывательное управление министерства обороны *(США)*
РУО ручной углекислотный огнетушитель
РУПО районное управление пожарной охраны
РФНО резервный флот национальной обороны *(США)*
РХБР радиационная, химическая и бактериологическая разведка
РЭБ радиоэлектронная борьба
РЭЗ радиоэлектронная защита
РЭКП радиоэлектронное контрпротиводействие
РЭМ радиоэлектронная маскировка
РЭП радиоэлектронное подавление
РЭР радиоэлектронная разведка
СА секретный архив
САБ светящаяся авиационная бомба
САДФ Силы обороны Южной Африки

Военное дело и гражданская оборона

САК Стратегическое авиационное командование *(США)*
самох. самоходный
санбат санитарный батальон
сап. саперный
сапр саперная рота
САС специальная авиадесантная служба
САУ самоходная артиллерийская установка
САУ средства активного управления
саэ санитарная авиационная эскадрилья
СБ сборный пункт
СБ сигнал бедствия
сб стрелковый батальон
СБР силы быстрого развертывания
СБР силы быстрого реагирования
СБУ система боевого управления
СВ самозарядная винтовка
СВ сухопутные войска
св связь
св стрелковый взвод
СВА Союз ветеранов Афганистана
СВВАУЛ Сызранское высшее военное авиационное училище летчиков
СВВП самолет вертикального взлета и посадки
СВД снайперская винтовка Драгунова
свз. связь
СВКВП самолет вертикального и короткого взлета и посадки
СВМКС служба военно-морского контроля над судоходством
СВН средства воздушного нападения
СВП стабилизированный визирный пост *(на корабле)*
СВС Силы по выполнению соглашения в Боснии
СВТ самозарядная винтовка Токарева
СВТ сигнал воздушной тревоги
СВУ самодельное взрывное устройство
СГА Северная группа армий *(НАТО)*
СД средняя дальность
СДО станция дегазации одежды
СДТ станция дегазации транспорта
СДЦ селекция движущихся целей
секр. секретно *(гриф на документах)*
серж. сержант
СЕ ТВД Северо-Европейский театр военных действий
СЗГВ Северо-Западная группа войск
СЗПО Северо-Западный пограничный округ
СибВО Сибирский военный округ
СК служба контрразведки
СК стартовый комплекс
СК сторожевой катер
СКА спортивный клуб армии
СКА сторожевой катер
СКАПК сторожевой катер на подводных крыльях
СКВ Сибирское казачье войско
СКВ Союз казачьих войск
СКВВП самолет короткого взлета и вертикальной посадки
СКВО Северо-Кавказский военный округ
СКВП самолет короткого взлета и посадки
СКВР Союз казачьих войск России

СКВРЗ Союз казачьих войск России и зарубежья
СКВЮР Союз казачьих войск юга России
СКОВД Союз казаков общества Войска Донского
СКП стартовый командный пункт
СКР Совещание Комитета по разоружению
СКР спецконтрразведчик
СКР сторожевой корабль
СКР УРО сторожевой корабль с управляемым ракетным оружием
СКС самозарядный карабин Симонова
СН самонаведение
СН стратегическое назначение
СНАВР спасательные и неотложные аварийно-восстановительные работы
СНАР станция наземной артиллерийской разведки
СНВ средства воздушного нападения
СНВ стратегические наступательные вооружения
СНиС служба наблюдения и связи *(мор.)*
СНР силы немедленного реагирования
СНР станция наведения ракет
СНС стратегические наступательные силы
СО самоходное орудие
СО сосредоточенный огонь
СО Союз офицеров
СО станция обслуживания
СО сторожевое охранение
СОБР сводный отряд быстрого реагирования
СОБР специальный отряд быстрого реагирования
СОВ стойкое отравляющее вещество

сов. секр. совершенно секретно *(гриф)*
СОИ стратегическая оборонная инициатива *(США)*
СОН станция орудийной наводки
СОС стратегические оборонительные силы
СОУ самоходная огневая установка
СОУ система оперативного управления
СОЦ станция обнаружения целей
СП средство поражения
СПА спасательный подводный аппарат
СПбВВИУС Санкт-Петербургское высшее военное инженерное училище связи
СПбВИКА Санкт-Петербургская военная инженерно-космическая академия имени А. Ф. Можайского
СПДГ спасательная парашютно-десантная группа
спецназ часть специального назначения
СПЗ средства (системы) передового базирования
СПН стабилизированный пост наводки *(на корабле)*
СПО станция предупреждения об облучении
СППМ сборный пункт поврежденных машин
СПРН система предупреждения о ракетном нападении
СПРЯУ система предупреждения о ракетно-ядерном ударе
СПС служба поиска и спасения *(США)*
СПУ самоходная пусковая установка
СРК Совет революционного командования *(Ирак)*

Военное дело и гражданская оборона

СРР станция радиоразведки
СРТР станция радиотехнической разведки
СРЦ станция разведки и целеуказания
СРЭП средство радиоэлектронного подавления
СС система спасения
СС совершенно секретно *(гриф на документах)*
ССВ сокращение стратегических вооружений
ССН силы специального назначения
ССН система самонаведения *(на торпеде)*
ССНВ сокращение стратегических наступательных вооружений
ССО силы специальных операций *(США)*
ст. старший
ст. старшина
с-т сержант
стр. стрелковое *(оружие)*
страт. стратегический
стройбат строительный батальон
СУ самоходная установка *(арт.)*
СУ сигнальное устройство
Су Сухой *(в маркировке самолетов)*; самолет конструкции П. О. Сухого
СУВП самолет укороченного взлета и посадки
СУО средство управления оружием
СУС система управления стрельбой
СФ Северный флот
СФНО Сандинистский фронт национального освобождения *(Никарагуа)*
СФП специальная физическая подготовка
СЧ или **с/ч** санитарная часть; санчасть
СЭП сборный эвакуационный пункт
СЭС санитарно-эксплуатационная служба
СЭУ санитарно-эпидемиологическое управление
СЯС стратегические ядерные силы *(США)*
Т танк
ТА тактическая авиация
ТА танковая армия
ТА торпедный аппарат
ТА транспортная авиация
тагр тактическая авиационная группа
ТАК тактическое авиационное командование *(США)*
ТАКР тяжелый авианесущий крейсер
такт. тактический
танк. танковый
ТАРКР тяжелый авианесущий ракетный крейсер
ТВ танковые войска
ТВД театр военных действий
ТГ тральная группа
ТГК транспортный грузовой корабль
ТГСН тепловая головка самонаведения
ТДК танкодесантный корабль
ТЗП теплозащитное покрытие *(ракеты)*
ТИ тепловое излучение
тихоок. тихоокеанский
ТК транспортный корабль
ТКВ Терское казачье войско
ТКС таблица кодированных сведений
ТЛД термолюминесцентный дозиметр
ТМ противотанковая мина
ТНТ тринитротолуол

Военное дело и гражданская оборона

ТО территориальная оборона
ТОВВМУ Тихоокеанское высшее военно-морское училище имени С. О. Макарова
ТОЗ Тульский оружейный завод
тол тринитротолуол
ТОПО Тихоокеанский пограничный округ
ТОС техника особой секретности
ТОФ Тихоокеанский флот
ТП танковая поддержка
ТП точка попадания *(при стрельбе)*
ТП точка прицеливания *(при стрельбе)*
тп танковый полк
ТПК танковый перископ командира
ТПК транспортер переднего края
ТПП тяжелый понтонный парк
ТППГ терапевтический полевой подвижной госпиталь
ТПУ танковое переговорное устройство
ТПУ транспортно-заряжающая установка
ТПУ транспортно-пусковая установка
ТПУ тыловой пункт управления
ТР тактическая ракета
тр танковая рота
такр тактическое разведывательное авиационное крыло
траэ тактическая разведывательная авиаэскадрилья
ТРБ техническая ракетная база
ТРПКСН тяжелый ракетный подводный крейсер стратегического назначения
ТРС турбореактивный снаряд
ТТ тульский Токарева *(пистолет)*
ТТД тактико-технические данные
ТТТ тактико-технические требования
ТТХ тактико-технические характеристики
ТТЭ тактико-технические элементы
ТУС таблица условных сигналов *(воен.-мор.)*
ТУЭ трансурановый элемент
ТФ Тихоокеанский флот
ТФКЦ тактический флагманский командный центр *(НАТО)*
ТХП трубка холодной пристрелки
ТЩ тральщик
ТЩИМ тральщик - искатель мин
ТЯО тактическое ядерное оружие
ТЯР термоядерная реакция
УАБ управляемая авиационная бомба
УАБ учебная авиационная бомба
УАВ ударный авианосец
УАО управление артиллерийским оружием
УАР управляемая авиационная ракета
УАРС управляемый авиационный ракетный снаряд
УАС управляемый артиллерийский снаряд
УБСОВ учебно-боевое стойкое отравляющее вещество
УВ универсальный взрыватель
УВО Уральский военный округ
УВС Устав внутренней службы
УВУЗ Управление военно-учебных заведений

Военное дело и гражданская оборона

УГ ударная группа
УГиКС Устав гарнизонной и караульной служб
УГПС Управление государственной противопожарной службы
УДК универсальный десантный корабль
УДС установка дезинфекционная самоходная
УЗ условный знак
УЗ участок заражения
УЗА угломер зенитной артиллерии
УК универсальный калибр *(арт.)*
УК учебный корабль
УКВ ударные космические вооружения
УМ управляемая мина
УМП управляемое минное поле
УНО Управление национальной обороны *(Япония)*
УПА Украинская повстанческая армия
УПБ Управление боевой подготовки
УПИ упрощенный прибор индикации *(для обнаружения отравляющих веществ)*
УПР унифицированная противоштопорная ракета
УПРО Управление противоракетной обороны
УР укрепленный район
УР управляемая ракета
УР уровнемер радиоактивный
УралВО или **УрВО** Уральский военный округ
УРЗ угроза радиоактивного заражения
УРО управляемое ракетное оружие
УРП уровнемер радиоактивный позиционный
УРС управляемый реактивный снаряд
УС учебная стрельба
УС учебное судно
УСИД установка сигнальная измерительная дозиметрическая
УСК унифицированный стартовый комплекс
УТА управление тактической авиации
учбат учебный батальон
Ф фронт
ФА фронтовая авиация
ФАБ фугасная авиационная бомба
ФАГ фронтовая артиллерийская группа
ФАКСПС Федеральная авиационно-космическая служба поиска и спасения
ФАСИЗ фильтрующее автономное средство индивидуальной защиты
ФБ фронтовая база
ФВА фильтровентиляционный агрегат
ФВА фильтровентиляционный аппарат
ФВК фарватер военный контролируемый
ФВК фильтровентиляционная камера
ФВК фильтровентиляционный комплект
ФВО фильтровентиляционное оборудование
фельдм. фельдмаршал
ФЗАБ фугасно-зажигательная авиационная бомба
ФК флагманский корабль
ФКП флагманский командный пункт

фл-я флотилия
ФОВ фосфорорганическое отравляющее вещество
ФОГ фугасный огнемет
ФОК фрезерный окопокопатель
ФОТАБ фотографическая авиационная бомба
ФПС Федеральная пограничная служба
ФПС-Главкомат Федеральная пограничная служба - Главное командование Пограничных войск Российской Федерации
ФР фрегат
ФЭП фронтовой эвакуационный пункт
ХАБ химическая авиационная бомба
ХБР химическое, биологическое и радиологическое *(оружие)*
ХВЗД химический взрыватель замедленного действия
ХЗ химическая защита
ХН химическое нападение
ХНП химический наблюдательный пункт
ХО химическое оружие
ХРД химический разведывательный дозор
ХС химическая служба
х. ч. хозяйственная часть
ц. цель
ЦАМО Центральный архив Министерства обороны
ЦАП центральный артиллерийский пост
ЦАПВ Центральный архив пограничных войск
ЦАС центральный автомат стрельбы
ЦАС центральный артиллерийский склад
ЦБП цистерны быстрого погружения *(на подводной лодке)*
ЦБС центр бокового сопротивления *(мор.)*
ЦВБ цистерны вспомогательного балласта *(на подводной лодке)*
ЦВВК Центральная военно-врачебная комиссия
ЦВМА Центральный военно-морской архив
ЦВММ Центральный военно-морской музей
ЦВМУ Центральное военно-медицинское управление
ЦВС Центральный военный совет *(Китай)*
ЦВУМ Центральный военный универсальный магазин
ЦГА Центральная группа армий *(НАТО)*
ЦГБ цистерны главного балласта *(на подводной лодке)*
ЦГВ Центральная группа войск
ЦГВИА Центральный государственный военно-исторический архив
ЦДК центр дозиметрического контроля
ЦЕ ТВД Центрально-Европейский театр военных действий
ЦИВТИ Центральный институт военно-технической информации
ЦКВП Центр контроля воздушного пространства
ЦКП центральный командный пост
ЦКП центральный командный пункт *(воен.-мор.)*
ЦМБО центр моделирования боевой обстановки

Военное дело и гражданская оборона

ЦМВС Центральный музей Вооруженных Сил
ЦОСАБ цветная ориентирно-сигнальная авиационная бомба
ЦП центральный пост *(корабля)*
ЦПУ центральный пост (пункт) управления
ЦСКА Центральный спортивный клуб армии
ЦСО центр слежения за обстановкой *(США)*
ЦУ целеуказание
ЦУБД центр управления боевыми действиями
ЦУБДА центр управления боевыми действиями авиации
ЦУВД центр управления воздушным движением
ЦУВД Центральное управление видовой разведки *(США)*
ЦУКОС Центральное управление космических средств
ЦУМР Центральное управление материальных ресурсов *(Министерства обороны Российской Федерации)*
ЦУО центр управления и оповещения
ЦУО центр управления огнем
ЦУРТГ Центральное управление ракетного топлива и горючего *(Министерства обороны Российской Федерации)*
ЦУТА центр управления тактической авиацией
Ч час атаки; час начала операции
ч. часть
ЧВВМУ Черноморское высшее военно-морское училище имени П. С. Нахимова
ЧКВ Черноморское казачье войско
ЧП чрезвычайное происшествие
ЧС чрезвычайная ситуация
ЧФ Черноморский флот
ША штурмовая авиация
шаэ штурмовая авиационная эскадрилья
ШБ штрафной батальон
ширас шаровой имитатор разрывов артиллерийских снарядов
ШМ шлем-маска
ШОАБ шариковая авиационная бомба
ШПУ шахтная пусковая установка
штрафбат штрафной батальон
штурм. штурмовик; штурмовой
ШШС штабная шифровальная служба
эбмп экспедиционный батальон морской пехоты *(США)*
эбрмп экспедиционная бригада морской пехоты
эвак. эвакуационный
эвако... эвакуационный
ЭВЗРКУ Энгельское высшее зенитное ракетное командное училище противовоздушной обороны
ЭГ эвакуационный госпиталь
ЭД электродетонатор
эдмп экспедиционная дивизия морской пехоты *(США)*
ЭДЦ элементы движения цели
ЭМ эскадренный миноносец
ЭМ УРО эскадренный миноносец с управляемым ракетным оружием
ЭО эвакуационное отделение
ЭО эвакуационный отряд
ЭП эвакуационный приемник; эвакоприемник

Военное дело и гражданская оборона

ЭПС	электрическая пожарная сигнализация	**ЮНИФИЛ** *англ.*	Временные силы Организации Объединенных Наций в Ливане
эск.	эскадра	**ЯБ**	ядерная авиационная бомба
эск.	эскадренный	**ЯБ**	ядерная безопасность
эск.	эскадрон	**ЯБП**	ядерный боеприпас
эсминец	эскадренный миноносец	**ЯВ**	ядерный взрыв
ЭХВ	электрохимический взрыватель	**ЯД**	ядовитый дымообразователь
ЮЕ ТВД	Южно-Европейский театр военных действий	**ЯКВ**	ядерные и космические вооружения
Юж.-УрВО	Южно-Уральский военный округ	**ЯМ**	ящичная мина
ЮНЕФ *англ.*	UNEF, United Nations Emergency Force - Чрезвычайные вооруженные силы Организации Объединенных Наций	**ЯО**	ядерное оружие
		ЯУ	ядерный удар

ФИЛОЛОГИЯ

ЯЗЫКИ, ДИАЛЕКТЫ, ГОВОРЫ

абх. абхазский
авест. авестийский
австр. австрийский
австрал. австралийский
адыг. адыгейский
аз. азербайджанский
азер(б). азербайджанский
алб. албанский
алт. алтайский
амур. амурский
англ. английский
англо-норм. англо-норманнский
англо-сакс. англосаксонский
ар(аб). арабский
арам. арамейский
арм. армянский
арх. архангельский
ассир. ассирийский
бав. баварский *(диалект)*
балк. балканский
балк. балкарский
балт. балтийский
баш(к). башкирский
бел(орус). белорусский
беломор. беломорский
бельг. бельгийский
бенг. бенгальский
берл. берлинский
болг. болгарский
бретонск. бретонский
брян. брянский
бур(ят). бурятский
валд. валдайский
валл. валлийский
венг. венгерский
венск. венский обиходно-разговорный язык
вепс. вепсский
верхнелуж. верхнелужицкий
влад. владимирский
в.-луж. верхнелужицкий
в.-нем. верхненемецкий
ворон. воронежский
вост.-нем. восточно-немецкие диалекты
вост.-ср.-нем. восточно-средненемецкие диалекты
вьет. вьетнамский
вят. вятский
гавайск. гавайский
галльск. галльский
герм. германские *(языки)*
гол(л). голландский
гот(ск). готский
готтент. готтентотский
гр(еч). греческий
груз. грузинский
гэльск. гэльский
даг. дагестанский
дат. датский
двн. древневерхненемецкий
дон. донской
др.-инд. древнеиндийский
др.-ирл. древнеирландский
др.-исл. древнеисландский
др.-нем. древненемецкий
др.-норв. древненорвежский
др.-англ. древнеанглийский
др.-в.-нем. древневерхненемецкий
др.-гр(еч). древнегреческий
др.-евр(ейск). древнееврейский
др.-прусск. древнепрусский
др.-рим. древнеримский
др.-рус(ск). древнерусский
др.-сев.-герм. древнесеверногерманский
др.-сканд. древнескандинавский
др.-чеш. древнечешский
др.-швед. древнешведский
др.-шумер. древнешумерский

Филология: языки, диалекты, говоры

евр. еврейский
зап.-рус. западнорусский
зенд. зендский
з.-нем. западно-немецкие диалекты
и.-е. индоевропейский
ингуш. ингушский
инд. индийский
индогерм. индогерманский
индонез. индонезийский
ирк. иркутский
ирл. ирландский
иск. лат. искусственная латынь
исл. исландский
исп. испанский
ит(ал). итальянский
ительм. ительменский
каб(ард). кабардинский
каз(ах). казахский
калм. калмыцкий
кар(ел). карельский
каракалп. каракалпакский
кариб. карибские языки
кашуб. кашубский
кельт. кельтский; кельтские языки
кимр. кимрский
кирг. киргизский
кит. китайский
копт. коптский
кор. корейский
костром. костромской
краснояр. красноярский
кубан. кубанский
кубин. кубинский
курск. курский
лат. латинский
лат.-амер. латиноамериканский
латыш. латышский
лтш. латышский
луж. лужицкий
ляш. ляшский
макед. македонский
малаг. малагасийский
малайск. малайский
маньчж. маньчжурский

мар. марийский
молд. молдавский
монг. монгольский
морав. моравский
морд. мордовский
моск. московский
н.-гр. новогреческий
нем. немецкий
нидерл. нидерландский
ниж. нижегородский
нижнелуж. нижнелужицкий
ниж.-нем. нижненемецкий
нижненем. нижненемецкий
н.-луж. нижнелужицкий
н.-нем. нижненемецкие диалекты
новг. новгородский
новогреч. новогреческий
новозел. новозеландский
новосиб. новосибирский
норв. норвежский
обск. обский
общеслав. общеславянское
олон. олонецкий
омск. омский
онеж. онежский
орл. орловский
осет. осетинский
острогож. острогожский
пенджаб. пенджабский
пенз. пензенский
перм. пермский
перс. персидский
печ. печорский
пин. пинежский
позднелат. позднелатинский
полаб. полабский
полинез. полинезийские языки
польск. польский
португ. португальский
прагерм. прагерманский
праслав. праславянский
прованс. провансальский
прус. прусский
пск. псковский
рейнск. рейнские диалекты

рум. румынский
рус(ск). русский
ряз. рязанский
саам. саамский
сакс. саксонский
санскр. санскритский
сарат. саратовский
себ. себежский
севернорус. северно-русский
сев.-нем. северно-немецкий
семит. семитские языки
серб. сербский
серболуж. серболужицкий
сиб. сибирский
симб. симбирский
сканд. скандинавский
слав. славянский
словац. словацкий
словен. словенский
смол. смоленский
ср.-в.-нем. средневерхненемецкий
ср.-гр. среднегреческий (*византийский*)
ср. лат. средневековая латынь
ср.-нем. средненемецкие диалекты
ср.-обск. среднеобский
ср.-урал. среднеуральский
старофр. старофранцузский
ст.-сл(ав). старославянский
ст.-фр(анц). старофранцузский
тадж. таджикский
тамб. тамбовский
тат. татарский
твер. тверской
тер. терский
тибет. тибетские языки
тобол. тобольский
тув. тувинский
тунг. тунгусский
тур. турецкий
туркм. туркменский
тюрк. тюркский
удм. удмуртский
узб. узбекский
укр. украинский
урал. уральский
финик. финикийский
фин(ск). финский
фин.-угор. финно-угорские
фламанд. фламандский
фр. французский
франк. франкский
франц. французский
хакас. хакасский
халдейск. халдейский
хеттск. хеттский
хорв. хорватский
ц(ерк).-сл(ав). церковно-славянский
цыг. цыганский
чеш. чешский
чув(аш). чувашский
шв(ед). шведский
шотл. шотландский
эвенк. эвенкийский
эским. эскимосский
эсп. эсперанто
эст. эстонский
эфиоп. эфиопский
яз. язык; языки
як. якутский
яп. японский
япон(ск). японский
ярослав. ярославский

ЛИТЕРАТУРОВЕДЕНИЕ, ЛИНГВИСТИКА. МЕТОДИКА ПРЕПОДАВАНИЯ ИНОСТРАННЫХ ЯЗЫКОВ

аббрев. аббревиатура
абл. аблятив
авт. автомобильное дело *(в словарях)*
акк. аккузатив
алф. алфавитный
амер американский термин
амер. американизм
англ английский термин
англо-фр. англо-французский
ант. антонимы
антил. употребительно на Антильских островах
аор. аорист
АПТ автоматическая переработка текста
арго арготическое выражение
арм. армейское *(арго)*
арт. артикль
арх. архаизм
архаичн. архаичный
АФМ ассоциативно-функциональный метод *(обучения иностранным языкам)*
без доп. без дополнения
безл. безличная форма *(глагола)*
безл. сказ. безличное сказуемое
библ. библейский термин; библейское выражение
БИИЯМС Балтийский институт иностранных языков и международного сотрудничества
Бр британский *(английский)* термин
бран. бранное слово или выражение
брит. британский
буд. будущее время *(грам.)*
буквен. буквенный
былин. былинное слово или выражение
БЯ базовый язык
В. винительный падеж
в безл. употр. в безличном употреблении
введ. введение
вводн. сл. вводное слово
вежл. вежливое выражение
взаимн. взаимный залог
ВИЛМ воспроизводящие инженерно-лингвистические модели
вин. винительный *(падеж)*
вн. винительный *(падеж)*
возвр. возвратное *(местоимение)*
возвр. возвратный залог
возвыш. возвышенно *(о стиле)*
ВОИЛМ воспроизводяще-обучающие инженерно-лингвистические модели
вопр. вопросительное местоимение *(или частица)*
вопросит. вопросительное
вор. жарг. воровской жаргон
восклиц. восклицание
вр. время *(грам.)*
вульг. вульгарное слово или выражение
выделит. выделительный
высок. высокого стиля
галл. галлицизм
ген. генитив
гл(аг). глагол
глаг. сказ. глагольное сказуемое
ГЛС глоссематика *(лингв.)*
грам(м). грамматика
груб. грубое слово или выражение
груб.-прост. грубо-просторечное
груб.-фам. грубо-фамильярное
Д. дательный падеж
дат. дательный *(падеж)*
датск. датское слово или выражение

Литературоведение. Лингвистика. Методика преподавания...

дв. двойственный *(грам.)*
дв. ч. двойственное число
деепр(ич). деепричастие
действ. наст. действительное причастие настоящего времени
действ. прош. действительное причастие прошедшего времени
детск. детское выражение
диал. диалектизм; диалектный
ДЛ дескриптивная лингвистика
доп(олн). дополнение
дополнит. дополнительное *(придаточное предложение)*
доп. устар. допустимо устаревающее
д. ф. н. доктор филологических наук
ед. (ч.) единственное число
ЕРЭ единицы речевого этикета *(лингв.)*
ЕЯ естественный язык
ж. (р.) женский (род)
жарг жаргонизм
жарг. жаргон; жаргонный
женск. женский род
заимств. заимствованный
зв. звательный *(падеж)*
зват. звательный *(падеж)*; звательная форма
звукоподр. звукоподражание; звукоподражательный
зн. знак; значение
знач. значение
ЗТ заголовочный термин
И. именительный *(падеж)*
и. именительный *(падеж)*
идиом. идиоматическое выражение
изъявит. изъявительное *(наклонение)*
изъяснит. изъяснительный
ИК интонационная конструкция *(фонетика)*

ИЛ имя личное
ИЛ инженерная лингвистика
им. именительный *(падеж)*
ИН имя нарицательное
ин(остр). иностранный
иносказ. иносказательно
инф. инфинитив *(неопределенная форма глагола)*
инфак факультет иностранных языков
ИНЯЗ Институт иностранных языков
ирл. употребительно в Ирландии
ирон. ироническое выражение; в ироническом смысле
ИРЯЗ Институт русского языка
ИС имя собственное
ИСБ Институт славяноведения и балканистики
иск. искусственное словообразование
искаж. искаженное слово
исланд. исландское
ИЯ иностранный язык
ИЯ искусственный язык
ИЯЗ Институт языкознания
канад. канадский; термин, используемый в Канаде
канц. канцелярский термин
кат. сост. категория состояния
кач. качественный
КИЯ курсы иностранных языков
книжн. литературно-книжное слово; книжный стиль
книжно-поэтич. книжно-поэтическое
колич. количественное
ком. коммерческий термин
косв. косвенный *(падеж)*
кр(атк). ф. краткая форма
кр. прич. краткое причастие
л. лицо *(грам.)*
ЛА лингвистический автомат
ЛАЕ Лингвистический атлас Европы

393

Литературоведение. Лингвистика. Методика преподавания...

ласк.	ласкательно
ласкат.	ласкательное выражение
ЛЕ	лексическая единица
ЛЗ	лингвистический знак
линг.	лингвистика
лингв.	лингвистика; лингвистический
лит.	литература; литературный
лит.	литературоведение
лит-вед	литературовед
лит-ведение	литературоведение
лит-ведч.	литературоведческий
лит-ра	литература
личн.	личная форма
лок.	локатив
ЛП	лексикографический параметр
ЛФО	лексические формы обращения
ЛЭФ	лаборатория экспериментальной фонетики
м. (р.)	мужской *(род)*
МГЛИ	Московский государственный лингвистический институт
МГЛУ	Московский государственный лингвистический университет
межд(ом).	междометие
мест(оим).	местоимение
мифол.	мифологическое
мн. (ч.)	множественное (число)
многокр.	многократный вид *(глагола)*
модальн.	модальный
мод. сл.	модальное слово
мол. жарг.	молодежный жаргон
МП	машинный перевод
муж.	мужской род
МФА	Международная фонетическая ассоциация
МФА	международный фонетический алфавит
МФО	местоименные формы обращения
МФРЯ	Машинный фонд русского языка
МФШ	Московская фонологическая школа
накл.	наклонение *(грам.)*
напис.	написание
напр. п.	направительный падеж
нареч.	наречие
нариц.	нарицательное *(имя)*
нарк.	арго наркоманов
нар. лат.	народная латынь
нар(одно)-поэт(ич).	народно-поэтическое
наст.	настоящее *(время)*
наст.-буд.	настоящее-будущее время
начинат.	начинательный
неизм.	неизменяемое
неисчисл.	неисчисляемое *(существительное)*
неодобр.	неодобрительно
неодуш(евл).	неодушевленный
неол.	неологизм
неопр.	неопределенная *(форма глагола)*; неопределенное *(местоимение)*
неотд.	приставка или первый компонент сложного глагола не отделяется
неофиц.	неофициальное
неправ.	неправильно
неперех.	непереходный *(глагол)*
неприст.	непристойное слово или выражение
нескл.	несклоняемое *(слово)*
несов.	несовершенный *(вид глагола)*
несогласов.	несогласованный
неуп.	неупотребительно
НЛП	нейролингвистическое программирование
новозел.	новозеландский; употребительно *(слово)* в Новой Зеландии
нп	непереходный глагол

Литературоведение. Лингвистика. Методика преподавания...

нсв несовершенный вид
обих.-разг. обиходно-разговорное слово
обобщ.-личн. обобщенно-личное
обособл. обособленное
образн. образное употребление
обращ. обращение
обст(оят). обстоятельство
обстоятельств. обстоятельственное
ограничит. ограничительное
однокр. однократный вид *(глагола)*
одобр. одобрительное
одуш(евл). одушевленный
ОЛА обучающий лингвистический автомат
ОЛА Общеславянский лингвистический атлас
ОЛЯ Отделение литературы и языка *(Академии наук)*
опр(едел). определение
определит. определительное
отвлеч. отвлеченный
отглаг. отглагольный
отд. приставка или первый компонент сложного глагола отделяется
относит. относительное
отриц(ат). отрицательное
офен. офенское арго
офиц. официальный
офиц.-вежл. официально-вежливое
офиц.-дел. официально-деловое
П. предложный падеж
п(ад). падеж
парл. парламентское выражение
пер. перевод; переводчик
перен. переносное *(значение)*
переосмысл. переосмысленный
перех. переходный *(глагол)*
перечислит. перечислительный
перф. перфект
ПЛК Пражский лингвистический кружок

побудит. побудительная *(частица)*
пов(ел). повелительное наклонение *(грам.)*
повелит. повелительное наклонение
погов. поговорка
подлеж. подлежащее
подчинит. подчинительное
полит. политический термин
положит. ст. положительная степень
пор(ядк). порядковое числительное
вэ ириц. порицательное
посл. пословица
почтит. почтительное
поэт(ич). поэтическое выражение
пояснит. пояснительное
превосх. ст. превосходная степень
предик. предикативное употребление
предикативн. опр. предикативное определение
предл. предлог
предл. предложный *(падеж)*
предлож. предложение
предосуд. предосудительное
предположит. предположительный
презр. презрительно
пренебр. пренебрежительно
преф. префикс
придат. придаточное *(предложение)*
придат. дополнит. придаточное дополнительное предложение
прил. прилагательное
прил(ож). приложение
прил. от сл. прилагательное от слова
прим. пример
приподн. слово приподнятой речи
присоединит. присоединительный

Литературоведение. Лингвистика. Методика преподавания...

притяжат. притяжательное
прич. причастие *(грам.)*
прич. действ. наст. действительное причастие настоящего времени
прич. действ. прош. действительное причастие прошедшего времени
причин. причинный
прич.-прил. причастие в значении прилагательного
прич. страд. наст. страдательное причастие настоящего времени
прич. страд. прош. страдательное причастие прошедшего времени
ПРМ прагматика *(лингв.)*
произнош. произношение
прост. просторечное слово, выражение *(в словарях)*
простореч. просторечное
противит. противительный
противоп. противоположное *(по значению)*
проф(ессион). профессиональное выражение
прош. прошедшее *(время)*
прям. в прямом значении
ПТГ порождающая трансформационная грамматика
Р. родительный падеж
р. род *(грам.)*
р. родительный *(падеж)*
разг. разговорное слово, выражение *(в словарях)*
разг. разговорный
разг.-фам. разговорно-фамильярное выражение
разделит. разделительный
РГФ романо-германская филология
рд. родительный *(падеж)*
редк. редкое слово или выражение

РЗ речевой знак
ритор. риторика; риторический
РКИ русский как иностранный
РКП речемыслительный коммуникативный процесс
род. родительный *(падеж)*
РЭ речевой этикет
с. средний *(род)*
с. существительное
самостоят. самостоятельное
св совершенный вид
сильн. спр. сильное спряжение
син. синонимы
синт. синтаксис; синтаксический
сказ. сказуемое
СКИП семантико-квантитативное исследование подъязыка
скл. склонение *(грам.)*
СЛ структурная лингвистика
сл. сленг
сл. слово
слаб. спр. слабое спряжение
соб(ств). собственное имя
собир. собирательное *(существительное)*
сов. совершенный *(вид; грам.)*
соедин. соединительный
сокр(ащ). сокращение; сокращенный; сокращенно
сопостав(ит). сопоставительный
сослагат. сослагательное *(наклонение)*
сочин. сочинительный
союзн. сл. союзное слово
спец. специальный *(термин)*
спорт. спортивный; спортивный термин *(в словарях)*
СПП сложноподчиненное предложение
СПР Союз переводчиков России
спр. спряжение
с противоп. знач. с противоположным значением

Литературоведение. Лингвистика. Методика преподавания...

ср. (р.) средний (род)
ср(авн). ст. сравнительная степень
средн. средний род
с/с словосочетание
ССП словарная статья-полугнездо
ССП сложносочиненное предложение
ССТ семантико-структурный тип
стар. старое; старинное слово
статив. стативное *(значение)*
стил. стилистика
стих. стихотворение
стихотв. стихотворный
страд. страдательный залог *(грам.)*
страд. наст. страдательное причастие настоящего времени
страд. прош. страдательное причастие прошедшего времени
строит. строительный; строительный термин *(в словарях)*
с/у словоупотребление
субст(антив). субстантив; субстантивированное *(прилагательное, причастие)*
суф. суффикс
сущ. имя существительное
с/ф словоформа
СЧП словарная часть пособия
СЭ словообразовательный элемент
Т. творительный падеж
тв(ор). творительный *(падеж)*
ТЕ терминологическая единица
театр. театральный термин
текстол. текстологический
ТКИ теория коммуникации и информации *(лингв.)*

трад.-поэт. традиционно-поэтическое
ТСС терминологическое словосочетание
УБЯ учебный базовый язык
увелич(ит). увеличительное
увел.-унич. увеличительно-уничижительное
удар. ударение
указ(ат). указательное *(местоимение)*
уменьш. уменьшительная форма
уменьш.-ласк. уменьшительно-ласкательное
унив. университетское *(выражение)*
уничиж. уничижительное
употр. употребительно; употребляется *(слово или термин)*
усечен. усеченное
усил. усилительно
усилит. усилительное
усл. условное обозначение
уст(ар). устаревший термин
устарев. устаревающее
уступ(ит). уступительный
утверд(ит). утвердительная *(частица)*
ф. форма *(грам.)*
фам(ильярн). фамильярное выражение
ФЕ фразеологическая единица
филол(ог). филология; филологический
филфак филологический факультет
ФО формы обращения *(лингв.)*
фольк. фольклор
фон. фонетика; фонетический
фр французский термин
ФРЭ формы речевого этикета *(лингв.)*
хип. арго хиппи
ЦГАЛИ Центральный государственный архив литературы и искусства

ЦДЛ	Центральный Дом литераторов имени А. А. Фадеева	**шутл.-ирон.**	шутливо-ироническое
церк.	церковный, церковное слово *(в словарях)*	**шутл.-фамильярн.**	шутливо-фамильярное
част.	частица	**эвф.**	эвфемизм
чеш.	чешский; чешское слово *(в словарях)*	**экспрес.**	экспрессивное
		эмоц.	эмоциональный
числ.	имя числительное	**эмоц.-усил.**	эмоционально-усилительное
ЧС	частотный словник		
школ.	школьное выражение	**этим.**	этимология; этимологический
шулерск. жарг.	шулерский жаргон	**ЯЗ**	языковой знак
		яз-знание	языкознание
шутл.	шутливое выражение	**ЯП**	язык-посредник

СЛОВАРИ И КАРТОТЕКИ

АОС Архангельский областной словарь *(в библиографии)*
АС автоматизированный словарь
АС автоматический словарь
АСО автоматический словарь оборотов
АСОТ автоматизированная система обработки текстов
АСС автоматический словарь слов
БАРС Большой англо-русский словарь
БАС Словарь современного русского литературного языка (Большой академический словарь)
БНРС Большой немецко-русский словарь
КБАС Картотека Большого академического словаря *(в библиографии)*
КДРС Картотека Древнерусского словаря *(в библиографии)*
КСКНГ Картотека Словаря кубанских народных говоров *(в библиографии)*
МАС Малый академический словарь русского языка
НРПС Немецко-русский политехнический словарь
НРС Немецко-русский словарь
НРСС Немецко-русский строительный словарь
НРСХС Немецко-русский сельскохозяйственный словарь
ПТС переводной терминологический словарь
СДГ Словарь русских донских говоров *(в библиографии)*
слов. словарь
СРНГ Словарь русских народных говоров *(в библиографии)*
СРЯ Словарь русского языка *(в библиографии)*
ССГ Словарь смоленских говоров *(в библиографии)*
ССРЛЯ Словарь современного русского литературного языка (в 17 томах)
ТБД терминологический банк данных
ТС терминологический словарь
ТСРЯ Толковый словарь русского языка *(в библиографии)*
ТУПС терминологический учебный переводной словарь
ФСРЯ Фразеологический словарь русского языка *(в библиографии)*
ЧСРЯ частотный словарь русского языка
ЭСРЯ Этимологический словарь русского языка *(в библиографии)*

СОКРАЩЕНИЯ, ИСПОЛЬЗУЕМЫЕ В СЛОВАРЯХ И ЭНЦИКЛОПЕДИЯХ

А. агент
А.-А. Алма-Ата *(в библиографии)*
ААН Архив академии наук
аббрев. аббревиатура
абл. аблятив
абс. абсолютный
абх. абхазский
ав. авиация
Ав. Авила *(Испания)*
авг. август
авест. авестийский
авиа авиация
австр. австрийский
австрал. австралийский; австралийские языки
авт. автоматика
авт. автомобильное дело
авт. автономный
авт. автор; авторский
автобиогр. автобиография; автобиографический
автомоб. автомобильный
автореф. автореферат
агр. аграрный
агр. агрономия
Ад. администратор
адм. административный
адм. ед. административная единица
адм. ц. административный центр
адыг. адыгейский
азерб. азербайджанский
азиат. азиатский
АИФ «Аргументы и факты» *(газета)*
ак. акустика
акад. академик
акк. аккузатив
акц. акционерный
Ал. Алава *(Испания)*
алб. албанский
алж. алжирский
Алик. Аликанте *(Испания)*
алт. алтайский
Альб. Альбасете *(Испания)*
Альм. Альмерия *(Испания)*
альм. альманах
альп. альпийский
алюм. алюминиевый
амер. американский
амур. амурский
АН Академия наук
АН Архитектурное наследство *(ежегодник - в библиографии)*
анат. анатомия
англ. английский
англо-норм. англо-норманнский
англо-сакс. англосаксонский
англо-фр. англо-французский
Анд. Андалузия *(Испания)*
анс. ансамбль *(муз.)*
ант. антонимы
антил. употребительно на Антильских островах
антич. античный
Ант. о-ва Антильские острова
антроп. антропология
АО автономная область
аор. аорист
АПН Академия педагогических наук
апр. апрель
Ар. Арагон *(Испания)*
ар(аб). арабский
арам. арамейский язык
Арг. Аргентина
аргент. аргентинский
арго арготическое выражение
АРЕ Арабская Республика Египет
АРМ автоматизированное рабочее место

арм. армейское *(арго)*
арм. армянский
арт. артикль
арт. артиллерия
артез. артезианский
арх. архаизм
арх. архангельский
арх. археология
арх. архипелаг
арх. архитектор; архитектурный
архаичн. архаичный
археогр. археографический
археол. археологический
архит. архитектура; архитектурный
ассир. ассирийский
ассист. ассистент
Аст. Астурия *(Испания)*
астр. астрономия
астрон. астрономический
ат. атолл *(топ.)*
атм. атмосферный
афг. афганский
афин. афинский
афр. африканский; африканские языки
АХ Академия художеств
АЦП аналого-цифровой преобразователь
Аш. Ашхабад *(в библиографии)*
АЭС атомная электростанция
АЭС «Африканский этнографический сборник» *(в библиографии)*
Б. Берлин
Б. Большой
б. бывший
бав. баварский *(диалект)*
бакт. бактериология; бактериологический
баланс. экономические балансы
балетм. балетмейстер
балк. балканский
балк. балкарский
балт. балтийский

БАМ Байкало-Амурская магистраль
БАН Библиотека Академии наук
банк. банковский термин
барит. баритон *(муз.)*
Баск. Страна Басков *(Испания)*
басс. бассейн
башк. башкирский
б. г. без указания года
без доп. без дополнения
безл. безличное
безл. сказ. безличное сказуемое
белогвард. белогвардейский
беломор. беломорский
белорус. белорусский
бельг. бельгийский
бенг. бенгальский
берл. берлинский
БиБ «Бизнес и банки» *(газета)*
библ. библиография; библиографический
библиогр. библиография
биогр. биография; биографический
биол. биология
биохим. биохимия; биохимический
бирж. биржевые операции
бирм. бирманский
БИС большая интегральная схема
Биск. Бискайя *(Испания)*
б-ка банка *(топ.)*
б-ка библиотека
б.-кларн. бас-кларнет *(муз.)*
Бл. Восток Ближний Восток
б. м. без указания места
БНХ баланс народного хозяйства
Бол. Боливия
бол. болото *(топ.)*
болг. болгарский язык
бот. ботаника
б. п. без подписи

Сокращения, используемые в словарях и энциклопедиях

БПбс Библиотека поэта, большая серия
БПмс Библиотека поэта, малая серия
бр. братья
браз. бразильский
бретонск. бретонский
брит. британский
бронз. бронзовый
бр.-рег. т брутто-регистровая тонна
бр.-т брутто-тонна
б.-р. т брутто-регистровая тонна
брян. брянский
БСЭ Большая Советская Энциклопедия
буд. будущее время *(глагола)*
будд. буддийский; относящийся к буддизму
букв. буквально
буквен. буквенный
бум. бумажный
бурж. буржуазный
бурят. бурятский
бух. бухта *(топ.)*
бухарск. бухарский
бухг. бухгалтерский термин
б. ч. большая часть, большей частью
быв. бывший
былин. былинное слово или выражение
бюдж. бюджет; бюджетный
бюл. бюллетень
В. Воронеж
В. восток
в. век
в. вид
в. выпуск
Вал. Валенсия *(Испания)*
валд. валдайский
валл. валлийский *(язык)*
Вальяд. Вальядолид *(Испания)*
вар. вариант
в безл. употр. в безличном употреблении
вв. века
вводн. сл. вводное слово
ВВП валовой внутренний продукт
ВВС военно-воздушные силы
в. д. восточная долгота
вдп. водопад
в др. сп. в другом списке
вдхр. водохранилище
вед. ведомости
вежл. вежливое выражение
Вел. Великий
Вел. Отеч. война Великая Отечественная война 1941-45 годов
Вен. Венесуэла
венг. венгерский язык
венск. венский обиходно-разговорный язык
вепс. вепсский
Верх. Верхний; Верховный
верх. верхний
верхнелуж. верхнелужицкий
вест. вестник
вет. ветеринария; ветеринарный
веч. вечерний
взаимн. взаимный залог
в знач. в значении
вибраф. вибрафон *(муз.)*
визант. византийский
вин. винительный падеж
виногр-во виноградство
вкл. включен; включая
ВЛ «Вопросы литературы» *(журнал)*
влад. владение
влад. владимирский
влк. вулкан
в.-луж. верхнелужицкий
влч. виолончель; виолончельный *(муз.)*
вм. вместо
ВМС военно-морские силы
ВМУ «Вестник Московского университета» *(журнал)*

402

Сокращения, используемые в словарях и энциклопедиях

в.-нем.	верхненемецкий
внеш.	внешний
ВНП	валовой национальный продукт
внутр.	внутренний
вод. ст.	водяного столба
воев.	воеводство
воен.	военный термин
возв.	возвышенность
возвр.	возвратный залог
возд.	воздушный
возм.	возможно
вок.	вокальный *(муз.)*
вок.-симф.	вокально-симфонический *(муз.)*
воор.	вооружение
вооруж.	вооруженный
вопр.	вопросительное местоимение *(или частица)*
вопросит.	вопросительный
ворон.	воронежский
восклиц.	восклицание
в осн.	в основном
восп.	воспоминания
вост.	восточный
вост.-нем.	восточно-немецкие диалекты
вост.-ср.-нем.	восточно-средненемецкие диалекты
ВП	«Вечерний Петербург» *(газета)*
ВР	«Возрождение России» *(газета)*
вр.	время
врем. оз.	временное озеро *(топ.)*
Всерос.	Всероссийский
в соч.	в сочетании
в ср.	в среднем
встр.	встречается
вступ.	вступительный
Вт	ватт
Вт-ч	Ватт-час
в т. ч.	в том числе
вульг.	вульгарное слово, выражение
вчт.	информатика и вычислительная техника
выделит.	выделительный
вып.	выпуск
выраж.	выраженный
выс.	высота
высок.	высокого стиля
вьет.	вьетнамский
ВЯ	«Вопросы языкознания» *(в библиографии)*
вят.	вятский
г	грамм
г.	год
г.	гора
г.	город
г.	господин; госпожа
ГА	Государственный архив
га	гектар
гав.	гавань
гавайск.	гавайский *(язык)*
газ.	газета; газетный
газ.	газовый *(топ.)*
газг.	газгольдер *(топ.)*
газетн.	газетный
г. ак.	гидроакустика
Гал.	Галисия *(Испания)*
галл.	галлицизм
галльск.	галльский
гар.	гараж *(топ.)*
гв.	гвардии; гвардейский
Гват.	Гватемала
гвин.	гвинейский
ГВт	гигаватт
гг.	годы
гг.	господа
гельм.	гельминтология
ген.	генерал
ген.	генеральный
ген.	генитив
геогр.	география; географический
геод.	геодезия; геодезический
геол.	геология; геологический
геом.	геометрия; геометрический

геоморфол. геоморфологический
геофиз. геофизика; геофизический
геральд. геральдика
герм. германский; германские (языки)
г-жа госпожа
г-зия гимназия
гиг. гигиена; гигиенический
гидр. гидрология и гидротехника
гидрол. гидрологический
гидротех(н). гидротехника
ГИМ Государственный исторический музей
Гип. Гипускоа *(Испания)*
гипотет. гипотетический
гл. глава; главный
гл. глагол
глаг. глагол; глагольный
глаг. сказ. глагольное сказуемое
ГЛМ Государственный литературный музей
гл. обр. главным образом
глуб. глубина
ГМ Государственный музей
ГММ Государственный музей В. В. Маяковского *(Москва)*
ГМТ Государственный музей Л. Н. Толстого *(Москва)*
гоб. гобой
гол(л). голландский язык
гол. голов
гол. голос *(муз.)*
Гонд. Гондурас
гор. город; городской
горн. горное дело
горн. горный
горнодоб. горнодобывающий
горяч. источ. горячий источник
гос. государственный
гос-во государство
гот(ск). готский
готтент. готтентотский язык
гр. греческий
градац. градационный
гражд. гражданский
грам(м). грамматика
Гран. Гранада *(Испания)*
граф. графство
греч. греческий *(язык)*
ГРМ Государственный Русский музей *(Санкт-Петербург)*
груб. грубое слово или выражение
груб.-прост. грубо-просторечное
груб.-фам. грубо-фамильярное
груз. грузинский
груз. грузовой
грузооб. грузооборот
ГРЭС государственная районная электростанция
ГТ географический термин
губ. губерния
ГЦТМ Государственный центральный театральный музей имени А. А. Бахрушина *(Москва)*
гэльск. гэльский *(язык)*
ГЭС гидроэлектростанция
д. действие
д. деревня
д. дюйм
даг. дагестанский
дат. дательный *(падеж)*
дат. датский язык
датск. датское слово или выражение
двн. древневерхненемецкий
д-во делопроизводство
Д. Восток Дальний Восток
дв. ч. двойственное число
деепр(ич). деепричастие
действ. наст. действительное причастие настоящего времени
действ. прош. действительное причастие прошедшего времени

Сокращения, используемые в словарях и энциклопедиях

дек. декабрь; декабрьский
демогр. демография
дем(окр). демократический
ден. ед. денежная единица
деп. департамент
деп. депутат
дер. деревня
дерев. деревянный
деревообр. деревообрабатывающий
дет. детский
детск. детское выражение
диал. диалектизм
диал. диалектное
дип. дипломатия
дипл. дипломатический
дир. директор
дис(с). диссертация
дл. длина
ДМ «Деловой мир» *(газета)*
доб. добавление, добавочный
док. документ; документальный
Докл. доклады
докт. докторский
док-ты документы
дол. долина *(топ.)*
дом. домашний
Дом. Р. Доминиканская Республика
дон. донской
доп. дополнение
доп. дополнительный
доп. допустимо
дополн. дополнение
дополнит. дополнительное *(придаточное предложение)*
доп. устар. допустимо устаревающее
дорев(ол). дореволюционный
Др. Древний; Древняя
др. древний
др. другой
д-р доктор
драм. драматический

др.-англ. древнеанглийский *(язык)*
др.-в.-нем. древневерхненемецкий язык
др.-гр. древнегреческий
др.-греч. древнегреческий *(язык или термин, относящийся к Древней Греции)*
др.-евр(ейск). древнееврейский
др.-инд. древнеиндийский
др.-ирл. древнеирландский
др.-исл. древнеисландский
др.-нем. древненемецкий
др.-норв. древненорвежский
др.-прусск. древнепрусский
др.-рим. древнеримский
др.-рус(ск). древнерусский
др.-сканд. древнескандинавский
др.-сев.-герм. древнесеверногерманский
др.-чеш. древнечешский
др.-швед. древнешведский
др.-шумер. древнешумерский
Душ. Душанбе *(в библиографии)*
д.ч. действительный член
д. чл. действительный член
евр. еврейский
европ. европейский
егип. египетский язык
егип т. египетский
ед. единственное число
ед. изм(ер). единица измерения
ед. ч. единственное число
ежегод. ежегодный; ежегодник
ежедн. ежедневный
ежемес. ежемесячный
еженед. еженедельный; еженедельник
Ер. Ереван *(в библиографии)*
естеств. естественный
ЕЭС Европейское экономическое сообщество
Ж. Женева
ж. женский *(род)*
ж. женщина

Сокращения, используемые в словарях и энциклопедиях

ж.	журнал
жарг	жаргонизм
жарг.	жаргон; жаргонный
ж. д.	железная дорога
ж.-д.	железнодорожный
ж.-д.	железнодорожный транспорт
жен.	женский
женск.	женский род
жив.	живопись
жит.	жители
ж-л	журнал
ж. р.	женский род
журн.	журнал
З.	заказчик
З.	запад
зав.	заведующий
загл.	заглавие
заимств.	заимствованный
зал.	залив
зам.	заместитель
зап.	западный
Зап.	записки *(в библиографии)*
запов.	заповедник
зап.-рус.	западнорусский
заруб.	зарубежный
засл. арт.	заслуженный артист
засл. деят.	заслуженный деятель
засл. худ.	заслуженный художник
Зв.	«Звезда» *(журнал)*
зв.	звательный *(падеж)*
зват.	звательный *(падеж)*; звательная форма
ЗВО	«Записки Восточного отделения» *(в библиографии)*
звук.	звуковой
звукоподр.	звукоподражание; звукоподражательный
з-д	завод
зенд.	зендский язык
знач.	значение
з.-нем.	западно-немецкие диалекты
зол.	золото; золотой
зоол.	зоология; зоологический
зрит.	зрительский
ЗУ	запоминающее устройство
И.	именительный *(падеж)*
и.	именительный *(падеж)*
ИГ	имя географическое
идиом.	идиоматическое выражение
и др.	и другие
и.-е.	индоевропейский *(язык)*
изб(р).	избранный
изв.	известен
Изв.	Известия
изв.	известный
изд.	издание; издатель
изд-во	издательство
изъяв(ит).	изъявительное *(наклонение)*
изъяснит.	изъяснительный
ИЛ	имя личное
илл.	иллюстрация *(в библиографии)*
им.	имени
им.	именительный *(падеж)*
ИМЛИ	Институт мировой литературы *(Москва)*
имп.	император; императорский
ИН	имя нарицательное
ингуш.	ингушский
инд.	индийский; индийские языки
индифф.	индифферентный
индогерм.	индогерманский
индонез.	индонезийский; индонезийские языки
индуист.	индуистский
индустр.	индустриальный
инж.	инженер; инженерный
иносказ.	иносказательно
иностр.	иностранный
инструм.	инструментальный
ин-т	институт
инф.	инфинитив *(неопределенная форма глагола)*
информ.	информатика

Сокращения, используемые в словарях и энциклопедиях

И. п. итальянский представитель
ИПС информационно-поисковая система
ирак. иракский
иран. иранский
ирк. иркутский
ирл. ирландский язык
ИРЛИ Институт русской литературы имени А. С. Пушкина *(Пушкинский дом)*
ирон. ироническое; в ироническом смысле
ИС имя собственное
ИС интегральная схема
иск. искусственное словообразование
иск. искусство
искаж. искаженное слово
иск-ведение искусствоведение
иск-во искусство
искл. исключение; исключительный; исключительно; исключая
иск. лат. искусственная латынь
исл. исландский язык
исланд. исландское
исп. испанский *(язык)*
испр. исправление; исправленный
иссл. исследование; исследовательский
ист. история; исторический
ист.-архит. историко-архитектурный
ист.-геогр. историко-географический
источ. источники
Источн. Источники *(в библиографии)*
ист.-этногр. историко-этнографический
ит(ал). итальянский
и т. д. и так далее
ительм. ительменский язык

и т. п. и тому подобное
иудаист. иудаистский
ихт. ихтиология
ИЯШ «Иностранный язык в школе» *(в библиографии)*
К. Киев *(в библиографии)*
К. колодец *(топ.)*
к. кишлак
каб(ард). кабардинский
кав. кавалерия; кавалерийский
кав(к). кавказский
Кад. Кадис *(Испания)*
Каз. Казань *(в библиографии)*
каз(ах). казахский
какой-л. какой-либо
калм. калмыцкий
кам. каменный
кан. канал *(топ.)*
канад. термин, используемый в Канаде
канд. кандидат; кандидатский
Кан. о-ва Канарские острова
Кант. Кантабрия *(Испания)*
канц. канцелярский термин
каракалп. каракалпакский
карел. карельский
кариб. карибские языки
карт. термин карточной игры
карт. картографический
картогр. картография; картографический
Кас. Касерес *(Испания)*
Каст. Кастилия *(Испания)*
Кат. Каталония *(Испания)*
кат. сост. категория состояния
кач. качественное
кашуб. кашубский
к-бас контрабас *(муз.)*
кВт киловатт
кВт-ч киловатт-час
кг килограмм
кельт. кельтский; кельтские языки
керам. керамика; керамический *(топ.)*

Сокращения, используемые в словарях и энциклопедиях

к/ж киножурнал
киб(ерн). кибернетика; кибернетический
кимр. кимрский язык
кино кинематография
кирг. киргизский
кит. китайский язык
Киш. Кишинев *(в библиографии)*
кл. класс
к.-л. какой-либо; кто-либо
кладб. кладбище
кларн. кларнет *(муз.)*
клас. классовый
КЛЭ Краткая литературная энциклопедия
км километр
к/м короткометражный
кн. книга; книжный
кн. князь; княгиня
к.-н. какой-нибудь; кто-нибудь
кн-во княжество
КНДР Корейская Народно-Демократическая Республика
книжн. литературно-книжное слово
книжно-поэтич. книжно-поэтическое
КНР Китайская Народная Республика
княж. княжество
КО «Книжное обозрение» *(газета)*
кож. кожевенное дело
кокос. кокосовый
Кол. Колумбия
кол-во количество
колич. количественное
колон. колониальный
колор. сопр. колоратурное сопрано *(муз.)*
колх. колхозный
ком. коммерческий термин
комб-т комбинат
комм. комментарий
комп. композитор
кон. конец
конкр. конкретный
конс. консервный; консервированный
консерват. консервативный
конф. конференция
конц. концертный *(муз.)*
кооп. кооперативный
копт. коптский
кор. корейский *(язык)*
кор-во королевство
Корд. Кордова *(Испания)*
кор(р). корреспондент
корол(ев). королевский
косв. косвенный *(падеж)*
косв. п. косвенный падеж
косм. космический; космонавтика
костром. костромской
кот. который
котл. котловина *(топ.)*
КП «Комсомольская правда» *(газета)*
кп курортный поселок
КПС «Краткий политический словарь»
Кр. «Крокодил» *(журнал)*
краснояр. красноярский
кратк. ф. краткая форма
крест. крестьянский
крист. кристаллография; кристаллический
кр. прич. краткое причастие
кр. рог. скот крупный рогатый скот
кр. ф. краткая форма
к-рый который
к/сб киносборник
ксилоф. ксилофон *(муз.)*
КСС «Краткий словарь по социологии»
к/ст киностудия
к-т комитет
к/т кинотеатр

к-та	кислота	*личн.*	личная форма
кто-л.	кто-либо	*Л. к.*	лидер консорциума
кто-н.	кто-нибудь	**ЛО**	«Литературное обозрение» *(журнал)*
куб.	кубический		
кубан.	кубанский	*лог.*	логика
кубин.	кубинский	*Логр.*	Логроньо *(Испания)*
кулин.	кулинария	*лок.*	локатив
курск.	курский	**ЛР**	«Литературная Россия» *(газета)*
куст.	кустарный		
Куэн.	Куэнка *(Испания)*	*луж.*	лужицкий
к/ф	кинофестиваль	*ЛХА*	литературно-художественный альманах
к/ф-ка	кинофабрика		
кфт.	кинофототехника	*Лиц.*	лицензиар
Л.	Ленинград *(в библиографии)*	*Лцт.*	лицензиат
		льнообр.	льнообрабатывающий
л	литр	*ляш.*	ляшский
л.	лист	*м*	метр
л.	лицо *(глагола)*	**М.**	Малый *(в топонимических названиях)*
лаг.	лагуна *(топ.)*		
ласк.	ласкательно	*М.*	Мексика
ласкат.	ласкательное	**М.**	Москва
лат.	латинский язык	*м.*	местечко
латв.	латвийский	*м.*	море
латыш.	латышское	*м.*	мужской *(род)*
ЛГ	«Литературная газета»	*м.*	мыс *(геогр.)*
л. д.	личное дело	*магн.*	магнитные элементы
лев.	левый	*макед.*	македонский
ледн.	ледник *(топ.)*	*макс.*	максимальный; максимум
Лер.	Лерида *(Испания)*	*Мал.*	Малага *(Испания)*
лесоводч.	лесоводческий	*малаг.*	малагасийский
лесообр.	лесообрабатывающий	*малайск.*	малайский *(язык)*
лесопил.	лесопильный	*малоуп(отр).*	малоупотребительно
лесопром.	лесопромышленный	*мальдивск.*	мальдивский
либер.	либеральная *(партия)*	*маньчж.*	маньчжурский
либр.	либретто	*мар.*	марийский
линг.	лингвистика	*марганц.*	марганцовый
лингв.	лингвистика; лингвистический	*маркет.*	маркетинг
		маслоб.	маслобойный
лит.	литература; литературный	*маслод.*	маслодельный
лит(ов).	литовский *(язык)*	*мат*	математика; математический
лит-вед	литературовед		
лит-ведение	литературоведение	*матем.*	математика; математический
лит-ведч.	литературоведческий		
лит. д.	литейное дело	*мат-лы*	материалы
лит-ра	литература	*маш.*	машинный

Сокращения, используемые в словарях и энциклопедиях

маш-ние машиностроение
мб миллибар
м. б. может быть
МВ «Московские ведомости» *(газета)*
МВт мегаватт
МГ «Молодая гвардия» *(журнал)*
мг миллиграмм
МГГ Международный геодезический год
МГТ местный географический термин
МДС международное депозитное свидетельство
меб. мебельный
мед. медицина; медицинский
медн. медные *(муз.)*
межд(ом). междометие
междунар. международный
мекс. мексиканский
мем(ор). мемориальный
мес месяц
мес. месяц
мест. местный
мест. местоимение
местн. местное
местоим. местоимение; местоименное
мет. металлургия
метео метеорология; метеорологический
метеор(ол). метеорология; метеорологический
мех. механика
мехообр. мехообрабатывающий
микробиол. микробиологический
мин минута
мин. минералогия
мин. минимальный; минимум
мин. министр
мин. минута
мин-во министерство
минер. минералогия
минер. минеральный

миним. минимальный
мифол. мифологическое
мкг микрограмм
МККТТ Международный консультативный комитет по телеграфии и телефонии
Мкф Международный кинофестиваль
М.-Л. Москва - Ленинград *(в библиографии)*
млн. миллион
млрд. миллиард
мм миллиметр
МН «Московские новости» *(газета)*
мн. многие
мн. множественное *(число)*
м-ние месторождение
многокр. многократный вид *(глагола)*
мн. ч. множественное число
модальн. модальный
мод. сл. модальное слово
мол. молочный
молд. молдавский
мол. жарг. молодежный жаргон
мон. монастырь
монг. монгольский *(язык)*
мор. морской
морав. моравский
морд. мордовский
моск. московский
мощн. мощность; мощностью
м. р. мужской род
м. с. метрическое свидетельство
МСТК Международная стандартная торговая классификация
МСХК Международная стандартная хозяйственная классификация видов экономической деятельности
муж. мужской род
муз. музыка; музыкальный термин

Сокращения, используемые в словарях и энциклопедиях

муком. мукомольный
мульт. мультипликационный
Мурс. Мурсия *(Испания)*
мусульм. мусульманский
мыловар. мыловаренный
М-Э «Мегаполис-Экспресс» *(газета)*
МЭ Музыкальная энциклопедия
мясо-мол. мясомолочный
мясохладоб. мясохладобойный
Н. Нижний *(в топонимических названиях)*
Н. Новгород *(в библиографии)*
Н. Новый *(в топонимических названиях)*
н. ныне
-н. -нибудь
наб. набережная
Нав. Наварра *(Испания)*
наз. название; называется; называемый
назв. название
наиб. наиболее; наибольший
наим. наименее; наименьший
накл. наклонение *(глагола)*
напис. написание
напр. например
напр. п. направительный падеж
нар. народный
нар. арт. народный артист
нареч. наречие
нариц. нарицательное *(имя)*
нарк. арго наркоманов
нар. лат. народная латынь
народно-поэтич. народно-поэтическое
нар.-поэт. народно-поэтический
нар. худ. народный художник
нас. население; населенный
насел. население
наст. настоящее время *(глагола)*
наст. настоящий
наст.-буд. настоящее-будущее время
наст. фам. настоящая фамилия
науч. научный
науч.-популяр. научно-популярный
нац. национальный
нац.-ист. национально-исторический
нач. начало; начальный
нач. начальник
НБ научная библиотека
НВ «Новое время» *(журнал)*
НГ «Народная газета» *(газета)*
НГ «Независимая газета» *(газета)*
н.-гр. новогреческий язык
НДВШ «Научные доклады высшей школы» *(в библиографии)*
ндп. недопустимо
негр. негритянский
неизв. неизвестно; неизвестный
неизм. неизменяемое
неисчисл. неисчисляемое *(существительное)*
нек-рая некоторая
нек-рое некоторое
нек-рые некоторые
нек-рый некоторый
нем. немецкий *(язык)*
неодобр. неодобрительное
неодуш(евл). неодушевленный
неол. неологизм
неопр. неопределенная *(форма глагола)*; неопределенное *(местоимение)*
неотд. приставка или первый компонент сложного глагола не отделяется
неофиц. неофициальное
неправ. неправильно
неперех. непереходный *(глагол)*
неприст. непристойное слово или выражение
не рек. не рекомендуется
несвоб. несвободно
неск. несколько

нескл. несклоняемое *(слово)*
несов. несовершенный *(вид глагола)*
несогласов. несогласованный
не сохр. не сохранился
неуп(отр). неупотребительно
нефт. нефтяной
нефтепераб. нефтеперерабатывающий
НЗЛ «Новое в зарубежной лингвистике» *(в библиографии)*
н.-и. научно-исследовательский
нидерл. нидерландский
ниж. нижегородский
ниж. нижний
нежнелуж. нижнелужицкий
ниж.-нем. нижненемецкий
нижненем. нижненемецкий
низм. низменность
н.-и. научно-исследовательский
НИИ научно-исследовательский институт
Ник. Никарагуа
Н.-Й. Нью-Йорк
НЛ «Новое в лингвистике» *(в библиографии)*
н.-луж. нижнелужицкий
НМ «Новый мир» *(журнал)*
НН «Наше наследие» *(журнал)*
н.-нем. нижненемецкие диалекты
Нов. Новый *(в топонимических названиях)*
нов. новое
новг. новгородский
новогреч. новогреческий
новозел. новозеландский; употребительно *(слово)* в Новой Зеландии
Новосиб. Новосибирск *(в библиографии)*
новосиб. новосибирский
нов. ред. новая редакция
норв. норвежский *(язык)*

норманно-фр. норманно-французский
нояб. ноябрь; ноябрьский
нп населенный пункт
нп непереходный глагол
НПО научно-производственное объединение
нрк. не рекомендуемый
НС «Наш современник» *(журнал)*
нсв несовершенный вид
н. ст. научная *(полярная)* станция
н. э. нашей эры
О. оператор
о. остров
ОАЭ Объединенные Арабские Эмираты
об. оборот *(листа)*
об-во общество
обих.-разг. обиходно-разговорное слово
обл. область; областной
обобщ.-личн. обобщенно-личное
обознач. обозначение
обозр. обозрение
обособл. обособленное
обр. обработка *(муз.)*
обраб. обрабатывающий
обращ. обращение
обск. обский
обст(оят). обстоятельство
обстоятельств. обстоятельственное
обув. обувной
общ. общий
обыч. обычно
Ов. Овьедо *(Испания)*
о-в остров
о-ва острова
овощ-во овощеводство
овце-во овцеводство
Ог. «Огонек» *(журнал)*
ограничит. ограничительное
Од. Одесса *(в библиографии)*

Сокращения, используемые в словарях и энциклопедиях

одноим. одноименный
однокр. однократный вид *(глагола)*
одобр. одобрительное
одуш(евл). одушевленный
оз. озеро
ОЗУ оперативное запоминающее устройство
ок. океан
ок. около
океан. океанография
окр. округ; окружной
окт. октябрь; октябрьский
олов. оловянный
олон. олонецкий
омск. омский
онеж. онежский
ОО особый отдел
ООН Организация Объединенных Наций
оп. оператор
оп. опись *(в библиографии)*
операт. операторский
опр(едел). определение
определит. определительное
оптим. оптимальный
опубл. опубликован; опубликованный
орг. организован, организованный
орг. пр. организация производства
орг-ция организация
орд. орден
ориг. оригинальный
орк. симфонический оркестр *(муз.)*
орл. орловский
орн. орнитология
оросит. оросительный *(топ.)*
оруж. оружейный
осет. осетинский
осн. основан; основанный
осн. основной
особ. особенно
острогож. острогожский

отв. ответственный
отвлеч. отвлеченное
отглаг. отглагольный
отв. ред. ответственный редактор
отд. отдел; отдельный
отд. приставка или первый компонент сложного глагола отделяется
отеч. отечественный
отм. отмель *(топ.)*
относ(ит). относительное
отриц. отрицание
отриц. отрицательная *(частица)*
отрицат. отрицательное
Отч. «Отчизна» *(журнал)*
офен. офенское арго
офиц. официальное
офиц.-вежл. официально-вежливое
офиц.-дел. официально-деловое
П. предложный падеж
П. поставщик
п. падеж
п. поселок
паг. пагинация
пад. падеж
пакист. пакистанский
Пал. Паленсия *(Испания)*
палеонт. палеонтология
пам. памятник *(топ.)*
Пан. Панама
панам. панамский
Пар. Парагвай
парагв. парагвайский
парл. парламентское выражение
парт. партийный
партиз. партизанский
пгт поселок городского типа
ПД Пушкинский дом *(Институт русской литературы имени А. С. Пушкина)*
Пд. подрядчик
пед. педагогика; педагогический
пенджаб. пенджабский

пенз. пензенский
пер. перевал *(топ.)*
пер. перевод; переводчик
пер. переулок
первонач. первоначально, первоначальный
передел. переделанное
переим. переименован; переименованный
перен. переносное *(значение)*
переосмысл. переосмысленный
перех. переходный *(глагол)*
перечислит. перечислительный
перм. пермский
перс. персидский *(язык)*
перф. перфект
петерб. петербургский
пех. пехотный
печ. печорский
пещ. пещера *(топ.)*
ПЗС прибор с зарядовой связью
ПЗУ постоянное запоминающее устройство
пивовар. пивоваренный
пин. пинежский
пищ. пищевая *(промышленность)*
пищ. пищевой
пищевкус. пищевкусовой
пласт. пластмасса
плем. племенной
ПЛМ программируемая логическая матрица
плод. плодовый
плот. плотина *(топ.)*
плотн. плотность
плскг. плоскогорье
п/м полнометражный
ПМС Проект международных сопоставлений *(Организации Объединенных Наций)*
ПО производственное объединение
побудит. побудительная *(частица)*

пов. повелительное наклонение
пов. повесть
п-ов полуостров
повел(ит). повелительное наклонение
под. подобное
подв. подводный
подг. подготовка
подзаг. подзаголовок
подлеж. подлежащее
под рук. под руководством
подчинит. подчинительное
поздн. поздний
позднелат. позднелатинский язык
пол. половина
полаб. полабский
полигр. полиграфия; полиграфический
полинез. полинезийские языки
полит. политический термин
полиц. полиция
полк. полковник
полн. полный; полностью
положит. ст. положительная степень
польск. польский *(язык)*
пом. помощник
популяр. популярный
пор. порог, пороги *(топ.)*
пор. порядковый

поч. почетный
почтит. почтительное
поч. чл. почетный член
поэт. поэтическое выражение
поэтич. поэтическое
пояснит. пояснительное
пп полупроводники
ППЗУ программируемое постоянное запоминающее устройство
П.-Р. Пуэрто-Рико
Пр. принципал
пр. премия
пр. прочие
прав. правильно
правосл. православный
прагерм. прагерманский
праслав. праславянский
пр-во правительство
превосх. ст. превосходная степень
пред. председатель
предик. предикативное употребление
предикативн. опр. предикативное определение
предис. предисловие
предисл. предисловие
предл. предлог
предл. предложный *(падеж)*
предлож. предложение
предосуд. предосудительное
предположит. предположительный
през. президент
презр(ит). презрительное
преим(ущ). преимущественно
пренебр. пренебрежительное
преобл. преобладающий; преобладает
преп(од). преподаватель
преф. префектура
преф. префикс
приб. прибавление
прибл. приблизительно

придат. придаточное *(предложение)*
придат. дополнит. придаточное дополнительное предложение
прил. прилагательное
прил(ож). приложение
прил. от сл. прилагательное от слова
прим. пример
прим. примечание
примен. применяется, применяются
приподн. слово приподнятой речи
прир. природный
присоединит. присоединительный
притяж(ат). притяжательное
прич. причастие *(грам.)*
прич. действ. наст. действительное причастие настоящего времени
прич. действ. прош. действительное причастие прошедшего времени
причин. причинный
прич.-прил. причастие в значении прилагательного
прич. страд. наст. страдательное причастие настоящего времени
прич. страд. прош. страдательное причастие прошедшего времени
пров. провинция
прованс. провансальский язык
прогрес(с). прогрессивный
прод. продовольственный
прозв. прозвище
произв. произведение
произ-во производство
произнош. произношение
прол. пролив
пролет. пролетарский
пром. промышленный
пром-ть промышленность

пром-сть промышленность
просветит. просветительский
прост. просторечное слово, выражение
простореч. просторечное
протет. протетический
противит. противительный
противоп. противоположное *(по значению)*
проф. профессиональное выражение
проф. профессиональный
проф. профессор
пр-тие предприятие
профессион. профессиональное
прош. прошедшее время глагола
пр-тие предприятие
прус. прусский
прх. проход *(топ.)*
прям. в прямом значении
прямоуг. прямоугольный
п. с. послужной список
ПСВ покупательная способность валют
псевд. псевдоним
психол. психология; психологический
пск. псковский
ПСС полное собрание сочинений
ПССиП полное собрание сочинений и писем
птиц-во птицеводство
публ. публикация
публиц. публицистический
пуст. пустыня
пчел. пчеловодство
Р. разряд
Р. Рига *(в библиографии)*
Р. родительный падеж
р. река
р. род *(грам.)*
р. родился
р. родительный *(падеж)*
равн. равнина

рад. радио
радио радиотехника
разв. развалины *(топ.)*
развед. разведывательный; разведанный
разг. разговорное слово, выражение
разг. разговорный
разг.-фам. разговорно-фамильярное выражение
раздел(ит). разделительный
разл. различный
РГ «Российская газета»
реакт. реактивная техника
реакт. реактивный
рев. революция; революционный
ред. редактор
ред. редакционный
ред. редакция
редк. редкое слово или выражение
реж. режиссер; режиссерский
резин. резиновый
рейнск. рейнские диалекты
рел. религия *(термин)*
религ. религиозный
рем. ремонт; ремонтный
респ. республика; республиканский
рец. рецензия; рецензент
реч. речной
рим. римский
рис. рисунок
рисоочист. рисоочистительный
ритор. риторика; риторический
РЛС Русская литература Сибири *(библиографический указатель)*
р. мн. родительный падеж множественного числа
р-н район
Р. н/Д Ростов-на-Дону *(в библиографии)*
РО Рукописный отдел

Сокращения, используемые в словарях и энциклопедиях

Ров.	«Ровесник» *(журнал)*
рог.	рогатый
Род.	«Родина» *(журнал)*
род.	родился
род.	родительный *(падеж)*
родств.	родственный
ром.	роман
ром.	романский
Рос.	«Россия» *(газета)*
рос(с).	российский
р. п.	рабочий поселок *(топ.)*
РР	«Русская речь» *(журнал)*
рр.	реки
РТ	«Рабочая трибуна» *(газета)*
рт. ст.	ртутный столб
рук.	руководитель
рук.	рукопись
рукоп.	рукопись; рукописный
рум(ын).	румынский *(язык)*
рус.	русский
русск.	русский *(язык)*
рыб-во	рыболовство
ряз.	рязанский
РЯШ	«Русский язык в школе» *(в библиографии)*
С.	север
с	секунда
с.	село
с.	средний *(род)*
с.	страница
с.	существительное
СА	секретный архив
саам.	саамский
сад.	садоводство
сад-во	садоводство
сакс.	саксонский
саксоф.	саксофон *(муз.)*
Сал.	Саламанка *(Испания)*
Сальв.	Сальвадор
Сам.	Самора *(Испания)*
самостоят.	самостоятельное
сан.	санитарный
сан.-просвет.	санитарно-просветительский
санскр.	санскритский *(язык)*
Сант.	Сантандер *(Испания)*
САПР	система автоматизированного проектирования
Сар.	Сарагоса *(Испания)*
сарат.	саратовский
сауд.	саудовский
сах.	сахарный
сб.	сборник
СБИС	сверхбольшая интегральная схема
сб-к	сборник
сб-ки	сборники
сбор.	сборочный
св	совершенный вид
св.	свыше
св.	святой; священный
С.-В.	северо-восток
свз.	связь
свин-во	свиноводство
свпр	сверхпроводимость
СВЧ	сверхвысокая частота
с.-д.	социал-демократ; социал-демократический
СДР	Славяноведение в дореволюционной России *(биобиблиографический словарь)*
себ.	себежский
Сев.	Севилья *(Испания)*
сев.	северный
сев.-вост.	северо-восточный
севернорус.	северно-русский
сев.-зап.	северо-западный
сев.-нем.	северно-немецкий
Сег.	Сеговия *(Испания)*
сек(р).	секретарь
сел.	селение
сел.	сельский
сем.	семейство *(биол.)*
сем.	семинария
семит.	семитские языки
сент.	сентябрь; сентябрьский
сер.	середина
сер.	серия
серб.	сербский

Сокращения, используемые в словарях и энциклопедиях

серболуж. серболужицкий
серебр. серебряный
СЗ «Свободная зона» *(газета)*
С.-З. северо-запад
сиб. сибирский
СИИ система искусственного интеллекта
сильн. спр. сильное спряжение
симб. симбирский
симф. симфонический *(муз.)*
син. синонимы
синт. синтаксис; синтаксический
сир. сирийский *(язык)*
сист. системный анализ
СК Союз композиторов
сказ. сказуемое
сканд. скандинавский; скандинавские языки
скл. склонение *(грам.)*
скот-во скотоводство
скр. скрипка *(муз.)*
скульп. скульптор
сл. слово
сл. слобода
слаб. спр. слабое спряжение
слав. славянский; славянские языки
след. следующий
слнч. солончак *(топ.)*
слов. словарь
словац. словацкий
словен. словенский
слож. сложение
См. «Смена» *(газета)*
см сантиметр
см. смотри
СМО система массового обслуживания
смол. смоленский
см. тж. смотри также
соавт. соавтор; соавторство
соб. собственное имя
собир. собирательное *(существительное)*
собр. собрание

собр. соч. собрание сочинений
собств. собственно; собственный
собств. собственное имя
сов. совершенный вид *(глагола)*
сов. советский
совм. совместный; совместно
совр(ем). современный
соедин(ит). соединительный
созд. создан; созданный
сокр(ащ). сокращение; сокращенный
сол. соленый *(топ.)*
сол. солист *(муз.)*
соотв. соответствует; соответствующее
соотн. соотносится
сопостав(ит). сопоставительный
сопр. сопрано *(муз.)*
сопров. сопровождение *(муз.)*
Сор. Сория (Испания)
сореж. сорежиссер
сосл(агат). сослагательное *(наклонение)*
сост. состав
сост. составитель
СОТ «Сын Отечества» *(газета)*
сотр. сотрудник
соц. социалистический
социол. социология; социологический
Соч. Сочинения
соч. сочетание
соч. сочинение
сочет. сочетание
сочин. сочинительный
союзн. сл. союзное слово
сп. список
сп. спорт
СПб Санкт-Петербург *(в библиографии)*
СПбЕВ «Санкт-Петербургские епархиальные ведомости» *(журнал - в библиографии)*
СПбП «Санкт-Петербургская панорама» *(журнал - в библиографии)*

спект. спектакль *(муз.)*
С.-Петерб. Санкт-Петербургский
спец. специальный *(термин)*
спорт. спортивный; спортивный термин
с противоп. знач. с противоположным значением
ср. сравни
ср. средний *(род)*
сравн. ст. сравнительная степень
Ср. Азия Средняя Азия
ср.-век. средневековый
ср.-в.-нем. средневерхненемецкий язык
Ср. Восток Средний Восток
ср.-год. среднегодовой
ср.-гр(еч). среднегреческий *(византийский) язык*
средн. средний род
среднеметр. среднеметражный
ср. лат. средневековая латынь
ср.-мес. среднемесячный
ср.-нем. средненемецкие диалекты
ср.-обск. среднеобский
ср. ст. сравнительная степень *(грам.)*
ср.-урал. среднеуральский
Ст. Старый *(в топонимических названиях)*
Ст. стендист
С. т. служащий таможни
ст. станция
ст. старший
ст. статья
ст. степень
ст. стихи
ст. столбец
ст. столетие
стар. старое; старинное слово
старофр. старофранцузский
стат. статистика; статистический
статив. стативное *(значение)*
стб. столбец

стек. стекольный
степ. степень
СТЗ система технического зрения
стил. стилистика
стих. стихотворение
стихотв. стихотворный
ст.-лит. сталелитейный
стлб. столбец
ст.-плав. сталеплавильный
стр. строительное дело
страд. страдательный залог *(грам.)*
страд. наст. страдательное причастие настоящего времени
страд. прош. страдательное причастие прошедшего времени
страх. страховой
стр-во строительство
строит. строительный; строительный термин *(в словарях)*
струн. струнный *(муз.)*
ст.-сл(ав). старославянский язык
ст. с(т). старый стиль *(в календаре)*
студ. студенческий
ст.-фр(анц). старофранцузский *(язык)*
ст-ца станица
СУБД система управления базами данных
субст(антив). субстантив; субстантивированное *(прилагательное, причастие)*
субэкв. субэкваториальный
суф(ф). суффикс
сух. русло сухое русло *(топ.)*
сущ. имя существительное
сх. схема
с. х. сельское хозяйство
с.-х. сельскохозяйственный

Сокращения, используемые в словарях и энциклопедиях

сц.	сцена *(в пьесе)*
сц.	сценарист, сценарий
счетн. ф.	счетная форма
США	Соединенные Штаты Америки
Т.	Таллин *(в библиографии)*
Т.	творительный падеж
Т.	Томск *(в библиографии)*
т	тонна
т.	том
т.	тонна
таб.	табачный
табл.	таблица; табличный
тавр.	тавромахия
тадж.	таджикский
Тал.	Таллин *(в библиографии)*
тамб.	тамбовский
танц.	танцевальный
Тар.	Таррагона *(Испания)*
тат.	татарский
Таш.	Ташкент *(в библиографии)*
Тб.	Тбилиси *(в библиографии)*
ТВ	телевидение
тв.	творительный *(падеж)*
твер.	тверской
т-во	товарищество
твор.	творительный *(падеж)*
творч.	творческий
т. граф.	теория графов *(ЭВМ)*
т. е.	то есть
театр.	театральный термин
текст.	текстильный
текстол.	текстологический
телегр.	телеграфный
телеф.	телефонный
тем-ра	температура
темп-ра	температура
Тер.	Теруэль *(Испания)*
тер.	терский
термодин.	термодинамика; термодинамический
терр.	территория; территориальный
тетр.	тетрадь
тех	техника
тех.	технический термин
техн.	технический
теч.	течение
тж.	также; то же
т. ж.	тысяч жителей
т. з(р).	точка зрения
тиб.	тибетское *(название)*
тибет.	тибетские языки
т. игр	теория игр *(ЭВМ)*
т. инф.	теория информации *(ЭВМ)*
тип.	типография; типографский
тк.	только
т. к.	так как
ткацк.	ткацкий термин
т. л.	титульный лист
тлв.	телевидение
ТМО	теория массового обслуживания
т. н.	так называемый
т. над.	теория надежности *(ЭВМ)*
т. наз.	так называемый
т. о.	таким образом
тобол.	тобольский
Тол.	Толедо *(Испания)*
топ.	топография; топографический
торг.	торговля; торговый
Тр.	труды *(издание)*
т-р	театр
трад.-поэт.	традиционно-поэтическое
трансп.	транспорт; транспортный
трлн	триллион
тромб.	тромбон *(муз.)*
тт.	тома
тув.	тувинский
тунг.	тунгусский
тур.	турецкий *(язык)*
тур.	туристический; туристский
туркм.	туркменский
т/ф	телефильм

Сокращения, используемые в словарях и энциклопедиях

тыс. тысяча
тыс. тысячелетие
тыс. чел. тысяч человек
ТЭ Театральная энциклопедия
ТЭС тепловая электрическая станция; теплоэлектростанция
ТЭЦ тепловая электроцентраль
тюрк. тюркский; тюркские языки
тяж. тяжелый
у. уезд
увелич(ит). увеличительное
увел.-унич. увеличительно-уничижительное
уг. уголовный
уг. угольный
удар. ударение
ударн. ударные *(муз.)*
уд. в. удельный вес
уд. вес удельный вес
удм. удмуртский
узб. узбекский
ук. указатель
указ(ат). указательное *(местоимение)*
укр. украинский
ул. улица
ум. умер
уменьш. уменьшительная форма
уменьш.-ласк. уменьшительно-ласкательное
унив. университетское *(выражение)*
уничиж. уничижительное
ун-т университет
ун-тский университетский
уп. упомянутый
употр. употребляется; употребляются
Ур. Уругвай
урал. уральский
УРЗ условные разделительные знаки *(полигр.)*
урожд. урожденная (-ый)
уругв. уругвайский
усечен. усеченное
усил. усилительно
усилит. усилительное
усл. условное обозначение
усл. условный
уст. устаревший термин
устар. устарелое; устаревшее; устаревающее
устарев. устаревающее
уступ(ит). уступительный
утверд(ит). утвердительная *(частица)*
утр. утренний
уч. учебный
Уч. зап. Ученые записки
уч.-изд. л. учетно-издательский лист
уч-к участок
уч-ще училище
ущ. ущелье *(топ.)*
Уэльв. Уэльва *(Испания)*
Уэск. Уэска *(Испания)*
ф. фильм
ф. фонд *(в библиографии)*
ф. форма *(грам.)*
фаб. фабричный
факс. факсимиле; факсимильный
факульт. факультативно
фам. фамилия
фам(ильярн). фамильярное выражение
фарм(ак). фармакология; фармация
фаш. фашистский
февр. февраль; февральский
феод. феодальный
фехт. фехтование
физ. физика; физический
физ.-геогр. физико-географический
физиол. физиология; физиологический

физ.-тех. физико-технический
физ.-хим. физико-химический
Фил. Филиппины
фил. философия
филол. филология; филологический
филолог. филология
филос. философия; философский
фин. финансовый
фин. финский
финанс. финансовый
финик. финикийский
финск. финский *(язык)*
фин.-угор. финно-угорские
фирм. фирменное название; фирменный
ф-ка фабрика
фл. флейта *(муз.)*
флам(анд). фламандский язык
ФН «Филологические науки» *(в библиографии)*
фольк. фольклор; фольклорный
фон. фонетика; фонетический
фот. фотография; фотографический
фото фотография
фр. франк
фр. французский *(язык)*
франк. франкский
франц. французский
ФРГ Федеративная Республика Германия
ф. с. формулярный список
ФСРЯ Фразеологический словарь русского языка
ф. ст. фунт стерлингов
ф-т факультет
футб. футбол
ФЭ Философская энциклопедия
ФЭС Философский энциклопедический словарь
Х. Харьков *(в библиографии)*
хакас. хакасский
халдейск. халдейский
Хар. Харьков *(в библиографии)*
х-во хозяйство
хеттск. хеттский
хим. химический
хим. химия
хим.-фарм. химико-фармацевтический
хип. арго хиппи
хир. хирургия; хирургический
хл.-бум. хлопчатобумажный
хл.-очист. хлопкоочистительный
хоз. хозяйство; хозяйственный
хоз-во хозяйство
хор. хоровой *(муз.)*
хорв. хорватский
хореогр. хореография
хр. хребет *(геогр.)*
христ. христианский
худ. художник
худож. художественный
худ. рук. художественный руководитель
ц центнер
ц. центр
ц. церковь
Ц. Ам. Центральная Америка
ЦАР Центральноафриканская Республика
цв. цвет; цветной
ЦГА Центральный государственный архив
ЦДА цифровой дифференциальный анализатор
ценз. цензурный
центр. центральный
церк. церковный, церковное слово
церк.-слав. церковно-славянский
цинк. цинковый
цирк. цирковой термин
цит. цитируется
ЦМД цилиндрический магнитный домен
ЦНБ Центральная научная библиотека

Сокращения, используемые в словарях и энциклопедиях

ц.-сл.	церковно-славянский
цыг.	цыганский язык
Ч.	Чили
ч.	час
ч.	часть
ч.	число
част.	частица
чел.	челеста *(муз.)*
чел.	человек
четв.	четверть
чеш.	чешский язык; чешское слово
ЧиЗ	«Человек и закон» *(журнал)*
числ.	имя числительное
числ.	численность; численный
числит.	имя числительное
Ч. к.	член консорциума
чл.	член
чл.-к.	член-корреспондент
чл.-кор(р).	член-корреспондент
ЧП	«Час пик» *(газета)*
что-л.	что-либо
что-н.	что-нибудь
чув(аш).	чувашский
чуг.	чугунный
чуг.-лит.	чугунолитейный
чуг.-плав.	чугуноплавильный
шах.	шахматный
шахм.	шахматы
шв.	шведский
швед.	шведский *(язык)*
швейц.	швейцарский
шексн.	шекснинский
шелк-во	шелководство
шельф. ледн.	шельфовый ледник
шир.	ширина
шк.	школа; школьное слово, выражение
школ.	школьное выражение
шос(с).	шоссейный
шотл.	шотландский
шт.	штат
шт.	штука
шулерск. жарг.	шулерский жаргон
шутл.	шутливое выражение
шутл.-ирон.	шутливо-ироническое
шутл.-фамильярн.	шутливо-фамильярное
эвенк.	эвенкийское
ЭВМ	электронная вычислительная машина
эвф.	эвфемизм
ЭиЖ	«Экономика и жизнь» *(газета)*
ЭиС	«Экран и сцена» *(журнал)*
эк.	экономический термин
Экв.	Эквадор
экв.	экваториальный
экз.	экземпляр
экон.	экономический
экр.	экранный
экс.	экспорт; экспортный
эксп.	экспедиция
эксп.	экспорт; экспортный
эксперим.	экспериментальный
экспрес.	экспрессивное
эл.	электрический
эл.	электротехника
эл.-магн.	электромагнитный
электр.	электроника
электр.	электротехника
эллипт.	эллиптический
элн.	электроника
ЭЛТ	электронно-лучевая трубка
эмоц.	эмоциональный
эмоц.-усил.	эмоционально-усилительное
энкл.	энклитика; энклитический
энт.	энтомология
энц.	энциклопедия; энциклопедический
ЭС	электрическая станция
эским.	эскимосский язык
эсп.	эсперанто
эст.	эстонский язык
Эстр.	Эстремадура *(Испания)*
эстр.	эстрадный *(муз.)*
этим.	этимология; этимологический

Сокращения, используемые в словарях и энциклопедиях

этногр.	этнографический
эфиоп.	эфиопский язык
Ю.	юг; южный
Ю. Ам.	Южная Америка
ЮАР	Южно-Африканская Республика
ю. в.	юго-восток; юго-восточный
ювелир.	ювелирный
юго-вост.	юго-восточный
юго-зап.	юго-западный
юж(н).	южный
Ю.-З.	юго-запад
ю.-з.	юго-запад; юго-западный
ю.-нем.	южно-немецкие диалекты
юр.	юридический
Я.	Ярославль *(в библиографии)*
явл.	явление *(в пьесе)*
яз.	язык; языки
яз-знание	языкознание
як(ут).	якутский
янв.	январь; январский
яп.	японский *(язык)*
япон(ск).	японский
ярослав.	ярославский

ЮРИСПРУДЕНЦИЯ

АССА автоматизированная справочная система адвоката
ВАК Высшая арбитражная комиссия
ВАС Высший арбитражный суд *(Российской Федерации)*
ВККС Высшая квалификационная коллегия судей
ВТАК *англ.* FTAC, Foreign Trade Arbitration Commission - Внешнеторговая арбитражная комиссия
ГВП Главная военная прокуратура
ГВП Главный военный прокурор
ГК Гражданский кодекс
ГПК Гражданско-процессуальный кодекс
ГСК Главная судейская коллегия
д. ю. н. доктор юридических наук
ЖК жилищный кодекс
ЗК земельный кодекс
ИГП Институт государства и права
ИНПРАВ Институт государства и права
ИС интеллектуальная собственность
КАП Кодекс об административных правонарушениях
КЗоТ Кодекс законов о труде
КМП Кавказская межрегиональная прокуратура
КоАП Кодекс об административных правонарушениях
КОБС Кодекс о браке и семье
КС Конституционный суд
к. ю. н. кандидат юридических наук
МАК Морская арбитражная комиссия
МАЮ Международная ассоциация юристов
МАЮД Международная ассоциация юристов-демократов
МВТ Международный военный трибунал
МГКА Московская городская коллегия адвокатов
МКАС Международный коммерческий арбитражный суд
МКЮ Международная комиссия юристов
МОКА Московская областная коллегия адвокатов
МС Международный суд *(Организации Объединенных Наций)*
МСА Международный союз адвокатов
МСТА Международный совет по торговому арбитражу
МТП Московская транспортная прокуратура
МУТР Международный уголовный трибунал для Руанды
МЮИ Московский юридический институт
МЮК Межамериканский юридический комитет
МЮО Международная юридическая организация
НИИСЭ Научно-исследовательский институт судебной экспертизы
нотар. нотариальный; нотариус
ОИС объект интеллектуальной собственности
пат. патент
пост. постановление
САР Союз адвокатов России

Юриспруденция

СДС Совет действующих судей
СП собрание постановлений
ст.ст. статьи
суд.-мед. судебно-медицинский
УК Уголовный кодекс
УПК Уголовно-процессуальный кодекс
ФЗ Федеральный закон
ЦНИИСП Центральный научно-исследовательский институт судебной психиатрии имени профессора В. П. Сербского
ЦНИИСЭ Центральный научно-исследовательский институт судебных экспертиз
ЦСМЛ Центральная судебно-медицинская лаборатория
юр. юридический
юрфак юридический факультет

РЕЛИГИЯ. ФИЛОСОФИЯ. ПСИХОЛОГИЯ. СОЦИОЛОГИЯ.

Авв. Книга пророка Аввакума (42 книга "Ветхого Завета")
Авд. Книга пророка Авдия (38 книга "Ветхого Завета")
Аг. Книга пророка Агея (44 книга "Ветхого Завета")
Ам. Книга пророка Амоса (37 книга "Ветхого Завета")
Ап. Апокалипсис (27 книга "Нового Завета")
ап. апостол
апп. апостолы
АХМ Ассоциация христианских миссий
Б. издание Славянской Библии *(Библия, сиречь книги Священнаго Писания Ветхаго и Новаго Завета. М., 1904)*
бесср. бессеребреник
бессрр. бессеребреники
Биб. Кан. издание Протестантской Русской Библии *(Библия. Книги Священного Писания Ветхого и Нового Завета канонические в русском переводе с параллельными местами. М., 1989)*
Биб. Юб. издание Православной Русской Библии *(Библия. Книги Священного Писания Ветхого и Нового Завета. Юбилейное издание, посвященное Тысячелетию Крещения Руси. М., 1988)*
библ. библейский термин; библейское выражение
блгв. благоверный
блгвв. благоверные
блж. блаженный

БО Библейское Общество
Бт. Бытие (1 книга "Ветхого Завета")
будд. буддийский; относящийся к буддизму
ВАМЖХ Всемирная ассоциация молодых женщин-христианок
Вар. Книга пророка Варуха (32 книга "Ветхого Завета")
ВАРЦ Всемирный альянс реформатских церквей
ВББ Великое белое братство *(секта)*
ВЗ "Ветхий Завет" *(первая из двух основных частей "Библии")*
ВИГ Вооруженная исламская группа *(Алжир)*
ВЛФ Всемирная лютеранская федерация
ВМЛ Всемирная мусульманская лига
вмц. великомученица
вмцц. великомученицы
вмч. великомученик
вмчч. великомученики
ВПМД Всецерковное православное молодежное движение
ВРКМ Всемирная религиозная конференция за мир
ВСЕРО Всероссийский Совет еврейских религиозных общин
ВСЖКО Всемирный совет женских католических организаций
ВСЦ Всемирный совет церквей
Вт. Второзаконие (5 книга "Ветхого Завета")

Религия. Философия. Психология. Социология

ВФКМ Всемирная федерация католической молодежи
ВФСХ Всемирная федерация студентов-христиан
Гал. Послание к галатам (16 книга "Нового Завета")
ГИА Вооруженная исламская группа *(Алжир)*
Дан. Книга пророка Даниила (34 книга "Ветхого Завета")
д. б. н. доктор богословских наук
Деян. Деяния апостолов (5 книга "Нового Завета")
диамат диалектический материализм
ДУМ Духовное управление мусульман
ДУМЕС Духовное управление мусульман европейской части СНГ и Сибири
д. ф. н. доктор философских наук
ев. евангелист
Евр. Послание к евреям (26 книга "Нового Завета")
Еккл. Книга Екклезиаста (24 книга "Ветхого Завета")
еп. епископ
Есф. Книга Есфири (20 книга "Ветхого Завета")
Еф. Послание к ефесянам (17 книга "Нового Завета")
ЕХБ Евангельские христиане-баптисты
Зах. Книга пророка Захарии (45 книга "Ветхого Завета")
ЗСГ значимая социальная группа
Иак. Послание Иакова (6 книга "Нового Завета")
Иез. Книга пророка Иезекииля (33 книга "Ветхого Завета")
Иер. Книга пророка Иеремии (29 книга "Ветхого Завета")
ИИФФ Институт истории, филологии и философии
ИКЦ Исламский культурный центр
Ин. Евангелие от Иоанна (4 книга "Нового Завета")
индуист. индуистский
ИОА Исламское общество Афганистана
ИОАП Исламское общество Афганистана в Панджшере
Иов Книга Иова (21 книга "Ветхого Завета")
Иоиль Книга пророка Иоиля (36 книга "Ветхого Завета")
Иона Книга пророка Ионы (39 книга "Ветхого Завета")
ИП Институт психологии
ИПАН Институт психологии Академии наук
ИПФ инженерная психофизиология
ИПЦ Истинно-православная церковь
ИС Институт социологии
Ис. Книга пророка Исаии (28 книга "Ветхого Завета")
ИСИ Институт социологических исследований
ИСИС Институт системных исследований и социологии
истмат исторический материализм
Исх. Исход (2 книга "Ветхого Завета")
Иуда Послание Иуды (12 книга "Нового Завета")
иудаист. иудаистский
Иудифь Книга Иудифи (19 книга "Ветхого Завета")
ИФАН Институт философии Академии наук
ИФП Институт философии и права
ИФС Исламский фронт спасения
КЕЦ Конференция Европейских церквей

Религия. Философия. Психология. Социология

Кол. Послание к колоссянам (19 книга "Нового Завета")
КОПС компьютерная оперативная психосемантическая диагностика
КСИР Корпус стражей исламской революции
КТТМ краткий тест творческого мышления *(психол.)*
к. ф. н. кандидат философских наук
Лев. Левит (3 книга "Ветхого Завета")
Лк. Евангелие от Луки (3 книга "Нового Завета")
ЛКХП Люксембургская конфедерация христианских профсоюзов
Мал. Книга пророка Малахии (46 книга "Ветхого Завета")
МДА Московская Духовная Академия
МДКИ Международное движение католической интеллигенции «Пакс Романа»
МДСК Международное движение студентов-католиков
Мих. Книга пророка Михея (40 книга "Ветхого Завета")
Мк. Евангелие от Марка (2 книга "Нового Завета")
мон. монастырь
МОРХМ Международная организация рабочей христианской молодежи
МОХФПП Московский областной христианский фонд поддержки престарелых
МСА Международная социологическая ассоциация
МСИФН Международный союз истории и философии науки
МСМХД Международный союз молодых христиан-демократов
МСФГН Международный совет по философии и гуманитарным наукам
мусульм. мусульманский
Мф. Евангелие от Матфея (1 книга "Нового Завета")
МФС Межафриканский философский совет
мц. мученица
мцц. мученицы
мч. мученик
мчч. мученики
Нав. Книга Иисуса Навина (6 книга "Ветхого Завета")
Наум Книга пророка Наума (41 книга "Ветхого Завета")
Неем. Книга Неемии (16 книга "Ветхого Завета")
НЗ "Новый Завет" *(вторая из двух основных частей "Библии")*
НИДА Национальное исламское движение Афганистана
НИФА Национальный исламский фронт Афганистана
НЛП нейролингвистическая психология
ОБО Объединенные Библейские Общества
ОИК Организация Исламская конференция
ОПИ Общество парапсихологических исследований
Ос. Книга пророка Осии (35 книга "Ветхого Завета")
ОФП Отделение философии и права
патр. патриарх
Песнь Песнь песней (25 книга "Ветхого Завета")
Пл. Плач Иеремии (30 книга "Ветхого Завета")
Посл. Послание Иеремии (31 книга "Ветхого Завета")
прав. праведный

Религия. Философия. Психология. Социология

правв.	праведные
правосл.	православный
Прем.	Книга Премудрости Соломона (26 книга "Ветхого Завета")
Прит.	Притчи Соломона (23 книга "Ветхого Завета")
прмц.	преподобномученица
прмцц.	преподобномученицы
прмч.	преподобномученик
прмчч.	преподобномученики
прор.	пророк
прп.	преподобный
прпп.	преподобные
Пс	Псалтирь (22 книга "Ветхого Завета")
псих(ол).	психология; психологический
равноап.	равноапостольный
РАТЭПП	Российская ассоциация телефонов экстренной психологической помощи
рел.	религия
религ.	религиозный
Рим.	Послание к римлянам (13 книга "Нового Завета")
РОМИР	«Российское общественное мнение и исследование рынка» *(центр социологических исследований)*
РПЦ	Русская Православная церковь
Руфь	Книга Руфи (8 книга "Ветхого Завета")
РФИ	Религиозно-философский институт
РХГИ	Русский христианский гуманитарный институт
св.	святой; священный
свв.	святые
свт.	святитель
свтт.	святители
сем.	семинария
Сир.	Книга Премудрости Иисуса, сына Сирахова (27 книга "Ветхого Завета")
Соф.	Книга пророка Софонии (43 книга "Ветхого Завета")
социол.	социология; социологический
Спб ДА	Санкт-Петербургская духовная академия
столпн.	столпник
Суд.	Книга Судей (7 книга "Ветхого Завета")
СХВЕ	Союз Христиан Веры Евангельской
СХС	Союз Христианского Созидания
СЦЕХБ	Совет церквей «Евангельские христиане-баптисты»
сщмц.	священномученица
сщмцц.	священномученицы
сщмч.	священномученик
сщмчч.	священномученики
ТБЛ	издание Православной Русской Библии с комментариями *(Толковая Библия, или комментарий на все книги Св. Писания Ветхого и Нового Завета. Бытие - Притчи Соломона. СПб., 1904-1907)*
Тит	Послание к Титу (24 книга "Нового Завета")
Тов.	Книга Товита (18 книга "Ветхого Завета")
УПЦ	Украинская православная церковь
фил.	философия
Филим.	Послание к Филимону (25 книга "Нового Завета")
Филип.	Послание к филиппийцам (18 книга "Нового Завета")
филос.	философия; философский

ФКХТ Французская конфедерация христианских трудящихся
ФЭ Философская энциклопедия
ФЭС Философский энциклопедический словарь
ХАИТ Христианская ассоциация итальянских трудящихся
ХАМАС Исламское движение сопротивления
ХДД Христианско-демократическое движение *(Словакия)*
ХНОП Христианское национальное объединение профсоюзов
ц. церковь
ЦДУБ Центральное духовное управление буддистов
ЦДУМ Центральное Духовное Управление мусульман
целит. целитель
церк. церковный, церковное слово *(в словарях)*
ЦКНК Центральный комитет немецких католиков
Чис. Числа (4 книга "Ветхого Завета")
ЭАПЦ Эстонская апостольская православная церковь
1 Езд. Первая книга Ездры (15 книга "Ветхого Завета")
2 Езд. Вторая книга Ездры (17 книга "Ветхого Завета")
3 Езд. Третья книга Ездры (50 книга "Ветхого Завета")
1 Ин. Первое послание Иоанна (9 книга "Нового Завета")
2 Ин. Второе послание Иоанна (10 книга "Нового Завета")
3 Ин. Третье послание Иоанна (11 книга "Нового Завета")
1 Кор. Первое послание к коринфянам (14 книга "Нового Завета")
2 Кор. Второе послание к коринфянам (15 книга "Нового Завета")
1 Мак. Первая книга Маккавейская (47 книга "Ветхого Завета")
2 Мак. Вторая книга Маккавейская (48 книга "Ветхого Завета")
3 Мак. Третья книга Маккавейская (49 книга "Ветхого Завета")
1 Пар. Первая книга Паралипоменон (13 книга "Ветхого Завета")
2 Пар. Вторая книга Паралипоменон (14 книга "Ветхого Завета")
1 Пет. Первое послание Петра (7 книга "Нового Завета")
2 Пет. Второе послание Петра (8 книга "Нового Завета")
1 Тим. Первое послание к Тимофею (22 книга "Нового Завета")
2 Тим. Второе послание к Тимофею (23 книга "Нового Завета")
1 Фес. Первое послание к фессалоникийцам (20 книга "Нового Завета")
2 Фес. Второе послание к фессалоникийцам (21 книга "Нового Завета")
1 Цар. Первая книга Царств (9 книга "Ветхого Завета")
2 Цар. Вторая книга Царств (10 книга "Ветхого Завета")
3 Цар. Третья книга Царств (11 книга "Ветхого Завета")
4 Цар. Четвертая книга Царств (12 книга "Ветхого Завета")

СПОРТ И ФИЗИЧЕСКАЯ КУЛЬТУРА

АЕНОК *англ.* AENOC, Association of the European National Olympic Committees - Ассоциация европейских национальных олимпийских комитетов

АИБА *фр.* - AIBA, Association Internationale de Boxe - Международная любительская ассоциация бокса

АИПС *фр.* - AIPS, Association Internationale de la Presse Sportive - Международная ассоциация спортивной прессы

альп. альпинистский

АМФЗВС Ассоциация международных федераций зимних видов спорта

АМФЛВС Ассоциация международных федераций летних видов спорта

АНОК Ассоциация национальных олимпийских комитетов

АНОКА Ассоциация национальных олимпийских комитетов Африки

АНОКЕ Ассоциация национальных олимпийских комитетов Европы

АФИ Ассоциация футбола инвалидов

БСА Большая спортивная арена

ВАК Всемирная ассоциация кикбоксинга

ВАСО Всеамериканская спортивная организация

вел. велосипедный

ВИФК Военный институт физической культуры

ВКВ внезапный контроль времени *(спорт.)*

ВКП внезапный контроль прохождения *(спорт.)*

ВНИИФК Всероссийский научно-исследовательский институт физической культуры

ВСБ Всемирный совет бокса

ВСК военно-спортивный комплекс

ВФАС Всемирная федерация автомобильного спорта

ВФД врачебно-физкультурный диспансер

ВХА Всемирная хоккейная ассоциация

ВШТ высшая школа тренеров

ГПЦ Главный пресс-центр

ГФЛ Главная футбольная лига

Д «Динамо» *(спортивное общество)*

ДОЦ детский оздоровительный центр

ДСИ Дворец спортивных игр

ДСК домашний спортивный комплекс

ДСО Добровольное спортивное общество

ДСШ детская спортивная школа

ДЮСШ детско-юношеская спортивная школа

ЕКВ Европейская конфедерация волейбола

ЕНОК *англ.* ENOC, European National Olympic Committees - Европейские национальные олимпийские комитеты

ЗМС заслуженный мастер спорта

ЗТР заслуженный тренер республики

Спорт и физическая культура

ИАОМО *англ.* IAOMO, International Association of Olympic Medical Officers - Международная ассоциация олимпийских медицинских работников

ИБФ *англ.* IBF, International Badminton Federation - Международная федерация бадминтона

ИВФ *англ.* IWF, International Weightlifting Federation - Международная федерация тяжелой атлетики

ИГФ *англ.* IHF, International Handball Federation - Международная федерация гандбола

ИДВ Игры доброй воли

ИИХФ *англ.* IIHF, International Ice Hockey Federation - Международная федерация хоккея на льду

ИКФ *англ.* ICF, International Canoe Federation - Международная федерация каноэ

ИСУ *англ.* ISU, International Skating Union - Международный конькобежный союз

ИТФ *англ.* ITF, International Tennis Federation - Международная федерация тенниса

ИФК Институт физической культуры

К конь *(в шахматной нотации)*

КМ Кубок мира

КМС кандидат в мастера спорта

КМФТ Комитет Российской Федерации по делам молодежи, физической культуре и туризму

Кр король *(в шахматной нотации)*

КСК конно-спортивный клуб

КТФ комплексный тренажер физический

КФКТ Комитет Российской Федерации по физической культуре и туризму

Л ладья *(в шахматной номинации)*

ЛБЛ Литовская баскетбольная лига

ЛОЦ лечебно-оздоровительный центр

ЛФК лечебная физкультура

МАИП Международная ассоциация игроков в пэйнтбол

МГФСО Московская городская федерация спортивных обществ

МДК Международный Дельфийский комитет

МДТЗК Московская дирекция театрально-концертных и спортивно-зрелищных касс

МКСО Международная конфедерация спортивных организаций

МОК Международный олимпийский комитет

МОЦ медико-оздоровительный центр

МОЦВС Московский олимпийский центр водного спорта

МПБЛ Международная профессиональная баскетбольная лига

МПК Международный Паралимпийский комитет

МС мастер спорта

МСА Малая спортивная арена

МСМК мастер спорта международного класса

МФ Международная федерация

Спорт и физическая культура

МФСТ Московская федерация спортивного танца
МХЛ Межнациональная хоккейная лига
НАК Национальный атлетический клуб
НБА Национальная баскетбольная ассоциация *(США)*
НОК Национальный олимпийский комитет
НФП Наставления по физической подготовке
НФС Национальный фонд спорта
НХЛ Национальная хоккейная лига *(США)*
ОКОИ Организационный комитет Олимпийских игр
ОСА Олимпийский Совет Азии
ОФП общефизическая подготовка
п. пешка *(в шахматной нотации)*
плав. плавательный; плавающий
ПМТ психомышечная тренировка
пп. пешки *(в шахматной нотации)*
ППФП профессионально-прикладная физическая подготовка
ПРТ психорегулирующая тренировка *(спорт.)*
ПФЛ Профессиональная футбольная лига
ПЧА *англ.* PCA, Professional Chess Association - Профессиональная шахматная ассоциация
ПША Профессиональная шахматная ассоциация
РГАФК Российская государственная академия физической культуры
РОСТО Российская оборонная спортивно-техническая организация
РФС Российский футбольный союз
С слон *(в шахматной нотации)*
самбо самооборона без оружия *(вид спортивной борьбы)*
с/б с барьерами *(спорт.)*
СДЮШ спортивная детско-юношеская школа
СДЮШОР спортивная детско-юношеская школа олимпийского резерва
СК спортивный клуб
СКА спортивный клуб армии
СКК Спортивно-концертный комплекс
сп. спорт
спорт. спортивный; спортивный термин *(в словарях)*
с/пр с препятствиями
стад. стадион *(топ.)*
СТК спортивно-технический клуб
УЕФА *фр.* UEFA, Union Européenne de Football-Associations - Европейский союз футбольных ассоциаций
УИТ *фр.* UIT, Union Internationale de Tir - Международный союз стрелкового спорта
УТК учебно-тренировочный комплекс
УТС учебно-тренировочная станция
УТЦ учебно-тренировочный центр
Ф ферзь *(в шахматной нотации)*
ФА футбольная ассоциация
ФББР Федерация бодибилдинга России

Спорт и физическая культура

ФБФ Форум болельщиков футбола

ФЕИ *фр.* FEI, Fédération Equestre Internationale - Международная федерация конного спорта

фехт. фехтование

ФИБА *фр.* FIBA, Fédération Internationale de Basketball Amateur - Международная любительская федерация баскетбола

ФИВБ *фр.* FIVB, Fédération Internationale de Volleyball - Международная федерация волейбола

фиг. фигура

ФИД *фр.* FIJ, Fédération Internationale de Judo - Международная федерация дзюдо

ФИДЕ *фр.* FIDE, Fédération Internationale des Echecs - Международная шахматная федерация

ФИЕ *фр.* FIE, Fédération Internationale d'Escrime - Международная федерация фехтования

ФИЖ *фр.* FIG, Fédération Internationale de Gymnastique - Международная федерация гимнастики

ФИЛ *фр.* FIL, Fédération Internationale de Luge - Международная федерация санного спорта

ФИЛА *фр.* FILA, Fédération Internationale de Lutte Amateur - Международная любительская федерация борьбы

ФИМС *фр.* FIMS, Fédération Internationale de Médecine Sportive - Международная федерация спортивной медицины

ФИНА *фр.* FINA, Fédération Internationale de Natation des Amateurs - Международная любительская федерация плавания

ФИС *фр.* FIS, Fédération Internationale de Ski - Международная федерация лыжного спорта

ФИСА *фр.* FISA, Fédération Internationale des Sociétés d'Aviron - Международная федерация обществ гребного спорта

ФИСУ *фр.* FISU, Fédération Internationale des Sports Universitaires - Международная федерация университетского спорта

ФИТ *фр.* FIT, Fédération Internationale de Tennis - Международная федерация тенниса

ФИТА *фр.* FITA, Fédération Internationale de Tir à l'Arc - Международная федерация стрельбы из лука

ФИФА *фр.* FIFA, Fédération Internationale de Football Associations - Международная федерация футбольных ассоциаций

ФИХ *фр.* FIH, Fédération Internationale de Hockey sur Gazon - Международная федерация хоккея на траве

ФИХК *фр.* FIHC, Fédération Internationale Haltérophile et Culturiste - Международная федерация тяжелой атлетики и физической культуры

ФК физическая культура

ФЛК футбольно-легкоатлетический комплекс

ФМЖД *фр.* FMJD, Fédération Mondiale du Jeu de Dames – Всемирная шашечная федерация

ФПС Федерация подводного спорта

ФТБ Федерация таиландского бокса

футб. футбол

ФФФ Французская федерация футбола

ФХБ Федерация хоккея Белоруссии

ФХР Федерация хоккея России

ФШР Федерация шейпинга России

ЦКИБ Центральное конструкторское исследовательское бюро охотничьего и спортивного оружия

ЦМВ Центр международного вещания

ЦОР Центр олимпийского резерва

ЦСК Центральный спортивный клуб

ЦСКА Центральный спортивный клуб Америки

ЦСКА Центральный спортивный клуб армии

ЦШК Центральный шахматный клуб

шах. шахматный

шахм. шахматы

ШВСМ школа высшего спортивного мастерства

ЭШВСМ экспериментальная школа высшего спортивного мастерства

ЯОК Японский олимпийский комитет

ТУРИЗМ И ОТДЫХ. САДЫ И ПАРКИ.

АБТА *англ.* ABTA, Association of British Travel Agents - Ассоциация британских туристических агентств

АТФ Ассоциация туристических фирм

АФТА *англ.* AFTA, Australian Federation of Travel Agents - Австралийская федерация туристских агентств

БТУ Британское туристское управление

ВАТА Всемирная ассоциация туристских агентств

ВТО Всемирная туристская организация

ГБС Главный ботанический сад

ГЭБ Городское экскурсионное бюро

д.о. дом отдыха

ЕАЛ «Евро-Азиатская Линия» *(туристическая фирма)*

ЕТА Европейское туристическое агентство

ЕТК *англ.* ETC, European Travel Commission - Европейская туристская комиссия

Интурбюро Бюро по обслуживанию иностранных туристов

КМФТ Комитет Российской Федерации по делам молодежи, физической культуре и туризму

КФКТ Комитет Российской Федерации по физической культуре и туризму

НТА Национальная туристическая ассоциация

ПКиО парк культуры и отдыха

РАТА Российская ассоциация туристических агентств

ТБ туристическое бюро

тур. туристический; туристский

ЦБП Центральное бюро путешествий

ЦБС Центральный ботанический сад

ЦДТ Центральный Дом туристов

ЦМО Центр молодежного отдыха

ЦМО Центральный международный обмен

ЦПКиО Центральный парк культуры и отдыха

ЦПКО центральный парк культуры и отдыха

ЦСБС Центральный сибирский ботанический сад

ПОЧЕТНЫЕ И УЧЕНЫЕ СТЕПЕНИ И ЗВАНИЯ. РОДОВЫЕ ТИТУЛЫ

геральд. геральдика
гр. граф
д. б. н. доктор биологических наук
д. в. н. доктор ветеринарных наук
д. в. н. доктор военных наук
д. г.-м. н. доктор геолого-минералогических наук
д. г. н. доктор географических наук
д. и. н. доктор исторических наук
д. м. н. доктор медицинских наук
д. п. н. доктор педагогических наук
д. с.-х. н. доктор сельскохозяйственных наук
д. т. н. доктор технических наук
д. ф.-м. н. доктор физико-математических наук
д. ф. н. доктор филологических наук
д. ф. н. доктор философских наук
д. х. н. доктор химических наук
д. ч(л). действительный член
д. э. н. доктор экономических наук
д. ю. н. доктор юридических наук
засл. заслуженный
засл. деят. заслуженный деятель
засл. худ. заслуженный художник
з. д. и. заслуженный деятель искусств
ЗМС заслуженный мастер спорта
ЗТР заслуженный тренер республики
имп. император; императорский

к. б. н. кандидат биологических наук
к. в. н. кандидат ветеринарных наук
к. в. н. кандидат военных наук
к. г. н. кандидат географических наук
к. и. н. кандидат исторических наук
к. м. н. кандидат медицинских наук
КМС кандидат в мастера спорта
кн. князь; княгиня
к. п. н. кандидат педагогических наук
к. с-х. н. кандидат сельскохозяйственных наук
к. т. н. кандидат технических наук
к. ф.-м. н. кандидат физико-математических наук
к. ф. н. кандидат филологических наук
к. ф. н. кандидат философских наук
к. х. н. кандидат химических наук
к. э. н. кандидат экономических наук
к. ю. н. кандидат юридических наук
МС мастер спорта
МСМК мастер спорта международного класса
нар. народный
нар. худ. народный художник
поч. почетный
поч. чл. почетный член
проф. профессор
ст(еп). степень
ч.-к. член-корреспондент
чл. член
член-кор. член-корреспондент
чл.-к(ор). член-корреспондент

ВРЕМЯ

авг. август; августовский
апр. апрель; апрельский
АЧТВ активированное частичное тромбопластиновое время
БШВ бортовая шкала времени
в. век
вв. века
вт. вторник
ВЭЧВ вторичный эталон времени и частоты
г(.) год
гг. годы
ГСВЧ Государственная служба времени и частоты
ГЭВЧ главный эталон времени и частоты
д. день
дек. декабрь; декабрьский
дн. дни; дней
КВ контроль времени
мес месяц
мес. месяц
м-ц месяц
нед. неделя
нояб. ноябрь; ноябрьский
н. с(т). новый стиль *(в календаре)*
н.э. нашей эры
окт. октябрь; октябрьский
пн. понедельник
пт. пятница
сб. суббота
СВ система единого времени
с. г. сего года
СЕВ система единого времени
сек. секунда
сент. сентябрь; сентябрьский
сер. в. середина века
с. м. сего месяца
ср. среда *(день недели)*
ст. столетие
ст. с(т). старый стиль *(в календаре)*
с. ч. сего числа
тыс. тысячелетие
февр. февраль; февральский
четв. четверть
чт(в). четверг
ЭСВ эталонный сигнал времени
янв. январь; январский

СОКРАЩЕНИЯ ЛИЧНЫХ ИМЕН И ОТЧЕСТВ

Абр.	Абрам	**Ел.**	Елена
Ал.	Алексей	**Елиз.**	Елизавета
Ал-р(а)	Александр(а)	**Елиз.**	Елизар
Амвр.	Амвросий	**Ем.**	Емельян
Анаст.	Анастасий, Анастасия	**Ерм.**	Ермолай
Анат.	Анатолий	**Еф.**	Ефим
Анд.	Андрей	**Ефр.**	Ефрем, Ефросинья
Ант.	Антон(ина)	**Зах.**	Захар
Ап.	Аполлон	**Зин.**	Зинаида
Арк.	Аркадий	**Ив.**	Иван
Арх.	Архип	**Иг.**	Игорь
Аф.	Афанасий	**Игн.**	Игнатий
Богд.	Богдан	**Ил.**	Илья
Бор.	Борис	**Илл.**	Илларион
Вад.	Вадим	**Инн.**	Иннокентий
Вал.	Валентин(а)	**Иос.**	Иосиф
Валер.	Валерий, Валерия	**Ипп.**	Ипполит
Варв.	Варвара	**Ир.**	Ирина
Вас.	Василий, Василиса	**Исид.**	Исидор
Вац.	Вацлав	**Кап.**	Капитон, Капитолина
Вик.	Викентий	**Кир.**	Кирилл
Викт.	Виктор, Виктория	**Кл.**	Клавдий, Клавдия
Вит.	Виталий	**Клим.**	Климент(ий)
Вл.	Владимир	**Конд.**	Кондрат(ий)
Влад.	Владислав	**Конст.**	Константин
Вс.	Всеволод	**Кс.**	Ксения, Ксенофонт
Вяч.	Вячеслав	**Куз.**	Кузьма
Гал.	Галактион, Галина	**Лавр.**	Лаврентий
Ген.	Геннадий	**Лаз.**	Лазарь
Георг.	Георгий	**Лар.**	Лариса
Гер.	Герасим	**Леон.**	Леонид
Григ.	Григорий	**Леонт.**	Леонтий
Дав.	Давид	**Лид.**	Лидия
Дан.	Даниил	**Люб.**	Любовь
Дем.	Дементий	**Люд.**	Людмила
Дм.	Дмитрий	**Мак.**	Макар
Евг.	Евгений, Евгения	**Макс.**	Максим
Евд.	Евдоким, Евдокия	**Марг.**	Маргарита
Евст.	Евстигней	**Матв.**	Матвей
Евстаф.	Евстафий	**Митр.**	Митрофан
Ег.	Егор	**Мих.**	Михаил
Ек.	Екатерина	**Моис.**	Моисей

Мст.	Мстислав	**Сид.**	Сидор
Над.	Надежда	**Сол.**	Соломон
Наз.	Назар	**Софр.**	Софрон(ий)
Нат.	Натан	**Спир.**	Спиридон
Нат.	Наталия	**Стан.**	Станислав
Ник.	Николай	**Степ.**	Степан(ида)
Никан.	Никанор	**Там.**	Тамара
Никиф.	Никифор	**Тар.**	Тарас
Окс.	Оксана	**Тат.**	Татьяна
Ост.	Остап	**Тер.**	Терентий
Пав.	Павел	**Тим.**	Тимофей
Пант.	Пантелеймон	**Тих.**	Тихон
Пах.	Пахом	**Триф.**	Трифон
Пел.	Пелагея	**Троф.**	Трофим
Петр.	Петрович, Петровна	**Фед.**	Федор
Пол.	Поликарп, Полина	**Фел.**	Феликс
Порф.	Порфирий	**Фер.**	Ферапонт
Пот.	Потап	**Фил.**	Филипп
Праск.	Прасковья	**Филим.**	Филимон
Прох.	Прохор	**Хар.**	Харитон
Род.	Родион	**Христоф.**	Христофор
Рост.	Ростислав	**Эд.**	Эдуард
Ром.	Роман	**Эл.**	Элеонора
Сав.	Савелий	**Эм.**	Эмилия
Сам.	Самуил	**Эмм.**	Эммануил
Свет.	Светлана	**Эсф.**	Эсфирь
Свят.	Святослав	**Юл.**	Юлий, Юлия
Сев.	Севастьян	**Юр.**	Юрий
Сем.	Семен	**Як.**	Яков
Сер.	Сергей	**Яр.**	Ярослав
Сераф.	Серафим(а)		

ФАМИЛИИ ИЗВЕСТНЫХ ЛЮДЕЙ
(при цитатах)

Аж. Ажаев В. Н.
Акс. Аксаков С. Т.
А. Н. Толст. Толстой А. Н.
Антон. Антонов С. П.
Арс. Арсеньев В. К.
Атар. Атаров Н. С.
Афин. Афиногенов А. Н.
Ахм. Ахматова А. А.
Бабаевск. Бабаевский С. П.
Бальм. Бальмонт К.
Бел. Белинский В. Г.
Бл. Блок А. А.
Бор. Бородин Л.
Бр. Бродский И.
Буб. Бубеннов М. С.
Булг. Булгаков М.
Бун. Бунин И. А.
В. Бел. Беляев В. П.
Ваг. Вагинов К.
Верес. Вересаев В. В.
Войн. Войнович В.
Выс. Высоцкий В.
Гайд. Гайдар А. П.
Гар.-Мих. Гарин-Михайловский Н. Г.
Гарш. Гаршин В. М.
Герм. Герман Ю. П.
Герц. Герцен А. И.
Гладк. Гладков Ф. В.
Гл. Усп. Успенский Г. И.
Гог. Гоголь Н. В.
Гонч. Гончаров И. А.
Горб. Горбатов Б. Л.
Горьк. Горький А. М.
Гран. Гранин Д. А.
Григ. Григорович Д. В.
Гум. Гумилев Н.
Давыд. Давыдов Д. В.
Добрёл. Добролюбов Н. А.
Довл. Довлатов С.
Дост. Достоевский Ф. М.
Дягил. Дягилев В. Я.
Дегтяр. Дегтярев В. А.
Ер. Ерофеев Вениамин
Ероф. Ерофеев Виктор
Закр. Закруткин В. А.
Зам. Замятин Е.
Златоврат. Златовратский Н. Н.
Зощ. Зощенко М.
Игн. Игнатьев А. А.
Ильенк. Ильенков В. П.
Инб. Инбер В. М.
Исаковск. Исаковский М. В.
Кав. Каверин В. А.
Казак. Казакевич Э. Г.
Кар. Карамзин Н.
Карав. Караваева А. А.
Кат. Катаев В. П.
Кетл. Кетлинская В. К.
Кожевн. Кожевников В. М.
Козл. Козлов И. А.
Кольц. Кольцов А. В.
Кор. Короленко В. Г.
Кочет. Кочетов В. А.
Кр. Крылов И. А.
Купр. Куприн А. И.
Лаврен. Лавренев Б. А.
Леон. Леонов Л. М.
Лерм. Лермонтов М. Ю.
Лим. Лимонов Э.
Л. Толст. Толстой Л. Н.
Луначч. Луначарский А. В.
Мак. Маканин В.
Макар. Макаренко А. С.
Малышк. Малышкин А. Д.
Мальц. Мальцев Е. Ю.
Мам.-Сиб. Мамин-Сибиряк Д. Н.
Манд. Мандельштам О.
Марк. Марков Г. М.
Маяк. Маяковский В. В.
Мер. Мережковский Д.
Мичур.-Самойл. Мичурина-Самойлова В. А.

Мур.	Муравьева И.	**Саян.**	Саянов В. М.
Наб.	Набоков В.	**Сераф.**	Серафимович А. С.
Наг.	Нагибин Ю.	**Серг.-Ценск.**	Сергеев-Ценский С. Н.
Найден.	Найденов С. А.	**Симон.**	Симонов К. М.
Некр.	Некрасов Н. А.	**Сок.**	Соколов С.
Никит.	Никитин Н. Н.	**Солж.**	Солженицын А.И.
Нов.-Приб.	Новиков-Прибой А. С.	**Сурик.**	Суриков И. З.
Овечк.	Овечкин В. В.	**Твард.**	Твардовский А. Т.
Остр.	Островский А. Н.	**Телеш.**	Телешов Н. Д.
Павл.	Павленко П. А.	**Тендр.**	Тендряков В. Ф.
Пан.	Панаева А. Я.	**Тих.**	Тихонов Н. С.
Паст.	Пастернак Б.	**Тург.**	Тургенев И. С.
Пауст.	Паустовский К. Г.	**Ушак.**	Ушаков Г. А.
Пашен.	Пашенная В. Н.	**Фад.**	Фадеев А. А.
Перв.	Первенцев А. А.	**Фед.**	Федин К. А.
Петр.	Петрушевская Л.	**Ферс.**	Ферсман А. Е.
Писар.	Писарев Д. И.	**Фурм.**	Фурманов Д. А.
Писемск.	Писемский А. Ф.	**Цв.**	Цветаева М.
Пл.	Платонов А.	**Чайковск.**	Чайковский П. И.
Полев.	Полевой Б. Н.	**Чак.**	Чаковский А. Б.
Пушк.	Пушкин А. С.	**Черкас.**	Черкасов Н. К.
Пьец.	Пьецух В.	**Черн.**	Чернышевский Н. Г.
Расп.	Распутин В.	**Чех.**	Чехов А. П.
Римск.-Корсак.	Римский-Корсаков Н. А.	**Чив.**	Чивилихин В.
Салт.-Щедр.	Салтыков-Щедрин М. Е.	**Шал.**	Шаламов В.
		Шишк.	Шишков В. Я.
Сартак.	Сартаков С. В.	**Шол.**	Шолохов М.А.
		Щип.	Щипачев С. П.

ОБЩЕУПОТРЕБИТЕЛЬНЫЕ СОКРАЩЕНИЯ

абс. абсолютный
аванг. авангардный
авт. автономный
автобиогр. автобиография; автобиографический
антич. античный
антр(оп). антропология
арх. археология
археогр. археографический
археол. археология; археологический
асф. асфальтовый
б. бывший
беспл. бесплатный
биогр. биография; биографический
бот. ботаника; ботанический
б. п. без подписи
бр. братья (*при фамилиях*)
бу или **б/у** бывший в употреблении
букв. буквально
бульв. бульвар
бум. бумажный
бурж. буржуазный
б. ч. большая часть; большей частью
быв. бывший
быт. бытовой
в. вечер
в. вид
в. виза
в. высший (*сорт*)
вар. вариант
в-во вещество
вед. ведомственный
Верх. Верхний; Верховный
верх. верхний
верх. верховный
веч. вечер; вечерний
вещ. вещевой

виз. виза
визант. византийский
вкл. включен; включая
вкл. включительно
включ. включая; включительно
влад. владение
вм. вместо
внеш. внешний
внутр. внутренний
возм. возможно
в осн. в основном
восп. воспоминания
восх. восход
вр. временный
в/с высший сорт
Всерос. Всероссийский
в соч. в сочетании
в ср. в среднем
встр. встречается
вступ. вступительный
в т. ч. в том числе
выраж. выраженный
г. господин; госпожа
гар. гарнитур
гг. города
гг. господа
г-жа госпожа
гидрол. гидрологический
гипотет. гипотетический
гл. глава; главный
глав. главный
гл. обр. главным образом
г-н господин
гос. государственный
гр. гражданин; гражданка
гр. графа
гр. группа
градац. градационный
гражд. гражданский
гр-ка гражданка
гр-ка группировка

Общеупотребительные сокращения

гр-н гражданин
гр-не граждане
груп. группа; групповой
д. действие
д. дом
д. домашний
даль... дальневосточный
д-во делопроизводство
дев. девушка
демогр. демография
дем(окр). демократический
деп. депонировано
дет. детский
деят. деятельность
диам. диаметр
диет. диетический
дип. дипломатия
дипл. дипломатический
дир. директор
дл. длина
доб. добавление, добавочный
доп. дополнительный
доп. допустимо
дом. домашний
дорев(ол). дореволюционный
доц. доцент
д.п. дачный поселок
др. древний
др. другой
д-р дебаркадер
д-р директор
д-р(.) доктор
дубл. дубленка
дубл. дубликат
емк. емкость
естеств. естественный
ж. женщина
ж. жители
жен. женский
жен. женщина
жир. жирный; жировой
жит. жители
зав. заведующий
завхоз заведующий хозяйственной частью
загот... заготовительный
загран. заграничный
зак. заказ
закл. заключительный
зам. заместитель
зап. запасной
запов. заповедник
зар. заработный
заруб. зарубежный
зах. заход
зем. земляной
зоо зоологический
зоо зоотехнический
зоол. зоология; зоологический
зпт запятая
и др. и другие
избр. избранный
изв. известный; известен
изм. изменение
им. имени
инв. инвентарный
ино... иностранный
интер... интернациональный
и.о. исполняющий обязанности
и под. и подобные (подобное)
и пр. и прочее
искл. исключение; исключительный; исключительно; исключая
исп. исполнение
испр. исправление
иссл. исследование; исследовательский
ист(.) исторический
ист.-геогр. историко-географический
ист.-этногр. историко-этнографический
исх. исходный
и т. д. и так далее
и т. п. и тому подобное
ихт. ихтиология
к. картон
к. комната

Общеупотребительные сокращения

к.	копейка	м.б.	может быть
к.	корпус	м-б	масштаб
какой-л.	какой-либо	меб.	мебельный
кам.	каменный	мем(ор).	мемориальный
карт.	термин карточной игры	мест.	местный
кв.	квартал	местн.	местное
кв.	квартира	мет.	метод
кем-л.	кем-либо	метр.	метрология
киб(ерн).	кибернетика; кибернетический	мех.	механизированный
кл.	класс	мехообр.	мехообрабатывающий
к.-л.	какой-либо; кто-либо	мин.	минимальный; минимум
кладб.	кладбище	миним.	минимальный
клас.	классовый	мир.	мировой
к.-н.	какой-нибудь; кто-нибудь	миф.	мифология
		млн(.)	миллион
кож.	кожаный	млрд(.)	миллиард
кож.	кожевенное дело	мн.	многие
кол.	колонна	моб.	мобильный
кол-во	количество	монт.	монтаж
колон.	колониальный	мощн.	мощность; мощностью
компл.	комплексный	м-р	мистер
кон.	конец	м. с.	метрическое свидетельство
конкр.	конкретный		
конф.	конференция	м-с	миссис
кот.	который	муж.	мужчина
коэф.	коэффициент	мыловар.	мыловаренный
кпд	коэффициент полезного действия	н.	нормальный
		н.	ныне
кр.	крупный	нагр.	награждение
к-рый	который	наз(в).	название
кто-л.	кто-либо	наиб.	наиболее; наибольший
кто-н.	кто-нибудь	наим.	наименее; наименьший
куб.	кубический	нал.	наличие
кул.	кулинарный термин	напр.	например
кулин.	кулинария	нас(ел).	население
курт.	куртка	наст.	настоящий
куст.	кустарный	наст. фам.	настоящая фамилия
л. д.	личное дело	нац.	национальный
лег.	легкий	нац.-ист.	национально-исторический
лог.	логика		
люб.	любой	нач.	начало; начальный
макс.	максимальный; максимум	неизв.	неизвестно; неизвестный
маслоб.	маслобойный	нек-рая	некоторая
маслод.	маслодельный	нек-рое	некоторое
		нек-рые	некоторые

нек-рый	некоторый	**передел.**	переделанное
необх.	необходимый	**переим.**	переименованный
несвоб.	несвободно	**пивовар.**	пивоваренный
неск.	несколько	**пит.**	питание
несовр.	несовременно	**пищ.**	пищевая *(промышленность)*
не сохр.	не сохранился		
н/о	на обороте	**пищ.**	пищевой
ниж.	нижний	**пищевкус.**	пищевкусовой
нов.	новый	**пл.**	площадь
н. с(т).	новый стиль *(в календаре)*	**п/о**	почтовое отделение
н. у. м.	над уровнем моря	**под.**	подобный
н. э.	нашей эры	**под.**	подъезд
о.	около	**подг.**	подготовка
обознач.	обозначение	**подз.**	подземный
обр.	образца	**под рук.**	под руководством
обраб.	обрабатывающий	**поздн.**	поздний
обув.	обувной	**пол.**	половина
общ.	общий	**полит.**	политический термин
обыкн.	обыкновенно	**полн.**	полный; полностью
обыч.	обычно	**полпред**	полномочный представитель
одноим.	одноименный		
ок.	около	**пом.**	помощник
оптим.	оптимальный	**портн.**	портняжное дело
орг.	организован, организованный	**популяр.**	популярный
		пос.	поселок
ориг.	оригинальный	**посв.**	посвященный
орн.	орнитология	**пост.**	постоянный
осн.	основанный	**пп.**	параграфы
осн.	основной	**п/п**	по порядку
особ.	особенно	**пр.**	правый
отв.	ответственный	**пр.**	премия
отеч.	отечественный	**пр.**	прочие
отл.	отлично *(оценка)*	**п/р**	под руководством
отм(.)	отметка	**прав.**	правильно
оформ.	оформление	**пр-во**	правительство
охот.	охота; охотничий	**пред.**	председатель
п.	параграф	**преим(ущ).**	преимущественно
пав.	павильон	**преобл.**	преобладающий; преобладает
палеонт.	палеонтология		
парл.	парламентский; парламентарный	**преп(од).**	преподаватель
		приб.	прибавление
парф.	парфюмерия	**прибл.**	приблизительно
пер.	переулок	**примен.**	применяется, применяются
первонач.	первоначальный, первоначально		
		прогрес.	прогрессивный

Общеупотребительные сокращения

прозв. прозвище
произ-во производство
пролет. пролетарский
просветит. просветительский
просп. проспект
протет. протетический
проф. профессор
проф. профессиональный
пр-т проспект
прямоуг. прямоугольный
п/ш полушерстяной
п/я почтовый ящик
р. родился
разгран. разграничительный
разд. раздел
разл. различный
рев. революция; революционный
рев-ция революция
рег. регистрация
рег. регистр; регистровый
регистр. регистрация
регул. регулярный
резин. резиновый
рез-т результат
рек. рекомендательный
ректифик. ректификационный
рец. рецензия
рим. римский
род. родился
родств. родственный
ром. романский
рр. реки
с. село
с. сорт
с. сын
сах. сахарный
сбор. сборочный
св. свыше
сварн. сварочный
своб. свободный; свободно
с. г. сего года
сек. секунда
сек(р). секретарь
сел. селение
сел. сельский
сер. середина
сер. серия
сеч. сечение
сигн. сигнализация
сим. симметричный
сист. система
сист. систематический
ск. скорость
скульп. скульптор
сл. слабо
след. следующий
след. обр. следующим образом
см. смотри
с. м. сего месяца
см. тж. смотри также
сн. снизу
собес отдел социального обеспечения
собств. собственно
совм. совместный; совместно
совр. современный
согл. соглашение
соед. соединение
соотв. соответствует; соответствующее
соотн. соотносится
сост. состав
соц. социальный
соч(ет). сочетание
сп. список
спас. спасательный
спект. спектакль
спецкор специальный корреспондент
спецназ часть специального назначения
ср. сравни
ср. срочно
ср.-век. средневековый
ср.-год. среднегодовой
ср.-мес. среднемесячный
ст. станция
ст. старый
ст. статья

Общеупотребительные сокращения

стол. л.	столовая ложка
стр.	строка
сх.	схема
сч.	счет
с. ч.	сего числа
т	тонна
т.	точка
т.	тысяча
таб.	табачный
табл.	таблица; табличный
тв.	твердый
т-во	товарищество
т. е.	то есть
текст.	текстильный
тер(р).	территория; территориальный
тетр.	тетрадь
теч.	течение
тж.	также; то же
т.ж.	тысяч жителей
т. з(р).	точка зрения
тк.	только
т. к.	так как
т. н(аз).	так называемый
т. о.	таким образом
т-ра	температура
трикот.	трикотажный
трлн	триллион
т/х	теплоход
тыс.	тысяча
тыс. чел.	тысяч человек
тяж.	тяжелый
уд.	удовлетворительно (*оценка*)
у. е.	условная единица
ул.	улица
ум.	умер
уп.	упомянутый
ур.	уровень
ур. м.	уровень моря
урожд.	урожденная (-ый)
усл.	условный
утр.	утренний
уч-к	участок
факс.	факсимиле; факсимильный
фам.	фамилия
фаш.	фашистский
феод.	феодальный
фикс.	фиксированный
фил.	филателистический
фил.	филиал
ф. и. о.	фамилия, имя, отчество
фирм.	фирменное название; фирменный
хар-ка	характеристика
х/б	хлопчатобумажный
х-во	хозяйство
хоз.	хозяйство; хозяйственный
хоз-во	хозяйство
хол.	холодный
хол-к	холодильник
хор.	хорошо (*оценка*)
худ.	художник
худож.	художественный
худрук	художественный руководитель
ц	центнер
цв.	цвет; цветной
цел.-бум.	целлюлозно-бумажный
целл.	целлюлозный
центр.	центральный
цит.	цитируется
ч.	человек
ч.	через
чайн. л.	чайная ложка
ч/б	черно-белый
чел.	человек
числ.	численность; численный
чист.	чистый
что-л.	что-либо
что-н.	что-нибудь
шелк-во	шелководство
шерст.	шерстяной
шир.	ширина
шт.	штат
шт.	штука
щ(ен).	щенок
эквив.	эквивалент; эквивалентный

Общеупотребительные сокращения

эксп. экспедиция
экспер. эксперимент
эксперим. экспериментальный
экспл. эксплуатационный
эксп-я экспедиция; экспедиционный
эллипт. эллиптический

энкл. энклитика; энклитический
энт. энтомология
этн. этнография
этногр. этнографический
ювелир. ювелирный
юн. юный
ящ. ящик

РАЗОРУЖЕНИЕ И БОРЬБА ЗА МИР

АСМ Аргентинский совет мира
ВКР Всемирная кампания за разоружение
ВКР Всемирная конференция по разоружению
ВОМИС Всеиндийская организация мира и солидарности
ВСБ всеобъемлющая система безопасности
ВСМ Всемирный Совет Мира
ВСООНК Вооруженные силы Организации Объединенных Наций по поддержанию мира на Кипре
ВФМ Всемирный фонд мира
ВФС Всемирный форум по связям *(миролюбивых сил)*
ДВР Департамент по вопросам разоружения *(Организации Объединенных Наций)*
КИОМ Комиссия по изучению Организации мира
КИЯЭ ООН Конференция Организации Объединенных Наций по содействию международному сотрудничеству в использовании ядерной энергии в мирных целях
КР Комиссия по разоружению *(Организации Объединенных Наций)*
КР Комитет по разоружению
КР Конференция по разоружению
КРЕ Конференция по разоружению в Европе
ЛМС Либерийский мирный совет
МАИМ Международная ассоциация по изучению проблем мира
МАИПМ Международная ассоциация по исследованию проблем мира
МАПМ Международная ассоциация работников просвещения за мир во всем мире
МАР Международное агентство по разоружению
МБМ Международное бюро мира
мир. мирный
МКБЮ Мирная конференция по бывшей Югославии
МКГЯБ Международная консультативная группа по ядерной безопасности
МКЕБС Международный комитет за европейскую безопасность и сотрудничество
МКРМ Международная конфедерация за разоружение и мир
МЛЖМС Международная лига женщин за мир и свободу
ММММ Московский международный марафон мира
МОР Международная организация по разоружению
МФМС Международная федерация мира и согласия
ОБСЕ Организация по безопасности и сотрудничеству в Европе
ОНВУП Орган Организации Объединенных Наций по наблюдению за выполнением условий перемирия в Палестине
ПВБ Программа взаимной безопасности

Разоружение и борьба за мир

СБ Совет Безопасности *(Организации Объединенных Наций)*

СБ ООН Совет безопасности Организации Объединенных Наций

СБСЕ Совещание по безопасности и сотрудничеству в Европе

СИПРИ Стокгольмский международный институт исследований проблем мира

ЮНИДИР *англ.* Институт Организации Объединенных Наций по исследованию проблем разоружения

НЕКОТОРЫЕ ЧАСТО ИСПОЛЬЗУЕМЫЕ СОКРАЩЕНИЯ СОВЕТСКОЙ ЭПОХИ

ВЧК Всероссийская чрезвычайная комиссия по борьбе с контрреволюцией и саботажем *(1917-1922)*

ГКЧП Государственный комитет по чрезвычайному положению *(август 1991)*

ГПУ Государственное политическое управление *(1922)*

ГУЛАГ Главное управление исправительно-трудовых лагерей

ИККИ Исполнительный Комитет Коммунистического Интернационала

КА Красная Армия

КГБ Комитет государственной безопасности

КПСС Коммунистическая партия Советского Союза

МГБ Министерство государственной безопасности *(1946-53)*

РСФСР Российская Советская Федеративная Социалистическая Республика

СА Советская Армия

СНК Совет Народных Комиссаров; Совнарком *(1917-1946)*

сов. советский

соц. социалистический

СССР Союз Советских Социалистических Республик

СЭВ Совет Экономической Взаимопомощи

ТАСС Телеграфное агентство Советского Союза

ЧК Чрезвычайная комиссия по борьбе с контрреволюцией и саботажем *(1918-1922)*

ПРОЧИЕ СОКРАЩЕНИЯ, НЕ ВОШЕДШИЕ В ОСНОВНОЙ КОРПУС СЛОВАРЯ

агло... агломерационный
АИВ автономный источник воздухоснабжения
акон ацетатно-капроновая нить
АПШ автономный пневмошлем
АТЗС автономное теплозащитное снаряжение
БАЛ британский антилюизит
био биография
БИЧ бывший интеллигентный человек
БКЗ боковое каротажное зондирование
БО бытовой отсек
БОМЖ лицо без определенного местожительства
БС береговая станция
б. ч. без чертежа
ВАБ вероятностный анализ безопасности
ВДОГ внутрипластовый движущийся очаг горения
в др. сп. в другом списке
вибро вибрационный
виз визуальный
ВК высшего качества
ВНА входной направляющий аппарат
ВП вызванный потенциал
ВС вентиляционный ствол
ВТО влажно-тепловая обработка (*швейных изделий*)
ВУ верхний уровень
ВУ вибрационный уровень
вяз. вязальный
Г глухая посадка (*тех.*)
газ. газированный
гермо... герметический
ГЕСС Государственная единая система стенографии
ГО городское отделение
ГП газосборный пункт
грави... гравиметрический
ГРП гидроразрыв пластов
ГСП гиростабилизированная платформа
ГСП государственный сортировочный пункт
ГТО групповые технологические операции
ГТС горно-таежная станция
г/х газоход
ДЗ динамическая защита
ДЗ дистанционное зондирование
ДлПр длительно-проблесковый
ДН диаграмма направленности
ДПД Добровольная пожарная дружина
ДПП динамический принцип поддержания
ЕК Единый классификатор
ЕКУ Единый классификатор услуг
ЕМС единая модульная система
ЕО ежедневное обслуживание
ер. ерик
ЕСОБ Единая система обеспечения безопасности
З. заказчик
ЗОС зоотехническая опытная станция
ИВУ имитатор внешних условий
ИД исходные данные
ИК искусственная кожа
ИМ исследовательский модуль
ИНО иностранный отдел
ИПЗО изолирующая пленочная защитная одежда

Прочие сокращения, не вошедшие в основной корпус словаря

ИСИ интеграция сходных источников
ИТП индивидуальный тепловой пункт
К каменистый; каменный
КВО костюм водяного охлаждения
КМ композиционный материал
КМ конструктивный модуль
КМО курсовые матрицы обмена
КМС копировально-монтажная служба
КНИ конфликт низкой интенсивности
КОПЭ компоновочный объемно-планировочный элемент
КП контрольный пункт
КПП комплексный приемный пункт
КРП контрольно-распределительный пункт
КСГ комплексный сетевой график
КСП контрольно-спасательный пункт *(в горах)*
КСПА комплексная система предупреждения аварийности
КСС контрольно-спасательная служба
КТМК комплексный творческий молодежный коллектив
КТР комплекс типовых решений
КЯ Красноярская ярмарка
ЛК Ломейская конвенция
ЛНС линия наименьшего сопротивления
ЛСП легкоснимаемое пленочное покрытие
ЛТЛ летний трудовой лагерь
МБП малоценные и быстроизнашивающиеся предметы
МБТ Молодежная биржа труда
МГО московское городское отделение
МО Московское отделение
МОКП Московская областная контора проката
МОЛЛИ Московское объединение лесбиянок в литературе
МОО московское областное отделение
МР металлорезина
МРО межрайонное отделение
МРО московское региональное отделение
МСИ многофункциональная система индикации
МТК маршрутно-технологическая карта
МТО механико-термическая обработка
МФС Магдебургский фестиваль сатиры
НАС насосно-аккумуляторная станция
НР национальный режим
НУ нижний уровень
НФС насосно-фильтровальная станция
НЯ Нижегородская ярмарка
ОБ обитаемый блок
ОБ опорный блок
ОБ основной блок
ОБП одна боковая полоса
ОИП объекты искусственного происхождения
ОН опорное наименование
ОПМС опытная путевая машинная станция
ОПН отсек полезной нагрузки
ОСП общая система преференций
П планировщик
ПГ полезный груз

Прочие сокращения, не вошедшие в основной корпус словаря

ПДС постоянно действующая система
ПК пневмокуртка
ПК промежуточная камера
ПМЖ постоянное место жительства
ПН платная нагрузка
ПН полезная нагрузка
ПП поисковый потенциал
ПП приемный пункт
ПП прикладные процессы
прочн прочность
ПРС подземный реактивный снаряд
ПС планирование семьи
ПСК поисково-спасательный комплекс
ПФ поля фильтрации
ПЦП программно-целевое планирование
ПШС передвижная штукатурная станция
ПЭЖ пост энергетики и живучести
Р ручной
р размещение
р. ранг
распред... распределительный
РДО русский добровольческий отряд
РР ручное регулирование
САРХ система аварийного расхолаживания
САС срок активного существования
СБК стационарная барокамера
СБН система безопасности носителя
СВП система воздушных параметров
СВХ склад временного хранения
СГР скользящий график работы
СД совместная деятельность
СЖЦ стоимость жизненного цикла
СКВ система кондиционирования воздуха
СКС специальный карточный счет
СМ служебный модуль
СМЕ сборочно-монтажная единица
СМО система массового обслуживания
СМО специальные монтажные операции
СОЖ смазочно-охлаждающая жидкость
СРО саморегулирующаяся организация
СУМ специализированный участок механизации
СУУ система улучшения устойчивости
счетн. ф. счетная форма
СЭР система экстремального регулирования
тавр. тавромахия
ТБК термобарокамера
ТБН тест без напряжения
ТВС тепловыделяющая сборка
ТЗ тепловая защита, теплозащита
ТЗК теплозащитный костюм
ТЗМ теплозащитный материал
ТЗС труды по знаковым системам
ТК тепловой аккумулятор
ТКС твердотельная криогенная сборка
ТМО теория массового обслуживания
ТМО техногенно-минеральные объекты
ТО термическая обработка
ТПК транспортно-пусковой контейнер
ТР технологическое развитие

Прочие сокращения, не вошедшие в основной корпус словаря

ТСБ тренажно-стендовая база
ТСП тонкослоистые переслаивания
УИ ударный индекс
УНК ускорительно-накопительный комплекс
УО ударный объем
УП угрожаемое положение
УРО универсальный рабочий орган
ф. с. формулярный список
ХПТ холодная проходка труб
ЦА центральная аппаратная
ЦБП целлюлозно-бумажная промышленность
ЦМС центральный материальный склад
ЦП Центральное правление
ЦП центральный пункт
ЦС центральная станция
ЦСТО централизованная система теплоотвода
ЦТОС Центральная торфяная опытная станция
ЦТП центральный тепловой пункт
ЦТСВ циклическое температурно-силовое воздействие
ЦУБ цельнометаллический унифицированный жилой блок
ЭДЗ элемент динамической защиты
ЭП эксплуатационный персонал
ЭУ эксплуатационный участок

АЛФАВИТНЫЙ УКАЗАТЕЛЬ

А

А	169, 181, 215, 230, 235, 265, 305, 355
А.	169, 400
а	169, 230
АА	62, 107, 317, 355
А.-А.	11, 101, 400
ААГ	188, 305, 355
ААЕ	317
ААК	39
ААН	99, 400
ААО	317
ААП	26, 62, 107, 114
ААРЖ	44
ААРМ	355
ААФБ	39, 160, 169
ААЮ	48
АБ	235, 305, 317, 355
аббрев.	400
АБВ	235
АБД	215
АБДТ	118
АБЗ	83, 181
АБИ	62, 114, 160
АБК	273
АБЛ	273
абл.	392, 400
АБМ	355
АБР	160, 317, 355
абр	355
Абр.	440
АБС	16, 160, 235, 305, 317, 355
абс.	400, 444
АБСТ	215, 235
АБСУ	317
АБСУФ	317
АБТ	160, 215, 235, 355
АБТА	39, 437
АБУ	235
абх.	389, 400
АВ	265, 273, 317, 355
ав	317, 355
Ав.	11, 400
ав.	317, 355, 400
АВАЗ	39
АВАКС	317
аванг.	444
А/Вб	230
АВВА	305
АВВП	317
авг.	400, 439
АВГР	317, 355
АВДУ	273
авест.	389, 400
авиа	317, 400
авиа...	317
авиазент	317
авиаль	317
авиаметео...	317
авиапром	317
авиаспорт...	317
АВИКОС	36, 317
АВИКС	215, 317
АВК	317
АВЛ	317, 355
АВМ	215
АВМФ	317, 355
АВН	235, 340
АВО	188
а-во	62
авометр	235
АВП	188
АВПУГ	317, 355
АВР	39, 158, 212, 235, 273
АВС	355
австр.	389, 400
австрал.	389, 400
АВТ	235, 317, 355
авт.	111, 235, 305, 392, 400, 444
авт. л.	111, 230
авто...	235, 305
автобат	355
автобиогр.	400, 444
автомат.	215, 235
автомоб.	305, 400
автомото...	305
автон.	11
автопром	305
авторем...	305
авторембат	355
автореф.	158, 400
автотранс...	305
АВТС	235
АВУ	39, 215
АВФ	160
АВЦ	305
АВЭКС	317
АГ	83, 273, 317, 355
АГБ	317, 355
АГВТ	305
АГД	317
АГИ	317, 355
АГИС	215, 235
агит...	16
АГИТАБ	317, 355
агитпроп...	16
АГК	317
АГКБ	39
агло...	454
АГЛОС	340
АГЛР	273, 355
АГМК	83
АГМС	265, 340
АГН	125
АГНКС	235
АГП	235, 265, 317
агр.	340, 400
агро...	340
агробио...	273, 340
агрометео...	265, 340
агротех...	340
агрофак	340
агрохим...	273, 340
АГС	235, 273, 317, 355

Указатель

АГТД	317
АГУ	235
Агфа	83
АД	188, 273, 317, 355
Ад.	16, 400
АДА	235
АДВ	273
АДГ	273, 317
АДД	101, 158, 298, 355
АДИ	62, 107, 114
АДК	125, 317, 355
АДМ	355
адм.	16, 355, 400
адм. ед.	16, 400
адм. ц.	16, 400
адм.-хоз.	16
АДН	235, 355
адн	355
АДП	215, 235, 355
АДПС	26
АДС	39, 160, 215, 235, 318, 355
АДТ	318
АДУ	77, 305, 318
АДФ	273
АДФР	39, 169
адыг.	389, 400
АЕ	273, 318
а. е.	230
а. е. д.	230
а. е. м.	230
АЕНОК	39, 432
Аж.	442
АЖРД	318
АЖСТЮВА	39
АЗ	181, 355
аз	318, 355
аз.	11, 389
АзБР	160
АЗВФ	355
АЗДС	181
азер(б).	389
азерб.	400
азиат.	11, 400
АЗЛК	305
АЗМЛ	235
АЗОПРО	265
АЗОУ	235
АЗС	235, 305, 318, 340, 355
АЗТ	318
АЗТЭ	83, 235
АЗУ	215, 340
АИ	235
АИБА	39, 54, 432
АИВ	454
АИД	273
АИДОС	235
АИДП	215, 235
АИИ	62, 107, 114
АИК	215, 235, 273
АИМ	235
АИН	62, 97
АИП	39, 111, 188, 235, 273
АИПС	54, 110, 215, 235, 432
АИР	111, 355
АИРСП	36, 131, 137, 138, 139, 140, 141, 142, 143, 144, 145, 147, 149, 150
АИС	215, 235
АИС ПС	235
АИТЕС	64
АИУС	215, 236
АИФ	105, 400
АК	169, 181, 305, 318, 355
ак.	265, 400
АКА	318, 355
АКАГ	273
акад(ем).	125
акад.	125, 400
АКБ	70, 160, 294
АКВР	355
АКВФ	356
А/кг	230
АКГС	16
АКД	101, 158, 298
АКДИ	62, 114, 169
АКДС	273
АКЗС	273, 356
АКИБ	160
АКК	16, 52, 215, 236, 318
акк.	392, 400
АККОР	39, 340
АКМ	356
АКМДУМ	39, 54, 99
АКМС	356
АКН	340
АКНЕЖ	318
аком	236
акон	454
АКП	318, 340, 356
АКПС	318
АКР	83, 273
АКС	236, 273, 305, 318, 356
Акс.	442
АКТ	11
АКТГ	273
АКТТ	318
АКУ	273
АКУОР	39
АКЦ	318
акц.	169, 400
АКЭУ	39, 169
АЛ	236
а. л.	111
а/л	212, 312
Ал-р(а)	440
Ал.	11, 400, 440
АЛАК	318
АлАТ	273
алб.	294, 389, 400
алг.	205
АЛГОЛ	215
алж.	11, 400
Алш.	11, 400
АЛП	26
АЛС	236, 273, 318
АЛСК	236
АЛСН	236
АЛСТ	236
АЛТ	236
алт.	389, 400
АЛТК	215, 236
АЛУ	215
алф.	392
АЛХ	273, 340
Альб.	11, 400

Указатель

Альм.	11, 400	АНПО	83
альм.	111, 400	АНПП	83
альп.	11, 400, 432	АНС	48, 318
альфоль	199	анс.	123, 400
алюм.	199, 400	АНТ	273
АМ	181, 205, 212, 236, 318, 356	Ант.	440
А/м	230	ант.	236, 318, 392, 400
а/м	305	Ант. о-ва	11, 400
АМА	39, 273	А. Н. Толст.	442
АМБ	125, 169, 340	антиш.	392, 400
АМБА	39, 169	антич.	400, 444
АМБИ	160	АНТК	318
АМБУ	121	АНТО	271, 318
амв	265, 356	Антон.	442
Амер.	440	антр(оп).	444
АМГ	318, 356	антроп.	400
амер	392	АНТЦ	64, 298, 318
амер.	11, 392, 400	АНХ	125
АМЗ	83, 188	АО	11, 16, 39, 99, 169, 181, 212, 215, 305, 318, 356, 400
АМИ	39, 54, 62, 107, 114	ао	319, 356
АМК	305	а. о.	356
аммофос	273, 340	а/о	11
АМН	125, 273	АОД	26
АМНТК	318	АОЗТ	169
АМОГ	121	АОКС	273
АМП	265, 356	АОМ	356
АМПП	39, 54, 305	АОМЗ	83, 213
АМР	54, 62	АОН	125, 236, 319, 356
АМС	62, 215, 265, 318, 356	АОО	356
АМСПР	39, 273	АООТ	169
АМТН	125, 273	АОП	356
АМТС	236, 305	аор.	392, 400
амур.	389, 400	АОС	101, 158, 215, 236, 265, 399
АМФ	273	АОТ	36
АМФЗВС	432	АОШ	356
АМФЛВС	432	АП	62, 107, 114, 181, 188, 215, 236, 305, 319, 356
АМЦ	265	Ап.	440
АМЧИФ	318	а/п	319
АН	101, 125, 273, 318, 356, 400	АПА	356
Ан	318	АПАС	319
АНАБ	318, 356	АПБ	160, 215, 340
анал.	273	АПВ	236, 340
Анаст.	440	АПВРД	319
Анат.	440	АПГ	273, 319, 356
анат.	273, 400	АПД	215
АНБ	21, 62	АПЗ	83, 188
АНВ	188	АПИ	131, 319, 356
анг.	271, 273, 318	АПК	188, 305, 319, 340
англ	392	АПЛ	236, 340, 356
англ.	389, 400	АПМ	36, 236, 305
англо-норм.	389, 400	АПН	62, 107, 125, 400
англо-сакс.	389, 400	АПНП	356
англо-фр.	392, 400	АПО	83, 294, 340
Анд.	11, 400, 440	АПОС	36, 39, 159
АНЖ	340	АПП	236, 319, 340, 356
АНИ	62, 114	АППИ	215, 236
АНИИТИВУ	131	АППЭИ	39, 114, 215, 236
АНК	26, 236, 305	АПР	26, 236
АНЛ	44	апр.	400, 439
аннот	111	а. п. р.	236
АНО	356	АПРИМ	305
АНОК	432	АПРФ	99
АНОКА	39, 432	АПС	26, 39, 356
АНОКЕ	432	АПСС	319
АНОФ	83	АПСУ	215, 236
АНП	26, 188, 356		
АНПК	318		

АПТ	36, 236, 392
АПТК	273
АПТР	356
АПУ	77, 236, 294, 319
АПУГ	319, 356
АПФ	83, 236, 273, 340
АПФЛ	236
АПЧ	236
АПШ	454
АПЭПИ	39, 114, 215, 236
АР	11, 169, 236, 319, 356
ар(аб).	389
Ар.	11, 400
ар.	11, 271, 400
АРА	39, 114
арам.	389, 400
аранж	123
АРАР	39, 114
АРБ	39, 160, 236, 319
АРБУС	181
АРВ	236, 305
АРГ	236
Арг.	11, 400
АРГА	236
аргент.	11, 400
арго	392, 400
АРГСН	237, 356
АРД	319
АРДК	215, 237, 273
АРДС	48
АРЕ	11, 400
АРЗ	83, 188, 319
АРЗМ	237, 340
АРИВ	237, 265
АРИЛ	237
АРИС	62
арифм.	205
АРК	237, 319, 356
Арк.	440
АРКП	319
АРЛК	319, 356
АРЛС	356
АРМ	95, 215, 237, 356, 400
арм.	357, 389, 392, 401
АРМА	319
АРМАК	319
АРМАЛ	319
армо...	294
армолколит	319
АРМС	237, 265
АРМЭ	237
АРН	237
АРО	50
АРП	26, 237, 274
АРПК	319, 357
АРПШ	357
АРС	83, 237, 357
Арс.	442
АРСО	237
АРСОМ	357
АРТ	319
арт(ез).	312
арт.	118, 340, 357, 392, 401
арт. к.	271
АРТБ	39
артез.	401
АРТП	169
АРТЭП	294
АРУ	237
АРУП	305, 340
Арх.	440
арх.	11, 99, 294, 389, 392, 401, 444
архаичн.	392, 401
АрхВО	357
археогр.	401, 444
археол.	401, 444
архит.	294, 401
АРЦ	215, 237
АРЧ	237
АРЭР	40, 169, 216
АРЯ	237
АС	181, 188, 216, 237, 305, 319, 357, 399
А·с	230
а/с	16
АСА	305
АСАМ	48
АСАРАБ	40, 169
АсАТ	274
АСБ	107
асб.	271
АСБУ	216, 237, 357
АСВБ	160, 216, 237
АСВТ	216, 237
АСГП	188
АСД	237
АСДУ	216, 237
АСЕАН	40
АСЕВ	216, 237
АСЖД	48, 305
АСЗ	319
АСИ	131, 294
АСИБА	40, 160
АСИКОМБАНК	160
АСИО	216, 237
АСИС	216, 237
АСИТО	216, 237
АСИФА	40, 118
АСК	36, 83, 216, 238, 294
АСКА	319
АСКИ	40, 111, 216, 238
АСКИС	216, 238
АСКО	36
АСКОД	216, 238
АСКОРС	238, 274
АСКШП	319
АСКР	40, 111, 216, 238
АСЛП	26
АСМ	48, 123, 188, 274, 451
АСМБ	160, 216, 238
АСМБО	216, 357
АСМБР	160, 216, 238
АСМО	216, 238
АСМП	274
АСН	216, 238
АСНИ	216, 238
АСО	36, 40, 159, 216, 238, 357, 399
АСОБВ	216, 238, 357
АСОД	216, 238
АСОДУ	216, 238
АСОЖ	238
АСОИ	216, 238
АСОНТИ	62, 114, 298
АСОР	216, 238
АСОС	216, 238

Указатель

АСОТ	216, 238, 399	ат. в.	212
АСОУ	216, 238	ат. ед.	212, 230
АСОУПК	217, 238	ат. м.	230
АСП	26, 36, 40, 217, 238, 274, 319, 357	ат. н.	212
АСП МОО	40, 54	АТА	40, 240, 305, 320
АСПВ	274	ата	230
АСПГ	188	АТАК	40, 305, 320
АСПД	217, 238	Атад.	442
АСПИ	217, 238	АТБ	320, 357
АСПК	217, 238	АТВ	107
АСПО	238	АТВД	320
АСПОЛ	40	АТЗ	83, 181, 274
АСПОН	217, 238, 274	АТЗС	454
АСПОР	217, 238	АТИ	298
АСПОС	217, 238, 294	ати	230
АСПР	217	АТК	218, 240, 305, 320
АСПр	239, 319	АТЛ	357
АСПС	217, 319	атм	230
АСПТИ	217, 239	атм.	265, 401
АСПТП	217, 239	АТМВБ	160
АСПТР	357	АТМЗ	181
АСПУ	217, 239	АТМС	240, 265
АСР	217, 239, 357	АТО	320
аср	274, 357	Атоммаш	83, 181, 188
АСС	217, 239, 357, 399	АТП	40, 169, 240, 305
АССА	217, 239, 425	АТПП	40, 169
АССАД	40, 188, 319	АТПР	169, 240
АССД	217, 239	АТР	11, 169, 240
АССЕ	39	атр	320, 357
АССИ	40	АТРД	320
ассир.	389, 401	АТРЗ	83
АССИСТ	40, 159	АТРМ	95
ассист.	158, 401	АТС	48, 240, 271, 320, 357
АССТ	239	АТСК	240, 320
АСТ	181, 217, 239, 357	АТСС	218, 240
Аст.	11, 401	АТТ	125, 357
АСТК	298	АТТУ	240
АСТП	217, 239	АТУ	77, 240, 298, 305
АСТПП	217, 239	АТФ	40, 274, 320, 437
астр	319	АТХ	306
астр.	320, 401	АТЦ	21, 64, 95
АстрНИИБ	131	АТЭ	240
астрон.	320, 401	АТЭК	306
АСТТ	239	АТЭКС	83, 169
АСУ	217, 239, 320, 357	АТЭП	306
АСУ БС	217, 239, 357	АТЭС	169, 181
АСУБД	217, 239, 357	АТЭЦ	181
АСУВ	217, 239, 357	АУ	77, 99, 218, 240, 274, 320, 357
АСУВД	217, 239, 357	АУВ	240, 357
АСУД	158, 217, 239	АУВД	218, 320
АСУЖТ	217, 239, 305	АУТ	320, 357
АСУМС	217, 239	АУД	240, 358
АСУО	218, 239	АУЗ	240
АСУП	218, 239, 320	АУК	218
АСУС	218, 239, 294	АУОС	320
АСУСВ	218, 239, 320, 357	АУП	16
АСУТП	218, 239	АУПП	240
АСУУП	158, 218, 239	АУС	188, 320, 358
АСУФ	218, 240, 357	АУТ	240, 320, 358
асф.	444	АФ	118, 265, 320, 358
АСФР	160, 218, 240	Аф.	440
АСХО	83, 340	АФА	118, 358
АСЭГ	274, 357	АФАР	240
АСЭТ	240	АФБ	160
АТ	188, 240, 271, 274, 305, 320, 357	АфБР	160
АТ и В	320, 357	афг.	11, 401
ат.	212, 230, 271, 401	АФЕС	36, 320

462

АФИ	40, 62, 114, 131, 160, 205, 320, 340, 432	аэрп.	271, 320
Афин.	442	АЭС	101, 181, 240, 274, 401
афин.	11, 401	АЭСЖКТ	240, 274
АФМ	240, 392	АЭСПМ	218
АФМС	320	АЭУ	181
АФОС	240	АЭХК	83, 274
АФП	107	АЮЛ	358
афр.	11, 401	АЯ	107
АФРО	50	а/я	240
АФС	118, 358	АЯМ	306
АФСП	160, 218		
АФТ	36, 44		
АФТА	62, 437		**Б**
АФУ	16, 77, 118, 160, 240, 358		
АФЧХ	240	Б	230, 306, 358
АХ	125, 274, 401	Б.	11, 271, 401
АХБТ	188	б	358
АХК	83, 274	б.	312, 401, 444
АХМ	40, 45, 46, 47, 294, 427, 428, 429, 430, 431, 435	БА	240, 265, 320, 358
		Бабаевск.	442
Ахм.	442	БАВ	274, 358
АХО	16, 21	бав.	389, 401
АХП	274, 358	БАЗ	83
АХСУ	188	БАК	321, 358
АХУ	16	бак.	11, 274
АХЧ	16	БАКС	274
АХЭ	274	бакт.	274, 401
АЦ	218, 240, 274, 306	БАЛ	218, 321, 454
ац.	274	б(ал).	271
а. ц.	16	баланс.	169, 401
АЦВ	240	балетм.	118, 401
АЦВК	218	балк.	389, 401
АЦВМ	218	балт.	389, 401
АЦВС	218	Бальм.	442
АЦД	218	БАМ	401
ацет. ч.	230	БАМР	306
АЦИ	294	БАН	101, 401
АЦИА	40	банк.	160, 401
АЦК	240	БАНО	321
АЦМ	306	БАО	321, 358
АЦН	320	БАП	321, 358
АЦП	218, 401	БАПС	240, 358
АЦПУ	218	барит	123
АЦС	274	барит.	401
АЦТ	181	барр.	230
А · ч	230	БАРС	160, 399
АЧМ	240	БАРУ	240
АЧР	240	БАС	101, 241, 399
АЧТВ	439	бас(с).	312
АЧФ	320	Баск.	11, 401
АЧХ	240	басс.	401
АШ	181, 320	БАТ	274, 312
Аш.	11, 101, 401	Бат.	11, 101
АШПУ	240	бат.	358
АШС	320	бат-н	358
аэ	320, 358	баш(к).	389
АЭВТ	40, 306, 320	башк.	401
АЭЖ	40, 110	баэ	321, 358
АЭИ	62, 114, 169	БАЭС	181
АЭН	62, 114, 169	ББ	358
АЭР	62, 169	ББА	321, 358
аэр	320, 358	БББ	21
аэрд	320	ББК	101
аэрд.	271, 320	ББМ	358
Аэрокосмотех	320	ББС	274, 358
АЭРОКОСМТЕХ	320	ББЦБ	160
аэрофото	118, 320	БВ	358

Указатель

бв.	274	БЗТС	341
БВБ	274	БЗТУ	341
БВК	70, 83, 218, 340	БЗУ	218, 358
БВЛ	111	БЗЧ	218
БВП	321, 358	БИ	358
БВР	160, 265	б. и.	101
БВС	218	Би-би-си	107
БГ	358	БиБ	105, 401
б. г.	101, 401	биб(л).	101
БГИС	218	библ.	101, 392, 401, 427
БГМИ	131, 274	библиогр.	101, 401
БГНИИ	131, 265, 274	БИВ	201
БГП	70	БИГ	341
БГУ	128	БИИЯМС	131, 392
БГЦ	274	БИКИ	114, 169
БД	16, 21, 204, 218, 340, 358	БИН	274
БДБ	340, 358	БИНТИ	70, 114, 298
БДД	26	био	454
БДК	312	био.	274
БДН	340	биогр.	401, 444
БДНТ	340	биол.	274, 401
БДОС	218	биотел	274
БДП	358	биофак	274
БДПУ	358	биах	274
БДС	340	биохим	274
БДСТ	340	биохим.	274, 401
БДТ	118, 340	БИП	70, 169, 188, 218, 358
БДТН	340	БИРД	70
БДФ	274	бирж.	160, 401
БДШ	358	бирм.	11, 401
Бе-	321	БИС	218, 401
без доп.	392, 401	Биск.	11, 401
безв.	274	БИСН	358
безл.	392, 401	БИТ	70
безл. сказ.	392, 401	бит/с	218, 230
бел(орус).	389	БИТМ	131, 188, 306
Бел.	442	БИТС	241
БелАЗ	83	БИУС	359
БелНИИ	131	БИХ	241
БелНИИНТИ	114, 131, 169	БИЧ	454
БелНИИПУ	131, 169	БК	188, 213, 218, 241, 274, 321, 359
белогвард.	401	Бк	230
беломор.	389, 401	БК ПРД	241
белорус.	401	БК ПРМ	241
бельг.	389, 401	БК ПРМ ПЛ	241
бенг.	389, 401	Бк/кг	230
Бенилюкс	11	Бк/моль	230
бер.	312	БКА	359
берл.	389, 401	б-ка	101, 271, 401
беспл.	444	БКВРД	321
бестер	312	БКГ	274
бет.	294	БКГС	188, 294
БЕТАБ	321, 358	БКЗ	83, 118, 123, 454
БЖ	358	БКИП	241
БЖРК	358	БКК	160, 321, 359
БЗ	181, 218, 274, 358	БКЛА	321
БЗБК	83	б.-кларн.	123, 401
БЗК	218	БКН	321
БЗЛ	340	БКО	83
бзл.	274	БКП	70, 321, 359
БЗН	340	БКС	188, 241
бзн.	274	БКСХ	188, 341
БЗНС	26	БКТ	26
БЗО	358	БКУ	359
бзр	358	БЛ	188
БЗС	340	Бл.	442
БЗСС	340	Бл. Восток	11, 401

Указатель

бл.-п.	271, 359	БП	70, 160, 219, 241, 312, 321, 341, 359
БЛА	321	б. п.	401, 444
БЛН	341	б/п	26, 111
БлНП	359	БПА	321, 359
БЛПК	83, 341	БПБ	359
БЛШ	341	БПбс	111, 402
БМ	241, 274, 341, 359	БПГ	359
б. м.	101, 401	БПДО	359
БМВ	83, 188	БПДУ	188
БМВБ	160	БПЗУ	219
БМД	359	БПИ	114, 131, 275, 341
БМЗ	83, 188	БПК	219, 275, 359
БМЗР	274	БПЛ	21, 40, 359
б. м. и г.	101	БПМ	219
БМИЗ	275	БПМП	275, 359
БМК	83, 321, 359	БПмс	111, 402
БМО	321, 359	БПО	219, 275
БМП	169, 181, 275, 312, 359	БПП	70, 321, 359
БМПУ	218	БПР	321, 359
БМР	160, 241	БПРМ	321
БМРМ	241	БПРС	321
БМРТ	312	БПС	181, 359
БМС	202, 341	БПТ	359
БМТ	312	БПТИ	70, 114, 298
БМТР	312	БПУ	181, 321, 359
БМУ	341	БПФ	205
БМФД	160	БПШ	341
БМЭ	101, 275	БПЭ	70
БН	181, 241, 275, 294, 341, 359	БР	11, 160, 181, 275, 359
б-н	359	Бр	392
б/н	169	Бр.	442
БНВ	341	бр.	101, 169, 271, 360, 402, 444
БНД	21	БРА	360
БнД	218	БРАБ	321, 360
БНЗ	83, 181	БРАВ	360
БНИИ	131	БРАЗ	83
БНК	321	браз.	11, 402
БНЛ	160	бран.	392
БНМ	70, 202	БРБД	360
БНП	26, 160, 359	БРБО	50
БНРС	101, 399	БРВ	312, 360
БНС	70, 241	БРВЗ	360
БНТИ	70, 114, 298	БРД	360
БНТУ	341	БРДД	360
БНФ	26, 219	БРДМ	360
БНХ	169, 401	Брестсельмаш	83, 188, 341
БНЦ	64, 298	бретонск.	389, 402
БО	59, 111, 275, 321, 359, 427, 454	б-рея	360
БОВ	359	БРЗ	84
Богд.	440	бриг.	360
бое...	359	БРИЗ	70
Бол.	11, 271, 401	бризол	294
бол.	271, 401	брит.	392, 402
болг.	389, 401	БРК	360
больн.	271, 275	БРЛ	160
бомбард.	359	БРЛС	360
БОМЖ	454	БРМ	360
БОП	312	БРМД	360
БОР	321, 359	брмп	360
бор	359	БРНБ	360
Бор.	440, 442	БРО	360
борт.	293, 306, 307, 308, 309, 310, 311, 312, 313, 314, 315, 316	бронз.	199, 402
		БРП	312
БОС	359	БРПЛ	360
БОСГИ	219	бр.-рез. т	230, 402
бот.	401, 444	БРС	360
БОХР	359	БРСД	360

Указатель

БРТ	169	Булг.	442
бр.-т	230, 402	бульв.	444
б.-р. т	230, 402	бум.	402, 444
БРТК	360	бум. л	111
БРУ	341, 360	бумлитиз	241
БРЭ	111, 275	Бун.	442
БРЭА	241	БУП	360
БРЭМ	360	БУР	360
БРЭО	241	бур(ят).	389
брян.	389, 402	бур.	271
БС	213, 241, 275, 321, 341, 360, 454	бурж.	402, 444
БСА	432	бурят.	402
БСВВ	219	БУС	241, 360
БСДП	26	бут.	230
БСК	241, 275	БУТОЛ	101
БСКТ	241	БУФ	241
БСМДС	219	бух-р	170
БСМП	275	бух.	169, 271, 402
БСН	341	бухарск.	11, 402
БСО	123, 341	бухг.	170, 402
БСП	26, 161, 188, 219, 341	БФ	213, 241, 275, 360
БСПН	341	БФА	62, 161
БСПО	213, 275	БФК	312
БСР	241	БФО	205, 275
бср	360	БФС	181
БССД	360	БХВ	275, 360
БСТ	213	БХК	84, 275
БСТСБ	161	БХМ	275, 341, 360
БСУ	77, 188	БХП	275, 361
БСФ	26	БЦ	294, 361
БСХА	125, 341	бц.	275
БСШ	219	б. ц.	101
БСЭ	101, 402	б-ца	275
БТ	188, 213, 312, 360	БЦВК	219, 361
б.-т	169	БЦВМ	219, 361
БТА	213	БЦВС	219, 361
БТВ	360	БЦВУ	219, 361
БТД	70, 298	БЦЖ	275
БТЕ	230	БЦЗ	84
БТИ	70, 114, 298, 360	БЦИ	114
БТИСМ	131, 294	БЦП	70
БТК	70, 101, 118, 188, 241, 294, 298	БЧ	361
БТКА	360	б. ч.	402, 444, 454
БТМ	360	б-чка	101
БТН	21	БШ	361
БТО	50, 118	БШВ	321, 439
БТР	360	БШМ	189
бтр	271, 360	БШП	341
б. тр.	241, 271	быв.	402, 444
БТРМ	360	былин.	392, 402
БТС	161, 241, 360	быт.	97, 444
БТТ	181, 360	БЭ	361
БТУ	77, 437	БЭА	241
бтх	275	БэВ	230
БТЩ	360	БЭМ	341
БТЭ	169, 181	бэР	230
БУ	188, 360	БЭРНК	241
бу	444	БЭС	181, 219
б/у	444	БЭСМ	219
БУВ	275	БЭСТ	161
буд.	392, 402	БЭФ	241
будд.	402, 427	бюдж.	161, 402
БУК	360	бюл.	402
букв.	402, 444	бюл(л).	101
буквен.	392, 402	БЯ	219, 392

Указатель

В

В	11, 170, 199, 230
В.	11, 392, 402
в.	101, 230, 402, 439, 444
ВА	125, 321, 361
В · А	230
ВАА	126, 361
ВАБ	321, 361, 454
ваг.	442
ваг.	271
вагон.	306
ВАГШ	126, 361
ВАД	321, 361
Вад.	440
в.-адм.	361
ВАЗ	84, 306
ВАИ	361
ВАИП	40
ВАИТРО	40, 298
ВАК	16, 40, 84, 425, 432
ВАКСС	241
Вал.	11, 402, 440
вал.	161
валд.	389, 402
Валер.	440
валл.	389, 402
валт.	123
Вальяд.	11, 402
ВАМ	48
ВАМЖХ	40, 427
ВАН	126
ВАО	11, 84, 170, 212
ВАОС	341
ВАОЯУ	40
ВАП	321
ВАПО	321
вар	230
вар.	402, 444
Варв.	440
ВАРЗ	84, 306
варио.	275
ВАРК	16, 241
ВАРУ	241
ВАРЦ	44, 427
ВАС	321, 425
Вас.	440
ВАСВ	189
ВАСЖ	40
ВАСО	321, 432
ВАСС	26
ВАТ	306
ВАТА	40, 437
ВАТТ	126, 306, 361
ВАТУ	155, 321, 361
ВАУ	155, 321, 361
ВАХ	205
Вац.	440
ВАЭС	181
ВБ	161, 181, 312, 361
Вб	230
Вб/А	230
ВББ	161, 427
ВБВП	312
Вб/Г	230
В. Бел.	442
в безл. употр.	392, 402
Вб · м	230
Вб/м	230
ВБТРФ	312
ВВ	219, 361
вв.	402, 439
ВВА	126, 241, 321, 341, 361
ВВАИУ	154, 205, 321, 361
ВВАУ	154, 322, 361
ВВАУЛ	154, 322, 361
ВВАУШ	154, 322, 361
ВВБ	322, 361
ВВД	265
введ.	392
ВВЗ	161
ВВИА	126, 205, 322, 361
ВВИМУ	154, 205, 306
ВВК	205, 275, 341, 361
ВВМИОЛУ	154, 205, 312, 361
ВВМИУ	154, 205, 312, 361
ВВМУ	154, 312, 361
ВВМУПП	154, 312, 361
ВВО	84, 170, 322, 361
в-во	275, 444
вводн. сл.	392, 402
ВВП	170, 322, 361, 402
ВВР	181
ВВС	181, 322, 361, 402
ВВТ	312
ВВУ	154, 361
ВВУЗ	125, 361
ВВФ	275, 322, 361
ВВФСУ	275
ВВЦ	64, 121, 219
ВВЭ	275, 361
ВВЭР	181
ВГ	241, 275, 361
ВГБИЛ	101
ВГВ	241
ВГД	275
ВГИК	118, 131
ВГК	361
ВГКО	123
ВГМО	121
ВГН	275
ВГО	205, 275
ВГПИ	131
ВГС	189
ВГТРК	84, 107
ВГУ	128, 129, 130
ВД	16, 121, 275, 322
в. д.	265, 402
вдб	322, 361
ВДВ	105, 322, 361
ВДВФ	26
ВДГ	275
ВДК	322, 362
вдкч.	271
ВДОГ	454
ВДП	199, 362
вдп.	271, 402
в др. сп.	402, 454
ВДС	16
ВДСК	312
ВДУ	322
ВДФ	26
вдхр.	271, 402

467

Указатель

ВДЭУ 181
вед. 101, 402, 444
вежл. 392, 402
ВЕК 44, 84
Вел. 271, 402
вел. 432
Вел. Отеч. война 362, 402
Вен. 11, 402
вен. 275
венг. 389, 402
венск. 389, 402
веп с. 389, 402
Верес. 442
верт 322
Верх. 402, 444
верх. 402, 444
Верхн. 11
верхнелуж. 389, 402
вес. ч. 230
ВЕСТ 170
вест. 101, 402
вет. 341, 402
вет.-сан. 275
ВЕФН 97
веч. 402, 444
вещ. 275, 444
ВЖК 154, 275
ВЗ 322
вз(в) 362
ВЗА 322, 362
взаимн. 392, 402
ВЗАФ 322
ВЗД 362
в знач. 402
взп 362
ВзПУ 322
ВЗСВ 84
ВЗУ 189, 219, 312
ВИ 362
ВИА 111, 123, 126, 205, 362
ВИАМ 132, 322
вибраф. 123, 402
вибро 454
ВИВ 322
ВИГ 427
ВИД 107, 111
видео 241
ВИЖ 132, 341
виз 454
виз. 444
визант. 402, 444
ВИК 84
Вик. 440
ВИКА 84
ВИКЖ 44
ВИККА 126, 205, 322, 362
ВИКО 362
ВИКТ 36, 44
Викт. 440
ВИЛМ 392
ВИЛС 132
ВИМ 241
ВИМИ 114, 132
ВИН 362
вин. 341, 392, 402
ВИНИТИ 114, 132
виногр-во 341

ВИП 199, 241, 341, 362
ВИПК 132
ВИПКЛесхоз 132, 341
ВИР 362
ВИРТА 126, 205, 241, 362
ВИС 275
ВИСКУ 154, 205, 294, 362
ВИСХАГИ 132, 265, 341
Вит. 440
ВИФ 157, 205, 362
ВИФК 132, 362, 432
ВИЦ 64, 107, 114, 219
ВИЧ 275
ВИЭМ 132, 275
ВИЭМС 132, 170, 265
ВИЭСХ 132, 341
ВК 26, 121, 219, 322, 362, 454
ВКА 189, 275
ВКБ 52
ВКВ 432
ВКВП 322
ВКГ 275
вкз. 271
ВКК 275, 322, 362
ВККД 75
ВККС 425
вкл. 111, 402, 444
вкл. л. 111
включ. 444
ВКМ 64, 189, 219
в кн. 101
ВКНЦ 64, 275, 298
ВКО 322, 362
ВКП 322, 362, 432
ВКПБ 26
ВКПС 36
ВКПТ 36, 44
ВКР 362, 451
ВКРО 26
ВКС 322, 362
ВКС РФ 322, 362
ВКСПС 322
ВКТ 36, 44
в. к. т. 205
ВКТГ 36, 44
ВКТЛ 36, 44
ВКТП 36, 44
ВКУ 219
ВКФЖ 44
ВКФП 36
ВКЧ 241
ВКШ 154, 170
ВЛ 106, 181, 312, 402
Вл. 440
Влад. 440
влад. 389, 402, 444
ВЛК 275, 322
влк. 271, 402
ВЛС 322
ВЛСД 44
в.-луж. 389, 402
ВЛФ 44, 427
влч. 123, 402
ВЛЭ 276, 322
ВЛЭК 276, 322
ВМ 105, 111, 189, 219, 265, 362
вм. 402, 444

В/м	230
ВМА	126, 276, 362
ВМБ	362
ВМГ	276, 322, 362
ВМЗ	84, 189
ВМИ	362
ВМиК	205, 219
ВМИУ	155, 205, 312, 362
ВМЛ	44, 427
ВММ	121, 219, 276, 362
ВМНО	362
ВМНУЦ	64, 155, 298
ВМНУЦ ВТИ	64, 155, 219, 298
ВМО	265, 362
ВМП	241, 276, 362
ВМПО	362
ВМПС	363
ВМР	363
ВМРО-ДПМНЕ	26
ВМС	276, 322, 363, 402
ВМСУ	363
ВМТ	298
ВМУ	106, 155, 312, 363, 402
ВМУЗ	125, 312, 363
ВМФ	363
ВМФБ	161
ВН	189, 241
вн.	392
ВНА	242, 454
ВНГО	265
ВНД	276
в.-нем.	389, 403
внеш.	403, 444
ВНИВИП	132, 341
ВНИГРИ	132, 181, 265
ВНИЗР	132
ВНИИ	132
ВНИИБТГ	132
ВНИИВО	132
ВНИИводполимер	132
ВНИИВпроект	132
ВНИИГБ	132, 276
ВНИИГИНТОКС	132
ВНИИГОЧС	132
ВНИИДАД	99, 132
ВНИИдрев	133, 341
ВНИИЖИВМАШ	133, 242, 342
ВНИИЖТ	133, 306
ВНИИЗАРУБЕЖГЕОЛОГИЯ	133, 265
ВНИИинструмент	133, 189
ВНИИК	118, 133
ВНИИКИ	114, 133, 202
ВНИИКОМЖ	133, 189, 342
ВНИИкомплект	133
ВНИИКПиСПТ	133
ВНИИКТЭП	133, 181
ВНИИЛМ	133, 342
ВНИИМ	133
ВНИИМЕТМАШ	133, 189
ВНИИМП	133, 189, 276
ВНИИМС	133
ВНИИМТ	133, 276
ВНИИНА	133, 276
ВНИИНМ	133
ВНИИоргтехника	134
ВНИИОРХ	134
ВНИИОС	134
ВНИИОФИ	134, 205, 213
ВНИИПА	134
ВНИИПАС	134, 219, 242
ВНИИПМБиГ	134, 276
ВНИИПО	134
ВНИИполиграфмаш	134, 189
ВНИИПОУ	134
ВНИИпроектасбестцемент	134
ВНИИпрофтехобразования	134
ВНИИПТИК	134
ВНИИПЭМ	134, 242
ВНИИР	121, 134
ВНИИРИ	134, 242
ВНИИСВ	134
ВНИИСИ	134
ВНИИСМ	134, 242
ВНИИсоль	135
ВНИИСП	135
ВНИИСПТнефть	135, 181
ВНИИССВ	135, 342
ВНИИстройполимер	135, 294
ВНИИСуголь	135, 265
ВНИИТ	135, 189
ВНИИТКГП	135
ВНИИТП	135
ВНИИТРАНСМАШ	135, 189, 306
ВНИИТФ	135, 205
ВНИИТэлектромаш	135, 189, 242
ВНИИФ	135
ВНИИФК	135, 432
ВНИИФТРИ	135, 205, 242
ВНИИХТ	135, 276
ВНИИЦПВ	64, 298
ВНИИшерсти	135
ВНИИШП	135
ВНИИЭ	135, 242
ВНИИЭИМ	136, 242
ВНИИЭМ	136, 242
ВНИИЭФ	136, 205
ВНИИЯГ	136, 266
ВНИКИ	136
ВНИПИЭТ	136, 181
ВНИПТИК	136
ВНИТИ	136
ВНИТИАФ	136, 276
ВНИЦ	64, 298
ВНИЦОЗМиР	64, 298
ВНК	182
ВНМО	276
ВНО	322, 363
ВНОС	322, 363
ВНОУ	125
ВНП	170, 363, 403
ВНПЗ	84, 182
ВНПО	84
ВНПП	84
ВНРО	363
ВНС	276
в. н. с.	276
ВНСХБ	101
ВНТК	322
ВНТЛ	298
внутр.	403, 444
ВНЦ	64, 298
ВНЦ ГОИ	136, 213
ВНЦХ	64, 276, 298
ВО	84, 170, 322, 363

Указатель

В.О.	11
ВОВ	363
ВОГ	50, 276, 363
вод.	306, 312
вод. ст.	230, 403
водоизм.	312
воев.	11, 403
воен.	363, 403
воен.-леч.	363
воен.-мед.	276, 363
воен.-мор.	363
Воениздат	111, 363
военком	363
военкомат	363
военкор	363
военпред	363
военрук	363
военторг	363
ВОЖ	50
ВОЗ	50, 276
возв.	11, 403
возвр.	392, 403
возвыш.	392
возд.	322, 403
возм.	403, 444
ВОИЛМ	392
ВОИР	50
ВОИС	52
Войн.	442
ВОК	50, 111, 154, 363
вок.	123, 403
вок.-симф.	123, 403
ВОКУ	154, 363
Волгогипрозем	136
ВОЛС	242
ВОМ	189
ВОМЗ	84, 213
ВОМИС	451
ВОО	322, 363
ВООПИК	50
воор.	363, 403
вооруж.	363, 403
ВОП	276, 363
ВОПГ	50
вопр.	392, 403
вопросит.	392, 403
в. опт.	213
ВОР	242
вор. жарг.	392
ВОРЛ	242
вороn.	389, 403
ВОС	50, 266, 363
восклиц.	392, 403
в осн.	403, 444
ВОСО	363
восп.	403, 444
вост.	11, 403
вост.-нем.	389, 403
Вост.-СибВО	363
вост.-ср.-нем.	389, 403
восх.	444
ВОУ	189, 363
ВОФЗБ	36
ВОХР	21, 363
ВП	105, 170, 313, 363, 403, 454
в/п	111
ВПА	126, 363
ВПБ	26
ВПБЧ	26
ВПВ	363
ВПГ	276, 363
ВПДТ	363
ВПЖТ	306
ВПИ	136
ВПИК	84, 363
ВПК	75, 363
ВПКТИ	136
ВПМД	26, 427
ВПМЦ	26
ВПНРК	84
ВПО	84, 342, 363
ВПП	52, 322, 363
ВПР	363
ВПС	48, 52, 276, 363
ВПСП	276, 363
ВПТ	294
ВПТС	242
ВПУ	242, 363
ВПУП	323
ВПФ	364
ВПХ	276, 323, 364
ВПХР	276, 364
ВР	11, 105, 403
вр.	276, 392, 403, 444
ВРД	323
врем. оз.	271, 403
ВРЗ	84, 242, 306
врио	16
ВРК	242, 364
ВРКМ	427
ВРО	266
ВРОП	364
ВРП	16, 313
ВРР	16
ВРС	26
ВРШ	189
ВС	48, 161, 219, 242, 276, 313, 323, 364, 454
Вс.	440
в/с	444
В · с	230
ВСАК	242
ВСАС	26
ВСБ	48, 432, 451
в. с. г.	294
ВСД	266, 276
ВСЕРО	427
Всерос.	403, 444
ВСЖД	306
ВСЖКО	48, 427
ВСК	36, 161, 364, 432
ВСКБ	161
ВСКП	219
ВСМ	48, 306, 451
ВСН	364
ВСНБ	21
ВСНП	48
ВСНС	364
ВСНТ	306
ВСО	50, 364
ВСОК	364
ВСООНК	364, 451
в соч.	403, 444
ВСП	26, 118, 266, 306
ВСПД	306

Указатель

ВСППЖ	48, 110	ВФПГ	44
ВСР	26	ВФС	48, 161, 451
в ср.	403, 444	ВФСООН	52
ВСС	36, 276	ВФСХ	44, 159, 428
ВСТ	26	ВФТБ	36, 44
встр.	403, 444	ВФХ	205
вступ.	403, 444	ВФШ	189
ВСУ	189	ВХА	41, 126, 276, 364, 432
ВСХ	205, 266	ВХК	276, 364
ВСЦ	48, 427	ВХНРЦ	64, 298
ВСШ	155	ВХО	50
ВСЯ	106	ВХР	277, 364
ВТ	105, 219, 242, 323, 364	ВЦ	121, 219, 323, 364
Вт	230, 403	В/Ц	294
в-т	323	в. ц.	189
вт.	439	ВЦИОМ	64
ВТА	40, 242, 323, 364	ВЦКП	219
ВТАБ	364	ВЦКС	242
ВТАК	170, 323, 364, 425	ВЦМК	64, 277
ВТБ	323	ВЦММ	64, 277
ВТГР	182	ВЦН	364
ВТЗ	84	ВЦНИИОТ	136
ВТИ	136, 201, 219	ВЦНИЛКР	95, 121, 298
ВТК	21, 161, 170, 364	ВЦП	64
Вт/кг	230	ВЦПО	64, 364
ВТМ	189, 342	ВЦПУ	64
ВТН	364	ВЦУ	364
ВТО	50, 118, 170, 205, 364, 437, 454	ВЦЭМ	64, 266, 277
ВТОЦ	64	ВЧ	118, 242, 364
ВТП	364	в. ч.	230, 364
ВТПД	205	в/ч	364
ВТПС	84, 294	ВЧИМ	242
ВТС	242, 271, 323, 364	ВЧК	453
Вт·с	230	ВЧП	242
ВТТ	170	ВЧПИ	242
ВТТЭ	182	ВЧС	242, 266
ВТУ	219, 271, 298, 342, 364	вчт.	219, 403
ВТУЗ	125	ВЧУ	219
ВТУЭ	298	ВШ	154, 189
ВТФ	157, 364	ВШЗ	84
ВТХ	205	ВШК	52, 365
Вт-ч	403	ВШМ	21, 154
Вт·ч	230	ВШМБ	154, 170
в т. ч.	403, 444	ВШТ	154, 432
ВТЭ	276	ВШЭ	154, 170, 266
ВТЭК	276	выделит.	392, 403
ВУ	155, 182, 189, 219, 242, 342, 364, 454	вып.	158, 403
ВУА	364	вып. дан	101
ВУЗ	125	выраж.	403, 444
вульг.	392, 403	Выс.	442
ВУМ	219	выс.	271, 323, 403
ВУН	202, 294, 364	высок.	392, 403
ВУРС	212	выши.	158
ВУС	242, 364	вых. дан.	101
ВУТ	342	выч	220
ВФ	106, 121, 323, 364	вьет.	389, 403
ВФАС	44, 306, 432	вз	323, 365
ВФАСООН	52	ВЭБ	161
ВФД	276, 432	ВЭВЧ	439
ВФДМ	44	ВЭД	170
ВФЗ	266	ВЭЗ	243
ВФКМ	44, 428	ВЭИ	136
ВФЛА	44	ВЭК	161
ВФМ	73, 451	ВЭКС	243, 277
ВФНР	44, 158, 298	ВЭлНИИ	136
ВФО	161, 364	ВЭЛС	277, 323
ВФП	36, 73	ВЭМЗ	84, 189, 243

471

Указатель

ВЭП	365
ВЭПУАЗО	243, 365
ВЭР	182
ВЭС	101, 111, 182, 342
ВЭСП	118
ВЭУ	182
ВЭФ	48, 170, 182
ВЭЧ	243
ВЯ	106, 403
вяз.	454
вят.	389, 403
Вяч.	440

Г

Г	16, 182, 230, 454
Г.	230
г	11, 230, 403
г.	11, 403, 439, 444
ГА	52, 99, 189, 313, 323, 403
га	230, 403
Г.-а.	230
ГААЛК	323
ГАБТ	118
гав.	11, 403
гавайск.	389, 403
ГАВС	126, 365
ГАЗ	84
газ.	105, 271, 403, 454
газг.	271, 403
газетн.	105, 403
ГАИ	21, 306
ГАИС	126
ГАИШ	136, 323
Гайд.	442
ГАК	266
г. ак.	266, 403
Гал.	11, 403, 440
галл.	170
галл.	392, 403
галльск.	389, 403
ГАМК	277
ГАН	212, 342
ГАО	266, 323
ГАП	243, 294, 306
гар.	271, 306, 403, 444
Гар.-Мих.	442
гарант.	170
ГА РФ	99
Гарш.	442
ГАС	220, 243, 266, 323, 365
ГАС-выборы	220, 243
ГАСБУ	126
ГАСК	294
ГАСНТИ	220, 243
ГАСУ	220, 243
ГАТИ	16
ГАТП	306
ГАТТ	170
ГАУ	77, 99, 126, 220, 365
ГАФ	99
ГАЭС	182
ГБ	21, 101, 277, 365
ГБАО	11
ГБО	277
ГБР	70, 97, 277
ГБС	437
ГБТУ	365
ГВ	230, 365
гв.	365, 403
Гват.	11, 403
ГВБ	182
ГВВ	313
ГВГ	277, 365
гвин.	11, 403
ГВИС	365
ГВК	170, 205, 220, 342, 365
ГВЛ	313
ГВМ	220
ГВМБ	365
ГВП	21, 342, 365, 425
ГВПП	323
ГВС	220
ГВт	230, 403
гВт	230
ГВт-ч	230
гВт-ч	230
ГВЦ	220
ГВЦА	64, 220, 323
ГВЧ	243
ГГ	189
гг	230
гг.	403, 439, 444
ГГГ	205
ГГК	105, 206, 266
ГГО	206, 266
ГГП	266
ГГС	243
ГГЦ	277
ГГц	230
ГД	16, 111, 170, 189, 277, 323
ГДж	230
ГДЗС	365
ГДЛ	95
ГДМ	365
ГДО	161, 365
ГДПК	313
ГДС	365
ГДТЮ	99
ГДУ	206
ГДФ	277
ГДХ	206
ГЕЛАН	277
гельм.	277, 403
Ген.	440
ген.	365, 392, 403
ген.-лейт.	365
ген.-м.	365
ген.-м. ав-и	323, 365
ген.-п(олк).	365
гендир	170
генсек	26
гео...	266
геогр.	266, 403
геод.	266, 403
ГЕОИНТЕХ	84
геол.	266, 403
геом.	206, 403
геоморфол.	266, 404
Георг.	440
ГеоТЭС	182
геофак	157, 266
геофиз.	206, 266, 404

Указатель

ГЕОХИ РАН	136, 277	ГКЛ	294
Гер.	440	ГКМ	189
геральд.	404, 438	ГКМВ	230
геркон	243	ГКНПЦ	64, 299, 323
Герм.	11, 442	ГКО	161
герм.	389, 404	ГКП	26, 365
гермо...	454	ГКПП	21
Герц.	442	ГКР	243
ГЕСС	454	ГКС	220, 277
ГЖ	182	ГКСМ	313
г-жа	404, 444	ГКСЭН	16, 277
ГЗ	243, 365	ГКУ	77
г-зия	155, 404	ГКФУ	77, 161
ГЗК	75	ГКХ	97
ГЗМ	189	ГКЦПС	64
ГЗУ	189, 266	ГКЧП	453
ГИ	136, 243, 266	ГКЧС	17, 365
ГИА	62, 428	ГЛ	26, 95, 323
ГИАЛО	99	гл	230
ГИАМО	99	г/л	230
ГИАП	136, 277	гл(аг).	392
ГИВС	220	гл.	271, 404, 444
ГИВЦ	220	гл. обр.	404, 444
гиг.	277, 404	Гл. Усп.	442
гигро	277	ГЛА	323
гидр.	298, 404	глав.	444
гидро...	299	главврач	277
гидроизол	294	главком	365
гидрол.	404, 444	ГлавПЭУ	77, 170
гидромет...	266	главреж	118
гидротех(н).	404	ГлавУпДК	77
гидротех.	299	глаг.	404
гидрофак	157	глаг. сказ.	392, 404
ГИК	75, 84, 323	Гладк.	442
ГИЛ	182	ГЛИН	243
ГИМ	121, 404	ГЛМ	121, 404
ГИН	220	ГЛОНАСС	323
ГИНЦВЕТМЕТ	136	ГЛС	365, 392
г'ион	230	ГЛСМ	365
ГИП	206	глуб.	313, 404
Гип.	12, 404	ГМ	121, 182, 404
гипотет.	404, 444	гм	230
ГИПП	136	г/м	230
ГИПРОНИИ	136	ГМА	266
ГИПРОНИИАВИАПРОМ	137, 323	ГМБ	266
ГИР	243	ГМВ	121, 313
Гиредмет	137	ГМД	26, 220
ГИС	206, 220, 266	ГМЗ	365
ГИСУ	313	ГМИИ	121
ГИТ	220, 299	ГМИНВ	121
ГИТИС	118, 137	ГМК	84, 170, 243, 323
ГИТОС	137	ГММ	121, 404
ГИУ	77, 206	г/мм	230
ГИЭ	182	ГММПШ	84, 189
ГИЭА	126, 170, 206	ГМНЗИ	121
ГК	182, 206, 266, 277, 313, 365, 425	ГМО	266, 313, 323
Гкал	230	г'моль	230
ГКАП	16, 170	ГМП	189, 323
ГКАТ	16, 299, 323	ГМПО	84
ГКБ	201, 277	ГМС	266, 323
ГКБО	201	ГМТ	121, 404
ГКВО	16, 125	ГМУ	77, 277
ГКД	99	ГМФ	121, 277
ГКДП	323	ГМЦР	266
ГКЗ	84, 123	ГМЧ	243, 365
ГКИ	16, 323	ГН	277, 342
ГКК	16, 266, 323	Гн	230

473

Указатель

г-н	444	ГОРОНО	125
Гн/м	231	ГОРСОБЕС	17
ГНБ	101, 182	Горьк.	442
ГНВ	313	горяч. источ.	277, 404
ГНИ	21	гос-во	12, 404
ГНИВЦ	64, 220, 299	гос.	17, 404, 444
ГНИИ	137	Гос. пр.	17
ГНИИР	107, 137, 243	Госатомнадзор	212
ГНИМА	121	Госгортехнадзор	20
ГНИП	84, 206	Госдума	17
ГНИЦ	64, 114, 299	Госинкор	85
ГНК	84, 182	ГосКО	123
ГНКА	84, 182	Госкомвуз	17, 125
ГНКАР	85, 182	Госкомимущество	17
ГНЛ	313	Госкомоборонпром	17
ГНМБ	101	Госкомпром	17
ГНПБ	101	Госкомсанэпиднадзор	17, 277
ГНПК	182	Госкомстат	17
ГНПКФ	85, 170	Госналогслужба	21
ГНПП	85	ГосНИИ	137
ГНПЦ	64, 299	ГосНИИ ГА	137, 324
ГНР	365	ГосНИИ ЭМФТ	137, 277
ГНРЕ	27	ГосНИИАС	137, 323
ГНС	21, 182, 313	ГОСНИИВ	137, 306
ГНТБ	101	ГосНИИОРХ	137
ГНТУ	77, 299	ГосНИИОХТ	137, 277
ГНЦ	64, 299	ГосНИЦ	64, 299
ГНЦЛМ	64, 277, 299	ГосНИЦИПР	64, 299
ГНЧ	243	ГосНПО	85
ГО	182, 294, 323, 365, 454	ГосНПП	85
г/о	243	гослемхоз	342
ГОА	313	госпромхоз	342
гоб.	123, 404	Госсанэпиднадзор	277
ГОВД	21	Госстандарт	17, 202
Гог.	442	Госстрой	17, 294
ГОГУ	77	ГОСТ	202
ГОЗ	85, 213	гост.	271
Гознак	77	Госфильмофонд	73, 118
ГОИ	137, 213	гот(ск).	389, 404
ГОИН	137	готтент.	389, 404
ГОК	85	ГОУШ	365
гол(л).	389, 404	ГП	85, 277, 342, 365, 454
гал.	123, 342, 404	ГПА	182
ГолАЗ	85	ГПБА	243
Голл.	12	ГПВРД	324
ГОМ	21	ГПВЦ	65
Гомельдрев	85, 342	ГПД	365
Гомелькабель	85	ГПЗ	85, 277
Гомельстройматериалы	85, 294	ГПК	17, 85, 182, 306, 324, 425
ГОМЗ	85, 213	Гпл	220
ГОМС	266, 323	ГПМ	200
Гомсельмаш	85, 189, 342	ГПНТБ	101
ГОМУ	77	ГПО	85
Гонд.	12, 404	ГПП	182, 342
Гонч.	442	ГППЗ	85, 342
ГОП	200	ГПР	85, 200
ГОПБ	101	г. прох.	271
г. опт.	213	ГПРЭП	85
ГОР	182	ГПС	200, 365
гор(н).	266	ГПСИ	85
гор.	12, 271, 404	ГПТ	27, 365
Горб.	442	ГПУ	77, 453
горвоенкомат	365	ГПЦ	432
горВТЭК	277	ГПЩО	21
горизбирком	75	ГПЭУ	77, 170
горн.	266, 404	ГР	105, 182, 220
горнодоб.	266, 404	Гр	231

Указатель

г-Р	231	ГСПИ	114, 137
г-р	243	ГСПФ	36
гр(еч).	389	ГСР	243, 324
гр-ка	444	ГСС	202, 243
гр-н	445	ГСТС	243
гр-не	445	ГСФ	277
гр.	231, 404, 438, 444	ГСХ	342
Гр/с	231	ГСШ	182
грав.	118	ГСЭН	277
грави...	454	ГТ	182, 266, 404
град.	231	ГТГ	121
град/м	231	ГТД	21, 324
град/с	231	ГТД-ДКС	324
град/см	231	ГТИ	243
градац.	404, 444	ГТК	17, 107, 189, 243, 306
гражд.	404, 444	ГТМ	266
грам(м).	392, 404	ГТО	454
ГРАН	123	ГТП	278, 342
Гран.	12, 404, 442	ГТРК	107, 243
ГРАУ	365	ГТС	170, 243, 244, 299, 454
граф.	12, 404	ГТТ	366
ГРВ	277	ГТУ	77, 170, 182
ГРВЗ	365	ГТФ	278
ГРД	324	ГТЭС	182
Грец.	12	ГТЭУ	182
греч.	404	ГУ	77, 189, 366
Григ.	440, 442	ГУ ЦБ	78, 161
ГРКЦ	161	губ.	12, 17, 404
ГРМ	121, 324, 404	ГУБТ	182
ГРМЦ	65, 313	ГУВБиФ	77, 161, 366
ГРП	17, 27, 182, 243, 324, 454	ГУВД	21, 77
ГрПК	324	ГУВС	77
ГРПП	110	ГУВТС	77, 299, 366
ГРС	27, 182, 277	ГУГПС	77, 366
ГРТ	182	ГУГС	77, 295
ГРТС	107, 243	ГУГТК	77
ГРТЦ	65, 107, 243	ГУЗГИ	77
ГРУ	21, 77, 182, 243, 266, 366	ГУИН	77
груб.	392, 404	ГУК	77
груб.-прост.	392, 404	ГУКОС	77, 324
груб.-фам.	392, 404	ГУЛАГ	453
груз.	389, 404	ГУМ	170
грузооб.	170, 404	Гум.	442
груп.	445	ГУМТО	77, 299
ГРЦ	366	ГУН	244
ГРЭС	182, 404	ГУНИО	78
грязв.	271	ГУО	21, 78
ГС	27, 182, 243, 277, 324, 342, 366	ГУОП	21, 78
г/с	231	ГУПиКС	78, 295
ГСБК	101	ГУПО	21, 78, 366
ГСВЦ	220	ГУПОНИИР	78, 299
ГСВЧ	439	ГУРВД	78, 170
ГСД	342	ГУРВО	78, 366
ГСЗ	266, 366	ГУС	78, 244
ГСИ	231	ГУСК	78
ГСК	101, 243, 266, 294, 425	ГУСС	78, 295
ГСКТБ	70	ГУСХ	78, 342
ГСМ	182	ГУТ	78, 170
ГСМО	85, 294	ГУУР	21, 78
ГСН	243, 366	ГУЦБ	78, 161
ГСНС	313	ГУЭП	21, 78, 171
ГСНТИ	114	ГУЭРАТ	78, 299, 324
ГСО	324	ГФ	278
г.-сол.	313	ГФА	126, 161
ГСП	454	ГФЗ	36, 73
гсп.	271, 277	ГФЗН	36, 73
ГСПД	243	ГФЛ	432

475

Указатель

Гфлоп	231	ДБ	278
ГФУ	78, 161, 190	дБ	231
ГХ	97	ДБА	324, 366
г/х	454	ДБДД	161
ГХК	278	д.б.н.	278, 438
ГХЦГ	278, 342	ДБФ	278
Гц	220, 231	ДВ	12, 244, 366
ГЦБ	161	дв	324
ГЦИПКС	65, 324	дв.	206, 220, 271, 393
ГЦИУ	65	Дв. Сопр.	366
ГЦКЗ	123	дв. ч.	393, 404
ГЦММК	121, 123	ДВВ	324, 366
ГЦНМБ	101	ДВВ	366
ГЦРР	65, 114	ДВВО	366
ГЦСУД	190	двг	324
ГЦТБ	102	ДВГУ	128
ГЦТМ	118, 121, 404	ДВК	111, 171, 220, 366
ГЧ	366	ДВКД	324, 366
ГШ	182, 190, 244, 324, 366	ДВМП	313
ГШО	182	двн.	389, 404
ГШС	244	д.в.н.	342, 366, 438
ГЭ	121	ДВО	126, 366
ГЭБ	70, 278, 437	д-во	404, 445
ГэВ	231	Д. Восток	404
ГЭВЧ	439	ДВП	295
ГЭК	75	ДВР	27, 52, 366, 451
г-экв	231	ДВС	99, 118, 278, 366
ГЭЛ	190	двс	190
гэльск.	389, 404	ДВТ	324
ГЭР	366	ДВТО	158, 366
ГЭС	182, 404	ДГ	183, 244
ГЭТ	244, 306	дг	231
ГЭУ	183, 244	ДГАВП	278
ГЭЧ	231	ДГИ	17
		ДГМК	190
Д		д.г.-м.н.	266, 438
		д.г.н.	266, 438
Д	183, 213, 231, 278, 366, 432	ДГП	278
д	231, 366	ДГТС	244
Д.	12, 392	ДГТУ	183
д.	231, 266, 342, 404, 439, 445	ДГТЭУ	183
ДА	126, 183, 324, 342, 366	ДГУ	128
да	231	ДД	158, 183, 190, 306, 324, 366
Д/А	171	ДДА	342
ДАБ	324, 366	ДДВФ	278, 342
Дав.	440	ДДД	278, 342
Давыд.	442	ДДИ	366
ДАГ	278, 366	ДДК	111, 171
даг.	389, 404	ДДН	342
ДАД	278	ДДС	171
ДАК	324	ДДТ	278, 342
дал	231	ДДУ	342
ДАЛС	85	ДДЭ	278, 342
даль...	445	дев.	445
Дан.	440	Дегтяр.	442
Данил.	12	деепр(ич).	393, 404
ДАП	324	деж.	366
ДАПО	85	действ. наст.	393, 404
ДАРМС	244, 266	действ. прош.	393, 404
ДАРПА	78	дек.	231
ДАС	99, 244	дек.	405, 439
дат.	389, 392, 404	дем(окр).	405, 445
ДАТА	244	Дем.	440
датск.	392, 404	демогр.	405, 445
ДАУ	244	ден.	161
ДАЭВ	41, 171	ден. ед.	161, 405
		деп.	12, 17, 405, 445

476

Указатель

дер.	342, 405	ДКМВ	244
дерев.	123, 405	ДКМК	278
деревообр.	342, 405	ДКОИ	220
дес.	220, 366	ДКС	161, 324
ДЕСО	366	ДКУ	343
дет.	405, 445	ДКШ	343
дет. д.	125	ДЛ	27, 183, 366, 393
детсад	125	дл	231
детск.	393, 405	дл.	405, 445
деш.	171	ДЛМ	27
деят.	445	ДЛНК	343
Дж	231	ДЛНП	36
Дж · с	231	ДЛПИ	27
Дж/К	231	ДлПр	454
Дж/кг	231	ДМ	105, 171, 183, 190, 231, 295, 366, 405
Дж/м	231	дм	231
Дж/моль	231	Дм.	440
ДЗ	183, 366, 454	ДМБ	70
д-з	278	ДМВ	244
ДЗВ	366	ДМК	267, 278, 367
ДЗДС	27	д.м.н.	278, 438
ДЗЗ	324	ДМОП	220
ДЗК	27	ДМП	324
ДЗН	366	дмп	367
ДЗОС	366	ДМПА	278
ДЗОТ	366	ДМПИ	244
ДЗУ	220	ДМРМ	244
ДЗХВ	85, 278	ДМС	105, 267
ДЗЦ	183, 190	ДМТ	278, 307, 324
диал.	393, 405	ДМФ	278
диам.	445	ДМШ	123
диамат	428	ДМЭСВ	171
диаммофос	278	ДН	27, 244, 454
див.	366	дн	231
ДИВТ	27	дн.	439
ДИД	190	д-н	367
диет.	445	ДНА	244
диз.	183	ДНЗ	244
ДИЗО	21	ДНИ	324
ДИК	190	ДНК	27, 278
ДИКМ	244	ДНЛ	367
ДИЛОС	220	ДННЛ	27
ДИМ	190	ДНОК	278, 343
д.и.н.	438	ДНП	21, 367
ДИП	244, 342	ДНТ	99, 123
дип.	405, 445	ДНТТМ	99
дипл.	405, 445	ДНФ	278
ДИПС	220	ДНЯО	367
дир.	123, 405, 445	ДО	183, 244, 278, 324
ДИРА	27	д.о.	437
ДИС	206	доб.	405, 445
дис(с).	158, 405	Добрал.	442
ДИСДП	278	Довл.	442
ДИСС	201	ДОГ	161
дист.	278	дог.	171
дисц.	366	ДОЗ	85, 343
диф.	206	ДОИ	52, 107, 115
ДИЭЗПО	244	ДОК	50, 85, 111, 278, 343
ДК	99, 183, 190, 200, 201, 278, 366	док.	204, 405
Д/к	99	ДОКИ	118
ДКА	278	Докл.	102, 405
ДКБА	244	докт.	158, 405
ДКБФ	366	док-ты	204, 405
ДКВ	366	ДОЛ	244, 278
ДКД	105, 171	дол	161
ДКК	295	дол.	271, 405
ДКЛ	306	дол(л).	161

477

Указатель

дом.	405, 445
Дом. Р.	12, 405
дон.	389, 405
Донбасс	183
ДонГУ	128
Донск.	12
ДОО	343
ДОП	267
доп(олн).	393
доп.	405, 445
доп. устар.	393, 405
дополн.	405
дополнит.	393, 405
дор.	307
дорев(ол).	405, 445
дорсил	307
Дорстройтрест	85, 295, 307
ДОС	171, 220, 324, 367
ДОСАБ	324, 367
Дост.	442
дост.	171
ДОТ	220, 324, 367
ДОУ	125, 313
ДОФ	367
ДОФА	278
ДОЦ	65, 278, 343, 432
доц.	158, 445
ДОЭ	183, 213
ДП	27, 102, 105, 190, 200, 206, 220, 278, 324, 367
д.п.	445
ДПА	27, 343
ДПВ	27
ДПД	454
ДПИ	27
ДПКР	27
ДПЛ	27, 313, 367
ДПЛА	324
ДПЛС	27
ДПМК	307
ДПН	278
д.п.н.	438
ДПО	27, 244, 278, 324, 343
ДПП	27, 267, 454
ДПР	27
ДПРМ	244, 324
ДПРС	244, 324
ДПС	21, 27, 324, 367
ДПТ	244, 367
ДПТЛ	27
дптр	231
ДПШО	85
ДПЭС	183
ДР	27, 190, 367
Др.	12, 405
др.	206, 405, 445
д-р	158, 278, 405, 445
д.-р.	445
др.-англ.	389, 405
др.-в.-нем.	389, 405
др.-гр.	405
др.-гр(еч).	389
др.-греч.	405
др.-евр(ейск).	389, 405
др.-инд.	389, 405
др.-ирл.	389, 405
др.-исл.	389, 405
др.-нем.	389, 405
др.-норв.	389, 405
др.-прусск.	389, 405
др.-рим.	389, 405
др.-рус(ск).	389, 405
др.-сев.-герм.	389, 405
др.-сканд.	389, 405
др.-чеш.	389, 405
др.-швед.	389, 405
др.-шумер.	389, 405
ДРА	190
драм.	118, 123, 405
ДРЖ	190
ДРЛ	244
ДРЛО	244
ДРМ	12, 324
ДРО	244
дров.	271
дрож.	271
ДРП	27, 110
ДРСУ	78, 295, 307
ДРТ	171
ДРЦ	278
ДС	12, 27, 123, 183, 244, 295, 367
д/с	125
ДСА	206
ДСВЦ	65, 220
ДСИ	432
ДСК	161, 295, 432
ДСЛ	325, 367
ДСМ	244
ДСМН	27
ДСМФ	27
ДСО	206, 244, 343, 432
ДСП	27, 171, 199, 295
ДСР	27
ДСС	244
ДСТ	325
ДСУ	78, 278, 295, 307
д.с.-х.н.	343, 438
ДСЦ	65
ДСШ	155, 183, 432
ДТ	183, 244, 325, 343
ДТД	367
ДТК	21
ДТЛ	190, 220
д.т.н.	438
ДТП	21, 307
ДТПА	278
ДТРД	325
ДТС	299, 307
ДТУ	244
ДУ	190, 244, 278, 307, 325
ДУ САС	325
дубл.	118, 445
ДУВЗ	220
ДУК	367
ДУМ	78, 428
ДУМЕС	78, 428
ДУС	325
дух.	123
Душ.	12, 102, 405
ДФ	73, 278
ДФДТ	278, 343
д.ф.-м.н.	206, 438
д.ф.н.	393, 428, 438
ДФОП	27

Указатель

ДФС	367	ЕВФ	162
ДФФ	27	Ег.	440
ДХВП	121	*егип.*	405
д.х.н.	278, 438	*егип(т).*	12
ДХО	278, 367	ЕГРПО	85
ДХЭ	278, 343	ЕГРСП	325
ДЦ	27, 244	ЕГСД	17
ДЦВ	244	ЕД	279
ДЦДА	279	*ед.*	231, 405
ДЦМВ	245	*ед. изм(ер).*	231
ДЦП	220, 245, 279	*ед. измер.*	405
д.ч.	405	*ед. хр*	99
д. ч(л).	438	*ед. (ч.)*	393
д. чл.	405	*ед. ч.*	405
ДШ	183, 367	*ежегод*	106
дым.	367	*ежегод.*	405
ДЭ	102, 279	*ежедн*	105
д/э	245, 307	*ежедн.*	405
ДЭА	279	*ежемес.*	106, 405
ДЭЗ	97	*еженед*	105, 106
ДЭК	190, 245	*еженед.*	405
д.э.н.	171, 438	ЕЗЛ	171
ДЭО	171	ЕИБ	162
ДЭП	267	ЕИП	107
ДЭПЛ	245, 367	ЕК	75, 454
ДЭС	183	Ек.	440
ДЭТ	245, 343	ЕКА	62, 325
ДЭТА	279	ЕКВ	432
ДЭУ	183, 245, 307	ЕКП	36, 171
ДЭЯР	212	ЕКС	48
д.ю.н.	425, 438	ЕКСК	190
ДЮП	27	ЕКТС	307
ДЮСШ	155, 432	ЕКУ	454
д/я	125	ЕКУП	200
Дягил.	442	Ел.	440
		ЕлАЗ	85, 307
		ЕЛДО	50, 325
Е		Елиз.	440
		ЕЛЭК	171
ЕААЭ	62, 183	Ем.	440
ЕАГИ	62	*емк.*	445
ЕАГТ	325	ЕМС	454
ЕАК	75	ЕНиР	202
ЕАЛ	85, 437	ЕНОК	41, 432
ЕАН	62, 107	ЕНФК	162
ЕАО	325	ЕО	454
ЕАОУМ	85	ЕОС	48, 367
ЕАС	48	ЕОУС	86
ЕАСК	220, 245	ЕОЭИ	171
ЕАСС	220, 245	ЕПС	171
ЕАСТ	41, 171	Ер.	12, 102, 405, 442
ЕБРР	161	*ер.*	12, 454
Евг.	440	ЕрАЗ	86, 307
Евд.	440	ЕРЕ	162
ЕВЕ	161	Ерм.	440
ЕВР	171	Ероф.	442
Евр.	12	ЕРР	231
евр.	390, 405	ЕРЭ	393
Евразия	12	ЕС	48, 220
ЕВРАТОМ	48, 183	ЕС ЭВМ	221
Евровидение	107	ЕСВИ	171
европ.	12, 405	ЕСДП	190
Евросовет	48	ЕСЖ	27
ЕВРОХИМИК	212, 279	ЕСКД	204
ЕВС	161, 245	ЕСНИПП	299
Евст.	440	ЕСНПЗ	267
Евстаф.	440	ЕСОБ	454

479

Указатель

ЕСП	267
ЕСПД	204, 220
ЕСПД	220
ЕСПИ	115
ЕСР	48, 107, 245, 267
ЕСРО	50, 325
ЕССН	267
ЕССО	48
ЕССП	202
ЕСТД	204
естеств.	405, 445
естфак	157
ЕСФ	36
ЕТА	437
ЕТК	437
ЕТО	299
ЕТП	190
ЕТС	48, 107, 202, 245
ЕТТ	202
ЕУ	307
Еф.	440
ЕФБ	162
ЕФВС	162
ЕФО	206
ЕФР	73
Ефр.	440
ефр.	367
ЕФРР	73
ЕФТ	36, 44
ЕХБ	428
ЕЦМС	54, 65
ЕЦСВ	313
ЕЦТВ	65
ЕЭК	171
ЕЭП	171
ЕЭС	171, 183, 405
ЕЭЭС	183
ЕЯ	393

Ж

Ж	183
Ж.	102, 405
ж.	106, 279, 405, 406, 445
ЖАД	190
жарг	393, 406
жарг.	393, 406
ЖАСО	36, 307
ЖБ	295
ЖБД	367
ЖБИ	295
ЖБК	295
ЖБКИ	295
ЖБМ	295
ЖБТ	295
ЖБФ	86
ЖВ	279
ЖВН	343
ЖВРД	325
жд	307
ж. д.	307, 406
ж.-д.	307, 406
ж/д	307
ЖДО	307
ЖДП	307
ЖЕЛ	279
жел.	295
жел.-бет.	295
жел(дор).	307
жел.-киш.	279
жен.	406, 445
женск.	393, 406
ЖЗЛ	111
ЖЗС	213
жив.	118, 343, 406
жив-во	343
ЖИГ	206
ЖиК	105
жил.	97
жир.	445
жит.	406, 445
ЖК	97, 206, 221, 279, 343, 425
ЖКБ	279
ЖКИ	201
ЖКН	343
ЖКУ	343
ЖКХ	97
ж-л	106, 406
ЖМ	295
ЖМВВ	367
ЖНР	343
ЖНС	54
ЖНТ	343
ЖР	245, 307
ж. (р.)	393
ж. р.	406
ЖРД	325
ЖРДМТ	325
ЖРДУ	325
ЖРО	212
ЖРС	343
ЖРЭП	86, 97
ЖРЭУ	78, 97
ЖС	213, 279
ЖСБ	162
ЖСК	97, 295, 343
ЖТС	97
жур(н).	106
журн.	406
журфак	110, 157
ЖФСИ	36, 97
ЖШН	343
ЖЭК	97
ЖЭО	97
ЖЭС	183, 307
ЖЭУ	97

З

З	12, 183, 325
З.	12, 406, 454
з.	231, 325
ЗА	27, 367
з. а.	123
ЗАБ	325, 367
ЗабВО	367
зав.	86, 406, 445
завуч	158
завхоз	445
загл.	111, 406
загот...	445
загр.	367

Указатель

загран.	445	зенд.	390, 406
ЗАГС	17	ЗЕС	48
ЗАЗ	86, 307	ЗЖБИ	86
заимств.	393, 406	ЗЖБК	86
ЗАК	367	ЗЖР	367
зак.	445	ЗЗС	367
ЗакВО	367	ЗИЛ	86, 307
закл.	445	ЗИМ	86
Закр.	442	Зин.	440
ЗакС	17	ЗИП	86, 190, 368
закуп.	171	ЗИПУ	325
зал.	12, 406	ЗИФ	86
Зам.	442	ЗК	425
зам.	406, 445	ЗКП	368
ЗАНУ	27	ЗКЦ	368
ЗАО	171	Златоврат.	442
зап(ад).	12	ЗМ	368
Зап.	102, 406	ЗМА	86, 190, 279
зап.	406, 445	ЗМЗ	86
зап.-рус.	390, 406	ЗМК	86, 368
Зап.-СибВО	367	ЗМКБ	70, 190
ЗапВО	367	ЗМПУ	368
запов.	406, 445	ЗМС	245, 432, 438
Запсибкомбанк	162	ЗМШ	155, 206
ЗАР	343	зн.	393
зар.	445	з.-нем.	390, 406
заруб.	406, 445	зн/с	231
ЗАС	245	знач.	393, 406
засл.	123, 438	ЗНП	368
засл. арт.	123, 406	ЗО	368
з(асл). а(рт).	118	з/о	157
засл. деят.	118, 123, 406, 438	зол.	199, 231, 406
засл. худ.	118, 406, 438	ЗОМП	368
заст.	21	зоо	445
зат.	271	зоол.	406, 445
ЗАТО	17	зоофак	157
ЗАУ	367	ЗОП	368
Зах.	440	ЗОС	325, 368, 454
зах.	445	ЗОУ	245
ЗАЭС	183	Зощ.	442
ЗБЗ	367	ЗП	22, 343, 368
ЗБС	367	з/п	22, 368
ЗБТ	206	ЗПК	75
ЗВ	343, 367	ЗПл	368
Зв	231	ЗПО	343
Зв.	106, 406	ЗПр	368
зв.	245, 325, 393, 406	ЗПС	245, 343
Зв/с	231	зпт	445
зват.	393, 406	ЗПУ	325, 368
зверо...	343	ЗПЭС	171
ЗВО	106, 367, 406	ЗР	368
ЗВС	343, 367	зр	279
звук.	245, 406	ЗРВ	368
звукоподр.	393	ЗРЗ	368
ЗГ	245	зрит.	118, 406
ЗГВ	367	ЗРК	368
ЗГРЛС	245	ЗРУ	245
ЗГЦУ	367	ЗС	17, 111, 162, 183, 213, 245, 325, 368
ЗД	105	ЗСА	307, 343
з.д.	267	ЗСГ	428
з-д	86, 406	ЗСМ	86, 295
з. д. и.	118, 123, 438	ЗСМК	86, 190
ЗДП	86	ЗСО	295, 325
ЗДС	86, 190, 343	ЗСП	171
зем.	343, 445	ЗСПШ	343
земл.	271	ЗСТ	171
зен.	367	ЗСУ	368

Указатель

ЗТ	393
ЗТА	86, 245
ЗТМ	86, 118, 190, 307
ЗТП	299
ЗТР	432, 438
ЗУ	221, 245, 406
ЗУК	325
ЗУМ	368
ЗУПВ	221
ЗУР	368
ЗУРО	368
ЗУРС	368
ЗУС	368
ЗФИ	12
ЗФК	368
ЗФМ	343
ЗФО	368
ЗХЗ	279, 368
ЗЦВ	313
ЗЧ	245
ЗЭБ	171
ЗЭИП	86, 190, 245
ЗЭЛТ	245
ЗЭМО	86, 245
ЗЭП	86, 279
ЗЭС	267

И

И	158, 204, 368
И.	393, 406
и.	102, 393, 406
ИА	137, 325, 368
ИААФ	44, 54
ИАБ	162, 325, 368
ИАИ	137
ИАН	126
ИАОМО	41, 54, 279, 433
ИАОС	158, 221, 245
ИАП	137, 245
ИАПУ	245
ИАРУ	48, 54, 245
ИАС	325
ИАТ	137, 245
ИАТА	41, 54, 307, 325
ИАТМ	41, 54, 279, 299
ИАФАН	137
ИАЦ	65, 107, 115
ИАЭ	137, 183, 245
ИАЭС	183
ИБ	137, 162, 171, 204, 279
ИБА	325, 368
ИБВВ	137, 279
ИБМ	86, 137, 221, 279
ИБН	245
ИБП	221
ИБПС	137, 279
ИБР	137, 183, 279
ИБРАЭ	137, 183
ИБС	279
ИБСО	137, 206
ИБФ	44, 54, 138, 206, 279, 433
ИБФМ	138, 279
ИБФРМ	138, 279
ИБХ	138, 279
ИВ	106, 138, 245, 279, 325
Ив.	440
ИВАН	138
ИВИ	138
ИВИМО	138
ИВК	221
ИВЛ	279
ИВНД	138, 279
ИВП	138, 325
ИВПП	325
ИВС	22, 138, 221, 279
ИВСАН	138, 279
ИВСУ	221
ИВТ	138, 307, 325
ИВТАН	138
ИВУ	454
ИВФ	44, 54, 433
ИВХ	138
ИВЦ	221
ИВЫЧТЕХ	138, 221
ИВЭП	138, 267
ИГ	201, 267, 279, 406
Иг.	440
ИГАН	138, 267
ИГГ	138, 206, 267, 279
ИГГД	138, 267
ИГД	138, 267
ИГЕМ	138, 267, 279
ИГИЛ	138
ИГК	343
ИГЛА	325
Игн.	440, 442
ИГО	201
ИГП	138, 425
ИГР	183
ИГРГИ	138, 267
ИГСО	138, 267
ИГУ	128
ИГФ	44, 54, 138, 206, 433
ИТХ	138, 279
ИД	111, 245, 454
ИДВ	138, 433
идиом.	393, 406
ИДК	368
ИДМ	162
ИДН	22, 28
ИДП	368
и др.	406, 445
ИДС	115
ИДСУ	115, 221
ИДСУ ПП	115, 221
ИДФ	279
ИДЩ	368
ИЕ	138, 279, 280
и.-е.	390, 406
ИЖ	307
ИЖС	295
ИЖТ	183
изб(р).	406
Избанк	162
избирком	75
избр.	445
Изв.	105, 406
изв.	271, 406, 445
изд.	111, 406
изд-во	111, 406
ИЗИ	171
ИЗК	138

Указатель

ИЗМ	343	ИМГиГ	139, 206, 267, 313
изм.	445	ИМГРЭ	139, 267, 280
ИЗМИРАН	138, 245	ИМЕТ	139
Изо	206, 245	ИМЗ	139
изо...	118, 245	ИМИИ	139, 206
изъяв(ит).	406	ИМКА	139
изъявит.	393	ИМКО	313
изъяснит.	393, 406	ИМЛИ	139, 406
ИИ	138, 221	ИММ	139, 206
ИИА	138	ИМО	55, 313
ИИАЭ	138	ИМОП	139
ИИЕТ	138	ИМП	246
ИИИ	245	имп.	171, 246, 406, 438
ИИЛ	221, 245	ИМР	221, 368
ИИС	115	ИМРД	139
ИИТ	115	ИМС	221
ИИФФ	139, 428	ИМФ	280
ИИХФ	44, 54, 433	ИМХ	139, 280
ИК	17, 86, 139, 171, 206, 280, 368, 393, 454	ИМЭ	204
ИКАА	41, 54	ИМЭМО	139, 171
ИКАН	139	ИН	393, 406
ИКАО	54, 325	ин(остр).	393
ИКВ	325	ин-т	140, 406
ИКГСН	368	Инб.	442
ИКЗ	245	ИНБИ	139, 280
ИКИ	139, 325	инв.	162, 445
ИКИ РАН	139, 326	ИНВУР	162
ИКИР	139, 206, 245, 325	ингуш.	390, 406
ИКК	326	инд.	390, 406
ИККИ	453	индифф.	206, 406
ИКЛ	245	индогерм.	390, 406
ИКМ	139, 201, 246, 343	индонез.	390, 406
ИКНАФ	307	индуист.	406, 428
ИКО	246	индустр.	171, 406
ИКОМ	54	инж.	206, 406
ИКОМОС	54	ИНИНФО	139, 221
ИКПТ	36	ИНИОН	115, 139
ИКРО	280	ИНИОР	139
ИКС	171, 213	ИНИС	212
икс-ед.	231	ИНКАбанк	162
ИКСМИР	171	ИНКОМБАНК	162
ИКТ	28	ИНМИ	139, 280
ИКТЮ	28	ИНМОС	221
ИКФ	44, 54, 433	ИНН	22
ИКЦ	65, 428	Инн.	440
ИЛ	106, 139, 326, 343, 393, 406	ИНО	454
Ил.	440	ино...	445
ил(а).	111	ИНОЗ	140
ИЛА	139	иносказ.	393, 406
ИЛД	139, 343	иностр.	406
Илл.	440	ИНП	368
илл.	102, 406	ИНПРАВ	140, 425
ИЛП	28	ИНС	313
ИЛС	201	инсп.	22
и.л.с.	231	ИНСПЕК	206, 221
ИЛСАН	139	инст.	271
ИЛШ	221	инструм.	123, 406
Ильенк.	442	инт.	206, 368
ИМ	139, 171, 206, 221, 246, 454	ИНТЕЛСАТ	55, 246
им.	393, 406, 445	интер...	445
ИМА	246	Интервидение	55, 107, 246
ИМАН	139	ИНТЕРКОСМОС	55, 326
ИМАШ	139	ИНТЕРПОЛ	22, 55
ИМБ	139, 280	ИНТИ	115, 299
ИМБП	139, 280	ИНТОРГ	171
ИМГ	139, 280	Интурбюро	70, 437
ИМГАН	139, 280	инф.	393, 406

Указатель

инфак 393
информ. 221, 406
информбюро 70, 107, 115
ИНФП 206
ИНХ 140, 280
ИНХП 140, 280
ИНХС 140, 280
ИНЦ 65, 140, 299
ИНЧ 246
ИНЭИ 140, 183
ИНЭОС 140
ИНЭПХФ 140, 206, 280
ИНЯЗ 140, 393
ИО 17
и.о. 445
ИОА 140, 213, 428
ИОАН 140
ИОАП 428
ИОВ 368
ИОГЕН 140
ИОНХ 140, 280
Иос. 440
ИОТ 204
ИОФАН 140, 206
ИОХ 140, 280
ИП 140, 246, 428
И. п. 171, 407
ИПА 22, 28, 41, 140, 280, 326, 343
ИПАН 140, 428
ИПАО 326
ИПВ 190
ИПВТ 140, 221
ИПГ 140, 206, 267, 280
ИПЗО 454
ИПИАН 140, 221
ИПИФ 44, 55
ИПК 28, 86, 111, 140, 207, 313
ИПКИР 115, 140
ИПКОН 140
ИПЛ 140
ИПМ 140, 207, 221, 326
ИПМТ 140
ИПН 234
ИПО 246
и под. 445
ИПОМ 326
ИПОС 140
ИПП 140, 190, 207, 280, 368
Ипп. 440
ИППГ 280, 368
ИППИ 115, 140
ИПР 246
и пр. 445
ИПРЗ 267
ИПС 140, 204, 221, 326, 343, 407
ИПСМ 140
ИПТА 368
ИПТМОМ 141, 246
ИПУ 78, 141, 190, 368
ИПФ 73, 141, 207, 428
ИПФС 141, 343
ИПХ 28
ИПЦ 172, 246, 428
ИПЯ 221
ИР 246, 368
Ир. 12, 102, 440
ИРА 368

ирак. 12, 407
иран. 12, 407
ИрВЦ 65, 221
ИРГ 201, 369
ИРИ 12, 115
ИрИОХ 141, 280
ирк. 390, 407
ИркАЗ 86
Иркомсоцбанк 162
ирл. 390, 393, 407
ИРЛИ 141, 407
ИРМ 12, 141
ирон. 393, 407
ИРП 12, 28
ИРПЗ 267
ИРПР 221
ИРПР-М 221
ИРПС 222
ИРС 172
ИРТ 343
ИРТП 172
ИРЦ 65, 115
ИРЭ 141, 246
ИРЭ РАН 141, 246
ИРЯЗ 141, 393
ИС 141, 222, 326, 369, 393, 407, 425, 428
и/с 369
Исаковск. 442
ИСАН 141
ИСБ 141, 393
ИСВ 326
ИСД-НПС 28
ИСДП 28
ИС3 326
ИСИ 141, 428, 455
Исид. 440
ИСИС 141, 428
иск. 118, 393, 407
искаж. 393, 407
ИСКАН 141
иск-ведение 118, 407
иск-во 118, 407
искл. 407, 445
иск. лат. 390, 407
ИСЛ 326
исл. 390, 407
исланд. 393, 407
ИСМ 326
ИСМАН 141
ИСН 343
ИСО 55, 202, 280
ИСОД 222
ИСОЖ 280
ИСОТ 295
ИСП 28, 86, 222, 326
исп. 390, 407, 445
ИСПМ 141
исполком 17
испр. 407, 445
ИСРП 28
ИСС 222, 326
иссл. 407, 445
ИСТ 28, 280
ист. 271, 407, 445
ист.-архит. 295, 407
ист.вр. 326
ист.-геогр. 267, 407, 445

истмат	428	ИХНР	142, 281
источ.	102, 407	ИХС	142, 281
Источн.	102, 407	исх.	407, 445
истр.	369	ИХТРЭМС	142, 281
истфак	157	ИХТТМС	142, 281
ист.-этногр.	407, 445	ИХФ	142, 207, 281
ИСУ	48, 55, 343, 433	ИХХТ	142, 281
исх.	445	ИЦ	65, 115
ИСЭ	141, 246	ИЦГ	142
ИСЭП	141, 172	ИЦР	65, 115
ИСЭПАПК	141, 172	ИЦЧП	65
ИСЭПН	141, 172	и.ч.	231
ИТ	141, 190, 207, 222, 246	ИЧМ	142
ит.	407	ИЧП	172
ИТА	62, 107, 115, 141, 326	ИЭ	142, 172
ит(ал).	390, 407	ИЭА	142, 172
ИТАР-ТАСС	62, 107, 110, 115	ИЭВБ	142, 267
ИТД	172	ИЭВБРР	142, 162, 172
и т. д.	407, 445	ИЭИ	142, 172
ительм.	390, 407	ИЭЛАН	142, 281
ИТИ	115, 141	ИЭМ	142, 281, 343
ИТиГ	141, 207, 267	ИЭМП	246
ИТК	22	ИЭМПО	142, 172
ИТЛ	22	ИЭМЭЖ	143, 267
ИТН	369	ИЭОПП	143, 172
ИТП	455	ИЭПНТП	143, 172
и т. п.	407, 445	ИЭППП	143, 172
ИТПВ	280	ИЭР	143, 172
ИТПМ	141	ИЭРВБ	143, 162, 172
ИТР	207	ИЭРиЖ	143, 267, 344
ИТС	115, 207, 246	ИЭРП	143, 172
ИТСО	22, 207	ИЭС	143, 246
ИТТФ	141, 207	ИЭТ	281
ИТУ	22, 78, 207, 299	ИЭУ	183
ИТФ	44, 55, 141, 207, 280, 433	ИЭФ	143, 207, 246
ИТЦ	65, 207, 299	ИЭФБ	143, 281
ИТЭФ	141, 207	ИЭХ	143, 246, 281
ИУ	78, 141, 207, 222	ИЮПАК	281
ИУВ	141, 280	ИЮПАП	207
иудаист.	407, 428	ИЯ	222, 393
ИУС	202, 222	ИЯЗ	143, 393
ИУУ	141	ИЯИ	143, 207
ИФ	62, 73, 107, 115, 118, 141, 207, 280	ИЯР	183
ИФА	142, 207, 280	ИЯУ	183
ИФАВ	142, 280	ИЯФ	143, 207
ИФАК	246	ИЯШ	106, 407
ИФАН	142, 428		
ИФБ	162		
ИФВД	142, 207		
ИФВЭ	142, 183, 207		
ИФЗ	142, 207		
ИФК	142, 162, 207, 433		
ИФКН	207		
ИФЛА	41, 55, 102		
ИФМ	142, 207		
ИФП	142, 207, 428		
ИФПМ	142, 207		
ИФР	142		
ИФС	28, 280, 428		
ИФТТ	142, 207		
ИФХ	142, 207, 280		
ИФХАН	142, 207, 280		
ИФХИМС	142, 207, 280		
ИХ	142, 280		
ИХВВ	142, 280		
ИХКГ	142, 281		
ИХН	142, 183, 281		

Й

ЙСП	28
ЙССМ	28

К

К	183, 190, 191, 231, 246, 344, 369, 433, 455
к	231
К-	326
К.	12, 102, 271, 407
к.	12, 97, 281, 407, 445, 446
КА	326, 453
Ка	326
КАБ	162, 326, 369
каб.	299
каб(ард).	390, 407
КАВ	267
Кав.	442

Указатель

кав.	369, 407	кбайт	231
кав(к).	12, 407	КБАС	102, 399
кавторанг	369	к-бас	123, 407
кав-я	369	КБВ	246
КАГ	369	КБГС	295
Кад.	12, 407	КБДН	28
к.-адм.	369	КБК	344
КАЗ	86	КБЛ	344
Каз.	12, 102, 407	КБМ	70, 75, 190
каз.	271, 369, 407	КБН	344
каз(ах).	390, 407	к.б.н.	281, 438
Казак.	442	КБО	86, 201
КАЗС	183	КБОМ	70, 190
КАИФ	126, 207	КБП	281, 344, 369
какой-л.	407, 446	КБР	369
кал	231	КБСР	162
калм.	390, 407	КБТ	369
КАМ	207	КБТМ	307
кам.	97, 271, 407, 446	КБУ	190
КамАЗ	86, 307	КБХА	246, 281
камерн.	123	КБХИММАШ	70, 190, 281
кам.-уг.	183	КБХМ	70, 190, 281
Кан.	12	КБЧ	369
кан.	158, 313, 407	КВ	184, 246, 267, 344, 369, 439
канад.	393, 407	кВ	231
канд.	158, 407	кВ·А	231
Кан. о-ва	12, 407	кв.	97, 207, 446
Кант.	12, 407	кварт	97
канц.	393, 407	КВБ	162
КАП	295, 425	КВВК	344
Кап.	440	КВГ	281, 369
кап.	172, 295, 369	КВД	207, 281
кап.-л.	369	КВДП	281
КАПД	222, 281	КВЗ	86, 344
каперанг	369	КВЛ	313
КАПО	326	КВЛУ	154, 326
КАПШ	267	КВМ	222
Кар.	442	КВН	99, 344
кар	231	к.в.н.	344, 369, 438
Карав.	442	КВО	208, 455
каракалп.	390, 407	КВП	172, 246, 326, 344, 369
карбофос	281, 344	КВПО	326
кар(ел).	390	КВПОР	344
карел.	407	КВПШ	326, 369
кариб.	390, 407	КВР	184, 200
карт.	267, 407, 446	КВРД	326
картогр.	267, 407	КВС	281, 314
КАС	307	кВт	231, 407
Кас.	12, 407	кВт·с	231
касп.	12	КВТС	299
Каст.	12, 407	кВт·ч	231
КАСУ	78, 246	кВт-ч	407
Кат.	12, 407, 442	КВУ	222
кат.	281	КВЦ	222, 369
КаТеМа	86	КВЧ	246
КАТС	246	КГ	190, 246
кат. сост.	393, 407	кг	231, 407
КАТЭК	86, 183	кг.	111
КАФ	172	КГБ	453
кач.	393, 407	КГГГ	208
кач-во	172	КГЗ	267, 326
кашуб.	390, 407	кг-К	231
КАЭ	267	кгм	231
КАЭС	184	кг/м	231
КБ	70, 102, 162, 190	к.г.-м.н.	267
кб	231	кг/моль	231
кб.	207	КГМСИ	344

Указатель

к.г.н.	267, 438	КИМ	190, 234, 247
КГНК	44	кимр.	390, 408
КГППК	344	к.и.н.	438
КГР	281	кино	118, 408
КГС	202, 344	КИО	95
кг/с	231	КИОМ	451
кг/см	231	КИП	190, 201, 234, 247, 281, 369
КГСП	326	КИПБ	162
КГУ	128	КИПО	234
КГФ	344	КИПП	208
кГц	231	КИР	344
кг/ч	231	Кир.	440
КГШП	190	КИРВ	234
КГЭ	102	кирг.	390, 408
КД	118, 204, 222, 281, 369	кирп.	271
кд	231	КИС	201, 281
КДА	222	КИСС	327
КДГ	190	КИТ	327
кДж	231	кит.	390, 408
КДИ	201	КИТУ	247
КДК	295	КИУВ	143, 281
кд/лк	231	КИУМ	234
КДМ	307	КИЦ	65, 115
КДП	28, 200, 201, 281, 326, 344, 369	Киш.	12, 102, 408
КДПП	307	КИЯ	155, 393
КДРС	102, 399	КИЯЭ ООН	184, 451
КДС	99, 111, 162	КК	86, 162, 190, 327, 369
кд · с	231	ккал	231
КДТ	36, 45	ККАП	17
КДУ	326, 344	ККВ	369
к. ед.	344	ККВКП	327, 369
КЕДР	369	ККТ	281
кельт.	390, 407	ККЕО	75
кем-л.	446	ККИП	369
КемТИПП	143	ККК	17
КЕО	234	ККК СНГ	17
КЕПС	75	ККМ	172
керам.	271, 407	ККМДС	55
КЕС	75	ККМИ	327
Кетл.	442	ККН	344
КЕЦ	428	ККП	327, 344
КЖ	184	ККПМ	75
к/ж	118, 408	ККС	327
КЖС	45, 110	ККУ	344
КЗ	184, 246, 344	ККЦ	95
КЗА	246	КЛ	344, 369
КЗИ	246	Кл	231
КЗН	344	кл	231
КЗО	326, 369	Кл · м	231
КЗоТ	425	Кл.	440
КЗП·	344	кл.	99, 271, 408, 446
КЗС	201, 326, 344	к.-л.	408, 446
КЗУ	222, 281, 344, 369	КЛА	327
КИ	326, 344	кладб.	408, 446
КИА	201	кларн.	123, 408
КИБ	162	клас.	408, 446
киб(ерн).	408, 446	КЛБ	344
КИВ	314, 344	КЛГ	190
КИВС	222	Клим.	440
КИВЦ	222	Кл/кг	231
КИГ	326	клм	231
КИИГА	143, 208, 326	Кл/моль	231
КИИРА	143, 208, 246	КЛП	327
КИИС	246	КЛПС	28
КИК	86, 246, 344	КЛС	327
КИКБ	162	КЛТР	234
КИКТ	143, 326	КЛФ	99, 105

Указатель

КЛЭ	102, 408
КМ	208, 295, 344, 369, 433, 455
км	232, 408
К/м	232
к/м	118, 408
КМА	267
КМБ	102
КМВБ	162
КМВР	267
КМГ	267, 314
КМЗ	86
КМИЗ	87, 191, 268, 281
КМК	87, 123, 191
КММ	268
км/мин	232
к.м.н.	281, 438
КМО	455
КМОП	222
КМП	22, 369, 425
КМПВ	268
КМПД	222
КМР	344
КМС	295, 369, 433, 438, 455
КМТС	299
КМУ	97
КМФТ	17, 433, 437
КМЦ	281
км/ч	232
КМЭ	102
кН	232
кн.	111, 408, 438
к-н	369
к.-н.	408, 446
КНА	327, 369
КНБ	22
кн-во	12, 111, 408
КНГКМ	184
КНД	191, 247
КНДР	12, 408
КНИ	247, 455
книжн.	111, 393, 408
книжно-поэтич.	393, 408
КНИИК	143
КНК	45
КНМЛ	222
КНН	202
КНО	52
КНП	28, 37, 52, 344, 369
КНР	12, 408
КНС	247, 314, 344
КНСБ	45
КНТБ	102
КНУ	345
КНФ	345
КНЦ	65, 299
КНЧ	247
КНШ	369
княж.	271, 408
КО	12, 105, 162, 201, 327, 345, 369, 408
КоАП	425
КОАПП	75
КОБОЛ	222
КОБС	425
КОВ	75
КОВД	369
КОД	281
кож.	408, 446
Кожевн.	442
Козл.	442
КОИ	222
КОКОМ	75
кокос.	345, 408
Кол.	12, 408
кол.	446
кол-во	408, 446
колич.	393, 408
колон.	408, 446
калор. сопр.	123, 408
колх.	345, 408
Кольц.	442
кОм	232
ком-р	369
ком.	172, 393, 408
команд.	369
комб-т	87, 408
Комдрагмет	17, 162
КОМЗ	87, 213
КОМИНФО	172
комм.	111, 408
КОМОРСИ	369
комп.	123, 222, 408
компл.	446
КОМСАТ	247, 327
комсат	247, 327
КОН	345, 369
кон.	345, 408, 446
Конд.	440
КОНДЕКА	370
конкр.	408, 446
конс.	345, 408
конс(ерват).	28
консерват.	408
Конст.	440
КОНТОП	370
конф.	408, 446
КонфОП	172
конц.	123, 281, 408
кооп.	172, 408
КОП	222, 370
коп.	162
КОПРОН	75
КОПС	281, 429
копт.	390, 408
КОПТЭ	28
КОПФ	87, 162
КОПЭ	455
КОР	172, 345
кор(р).	110, 408
кор-во	12, 408
Кор.	442
кор.	118, 370, 390, 408
Корд.	12, 408
корол(ев).	12, 408
корп.	370
КОС	234, 282
Косартоп	370
косв.	393, 408
косв. п.	408
косм.	327, 408
КОСПАР	327
КОСПАС	327
костром.	390, 408
кот.	408, 446
котл.	271, 408

КОФ	370	КРЛ	247, 345, 370
коч.	271	КРМ	247
Kочет.	442	кр(ит).	208, 282
коэф.	446	КРМБ	370
КП	28, 105, 172, 191, 204, 222, 247, 282, 345, 408, 455	КРН	345
		КРНБ	370
кп	282, 408	КРО	28, 247, 282
КПА	28, 37, 201, 247, 327	КРП	28, 247, 455
к.Па	232	КРПД	327
КПБ	327	кр. прич.	393, 408
КПВ	234, 345	КРР	247, 282
КПГ	28, 191, 345	кр. рог. скот	345, 408
КПД	97	КРС	345
кпд	446	КРСШ	345
КПЗ	22, 37	КРТ	184, 282, 327, 345
КПИ	28, 143, 282, 370	КРТР	247
КПК	28, 52, 97, 345, 370	КРУ	78, 247, 370
КПКБ	70, 191	КРУН	247
КПЛ	28	КРФ	37
КПЛВ	282	кр. ф.	408
КПМ	22, 191, 247, 370	КРФМ	247
КПН	22, 28, 345	КРХ	345
к.п.н.	438	к-рый	408, 446
КПНИ	28	КС	17, 28, 48, 111, 162, 191, 213, 222, 247, 282, 327, 345, 370, 425
КПО	87, 191		
КПОБ	204	КС РОЛПООС	327
КПП	37, 75, 172, 191, 308, 327, 345, 370, 455	Кс.	440
КППБ	22	КСА	75
КППР	370	к/сб	118, 408
КПР	28, 52, 208	КСБР	172
КПРФ	28	КСВ	247
КПС	102, 191, 345, 370, 408	КСВН	247
КПСС	453	КСГ	345, 455
КПТ	28, 37, 308	КСЕО	48
КПТО	222	КСЗ	327
КПУ	28, 345	КСИЗ	370
КПУГ	370	ксилоф.	123, 408
КПХЗ	282, 370	КСИР	429
КПЭ	345	КСК	28, 162, 222, 295, 345, 433
КПЭО	204	КСКНГ	102, 399
КПЯШ	345	КСКУ	345
КР	52, 282, 327, 345, 370, 451	КСЛ	346
Кр	433	КСМ	75, 222
Кр.	106, 271, 408, 442	ксм	327
кр.	162, 268, 446	КСМиИ	295
К.-Р.	12	КСН	346
к-р	370	КСО	191, 370
КРА	370	КСОЗН	282
КрАЗ	87, 308	КСОК	327, 370
КРАМС	247, 268	КСП	17, 22, 118, 123, 346, 455
КрАО	327	КСПА	455
КРАСМАШЗАВОД	87, 191	КСПД	247
краснояр.	390, 408	КСПИ	52
кр(атк). ф.	393	КСПКС	327
кратк. ф.	408	КСПЛ	37
КРБД	370	КСПР	37
КРВ	370	КСПЭП	200
КРВБ	327, 370	КСР	75
КРВН	345	КСр	327
КРГ	282	КСС	102, 213, 327, 346, 408, 455
КРД	327	КСТ	346
КРЕ	370, 451	к/ст	118, 408
крест.	345, 408	КСУ	78
КРЗ	370	КСУК	78
КРИОГЕНМАШ	87, 191	КСУКП	78
крист.	268, 408	КСУП	327
КРК	200, 327	КСФ	213, 346, 370

Указатель

к.с-х.н.	346, 438	КФГ	346
КСШ	346	к/ф-ка	118, 409
КСЭ	184, 268, 327	КФКТ	18, 433, 437
КСЭР	172	КФЛ	346
КТ	247, 370	к.ф.-м.н.	208, 438
кт	232	КФН	346
к-т	75, 87, 408	к.ф.н.	429, 438
к. т.	208	КФС	191, 346
к/т	118, 408	кфт	118
к-та	282, 409	кфт.	409
КТ(В)	107	КФФД	118
КТБ	70, 162	КФЦ	162
КТВ	247	к.х.н.	282, 438
КТДУ	327	КХП	37
КТИ	201	КЦ	65, 370
КТиЗН	18	КЦБ	162
КТК	52, 191, 247	КЦБФБ	162
КТЛ	234	КЦГД	222
КТМ	75, 172, 314	к-ция	282
КТМК	455	КЦК	295
КТН	346	КЦФЕ	65
к.т.н.	438	КЧС	370
кто-л.	409, 446	КЧФ	370
кто-н.	409, 446	КШ	184, 191, 222, 346
КТОФ	370	КША	222
КТП	37, 247, 299, 346	КШВИ	370
КТПБ	184	КШЗ	87
КТР	37, 45, 234, 455	КШИ	370
КТС	75, 208, 247, 299, 308, 328	КШК	191
КТТМ	429	КШМ	370
КТУ	118, 234, 247	КШН	346
КТФ	433	КШП	328, 370
КТЩ	370	КШУ	370
КУ	234, 370	КШЦ	95
КУ ВМФ	370	КШЧ	222
куб.	409, 446	КЩР	282
кубан.	390, 409	КЩС	282
кубин.	390, 409	КЭ	282, 371
КУВ	370	кэВ	232
КУВТ	222	КЭД	282
КУГ	370	КЭК	371
КУГИ	18	КЭМЗ	87, 247
КУГХ	18	КЭМС	247
Куз.	440	к.э.н.	172, 438
Кузбасс	184	КЭТ	172
КУК	346	КЭУ	78, 184, 247
кул.	446	КЭФ	18, 162, 172
кулин.	409, 446	к.ю.н.	425, 438
КУЛП	328	КЯ	455
культ.	118	КЯУ	346
КУН	346		
КУО	328		
КУП	234		
Купр.	442		
КУР	247		
кур.	271		
кург.	271		
курск.	390, 409		
курт.	446		
КУСГ	295		
куст.	409, 446		
КУТА	328, 370		
КУФ	346		
КУЦ	65		
Кузн.	12, 409		
КФ	213, 282, 346, 370		
к/ф	118, 409		

Л

Л	191, 433
л	232, 409
Л.	102, 409
л.	111, 282, 393, 409
ЛА	328, 371, 393
л/а	308
ЛААИ	41
ЛАБС	282
Лавр.	440
Лаврен.	442
ЛАГ	41, 45
лаг.	271, 409
ЛАГО	346

Указатель

ЛАД	191	лесоводч.	409
ЛАЕ	393	лесообр.	346, 409
ЛАЗ	87	лесопил.	346, 409
Лаз.	440	лесопром.	346, 409
ЛАИ	41	лесхоз	346
ЛАИБ	162	леч.	271, 282
ЛАПТ	65	ЛЖК	282
Лар.	440	ЛЖС	102, 106
ЛАРМС	247, 268	ЛЗ	248, 394
ЛАС	41, 45, 371	ЛЗИ	201
ласк.	394, 409	ЛЗОС	87, 213
ласкат.	394, 409	ЛЗП	328
лат.	390, 409	ЛЗУ	222, 346
лат.-амер.	390	ЛИ	201, 248, 328
латв.	12, 409	ЛиАЗ	87
ЛАТР	247	либер	29
латыш.	390, 409	либер.	409
ЛАХ	248	либр.	123, 409
ЛАЦ	95	ЛИД	248
ЛАЧХ	248	Лид.	440
ЛАЭС	172, 184	ЛИДБ	328
ЛБ	248, 282	ЛИИ	143, 282, 328
ЛБВ	248	ЛИК	248
ЛБЛ	433	Лим.	442
ЛБМ	162, 371	лим.	271
ЛБП	328, 371	ЛИМБ	328
ЛБР	162	лин.	248
ЛБС	248	линг.	394, 409
ЛВ	282	лингв.	394, 409
ЛВЖ	184	ЛИПАН	191
ЛВМ	295	лирич.	123
ЛВО	371	ЛИС	248, 328
ЛВР	184	ЛИСП	222
ЛВРЗ	87, 308	лит.	12, 394, 409
ЛВС	222	лит-вед	394, 409
ЛВТ	248	лит-ведение	394, 409
ЛГ	105, 191, 409	лит-ведч.	394, 409
ЛГН	95	лит. д.	199, 409
ЛД	28, 199, 282, 346	лит(ов).	409
л. д.	409, 446	лит-ра	394, 409
ЛДГ	282, 346	ЛИЦ	328
ЛДИС	248	личн.	394, 409
ЛДК	346	ЛК	213, 248, 328, 346, 455
ЛДМ	248	лк	232
ЛДП	28, 208	Л. к.	172, 409
ЛДПГ	29	ЛКБ	70
ЛДПР	29	ЛКВ	346
ЛДР	371	ЛКД	248
ЛДС	29, 346	ЛКИ	328
ЛДФ	29	ЛКП	29, 328
ЛДЦ	282, 371	ЛКР	371
ЛЕ	394	ЛКС	328
лев.	29, 409	лк · с	232
лег.	446	ЛКХП	37, 429
ЛЕД	314	ЛЛ	328
ледн.	271, 409	лл.	111
лейт.	371	ЛЛП	314
ЛенВМБ	371	лм	232
ЛенВО	371	лм/Вт	232
ЛенГИРД	371	ЛМГ	346
Леон.	440, 442	ЛМД	346
Леонт.	440	ЛМЗ	87
Лер.	12, 409	л/мин	232
Лерм.	442	ЛМК	346
лес.	346	ЛММС	346
лесн.	346	ЛМН	346, 371
лесннч.	271	ЛМС	346, 451

Указатель

ЛН	346	ЛТДД	371
ЛНВ	346	ЛТИ	143, 347
ЛНП	371	ЛТЛ	455
ЛНС	455	Л. Толст.	442
ЛО	12, 106, 409	ЛТП	282, 328
ЛОВ	248	ЛТС	212
ЛОВД	22	ЛТУ	328
лог.	409, 446	ЛТХ	328
Логр.	12, 409	ЛТЦ	371
ЛОК	328	лтш.	390
лок.	394, 409	ЛУ	248
ЛОКК	282	ЛуАЗ	87, 308
ЛОМО	87, 213	ЛУВО	22, 79
ЛОППН	282	луж.	390, 409
ЛОР	282	ЛУИ	248
ЛОС	346	ЛУМ	347
ЛОТ	87, 108	ЛУН	371
ЛОХ	346	Луначр.	442
ЛОЦ	65, 282, 433	ЛУРМ	191
ЛП	29, 222, 328, 346, 371, 394	ЛУЭ	248
ЛПА	29	ЛФ	213
ЛПБ	346	ЛФК	433
ЛПВ	29, 248	ЛФМ	191
ЛПВП	282	ЛФО	394
ЛПЦ	248	ЛФП	37, 328, 371
ЛПЗП	346	ЛФХ	248
ЛПИ	29	ЛХА	102
ЛПК	347	ЛХБ	248
ЛПМ	29, 347	ЛХТ	347
ЛПММ	29	ЛХЭИ	87
ЛПНП	282	ЛЦ	371
ЛПО	282	ЛЦД	371
ЛППВ	29	Лир.	172, 409
ЛПР	18	Лцт.	172, 409
ЛПС	328	л/ч	232
ЛПТ	248	ЛЧМ	248
ЛПУ	222, 282, 328	ЛЧХ	248
ЛПФ	314	ЛШБ	155, 172
ЛПХ	347	льнообр.	347, 409
ЛПЦ	95	ЛЭК	328
ЛПЭ	184	ЛЭМЗ	87, 248
ЛПЯ	29	ЛЭО	371
ЛР	12, 105, 248, 371, 409	ЛЭП	184
л. р.	123	ЛЭФ	394
ЛРА	328, 371	Люб.	440
ЛРБК	282	люб.	446
ЛРК	282, 328	Люд.	440
ЛРМ	347	ляш.	390, 409
ЛРП	29, 248, 314, 328		
ЛС	222, 248, 282, 371		

М

М	184, 191, 199, 213, 232, 271, 308, 371
м	232, 409
М.	12, 409
м.	12, 268, 295, 308, 314, 371, 409
МА	41, 55, 191, 282, 328
мА	232
м/а	308
МАБ	163, 328, 371
МАБНН	22, 41, 55
МАБО	41, 55, 282
МАБС	41, 55
МАГ	191
маг.	173
МАГАТЭ	55, 62, 184
МАГИ	55, 62

л. с.	232
л/с	232, 371, 375, 383, 392
ЛСВ	248
ЛСДЖ	347
ЛСДП	29
ЛСК	87
ЛСОП	87
ЛСП	455
ЛСРП	29
ЛСТИ	248
ЛСУВВ	222
ЛТ	248, 347
л-т	371
ЛТБ	163, 248
ЛТВ	347
ЛТГ	282
ЛТД	282

492

МАГИР	37	МАСП	42, 56
магн.	208, 409	МАСС	42
МАГЭ	268	мат	208, 223, 409
МАД	41, 55	Мат.	440
МАДИ	143, 308	мат(ем)	208, 223
МАДР	41, 55	матем.	409
МАЕ	328	МАТИ	143, 329
МАЖ	55	мат-лы	102, 409
МАЖПР	41	мат.-тех.	299
МАЖР	41	МАУ	42, 56, 128, 191
МАЗ	87, 308	МАФ	45, 56, 329
МАЗР	41, 55	МАФП	42, 56
МАИ	41, 55, 111, 115, 126, 143, 222, 328	МАХ	121
МАИБ	163	МАХУ	155
МАИМ	41, 55, 451	маш.	191, 409
МАИП	41, 55, 115, 126, 433	машиноп.	102
МАИПМ	41, 55, 451	маш-ние	191, 410
МАИР	55, 62, 282	маш.-стр(оит).	191
МАИРСК	41, 55	МАЭ	121
МАК	41, 55, 56, 87, 99, 111, 314, 328, 425	МАЮ	42, 56, 425
Мак.	440, 442	МАЮД	42, 56, 425
Макар.	442	Маяк.	442
МАКБ	163	МБ	18, 22, 105, 163, 223, 371
макед.	390, 409	мб	232, 410
МАКС	56, 328	м.б.	446
Макс.	440	м. б.	410
макс.	409, 446	м-б	446
Мал.	12, 409	МБА	102, 163
М(ал).	271	Мбайт	223, 232
малаг.	390, 409	Мбар	232
малайск.	390, 409	МББ	87, 163
малоуп(отр).	409	МБВ	329
Малышк.	442	МБГ	371
мальдивск.	12, 409	МБД	163
Мальц.	442	МБИ	191, 283
Мам.-Сиб.	442	Мбит	232
МАМА	56, 62, 328	МБК	56, 70, 99, 155, 163, 173, 191
МАМС	41, 56	МБКФК	163
Манд.	442	МБМ	56, 70, 451
МАНК	41, 56, 118, 299	МБМВ	56, 70
МАНМК	42, 56	МБО	163
маньчж.	390, 409	МБП	56, 455
МАО	42, 56	МБР	163, 329, 371
МАООТ	87	МБРР	163
МАП	42, 282	МБРЦ	163
МАПМ	42, 56, 451	МБС	56, 102, 191, 283, 314, 371
МАПН	42, 56, 299	МБСБР	163
МАПО	126, 283, 328	МБТ	56, 70, 163, 455
МАПРЯЛ	42, 56	МБТК	191
МАПСР	42, 56	МБФ	283
МАР	42, 56, 62, 97, 371, 451	МБФК	163
мар.	390, 409	МБЦ	56, 65, 123, 173
Марг.	440	МБЦМ	163
марганц.	283, 409	МБЭС	163
МАРК	248, 268	МВ	105, 208, 232, 248, 271, 347, 371, 410
Марк.	442	мВ	232
маркет.	173, 409	м. в.	232
МАРП	62, 173	МВА	42, 173
МАРС	163, 248	МВБ	163
МАРТ	42, 56, 108, 248	МВВ	223
МАРУ	248	МВВК	347
МАРХИ	143, 295	МВД	18, 22, 173, 329
МАС	42, 48, 56, 62, 248, 268, 328, 399	МВЗ	87, 329, 371
МАСК	42, 56, 63, 248, 329	МВК	18, 223
маслоб.	409, 446	МВКА	329
маслод.	409, 446	МВКО	163
МАСО	42, 56	МВЛ	283, 329

Указатель

МВМ	223
МВН	347
МВНТС	299
МВО	371
МВС	163, 347
МВТ	22, 56, 371, 425
МВт	232
мВт	232
МВт·ч	232
МВТП	18, 173
МВУ	223, 347
МВФ	163
МВЦ	121, 223
МВЭС	18, 173
МГ	106, 283, 410
мг	232
МГА	18, 42, 56, 329
МГАБ	329, 371
МГАП	126
МГАПБ	126, 283
МГАТУ	128, 329
МГБ	56, 70, 163, 453
МГВП	87
МГГ	268, 410
МГГС	268
МГД	208
МГДГ	208
МГДД	191
МГДУ	191
МГДЭС	184
МГЖ	56
МГИ	115, 223
МГИМО	143
МГК	18, 111
МГКА	425
МГЛИ	143, 394
МГЛУ	128, 394
мГч	232
МГО	56, 455
МГОКТ	108, 248
МГП	57, 87
МГПИ	143
МГПО	87
МГР	57, 97
МГРД	329
МГРС	248
МГС	48, 191
МГСС	329
МГТ	268, 410
МГТС	248
МГТУ	79, 128
МГТУГА	128, 329
МГУ	128, 223, 248
МГФСО	433
МГФЦ	65, 283
МГЦ	65
МГц	223, 232
МГЭО	57, 173
МГЭУ	128
МД	223, 371
МДА	18, 126, 429
МДГ	18, 283
МДж	232
МДЗ	371
МДЗЗ	329
МДК	57, 87, 111, 173, 347, 433
МДКИ	29, 57, 429
МДКН	249
МДМ	249
МДМДП	249
МДП	249, 329
МДПЛА	329
МДР	314, 329
МДРВ	249
МДРФ	249
МДРЧ	249
МДС	163, 249, 410
МДСК	29, 57, 159, 429
МДТЗК	118, 433
МДУ	99, 347
МДФЖ	57
МДХ	99
МДШ	371
МЕАОУМ87	
меб.	410, 446
мед.	283, 371, 410
МЕДЛАРС	283
медн.	123, 410
межд(ом).	394, 410
междунар.	57, 410
МЕЖКОМБАНК	163
мекс.	12, 410
мем(ор).	410, 446
Мер.	442
мес	410, 439
мес.	410, 439
мест.	410, 446
местн.	410, 446
мест(оим).	394
местоим.	410
мет.	199, 410, 446
метал.	199
металлообр.	199
метео	268, 410
метеор(ал).	268, 410
метр.	446
мех.	208, 410, 446
мехмат	157, 208
мехообр.	410, 446
МЖВС	308
МЖД	308
МЖК	97
МЖО	329
МЖПК	87, 97
МЖСО	57
М3	18, 191, 223, 283, 371
МЗА	371
МЗД	371
М33	372
МЗ-И	371
МЗИА	87
М3-М	371
МЗП	372
МЗСА	87, 283
МЗУ	223
МЗШМ	155
МИ	299
Ми	329
МИА	126, 208
МИАН	143, 208
МИБ	163
МИБД	143, 163
МиГ	329, 372
МИГА	57, 63

Указатель

МИД 18
МИЖУ 144
МИЗ 87, 191, 283
МИИВТ 144, 208, 308
МИИГА 144, 208, 308, 329
МИИТ 144, 208, 308
МИК 173, 329
МИКП 144, 329
микр 283
микр. эл. 249
микробиол. 283, 410
МИЛ 283
МИМ 57
мин 232, 410
мин. 18, 232, 372, 410, 446
Минатом 18, 184
мин-во 18, 410
МИНГ 144, 184
мин(ер). 268
минер. 268, 410
Минздравмедпром 18, 283
миним. 410, 446
Минкультуры 18
Миннауки 18, 300
Миннац 18
Минобороны 18, 22, 372
Минобразование 18, 125
Минприроды 18, 268
Минсвязи 18, 249
Минсельхозпрод 18, 347
Минсотрудничество 18
Минсоцзащиты 18
Минтопэнерго 18, 184
Минтранс 18, 308
Минтруд 19
Минфин 18, 163
МинЧС 19
Минэкономики 19, 173
Минюст 19
МИО 163
МИОКГ 144
МИПАО 144, 329
МИПК 144
МИПСА 144
МИР 119
мир. 446, 451
МИРЭ 144, 249
МИРЭА 144, 249
МИРЭС 48, 184
МИС 144, 223, 314
МИСИ 144, 208, 295
МИСТИ 144
МИТ 144
Митр. 440
МИУ 144, 223, 249
МИФ 73
миф. 446
МИФИ 144, 208
мифол. 394, 410
Мих. 440
Мичур.-Самойл. 442
МИЭМ 144, 191, 223, 249
МИЭПП 144, 173
МИЭТ 249
МК 105, 192, 249, 283, 329, 347
мк 232
м-К 232
МКА 57, 308, 329
мкА 232
МКАД 308
Мкал 232
МКАС 57, 173, 425
МКАЭН 300
МКБ 70, 71, 163, 192, 283, 329
МКБР 372
МКБЮ 451
МКВ 283
мкВ 232
МКВРД 329
мкВт 232
МКГ 192, 283
мкг 232, 410
мкГн 232
МКГЯБ 451
МКЕБС 57, 451
МКЗ 87
МКЗР 57, 372
МКИ 19
МКК 57, 99, 223, 283, 329
МККК 57, 283
мкКл 232
МККР 57, 249
МККТТ 57, 223, 249, 410
МКЛ 223, 283, 329
мКл 232
мкл 232
мкм 232
МКМЖД 308
мкмоль 232
МКНТР 52, 300
МКО 57, 95, 163, 249
мкОм 232
МКП 192, 347
МКПК 87
МКПП 57
мкР 232
МКРЕИ 57
МКРЗ 57, 372
МКРМ 57, 372, 451
МКРЧ 57
МКС 52, 249, 329, 372
мкс 232
МКСО 57, 433
МКСП 37, 57
МКТ 192
МКТС 88
МКУ 57, 173
МКУБ 79
МКФ 119, 223, 329
Мкф 119, 410
мкФ 232
МКФК 173
МКЦ 65, 173
МКЭ 57
МКЮ 57, 425
МЛ 192, 223, 249, 347
мл 232
мл. 372
М.-Л. 102, 410
МЛА 329
МЛД 283
МЛЖМС 57, 451
МЛК 121, 347
МЛКУ 347

Указатель

млн. 410, 446
МЛПЧ 57
млрд. 410, 446
МЛТ 119
МЛТПО 88, 347
МЛУ 347
МЛФК 163
Мм 232
мм 232, 410
ММА 126, 283
ММБ 163
ММБИ 144, 283, 314
ММВ 249
ММВБ 163
ММД 163
ММДЦ 65
ММЗ 88, 192
м/мин 232
ММК 57, 314
ММКБ 163
ММКВЯ 111, 121
ммкс 232
ММКЯ 88, 111, 121
ММЛ 57
МММММ 451
ММНК 99, 184
ММО 57, 314, 329
ммоль 232
ММП 58, 88, 192, 314
ММПО 88, 192
мм рт. ст. 232
ММС 58, 123, 208
ММТ 249
ММУБиИТ 173
ММФБ 163
ММЦЭ 58, 65, 249
ММЭ 102
МН 97, 105, 410
мН 232
м-ние 268, 410
мн. 410, 446
МНА 249
МНБ 164
МНД 37
МНДЦ 283
МНИИ 144
МНИИОТ 144
МНИИП 144, 192
МНИИРС 144, 249
МНИИТЭП 144, 173
МНиР 202
МНИТИ 108, 144, 249
МНК 88
мн-к 208
МНЛ 192, 223
МНЛЗ 192
МНМ 111
многокр. 394, 410
МНОП 249
МНП 249
МНПЗ 88, 184
МНПК 88, 300
МНПО 88
МНПП 88, 173
МНПФ 37, 58, 73
МНР 12, 314
МНРП 29

МНС 29, 52, 158, 199, 223, 300
МНТК 300
МНТЦ 65, 300
МНФ 58, 73, 283, 300, 347
МНФПС 73, 300
МНЦТК 65, 300
мн. (ч.) 394
мн. ч. 410
МО 12, 95, 208, 223, 268, 329, 372, 455
МОАП 223, 249
МОБ 19, 22, 173
моб. 372, 446
МОВ 121, 268
МОВЕН 88
МОГ 105
МОГМ 192
МОД 283
модальн. 394, 410
модем 223
мод. сл. 394, 410
МОЖ 58, 110
МоЗАЛ 88, 249
МОЗМ 58
МОЗУ 223
МОИДЛ 58
МОИК 19
МОИС 58, 283
Моис. 440
МОК 58, 433
МОКА 425
МОКБ 71
МОКП 455
мол. 283, 347, 410
мол. жарг. 394, 410
мол. м. 283
молд. 390, 410
МОЛЛИ 455
МОМ 58
мон. 410, 429
монг. 390, 410
МОНИКИ 144, 283
монт. 446
МОО 455
МООНГ 52
МООННГ 52
МООНПР 52
МОП 37, 58, 223, 347
МОПавиа 37, 330
МОПВ 58
мопед 308
МОПИС 223, 249
МОПС 58
МОПЧ 58
МОР 58, 372, 451
мор. 372, 410
морав. 390, 410
морд. 390, 410
мор-к 192
МОРФ 19, 22, 372
МОРХМ 58, 429
МОС 58, 202, 223, 283, 347
МОС ВП 223
МосГИРД 372
МосгорБТИ 71
МОСД 58, 268
моск. 390, 410
Москомзем 347

Указатель

MOCH 283
Мосрентген 88
МОСТОНАП 88
МОСУ 128
МОСХ 48
МосЦГМС 268
МОТ 58, 173
мотомех. 372
МОУ 128
МОФК 58, 283
МОХ 58, 283
МОХФПП 429
МОЦ 65, 283, 433
МОЦВС 65, 433
мощн. 410, 446
МОЯТЦ 184
МП 19, 88, 105, 192, 204, 223, 249, 283, 330, 372, 394
м.п. 204
МП ЖКХ 88, 97
Мпа 232
МПА СНГ 58
МПБ 283, 372
МПБЛ 58, 433
МПБМ 201
МПВ 268
МПВО 372
МПГ 199
МПГУ 128
МПД 192, 223, 283
МПЖРЭП 88, 97
МПЗ 88, 192, 330
МПИ 223
МПК 58, 223, 284, 314, 330, 372, 433
МПКБ 71, 192
МПМ 271
МПМН 29
МПНП 184
МПО 249
МПОВТ 88
МПП 204, 284, 372
МППСС 202, 308
МПР 249
МПРК 58
МПС 19, 58, 284, 314, 330, 372
Мпс 232
МПСА 284
МПТШ 232
МПУ 223, 372
МПФГ 88
МПЧ 250
МПШО 88
МПЭ 250
МР 250, 268, 372, 455
мР 232
м-р 372, 446
м. (р.) 394
м. р. 284, 410
МРА 330, 372
МРВ 108, 123
МРЕ 164
МРК 347, 372
МРЛ 250, 268
МРМ 250
МРНЦ 58
МРО 97, 455
МРП 164, 250, 284, 372

МРС 192, 314
МРТ 58
МРТЗ 88, 250
МРТИ 145, 250
МРЦ 164
мР/ч 232
МРШ 268
МРЭО 22
МС 48, 52, 58, 79, 105, 202, 208, 250, 268, 284, 330, 372, 425, 433, 438
мс 223, 232
м-с 446
м.-с. 123
м. с. 410, 446
м/с 232
МСА 42, 58, 232, 425, 429, 433
МСАФП 284
МСБ 22, 164, 284, 372
мсб 372
МСБК 71, 192
МСБН 58, 284, 300
МСГ 284
МС ГО 284, 372
МСД 284
МСДЮЛ 58
МСЕЖ 58
МСЖ 58
МСЖД 59, 308
МСЗ 19, 88, 192, 268, 330
МСИ 145, 455
МСИФН 59, 300, 429
МСК 59, 295, 372
МСКА 330
МСКНС 52
МСКП 59
МСМ 48, 199
МСМК 433, 438
МСМС 59
МСМХД 29, 59, 429
МСНС 59, 300
МСНТИ 115
МСО 59, 284, 372
МСОК 202
МСОНК 125
МСП 59, 88, 223, 295, 308, 347
м. сп. 284
МСПД 59
МСПИ 115
МСПК 88, 295
МСПООП 22
мср 372
МСС 29, 59, 159, 250, 284, 373
МСТ 208
Мст. 441
МСТА 173, 425
МСТК 173, 410
МСУ 79
МСФГН 59, 300, 429
МСФН 59, 284, 300
МСХ 19, 347
МСХК 173, 410
МСЧ 284, 373
МСЧПФ 59, 208
МСЧПХ 284
МСЭ 59, 102, 250
МСЭК 284
МТ 192, 208, 373

Указатель

Mm	232	МФТИ	145, 208
МТА	330, 373	МФТУ	129, 208
МТБ	164	МФФБ	164
МТБУ	108, 129, 173, 250	МФШ	394
МТБЭ	284	МХ	314
МТВД	373	МХАТ	119
МТТ	111	МХЛ	434
МТЗ	88	МХО	59, 89
МТИ	308	МХОб	89
МТК	59, 88, 95, 108, 173, 223, 250, 300, 455	МХП	192, 347
МТКК	330	МХТ	89
МТКС	88, 330	МЦ	65, 164, 373
МТМ	192	м-ц	439
МТН	202	МЦ АУВД	65, 223, 250, 330
МТО	250, 300, 455	МЦБН	164
МТП	22, 173, 308, 425	МЦД	59, 66
МТПП	88, 173	МЦДО	155
МТПП ЖКХ	88, 97	МЦИ	164
МТС	59, 250, 300, 373	МЦНТИ	59, 66, 115, 300
МТТ	59, 202, 308	МЦОИ	59, 66, 155
МТФ	347	МЦР	59, 66
МТЦ	59, 65, 108, 173, 250	МЦСИ	59, 66
МТЩ	373	МЦФБ	164
МУ	223, 250, 268	МЧ	373
МУВ	373	м.ч.	232
муж.	394, 410, 446	м/ч	232
муз.	121, 123, 410	МЧС	19, 373
муком.	347, 411	МЧЭ	208
мульт.	119, 411	МШББ	155, 164, 173
МУР	22	МШЗ	89
Мур.	443	МШСАС	184
Мурс.	12, 411	МШСЭН	155, 173
мусульм.	411, 429	МШЭ	155, 173
МУТБ	164	мыловар.	411, 446
МУТР	22, 59, 425	МЭ	19, 102, 123, 184, 411
МУФ	192	М-Э	105, 411
МУЭП	22, 79, 173	МЭА	42, 60, 63, 174, 184, 223, 250
МФ	73, 284, 433	МЭАМЗ	89
мФ	232	МэВ	232
мф	119	МЭГ	250
м/ф	119	МЭГУ	129
МФА	164, 394	МЭД	284
МФАМК	59	МЭЗ	89, 250
МФАОО	59	МЭИ	145, 184
МФБ	164	МЭК	60, 174, 224, 250, 284, 300
МФВР	59, 73	МЭК СНГ	174
МФД	59, 164	МЭЛЗ	89, 250
МФЖ	59, 110	МЭМ	192, 250
МФЗА	59, 73	МЭО	174
МФЗУ	223	МЭП	19, 250, 373
МФИ	59, 73, 373	МЭС	60, 102, 184, 314
МФК	164	МЭСИ	145, 174
Мфлоп	232	МЭСИВ	192, 224, 250
МФМС	59, 451	МЭСМ	224
МФО	164, 394	МЭСС	174
МФП	37, 250	МЭТ	60, 250, 300
МФПС	59	МЭТПК	89, 250
МФПЧ	59	МЭЦВМ	224
МФРПО	22	МЮИ	145, 425
МФРР	59, 73	МЮК	425
МФРЯ	73, 223, 394	МЮО	60, 425
МФС	429, 455	МЯВ	373
МФСЖ	59, 110	мясо-мол.	347, 411
МФСР	59, 73, 347	мясохладоб.	347, 411
МФСТ	434		

Н

Н	232, 373
н	232
Н.	102, 271, 272, 411
н.	411, 446
-н.	411
НА	19, 192, 284, 300
НААР	42, 330
Наб.	443
наб.	314, 411
Нав.	12, 411
НАВИП	314
Наг.	443
Нагор.	12
нагр.	446
НАД	284
Над.	441
НАЗ	19, 373
Наз.	441
наз.	411
наз(в).	7, 446
назв.	411
наиб.	411, 446
НАИИ	63
наим.	411, 446
Найден.	443
НАК	99, 284, 434
НАКА	63, 330
накл.	174, 394, 411
НАКУ	79, 224, 250
нал.	174, 446
налогообл.	174
НАМ	330
НАО	12
НАП	29, 42, 174
напис.	394, 411
НАПО	330
НАПП	284
напр.	411, 446
напр. п.	394, 411
НАПС	29, 42
НАР	42, 97, 330, 373
нар.	411, 438
н(ар). а(рт).	123
нар. арт.	119, 411
нареч.	394, 411
НАРЗ	89, 330
нариц.	394, 411
нарк.	394, 411
нар. лат.	394, 411
нар(одно)-поэт(ич).	394
народно-поэтич.	411
нар.-поэт.	411
НАРФО	73
нар. х-во	174
нар.-хоз.	174
нар. худ.	411, 438
НАС	455
нас.	411
нас(ел).	446
НАСА	79, 330
насел.	411
наст.	394, 411, 446
наст.-буд.	394, 411
наст. фам.	411, 446
Nat.	441
НАТО	50, 373
науч.	300, 411
науч.-популяр.	300, 411
НАФ	73
НАФА	119, 373
НАФД	42
НАФТА	174
НАЦ	66
нац.	411, 446
нац.-ист.	411, 446
нач.	373, 411, 446
начинат.	394
нач-к	373
НБ	102, 164, 411
НБА	42, 164, 330, 373, 434
НБАМР	314
НББ	164
НБД	164
НБО	373
НБП	330, 373
НБС	202
НБУ	164
НБЦ	66
НБЦБ	164
НВ	106, 330, 411
НВА	250
НВАЭС	184
НВБ	164
нвг	314
НВМ	22
НВМУ	155, 314, 373
НВФБ	164
НВЦ	121, 224
НГ	105, 373, 402, 406, 409, 410, 411
НГАЗ	89, 330
НГДК	184
НГДУ	184
НГЗ	89
НГМД	224
НГМК	89
НГО	314
НГПК	250
НГР	184
н.-гр.	390
НГС	89
НГСбанк	164
НГУ	129
НГШ	155
НД	29, 174, 284, 330
н/Д	102
НДВШ	102, 112, 411
НДКТ	29
НДЛ	373
НДМГ	284
НДП	29, 119
ндп.	411
НДПГ	29
НДПУ	29
НДПФ	208
НДР	29
НДС	29, 174
НДФ	29
НДФЗ	89, 284
НДЭТ	284
НЕГ	105
НЕГП	224

Указатель

негр.	411	НИИАО	145, 330
нед.	439	НИИАП	145, 192, 250
недор.	174	НИИАР	145, 184
нежил.	97	НИИАС	145, 224, 250
нежнелуж.	412	НИИАТ	145, 330
неизв.	411, 446	НИИГБ	145, 284
неизм.	394, 411	НИИГПЭ	145
неисчисл.	394, 411	НИИД	145, 192
Некр.	443	НИИДАР	145, 250
нек-рая	411, 446	НИИЗиЖ	145, 347
нек-рое	411, 446	НИИКП	145, 192
нек-рые	411, 446	НИИКЭ	145, 250
нек-рый	411, 447	НИИМА	145, 224, 250
нем.	390, 411	НИИМВС	145, 224, 250
необх.	447	НИИМП	145, 192
неодобр.	394, 411	НИИОТ	145
неодуш(евл).	394, 411	НИИП	145
неол.	394, 411	НИИПГ	145, 268
неопр.	394, 411	НИИПИ	145
неотд.	394, 411	НИИПМ	145
неофиц.	394, 411	НИИПМЭ МАИ	146, 330
неперех.	394, 411	НИИПН	146, 202
неправ.	394, 411	НИИПП	146, 192
неприст.	394, 411	НИИППиСПТ	146
нер-во	208	НИИПС	146
не рек.	411	НИИПСМ	146, 295
несвоб.	411, 447	НИИР	146, 251
неск.	411, 447	НИИРП	146, 192, 251
нескл.	394, 412	НИИРТА	146, 251
несов.	394, 412	НИИСА	146, 251
несовр.	447	НИИСАПРАН	146, 251
несогласов.	394, 412	НИИСИ	146
не сохр.	412, 447	НИИСП	146, 284
неуп.	394	НИИстандарт	146, 202
неуп(отр).	412	НИИСУ	146, 202
нефт.	184, 412	НИИСХОМ	146, 192, 347
нефтеперераб.	184, 412	НИИСЭ	146, 425
нефтехим.	284	НИИТ	108, 146, 251
нефт.-хим.	284	НИИТавтопрам	146, 308
НЖ	106	НИИтеплоприбор	146, 184, 192
НЖМД	224	НИИтехмаш	146, 193
НЗ	284, 373	НИИТП	146, 193
НЗЛ	102, 112, 412	НИИТФ	147, 208
НЗО	373	НИИТЭП	147
НЗП	174	НИИХИММАШ	147, 193, 284
НЗР	373	НИИХолодМаш	147, 193
НЗФТ	37, 45	НИИХП	147
НЗХК	89, 284	НИИХСМ	147, 193, 284
НИ	314	НИИЭИР	115, 147, 174, 251
н.-и.	300, 412	НИИЭМ	147, 251, 284
НИАЛ	95, 300	НИИЭС	147, 224, 251
НИАН	63, 108, 115	НИИЭФА	147, 208, 251
НИАПЛ	300	НИИЯФ МГУ	147, 209
НИБХ	145, 284	НиК	106
НИВЦ	66, 300	Ник.	12, 412, 441
НИДА	29, 429	НИКА	174
нидерл.	390, 412	Никан.	441
НиЖ	106	Никит.	443
ниж.	390, 412, 447	Никиф.	441
Нижн.	272	НИКИЭТ	147, 185
нижнелуж.	390	НИКТИ	147
ниж.-нем.	390, 412	НИКТИМП	147, 347
нижненем.	390, 412	НИЛ	95, 300
низм.	12, 412	НИМБ	300
НИИ	145, 284, 412	НИМИ	147, 193
НИИ ГТП	145	НИМКО	89
НИИ ШОТСО	147	НИО	95, 300

Указатель

НИОКР 300
НИОПИК 147
НИОХ 147, 285
НИП 330
НИПГС 89
НИР 301
НИРФИ 147, 209, 251
НИС 174, 224, 301, 308
НИСК 89, 296
НИСО 112
НИТ 224
НИТИ 147
НИУ 301
НИФ 73
НИФА 29, 429
НИФИ 148, 164
НИФЭИ 148, 185, 209
НИЦ 66, 301
НИЦ КС 66, 301, 330
НИЦ ПЭУ 66, 115, 174, 301
НИЦБС 66, 285, 301
НИЦбытхим 66, 285, 301
НИЦИАМТ 66, 301
НИЦТК 66, 301
НИЦТЛАЗ 66, 301
НИЭ 174
НИЭКМИ 148, 193
Н.-Й. 102, 412
НК 45, 75, 119, 185, 285, 347, 373
НКАУ 63, 330
НКДАР 52, 301, 373
НКЗ 174
НКО 330
НКП 29, 174, 330
НКР 13, 23, 193
НКРЦБ 164
НКУ 251, 373
НКФ 89, 174
НЛ 102, 112, 373, 412
НЛГ 331
НЛГС 331
НЛО 331
НЛП 29, 285, 394, 429
НЛС 251
н.-луж. 390, 412
НЛЦ 331
НМ 106, 164, 202, 213, 224, 412
нм 233
Н·м 232
Н/м 233
НМБ 102, 224
НМД 224
НМК 42
НМЛ 224
НМО 285
НМС 158, 285
НМТ 193
НМЦ 66, 158, 213, 301
НМЭП 174
НН 102, 106, 251, 412
ННА 373
ННГП 285
ННДПФ 209
н.-нем. 390, 412
ННИИ 148
ННС 19
ННТВ 89, 108

НО 212
н/о 447
НОВ 373
Нов. 272, 412
нов. 412, 447
новг. 390, 412
новогреч. 390, 412
новозел. 390, 394
Новосиб. 13, 102, 412
новосиб. 390, 412
Нов.-Приб. 443
нов. ред. 112, 412
НОВС 37
НОД 209
НОК 89, 209, 434
НОПЛ 37
норв. 390, 412
норманно-фр. 412
НОРП 37
НОСАБ 331, 373
НОСТА 89
НОТ 301
нотар. 425
НОУ 125
НОФ 29
НОЦНИТ 66
нояб. 412, 439
НОЯМ 212
НП 23, 29, 30, 285, 373
Нп 233
нп 13, 394, 412
НПА 42, 112, 301, 314
НПАО 89
НПБ 164, 174
НПВО 89
НПВЧ 251
НПГ 37
НПГР 37
НПЗ 89, 185, 193
НПИ 108
НПК 89, 301
НПКБ 71, 301
НПКФ 89, 174
НПЛ 119
НПМ 112, 373
НПМХ 30
НПН 174
НПО 50, 89, 412
НПО АП 89, 193, 251
НПО МАШ 89, 193
НПО ПМ 89
НПО ЭНЕРГОМАШ 89, 185, 193
НПП 30, 174, 331
НПП ВНИИЭМ 148, 251
НПП ГЕОИНТЕХ 89
НПП ДЗЗ 331
НППАэрокосмтех 331
НПР 158, 174
НПС 30, 185, 314
НПСД 30
НПСК 347
НПСО 37
НПСР 30
НПУ 224, 331
НПФ 30, 37, 174
НПЦ 174
НПЧ 251

Указатель

НР	455	НФМ	30
НРБ	164, 373	НФО	30
НРВ	314, 373	НФОП	30
НРДР	30	НФП	373, 434
нрк.	412	НФС	434, 455
НРЛС	251	НФСА	73
НРО	89	НХК	90
НРП	30	НХЛ	434
НРПР	30	НХП	30
НРПС	102, 399	НЦ	66, 285, 301
НРС	102, 105, 373, 399	НЦБ	71
НРСС	102, 399	НЦБИ	66, 285, 301
НРСХС	102, 399	НЦВТ	66, 224, 301
НРТ	174	НЦНИ	66
НРУ	347	НЦП	30
НС	19, 30, 106, 209, 213, 331, 412	НЦПИ	66, 115, 301
нс	233	НЦПСО	66, 224, 301
Н·с	233	НЦХДП	30
Н/с	233	НЧ	251
нсв	395, 412	НЧЗ	102
НСВД	285	НЧП	174
НСД	224	НЧПИ	251
НСК	89, 296	НШ	373
НСКБ	164	НшС	373
НСМ	30	НЭ	209
НСН	108	н. э.	412
НСОФМ	373	н.э.	439, 447
НСП	30, 48	НЭВЗ	90, 251
НСПВП	285	НЭК	331
НСРЗ	89, 314	НЭП	185
НСС	30, 251	НЭЦ	66, 301
н. с(т).	439, 447	НЭЦ АУВД	66, 224, 251, 302
н. ст.	301, 412	НЯ	455
НТ	331		
н.-т.	301		
НТА	42, 209, 437		
НТБ	102	## О	
НТБС	164		
НТВ	108, 251, 331	О	185, 213, 374
НТД	202, 301	О.	13, 103, 224, 412
НТИ	115	о.	13, 412, 447
НТИК	90	ОАБ	331, 374
НТК	90, 209, 285, 301	ОАБО	50
НТЛ	301	ОАГ	23, 50
НТМО	209	ОАД	224
НТНЦ	209	ОАЕ	30
НТО	90, 119, 301	ОАЖ	285
НТП	90, 301	оаз.	272
НТР	209, 301	ОАКТС	251
НТС	30, 209, 301	ОАНС	48
НТТМ	301	ОАО	331, 374
НТЦ	66, 301	ОАПВ	251
НУ	455	ОАПЕ	37
н.у.	314	ОАСУ	224
НУБС	79, 331	ОАТИ	19
н. у. м.	447	ОАЭ	13, 412
НУПС	79, 331	ОБ	103, 164, 285, 455
НУР	373	об.	174, 412
НУРС	373	ОББХФАС	157, 209, 285
НУТО	79	об-во	50, 412
НФ	30, 112	обезнал.	164
нФ	233	ОБЖ	23
НФАО	90	ОБЗ	374
НФБ	164	обих.-разг.	395, 412
НФГ	73, 301	ОБК	374
НФЗЛ	285	обл.	13, 103, 412
НФЛ	30	ОБЛОНО	125
		обл. ц.	66

Указатель

об/мин 233
обн(ал). 164
ОБО 50, 374, 429
обобщ.-личн. 395, 412
обознач. 412, 447
обозр. 108, 412
оборудов. 193
обособл. 395, 412
ОБП 455
ОБПСЭ 23, 174
обр. 123, 125, 412, 447
обраб. 412, 447
образн. 395
обращ. 395, 412
об/с 233
ОБСЕ 50, 451
обск. 390, 412
обст. 412
обст(оят). 395
обстоятельств. 395, 412
ОБТ 374
обув. 412, 447
ОБФ 164
общ. 412, 447
общ-во 50
общеслав. 390
объед 90
обыкн. 447
обыч. 412, 447
обэ 233, 285
ОБЭП 23, 174
ОВ 185, 285, 348, 374
Ов. 13, 412
о-в 13, 412
ОВА 331, 374
о-ва 13, 412
ОВАД 164
ОВБ 23
ОВВЗ 164
ОВВП 174
ОВВС 331, 374
ОВГ 285, 374
ОВД 23, 174
Овечк. 443
ОВИ 175
ОВИР 23
ОВК 175, 374
ОВКГ 285, 374
ОВЛ 285
ОВМС 374
ОВНП 348
ОВО 23, 103
о-во 50
овощ-во 348, 412
ОВП 164, 348, 374
ОВПЗ 175
ОВР 374
овр. 272
ОВРК 224
ОВС 37, 175, 314, 348, 374
ОВСЕ 374
ОВТ 348
ОВУ 213, 224
ОВХ 348
ОВЦ 224, 331, 374
овце-во 348, 412
ОВЧ 199, 251

ОГ 23, 105, 374
Ог. 106, 412
ОГАС 268
ОГБ 374
ОГГГГН 157, 209, 268, 285
ОГК 95
огл. 103
ОГМ 95, 348
ОГН 285
огн. 374
ОГО 209, 268, 331
ОГПЗ 90
ограничит. 395, 412
ОГСЗ 164
ОГСОС 315
ОГСПД 251
ОГСРТП 108, 251
ОГТ 95
ОГТТ 285
ОГУ 129
Од. 13, 103, 412
ОДАБ 331, 374
ОДВТ 374
ОДЗ 209
ОДКС 251
одноим. 413, 447
однокр. 395, 413
ОДО 164
одобр. 395, 413
ОДОН 374
ОДП 175, 374
ОДРЛ 251, 331
ОДУ 79, 331
одуш(евл). 395, 413
ОДФ 99
ОДЦ 30
ОЕЛ 285
ОЖД 308
ОЗ 90, 374
оз. 13, 413
ОЗА 30
ОЗАБ 331, 374
ОЗАП 90, 193, 252
ОЗГ 348
ОЗК 285
ОЗМ 90, 193
ОЗМИР 285
ОЗПМ 90, 193
ОЗТ 209
ОЗУ 224, 413
ОЗЦ 95
ОЗЧ 285
ОИ 157, 285
ОИВСУ 224
ОИВТА 224
ОИГ 52
ОИК 429
ОИП 252, 455
ОИРП 252
ОИРТ 60, 108, 252
ОИС 308, 425
ОК 95, 175, 213, 285, 331, 374
ок. 315, 413, 447
ОКБ 71
ОКБ ТК 71, 302
ОКБМ 71, 193
ОКВ 165

Указатель

ОКВДП	285	ОНВУП	451
ОКГ	213	ОНГП	285
ОКДОР	75	онеж.	390, 413
океан.	413	ОНИР	302
ОКЗ	285	ОНИС	302
ОКиЗПП	175	ОНК	45
ОКИК	374	ОНОЗ	209
ОКК	331, 374	ОНП	30
ОККМА	75	ОНПО	90
ОККП	374	ОНС	30, 213
ОКОИ	434	ОНСД	374
ОКОНХ	175	ОНТБ	103
ОКП	348, 374	ОНТИ	115
ОКПиУН	175	ОНУ	348
ОКПО	175	ОНХ	348
ОКПП	374	ОНЦ	66, 285, 302, 375
ОКР	193	ОНЧ	252
окр.	13, 413	ОНЭКСИМ Банк	165
ОКС	252, 331	ОО	23, 331, 413
Окс.	441	ООБ	285
ОКСТ	50	ООЛ	285
окт.	123, 233	ООМ	30
октб.	413, 439	ООН	52, 413
ОКТБ	71	ООО	175
ОКУ	213	ОООП	23
ОКЦ	374	ООП	30, 224, 285, 308
ОЛ	30	ООР	375
ОЛА	103, 331, 395	ООС	23, 252
ОЛБ	285	ООСОИ	375
ОЛБИ	90	ООТХ	285
ОЛН	209	ООФА	209, 331
олов.	199, 413	ООФАиГ	209, 268
олон.	390, 413	ОП	23, 165, 175, 209, 225, 286, 348, 375
ОЛР	331	оп.	103, 225, 413
ОЛТК	155, 331	о. п.	331
ОЛЯ	395	ОПА	37, 308
ОМ	209, 252, 315	ОПВ	309
о/м	23	ОПВТ	375
Ом · м	233	ОПГ	309
Ом · см	233	ОПЕК	50, 185
ОМА	252	опер.	375
ОМАБ	331, 374	операт.	225, 413
ОМБ	103, 348	ОПЕРУ	165
ОмГУ	129	ОПЗ	348
ОМД	199	ОПИ	429
омедб	285, 374	ОПК	286, 331
ОМЗ	90, 213	ОПМ	30, 375
ОМЗУ	224	ОПММПУ	193
ОмИИТ	148, 209	ОПМС	455
ОМК	213, 285	ОПМЭМО	175
ОМКС	252	ОПН	286, 455
ОММ	30	ОПНР	30
ОММР	285	ОПО	175, 375
ОМО	209, 285, 374	ОПОН	23
ОМОН	23	ОПП	90, 309, 348
ОМП	374	ОППН	286
ОМРП	252	ОПР	23, 30
ОМС	37, 213, 285	опр(едел).	395, 413
ОМСБ	374	определит.	395, 413
ОМСБОН	374	ОПС	175, 200, 252, 331, 348
омск.	390, 413	ОпС	375
ОМТС	302	опт.	175, 213
ОмТСБ	165	оптим.	413, 447
ОМУ	374	ОПТР	302
ОМЭС	175	ОПУ	79
ОН	348, 374, 455	опубл.	103, 413
ОНА	252	ОПУС	23

Указатель

ОПФ	119, 175, 213	ОТАК	331, 375
ОПХ	200	ОТБ	302
ОПЧ	252	отв.	413, 447
ОР	193, 375	отвлеч.	395, 413
ор.	272, 375	отв. ред.	103, 413
ОРБ	23, 71	отглаг.	395, 413
ОРВ	348	ОТД	302
орг.	50, 348, 413, 447	отд.	95, 375, 395, 413
орг. пр.	175, 413	отд-е	375
орг(т).	302	ОТДС	302
орг-ция	50, 413	отеч.	413, 447
ОРД	204, 375	ОТЗ	375
орд.	375, 413	ОТИ	115
ОРЗ	286	ОТиз	95
ориг.	413, 447	ОТИПП	148
ОРК	23, 103, 112	ОТК	252, 302
орк.	123, 413	отл.	447
ОРЛ	252, 331	отм.	272, 413, 447
орл.	390, 413	ОТН	348, 375
ОРМ	23, 193, 331	относ(ит).	413
орн.	413, 447	относит.	395
оросит.	272, 413	ОТО	209
ОРП	252, 286, 348	ОТП	175
ОРПОИН	95	ОТР	302, 375
ОРС	30, 95, 252	отриц.	413
ОРТ	108	отриц(ат).	395
ОРТПЦ	108, 252	отрицат.	413
ОРУ	252	ОТС	302, 332
ОРУД	23	ОТТ	302, 375
оруд.	375	отт.	103
оруж.	375, 413	ОТФ	209
ОРФ	30	Отч.	106, 413
ОРЦ	23, 66	отчетн.	175
ОРЦБ	175	ОУ	129, 252, 286, 375
ОРЧ	252	ОУВД	23, 79
ОРЮР	50	ОУМ	348
ОС	30, 185, 213, 225, 252, 331, 348, 375	ОУН	50
ОС РВ	225	ОУОП	79
ОСА	434	ОУОСФ	79
ОСАБ	375	ОУП	79
ОСВ	268, 348, 375	ОУР	23
ОСВАР	252	ОФ	90, 214, 286, 375
ОСВОД	50	ОФАБ	332, 375
осет.	390, 413	офен.	395, 413
ОСЗ	165	ОФЗ	165
ОСКБ	201	офиц.	395, 413
ОСМ	225	офиц.-вежл.	395, 413
ОСМО	225	офиц.-дел.	395, 413
ОСН	202	ОФМА	45, 332
осн.	413, 447	оформ.	447
ОСНАА	50	ОФП	73, 429, 434
ОСО	268	офс.	103
особ.	413, 447	ОФТПЭ	185
ОСП	286, 331, 348, 455	ОФХТНМ	209, 286
ОСПК	30	ОХЗ	286, 375
ОСПМ	30	охот.	447
ОСПП	50	ОХП	286, 375
ОСС	90, 252	ОХР	375
ОССВ	375	охр.	23
ОСТ	202, 214, 331	ОЦА	268
Ост.	441	ОЦАГ	50
ОСТО	375	ОЦАП	66, 332
Остр.	443	ОЦБ	286
острогож.	390, 413	ОЦГ	286
ОСУ	286, 375	ОЦЗ	375
ОСЧС	375	ОЦК	286, 375
ОТ	185, 214, 348, 375	ОЦМ	348

505

Указатель

ОЦП	286	ПАР	252
ОЦПОД	66	Пар.	13, 413
ОЦР	375	пар.	272
ОЦСД	375	пар.-дес.	376
ОЦЭ	286	парагв.	13, 413
ОЧ	233	парл.	395, 413, 447
ОЧС	286	ПАРРИС	37, 332
ОЧУ	225	парт.	31, 413
ОШ	193, 225, 375	ПАРТАД	37, 42
ОШБ	175	ПАРТД	42
ОШУ	348	партиз.	376, 413
ОЭ	126, 175, 214, 252, 332	парф.	447
ОЭК	175, 214, 252	ПАС	348, 376
ОЭМ	214, 252	пас.	272, 309
ОЭМК	90, 252	Па·с	233
ОЭП	23, 175, 214, 252	ПАСК	286
ОЭС	175, 185, 252	ПАСС	376
ОЭСР	175, 252, 375	Паст.	443
ОЮПО	30	пат.	286, 425
ОЯТ	185	ПАУ	348
ОЯФ	209	Пауст.	443
		ПАФР	73
		Пах.	441
		Пашен.	443

П

П	185, 214, 233, 252, 455	ПБ	31, 71, 175, 202, 348, 376
п	233	Пб	13, 103
П.	175, 395, 413	ПБВ	252
п.	13, 315, 375, 413, 434, 447	ПБЗ	376
ПА	30, 185, 315, 375	ПБК	193, 315
Па	233	ПБН	348
ПАБ	332, 375, 376	ПБП	31, 376
ПАБК	286	ПБР	31, 286, 376
ПАВ	268, 286, 348	ПБС	193, 376
Пав.	441	ПБУ	193, 200
пав.	447	ПБЯ	165
Павел.	13	ПВ	348, 376
Павл.	443	п-в	13
ПАГ	286, 376	ПВАЭ	286
паг.	112, 413	ПВБ	451
ПАД	332	ПВБС	315
п(ад).	395	ПВВ	225
пад.	413	ПВД	193
ПАЗ	90, 309, 376	ПВК	286
ПАЗС	309	ПВЛ	103
ПАИ	252	ПВМ	225
ПАК	286, 376	ПВН	348
ПАКАО	158	ПВО	332, 376
ПАКБ	71	ПВП	31, 286, 332, 376
пакист.	13, 413	ПВРД	332
ПАЛ	286	ПВС	90, 286, 376
Пал.	13, 413	ПВУ	225
пал.	19	ПВХ	286
палеонт.	413, 447	ПВЦ	225
пам.	272, 413	ПГ	31, 252, 286, 348, 376, 455
Па/м	233	Пг	103
ПАМС	252, 268	ПГВ	193
ПАН	252, 332, 376	ПГГ	31, 193
Пан.	13, 413, 443	ПГМ	193
панам.	13, 413	ПГН	286
ПАНИ	126	ПГО	209, 269, 332
Пант.	441	ПГПА	193
ПАНХ	332	ПГС	296, 332
ПАО	90, 193, 332, 348	пгт	413
ПАОЗ	286	пгт.	272
ПАП	193	ПГУ	79, 129, 185
ПАПР	286	ПД	148, 193, 286, 348, 376, 413
		Пд.	296, 413

506

Указатель

ПДА	31, 348	ПИВФ	73
ПДБ	71	ПИГАП	204
ПДВ	269	ПИГЛ	269
ПДВС	193	ПИЕЛ	31
ПДГ	225	ПИИ	175
ПДД	31, 202, 286, 309, 376	ПИК	112, 376
ПДК	269, 286, 315, 376	пин.	390, 414
ПДМ	376	ПИНО	148, 309
ПДН	286, 376	ПИОН	193
ПДО	95, 376	ПИПК	148
ПДП	31, 103, 199, 225, 376	Писар.	443
ПДПС	48	Писемск.	443
ПДПТС	49	пит.	272, 447
ПДРЦ	252	ПИТКС	148, 332
ПДС	31, 225, 286, 456	ПИТС	252
ПДСБ	52	ПИФ	175
ПДСМП	296	пищ.	414, 447
ПДСС	376	пищевкус.	414, 447
ПДТ	286, 376	ПИЭПОМ	185, 204
ПДУ	31, 252, 269	ПК	75, 90, 185, 194, 225, 286, 315, 332, 348, 376, 456
ПДФ	119	пк	233
ПДЦ	376	ПКА	332, 348
ПДЭС	185	ПКБ	71, 348, 376
пед.	158, 413	ПКБМ	71
Пел.	441	ПКГ	286
пенджаб.	390, 413	ПКД	31
пенз.	390, 414	ПКиО	437
ПЕР	31	ПКК	75, 90, 175
пер.	13, 103, 112, 272, 309, 395, 414, 447	ПКЛ	349
Перв.	443	ПКЛН	349
первонач.	414, 447	ПКМ	296
перед.	376	ПКМПР	31
передел.	414, 447	ПКНМ	31
переим.	414, 447	ПКО	90, 175, 332, 376, 377
перен.	395, 414	ПКП	31, 90, 175, 332, 377
переосмысл.	395, 414	ПКППЛА	31
перех.	395, 414	ПКР	349, 377
перечислит.	395, 414	ПКРК	377
пер. зв.	332	ПКРС	332
перм.	390, 414	ПКС	332, 349, 377
перс.	390, 414	ПКТ	31, 37, 45, 377
перф.	395, 45, 414	ПКТБхиммаш	71, 185, 194, 286
петерб.	13, 414	ПКТВ	108, 252
Петр.	441, 443	ПКЧ	252
пех.	376, 414	ПЛ	225, 332, 349, 377
печ.	390, 414	Пл	225
печ. л.	112	Пл.	443
пец.	272, 414	пл.	13, 447
ПЖ	31, 105, 185	п. л.	112
п/ж	112	ПЛА	332, 377
ПЖД	309	ПЛАБ	332, 377
ПЖДП	309	плав.	434
ПЖК	348	плавбаза	315
ПЖРЭП	90, 98	плавмаг	175, 315
ПЗ	31, 348, 376	ПЛАР	377
п/з	376	ПЛАРБ	377
ПЗА	376	ПЛАРК	377
ПЗК	252	ПЛАС	45
ПЗМ	376	пласт.	296, 414
ПЗО	376	плат.	199
ПЗП	269, 376	ПЛД	287, 349
ПЗРК	376	плем.	349, 414
ПЗС	185, 225, 414	ПЛК	395
ПЗУ	193, 225, 414	ПЛМ	225, 414
ПИ	148	ПЛМК	90, 349
ПИБ	71	ПЛН	349
пивовар.	414, 447		

Указатель

ПЛО	377	ПОВ	165, 377
плод.	349, 414	пов(ел)	395
плот.	272, 414	пов.	112, 414
плотн.	287, 414	п-ов	13, 414
ПЛП	31, 90, 349	повел(ит).	414
ПЛР	377	повелит.	395
ПЛРК	377	п(ог).м.	233
ПЛС	37, 287, 332, 349, 377	погов.	395
плскг.	272, 414	под.	414, 447
ПЛСМ	377	подв.	377, 414
ПЛТ	287	подг.	414, 447
ПЛУР	377	подз.	447
ПЛУРС	377	подзаг.	112, 414
ПЛШ	349	подлеж.	395, 414
ПЛЭС	185	подразд.	377
ПМ	175, 194, 315, 377	под рук.	414, 447
п/м	119, 414	подчинит.	395, 414
ПМАКС	43, 60, 315	ПОЗ	194, 287, 332
ПМГ	23, 332, 349	поздн.	414, 447
ПМД	225, 377	позднелат.	390, 414
ПМЖ	456	ПОИ	253
ПМЗ	90	ПОК	287
ПМК	60, 225, 377	ПОЛ	332
ПМЛ	194, 225	Пол.	441
ПММ	194	пол.	414, 447
ПМН	377	полаб.	390, 414
ПМО	165, 377	Полев.	443
ПМП	23, 309, 377	полигр.	112, 414
ПМПЗ	90, 194	полинез.	390, 414
ПМР	13, 194	полит.	395, 414, 447
ПМС	52, 269, 287, 332, 414	полит.-эк.	175
ПМСП	287	полиц.	23, 414
ПМТ	434	полк.	377, 414
ПМУ	269	полн.	414, 447
ПМФД	165	положит. ст.	395, 414
ПМЭ	103, 287	полпред	447
ПН	31, 287, 332, 349, 377, 456	пол. ст.	272
пн.	439	польск.	390, 414
ПНА	19, 31	пом.	414, 447
ПНВ	194, 377	помбур	269
ПНГ	13	пом(ещ)	98
ПНГМО	269	помреж	119
ПНД	31, 349	ПОН	204, 349
ПНЕ	19	популяр.	414, 447
ПНИС	377	пор.	272, 414
ПНК	165, 332, 377	порщ.	395, 414
ПНЛ	31	порт.	414
ПННЭ	31	портн.	414, 447
ПНО	332	португ.	390, 414
ПНП	31, 332	Порф.	441
ПНПК	377	пор(ядк).	395
ПНПР	31	порядк.	414
ПНПФ	37	ПОС	23, 194, 253, 332
ПНР	119	пос.	13, 414, 447
ПНРБ	31	пос. пл.	272, 332
ПНС	31, 252	посад.	332
ПНТ	253	посв.	414, 447
ПНТЗ	90	посл.	395, 414
ПНТС	31	послесл.	112, 414
ПНФ	31	посм.	377, 414
ПНЦ	332, 377	пост.	119, 123, 414, 425, 447
ПНШ	349, 377	Пот.	441
ПО	90, 194, 225, 349, 377, 414	ПОТМ	202
п/о	447	ПОТО	202
ПОА	234	ПОУ	194, 349
ПОБ	377	поч.	415, 438
побудит.	395, 414	поч. чл.	415, 438

Указатель

почт	253
почтит.	395, 415
поэт.	415
поэт(ич).	395
поэтич.	415
пояскит.	395, 415
ПП	19, 31, 175, 185, 225, 253, 332, 349, 377, 456
пп	253, 415
пп.	377, 434, 447
п/п	253, 377, 447
ППА	225, 349
ППБ	349, 377
ППБУ	194
ППВ	165, 309
ППГ	287, 377
ППД	225, 253
ППДО	378
ППЖТ	309
ППЗ	194
ППЗУ	225, 415
ППИ	115, 148
ППК	204, 225, 332
ППЛ	332, 349
ППМ	23, 194, 209, 332, 333, 378
ППМП	378
ППН	200, 349
ППНО	23
ППО	90, 333, 349, 378
п/полк.	378
ППП	200, 204, 225, 253, 333, 378
ПППП	90
ППР	200, 349
ППРО	253
ППС	23, 175, 269, 349, 378
ППСЗ	378
ППСИ	115
ППСС	202, 309
ППСТ	378
ППТ	253, 349
ППУ	253, 349, 378
ППФ	38, 73
ППФГ	90
ППФП	434
ППФС	19
ППХР	253, 287, 378
ППШ	269
ППШО	90
ППЭ	185
ППЭВМ	225
ПР	108, 165, 194, 253, 349, 378
Пр.	175, 415
пр.	272, 415, 447
п. р.	123
П.-Р.	13, 415
п/р	447
Прав.	269
прав.	415, 447
правосл.	415, 430
прагерм.	390, 415
ПРАЛ	31
Праск.	441
праслав.	390, 415
ПРБ	165, 200
ПРВ	209, 315
ПРВД	333
ПРВН	349
пр-во	415, 447
ПРД	253, 333
превосх. ст.	395, 415
пред.	415, 447
предик.	395, 415
предикативн. опр.	395, 415
предис(л).	112
предис.	415
предисл.	415
предл.	395, 415
предлож.	395, 415
предосуд.	395, 415
предположит.	395, 415
през.	19, 415
презр.	395
презр(ит).	415
преим(ущ).	415, 447
пренебр.	395, 415
преобл.	415, 447
преп(од).	158, 415, 447
ПРЕС	31
преф.	19, 395, 415
ПРИАС	38, 333
приб.	415, 447
прибл.	415, 447
ПриВО	378
придат.	395, 415
придат. дополнит.	395, 415
прил.	395, 415
прил(аж).	395, 415
прил. от сл.	395, 415
прим.	112, 395, 415
примен.	415, 447
ПРИП	315
приподн.	395, 415
прир.	269, 415
присоединит.	395, 415
прист.	315
притяж(ат).	415
притяжат.	396
ПРИФ	73
прич.	396, 415
прич. действ. наст.	396, 415
прич. действ. прош.	396, 415
прич.-прил.	396, 415
прич. страд. наст.	396, 415
прич. страд. прош.	396, 415
причин.	396, 415
ПРК	378
пр-к	378
ПРЛ	253, 333
ПРЛАБ	253, 333
ПРЛО	253
ПРМ	200, 253, 333, 378, 396
пр.-мин.	19
ПРН	23
ПРО	378
пров.	13, 415
прованс.	390, 415
прогрес.	447
прогрес(с).	415
прод.	176, 415
ПроектНИИспецхиммаш	148, 194, 287
прозв.	415, 448
произ(в).	112
произв.	415
произ-во	415, 448

Указатель

произнош. 396, 415
прол. 272, 415
пролет. 415, 448
ПРОЛОГ 225
пром. 176, 415
пром-сть 176, 416
пром-ть 176, 415
Промстройбанк 165
ПРООН 52
ПРОС 225
просветит. 416, 448
просп. 13, 448
прост. 396, 416
простореч. 396, 416
протет. 416, 448
противит. 396, 416
противоп. 396, 416
проф. 158, 416, 438, 448
проф(ессион). 396
профессион. 416
Прох. 441
прочн 456
проч. 396, 416
ПРП 349
ПРР 253
ПРС 253, 333, 349, 378, 456
ПРСМ 194
ПРСР 315
ПРТ 434
пр-т 13, 448
пр-тие 90, 416
ПРУ 194
прус. 390, 416
прх. 272, 416
ПРХН 287, 378
ПРЦ 253
прям. 396, 416
прямоуг. 416, 448
ПС 19, 31, 185, 199, 214, 225, 253, 287, 309, 333, 349, 378, 456
П.С. 13
п. с. 378, 416
ПСА 253, 349
ПСБ 165, 349
ПСВ 165, 416
ПСГ 349
ПСД 31, 176, 204
псевд. 112, 416
ПСИ 148, 296
психиатр. 287
псих(ол). 430
психол. 416
ПСК 38, 349, 378, 456
пск. 390, 416
ПСКР 378
ПСМ 333
ПСН 349
ПСО 333, 378
ПСОП 333
ПСП 31, 225, 333
ПСРЗ 90, 309
ПСРЛ 103
ПСС 91, 103, 253, 378, 416
ПССиП 103, 416
ПСТ 31
ПСУ 106
ПСУО 79
ПСФ 49
ПСХ 287
ПСШ 349
ПСЮ 32
ПТ 32, 253, 350, 378
пт. 439
ПТА 378
ПТАБ 333, 378
ПТБ 202, 333
ПТВ 378
ПТГ 396
ПТД 204, 333
ПТЗ 378
ПТИ 32
птиц-во 350, 416
ПТК 91, 200, 225, 253
ПТЛ 45
ПТМ 350, 378
ПТМП 378
ПТН 302, 350
ПТНВ 165
ПТО 91, 125, 185, 302, 378
ПТО ГХ 91
ПТОР 302
ПТП 176, 185, 333, 350, 378
ПТР 302
ПТРК 378
ПТС 108, 253, 309, 315, 378, 399
ПТУ 108, 155, 194, 253, 287
ПТУР 378
ПТУРС 378
ПТФБ 165
ПТЭЭ 202
ПУ 98, 225, 253, 287, 333, 350, 378
п/у 123
ПУАЗО 378
ПУАО 379
публ. 112, 416
публиц. 112
публиц. 416
ПУБЭ 203
ПуВРД 333
ПУГ 379
ПУЗЧ 253
ПУЛ 253
пулем. 379
ПУМ 253
ПУН 185
ПУО 379
ПУС 379
пуск. 379
ПуСО 379
пуст. 272, 416
Пушк. 443
ПУЭ 203
ПФ 32, 38, 119, 157, 194, 269, 350, 456
пФ 233
ПФАР 253
ПФГ 165, 176
ПФИК 165, 176
ПФК 165, 176
ПФЛ 434
ПФЛТ 287, 333
ПФМ 194
ПФР 32
ПФСК 91, 165, 296
ПФЦ 165

Указатель

ПХВ	287
ПХГ	185
ПХЗ	287, 379
ПХН	350
ПХО	287, 333, 379
ПХП	350
ПХПЗ	350
ПХР	287, 379
ПЦ	32
ПЦАП	225
ПЦО	23
ПЦП	456
ПЦФ	287
ПЧ	108, 176, 253
ПЧА	43, 434
ПЧББ	165
пчел.	350, 416
ПЧЗ	91
ПЧФ	194
п/ш	448
ПША	43, 434
ПШО	91
ПШС	456
Пьец.	443
ПЭ	287, 350
ПЭВМ	225
ПЭЖ	456
ПЭМ	253, 269, 379
ПЭМЗ	91, 253
ПЭО	176
ПЭП	204
ПЭР	98
ПЭС	32, 103, 185, 287
ПЭТ	253, 287
ПЯ	350
п/я	448
ПЯВ	379

Р

Р	185, 214, 233, 287, 315, 379, 456
р	456
Р.	13, 103, 253, 396, 416
р.	13, 176, 379, 396, 416, 448, 456
РА	13, 63, 287, 333, 379
РАБ	333, 379
раб.	176
РАВ	379
рав-во	209
равн.	272, 416
РАГС	126
рад.	108, 253, 272, 416
радио	253, 416
радиост.	253, 272
радон	287
РАЕН	126
раз.	272
разв.	272, 416
развед.	379, 416
разг.	396, 416
разгран.	448
разг.-фам.	396, 416
разд.	448
раздел(ит).	416
разделит.	396
разер	194
разл.	416, 448
РАИ	379
РАИБ	165
РАИН	63, 98
РАИС	63
райвоенком	379
райвоенкомат	379
РАК	43
РАКК	333
РАЛ	333
РАМН	126, 287
РАМО	91, 287
РАМОС	333
РАМП	124
РАМСиР	60, 63
РАН	126, 379
ран.	379
РАО	51, 127, 176, 212, 333
РАО ЕЭС	91, 185
РАОО	91
РАПЛ	379
РАРАН	127, 379
РАСО	43
Расп.	443
расп/мин	233
распред...	456
расп/с	233
раст.	350
РАСХН	127, 350
РАТ	253
РАТА	43, 437
РАТАН	214
РАТД	333
РАТИ	119, 127
РАТН	127
РАТЭПП	43, 430
РАУ	79, 127, 129
РАФОС	225
рац.	176
рация	254
РБ	13, 91, 103, 176, 287, 333, 379
РБА	43, 103
РБД	165, 225
РБК	91
РБМК	185
РБН	185
РБО	51
РБПФ	165
РБРР	165
РБС	165
рбт	302
РБУ	379
РВ	105, 254, 287, 379
РВБ	165, 379
РВГК	379
РВЗ	91, 209, 254, 269, 309
РВК	350, 379
РВЛ	254
РВН	194
РВО	209
РВПП	333
РВР	200
РВС	49, 108, 254
РВСН	379
РВУ	108, 254, 350
РВФ	73
РГ	105, 254, 379, 416

511

Указатель

РГА	287	резин.	416, 448
РГАБ	254	рез-т	448
РГАВМФ	379	рейнск.	390, 416
РГАДА	99	рек.	448
РГАО	176	ректифик.	448
РГАС	254	рел.	416, 430
РГАТД	119	religious	416, 430
РГАФК	127, 434	рем.	200, 416
РГАЭ	176	рембат	380
РГБ	103, 254	ремиконт	226
РГВИА	99	РЕПО	165
РГВЦ	66, 209, 225, 269	РЕПШКС	287
РГГМИ	148	РЕС	165
РГГУ	129	респ.	13, 416
РГД	379	реф.	158
РГДБ	103	РЕФАЛ	226
РГИА	99	рец.	112, 124, 416, 448
РГК	379	реч.	309, 416
РГМУ	129, 287	РЖ	106
РГН	379	РЗ	91, 254, 380, 396
РГО	269	РЗД	32
РГП	32	РЗМ	199
РГПУ	129	РЗС	350
РГР	98	РЗЭ	287
РГС	32, 210	РИ	210, 212, 254
РГСН	254, 379	РИА	63, 108, 115, 116, 127, 210
РГТРК	108, 254	РИАН	148
РГУ	129	РИАЦ	67, 108, 116
РГФ	396	РИВС	226
РГЦЭЛ	66, 287	РИВЦ	226
РГЧ	379	РИГ	254
РГЧ ИН	379	РИГГ	254, 287
РД	204, 269, 287, 333, 379	РИИ	254, 287
Рд	233	РИИЖТ	148, 210, 309
рд.	396	РИК	176
Р/Д	13	рим.	7, 416, 448
РДА	287	РИМИР	108, 116, 148
РДГ	379	Римск.-Корсак.	443
РДГТ	333	РИО	112
РДД	379	РИП	194, 254
РДДР	32	РИРВ	148, 254
РДК	287	РИРГ	254, 287
рдм	379	РИС	254
РДО	165, 287, 333, 456	рис.	112, 416
РДП	32, 194, 379	РИСИ	148, 210, 296
РДПШ	32	РИСО	112
РДР	32	рисоочист.	350, 416
РДС	200	РИТ	287
РДСТ	333	ритор.	396, 416
РДТ	287	РИТЦ	67, 210, 302
РДТА	32	РИУ	380
РДТТ	333	РИФ	112, 287
РДУ	333	РИФМА	287
РДФ	73	РИЦ	112
РДЦ	165	РИЭС	254
реакт.	333, 416	РК	13, 165, 226, 254, 288, 350, 380
рев.	416, 448	РКА	43, 63, 333
ревком	75	РКАПК	380
рев-ция	448	РКБ	288
рег.	448	РКГ	288, 380
регистр.	448	РКД	333
РЕГНАТИС	67, 302	РКДЦ	165
регул.	448	РКЗ	91
ред.	112, 416	РКИ	396
редк.	396, 416	РКК	75, 333, 334
реж.	119, 416	РКМ	194
рез.	103, 380	РКН	334

Указатель

РКО	165, 334	РНТА	127
РКП	334, 396	РНУ	185, 254
РКРМ	254	РНЦ	67, 302
РКРП	32	РНШ	350
РКС	165, 334, 350	РО	103, 212, 254, 255, 269, 334, 380, 416
РКСК	165	Ров.	106, 417
РКТ	334	РОВД	23
ркт	380	РОВН	51
РКФ	45	РОВС	32, 380
РКЦ	95, 165	рог.	350, 417
РЛ	210, 254, 350	Род.	106, 441
РЛА	254, 334	род.	272, 396, 417, 448
РЛБО	254	родств.	417, 448
РЛГ	254	роз.	176
РЛД	254, 350	розторг	176
РЛДН	380	РОМ	23
РЛИ	288	Ром.	441
РЛК	254	ром.	112, 417, 448
рлк	254	РОМИР	67, 430
РЛМ	254	РОН	226
РЛО	254, 380	РОНО	125
РЛП	32, 254	РОНТИ	116
РЛР	254	РОО	51
РЛС	103, 112, 254, 416	РООП	380
РЛСБО	254	РОПП	32
РЛЭ	334	РОС	32, 176, 255
РМ	13, 95, 194, 210, 334	Рос.	105, 417
РМА	124, 127	рос(с).	13, 417
РМБ	165, 288	Росархив	99
РМВ	226	РосВО	334
РМВБ	165	Росгидромет	20, 269
РМГ	350	РОСИ	116
РМД	380	РОСИНКОН	91
РМИ	350	Роскартография	20, 269
РМК	112	Роскомвод	19
РММОТ	176	Роскомдрагмет	19, 166
р. мн.	416	Роскомзем	19, 350
РМО	124	Роскомкино	19, 119
РМП	226	Роскоммаш	19, 194
РМС	315	Роскомметаллургия	19
РМТК	315	Роскомнедр(а)	19, 269
РМУ	226	Роскомпечать	112
РМЦ	67, 315	Роскомрезерв	19
РН	254, 288, 334, 350, 380	Роскомрыболовство	19
р-н	13, 416	Роскомторг	176
РНА	334	Роскомхимнефтепром	19, 288
РНБ	103, 165, 176	РОСКОН	51
РНГА	288	Рослесхоз	20, 350
РНГС	91	Росмедбанк	166, 288
Р. н/Д	13, 103, 416	РосНИИинформсистем	116, 148, 226
РНЕ	32	РОСНО	38
РНИВЦ	122	Роспатент	20
РНИИ	148	РосРИАЦ	67, 108, 116
РНИИ КП	148, 194, 334	РОССПЭН	112
РНИСИНП	148	Росстрахнадзор	20, 38
РНИХС	350	Рост.	441
РНИЦ КД	67, 302	РОСТО	434
РНИЦКД	67, 302, 334	РОСФОКОМП	226
РНК	32, 288	РОУ	194, 288, 350, 380
РНКБ	166	РОЭ	288
РНКРЗ	75	РП	13, 32, 194, 255, 288, 334
РНКТЭС	176	р. п.	272, 417
РНЛ	32	РПА	32
РНП	254	РПБ	103, 166
РНПФ	38	РПВРД	334
РНС	32, 254	РПГ	380
РНТ	334	РПГА	288

Указатель

РПД	38, 255, 334	РСФСР	453
РПЖ	194	РСХД	33
РПЗ	91, 194	РСХП	33
РПИ	32, 194	РСЦ	67, 296
РПИПТ	302	РСЧС	380
РПК	32, 255, 380	РСШ	350
РПК/РДК	32	РСЭС	269
РПКБ	201	РТ	13, 105, 185, 194, 212, 214, 255, 315, 350, 380, 417
РПКС	380		
РПЛП	32	РТА	255
РПМ	38, 255, 315, 350	РТД	334
РПМЦ	32	РТИ	302, 309
РПН	194, 255, 350, 380	РТК	302
РПНВ	32	РТМ	309
РПП	204, 255, 334	РТН	350
РПР	32	РТО	255, 350, 380
РПРС	32	РТП	176
РПРФ	32	РТПБ	166
РПС	255	РТР	108, 255
РПСМ	38, 315	РТС	108, 255
РПТ	32	РТСБ	166
РПТМ	350	РТСНО	255, 302, 315
РПТУ	350	рт. ст.	233, 417
РПУ	380	РТТ	350
РПФ	32	РТУ	255
РПЦ	33, 255, 430	РТФ	157, 255, 256
РПЦАТ	33	РТФС	166, 176, 256
РПЯ	33	РТШ	155, 256
РР	106, 255, 417, 456	РУ	79, 108, 256, 350
рр.	417, 448	р(уб).	165
р-р	288	РУВ.	380
РРГ	288	РУВД	23
РРД	334	РУГ	380
РРЖ	194	РУД	23, 288, 334
РРС	255	руд.	272
РРТИ	148, 255	руж.	380
РРТР	255	РУК	380
РРЭС	255	рук.	20, 112, 124, 272, 417
РС	108, 176, 255, 315, 380	рукоп.	124, 417
Р/с	233	РУКУ	256
р/с	166, 255	РУМ	288, 350
РСА	255	рум.	391
РСАО	255	РУМО	380
РСБ	166, 255	рум(ын).	417
РСВА	33	РУН	350
РСВЦ	67	РУО	288, 380
РСД	380	РУОП	23, 79
РСДНП	33	РУП	194, 350
РСДЛС	33	РУПЗ	194
РСЗО	380	РУПО	380
РСИ	233	РУС	256
РСК	13, 38, 288	рус.	417
РСКБ	166	рус(ск).	391
РСМ	255	русск.	417
РСМД	380	РУСТ	91, 296
РСН	210	РУТ	288
РСО	296	руч.	272
РСОН	255, 380	РФ	13
РСП	334, 350, 380	РФА	43
РСПП	49	РФБ	166
РС ПТЗ	380	РФБС	166
РСПФ	38	РФИ	148, 430
РСР	176	РФК	73, 166
РСС	91, 350, 380	РФНО	380
РСТ	203	РФО	124
РСУ	79, 296	РФП	288
РСУС	255	РФС	103, 210, 256, 434

РФФИ	73
РФЯЦ	67
РХ	13
РХБР	288, 380
РХГИ	148, 430
РХДД	33
РХДС	33
РХЗ	91, 288
РХТУ	129, 288
РЦ	67, 166, 256
р. ц.	67
РЦБ	166
РЦЗН	67
РЦИПТ	67, 302
р-ция	288
РЦН	67, 98
РЦП	67
РЦХИДНИ	67
РЦЭР	67, 176
РЧ	108, 256
РЧС	256
РШ	269
Р-Ш	105
РШК	155
рыб.	315
рыб-во	315, 417
рыбпромхоз	315
РЭ	256, 396
РЭА	127, 176, 256
РЭБ	103, 116, 176, 256, 380
РЭГ	13
РЭЗ	91, 194, 256, 380
РЭК	185
РЭКГ	256, 288
РЭКП	256, 380
РЭМ	122, 195, 256, 380
РЭМА	256, 288
РЭМЦ	95, 256
РЭО	95, 256
РЭП	256, 380
РЭР	256, 380
РЭС	176, 186, 256, 288
РЭУ	79
РЯ	112
ряз.	391, 417
РЯЗР	106
РЯШ	106, 417

С

С	13, 186, 195, 226, 288, 296, 434
с	233, 417
С.	13, 417
с.	13, 103, 112, 272, 396, 417, 448
СА	99, 288, 296, 334, 380, 417, 453
саам.	391, 417
САБ	334, 380
САБИТ	176
Сав.	441
САВИАТ	334
САГ	334
САД	288
сад.	272, 417
сад-во	351, 417
САДУ	226, 256
САДФ	380
САЖ	49, 110, 334
саж.	233
САЗ	91
САИ	309
САНА	63, 108, 116
САИГИМС	148, 269
САИМБА	256, 288
САК	226, 334, 381
САКР	226
сакс.	391, 417
саксоф.	124, 417
САЛ	256
Сал.	13, 417
Салт.-Щедр.	443
Сальв.	13, 417
САМ	13, 226, 334
Сам.	13, 417, 441
самбо	434
СамВМБ	166
СамГАСИ	149, 296
СамГУ	129
САМЕКО	91
самостоят.	396, 417
самох.	381
САН	127
сан.	272, 288, 417
САНА	63, 108, 116
санбат	288, 381
сан.-гиг.	288
САНД	199
САНИГМИ	149, 269
сан.-кур.	288
СанПиН	288
сан.-просвет.	288, 417
санскр.	391, 417
Сант.	13, 417
сантех	288
сантех.	302
сан.-техн.	288
санупр.	288
сан.-хим.	288
САНЭ	226
сан.-эпид.	288
САО	13, 212, 334
САП	23, 109, 256
сап.	381
САПЛ	288
САПР	226, 417
сапр	381
САПР ТП	226
САПС	334
САР	13, 256, 425
Сар.	13, 417
сарат.	391, 417
САРНИГМИ	269
СарНИТО	149, 288
САРП	226, 256
Сартак.	443
САРХ	456
САС	49, 334, 381, 456
САТР	256
САУ	226, 269, 381
сауд.	13, 417
САХ	334
сах.	417, 448
САЦ	309
САЦП	226

Указатель

саэ	334, 381	СГБМ	49
Саян.	443	СГГ	33, 49
СБ	23, 52, 166, 334, 381, 452	СГД	195
сб	381	СГПЕ	289
сб.	103, 112, 417, 439	СГПО	289
с/б	434	СГР	456
СББВ	105	СГС	335
СБДПС	23	СГТУ	129, 186
сбер.	166	СГУ	129, 335
СБИ	334	СГХП	91
СБИС	226, 417	СГЦ	67, 351
СБК	296, 351, 456	СД	166, 289, 335, 381, 456
сб-к	103, 417	с.-д.	33, 417
СБКВ	334	СДА	176, 309, 351
сб-ки	103, 417	СДАУ	226
СБН	351, 456	СДВ	256
СБО	103	СДГ	33, 103, 399
СБ ООН	52, 452	СДК	269
сбор.	417, 448	СДЛ	335
СБП	23, 269, 334	СДЛП	33
СБР	166, 381	СДЛС	33
СБСЕ	452	СДМ	296, 309
СБСУ	79	СДМЕ	33
СБУ	24, 195, 381	СДН	315
СБЦ	67, 176	СДО	33, 176, 381
СВ	13, 256, 289, 309, 335, 381, 439	СДП	33, 195
св	256, 381, 396, 417	СДПА	33
С.-В.	13, 417	СДПГ	33
св.	417, 430, 448	СДПД	33
св. год	233	СДПИ	33
СВА	33, 381	СДПЛ	33
СВАКбанк	166	СДПП	315
СВАО	13	СДПР	33
сварн.	448	СДПФ	33
СВВАУЛ	154, 335, 381	СДПШ	33
СВВП	335, 381	СДПЯ	33
СВД	20, 210, 381	СДР	103, 176, 289, 417
СвДП-Л	33	СДРПЛ	33
СвДПР	33	СДС	33, 289, 426
СВЕМА	91	СДСМ	33
Свет.	441	СДТ	381
св(з).	256	СДУ	79
свз.	381, 417	СДЦ	33, 381
свин-во	351, 417	СДЮШ	155, 434
СВК	226	СДЮШОР	155, 434
СВКВП	335, 381	СЕ	49
СВКНИИ	149	СеАЗ	91
СВМ	226	СЕАТО	51
СВМБ	166	себ.	391, 417
СВМКС	381	СЕВ	439
СВН	256, 335, 381	Сев.	13, 417, 441
своб.	448	сев.	14, 417
СВП	315, 381, 456	сев.-вост.	14, 417
свпр	256, 417	северорус.	391, 417
СВР	24	сев.-зап.	14, 417
СВС	210, 226, 335, 381	сев.-нем.	391, 417
СВСТ	176	СевНИИГиМ	149
СВТ	226, 335, 381	СевНИИП	149
СВУ	381	Сез.	14, 417
СВХ	456	сейсм.	269
СВЦ	122	сек.	439, 448
СВЧ	256, 417	СЕКАМ	256
Саят.	441	сек(р).	417, 448
СГ	195, 256	секр.	24, 381
с. г.	439, 448	сел.	14, 417, 448
СГА	381	СЕЛЭКС	176
СГАУ	129, 335	Сем.	441

516

сем.	289, 417, 430	СИД	257
семит.	391, 417	Сид.	441
СЕНКМ	75	СИЖ	33
сент.	417, 439	СИЗО	24
Сер.	441	СИИ	226, 289, 418
сер.	199, 417, 448	сильн. спр.	396, 418
Сераф.	441, 443	сим.	448
серб.	391, 417	симб.	391, 418
серболуж.	391, 418	Симон.	443
сер. в.	439	симф.	124, 418
Серг.-Ценск.	443	СИН	20
серебр.	199, 418	син.	396, 418
сержс.	381	СИНО	149
СЕ ТВД	381	синт.	289, 396, 418
сеч.	448	СИО	269
СЖ	49, 110	СИП	195
СЖА	63, 309	СИПО	269
СЖК	49, 110, 289	СИПРИ	149, 452
СЖМ	49, 110	СИР	176
СЖО	335	сир.	14, 418
СЖР	49, 110	СИРТ	186
СЖС	289	СИС	226
СЖУ	335	сист.	210, 418, 448
СЖЦ	456	СИТА	60, 257, 335
СЗ	20, 38, 105, 351, 418	СИУ	116
С.-З.	14, 418	СИФ	116, 176
СЗАИТ	91	СИФЕЖ	60, 67, 119
СЗАО	14	СИФИБР	149, 289
СЗГВ	381	СИЧ	257
СЗЗ	269	СК	24, 33, 38, 49, 91, 124, 195, 257, 289, 335, 351, 381, 418, 434
СЗЛ	351		
СЗН	351	ск.	272, 448
СЗП	351	СКА	14, 335, 381, 434
СЗПБ	351	сказ.	396, 418
СЗПИ	149	сканд.	391, 418
СЗПО	381	СКАПК	381
СЗР	49, 351	СКБ	33, 71, 176
СЗРФЦ	67	СКБ ВТ	71, 226, 302
СЗС	186, 214, 351	СКБ ГИТ	71, 302
СЗСБ	351	СКБ МТВ	71, 226, 257, 303
СЗСМ	91, 296	СКБ НП	71, 195, 303
СЗСШ	351	СКБ ПГ	71, 210, 269
СЗТ	351	СКБ САМИ	71, 257, 309
СЗТН	351	СКБ ЭБМ	71, 257
СЗТУ	79	СКВ	166, 289, 381, 456
СЗУ	351	скв.	269
СЗФ	214	СКВВП	335, 381
СЗЧ	195	СКВО	381
СЗШ	351	СКВП	335, 381
СИ	176, 201, 233, 256, 257, 289	СКВР	381
СИБ.	24, 226	СКВРЗ	382
сиб.	14, 272, 391, 418	СКВЮР	382
Сибавиа	335	СКГ	195, 289, 351
СибАДИ	149, 309	СКГБ	201
СибВО	381	СКД	34, 210, 289, 351
СИБИД	103, 112	СКДУ	335
СибИЗМИР	149, 257	СКЖД	309
СибНИИЖ	149, 351	СКИ	289, 335
СибНИИЛП	149, 351	СКИП	335, 396
СИБНИИРХ	149	СКИПС	177
СибНИИСХ	149, 351	СКК	351, 434
СибНИИСХОЗ	149, 351	СККП	335
СибНИИТМ	195	скл.	272, 396, 418
СибНИИЭП	149	СКМ	177, 195, 226
Сибторгбанк	166	СКН	289, 351
Сибтяжмаш	91, 195	СКНК	351
сигн.	448	СКО	210, 257

Указатель

СКОВД	382	СМП	91, 200, 289, 296, 309, 315
СКОН	351	СМПЛ	315
СКОСШ	351	СМР	34, 269, 296
скот-во	351, 418	СМС	289
СКП	177, 351, 382	СМТ	91, 296
СКПН	351	см. тж.	418, 448
СКПР	351	СМТО	303
СКР	382	СМУ	79, 270, 296
СКР УРО	382	СМУИР	79, 210, 296
скр.	124, 418	СМЭТ	91
СКС	289, 335, 351, 382, 456	СМЭУ	79
СКТ	257, 289	СН	177, 257, 352, 382
СКТБ	71	сн.	448
СКТБ СЭлАП	71, 195, 257	СНАВР	382
СКТВ	109, 257	СНАР	382
СКУ	195, 201, 289	СНБ	24
скульп.	418, 448	СНВ	335, 382
СКФ	289	СНГ	60, 186
СКФБ	166	СНГП	289
СКЭП	289	СНД	289
СКЭС	186, 335	СНИИГГиМС	149, 210, 270
СЛ	257, 352, 396	СНИИМ	149
сл.	272, 396, 418, 448	СНИИСХ	149, 352
СЛА	335	СНиП	203, 296
слаб. спр.	396, 418	СНиС	382
слав.	391, 418	СНК	75, 201, 203, 453
СЛГ	352	СНН	195
след.	418, 448	СНО	24, 159, 315
след. обр.	448	СНП	20, 34, 177, 195
СЛК	91, 352	СНР	382
СЛН	352	СНС	177, 315, 382
слнч.	272, 396	СНТ	257, 335, 352
слов.	399, 418	СНТИ	116
словац.	391, 418	СНУ	352
словен.	391, 418	СНФ	257
слож.	210, 418	СНЦ	67, 303
СЛП	34, 352	СНЧ	257
СЛПГ	34	СНШ	352
СЛПК	91, 352	СО	14, 34, 157, 226, 335, 382
СЛС	352	соавт.	103, 112, 418
СЛТ	352	СОАН	127
СЛЦ	95	СОБ	335
СМ	105, 195, 226, 289, 335, 352, 456	соб(ств).	396
См	233	соб.	418
см	233, 418	собес	448
СМ ЭВМ	226	собир.	396, 418
См.	105, 418	СОБИС	335
см.	418, 448	собкор	112
с. м.	439, 448	СОБР	24, 382
см/м	233	собр.	103, 418
см/см	233	собр. соч.	103, 418
СМА	43, 60	собств.	418, 448
СмАЗ	91, 335	СОВ	382
СМАП	335	сов.	396, 418, 453
СМАРТ	257	совм.	418, 448
СмАЭС	186	совр.	448
СМВБ	166	совр(ем).	418
СМД	34	сов. секр.	24, 382
СМЕ	456	согл.	448
СМЗ	91	СОД	227
СМИ	335	соед.	448
СМК	38, 91, 226, 257, 296	соедин.	396
СМНМО	289	соедин(ит).	418
СМО	226, 289, 418, 456	СОЖ	335, 456
СМОБ	24	созд.	418
смол.	391, 418	СОЗУ	227
СМОУ	210	СОИ	335, 382

Указатель

СОиК 177
Сок. 443
сокр(ащ). 396, 418
Сол. 441
сол. 124, 272, 418
Салж. 443
СОМ 335
СОМЗ 92, 214
СОН 352, 382
СООВ 34
СООНО 24, 53
СООСД 289
соотв. 418, 448
соотн. 418, 448
соп. 272
сопостав(ит). 396, 418
сопр. 124, 418
сопров. 124, 418
сопромат 210
СОПСиЭС 177
Сор. 14, 418
СО РАМН 127, 289
СО РАН 127
сореж. 119, 418
СОС 227, 382
сосл(агат). 418
сослагат. 396
сост. 103, 418, 448
СОТ 105, 352, 418
СОТР 210
сотр. 177, 418
СОУ 335, 382
СОУД 335
Софр. 441
СОЦ 382
соц. 418, 448, 453
социал. 418, 430
СОЦК 289
Соч. 103, 418
соч. 124, 418
соч(ет). 448
сочет. 418
сочин. 396, 418
СОЭ 289
СОЭКС 309
СоЭС 270
союзн. сл. 396, 418
СП 14, 34, 49, 92, 112, 195, 227, 257, 335, 382, 426
сП 233
СП (фл.) 34
СП (фр.) 34
сп. 289, 418, 434, 448
СПА 34, 49, 382
СПАР 49
СПАС 38, 43, 159, 212, 309
спас. 448
СПАССК 38
спас. ст. 272
СПБ 14, 71, 352
СПб 14, 418
СПбАК 127
СПбБРР 166
СПбВБ 166
СПбВВИУС 154, 210, 382
СПбВИКА 127, 210, 335, 382
СПбГАСУ 129, 296

СПбГМА 127, 289
СПбГМТУ 129, 315
СПбГМУ 129, 289
СПБГП 92
СПбГТУ 129
СПбГТУТМО 130, 214
СПбГУ 130
СПбГУП 38, 130
СПбГУПМ 130
СПбГУТ им. М. А. Бонч-Бруевича 130, 257
СПбГУТД 130
СПбГЭТУ 130, 257
СПбГЭУ 130, 257
Снб ДА 127, 430
СПбЕВ 106, 418
СПбИВЭСЭП 149
СПбИМТУ 149
СПбЛТА 127, 352
СПбМТС 257
СПбНЦ РАН 67, 303
СПбП 106, 418
СПбПМА 127, 289
СПбРДЦ 166
СПБУ 186
СПбУЭФ 128, 129, 130, 166, 177
СПбФБ 166
СПбФИ 150, 166, 177
СПбФП 38
СПбХПА 127
СПВБ 166
СПВРСДО 53
СПГ 186
СПГГ 195
СПД 257
СПДАО 336
СПДГ 382
СПДК 195, 296
спект. 119, 124, 419, 448
С.-Петерб. 14, 419
спец. 396, 419
спецкор 110, 448
спецназ 24, 382, 448
спецфак 157
СПЖ 289
СПЗ 92, 177, 382
СПИД 195, 289
Спир. 441
СПИЭА 127, 177, 210
СПК 14, 49, 92, 103, 177, 227, 289, 316, 336, 352
СПКБ 71
СПКБМ 71, 195
СПКМ 309
СПКП 177
СПЛ 34
СПМ 352
СПМДА 43, 60
СПМФД 166
СПН 195, 382
СПО 227, 382
спорт. 396, 419, 434
СПП 257, 336, 396
СППМ 382
СППТК 177
СППТЦ 67, 303
СПР 396
спр. 396

519

Указатель

с/пр	434	ССГ	103, 399
СПРН	382	ССД	34
с противоп. знач.	396, 419	ССЗ	92, 316
СПРЯУ	382	ССИС	227
СПС	49, 177, 289, 309, 336, 382	ССК	296
СПСЛ	34	ССЛ	336
СПТ	34, 177	ССЛН	352
СПТО	227, 303	ССМ	34
СПТУ	155	ССМУИР	79, 210, 296
СПТФБ	166	ССН	177, 352, 383
СПУ	34, 195, 336, 352, 382	ССНВ	383
СПФ	34	ССНЭЧ	270
СПФБ	166	ССО	296, 336, 383
СПХГ	186	ССП	227, 289, 316, 397
СПЦ	95, 352	ССПЛ	38
СПЭКС	336	ССР	289
СПЭМ	257, 270	ССРЛЯ	103, 399
СПЯ	34	ССС	99, 257, 289
СР	257, 336	СССД	227
Ср.	272	СССР	453
ср.	419, 439, 448	СССУ	289
ср(авн). ст.	397	ССТ	397
Ср. Азия	14, 419	ССУ	79, 296
Ср. Восток	14, 419	ССУК	257
ср. лат.	391, 419	ССУОР	79, 296
ср. (р.)	397	ССХ	316
ср. ст.	419	ССЭ	186, 336
ср.-век.	419, 448	ССЭЗ	177
ср.-в.-нем.	391, 419	СТ	203
ср.-год.	419, 448	ст(еп).	438
ср.-гр.	391	ст-ца	352, 419
ср.-гр(еч).	419	Ст.	177, 272, 419
ср.-мес.	419, 448	ст.	112, 124, 272, 383, 419, 439, 448
ср.-нем.	391, 419	С. т.	24, 419
ср.-обск.	391, 419	с-т	336, 383
ср.-урал.	391, 419	ст.-лит.	199, 419
сравн. ст.	419	ст.-плав.	199, 419
СРВ	14, 227, 315	ст.-сл(ав).	391, 419
СРВК	316	ст. с(т).	419, 439
средизем.	316	ст.ст.	426
средн.	397, 419	ст.-фр(анц).	391, 419
среднеметр.	119, 419	СТА	257, 336
СРЗ	92, 316	стад.	272, 434
СРК	382	Стамб.	14
СРМУ	79	Стан.	441
СРН	34, 352	Стар.	272
СРНГ	103, 399	стар.	397, 419
СРНС	257	старофр.	391, 419
СРО	456	стат.	210, 419
СРП	34, 49, 112, 177, 227	статив.	397, 419
СРР	257, 383	СТБ	166
СРС	24, 34, 177	стб.	112, 419
СРСЗ	92, 316	СТВ	257
СРТ	316	СТГ	290
СРТМ	316	СТД	49, 119
СРТР	257, 316, 383	СТДМ	303
СРЦ	383	стек.	272, 419
СРЭП	257, 383	Степ.	441
СРЮ	14	степ.	419
СРЯ	103, 399	СТЗ	24, 303, 419
СС	24, 186, 214, 257, 270, 336, 383	СТИ	195
с/с	397	стил.	397, 419
ССА	270	стих.	397, 419
ССАГПЗ	49	стихотв.	397, 419
ССАС	49	СТК	49, 214, 434
ССБТ	203	стаб.	112, 419
ССВ	383	СТМ	119, 195, 290

СТН	352	сущ.	397, 419
СТО	210, 303	СФ	49, 383
СТОА	309	с/ф	397
СТОД	258	СФБ	166
стол. л.	449	СФГ	290
СТОНХ	177	СФД	34
СТП	203	СФИРЭ	150, 258
СТП ССБТ	203	СФНО	383
СТР	195, 212, 227	СФП	34, 210, 383
стр-во	296, 419	СХ	49, 352
стр.	112, 272, 296, 383, 419, 449	сх.	419, 449
страд.	397, 419	с. х.	352, 419
страд. наст.	397, 419	с.-х.	352, 419
страд. прош.	397, 419	СХА	127, 352
страт.	383	СХВЕ	34, 430
страх.	38, 419	с. х-во	352
строит.	296, 397, 419	СХГП	177
стройбат	383	СХИ	150, 352
струн.	124, 419	СХК	92, 290
СТС	258, 290, 303, 316, 336	СХП	34, 212
СТСН	352	СХПК	352
СТСП	352	СХС	34, 430
СТСУ	186	СХЭ	104, 352
СТТС	258	сц.	119, 420
СТУ	186	СЦБ	309
студ.	159, 419	СЦВМ	227
СТФ	214	СЦЕХБ	430
СТХ	352	СЦЗ	210
СТШ	290, 352	СЦР	212
СТЭС	177	СЦС	34
СУ	24, 79, 80, 258, 290, 296, 352, 383	СЧ	258, 290, 383
Су	336, 383	сч.	449
с/у	397	с. ч.	439, 449
СУБД	80, 227, 419	с/ч	290
СУБК	80	СЧАК	227
СУБР	270	счетн. ф.	420, 456
субст(антив).	397, 419	СЧК	336
субэкв.	14, 419	СЧМ	119
СУВ	316	СЧМС	227
СУВД	166	СЧП	258, 397
СУВК	227	СЧПИ	258
СУВП	336, 383	СЧПУ	227
СУД	227, 336	СЧС	119
суд.-мед.	290, 426	СЧХ	352
СУДН	316	СШ	155, 352
судох.	316	с.ш.	270
судох-во	316	США	14
СУЗ	186	СШН	195
СУК	336, 352	СШР	353
СУКТ	80	СЭ	186, 397
СУЛ	352	СЭБ	177
СУМ	80, 456	СЭБР	166, 227
СУО	383	СЭВ	453
СУПН	352	СЭВМ	227
СУРБД	227	СЭГЗ	92, 258
Сурик.	443	СЭЗ	177
СУРН	80	СЭИ	150, 186, 258
СУС	258, 383	СЭКБ	71
СУСОД	227	СЭЛ	290
СУТ	352	СЭМ	227
сут.	233	СЭМЗ	92, 258
СУТТ	309	СЭН	290
СУУ	456	СЭО	290
суф.	397	СЭП	186, 258, 383
суф(ф).	419	СЭПО	92, 258
Сух.	14, 103	СЭППЦ	258, 336
сух. русло	272, 419	СЭР	456

Указатель

СЭС	104, 186, 258, 290, 383	ТВВД	336
СЭСМ	227	ТВД	195, 336, 383
СЭТ	177	твер.	391
СЭТ ЦБ	166, 227	ТВК	227, 258
СЭУ	186, 290, 383	ТВМ	227
СЭФ	177	т-во	420, 449
СЭЭС	186	тв(ор).	397
СЮР	110	твор.	420
СЮТ	303	творч.	112, 124
СЯС	383	ТВП	195
		ТВР	186
		ТВРД	336

Т

		ТВС	258, 456
Т	186, 210, 233, 310, 353, 383	ТВЧ	258
т	233, 258, 420, 449	ТВЭЛ	186
Т.	14, 104, 397, 420	ТГ	195, 383
т.	104, 112, 210, 258, 420, 449	ТГК	383
ТА	310, 336, 383	ТГО	270, 272
табл.	420, 449	т. граф.	227, 420
табл.	177, 227, 420, 449	ТГС	290
тавр.	420, 456	ТГСН	383
тагр	336, 383	ТГУ	130
тадж.	391, 420	ТГХВ	290
Тадж.	14	Тгц	233
ТАИС	258	ТД	109, 177, 204
ТАК	336, 383	ТДДС	177
ТАКП	258	ТДК	310, 383
ТАКР	336, 383	ТДТ	195
такт.	383	ТДУ	336
Тал.	14, 104, 420	ТЕ	397
ТАМ	124	т. е.	420, 449
Там.	441	театр.	397, 420
тамб.	391, 420	ТЕКА	195
таможн.	24	текст.	420, 449
танк.	383	текстол.	397, 420
ТАНТК	336	тел	258
танц.	124, 420	тел.	258
ТАО	336	телегр.	258, 420
ТАПО	336	телеф.	258, 420
ТАПП	336	Телеш.	443
Тар.	14, 420, 441	тем-ра	420
тар.	203	тем(п)-ра	290
ТАРКР	336, 383	темп-ра	420
ТАСМО	258	Тендр.	443
ТАСС	453	Тер.	14, 420, 441
ТАСУ	258	тер.	391, 420
Тат.	441	ТЕРКСОП	270
тат.	391, 420	термодин.	210, 420
ТатАЭС	186	тер(р)	449
Татпромстройбанк	166	терр.	420
ТАУ	353	тетр.	420, 449
Таш.	14, 104, 420	тех	303, 420
ТБ	71, 303, 353, 437	тех.	420
Тб.	14, 104, 420	техн.	303, 420
ТБД	167, 227, 399	ТЕХНОМАШ	92, 195
ТБИ	290	теч.	420, 449
ТБК	456	тж.	420, 449
ТБН	456	т. ж.	420
ТБПМ	112	т.ж.	449
ТБС	258	ТЗ	186, 303, 456
ТБФ	214, 290	ТЗА	195
ТВ	109, 258, 383, 420	ТЗК	353, 456
тв.	420, 449	ТЗМ	456
ТВА	336	ТЗП	177, 383
ТВаД	336	ТЗР	270
Твард.	443	т. з(р).	420, 449
		ТЗС	456

ТИ	106, 177, 258, 383	ТН ВЭО	177
тиб.	14, 420	ТНД	196
тибет.	391, 420	ТНИИТМАШ	150, 196
ТИВЛ	290	ТНИТИ	150
ТИВЛМ	290	ТНК	177, 186
ТИГИ	92	ТНП	178
т. игр	227, 420	ТНТ	383
Тим.	441	ТНЦ	67, 303
т. инф.	227, 420	ТО	310, 384, 456
ТИНФО	73	т. о.	420, 449
тип.	112, 420	тобол.	391, 420
тир.	112	ТОВВМУ	154, 316, 384
ТИРР	303	тов. ст.	272
ТИСУ	258	ТОЗ	92, 384
ТИТ	258	ТОИ	204
т(ит). л.	112	ТО и Р	303
Тих.	441, 443	Токамак	210
тихоок.	383	ТОЛ	353
ТК	20, 92, 195, 214, 234, 303, 383, 456	тол	384
тк.	420, 449	Тол.	14, 420
т. к.	420, 449	ТОМ	353
ткацк.	420	ТОО	178
ТКВ	234, 383	ТОП	303
ТКДГ	290	топ	272
ТКЕ	258	топ.	272, 420
ТКИ	258, 397	топл.	186
т. кип.	210	ТОПО	384
ТКК	336	топо...	272
ТКЛР	258	ТОР	303
т·км	233	торг.	178, 420
ТКН	258	торгпред	178
ТКР	258	ТОРУ	259
ТкР	227	ТОС	290, 384
ТКРД	336	ТОСН	214
ТКС	258, 336, 383, 456	ТОСП	214
ТКТ	258	ТОТИ	34
ТКФ	290	ТОУ	196
ТКЧ	258	ТОФ	384
Тл	233	ТОЧМАШ	196
т. л.	420	ТП	178, 186, 196, 384
ТЛБ	290	тп	384
тлв.	258, 420	ТПА	196
тлг	258	ТПВ	105
ТЛД	383	ТПИ	150
ТЛН	353	ТПИИЯ	150
ТЛП	336	ТПК	34, 92, 259, 310, 336, 353, 384, 456
ТЛС	353	ТПЛА	336
тлф	259	ТПН	290
ТМ	106, 177, 270, 383	ТПО	259, 310
ТМАУ	353	ТПП	178, 310, 384
ТМБ	167	ТПП РФ	178
ТМЗ	92, 195	ТППГ	290, 384
ТМИ	259	ТПР	296
ТМК	336	ТПС	259, 303, 353
ТМКБ	71, 72, 195	ТПСНГ	303
ТММ	196, 296	ТПТ	259
ТМО	420, 456	ТПУ	227, 353, 384
ТМОС	227	ТР	112, 210, 227, 259, 384, 456
ТМП	92	Тр	259
ТМТД	290	тр	384
ТН	177, 259, 353	Тр.	104, 420
т. н.	420, 449	тр.	233
ТНА	43, 196, 303	т-р	119, 124, 420
т. над.	227, 420	т-ра	449
т. н(аз).	449	травм.	290
т. наз.	420	трад.-поэт.	397, 420
ТНБ	167, 290	тракр	336, 384

Указатель

трал.	316	ТУМ	196, 310, 353
трансп.	310, 420	тум.	337
Транссиб.	310	тун.	272
траэ	337, 384	тунг.	391, 420
ТРБ	384	ТУП	259, 310, 353
ТРД	337	туп.	272
ТРДД	337	ТУПС	399
ТРДДФ	337	тур.	391, 420, 437
ТРДФ	337	Тург.	443
ТРЖ	196	туркм.	391, 420
ТРЗ	92	ТУРНИФ	80, 303
триг.	210	Турц.	14
ТРИЗ	210	ТУС	384
трикот.	449	ТУЭ	384
Триф.	441	ТФ	214, 270, 290, 384
ТРК	109, 259	т/ф	109, 119, 420
тр-к	210	ТФА	290
ТРЛК	259	ТФБ	167
трлн	420, 449	ТФБСПб	167
тромб.	124, 420	ТФДП	227
Троф.	441	ТФК	167
ТРПКСН	384	ТФКП	210
ТРС	384	ТФКЦ	384
ТРТ	186	ТФ ОМС	38
ТРФ	316	ТХ	196
ТС	196, 214, 259, 272, 303, 316, 399	т/х	310, 449
ТСБ	109, 457	ТХМ	196
ТСД	196	ТХП	384
ТСИ	290	ТХС	316
ТСК	178, 227	ТХУ	196, 290
ТСМО	34	ТЦ	109, 178, 259
ТСН	109	ТЦО	196
ТСО	158	ТЧ	259
ТСП	303, 457	т/ч	233
ТСПК	337	тчк	259
ТСРЯ	104, 399	ТШ	196
ТСС	92, 397	ТШН	353
ТССТ	303	ТЩ	384
ТСУ	303	ТЩИМ	384
т/сут.	233	тыс.	421, 439, 449
ТСХА	127, 353	тыс. чел.	421, 449
ТСЧ	196	ТЭ	104, 119, 186, 196, 210, 259, 421
ТТ	259, 290, 353, 384	ТЭА	63, 290, 310
тт.	104, 112, 420	ТЭБ	310
ТТГ	259, 290	ТЭГ	259
ТТД	384	тэдс	259
ТТЗ	92, 303	ТЭЗ	92, 227, 259
ТТИ	150	ТЭИ	178
ТТК	303	ТЭИИ	119
ТТЛ	227	ТЭК	186, 259, 290
ТТЛШ	227	ТЭМЗ	92, 259
ТТМ	303	ТЭН	259
ТТН	259	ТЭО	178, 310
ТТП	196, 259	ТЭП	178, 310
ТТТ	303, 384	ТЭПФ	290, 353
ТТУ	80	ТЭР	186
ТТХ	95, 290, 303, 384	ТЭРЗ	92, 259
ТТЦ	259	ТЭС	178, 186, 196, 259, 290, 421
ТТЭ	303, 384	ТЭЦ	67, 186, 310, 421
ТУ	80, 155, 259, 290, 303, 310	ТЭЧ	303
Ту	337	ТЮЗ	119
ТУА	310	ТюмГУ	130
ТУБ	167	тюрк.	391, 421
туб.	290	ТЮТ	119
тув.	391, 420	тяж.	421, 449
ТУЗ	196	ТЯН	270
ТУК	310	ТЯО	384

У

У	158
у.	14, 421
УАБ	337, 384
УАВ	337, 384
УАВР	259
УАЗ	20, 80, 92, 310
УАИ	150, 290, 337
УАК	259
УАО	384
УАПВ	259
УАПК	337
УАПО	92
УАР	337, 384
УАРС	337, 384
УАС	384
УАЭ	186
УБ	337
УВД	353
УБИС	227
УБК	196
УБП	290
УБСОВ	384
УБТ	270
УБУ	104
УБЭП	24, 80, 178
УБЯ	397
УВ	270, 384
УВА	290
УВАУГА	154, 337
УВВ	227
УВД	24, 80, 337
УВДТ	24, 80, 310
увел.-унич.	397, 421
увелич(ит).	397, 421
УВЗ	119
УВИР	24, 80
УВК	227
УВКБ	53, 80
УВМ	228
УВО	24, 80, 384
УВОМП	53, 80
УВП	337
УВР	196
УВС	80, 228, 259, 353, 384
УВТК	228
УВУ	196
УВУЗ	80, 125, 384
УВХ	228
УВЧ	259
УГ	337, 385
уг.	24, 186, 421
УГАИ	24, 80, 310
УГБ	196
УГД	196
УГиКС	385
УГК	92, 353
УГКНБ	24, 80
УГКОИП	80
УГМС	270
УГН	353
УГПИ	150
УГПС	80, 385
УГРАО	80
УД	259
уд.	211, 449
удар.	397, 421
ударн.	124, 421
уд. в.	233, 421
уд. вес	233, 421
УдГу	130
УДЕ	353
УДК	104, 385
УДМ	196, 353
удм.	391, 421
УДНП	24, 80
УДП	290
УДС	290, 310, 353, 385
УДУ	259
УДФ	290
у. е.	449
УЕФА	43, 434
УжГУ	130
УЖД	310
УЗ	104, 259, 385
уз	233
УЗА	259, 385
узб.	397, 421
УЗВЧ	259
УЗГ	259
УЗГС ПВ ГАСО	53, 80
УЗГС СПД	53, 80
УЗД	290
УЗДГ	290
УЗИ	290
УЗМ	92, 196
УЗО	228
УЗС	196
УЗТИ	92
УЗТМ	92, 196
УЗЧ	259
УИ	234, 457
УИАА	60
УИК	291
УИМ	196
УИП	259
УИТ	60, 434
УК	80, 158, 196, 228, 337, 385, 426
ук.	112, 421
указ(ат).	397, 421
УКБ	196
УКВ	259, 337, 353, 385
УКК	158, 167
УКК ТПО ГХ	92
УКМ	196
УКП	34, 80, 158, 337, 353
УКПГ	196
укр.	391, 421
УкрНИИАТ	150, 337
УКРП	34
УКС	80, 296
УКХ	80
ул.	14, 15, 421, 449
УЛЗ	259
УЛЗУ	228
УЛТИ	150, 353
УЛШ	353
УМ	385
ум.	421, 449

Указатель

УМВБ	167
уменьш.	397, 421
уменьш.-ласк.	397, 421
УМЗ	92, 196
УМК	158, 228, 291
УМН	106
УМО	158
УМП	80, 385
УМПО	92, 196
УМР	80
УМС	158
УМТС	80, 303
УМФ	291
УМФД	167
УМХ	80
УМЦ	67, 158
УНА	20
УНБ	24, 81
УНГ	337
УНИ	150, 186
УНИАН	63, 109, 116
унив.	397, 421
универмаг	178
универсам	178
УНИИКМ	150
УНИКА	60, 119
Уникомбанк	167
Унипромедь	150
УНИиСИ	53, 81, 116, 303
УНИХИМ	150, 291
уничиж.	397, 421
УНК	457
УНКС	81, 337
УНО	385
УНОН	24, 81
УНП	196
УНПЗ	92, 186
УНПК	158
УНПО	158
УНРС	196
УНСО	24
ун-т	130, 421
ун-тский	130, 421
УНЦ	67, 304
УНЧ	259, 260
УО	228, 260, 291, 457
УОИ	228
УОМЗ	92, 214
УОНИ	81, 304
УОП	24, 53, 81
УОС	119, 353
УП	186, 228, 260, 457
уп.	421, 449
УПА	385
УПБ	81, 260, 385
УПВ	53, 81
УПД	20, 81, 260
УПДК	81
УПЗ	353
УПИ	150, 385
УПК	81, 196, 337, 426
УПЛ	81, 270, 291
УПМ	158
УПО	24, 81
употр.	397, 421
УПП	81, 93
УПР	385
упр.	81
управдел	81
управл.	81
УПРО	81, 385
УПС	81, 178
УПСВ	316
УПСЛ	196
УПТ	196, 260
УПТК	81
УПТОК	81, 304
УПХ	353
УПЦ	430
УПЧ	158, 260
УПЧЗ	260
УПЧИ	260
УР	24, 337, 385
Ур.	14, 421
ур.	211, 272, 449
урал.	391, 421
УралАЗ	93, 310
Уралвагонзавод	93, 310
УралВО	385
Уралкомбанк	167
Уралмаш	93, 196
Уралсельмаш	93, 196, 353
Уралхиммаш	93, 196, 291
УРАН	260
УРБ	81
УРВБ	167
УрВО	385
УрГУ	130
УРЗ	113, 421
ур. м.	449
УРО	385, 457
урожд.	421, 449
УРОПД	24, 81
УРП	167, 260, 385
УРПИ	291
УРС	260, 385
УРТ	186
УРУ	119, 196
уругв.	14, 421
УРЧ	260
УС	81, 106, 228, 260, 291, 297, 337, 385
УСА	196
УСБ	24, 81
УСД	204
усечен.	397, 421
УСИ	260
УСИД	385
усил.	260, 397, 421
усилит.	397, 421
УСК	38, 197, 385
усл.	397, 421, 449
УСМ	197, 337
УСМП	353
УСН	260
УСНК	197
УСО	81, 228
УСОН	260
УСП	197, 212
УСПД	204
УСПК	260
уст.	197, 421
уст(ар).	397
устар.	421
устарев.	397, 421

уст-ка	197	ф.	104, 119, 233, 397, 421
уступ(ит).	397, 421	ФА	43, 337, 385, 434
УСХИ	150, 353	ФАБ	24, 63, 337, 385
УСЧ	260	фаб.	93, 421
УСШ	197	ФАВТ	157, 228, 260
УСША	260	ФАГ	385
УСЭППА	260	ФАГБ	24
УТА	337, 385	ФАД	291
утверд.	421	Фад.	443
утверд(ит).	397	ФАИ	24, 60, 119, 337
УТД	260	ФАИТ	157, 260
УТЗ	81	фак.	157
УТК	197, 434	факс.	421, 449
УТН	260	ФАКСПС	337, 385
УТПП	178	фак-т	157
утр.	421, 449	факульт.	421
УТРФ	81	фам.	421, 449
УТС	212, 260, 337, 434	фам(ильян).	397, 421
УТТ	81, 260, 310	ФАН	127
УТФ	81, 291	ФАО	53, 353
УТЦ	158, 434	ФАП	291
УТЭС	310	ФАПСИ	63, 109, 116, 260
УУ	228	ФАПЧ	260
У.-УАЗ	92, 310, 337	ФАР	260
УУАПО	337	фарм(ак).	291, 421
УУЗ	81, 125	ФАРП	73
УУР	24, 81	ФАС	178
УФ	211	ФАСИЗ	385
УФАН	127	фаш.	421, 449
УФГ	167	ФБ	34, 167, 353, 385
УФИРЭ	150, 260	ФББР	434
УФЛ	260	ФБН	353
УФМ	260	ФБР	24, 72
УФН	106	ФБФ	435
УФНИ	150, 186	ФВА	385
УфНИИГБ	150, 291	ФВК	385
УФО	260	ФВО	385
УФПС	81	ФВП	38
УФР	260	ФВУ	197
УФС	214	ФВЧ	260
УФСБ	24, 81	ФГ	105, 197, 316
УФТИ	150, 211	ФГБ	337
УЦББИ	81, 167	ФГЖ	45
УЦВМ	228	ФГУ	197
уч	260	ФД	167
уч.	24, 158, 421	ФДД	34
Уч. зап.	104, 421	ФДК	167
уч.-изд. л.	113, 421	ФДКТ	38, 45
уч-к	421, 449	ФДМ	34
учбат	385	ФЕ	397
УЧПУ	228	ФЕАКО	43, 178
уч-ся	158	ФЕБО	45, 291
уч-ще	155, 421	февр.	421, 439
Ушак.	443	Фед.	441, 443
ущ.	272, 421	ФЕИ	60, 435
УЭА	260	ФЕЛ	291
УЭВМ	228	Фел.	441
Улье.	14, 421	фельдм.	385
УЭМЗ	93, 260	феод.	421, 449
УЭП	24, 81, 178	Фер.	441
Уэск.	14, 421	фер.	272, 353
		Ферс.	443
Ф		фехт.	421, 435
		ФЖЕЛ	291
Ф	233, 260, 385, 434	ФЖЛА	45, 110
ф	233	ФЗ	260, 426
		ф.-з.	93

Указатель

ФЗАБ	338, 385	ФИЦ	67, 109, 116
ФЗК	167	ФК	167, 214, 385
ФЗП	167	ф-ка	93, 422
ФЗСР	20	ФКБ	338
ФИ	105, 214	ФКГ	291
ФИА	60, 310	ФКЖ	46
ФИАБ	60, 104	ФКИ	116
ФИАН	150, 211	ФКК	75, 93, 167
ФИАП	60, 119	ФККИ	338
ФИАТА	60	ФКП	120, 338, 385
ФИАФ	60, 99, 119	ФКПА	291
ФИБА	61, 435	ФКПР	73
ФИВБ	61, 435	ФКС	20, 261, 338
фиг.	435	ФКУ	261
ФИД	61, 435	ФКХТ	431
ФИДЕ	61, 435	ФКЦБ	75
ФИДИК	61, 211	ФКШ	353
ФИЕ	61, 435	Фл	228
ФИЖ	61, 435	фл.	124, 422
ФИЗ	93	ф-ла	211
физ.	291, 421	флам(анд).	422
физ.-геогр.	421	фламанд.	391
физиол.	291, 421	ФЛК	435
физмат	157, 211	ФЛУ	353
физ.-тех.	211, 422	ФЛФ	120
физфак	157, 211	ФЛХ	157, 354
физ.-хим.	211, 291, 422	ФЛШ	354
ФИК	167	фл-я	386
фикс.	449	ФМ	261
ФИКХ	46	Ф/м	233
ФИЛ	45, 120, 435	ФМЖД	46, 436
Фил.	14, 422, 441	ФМН	291
фил.	422, 430, 449	ФМП	38
ФИЛА	61, 435	ФМР	261
Филим.	441	ФМС	20
филол(ог).	397	ФМХ	157
филол.	422	ФМШ	155, 211
филолог.	422	ФН	106, 211, 291, 354, 422
филос.	422, 430	ФНИ	73
филфак	157, 397	ФНМ	120
ФИМ	260	ФНО	34
ФИМС	61, 291, 435	ф-но	124
фин(анс).	167	ФНОМ	34
фин(ск).	391	ФНОФМ	34
фин.	422	ФНП	38
фин.-угор.	391, 422	ФНПМ	38
ФИНА	61, 435	ФНПР	38
финанс.	422	ФНС	34, 291
финиш.	391, 422	ФНХ	178
ФИНИСТ	167, 297	ФНЧ	261
ФИНР	291	ФО	167, 397
финск.	422	ФОБ	178
ФИО	178	ФОВ	291, 386
ф. и. о.	449	ФОГ	386
ФИП	61	ФОДОС	228
ФИПС	116	ФОК	386
фирм.	422, 449	фольк.	397, 422
ФИРЭ	151, 261	ФОМС	38, 291
ФИС	61, 435	фон.	397, 422
ФиС	113	ФОП	113
ФИСА	61, 435	ФОР	167
ФИСУ	61, 435	ФОРАТОМ	212
ФИТ	61, 435	ФОРТРАН	228
ФИТА	61, 435	ФОС	261, 291
ФИФ	167	фос.	291
ФИФА	61, 435	фоспор	291
ФИХ	61, 435	ФОТ	178

фот.	120, 422	ФТБ	46, 72, 109, 436
ФОТАБ	120, 338, 386	ФТГС	270, 272
фото	120, 422	ФТИ	151, 211
фотогр(аф).	120	ФТК	178
фотокор	113	ФТО	51, 167, 178
ФОЦ	67	ФТП	261
ФОЧ	291	ФТР	46, 178
ФП	34, 204, 211, 214, 354	ФТТ	106
фп.	124	ФТУ	120, 261
ФПА	291	ФУ	81, 167
ФПАВ	120	ФУАКПС	81, 338
ФПАД	38, 338	ФУБ	82
ФПАР	38, 338	ФУГА	82, 338
ФПГ	167	ФУДН	82
ФПИ	116	фунд.	297
ФПК	157, 167, 211, 310, 338	ФУПС	82
ФПМ	120, 157, 211, 228	Фурм.	443
ФПН	354	футб.	422, 436
ФПОС	73	ФУЧ	46
ФПС	20, 386, 436	ФФОМС	38, 291
ФПС-Главкомат	386	ФФС	46
ФПУ	38, 120, 338, 354	ФФФ	436
ФПЧ	261	ФХБ	436
ФПЯ	38	ФХР	436
ФР	386	ф-ция	211, 228
фр	397	ФЧ	261, 291
Фр.	14	ф · ч	233
фр.	167, 391, 422	ФЧХ	261
ф-р	291	ФШХ	436
франк.	391, 422	ФЭ	104, 120, 422, 431
франц.	391, 422	фэ-Р	233
ФРВ	178	ФЭБ	261
ФРГ	14, 422	ФЭИ	120, 151, 186, 211
ФРД	178	ФЭК	75, 120, 186
ФРП	291	ФЭП	120, 261, 386
ФРПГ	34	ФЭС	104, 167, 178, 186, 211, 422, 431
ФРПНТ	73, 304	ФЭСП	120
ФРС	20, 24	ФЭСР	178
ФРСР	20	ФЭУ	120, 261
ФРТП	178	ФЭЧ	74, 270
ФРЦ	167	ФЯЦ	67
ФРЭ	211, 397		
ФС	167, 214, 354		
ф. с.	422, 457		
ф · с	233		

X

Х	291
Х.	14, 422
ХАБ	291, 338, 386
ХабИИЖТ	151, 211
ХАДИ	151, 310
ХАИ	151, 310, 338
ХАИТ	43, 431
хакас.	391, 422
халдейск.	391, 422
ХАМАС	35, 431
ХАО	338
ХАПО	338
Х(ар).	104
Хар.	422, 441
хар-ка	449
ХАФ	291
х/б	449
ХБК	93
ХБР	291, 386
ХБС	261
ХВЗ	93
ХВЗД	291, 386

ФСА	178
ФСБ	25
ФСВТ	178
ФСГ	291
ФСЗ	20
ФСЗС	120
ФСК	25, 49, 93, 167, 297, 338
ФСКМ	25
ФСН	354
ФСНП	25
ФСП	35
ФСР	46
ФСРЯ	104, 399, 422
ФСС	38, 261
ФСТ	167, 178
ф. ст.	167, 422
ФСТР	20, 109, 261
ФСУ	228
ФСУВВ	81, 228
ФТ	105, 120
ф-т	157, 422
ФТА	261

Указатель

х-во 449
ХГАПП 338
ХГМ 197
ХГН 291
ХГУ 130, 197
ХДД 35, 431
ХДМ 35
ХДНП 35
ХДП 35
ХДПЛ 35
ХДС 35
хеттск. 391, 422
ХЖК 211
ХЗ 291, 386
ХЗТД 93, 197
ХЗХР 93, 291
ХИИЖТ 151, 211, 310
хим 291
хим. 291, 422
ХИММАШ 72, 197, 292
ХИМНЕФТЕМАШ 186, 292
химфак 292
хим.-фарм. 292, 422
ХИП 261
хип. 397, 422
хир. 292, 422
ХИРЭ 151, 261
ХИСИ 151, 211, 297
ХИТ 261, 292
ХЛБ 292
хл.-бум. 354, 422
хлорофос 292
хл.-очист. 354, 422
ХЛПК 35
хлф. 292
ХМ 197
ХМИ 151, 292
ХН 292, 386
ХНЗЛ 292
ХНОП 38, 431
ХНП 35, 292, 386
ХО 292, 386
хоз-во 422, 449
хоз. 422, 449
ХОЗУ 82
хозупр. 82
ХОКСА 297
хол. 449
хол-к 449
холод. 272
хор. 124, 422, 449
хорв. 391, 422
хореогр. 124, 422
ХПК 292
ХПН 292
ХППГ 292
ХПС 292
ХПТ 457
хр. 272, 422
ХРД 292, 338, 386
христ. 422
Христоф. 441
хрон. 292
ХС 292, 386
ХСНП 35
ХСС 35
ХТЗ 93

ХТО 212, 292
ХТФ 292
худ. 422, 449
худож. 422, 449
худрук 449
худ. рук. 422
х(ут). 272
ХФЗ 93, 292
ХФТИ 151, 211
ХЦ 292
х. ч. 292, 386
ХЭЛЗ 93, 261
ХЭМЗ 93, 261

Ц

Ц 214, 297
ц 233, 422, 449
ц. 67, 167, 211, 228, 386, 422, 431
ЦА 197, 292, 457
ЦАБ 72
ЦАВК 228
ЦАВС 63, 310, 338
ЦАГИ 151
ЦАИПК 67, 116
ЦАК 99, 261
ЦАКД 261
ЦАЛАК 167
Ц. Ам. 14, 422
ЦАМО 386
ЦАМС 270, 338
ЦАМФ 292
ЦАО 14, 68, 158, 228, 261, 270
ЦАОР 179
ЦАП 68, 228, 310, 386
ЦАПВ 386
ЦАР 14, 422
ЦАРЗ 93, 310
Цариц. 14
ЦАС 68, 310, 386
ЦАСР 228
ЦАУ 82, 99
ЦАЭ 292
ЦБ 72, 167, 261
ЦБ РФ 167
ЦБЗ 93
ЦБК 93
ЦБКМ 72, 197
ЦБН 72, 203
ЦБНТИ 72, 116, 304
ЦБП 386, 437, 457
ЦБР 167
ЦБС 104, 386, 437
ЦБТИ 72, 116, 304
ЦБТЭИ 179
ЦБФ 74
ЦВ 68
Цв. 443
цв. 120, 422, 449
ЦВАУ 338
ЦВБ 386
ЦВВК 292, 386
ЦВГМО 270
ЦВД 68, 197, 292
ЦВЗ 122
ЦВК 228, 338

Указатель

ЦВЛК	292, 338	ЦЗМ	95
ЦВЛЭК	292, 338	ЦЗН	68
ЦВМ	228	ЦИАД	68, 197, 338
ЦВМА	386	ЦИАМ	151, 197, 338
ЦВМБ	104	ЦИВТИ	116, 151, 386
ЦВММ	122, 386	ЦИК	76
ЦВМУ	82, 292, 386	ЦИЛ	95
ЦВС	386	ЦИМ	228
ЦВТ	228	цинк.	199, 422
ЦВУ	228	ЦИНТИ	116, 151
ЦВУМ	179, 386	ЦИОМ	68
ЦВЭК	292	ЦИП	197
ЦГА	99, 386, 422	ЦИПК	151
ЦГАДА	100	ЦИПКС	68, 338
ЦГАЗ	100	щрк.	422
ЦГАКФД	100, 120	ЦИС	197
ЦГАЛИ	100, 397	ЦИТ	228
ЦГАНТИ	100	цит.	422, 449
ЦГБ	292, 386	ЦИТО	151, 292
ЦГВ	386	ЦИТП	151
ЦГВИА	386	ЦИТС	211
ЦГИА	100	ЦИТЦЕ	211
ЦГМА	292	ЦИУУ	151
ЦГОК	93	ЦК	76
ЦГОНТИ	151	ЦКБ	72, 292
ЦГР	68	ЦКБ МС	72, 197, 310, 338
ЦГРМ	297	ЦКБ по СПК	72, 197, 316
ЦГУ	316	ЦКБМ	72, 197
ЦГФУ	197	ЦКБМТ	72, 197, 304, 316
ЦД	316	ЦКБСПК	72, 197, 316
ЦДА	100, 120, 211, 297, 422	ЦКБЭМ	72, 197
ЦДЖ	100, 110	ЦКВИ	151, 292
ЦДИ	68, 116	ЦКВП	338, 386
ЦДК	100, 120, 386	ЦКГЭ	270
ЦДКЖ	100	ЦКД	68, 338
ЦДКС	68, 261, 338	ЦКИБ	72, 436
ЦДЛ	100, 398	ЦКК	93
ЦДМШ	124, 155	ЦКНБ	104
ЦДНТ	100	ЦКНК	431
ЦДП	200	ЦКО	228
ЦДРИ	100	ЦКП	386
ЦДС	200	ЦКС	201
ЦДТ	120, 437	ЦКТБ	72
ЦДУ	82, 338	ЦКТЛ	95
ЦДУБ	82, 431	ЦКФ	113
ЦДУМ	82, 431	ЦМ	68, 199
ЦДХ	100	ЦМБО	386
цел.-бум.	449	ЦМВ	436
целл.	449	ЦМВС	122, 387
цем.	297	ЦМД	228
ЦЕНАКОР	167	ЦМИС	197
ценз.	113, 422	ЦМК	316
центр.	422, 449	ЦМКБ	72
Центризбирком	76	ЦМКИ	61, 68, 116, 179
Центробанк	167	ЦММ	95
Центробанк РФ	167	ЦМО	437
церк.	398, 422, 431	ЦМП	124, 261
ц(ерк.)-сл(ав).	391	ЦМР	168
церк.-слав.	422	ЦМС	457
ЦЕРН	212	ЦМСЧ	292
ЦЕССТ	179	ЦМТ	61, 68, 179, 228, 261
ЦЕ ТВД	386	ЦМУ	124, 261
ЦЕУ	130	ЦМШ	124, 155
цех.	95	ЦНБ	104, 422
ЦЖБ	310	ЦНД	68, 120
ЦЗ	68	ЦНИАЛ	95, 304
ЦЗЛ	95	ЦНИИ	151

Указатель

ЦНИИ РТК 152
ЦНИИатоминформ 116, 151, 179
ЦНИИБ 151
ЦНИИВК 151, 316
ЦНИИГАиК 120, 151, 270
ЦНИИКиФ 151, 292
ЦНИИЛ 211
ЦНИИЛП 151, 354
ЦНИИМ 151
ЦНИИМАШ 151, 197
ЦНИИП 152, 354
ЦНИИПИ 116, 152, 179
ЦНИИПС 152, 297
ЦНИИС 152, 261, 311
ЦНИИСП 152, 426
ЦНИИСЭ 152, 426
ЦНИИТА 152, 187
ЦНИИТМАШ 152, 197
ЦНИИточмаш 152, 197
ЦНИИТС 152, 197, 316
ЦНИИФ 152
ЦНИИХМ 152, 292
ЦНИИчермет 152
ЦНИИЧМ 152
ЦНИИЭ 152
ЦНИИЭП 152
ЦНИЛ 152
ЦНИП 304
ЦНИТИ 152
ЦНЛ 120
ЦНПЭ 68
ЦНРМ 95, 304
ЦНС 292
ЦНСХБ 104
ЦНТБ 104
ЦНТИ 68, 116, 304
ЦНТР ООН 53, 68, 304
ЦНТТ 68, 304
ЦНТТМ 68, 304
ЦНЭЛ 95, 304
ЦО 120, 214
ЦОВ 68, 155
ЦОВАТ 68, 304, 338
ЦОД 68
ЦОИ 68, 109, 116
ЦОК 187, 292
ЦОКБ 72
ЦОКТБ 72
ЦОМ 68, 155
ЦОМС 61, 68
ЦОН 68, 155
ЦОПД 38
ЦОПН 38
ЦОПП 68, 155
ЦОПС 38
ЦОПШ 38
ЦОР 68, 436
ЦОС 68, 109, 117, 228
ЦОСАБ 338, 387
ЦОСИ 68, 117
ЦОУ 68, 82
ЦОФ 93
ЦП 197, 228, 316, 387, 457
Цп 179
ЦПАС 200
ЦПБ 104
ЦПД 68
ЦПДУ 68
ЦПИП 68, 120
ЦПИФ 74
ЦПК 68, 338
ЦПКБ 72, 201
ЦПКиО 437
ЦПКО 437
ЦПКТБ 72
ЦПМ 95, 228
ЦПП 261, 338
ЦППИ 68, 117
ЦПР 179
ЦПРП 93
ЦПУ 68, 228, 387
Цр 179
ЦРБ 96, 104, 200, 292
ЦРДЗ 100
ЦРЛ 261
ЦРМ 96
ЦРМЗ 93
ЦРП 187
ЦРУ 25, 82
ЦРУБ 168
ЦС 49, 457
ЦСБА 228
ЦСБС 437
ЦСД 197
ЦСИС 69
ЦСК 436
ЦСКА 387, 436
ЦСКБ 72
ц.-сл. 423
ЦСМЛ 293, 426
ЦСО 49, 51, 387
ЦСП 69, 179
ЦСП ППН 179
ЦСТО 457
ЦТ 69, 109, 211, 261
ЦТА 100
ЦТАК 63, 109
ЦТК 120
ЦТКБ 72, 304
ЦТМЛ 96
ЦТНП 96
ЦТО 69, 212, 304
ЦТОС 457
ЦТП 69, 304, 457
ЦТРС 109, 261
ЦТС 109, 261
ЦТСВ 457
ЦТУ 261
ЦТФ 293
ЦУ 69, 229, 387
ЦУБ 457
ЦУБД 387
ЦУБДА 338, 387
ЦУВД 338, 387
ЦУКОС 338, 387
ЦУМ 179, 229
ЦУМВС 82, 311, 339
ЦУМР 82, 387
ЦУО 69, 387
ЦУП 69, 311, 339
ЦУРТГ 82, 187, 387
ЦУС 261
ЦУТА 69, 339, 387
ЦУУ 229

ЦФ	197, 229	числит.	423
ЦФА	43	чист.	449
ЦФМ	168	ЧИФ	74
ЦФТ	168, 179	ЧК	168, 214, 262, 354, 453
ЦФУ	82, 168	Ч. к.	179, 423
ЦХБЛ	293	ч.-к.	438
ЦХСД	69	ЧКВ	387
ЦЧ	233	ЧКД	204
ЦЧО	14	ЧКПЗ	93
ЦЧР	14	ЧКУ	354
ЦШК	436	ЧКХ	120
ЦШП	96	чл.	423, 438
цыг.	391, 423	чл.-к.	438
ЦЭИЛ	96	чл.-к(ор).	438
ЦЭК	69, 179	член-кор.	438
ЦЭЛГИ	96, 354	чл.-кор(р).	423
ЦЭЛИ	69, 117, 179	ЧЛЦ	69
ЦЭЛТ	261	ЧМ	199, 262
ЦЭМИ	152, 179, 211	ЧМД	229
ЦЭМП	293	ЧМЗ	93
		ЧМК	93
		ЧМП	316
		ЧНД	179

Ч

Ч	214, 387	ЧО	214
ч	233	ЧОМГИ	153, 211, 316
Ч.	14, 423	ЧП	105, 109, 316, 387, 423
ч.	211, 229, 233, 293, 387, 423, 449	ЧПАЗ	187
ЧАЗ	93	ЧПИ	153, 262
Чайковск.	443	ЧПК	76, 262, 316
чайн.	354	ЧПОБ	25
чайн. л.	449	ЧПУ	229
Чак.	443	ЧПЭС	262, 293
ЧАМЗ	93	ЧР	14
ЧАПЧ	262	ч. р.	293
част.	398, 423	ЧРИ	14
ЧАЭС	187	ЧРК	262
ч/б	120, 449	ЧС	387, 398
ЧВВМУ	154, 316, 387	ЧСН	354
ЧВХ	354	ЧСП	93
ЧТА	262	ЧСРЯ	399
ЧГУ	130	ЧСС	293
ЧД	262, 293	ЧТ	214, 262
ч. д. а.	293	ЧТБ	168
ЧДИ	201	чт(в).	439
чел.	124, 423, 449	ЧТЗ	93
Черкас.	443	ЧТК	354
Черн.	443	что-л.	423, 449
черт.	297	что-н.	423, 449
четв.	423, 439	ЧТПЗ	93
Чех.	443	ЧУ	229
чеш.	391, 398, 423	чув(аш).	391, 423
ЧЗ	93	чуг.	199, 423
ч. з.	104	чугаль	199
ЧЗПТ	93	чуг.-лит.	199, 423
ЧИБ	293	чуг.-плав.	199, 423
Чив.	443	ЧФ	387
ЧИЗ	93, 197	ЧХФЗ	93, 293
ЧиЗ	106, 423	ЧЭ	262
чил.	14	ЧЭАЗ	93
ЧИМ	262	ЧЭБ	179
ЧИМЭСХ	152, 354	ЧЭЗ	262
ЧИПС	168	ЧЭМК	93, 262
Чирчиксельмаш	93, 198, 354	ЧЭНИС	304
ЧИС	262	ЧЭС	179
числ.	398, 423, 449	ЧЭЦЗ	94

Указатель

Ш

Ш	187
ш.	270, 272
ША	339, 387
ШААЗ	94
Шал.	443
ШАО	339
ШАТП	339
шах.	187, 272, 423, 436
шахм.	423, 436
шахтком	76
ШахтНИУИ	153, 187
шаэ	339, 387
ШБ	113, 354, 387
шв.	423
шв(ед).	391
швед.	423
швейц.	14, 423
ШВЛП	156, 339
ШВРС	262
ШВСМ	156, 436
ШГ	262
ШД	198
шексн.	423
шелк-во	423, 449
шелк.	272
шельф. ледн.	270, 423
шерст.	449
ШЗ	105, 270
ШИ	262
ШИЗО	25
шил.	168
ШИМ	262
ШИП	262
шир.	423, 449
ширас	387
ширпотреб	179
шиф.	297
Шишк.	443
шк.	156, 423
школ.	398, 423
ШКТ	35
Шл	187
шл.	272
ШМ	198, 387
ШМО	156, 316
ШМУ	156, 316
ШНП	35
ШО	339
ШОАБ	339, 387
Шол.	443
шос(с).	311, 423
шотл.	391, 423
ШП	198, 262, 339
ШПА	262
ШПМ	198
ШПС	262
ШПТ	35
ШПУ	387
ШР	229
ШСБ	38, 156, 179
ШСУ	82, 297
шт.	272, 423, 449
штрафбат	387
штурм.	339, 387
ШУКС	156, 387
шулерск. жарг.	398, 423
шутл.	398, 423
шутл.-ирон.	398, 423
шутл.-фамильярн.	398, 423
ШФ	120
ШХЗ	94, 293
ШШС	387
ШЭ	120
ШЮЖ	110, 156

Щ

Щ	297
щ(ек).	449
щел.	293
Щип.	443
ЩОМ	198
ЩУК	293
ЩФ	293

Э

Э	198, 233
э.	270
ЭА	262, 293
ЭАВ	262
ЭАВМ	229
ЭАКК	293
ЭАП	262
ЭАТС	262
ЭАШ	262
ЭБ	229
эбмп	387
эбрмп	387
ЭВ	270
эВ	233
эвак.	387
эвако	387
ЭВГ	198
эвенк.	391, 423
ЭВЗРКУ	154, 387
ЭВМ	229, 423
ЭВП	262
ЭВТ	229, 304
эвф.	398, 423
ЭВЧ	262
ЭГ	105, 262, 293, 387
ЭГА	262
ЭГДА	262
ЭГП	187, 262
ЭГСМ	262
ЭД	204, 229, 262, 387
Эд.	441
ЭДА	262
ЭДЗ	457
ЭДИП	229
ЭДМ	293
эдмп	387
ЭДС	262
эдс	262
ЭДСУ	262
ЭДТА	293
ЭДТК	293
ЭДУМ	262
ЭДХ	104
ЭДЦ	387
ЭЖ	105
ЭЗС	120

Указатель

ЭЗТМ	94, 198	Эм.	441
ЭИБ	168	ЭМА	263, 293
ЭиЖ	105, 423	ЭМВ	263
ЭИИМ	262	ЭМГ	293
ЭИПОС	263	ЭМД	229, 263
ЭИС	153, 262, 263	ЭМЗ	94, 198, 263
ЭиС	106, 423	ЭМЗМ	94
ЭИТ	263, 293	ЭМИ	124, 263
ЭК	179, 187, 263, 316	ЭМИД	263
эк.	179, 423	ЭММ	180, 263
ЭКА	179	Эмм.	441
ЭКБ	72	ЭМО	263
ЭКБМ	72	ЭМОЗ	94, 263
Экв.	14, 423	эмоц.	398, 423
экв.	270, 423	эмоц.-усил.	398, 423
эквив.	449	ЭМП	263
ЭКГ	179, 198, 263, 293	ЭМПК	263
ЭКЕ	179	ЭМРД	339
ЭКЗ	94	ЭМС	263, 354
экз.	113, 423	ЭМСК	354
ЭКЗА	179	ЭМУ	263
ЭКИ	263, 293	ЭН	180
ЭКЛА	179	энерг.	187
ЭКЛАК	179	ЭНЕРГОМАШ	94, 187, 198
экм	211	энергопром	187
ЭКМО	293	ЭНИКМАШ	153, 198
ЭКОМОГ	179	ЭНИМС	153, 198
экон.	180, 423	энио...	117
ЭкоРЛС	263, 270	энкл.	423, 450
ЭКОСОС	180	энт.	423, 450
экр.	120, 423	энц.	104, 423
ЭКС	109, 263, 293	ЭО	198, 214, 263, 304, 387
экс.	423	ЭОВ	198
экс(п).	180	ЭОД	229, 263
эксп.	423, 450	ЭОП	214, 264
ЭКСПАРК	270	ЭОС	180, 214, 264, 316
экспер.	450	ЭП	106, 198, 229, 264, 387, 457
эксперим.	423, 450	ЭПАС	339
экспл.	450	ЭПГ	198
экспрес.	398, 423	ЭПК	76, 94, 264
эксп-я	450	ЭПЛ	96
ЭкСтра	38, 270	ЭПМ	264
эк. тр.	180	ЭПО	264
ЭКЦ	82	ЭПП	264, 293
ЭЛ	263	ЭППЗУ	229
эл	263	ЭПР	264
Эл.	441	ЭПС	264, 339, 388
эл.	263, 423	ЭПТ	264
ЭЛА	339	ЭПУ	264
элев.	272	ЭПЦ	96
электр.	263, 423	ЭР	198, 264, 270
ЭЛИ	263	ЭРА	264
ЭЛИН	263	ЭРГ	264
ЭЛК	293	ЭРГА	293
элк	263	ЭРД	339
эллипт.	423, 450	ЭРДУ	339
эл.-магн.	263, 423	ЭРЗ	94, 264, 311
элн.	263, 423	ЭРКО	187
ЭЛОУ	263	ЭРМ	264, 293
ЭЛП	229, 263	ЭРП	293
эл. подст.	187	ЭРТОС	264
ЭЛС	263	ЭРЦ	264
э.л.с.	233	ЭРШР	198
эл.-ст.	187	ЭС	104, 168, 187, 229, 264, 293, 423
ЭЛТ	263, 293, 423	ЭСА	264
ЭМ	198, 263, 387	ЭСБ	264
ЭМ УРО	387	ЭСВ	439

Указатель

ЭСД	339	Ю. Ам.	14, 424
ЭСИЛ	229	ЮАО	14
эск.	339, 388	ЮАР	14, 424
ЭСКАТО	180	ЮБК	14
ЭСКЗА	180	ЮВ	14
эским.	391, 423	ю. в.	14, 424
ЭСЛ	229	Ю.-В.	14
ЭСМ	104, 198	ЮВА	14
эсминец	388	ЮВАО	14
ЭСОД	229, 264	ювелир.	424, 450
эсп.	391, 423	ЮВЖД	311
ЭСПЦ	96, 198	Югавиа	339
ЭСРЯ	104, 399	юго-вост.	15, 424
эст.	391, 423	юго-зап.	15, 424
ЭСТМ	120	ЮЕ ТВД	383
Эстр.	14, 423	юж(н).	15
эстр.	124, 423	Юж.-УрВО	388
ЭСУ	187, 264	ЮЖД	311
Эсф.	441	Южмаш	94, 198
ЭТ	198, 229, 264	южн.	424
ЭТА	63, 109	южно-афр.	15
ЭТВ	109, 264	Южуралмаш	94, 198
ЭТД	198, 264	Южякутбасс	187
этим.	398, 423	ЮЗ	15
ЭТН	198	Ю.-З.	424
этн.	450	ю.-з.	15, 424
этногр.	424, 450	ЮЗА	15
ЭТР	198, 304	ЮЗАО	15
ЭТРД	339	ЮК	110
ЭТУ	82, 187, 198, 304	Юл.	441
ЭТУС	304	ЮМФД	168
ЭТЦ	198	ЮМШ	156, 316
ЭТЭК	187	юн.	450
ЭУ	187, 264, 304, 457	ЮНДРО	53
ЭУМ	229	ю.-нем.	424
ЭФИ	293	ЮНЕП	270
эфиоп.	391, 424	ЮНЕСКО	53, 125, 304
ЭФЛ	229	ЮНЕФ	388
ЭХВ	264, 293, 388	ЮНИ	63, 109
ЭХГ	264, 293	ЮНИДИР	153, 388, 452
ЭХО	264, 293	ЮНИДО	53
ЭЦ	293	ЮНИСЕФ	53, 74
ЭЦВМ	229	ЮНИСИСТ	304
ЭЦН	264	ЮНИФИЛ	388
ЭЦП	229	юнкор	110
ЭЦУМ	229	ЮНКТАД	180
ЭШ	198	юннат	270
эш.	311	ЮНОВ	53
ЭШВСМ	156, 436	ЮНТАГ	53
ЭШЛ	264	ЮНФДАК	25, 53, 74
ЭШП	264	ЮП	15
ЭШС	264	ЮПИ	63, 109, 117
ЭЭГ	293	Юр.	441
ЭЭД	293	юр.	424, 426
ЭЭМ	198, 264	юрфак	157, 426
ЭЭС	187	ЮРЦП	69
ЭЭСЛ	229	ЮСИА	63, 109, 117
ЭЭУ	187	ЮСИС	110, 117
ЭЭФ	157, 187, 264	ЮТФ	49
ЭЯМ	198, 264	ЮУЖД	311
ЭЯР	212	ЮУМЗ	94
ЭЯРД	339	ЮУТПП	180
		ЮУФБ	168
Ю		ЮУФНИИТМ	153, 198
Ю	14	ю. ш.	270
Ю.	14, 424	ЮЯКЭ	270

Указатель

Я

Я.	15, 104, 424	ЯМИ	153, 293
ЯБ	339, 388	ЯМР	293
ЯБП	388	янв.	424, 439
ЯВ	388	ЯО	388
явл.	120, 424	ЯОД	229
ЯГТУ	187	ЯОК	436
ЯГМИ	153, 293	ЯП	229, 398
ЯГПИ	153	яп.	391, 424
ЯГР	293	ЯПВУ	229
ЯГУ	130	япон(ск).	391, 424
ЯД	388	ЯППУ	187
яд. физ.	211	ЯР	187, 211
ЯЗ	398	Яр.	441
яз.	391, 424	ЯРД	339
яз-знание	398, 424	ЯРЗ	94, 264
ЯИРИ	153	ярослав.	391, 424
Як	339	ЯС	264
Як.	441	ЯТЦ	187
як.	391	ЯУ	187, 388
ЯКВ	339, 388	ЯФ	127, 211
ЯКР	293	ЯШЗ	94
як(ут).	424	ящ.	450
ЯМ	198, 264, 388	ЯЭ	187
ЯМЗ	94, 198	ЯЭМЗ	94, 198, 264
		ЯЭУ	187
		ЯЭЦ	187

537

Издательство «РУССО»,

выпускающее научно-технические словари,

предлагает:

Толковый биржевой словарь
Большой англо-русский политехнический словарь в 2-х томах
Новый англо-русский словарь по нефти и газу в 2-х томах
Англо-русский словарь по авиационно-космической медицине, психологии и эргономике
Англо-русский словарь по машиностроению и автоматизации производства
Англо-русский словарь по парфюмерии и косметике
Англо-русский словарь по психологии
Англо-русский словарь по рекламе и маркетингу
Англо-русский сельскохозяйственный словарь
Англо-русский юридический словарь
Англо-немецко-французско-русский физический словарь
Англо-немецко-французско-итальянско-русский медицинский словарь
Англо-русский и русско-английский лесотехнический словарь
Англо-русский и русско-английский медицинский словарь
Англо-русский и русско-английский словарь по солнечной энергетике
Русско-англо-немецко-французский металлургический словарь
Русско-английский политехнический словарь
Русско-английский словарь по нефти и газу
Русско-французский и французско-русский физический словарь

Адрес: 117071, Москва, Ленинский проспект, д. 15, офис 323.
Телефоны: 237-25-02, 955-05-67; **Факс:** 237-25-02
E-mail: russopub@aha.ru

Издательство «Р У С С О»,
выпускающее научно-технические словари,
п р е д л а г а е т :

Французско-русский математический словарь
Французско-русский технический словарь
Французско-русский юридический словарь
Немецко-русский словарь по автомобильной технике и автосервису
Немецко-русский словарь по атомной энергетике
Немецко-русский ветеринарный словарь
Немецко-русский медицинский словарь
Немецко-русский политехнический словарь
Немецко-русский словарь по психологии
Немецко-русский сельскохозяйственный словарь
Немецко-русский словарь по судостроению и судоходству
Немецко-русский экономический словарь
Немецко-русский электротехнический словарь
Немецко-русский юридический словарь
Новый немецко-русский экономический словарь
Новый русско-немецкий экономический словарь
Русско-немецкий автомобильный словарь
Русско-немецкий и немецко-русский медицинский словарь
Русско-немецкий и немецко-русский словарь по нефти и газу
Словарь сокращений испанского языка
Русско-итальянский политехнический словарь
Итальянско-русский политехнический словарь
Шведско-русский горный словарь
Стрелковое оружие. Толковый словарь.

Адрес: 117071, Москва, Ленинский проспект, д. 15, офис 323.
Телефоны: 237-25-02, 955-05-67; **Факс:** 237-25-02
E-mail: russopub@aha.ru

И. И. Пасмурнов

СЛОВАРЬ СОКРАЩЕНИЙ ИСПАНСКОГО ЯЗЫКА

Вышел в свет в 1996 г.

Словарь содержит около 20 000 испанских и латиноамериканских сокращений, встречающихся в официальных документах, общественно-политической, научно-технической и художественной литературе, с расшифровкой и переводом на русский язык.

Предназначен для специалистов испанского языка, переводчиков, преподавателей и студентов языковых вузов.

Издательство «РУССО»

Адрес: 117071, Москва, Ленинский проспект, д. 15, офис 323
Телефоны: 237-25-02; 955-05-67. Факс: 237-25-02
E-mail: russopub@aha.ru

Л. Е. Михайлов

СТРЕЛКОВОЕ ОРУЖИЕ

ТЕРМИНОЛОГИЧЕСКИЙ СЛОВАРЬ

Вышел в свет в 1998 г.

Словарь содержит более 1 100 слов и словосочетаний, широко применяемых в настоящее время оружейниками России и рекомендуемых ГОСТами, нормалями и научной отечественной литературой. В него дополнительно включен ряд терминов из смежных областей знания: механики, баллистики, теории стрельбы, теории механизмов и машин и др.

Словарь рассчитан на весьма широкий круг читателей, от научных и инженерно-технических работников отрасли, занимающихся производством, проектированием и эксплуатацией стрелкового оружия и боеприпасов к нему, до студентов вузов и техникумов. Он может быть полезен охотникам, стрелкам-спортсменам различного уровня и всем любителям стрелкового оружия.

Издательство «РУССО»
Адрес: 117071, Москва, Ленинский проспект, д. 15, офис 323
Телефоны: 237-25-02; 955-05-67. Факс: 237-25-02
E-mail: russopub@aha.ru

А. А. Азаров

РУССКО-АНГЛИЙСКИЙ СЛОВАРЬ ЦЕРКОВНО-РЕЛИГИОЗНОЙ ЛЕКСИКИ

Издается впервые, 1998 г.

В словаре содержится более 10 000 вводных статей, более 30 000 слов и словосочетаний, употребляемых в практике отправлений религиозных обрядов, в работах по архитектуре культовых сооружений, иконописи, прикладному искусству, истории христианства и др. религий. В словарь включены церковно-славянские слова, употребляемые в русском православии, а также библейские понятия и персонажи.

Словарь состоит из двух частей. Первая — собственно русско-английский словарь, вторая — английские слова и сочетания в алфавитном порядке (более 10 000) с указанием страниц их употребления в русско-английской части.

Словарь может быть использован в качестве справочника, так как почти все слова имеют пояснения (краткие) на русском языке.

Предназначается для переводчиков, преподавателей английского языка, студентов, изучающих английский язык, и для всех тех, кто интересуется религией.

Издательство «РУССО»
Адрес: 117071, Москва, Ленинский проспект, д. 15, офис 323
Телефоны: 237-25-02; 955-05-67. Факс: 237-25-02
E-mail: russopub@aha.ru

М. Н. Алексеев, Т. Н. Голоднюк, В. А. Друщиц

РУССКО-АНГЛИЙСКИЙ ГЕОЛОГИЧЕСКИЙ СЛОВАРЬ

Издается впервые, 1998 г.

Словарь содержит около 60 000 терминов по следующим разделам геологии: общая и историческая геология, стратиграфия, геоморфология, литология, петрография и петрология, тектоника и геодинамика, геология океанического дна и шельфовых областей, палеогеография, палеонтология, палеоклиматология, геофизика, геохимия, гидрология, геология нефти и газа и рудных месторождений, геологическая съемка и разведка полезных ископаемых.

Словарь рассчитан на специалистов-геологов, преподавателей, студентов вузов, научных работников.

Издательство «РУССО»
Адрес: 117071, Москва, Ленинский проспект, д. 15, офис 323
Телефоны: 237-25-02; 955-05-67. Факс: 237-25-02
E-mail: russopub@aha.ru

СПРАВОЧНОЕ ИЗДАНИЕ

ФАДЕЕВ
Сергей
Владиславович

ТЕМАТИЧЕСКИЙ СЛОВАРЬ СОКРАЩЕНИЙ СОВРЕМЕННОГО РУССКОГО ЯЗЫКА

Ответственный за выпуск
ЗАХАРОВА Г. В.

ЛИЦЕНЗИЯ ЛР № 090103

Подписано в печать 16.06.98. Формат 84x108 1/32. Гарнитура таймс. Печать офсетная. Бумага офсетная № 1. Усл. печ. д. 28,5. Уч. изд. л. 21, 18. Тираж 3060 экз. Зак. 211.

«РУССО», 117071, Москва, Ленинский пр., 15, офис 323.
Тел. 955-0567; тел./факс 237-2502.
E-mail: russopub@aha/ru

Оригинал-макет изготовлен автором.

Отпечатано с готовых диапозитивов в Государственном унитарном Волгоградском полиграфическом предприятии ОФСЕТ: г. Волгоград, ул. КИМ, 6.